中華佛教史

宋元明清
佛教史卷

魏道儒 著

王朝政治與多民族秩序下的佛教變遷與重構

橫跨六朝，各宗派、思想與社會的千年風貌

從政治到宗教
細述佛教如何在帝國更迭中生存轉化

目錄

《中華佛教史》總序 ……………………………………… 005

導言 ………………………………………………………… 007

第一章　宋代佛教新格局與社會結構的變遷 ……………… 023

第二章　宋代佛教宗派的重組與理論創新（上）………… 069

第三章　宋代佛教宗派的重組與理論創新（下）………… 151

第四章　遼金佛教的民族互動與宗教變貌 ………………… 223

第五章　元代佛教的政教體制與文化整合 ………………… 253

第六章　明代佛教的復興思潮與宗派再構（上）………… 323

第七章　明代佛教的復興思潮與宗派再構（下）………… 427

附錄：大事年表 …………………………………………… 507

目錄

《中華佛教史》總序

◎季羨林

　　此叢書名曰《中華佛教史》，為什麼我們不按老規矩，稱此書為《中國佛教史》呢？用意其實簡單明瞭，就是想糾正一個偏頗。我們慣於說中國什麼史，實際往往就是漢族什麼史。現在改用「中華」這個詞，意思是不只漢族一家之言，而是全中國許多個有佛教信仰的民族大家之言。

　　談到中華佛教史，我們必須首先提到湯用彤先生的《漢魏兩晉南北朝佛教史》，此書取材豐富，分析細緻，確是扛鼎之作，已成為不朽的名著。但是，人類社會總是在不停地前進，學術也是日新月異，與時俱進。到了今天，古代西域（今新疆一帶）考古發掘隨時有新的考古材料出土，比如，吐火羅語就是在新疆發現的，過去任何書上都沒有這種語言的記載。所以我們感覺到，現在有必要再寫一部書。

　　在中國古代佛教的著述中，有幾種實際上帶有佛教史的性質，比如《佛祖歷代通載》等。佛教以及其他學科而冠以史之名稱（如文學史之類），是晚近才出現的，其中恐怕有一些外來的影響。

　　近代以來，頗有幾種佛教史的著作，這些書為時代所限，各有短長，我在這裡不一一加以評論。

　　我們現在有膽量寫這一套中華佛教史，就是為了趕上學術前進的步伐。

　　總而言之，歸納起來我們這套書有幾個特點：第一，就是我們不只說漢族的事情，也介紹中國其他有關的少數民族的情況；第二，我們對古代西域佛教史的發展有比較詳細的論述；第三，現在寫這部書不僅有學術意義，而且還有現實意義。佛教發源於印度，傳入中國後，經過兩千多年的

《中華佛教史》總序

演變，最終已成為中華文化的一部分。在現實生活中，佛教仍然是一個有生命的團體。大眾不管信佛教與不信佛教的，都必須了解佛教的真相，這會大大地促進社會的發展。

在另一方面，也有利於世界各國對中華精神生活的了解。我們現在所需要的正是互相了解。

我是不信任何宗教的，但是，對世界上所有的堂堂正正的宗教，我都有真摯的敬意。因為這些宗教，不管它的教義是什麼，也不管它是如何發展起來的，這些宗教總是教人們做好事，不做惡事，它們在道德上都有一些好的作用。因此，現代世界上，宗教的存在有它的必要性。專就佛教與中國而論，佛教的原生地印度和尼泊爾，現在佛教已經幾乎絕跡，但在中國，佛教得到了很大的發展。原因是中華民族幾千年來，大度包容。從當前世界來看，希望全世界各個國家各個民族之間互相了解、互相促進，共同達到人類社會更高的層次。

所以，我們研究佛教寫佛教史，不但有其學術意義，還有更深刻的現實意義。

導言

從北宋建立到清朝滅亡，是佛教在中國封建社會發展演變的第二個千年。本期佛教在學說思想、信仰形態、修行方式和傳教方式等方面，都與域外佛教拉開了更大的距離，特別是這一時期形成的政治品格、思想理念和道德觀念，使中國佛教在整體精神風貌方面呈現出更鮮明的特點，並且發揮了多樣化的社會功能。也正是在這一時期，融合了多民族宗教文化因素的佛教，真正成為中國傳統文化中不可分割的一部分。

佛教在這一歷史時期的演變，可以劃分為三個階段，即兩宋、遼金元和明清。不同王朝在特定時期形成的政治結構、經濟結構和意識形態結構以及宗教政策，是促成佛教新格局形成的重要因素。同時，特定歷史時期的國際形勢、科學技術和思想文化的狀況，也是我們考察本期佛教時應密切關注的內容。

一

宋王朝在總結歷代經驗和教訓的基礎上，對佛教採取了既不盲目崇奉，也不過分抑制的基本方針。從北宋開始，因為宗教政策引發的佛教大起大落情況減少了，對社會帶來的負面影響也減弱了，特別是像「三武一宗滅佛」那種針對整體佛教的政治打擊和武力鎮壓運動，再也沒有出現過。與隋唐五代及其以前的歷代王朝相比，宋王朝對佛教事務管理的措施更少隨意性，更具備系統化和制度化的特點。僅就僧尼普查而言，次數之多，程序之嚴密，統計之精確，超過以往任何朝代。

導言

宋王朝傾向運用經濟方式影響佛教的發展，名目之多，前所未有。但是到北宋中期以後，隨著財政支出日趨增多，像鬻牒、出售紫衣和師號、向寺院和僧人徵收各種稅費等多種措施，逐漸喪失了控制和調節僧尼數量、協調僧團與社會各階層關係的功效，成為國家彌補財政虧空、肆意搜刮的手段。這既助長了官僚機構的違法亂紀之風，也加劇了佛教僧團的腐敗。這些情況都是後代王朝，特別是明清兩朝所盡力避免的。

考察兩宋時期佛教新格局的形成過程，考察宋代佛教的新特點及其深遠影響，有以下五方面的內容值得特別關注。

第一，禪宗經過唐末五代的發展，逐漸成為佛教中影響最大的一派。經歷了鉅變的禪思潮，開始籠罩整個佛學界，基本奠定了佛學發展趨向的基礎。

就禪宗內部的派系變化而言，北宋前中期是臨濟、雲門兩宗共同推動禪學的發展，到北宋末年則是臨濟、曹洞成為禪宗最主要的兩支。至南宋末年形成的「臨天下，曹一角」的禪宗分派格局，直到清末也沒有改變。

北宋時期，從汾陽善昭到圓悟克勤，以「代別」、「頌古」和「評唱」為主要內容的「文字禪」成為顯學。文字禪的思想和實踐可以追溯到唐代，但是形成與公案之學相連繫的穩定形式，成為頗具影響力的禪學潮流，則是從北宋開始。文字禪之所以能夠產生，是因為禪宗上層人物在新的歷史時期具備了放下鋤桿拿起筆桿的條件。文字禪的形成過程，也是禪宗新經典的創造過程，是禪學整合佛學各部分的過程。它能夠風靡禪林，與宋代科舉體制造就的士大夫群體、與宋代的官僚體制和士風特點等有著密切關係。文字禪的興盛，把有文化的禪師與士大夫連繫得更緊密了，也把禪與文學連繫得更緊密了。

兩宋之際，宏智正覺發揮唯識性空思想，吸收莊子入禪，力倡靜坐默究為證道的唯一方式，弘揚默照禪法，形成了曹洞新宗風，影響很廣。稍

後,大慧宗杲融合儒釋教義,主張透過直覺參究公案中的「話頭」,達到對「諸法無別,以我為主」的體驗,進而能夠在現實生活中「隨緣放曠,任性逍遙」,完善了臨濟宗的「看話禪法」。這種禪法也和默照禪一樣,不僅吸引了眾多禪僧,而且得到士大夫的響應。南宋初期以後,「看話禪」成為禪學的主流,超越了宗派界限。因此,到兩宋之交,整體禪學的三大組成部分,即夾雜著棒喝的機語酬對、與公案相連繫的文字禪,以及注重心理體驗的看話禪和默照禪,就最終定型了。

儘管禪學經歷了諸多變化,並且努力把佛教各派思想納入禪學體系,但是,從初唐以來,特別是從六祖慧能以來所強調的自證自悟、自成佛道的禪學基本思想,並沒有被放棄。文字禪的逐步展開,禪宗新經典的不斷湧現,正是用大立文字的方法,支撐「不立文字」的宗旨。

在禪學突出個性特徵發展的同時,佛教內部各派學說的融合也進入了新階段。延壽在堅持禪宗基本理論的基礎上,用法相宗證成萬法唯識,用華嚴宗明萬行的必要,用天台宗檢約身心以去惡從善,從而使一切經教全部納入禪宗領域。延壽的理論,象徵著純禪時代的結束,綜合禪時代的來臨。宋代以後,諸宗融合,包括禪、教、密、律、淨土的融合,不僅是禪宗的演變方向,也成為佛學發展的趨勢,其影響遠遠超過了以突出本派理論優勢為宗旨的各派中興運動。

第二,域外佛教的持續輸入,已經不再成為左右中國佛學發展的主要因素。佛教在循著自身內在規律發展的過程中,諸宗派分別出現了所謂「中興」運動,其聲勢之浩大,涉及面之廣泛,影響之深遠,都是此後所沒有的。

從兩漢之際到隋唐,佛教的發展既受到傳統思想文化和社會現實的制約,又與域外輸入的佛教新因素息息相關。從宋代開始,以注解新譯典籍進行理論創造的階段基本結束。儘管宋代在譯場組織、人員配備、譯經種類和數量等方面都有值得重視的內容,但是所譯經典對當時及其以後佛學

導言

發展演變的影響，微小到幾乎可以忽略不計的程度。

隋唐時期形成的佛教諸宗派，其不均衡發展的態勢在唐中葉就明顯呈現出來。經過唐末五代社會劇烈動盪，多數宗派典籍散失，傳承斷絕。中興運動正是在佛教義學普遍衰落的情況下興起的，而不是在民間佛教信仰消失的情況下興起的。激發教、淨、律諸派中興的原因是多方面的，或有歷史傳統的作用，或受佛教整體格局變動的牽制推動，或與中外佛教交流息息相通。北宋的佛教綜合復興運動，在社會各階層產生了程度不同的迴響和回應。

以振興本宗為己任的佛教各派，主要進行了四個方面的工作。其一，建立永久弘揚本宗的寺院；其二，致力於本宗散失典籍的收集、整理、研究和宣講，爭取多繼承前代遺產，力求較全面地普及本派基礎知識；其三，重新設計或接續已有的本宗傳法系譜；其四，以本宗的基本思想詮釋別派比較流行的典籍，促進本派學說在整體佛學中的運行。

然而，義學諸派在理論創新方面，幾乎沒有可圈可點的閃光之處，全然不能與同時期的禪學相提並論。即使在中興氣象最可觀的華嚴和天台那裡，情況也是一樣。在華嚴學僧內部，僅僅圍繞「同教」與「別教」的辯論，竟然延續了幾十年。復興天台的旗手知禮，提出所要「觀」（想）的對象（「境」），是與真如、佛果直接對立的「三魔四障」，就是「眾生心」、「己心」中純惡無善的部分。這種重點讓人們理解和體認「妄」、「惡」等純負面精神活動的止觀實踐，原本是要發揮自我懺悔罪惡，加強自我道德修養的作用。但是，它同時會讓人不能全面看待世界、人生和自我，把人帶到與「存天理，滅人欲」相同的道路上去。他的焚身願望，正是這種極端觀念下的追求。所以，他提出的最具創新意義的學說，也最沒有活力。

第三，淨土法門經過多途發展，出現了不同種類的多元複合性質的淨土信仰，具有驚人的號召力和感染力。此類淨土信仰以僧俗結社為橋梁，

廣泛流行於社會各階層，發揮著超出宗教範圍的多種社會功能。從佛學內部而言，淨土開始成為影響力僅次於禪學的佛教信仰和實踐。

從純宗教的目的方面考察，人們對於淨土的執著追求，實際上是對救世主的呼喚，是對消除現實苦難的企盼，是對百年之後獲得圓滿歸宿的憧憬。這是倡導自證自悟，號召憑藉自力解脫的禪學所不能滿足的。可以說，禪宗理論中蘊含的頑強理性精神，恰恰不能阻止淨土信仰在特定人群中的流行。

自北宋初年開始，倡導和實踐淨土信仰成為各宗派僧眾的共識，淨土學說由此多管道、多層面展開。當時出現的多種自成體系的淨土學說，分別屬於禪宗、華嚴、天台和律宗諸系統。它們一般都具有吸納多種因素的融合特點，不但遠遠超出了佛教譯籍的學說範圍，也超出了唐代注疏的論證範圍。這些「多元複合淨土信仰」所依據的基本理論、所崇拜的信仰對象、所確定的修行內容、所樹立的修行目的，都與傳統的淨土經典存有差別，具有對應社會需求的創新性質。然而，無論任何一種淨土學說，又都與本於彌陀經典的西方淨土有著千絲萬縷的連繫。尤其值得注意的是，淨土結社運動從以杭州為中心的江浙一帶興起，擴展到北方的京畿地區，其種類之多，規模之大，延續時間之長，傳播速度之快，是歷史上所罕見的。建立和參與各類結社的人員，在僧團之外有朝廷的達官顯貴，有各級地方官吏，有一般士人，更有廣大下層民眾；在佛教內部則有各宗派的領袖人物，有地方名寺的住持，以及一般僧眾。

第四，在三教融合的大背景下，三教關係開始進入新的階段，佛教由此逐步形成了新的政治品格和道德觀念。

宋王朝實行三教並舉的方針，使思想界有了寬鬆的環境，有利於新思想、新學說的產生。從宋代開始，三教的平等融合，開始成為統治階級、佛教僧侶和社會各階層的共識。無論在儒家人士中還是在文化僧侶中，都

導言

出現了三教融合的新理論和新實踐，理學也正是在這種時代潮流中產生的。讓三教從不同方面發揮治世利人、協調人際關係、維護王權統治的作用，已經不僅僅是學說發展的狀況，而是社會不同階層的需求，更是統治階級的要求。宋代以後，三教在思想方面的衝突和爭鬥退居次要地位，相互融合成為主流，特別到明清時期，開始出現了榮辱與共的局面。

就佛教而言，吸收儒家思想也進入了新階段。儒教的政治倫理觀念，開始被公認為是佛教倫理體系的重要支柱，宋代一些倡導儒釋融合的代表人物，也成為後世的典範。從契嵩開始，佛教逐漸成為推廣和神化孝道的重要力量，成為「慎終追遠」的儒家孝制中不可缺少的組成部分。正是在這種情況下，佛教才真正不會從社會生活中被排斥出去了。

宋代佛教界所講的道德，明確以儒家的道德規範為核心，並不僅僅局限於佛教傳統戒律的範圍。《禪林寶訓》比較完整地反映了宋代佛教界把儒家的綱常名教和佛教戒律結合起來，共同作為道德建設基本準則和內容的實況，對後代佛教產生了持久的影響。

宋王朝強化君主專制主義的中央集權，對意識形態產生了深遠的影響。國家至上，君主至上，化作「忠君報國」的理想和呼喚，成為那個時代最具代表性的聲音。毫無疑問，這是誘導佛教思想劇烈變化的一個持久和重要的因素。把「忠君愛國」、「愛君憂時」等作為僧侶的美德，把振興佛教視為「報國恩」，把樹立佛教信仰（發菩提心）等同於樹立「忠義之心」，已經不是個別僧侶的特殊見解，而是佛教界的思想理念和道德標準。佛教的愛國主義意識可以追溯到很早，但是，它作為中國佛教的一個傳統則是從宋代開始形成的。

第五，從佛教的傳播途徑方面考察，自北宋開始，佛教從寫經流傳時代過渡到刻印藏經的流傳時代，這是具有重要意義的。

刻板印刷佛教經典可以追溯到唐代，但是在宋代以前，還沒有大規模

刻印佛教經典總集性質的大藏經。北宋「開寶藏」的問世，象徵著印刷大藏經開始取代手寫大藏經。兩宋歷時悠久的五種大藏經的刊刻，對佛教經典的普及和流通，對雕刻、造紙、印刷等手工藝的發展，對加強與周邊地區和民族的思想文化溝通交流，都具有重要的推動意義。從宋代開始，雕刻和印刷大藏經成為歷代王朝的重要文化建設事業。從宋到清的大藏經刻印，規模之浩大，影響之久遠，在古代世界印刷史上是絕無僅有的事情，其意義已經遠遠超出了宗教的範圍。儘管此後手寫佛經作為功德善舉依然在社會各階層流行，但是作為提供學習、研究之用的各類佛教典籍，毫無例外是以印刷本為主。

二

　　遼金元統治的四百多年間，少數民族統治者採取的宗教政策，既有別於此前的唐宋，也不同於以後的明朝。特別是遼、元兩朝的佛教政策，儘管曾產生了廣泛而持久的影響，但在歷史上都是受稱頌最少，遭詬病最多的。

　　從遼太宗開始，就把觀音作為王族的保護神，把佛教崇拜對象納入了遼王朝的崇拜體系之中。隨著帝王對佛教的崇信程度不斷加深，尤其是佞佛帝王的出現，進一步刺激了佛教信仰在民間的流傳。從宮廷到民間，婦女以黃粉塗面，稱為「佛裝」；無論男女貴賤，直接使用佛、菩薩名起小名，這些做法逐漸成為民間習俗。正是在佛教信仰的流傳過程中，契丹族與漢族加強了對統一民族的認同感。

　　遼王朝並沒有設置專門管理宗教的機構和官吏，任命僧官往往與帝王個人喜好有關。遼朝對僧人的封官賜爵始於景宗，盛於興宗、道宗。遼代僧人的社會地位和政治地位空前提高，他們所享有的某些特權，只有以後元代的喇嘛教僧人可以相比。從王室、達官顯貴到一般富豪的大量施捨捐

獻,社會地位十分低下的寺院二稅戶和社會民眾以結社形式參與寺院佛事,共同支撐起遼朝龐大的寺院經濟。

遼朝雖然和北宋一樣,直接承襲晚唐五代的佛教,但兩地佛教的精神和面貌截然不同。遼朝佛教以密教和華嚴為主,密教廣泛流行於社會各階層。從皇室貴戚到士庶百姓,往往透過雕塑佛菩薩像、建塔造幢以及諷誦行持等活動,表達虔誠的信仰。密教義學的發展,顯密之間的對立、衝突和融合,也正是在這種大背景下形成的。華嚴學是在密教刺激下發達起來,其興盛不是表現在對唐代原有教義的創新方面,也不是表現在傳播範圍的擴大方面,而是表現在與密教的融合方面。遼代最著名的密教學問僧是精通華嚴的,而倡導顯教和密教融合的學僧也是研究華嚴的學者。顯教和密教的關係,在遼代表現為華嚴和密教的關係。

在遼代佛教界,覺苑和道㲀是倡導顯密融合的兩個代表。他們的區別在於,覺苑是站在密教的立場上,透過吸收華嚴學的內容,溝通兩者的關係;道㲀則是從華嚴學的角度論證顯密的平等無差別。他們所要吸收或弘揚的華嚴學內容,有著驚人的相同之處:不是來自《華嚴經》,而是來自華嚴宗的教理,其核心思想就是智儼在《華嚴一乘十玄門》開頭所揭示的「法界緣起」理論,「一即一切,無過不離,無法不同」。儘管他們引用的《華嚴經》語句不同,並且以引用澄觀的著作內容為多,但是其核心思想,不出這個範圍。他們雖然祖述善無畏、一行所傳的胎藏系統,但是,由於吸收了華嚴宗的核心理論,已經成為帶有時代特點的中國化密教思想。這是在顯密融合大背景下的必然產物。

金王朝的統轄地區包括了此前的遼地。儘管金朝佛教接受了遼和北宋佛教的雙重因素,但漢化過程更快、程度更深的金王朝,把遼代的一些佛教管理措施都逐漸作為消極殘餘來消除。特別是二稅戶制度,金王朝三令五申予以取締。從發展總趨勢上看,金代的政策使佛教逐漸消除了遼代的

殘餘影響，並逐步向宋代佛教靠攏。與遼代相比，金代佛教的派系結構和學說思想都發生了重要變化，密教與華嚴學不再成為顯學，繼承北宋傳統的禪學成為佛學的主體。

元王朝建立的民族等級制度，直接波及民族心理和文化的分布，流行於不同地區的宗教也首次被官方放置在有民族等級優劣劃分的前提下來考察。與此相應，儒釋道三教在蒙元統治集團的直接介入下，經歷了重新定位和排列，形成元代獨特的意識形態結構。元代的佛教管理機構繁多雜亂，設立和罷撤隨意、管轄範圍交叉重疊，僧官位高權重。佛教管理體系之所以發生這種顯著變化，與喇嘛教至高無上的宗教地位有直接關聯。

無論是古代藏文典籍還是漢文史書，凡記載元代薩迦派者，無不痛斥其上層僧人在漢地和藏區橫行不法、跋扈恣睢、亂政害民，可謂劣跡斑斑，罪狀多端。然而，薩迦派活躍於元代政治舞臺上，也發揮了多方面的重要歷史作用。它幫助元廷在西藏地區建立了有效的行政體制，結束了藏區大約400年的分裂割據局面，實現了政治的統一，使藏族地區作為一個整體進一步密切了與中央的關係，從而使藏區加強了與漢地的經濟、技術和文化相互交流和融合。另外，以喇嘛教為載體的藏族文化，在這個歷史階段才真正成為中華民族文化的一部分。

南宋時期，各地在執行朝廷頒賜寺額過程中，出現過把寺院進行分類的現象，但那時還沒有形成寺院分類制度。從元代開始，官方把政府管理的寺院分為禪、教、律三類，並且要求它們保持各自的專業。這種措施為明代寺院分類管理的系統化和完善化奠定了基礎。元代寺院經濟不是與社會生產發展同步成長起來的，而是透過掠奪民田、接受賞賜、規避差稅等方式在短時間內膨脹起來的，所以對社會經濟造成了更大的危害。同時，經濟實力的極度膨脹，也成為佛教內部孳生腐敗墮落的溫床。

在藏傳佛教居統治地位的情況下，漢地佛教，特別是作為主流的禪宗，

導言

受到強大衝擊。那些不堪忍受蒙古貴族壓迫的漢族僧人，從修行思想到實踐，都發生了變化。他們往往主張退隱山林，不與統治者來往。

元代政權鞏固後，佛教中以喇嘛教的地位最高，是密宗的代表；在北方重點扶植天台、華嚴和唯識三宗，被稱為教門。元代臨濟宗分為北南兩支，差別是很大的。北方的海雲印簡一系，在蒙元統治初期，與統治者保持密切關係，積極參與政治，管理宗教事務。尤其是在規勸蒙古貴族接受漢文化，鼓勵他們以儒術治國等方面，成效顯著。此系始終被元代統治者樹立為臨濟正宗，但是，他們在禪學上並沒有任何建樹。另外，北方的曹洞宗接續金代的發展，其狀況與海雲印簡一系相似，主要弘法基地是河南嵩山少林寺。

南方禪宗均屬臨濟宗，分別出自宗杲和紹隆兩系。宗杲弟子育王德光之後，出現了靈隱之善和北礀居簡兩支；紹隆的再傳弟子密庵咸傑之後，出現了松源崇岳和破庵祖先兩支。這四支構成了南方臨濟宗的主流，也是整個元代禪宗的主體。它們整體可歸為功利禪和山林禪兩種類型，前者指以功利為目的，積極靠攏朝廷，憑藉政治權勢帶動禪宗發展的派別，其代表主要有之善系和居簡系，以及崇岳系的清茂、守忠等人。五山十剎，主要由這類禪師住持；後者則與此相反，大多數人山居隱修，不為世人所知。部分人活動於民間，影響很大，但拒絕出仕，與朝廷官府的關係疏遠，其最重要的代表是祖先系統。無論屬於那個系統，在禪學上主要繼承的都是宗杲的「看話禪」，並進行了若干調整。尤其是到元中葉以後，主張密、教、禪、律四宗統一以及禪淨融合的浪潮在禪宗中逐漸高漲起來。

三

　　明王朝建立之初就廢除了蒙元貴族不平等的民族政策和宗教政策,特別是取消了喇嘛教的特權,不僅受到社會各階層的擁護,也為佛教的發展提供了新的社會環境。

　　明太祖時期,建立了與行政建制相配套的僧司機構,在中央設僧錄司,在府、州、縣分設僧綱司、僧正司和僧會司,同時規定了各級僧官的名額、品階、職權範圍,以及任選標準等,由此構成了自上而下的嚴密佛教管理體系。這是中國歷史上最成熟的僧尼管理機構,並且為清代直接仿效。明太祖直接插手佛教的內部事務,多次頒布詔令,把寺院分為禪、講、教三等,僧人也相應分為三宗,要求「各承宗派,集眾為寺」。這對明代及其以後的佛教發展走向發揮決定性的作用。

　　明朝前期,佛教從王朝更替的動盪中逐漸趨於穩定,並且在新王朝規範治理的過程中實現逐步轉變。佛教界的義學諸派陷入沉寂,有影響的義學名僧很少。相對說來,禪宗比較活躍,以元叟行端和笑隱大䜣兩系最有影響,特別是前者,與明廷關係尤為密切。就禪學而言,也發生了不同於宋元的新變化,禪向義學的傾斜,是其中一個突出的特點。

　　明代中期,佛教僧團在規模上超過明初,但是,無論義學還是禪學,都處於有史以來最缺乏生機的階段,既沒有形成能影響全國的傳教基地,也沒有出現眾望所歸的禪師,更沒有什麼新的禪思潮興起。有活動能力的禪師,多數在為建寺院、治田莊、蓄財使奴、構築豪富生活而奔忙。禪宗之所以不景氣,從學風上講是因為禪僧對於義學的攀附。當時,講經、注經受到國家重視,禪僧們爭赴京城,聽習經典,作為修行過程的必要環節。因此,佛教經論的功底如何,不僅是衡量義學法師水準的標準,也是考察禪師水準的尺度。法師登門向禪師挑戰,似乎也成為常見現象。

導言

　　從神宗到明朝滅亡的70餘年間,明王朝對佛教逐漸失去有效控制,各種佛教管理措施已經不能運行。隨著各種社會衝突的激化,以江浙地區為中心,佛教出現了復興浪潮,聲勢浩大,發展迅速,席捲各地,並且一直延續到清雍正時期。明末佛教復興運動分為兩股潮流,一股潮流主要在都市城鎮裡奔湧,是以袾宏、德清、真可和智旭為代表的「佛教綜合復興運動」;另一股潮流主要在山林村野中流淌,是以臨濟、曹洞為主體的「禪宗復興運動」。兩股潮流相互激盪,相互呼應,相互影響,打破了佛教的長期沉寂,共同促成了佛教在中國封建社會最後一個興盛期。

　　以「明末四大高僧」為代表的學問僧,在佛教思想方面有共性。他們所推崇的佛教人物,是宋代以來倡導禪教淨律融合的延壽等人。他們繼承教禪並重、三教合一的主張,既重禪學,也重義學,更重淨土。特別是明末清初的智旭,不僅倡導不分優劣地弘揚天台、禪、律、唯識、淨土等教理,而且主張信仰一切佛、菩薩和祖師,並且包括佛教一切經典。他積極推廣各類贖罪法事,重視和支持禮懺、持咒、血書、燃香等活動,並且把念佛、戒殺和放生融合到求生淨土的信念和實踐中。他們以俗家弟子為主要宣教對象,不以復興佛教的某個宗派為目的,號召全面繼承佛教遺產。他們不僅在當時社會上和佛教界享有盛譽,也成為後世佛教信仰者頂禮膜拜的偶像。但是,他們淡化法系傳承,消除門戶壁壘的主張,始終沒有成為此後清代佛教界的主流認知。

　　禪宗崛起的直接原因,是社會動亂造成的窮苦民眾源源不斷地湧入佛教僧團,範圍很廣,規模很大。當時具有弘教傳禪資格的禪師達上千人,這在整個禪宗史上也是少見的。在數以百計的「開堂說法」者周圍,往往聚集著數百名僧人,有的多至一兩千眾。他們當中的不少人不循戒律,貶低佛典價值,否定西方淨土,反對從事瑜伽教僧的職業。這種禪風與宋以來的禪宗傳統直接牴觸,而與晚唐五代的山林禪有更多相似之處。當時禪

宗內部的爭論很激烈，辯論的癥結在於是突破傳統佛教，還是維護傳統佛教；是有選擇地繼承禪學遺產，還是全面繼承佛教遺產。這些爭論有時十分煩瑣，引發出的創見則極少，往往與參加爭論者的宗派隸屬、政治態度等交織在一起。就此而言，這與當時黨社的派系鬥爭又有些近似。

就明末禪宗復興的派系結構來說，是曹洞宗和臨濟宗並興。曹洞宗有兩支不斷擴張，一是湛然圓澄開創的雲門系，二是無明慧經開創的壽昌系。臨濟宗的主要派系出自笑岩德寶的弟子幻有正傳門下，正傳的著名弟子有密雲圓悟、天隱圓修和雪嶠圓信，都在江南一帶傳禪。到了清代初年，禪宗復興運動的影響已經遍及各地，受到清廷的特殊關注和強力介入。

支撐佛教綜合復興的是官僚士大夫階層，托起禪宗復興的是失去土地和民生物資的流民。他們有不同的境遇、不同的需求和不同的目標，從而使兩股復興潮流呈現出迥然不同的風貌。到清雍正時期，禪宗的復興運動徹底沉寂，佛教綜合復興運動中的主導思想逐漸成為社會各階層信眾的共識。

四

清王朝宗教政策的基本立場，是把維護專制皇權放在第一位，徹底清除任何宗教派別中有違於皇權至上的因素。這個政策的突出特點，是把儒釋道「三教」與其他一切有祕密結社性質的民間教派嚴格區分開來，自覺把前者作為加強統治的思想工具，扶植多於限制，採取相對寬鬆的政策；明確把後者作為顛覆政權的力量，武力鎮壓多於思想誘導，採取嚴厲打擊的措施。

清王朝對建寺和度僧都頒布了法律條文，而且規定也相當仔細。清代

寺院分為國家建造和民間建造兩種，都被納入政府的統一規劃和管理之下，限制比較嚴格。清代的僧道管理機構基本仿照明代建立，變動不大。在度牒管理、廢除試經度僧制度等方面，清王朝進行了較大變動，對佛教發展也產生了深刻影響。清王朝對佛教內部不同宗派或不同法門的變動情況格外重視，其中，介入較多的是清代前四帝。他們的態度相當明確，也完全一致：著重鼓勵和支持的是律宗和淨土，重點整頓和清理的是禪宗，任其自生自滅的是教門諸派義學。

即使與元代相比，清朝對藏傳佛教的管理措施也更為細膩。整體說來，清廷授予上層喇嘛以政教權力，鼓勵喇嘛教在中國傳播，但並沒有引發元代那樣從中央到地方的亂政擾民局面。宗教上層人士的教權，在協助中央管理地方上發揮了重要作用。同時，清廷透過編譯四種文字對照的《大藏全咒》，透過在京城建立喇嘛教寺院等措施，強化了滿、漢、藏、蒙諸民族的文化認同意識。有清一代，藏傳佛教對漢傳佛教的影響已經不能與元代相比了。

從順治到乾隆，佛教沿著明末開闢的方向繼續發展演變。由於受到清王朝政治、經濟和思想文化的制約，也不斷修正前進方向，調整內部結構。整體說來，佛教還保持著相當規模，在社會上還產生相當大的影響。尤其是禪宗，還一度保持興旺局面。嘉慶以後，隨著清王朝的內憂外患進一步加劇，官方已經無暇顧及傳統宗教，佛教自身也進一步衰落，許多寺院逐漸成了流民的藏身之地。太平天國運動時期，以天主教為號召，反對偶像崇拜，對佛教和道教都予以排斥和打擊。僧尼星散，寺院遭受破壞，以致佛教的存在，更集中地表現在瑜伽焰口、水陸道場、慈悲水懺、梁皇懺、大悲懺、金剛懺、打佛七等各類法事的廣泛盛行中。

整體觀察，清代佛教有三個重要情況值得關注。

其一，教門各派義學進入全面衰落期，律宗形成一支嚴格意義上的宗

派。佛教界在普遍淡化原有宗派隸屬的同時，更重視師徒傳承關係，從而使新形成的支派持續保持著旺盛的活力。

　　清代佛教界始終沒有形成學習、研究佛教經典和探討佛教理論的風氣。談得上對佛學有研究者，已經寥若晨星。就佛教義學的整體情況而言，尚不能與明代末年相比。除了個別華嚴學者還保持某些特點之外，其餘的義學門類就沒有特點可言了。佛教各宗派中，只有興起於明末的如馨一系，在組織規模的宏大、法系傳承的嚴整、社會影響的擴大等方面全面超越前代律宗。

　　隨著佛教內部各派思想融合的不斷加深，在絕大多數情況下，宗派之別已經很難反映思想的不同。對於一般僧人而言，由於原有的宗派劃分並沒有高低優劣之別，所以師出臨濟或曹洞，禪宗或教門，並沒有什麼重要意義。能夠決定他們身分、地位以及是否贏得社會承認的一個關鍵因素，是他「嗣法阿誰」。也就是說，他是誰的弟子很重要，關鍵時刻會決定他在佛門的進退榮辱。同樣因為重視師徒傳承關係，有的宗師謹慎擇徒，終生只認可一位嗣法弟子。正是由於對師徒傳承關係更為重視，許多佛教新支派發展起來，並且法脈延續久長，其影響至今還看得到。

　　其二，禪宗諸派依然保持著傳法系統，在組織規模上始終是佛教的主體。但是，禪學卻從保持個性的多頭發展，逐步轉向融合各種佛教思潮，並與其他教派逐漸趨同。

　　明末山林禪宗復興的浪潮在清初得到進一步發展，繼續成為佛教的主體。就派系結構而言，臨濟和曹洞都有一定擴張，以江浙等地為主要基地，分別衍生出若干支派，活躍於南北各地。不同的支派，其禪學思想或宗風也不相同，或者推崇鬥機鋒、施棒喝，甚至呵佛罵祖，用極端狂放的方式表達自證自悟的教義，完全沿襲唐末五代的山林禪風；或者主張鑽研語錄公案，作拈古、頌古，繼承北宋以來的傳統；或者以參究話頭為證悟

正途，沿著南宋宗杲開創的禪學道路前進。隨著清王朝政權的鞏固，在社會趨於穩定的過程中，加上雍正的嚴厲整頓，山林禪和文字禪成為主流輿論批判的對象，逐漸趨於沉寂，只有看話禪與淨土思想融合，繼續盛行於禪林。

其三，西方淨土信仰、菩薩信仰和各種救贖性質的法事盛行於佛教界和社會各階層，成為最有影響力的佛教信仰和實踐。

進入清代以後，禪宗的唯心淨土思潮逐漸失去號召力和感染力，傳統彌陀經典宣揚的西方有相淨土越來越興盛。專弘西方淨土的宗師比以前任何時期都多，並且在實踐上不斷有所創造。另外，專門弘揚西方淨土的著名道場及其結社組織也隨之湧現。純粹的西方淨土法門在普及過程中，逐漸取代禪宗法門，成為佛教界最流行的思潮，同時為越來越多的社會民眾所接受。與此相連繫，同樣是寄希望於佛、菩薩拯救的各種救贖性質的懺儀法會，流行於社會各階層。西方淨土信仰、菩薩信仰和救贖法會在僧俗兩界的盛行，顯示人們重視他力拯救遠遠超過重視自力解脫。這也是導致禪學必然衰落的一個重要原因。

本書從宋到清的禪宗、華嚴相關部分，借鑑和吸收了與杜繼文先生合著的《中國禪宗通史》以及拙作《中國華嚴宗通史》、《宋代禪宗文化》的一些內容，特此說明。本書限於個人水準，其中錯謬難免，敬請讀者指正。

魏道儒

第一章
宋代佛教新格局與社會結構的變遷

第一節　佛教政策與管理制度

一、促動新格局形成的社會因素

宋王朝包括北宋（西元960～1127年）和南宋（西元1127～1279年），立國320年。北宋王朝的建立，結束了唐末以來長期的社會動亂和地區分治局面，再次出現了全國的統一。宋王朝在政治、經濟和思想文化等方面形成的新特點，宋代帝王的佛教政策，成為制約佛教發展演變和促動佛教新格局形成的主要因素。

第一，宋王朝在特定歷史時期強化君主專制主義的中央集權，對佛教愛國主義傳統的形成有推動作用。

中唐以來，藩鎮猖獗，地方割據勢力膨脹，造成了君弱臣強、政局不穩、社會動盪的惡果，直接損害了整個統治階級的利益。自五代開始，北方少數民族崛起，從東西兩個方向不斷侵入中原，始終對宋王朝構成威脅。針對這樣的歷史環境，宋王朝在處理內部事務方面，明確把防止地方勢力復辟、鎮壓農民起義、制止官吏專權和集權中央作為基本國策，作為加強專制君主權力的重要內容。特別是北宋中期以後，為了抵禦接連不斷並且日益嚴重的外患，進一步高度集中軍政財權。宋王朝推行的一系列加強皇權的措施，有著順應社會穩定和抵抗外敵侵擾的實際作用，因此在實施過程中幾乎沒有遇到大的阻力。如此，強化君主專制主義的中央集權，成為宋王朝在政治方面的一個突出特點。

這種在特殊歷史背景下形成的專制制度，給予意識形態極大影響，特別在倫理觀念和價值趨向上，變化是劇烈和顯著的。國家至上，君主至上，化作「忠君報國」的理想和呼喚，成為那個時代的最強音，成為那個時代的思想理念和道德觀念。這種傾向隨著民族危機的加深而同步增強，直到

第一節　佛教政策與管理制度

北宋南渡和南宋滅亡。毫無疑問，這是誘導佛教思想變化的一個持久和重要的因素。把「忠君愛國」、「愛君憂時」等作為僧侶的美德，把振興佛教視為「報國恩」，把樹立佛教信仰（發菩提心）等同於樹立「忠義之心」，已經不是個別僧侶的特殊見解，而是逐步成為佛教界的共識。佛教的愛國主義意識可以追溯到很早，但是，它作為中國佛教的一個傳統則是從宋代開始形成的。

第二，大量科舉入仕的官僚士大夫成為佛教發展演變的重要社會力量，他們的精神需求對於佛學各分支的興衰變化發揮了重要作用。

與唐代相比，宋王朝的科舉已經不再被門閥貴族所壟斷和操縱，取士範圍更廣，人數也更多。各級官員絕大多數是科舉出身，文化修養良好，成為宋代官僚階層的一個特點。為防止因官吏擅權而削弱君權，宋廷進行了削弱和分散官僚權力的行政改革，在任用官吏上實行了官與職殊、名與實分的制度。但這一切並沒有從根本上提高行政機構的辦事效率，並沒有徹底解決小人擅權的問題。相反，這些措施造成機構設置的臃腫膨脹、人浮於事，加上任用和罷黜隨意，提拔得多，需要安置的更多，從而造成了歷史上少有的在職加賦閒的官僚階層。這樣一來，統治階層中的大量幹才時時受到各種牽制，許多人往往是「志未伸，行未果，謀未定，而位已離矣」。[001] 官場風雲的變化莫測、宦海沉浮的不能自主，都促使官僚士大夫從佛教中尋找精神寄託。

兩宋文武官僚的一個共性，是他們經世時多有兩手準備。宋人羅大經說：

士豈能長守山林，長親蓑笠？但居市朝軒冕時，要使山林蓑笠之念不忘，乃為勝耳。……荊公（王安石）拜相之日，題詩壁間曰：霜松雪竹鐘

---

[001] 　［明］王夫之：《宋論》，卷二。

山寺，投老歸歟寄此生。……山谷（黃庭堅）云：佩玉而心如枯木，立朝而意在東山。[002]

包括像岳飛那樣氣吞山河的將領，也不時流露出退隱之意。在當時，士大夫們普遍認為精神上退隱的最好去處莫過於佛教，特別是逐漸成為佛教主流的禪學。

無論有退隱之志的官僚，還是有佛教信仰的士人，都很願意與文化僧人來往，都積極參與佛教文化事業，像翻譯佛經、刻印藏經、編輯禪書等活動，都有士大夫的廣泛參與。正是在這種環境中，宋代的佛教文化事業出現了興盛的局面。與此同時，佛學的發展也呈現出刻意迎合士大夫階層胃口的特點，其中尤以禪學的表現最為突出。可以說，禪學的持續興盛，各種禪學新思潮的興起，不是在士大夫的共同參與下進行，就是在流行過程中對士大夫形成強大的吸引力。

與唐末五代相比，兩宋社會相對穩定，王朝的宗教政策比較寬鬆，佛教的寺院經濟平穩發展。禪宗的領袖人物走出農耕山林，進住通都大邑或名山勝地的大寺院，這就為他們放下鋤頭拿起筆桿提供了可能。山林曠野的質樸禪風由此在禪宗主流階層身上逐漸消退，都市書齋的浮華禪風卻日益濃重。禪宗新禪學的發展過程，也正是禪師們在研究舊經典的基礎上創造新經典的過程。宋代是產生禪宗典籍的黃金時期，其數量之龐大、種類之齊全，不僅超過唐五代，而且也為後代所不及。而禪宗所推崇的經典、燈錄、語錄的風骨，對文人也有很強的吸引力。據記載，張商英曾說過：「比看《傳燈錄》，一千七百尊宿機緣，唯疑德山托缽話。」[003]可見他對《景德傳燈錄》這部篇幅甚鉅的禪書的熟悉程度。朱熹喜讀大慧宗杲的語錄，從中受到啟發。他甚至說：「今之不為禪者，只是未曾到那深處，才

---

[002]　［宋］羅大經：《鶴林玉露》，丙編卷五。
[003]　《羅湖野錄》卷上。

第一節　佛教政策與管理制度

到深處,定走入禪去也。」[004] 士大夫在與禪僧的日常來往中,也喜歡運用《燈錄》和《語錄》中的那種機語問答和詩頌酬唱形式。他們相見時的鬥機鋒、逞辯才,被稱為「禪悅之樂」。

在宋代,士大夫階層是推動佛教發生巨變的重要社會力量。這不僅表現在禪學上升為佛學主流上,也表現在淨土信仰從一種學說、行儀發展到創教立宗上,還表現在因為士大夫普遍「厭聞名相之談」而使教門諸派的所謂「中興」沒有興旺氣象上。同時,儘管宋代佛經翻譯規模大,數量多,延續時間長,但並沒有成為影響佛教思想發展的重要因素。造成這種現象的原因雖然是多方面的,但是士大夫對新譯經典的態度,無疑也是一個不可忽視的原因。

第三,隨著宋王朝加強對佛教的經濟管理,使經濟關係進一步滲透到佛教內部,加劇了僧團內部的分化,催生了腐敗現象。與此同時,佛教界和士大夫階層批判違律破戒、倡導加強僧眾道德修養的聲音也不斷高漲,逐漸成為潮流。

宋王朝在社會經濟關係方面出現的一個重要變化,是地主對農民的剝削形式發生改變。貴族官僚等級世襲的占田制度從唐中葉開始瓦解,唐末農民起義最後消滅了這一制度。宋代地主主要以購買土地的方式擴大土地占有,以出租土地榨取實物地租的方式實現財富增值。伴隨著土地再分配的合法進行,土地買賣和兼併不斷加劇。這種經濟方面的變化也直接影響到佛教,促使佛教寺院經濟膨脹,促使佛教界的上層人士重視經濟建設,從而引起佛教內部的分化。

佛教內部發生的分化,在作為佛教主流的禪宗那裡表現得更為突出。部分禪師取代過去法師和律師的社會政治地位,迅速貴族化,並且成為可以影響佛教發展的力量。慧洪曾講述自己見到的一個場面:「予南還海岱,

---

[004]　《朱子語類》卷六。

逢佛印禪師元公出山,重荷者百夫,擁輿者十餘夫,巷陌來觀,喧吠雞犬。」[005] 這個場面可以作為宋代上層禪師生活的一個縮影,佛印了元出行的威風氣派,不僅是唐代活躍於山林的禪師們所無法相比的,也是當時義學法師們所無法達到的。

當然,在特定的社會歷史背景下,為了安置因為天災人禍而喪失民生物資、喪失家園的流民,因此而重視寺院經濟建設,對於社會穩定是有正向作用的。在北宋末南宋初,大批因戰亂而逃離家園的農民找不到生活出路,紛紛湧入寺院,多數人也因此出家。在這個時候,有社會責任感的禪師面臨的最緊迫任務,不是對飢民講經說法、談禪論道,而是帶領他們開荒墾田,生產自救,解決他們的衣食問題。實際上,從唐末五代以來,這是禪宗的傳統,山林禪也就是從這裡起家的。到了宋代,佛教團體中也有許多這樣的禪師,兩宋之際的大慧宗杲就是一個代表。他很重視錢糧問題,認為:「安著禪和子,不過錢穀而已。」[006] 所以,他率領僧眾墾荒開田,自己動手建立寺院,有僧多達一兩千人。兩宋之際,以這樣的方式建立起來的大寺院很多。

然而,佛教界湧現出的新貴鉅富畢竟有著強烈的誘惑力。當眾多僧人開始採取種種方式累積財富的時候,佛教界的主流觀念也開始發生變化,不再推崇安貧樂道,而是「以清貧為恥,以厚蓄為榮」[007]。許多人出家,並不是出於信仰原因,而是為了解決生活問題,更有甚者,許多僧人把生活品質作為衡量佛教是否昌盛的標準。[008] 當一般僧眾貪戀財富,追求生活享受的時候,佛教內部的道德淪喪和腐敗現象就產生了。有些僧人見利忘義,得了一頓飯的好處就可以自食其言,阿諛逢迎,高談闊論的佛理禪

---

[005]　《冷齋夜話》。
[006]　《禪林寶訓》卷三。
[007]　《雲臥紀譚》卷上。
[008]　《古尊宿語錄》卷四十一。雲峰文悅曾指出他所看到的情況:「看卻今之叢林,更是不得也。所在之處,或聚徒三百五百,浩浩地,只以飯食豐濃,寮舍穩便為旺化也。」

第一節　佛教政策與管理制度

理都是以求食為目的。[009] 與眾多禪師關係密切的蘇軾，也對不守戒律的現象予以痛斥：

> 僧謂酒為「般若湯」，謂魚為「水稜花」，雞為「鑽籬菜」，竟無所益，但自欺而已，世常笑之。人有為不義而文之以美名者，與此何異哉！[010]

兩宋之交，佛教界一度還有僧人別有用心地曲解經典，公開主張破壞戒律，鼓勵道德淪喪，誨淫誨盜。南宋初年的禪僧萬庵道顏指出：「叢林所至，邪說熾然。乃云：戒律不必持，定慧不必習，道德不必修，嗜欲不必去。又引《維摩》、《圓覺》為證，贊貪、嗔、痴、殺、盜、淫為梵行。」[011]

在這種情況下，宋代一大批有影響的僧人疾呼加強佛教的道德修養建設，並且付諸實踐。編定於南宋的《禪林寶訓》[012] 一書，大體可以反映出宋代佛教界刻意提倡道德修養的情況。冠於《禪林寶訓》三百篇之首的，是明教契嵩的關於道德重要性的一段話：

> 尊莫尊乎道，美莫美乎德。道德之所存，雖匹夫非窮也；道德之所不存，雖王天下非通也。……是故學者患道德不充乎身，不患勢位之不在乎己。

全面考察《禪林寶訓》所收集的宋代高僧關於加強道德修養建設的言論，可以發現，宋代佛教界所講的道德，明確以儒家的道德規範為核心，並不僅僅局限於佛教傳統戒律的範圍。《禪林寶訓》比較完整地反映了宋代佛教界把儒家的綱常名教和佛教傳統戒律結合起來，共同作為道德建設的

---

[009] 《禪林僧寶傳》卷四。真淨克文曾憤怒指出：「末法比丘，鮮有節義。每見其高談闊論，自謂人莫能及。逮乎一飯之惠，則始異而終輔之。求其是日是，非日非，中正而不隱者少矣。」
[010] 《東坡志林》卷二。
[011] 《禪林僧寶傳》卷四。
[012] 兩宋之交的臨濟僧人宗杲和士收集宋代著名禪師關於道德修養的言行，編成《禪林寶訓》。此書不久散失過半，南宋僧人淨善重新收集材料續編，大約於淳熙年（西元 1174～1189 年）後完成，即現存的《禪林寶訓》。

準則和基本內容的實況，對後代佛教產生了持久的影響。[013]

第四，宋王朝奉行三教並舉的政策，為思想界提供了寬鬆的政治環境，使三教的融合進入了嶄新階段，也促使佛教進入了吸收儒教和道教思想的新階段。

在整個兩宋歷史上，絕大多數帝王都奉行三教並舉的宗教政策，期間雖然有兩次小的波折，但沒有改變大的方向。從宋真宗開始，在明確把儒教作為統治思想的同時，積極提倡佛教，宣揚信奉道教。南宋孝宗在《原道辯》中對三教關係的系統表述，可以代表宋代絕大多數帝王的思想：

> 朕觀韓愈〈原道〉，因言佛老之相混，三教之相紕，未有能辯之者，且文繁而理迂。揆聖人之用心，則未昭然矣。何則？釋氏專窮性命，棄外形骸，不著名相，而與世事自不相關，又何與禮樂仁義哉！然尚立戒，曰不殺、不淫、不盜、不飲酒、不妄語。夫不殺，仁也；不淫，禮也；不盜，義也；不飲酒，知也；不妄語，信也。如此，與仲尼夫何遠乎？……三教末流，昧者執之，自為異耳。夫佛、老絕念無為，修身而已矣，孔子教以治天下者，特所施不同耳，譬猶耒耜而耕，機杼而織。後世徒紛紛而惑，固失其理。或曰：當如之何去其惑哉？曰：以佛修心，以老養身，以儒治世，斯可也。其唯聖人為能同之，不可不論也。[014]

孝宗透過對唐代韓愈〈原道〉中反佛排佛言論的批判，指出佛教的五戒與儒家的五禮本質上是一致的；透過批駁三教相異的言論，提出了三教的分工論。孝宗是從倫理觀方面尋找三教融合的契合點，從論證三教各有分工的方面提出解惑方法的。他的這些言論，完全都是重複北宋僧人的陳

---

[013]　《禪林寶訓》此後被奉為禪僧的必讀書，既受到佛教界的重視，也受到士大夫的重視。明清兩代，注解此書的有五家之多，他們是明代大建的《禪林寶訓音義》一卷，清代張文嘉和張文憲的《禪林寶訓合注》四卷，盛行的《禪林寶訓拈頌》一卷，德玉的《禪林寶訓順硃》四卷，智祥的《禪林寶訓筆說》三卷。淨善在《禪林寶訓》序言中指出，編輯本書的目的「大概使學者削勢利人我，趨道德仁義而已」，不僅僅是呼喚信守戒律，而是自覺吸收儒家的倫理規範，加強僧眾的道德修養建設，這些自宋代開始成為佛教的一個優良傳統。

[014]　上引均見《雲臥紀譚》卷下。

第一節　佛教政策與管理制度

詞濫調，並沒有一絲一毫的新見解。如此論述，竟然還以融合三教的「聖人」自詡，從三教融合理論歷史發展過程來衡量，自然顯得十分可笑。但是，與此前的歷代帝王相比，他所倡導的又完全是順應思想文化發展潮流的理論。因此，讓三教從不同方面發揮治世利人、協調人際關係、維護王權統治的作用，實際上已經不僅僅是學說發展的狀況，而是社會不同階層的需求，更是統治階級的需求。

三教並舉的方針，使思想界有了寬鬆的環境，有利於新思想、新學說的產生。從宋代開始，三教的平等融合，開始成為統治階級、佛教僧侶和社會各階層的共識。無論是在儒家人士中還是在文化僧侶中，都出現了三教融合的新理論和新實踐。理學的產生，也離不開這種三教融合的高潮。就佛教而言，吸收儒教、道教的思想進入了新的階段，並且成為後世的典範。特別是儒教的政治倫理觀念，開始被公認為是佛教倫理體系的重要支柱。從此以後，三教在思想方面的衝突和爭鬥退居次要地位，並且開始出現榮辱與共的局面。這是佛教進入宋代後的又一個新變化。

二、控制佛教規模的政策

宋王朝在總結前代佛教政策得失利弊的基礎上，對佛教採取了適度限制的政策，對佛教既不盲目崇奉，也不過分抑制；既不使其經濟實力過度膨脹，又不使其完全萎縮。就朝廷治理的重點而言，其一是避免佛教僧團的大起大落，其二是防止其經濟實力的過度膨脹。從兩宋開始，像「三武一宗滅佛」那樣針對整體佛教的政治打擊和武力鎮壓再也沒有出現過。

在設置管理機構、制定具體管理措施等方面，宋王朝既注重參考和採用唐五代的某些做法，又針對當時的社會情況進行了許多重要調整，相繼制定出不同於前代的配套措施。與唐五代及其以前相比，宋代制定的佛教事務管理辦法更少隨意性，更具備系統化和制度化的特點。

第一章 宋代佛教新格局與社會結構的變遷

隨著宋代中期以後內憂外患的加劇，前期制定的一些適度管理佛教的規定往往不能有效地貫徹和實施，有些制度逐漸徒具空文。特別是一些經濟管理措施發生了質變，演化為轉嫁政府財政危機的方式，對佛教的負面影響越來越大。這也是宋代佛教管理方面值得重視的方面。

宋太祖親身經歷過周世宗「滅佛」事件，既了解這種做法在短期內抑制佛教惡性膨脹的作用，又看到過它所造成的人心浮動、不利於社會穩定的負面影響。因此，他在強調發揮佛教維護社會政治穩定的同時，又注重消除其可能引發的社會動盪。宋太祖即位數月，便解除了周世宗顯德年間（西元954～959年）的廢佛令，並普度童行8,000人，以此作為穩定北方局勢和取得南方吳越等國歸順的重要措施之一。但是，太祖並不是要把當年毀棄的佛寺全面恢復，他在建隆元年（西元960年）六月詔書中說：「諸路州府寺院，經顯德二年停廢者，勿復置；當廢未廢者，存之。」[015] 對於可能引起社會動盪的佛教活動，太祖則積極介入，防患於未然。開寶八年（西元975年），詔令禁止在舉行灌頂道場、水陸齋會等法事中於夜晚聚集士女，認為這些活動「深為褻瀆，無益修持」[016]。

宋太祖採取多種保護和扶植佛教措施，表面上看是仿效唐代帝王的故事，實際上是與當時的具體情況分不開的。例如資助出國求法、建築寺塔，都與開發西北邊疆、爭取南方地主階級的支持等政治目的結合起來，產生良好功效。對於公開倡導反對佛教者，均嚴厲懲罰。河南進士李藹作《滅邪集》反佛，太祖認為他是「非毀佛教，誑惑百姓」，將其發配沙門島。太宗認為：「浮屠氏之教，有神政治。……朕於此道，微究宗旨。」[017] 真宗是有宋一代帝王中大力倡導三教並舉的代表，他在撰寫〈崇儒術論〉的同時，又作〈崇釋論〉，認為佛教與孔孟「跡異而道同」。但是，當有人

---

[015]　《續資治通鑑長編》卷一，建隆元年六月。
[016]　《宋大詔令集》卷二百二十三〈禁灌頂道場水陸齋會夜集士女詔〉。
[017]　《續資治通鑑長編》卷二十三。

第一節　佛教政策與管理制度

建議修復在會昌年間遭到破壞的龍門石佛時，他明確表示反對，認為「軍國用度，不欲以奉外教，恐勞費滋甚也」[018]。真宗絕對不容許在這方面耗費人力和財力。

南宋高宗曾指出：「朕觀昔人有惡釋者，欲非毀其教，絕滅其徒；有善釋氏，即崇尚其教，信奉其徒。二者皆不得其中。朕於釋氏，但不使其大盛耳。」把佛教發展規模控制在一定程度之內，「不使其大盛」，這是在總結歷代佛教政策經驗和教訓的基礎上得出的結論，不僅反映了宋代絕大多數帝王的觀點，也是對宋太祖以來佛教政策的概括，可以說是兩宋佛教政策的一個顯著特點。

在控制佛教僧尼人數方面，突出反映了宋王朝「不使其大盛」的治理原則。北宋建國之初，官方掌握的各地僧徒數量較少，大約 68,000 多人，這是宋代 300 餘年歷史上的最小數字，可能與當時統計不精確有關。到太宗時，有僧尼 24 萬。真宗天禧五年（西元 1021 年），有僧 397,615 人，尼 61,239 人，是宋代僧尼的最大數量。從仁宗天聖年間（西元 1023～1032 年）開始，鑒於佛教僧尼人數長時間居高不下，大臣不斷提出裁汰僧尼之議。天聖四年（西元 1026 年）正月，宰臣張知白在奏章中提出了僧人聚眾為盜，危害社會的情況：「臣任樞密日，嘗斷劫盜，有一火（夥）之中，全是僧徒者。」仁宗對此奏的批示是「自今，切宜漸加澄革，勿使濫也」[019]。然而，短時期內朝廷的整頓措施顯然收效甚微，至少沒有產生削減僧尼人數的作用。根據景祐元年（西元 1034 年）統計，仍然有僧 385,520 人，尼 48,740 人。[020] 仁宗朝野上下抑制佛教的聲浪持續高漲。張洞奏，「今祠部帳至三十餘萬僧，失不裁損，後不勝其弊」，於是，「朝

---

[018]　《續資治通鑑長編》卷六十五，景德四年二月。
[019]　上引均見《宋會要輯稿·道釋一》。
[020]　《宋會要輯稿·道釋一》及《佛祖統紀》卷四十五。

廷用其言，始三分減一」[021]。除了減度僧三分之一之外，還下令毀天下無名額寺院。從此以後，僧尼數量直線下降。到神宗熙寧元年（西元1068年），有僧220,761人，尼34,027人。[022] 此後僧尼人數一直穩定在20萬左右。南宋高宗紹興二十七年（西元1157年）時，有僧尼20萬。[023]

三、管理機構及其職能

宋代開始建立宗教管理機構時，很多方面沿襲唐五代，北宋中期以後逐漸有大的調整。兩宋管理宗教事務的中央政府機構，曾經歷了幾次變更。元豐年（西元1078～1085年）官職改革之前，宗教事務主要由功德使負責。其他相關部門，如鴻臚寺、祠部等也配合管理某些相關事務。建隆二年（西元961年）七月，太祖派其弟光義為開封府尹，並兼功德使，有取締僧道的權力。[024] 可見，宋朝廷一開始就重視宗教行政管理。這種安排，與後周世宗在登基前曾擔任過開封府尹兼功德使有關。宋王朝建立初期，與後周滅佛時間相距不遠，佛教被認為是可能導致社會動亂的一個潛在因素，所以引起高度重視。北宋局勢穩定之後，功德使的作用就自然削弱了。元豐之後到北宋末年，主要由鴻臚寺管理宗教事務。南宋時，鴻臚寺併入禮部，祠部成為管理宗教的主要權力機構。

無論是北宋的功德使、鴻臚寺，還是南宋的祠部，作為其職權一部分的佛教事務，主要是督管左右街僧錄司，處理僧尼試經出家、受戒得度、度牒發付和僧官遷補等。由於有些宗教事務涉及面較廣，往往是眾多機構分工負責，協調處理。例如，僧尼度牒，從申請、製造到確定種類、發放

---

[021] 《宋史》卷二九九〈張洞傳〉。
[022] 《宋會要輯稿·道釋一》。
[023] 《佛祖統紀》卷四十七。
[024] 根據《宋會要輯稿·職官·開封府尹》所記，據《佛祖統紀》卷四十三，太祖開寶五年（西元972年）建功德使，隸屬於開封府。

第一節　佛教政策與管理制度

數量以及辦理發放手續等，都不是某一個機構所能決定的。即使在北宋初，功德使也並不是能夠管理所有佛教事務。贊寧指出北宋初年的情況：「至今大宋，僧道並隸功德使。出家乞度，策試經業，則功德使關，祠部出牒，繫於二曹矣。」[025]

整體說來，在管理宗教事務的官方各部門中，並沒有一個能夠號令天下僧尼的最高權力機構。相比較而言，北宋初年一度設立的功德使雖承自唐代，但由於隸屬於開封府，許可權較小，並且不再由宦官擔任。

直接管理佛教事務的僧官機構，在中央有左右街僧錄司，在地方各州有僧正司。契嵩曾提到，「唐革隋則罷統而置錄，國朝沿唐之制，二京則置錄，列郡則置正」[026]。因此，北宋王朝在首都開封府和西京河南府都設立了僧錄司。兩宋僧錄司先後由功德使、鴻臚寺、祠部直接管轄。僧錄司中的僧官排序是：僧錄、副僧錄、講經首座、講論首座、鑑義等。僧錄司的職權範圍很廣泛，可以參與包括寺院內部事務管理以及與政府來往的各種活動，例如參與試經剃度、寺額賜授、住持任命、頒賜紫衣師號、僧尼簿籍管理等。至於僧尼個人的剃度、出家、受戒、出行以及關於修行生活各個方面的問題，主要由僧錄司處理，政府機關是不過問的。

在兩宋時期，擔任僧官者以處理日常事務為主。即使是擔任僧官之首僧錄的僧人，也罕有在佛教史上產生較大影響者。[027]宋真宗以後，政府曾嘗試過多種方法選拔中央僧官，或從諸寺住持中選拔優良者，或透過經論考試遴選，或規定候選僧官的年齡、僧臘等，或由達官、內臣推薦。選拔方法的不斷變化，不僅反映了朝野官員對僧官的不滿意，同時也反映了宋

---

[025]　《大宋僧史略》卷中〈管屬僧尼〉，《卍續藏經》卷八十八 450 頁中。
[026]　《輔教編》卷中。
[027]　根據《宋高僧傳》、《佛祖統紀》等書統計，太祖、太宗時擔任僧錄者有道深（見《宋高僧傳》卷七〈傳章傳〉）、神曜、可朝、省才（上 3 人見《佛祖統紀》卷四十三），真宗時有贊寧（見《佛祖統紀》卷四十四）、澄遠（見《宋史》卷四六六〈周懷政傳〉）。仁宗之後到神宗有重詢（見《通鑑長編》卷一一四）、智林（見《佛祖統紀》卷四十五）、方諫、法寶（二人見《天台五臺山記》）等。

王朝相當多的官員對選任僧官重視不夠。治平二年（西元1065年），中書朝官與內臣宦官為推薦兩街僧官發生爭執。歐陽脩奏曰：「補以僧官，當與不當，至為小事，何繫判官？但中書事已施行，而用內降改先朝著令，則是內臣干擾朝政，此事何可啟？」[028] 可見，相關官員對選僧官的態度，也在一定程度上決定著被選拔者的素養。

地方僧官制度是繼承唐代，各州設置僧正司，有僧正1名，其下有副僧正、僧判等。贊寧曾指出：「今天下每州置一員（指僧正），擇德行才能者充之，不然則缺矣。」[029] 選派僧正寧缺毋濫，可見對地方僧官的重視。在佛教比較興盛，僧尼比較多的溫州、杭州、臺州、湖州、處州、明州等地，僧正之上還設立了都僧正一職。另外，在五臺山沿襲唐代制度，設置了十寺僧正司。僧正司直接隸屬於本州政府，管理本州的佛教事務，其具體活動與僧錄司區別不大。地方的僧官機構，是溝通官方與僧眾的橋梁。在宋代，還沒有建立起與行政建制相配套的地方僧官機構。

四、僧帳編制及其作用

隨著宋代戶籍制度的發達，對人口的統計比前代更為精確。與此相應，宋王朝對僧尼人口普查的次數之多，統計之精確，不僅超過前代，也為後代所不及，這無疑象徵著宋王朝在佛教事務管理方面的一個進步。在特定歷史時期，僧尼的數量及其增減變化，一定程度上可以反映佛教本身的盛衰，反映佛教社會作用和影響的強弱，也間接表達了統治集團對佛教的態度。

籍帳是記錄僧尼、沙彌、童行數量和其他基本情況的簿籍，也簡稱「僧帳」[030]。宋代所造的僧尼籍帳主要參照後周，對造帳、稽查和管理的

---

[028] 《通鑑長編》卷二〇六，治平二年八月。
[029] 《大宋僧史略》卷中〈立僧正〉，《卍續藏經》卷八十八447頁中。
[030] 根據《佛祖統紀》，僧帳制度開始於唐開元十七年。

各個環節都有詳細規定，以便官方能夠準確、及時掌握佛教僧眾的變動情況。宋王朝每年對佛教人數普查統計一次，製作所謂「刺帳」，記錄本年度僧尼、沙彌、童行的人數變動情況。每3年造「全帳」，記錄各寺院僧尼、沙彌、童行的數量、法號、年齡、籍貫、俗姓以及出家、剃度、受戒師傅和時間等。造帳過程是從最基層的寺院開始，每年四月十五日前，諸縣將轄區內各寺院上報的簿籍彙總，然後上報到州。諸州在進行彙總整理後，製成3份僧帳，自留1本，另外2本於五月底以前分別呈交祠部和上奏皇帝。

這種由寺院到朝廷逐級完成的僧帳，是政府制定多項整頓佛教措施的重要依據。首先，它是作為淘汰非法出家者的一個重要憑據。如果在檢查中發現籍帳上沒有登記名字的僧尼，各州縣可以勒令其還俗。其次，政府透過全帳或刺帳記錄的僧尼數量，制定每年各州乃至各寺院剃度童行的數量。再者，僧帳可以作為控制僧眾人數的依據。如果發現僧帳顯示全國僧尼數量過多，可以依此為基準削減。

儘管有一套統計僧尼數量和稽查僧尼基本情況的措施，但是所造籍帳也並不能完全準確反映僧尼的真實數量。這首先因為僧帳並不包括私度的僧尼。對於這部分人，政府除了發現之後令其還俗之外，並沒有其他有效的管理辦法。另外，隨著北宋中期以後鬻牒成風，空名度牒逐漸氾濫，僧帳制度就更不能反映真實情況了。

五、度牒買賣與多種稅費

度牒，是朝廷頒發的證明僧尼合法身分的文字憑證，其發放開始於唐玄宗時期。官方頒發度牒的直接目的，是為了防止民眾透過私自出家逃賦稅和兵役；防止罪犯入寺為僧，聚眾造反，擾亂社會治安。另外，政府透過調節度牒發放時間和數量，可以掌握和控制佛教的規模。對佛教僧團本

身來說，度牒制度也是整頓僧團秩序的一種方法。圍繞度牒發放，宋王朝不斷推出各種管理措施。在宋代歷史上，度牒對佛教界及社會各階層所產生的廣泛而深刻的影響，是宋代以前和以後都沒有過的。

北宋管理度牒的部門主要是祠部和少監府，前者負責發放，後者負責製造。紹興五年（西元1135年），曾因文思院所造度牒供不應求，下令諸路轉運司製造。由於度牒發放與僧籍管理、試經剃度以及財政收支有關，所以禮部、戶部以及不屬於政府行政機構的僧錄司也參與某些活動。北宋時期度牒是用黃紙印製，南宋改用綾絹，一般也稱為綾紙。

宋代對發放度牒流程、度牒樣式等都有具體規定。一般的流程是：各地方組織申請出家者考試佛教經典，如同科舉考試一樣，然後把合格者具名造表呈報祠部，祠部根據實有人數分別填寫度牒，發放到原呈報地區，再由地方官吏送達本人。另外，一些大寺院也可以根據實有名額具名呈報祠部，得到由祠部填寫了具體人名的撥放度牒後，再逐一發放到本人手中。祠部發放的這些度牒稱為「記名度牒」，其上填寫了出家者的籍貫、年齡、法名、剃度師、所屬寺院等內容，不得轉讓或者買賣。

嚴格發放這種記名度牒，可以發揮控制出家人數量、防止不符合條件者進入佛門的作用。把度牒發放權完全掌握在政府手中，嚴格遵守這些法律條文，既符合國家利益，也有利於僧團內部的穩定。對於透過私下買賣度牒而出家者，宋廷是嚴令禁止的。真宗咸平五年（西元1002年）十月規定，「詔天下竊買度牒、冒為僧者，限一月於所在陳省，釋其罪。違者論如律，少壯者隸軍籍。」[031] 北宋初期，頒發度牒是出於政治考量而不是經濟考量，這種政策與試經度僧的措施相連繫，目的在於保證出家人具有一定的佛學素養和道德品格，使佛教僧眾能夠有效發揮教化人們遵紀守法、

---

[031] 《續資治通鑑長編》卷五十三，咸平五年十月。《宋會要輯稿・道釋一之十八》同，次年五月又重申禁令。

第一節　佛教政策與管理制度

棄惡從善的作用，也就是「有裨政治」、「善世利人」的作用。

北宋初年，儘管發放度牒只是象徵性地收取費用，仍然有人提議實行免費發牒。太平興國二年（西元 977 年），工部郎中侯陟上奏：「祠部給僧尼度牒，每通納錢於有司，請罷之。」[032] 由於度牒是有價證券，官吏從中牟利就不可避免。太平興國八年（西元 1983 年）八月詔曰：「先是祠部給僧尼牒，並傳送諸州長吏親給，如聞吏緣為奸，募人以緡錢市取，齊以至外郡賣焉，得善價即與之。」[033] 這樣一來，購買度牒者所付的價格就與祠部制定的價格不符。

以解決政府財政困難為目的，出賣不記名的所謂「空名度牒」[034]，始於唐代，當時只是極個別現象。但到北宋中期以後，隨著官僚機構的膨脹，軍費開支的增加，外敵侵擾頻繁，財政支出日趨困難，鬻牒逐漸成為國家彌補財政虧空的重要方式，使發放度牒失去了控制和調節僧尼數量的功效。空名度牒的出現，使發放度牒的目的發生了質變。

北宋神宗以後，各地方每遇修城浚濠、治河築岸，乃至糶米賑災、籌措軍費等，就奏請朝廷，讓祠部發放空名度牒。在這種情況下，許多出資購買度牒者，往往不是因為有佛教信仰尋求出家，而是藉出家以隱匿財產、逃避賦稅和兵役。

到了北宋後期，甚至一度把度牒作為貨幣使用。崇寧五年（西元 1106 年）三月二十七日，詔川峽和買，「以交子、度牒充折買價，致細民難以分擘，貨賣皆被豪右操權，坐邀厚利，民間頗以為擾」[035]。濫發度牒，甚至成為造成南宋初年某些地區出現「錢荒」的原因之一。紹興十一年（西元 1141 年）八月十三日，有大臣指出：「近時糴本，例多拋降度牒、綾紙

---

[032]　《續資治通鑑長編》卷十八，太平興國二年春正月癸亥條。
[033]　《宋會要輯稿・職官一三》。
[034]　關於度牒的歷史，參見《大宋僧史略》卷下，空名度牒始於安史之亂。
[035]　《宋史》卷一八二〈食貨三十八・和市〉。

之屬,漕行之郡,郡行之邑,未免強率子民。今湖南錢荒已甚,若繼之以此,其何以堪!」[036]

南宋孝宗時,為抑制僧尼人數增加過快,朝廷大幅度抬高度牒價格。紹興初年,每道度牒官價120貫;紹興三十年(西元1160年),增加到500貫;[037] 孝宗淳熙十四年(西元1187年),又增加到700貫[038]。在官方不斷提高度牒的同時,民間買賣中度牒的實際價格卻下降了。紹興六年(西元1136年)四月九日,尚書省言:「蓋給降度牒,許人進納官中,舊價百二十貫,民間止賣三千,稍能圖例,便行披剃,誰肯勤試經。」民間度牒之所以便宜,是各地方官吏為了牟利而非法出售修改了內容後的亡僧度牒:「州縣人吏賣亡僧度牒,與僧行洗改重行。」[039] 利用度牒差價牟利,助長了官僚部門的違法亂紀之風。由於有錢就可以買到度牒,嚴重破壞了申請出家者勤習經典以備應試的積極度,僧眾的佛教修養自然得不到保證。南宋後期,度牒被直接當成軍費發放。寧宗嘉定十一年(西元1218年),「以度僧牒千給四川軍費」。[040] 總之,從北宋神宗開始直到南宋滅亡,以度牒彌補國家財政虧空始終是王朝的經常性措施。

宋王朝在出售度牒的同時,還出售紫衣和師號。賜紫衣和師號,本是帝王對有特殊貢獻的僧人或碩學大德的獎勵。僧人的衣服本來只有「赤黃黑青等色,不聞朱紫」。按照中國的傳統,「賜人服章,極則朱紫」[041]。從武則天開始,對那些有特殊貢獻的僧人賞賜紫衣,後代沿襲這種做法。賜師號是指帝王給僧人賞賜名號,與賜紫衣的作用是相同的。賜師號源於梁武帝,當時只有某師之號。賜號中有「大師」二字,開始於唐懿宗時期。

---

[036]　《宋會要輯稿・方域八》。
[037]　《宋會要輯稿・食貨四〇・市糴糧草》。
[038]　《宋會要輯稿・食貨四十一・和糴》。
[039]　《宋會要輯稿・道釋一》。
[040]　《宋史・寧宗本紀》。
[041]　《大宋僧史略》卷下〈賜僧紫衣〉,《卍續藏經》卷八十八453頁上。

第一節　佛教政策與管理制度

北宋初年，賜紫衣和師號往往同時進行，都是不收費的。據贊寧記載，「開寶至太平興國四年以前，許四海僧人殿廷乞比試三學，下開封府功德使差僧證經律論義十條，全通賜紫衣」和師號。此後，賜紫衣師號改為由推薦產生。在皇帝誕辰節時，由親王、宰輔、節度使至刺史上表推薦僧道獲紫衣和師號；另外，兩街僧錄、道錄司可推薦僧道進入內廷接受紫衣師號，分別稱為「簾前師號」和「簾前紫衣」，這是榮譽規格最高的一種。[042] 由於獲得紫衣師號從考試過渡到推薦，也就助長了僧道為獲得紫衣師號而奔走於權貴之門的風氣。

從北宋中期開始，紫衣師號開始和度牒一樣可以出賣。無論僧人道德才學優劣，也無論名望高低，只要出錢就可以買到。熙寧四年（西元1071年）十二月二十四日，「賜河北轉運司度牒五百，紫衣、師號各二百五十」，[043] 用於修築河流。另外，所賜師號的字數多少不同，價格也不一樣，在這方面也有規定。例如，建炎二年（西元1128年）十一月，「敕賣四字師號，價二百千」[044]。

為了帶動僧人搶購紫衣師號的積極度，解決政府的財政困難，南宋理宗時的岳珂（西元1183～1234年）公開主張，沒有紫衣師號者不能擔任寺院住持，就像沒有官品不能差注任職一樣。這項建議居然得到相關方面的採納。「朝省因總領岳珂奏：乞降紫衣師號二等，賜金環象簡併四字禪師號，以住太（大）寺觀，每賜服師號綾紙出賣三百緡，仍附品官條制，非有官不得差注，非有賜服不得住持。」這種規定引起許多僧人反對。嘉熙年間（西元1237～1240年），雙杉元禪師上書指出：「近世貨賂公行，求為住持者，吾教之罪人。」可見行賄以求住持的現象已經很普遍，如果再加上只有獲得紫衣師號者才能任住持，那麼「囂頑無賴之徒皆以賄進，

---

[042]　《大宋僧史略》卷下〈賜師號〉，《卍續藏經》卷八十八454頁上。
[043]　《宋會要輯稿·方域一三》。
[044]　《佛祖統紀》卷四十七。

何以整齊風俗？況僧道非能自出己財求住持，必將取之寺觀。師徒相殘，常住心壞」。這樣造成的後果，就是「師廢則正法微，正法微則邪法熾，以清淨之門而為利欲交徵之地，非國家之福」[045]。總之，出賣度牒和紫衣師號之類，無論對佛教團體還是對國家都有很大的弊端。

南宋高宗時期，鑒於濫發度牒造成僧道人數失控，便一度下令停發度牒。但是，為了挽回這項措施帶來的政府經濟損失，宋王朝又於紹興十五年（西元1145年），「敕天下僧道，始令納丁錢，自十千至一千三百，凡九等，謂之清閒錢。年六十以上及殘疾者聽免納」。這種「清閒錢」也叫「免丁錢」，是南宋王朝向僧道開徵的新稅種，按人頭攤派，加重了出家人的負擔。而在度牒重新開始出售之後，這種宗教界的人頭稅並未停徵。免丁錢原本有中央指定數額，但各級地方政府在實際徵收過程中，逐漸出現了新情況。南宋中期的志磐曾指出：「今州家徵免丁，則必舉常年多額以責之，而不顧僧之存亡去住。又欲以虧額均賦諸寺者，其為患皆此類。嘗考郡縣志云：僧道免丁錢無定額。官吏曾不省。」[046]

當把出賣度牒、紫衣、師號等作為彌補財政虧空的經常性經濟措施時，宋王朝從經濟方面管理佛教的措施就轉變為對佛教僧人的搜刮手段了，這既助長了官僚機構的違法亂紀之風，也加劇了佛教僧團的腐敗。

六、寺院類別與管理措施

和唐五代一樣，宋王朝也禁止民間私建寺院。作為合法寺院的一個重要象徵，是具有朝廷賜予的匾額。這是防止濫建寺院，保護合法寺院的一種措施。由於宋代帝王把下賜寺額視為累積功德的善舉，導致了大量濫賜寺額。宋太宗太平興國三年（西元978年），向天下無額寺院賜授「太平

---

[045]　上引均見〔宋〕圓悟：《枯崖漫錄》卷下。
[046]　上引均見《佛祖統紀》卷四十七。

第一節　佛教政策與管理制度

興國」、「乾明」等額,興起大量賜額的風氣。對於可以接受敕額的寺院規模,也有逐漸降低要求的趨勢。敕額的有無,是官方整頓寺院時決定該寺存留廢毀的依據,所以,僧人總是奔走於各地官府衙門,想方設法為所居住的寺院爭得賜額。在這種上下意願一致的力量驅動下,許多私建小寺也因為獲得朝廷頒賜的寺額而合法化,使宋代官方掌握的寺院數量劇增。

根據現存資料,宋王朝所轄地區的寺院數量很難準確統計。日本學者高雄義堅根據孔仲平《談苑》卷二的說法,認為景德(西元1004～1007年)年中共有寺院25,000座,到北宋末年有39,000座。[047]這雖然不能算是準確數字,還是可以參考的。這個說法反映出北宋寺院數量之巨,增加勢頭之猛。

朝廷對合法的寺院劃分類別,開始於元代,在兩宋時期,還沒有出現這種情況。但是,南宋時期已經醞釀了後代寺院分類的萌芽,這主要與頒賜寺額的過程有關。日本入宋僧人道元在《寶慶記》中說:「天下有四個寺院,即禪院、教院、律院、徒弟院。」對此,天龍如淨解釋:「往古未聞教、律、禪之名,今分三院,是王臣不知佛法,乃因寺額下賜寺,其牒文記錄某某禪院、教院、律院。如是輾轉,天下今見五輩之僧:律僧是南山之遠孫,教僧是天台之遠孫,瑜伽僧是不空等的遠孫,徒弟僧未詳師資,禪僧是達摩的兒孫。」[048]很明顯,這裡講的禪教律的寺院分類,是按照僧人隸屬的佛教宗派劃分的,在南宋時還不是官方的正式規定,也沒有得到佛教界的普遍認可,只是各地官員在頒發寺額時填牒文使用的名稱。替某個具體寺院的牒文填寫或禪或教或律哪種名目,大約主要依據該寺住持僧的隸屬宗派。元代禪教律的寺院分類可能源於此。至於上文中講的「徒弟院」,則不同於按照宗派對寺院的分類,而是依據寺院住持產生制度劃分寺院類別的一種名稱。

---

[047]　《宋代佛教史研究》,第72頁。
[048]　《寶慶記》。

從住持產生的形式方面劃分，宋代的寺院可以分為四類。

其一，繼承制下的甲乙徒弟院，即上文的徒弟院。在這種寺院中，住持逝世或隱退，由其弟子依照資歷接任。這是最古老的師徒繼承方式，是在佛教發展過程中自然形成的制度，廣泛流行於大多數寺院，並且在宋代之前和之後都很流行。這種繼承法在傳統佛教典籍中也有直接根據，所謂「住持三寶，全賴人弘，師徒相攝，不斷僧寶，則增益佛法」[049]。

其二，選舉制下的十方住持院。這是透過各方面協商，遴選德才兼備的著名僧人擔任寺院的住持，並不考慮被提名者與前任住持是否有師承關係，寺院由此得名，所謂「不拘甲乙，故為十方剎也」[050]。宋代之前就有這種寺院，直到宋代才逐漸制度化。採用這種方式選住持的目的，是為了維護寺院在佛教界或社會上的聲望。這些寺院大多是一些宗派的歷史悠久、影響深廣的名寺大剎。例如，天台宗的延慶寺，就是這種寺院。[051] 在整個兩宋社會，甲乙徒弟院和十方住持院是始終並存的。當時的一般僧眾認為，不論師承關係選任住持，有利於提高寺院的知名度和聲望，有利於弘揚佛法。但是，十方住持院在住持更替之時，往往引起寺院器物的毀壞和財產的流失，不利於寺院經濟的穩定發展。兩種住持產生制度各有利弊，所以，不少寺院經常交替實施兩種制度。

其三，政府任命制下的敕差住持寺。宋代有極少數寺院與皇室關係密切，經由朝廷宣敕來任命住持。這些寺院包括京城大寺，也有一些規模較小的寺院。由於是皇帝任命住持，所以社會地位較高，並可獲得某些特殊待遇。在北宋時期，雲門宗的許多代表人物被朝廷任命為京城寺院的住持，就屬於這一類。

其四，私家延請制下的功德墳寺。功德墳寺指豪富或權貴在家族墓地

---

[049] 《四分律行事鈔資持記》卷上三之三〈師資篇記〉。
[050] 《禪林象器箋》。
[051] 《四明尊者教行錄》卷六。

第一節　佛教政策與管理制度

所建造的寺院。這種寺院在唐代已經出現，到宋代則很普遍。功德墳寺是「從本家請住持」[052]，即任命住持完全由建造寺院的家族全權決定，不用申請官方批准，無須徵得佛教界同意，也不受師承關係的影響。

從寺院的來源上說，宋代既有國立寺院，也有僧人透過化緣募資、墾荒開田等方式建立的寺院，還有皇親國戚、高官顯貴及大地主建立的私人功德寺院。對於私立的寺院，只要達到一定的規模，朝廷就頒賜名額，即承認其合法性。英宗治平四年（西元1067年），「敕天下私造寺院及三十間者，並賜壽聖之額」[053]。由於寺院具有免交田產稅的特權，許多官吏以建立功德墳寺為名，把大量土地變成寺院田產，而收入仍歸自家，造成國家的稅收流失。更有甚者，有些地方官吏依仗權勢，建功德墳寺時並不出資建房屋，置田產，而是把當地的有額寺院據為己有，改造成私人寺院，從中牟利。志磐曾記載了南宋時期的這種情況：

週年士大夫一登政府，便有規利，指射名剎，改充功德，侵奪田產，如置一莊。子弟無狀，多受庸僧財賄，用為住持，米鹽薪炭，隨時供納，以一寺養一家，其為侮辱祖宗多矣。況宰執之家，所在為多。若人占數寺，則國家名剎，所餘無幾。[054]

官僚把國家寺院據為己有，自己選擇住持，使寺院成了他們的私人莊園。有些僧人或為了謀取住持之位，或為了使寺院得到豪強庇護，免受盜賊流寇的侵擾，也很願意把自己所在的國家寺院變成私人功德墳寺。因此，官僚與寺院上層相互勾結，把國立寺院、僧人自建寺院、無名額寺院等改為私人功德寺的現象，無論在北宋還是在南宋，都普遍存在。北宋徽宗大觀年間（西元1107～1110年），詔令「不許近臣指射有額寺院，改充功德」。高宗紹興年間，又明令不許侵占有額寺院，私立功德寺院必須自置

---

[052]　《佛祖統紀》卷四十六。
[053]　《佛祖統紀》卷四十五。
[054]　《佛祖統紀》卷四十八。

田產，自造屋宇。實際上，這些禁令在以後並沒有發揮多大的效力。南宋中期，這種現象依然普遍存在。相對說來，有額寺院一般規模比較大，歷史比較長，政府採取了保護措施。對於那些無額的寺院來說，被高官顯宦改為功德寺之後，更容易獲得賜額。總之，侵占寺院田產建立功德墳寺，是各級官吏和地方豪強進行土地兼併的重要活動之一。在宋代歷史上，功德墳寺對社會各階層和佛教界都產生了廣泛影響。

宋王朝也很留意從日益發展的寺院經濟中獲利。北宋王安石變法，取消了寺院免役免稅的特權。從熙寧四年（西元1071年）開始，規定寺觀也要按照戶等交納相當於免役錢半數的「助役錢」。「於官戶、寺觀、單丁、女戶，有屋產月收僦直可及十五千、莊田中熟所收及百石以上者，並隨貧富以差出助役錢，自餘物產，約此為準。」[055] 但是，在實際徵收過程中，根本沒有任何收入的小寺院也要交納助役錢，使許多下層僧人不堪其苦。曉瑩記述了他本人的情況：「至淳熙戊戌（西元1178年），以徒弟隸名感山小寺，而徙居焉。寺基稅錢三十有一，並無常產，唯破屋數間。」[056] 顯然，徵收助役錢對大寺院的上層並無大的妨礙，主要是加重了下層僧人的負擔。

第二節　佛教文化事業

一、中印交流與佛經翻譯

北宋初中期，中印佛教界的相互來往出現了一個高潮。當時宋廷出於經略西域的目的，也比較重視西行求法的僧人。乾德三年（西元965年），滄州僧人道圓遊歷天竺18年返回，帶著于闐使者到京城，並帶回了佛舍

---

[055]　《宋史・食貨上五》。
[056]　《雲臥記譚・序》。

第二節　佛教文化事業

利和許多貝葉梵經。太祖在便殿召見，詢問西土風俗。從宋太祖到宋仁宗時期，無論去印度求法的漢僧還是來華傳教的外籍僧人，數量都是驚人的。從西行求法方面來看，由於得到北宋諸帝的積極支持，可謂規模空前。太祖乾德四年（西元966年），派遣行勤等157人西去求經，這是中國歷史上規模最大的官派僧團。當時民間自發赴印度的僧人也很多。從外籍來華傳教的僧人方面看，也被認為是盛況空前。真宗時，「西土梵僧繩繩而來者多矣，至於五竺沙門競集闕下，則無若茲時為盛」。

當時中印佛教界的頻繁互動，對佛經翻譯確實有一定的促進作用。但是，由於受到印度佛教發展狀況的制約和求經僧人素養的影響，這種促進作用也是很有限的。北宋時期，印度佛教已經進入了衰退期。首先，伊斯蘭教在今天的阿富汗、伊朗等國陸續建立回教國家，他們不斷入侵印度。以加茲尼王朝的馬哈茂德（Mahmud of Ghaznavi）為例，西元1001至1027年之間，入侵印度達十七次之多。印度許多寺塔被毀壞，僧尼遭殺戮。因此，許多來華僧人都是為逃避戰亂而來漢地，自身的佛教修養比較差。所以，到達宋地的西域僧人雖然很多，但並沒有為譯經工作提供大量高素養的人才。漢地僧人去印度並且返回的人也很多，但幾乎沒有什麼成就。在當時人看來，這與西行求法者的素養有關係。咸平六年（西元1003年），知開封府陳恕有一個上奏：「僧徒往西天取經者，臣嘗召問，皆罕習經業，而質狀庸陋。或往諸藩，必招輕慢。自今宜試經業察人才，擇其可者令往。」[057]

在中國歷史上，由朝廷組織進行大規模佛經翻譯，把它作為國家文化事業的一部分，至北宋是最後一個階段。在譯場組織、人員配備、翻譯內容等方面，宋代都具有與前代不同的特點。整體說來，宋代翻譯佛經的種類和數量都不少，但是所譯經典在佛教史上影響很小。

---

[057]　上引均見《佛祖統紀》卷四十四。

第一章　宋代佛教新格局與社會結構的變遷

宋代的佛經翻譯也是從民間開始，轉到由朝廷組織進行的。外來僧人的自發譯經始於宋太祖時期。開寶年間（西元986～976年），中天竺僧法天與其兄達理摩多攜帶梵夾先到鄜州（治今陝西富縣），遇到河中府（治今山西永濟縣蒲州鎮）梵學僧法達，合作翻譯出《聖無量壽經》、《尊勝陀羅尼經》、《七佛贊》[058]。開寶七年（西元974年），州知州王龜從上表進獻這些新譯經，太祖詔法天等進京，賜以紫衣。

宋王朝把佛經翻譯作為國家文化事業的一部分發展起來，開始於宋太宗時期。據《宋會要輯稿・道釋二》記載，太平興國五年（西元980年），北天竺僧天息災、施護到達京城，詔賜紫衣，並令他們與法天查閱已有梵夾。「太宗崇尚釋教，又以梵僧曉二方言，遂有意於翻譯焉。」[059] 宋太宗看到梵僧通曉中、梵兩種語言，具備了譯經的人才條件，便有意仿效唐太宗支持玄奘的故事，開始宋王朝的譯經事業。他命中使鄭守約主持在太平興國寺的西邊興建譯經院。譯經院於太平興國七年（西元982年）建成，其布局是：正中設譯經堂，東序為潤文堂，西序為證義堂。詔請天息災等人入內居住譯經。自唐元和六年（西元811年）中斷的官方佛經翻譯事業，從此開始繼續進行。[060] 第二年八月，詔改譯經院為傳法院，又在顯聖寺設印經院，以放置經版和印刷佛經。[061]

在天息災受命開始譯經之初，就制定了規範的譯場制度，其後沒有太大的變化。北宋譯場借鑑了唐代的經驗，在人員配備、職責分工等方面有嚴格規定。參與譯事的成員分為九類，各司其職，層層把關。

---

[058]　這三部經在譯經院成立後又進行了重新翻譯。
[059]　《宋會要輯稿・道釋二》。
[060]　據《大宋僧史略》卷上〈此土僧遊西域〉，「唐元和年中翻《本生心地觀經》之後百六十載，寂爾無聞。見《卍續藏經》卷八十八 444 頁。
[061]　宋神宗熙寧三年（西元1070年），廢印經院。南宋遷都臨安（今杭州）後，傳法院也隨之遷移，設在新建的寺廟。南宋孝宗淳熙二年（西元1175年）賜名「太平興國傳法寺」，此時譯經活動已經停止。

第二節　佛教文化事業

第一，譯主，是主持譯經的最高學僧，正坐面外，負責宣講梵文原本。

第二，證義，位於譯主左側，基本由義學沙門擔任，負責與譯主討論和確定梵文原經。

第三，證文，位於譯主右側，負責審查譯主對梵文原典的朗讀是否有錯誤。

第四，書字，負責採取音譯方法把譯主宣讀的梵文用漢字記錄下來。

第五，筆受，多由精通梵語的漢僧擔任，負責把梵音漢字翻譯成漢文。

第六，綴文，多由漢僧擔任，負責對譯文進行增刪修改，連詞成句，使其符合漢語語法。

第七，參譯，負責對照梵文原典和漢文譯本進行稽核，主要從義理方面修改錯謬。

第八，刊定，負責刪削重複，彌補缺漏，主要對譯文進行文書處理。

第九，潤文，負責對譯文進行修飾潤色。一般由皇帝任命的宰輔或詞臣擔任潤文使，由翰林學士擔任的潤文官組成，其人員配備規格較高，在僧眾的南面另設座位。[062]

在譯經過程中，參加的僧人很多。除了擔任主譯的人之外，擔任證義、筆受、綴文等工作的僧人是以法進為首的 79 人。負責譯經主管（譯經使）和擔任潤文的，都是朝廷重臣，見於記載的有呂夷簡、宋綬、王曙、張洎、趙安仁、楊礪、晁廻、李維、朱昂、梁周翰、楊億等人。其規格之高，是前代所沒有的。

宋代譯經主要集中在太宗太平興國七年（西元 982 年）到仁宗景祐二年（西元 1035 年）的半個多世紀間。此後譯事時斷時續，所譯出的典籍數

---

[062] 《宋高僧傳》卷三〈譯經篇〉和《佛祖統紀》卷四十三對譯場均有記載，大同小異。此處依據《佛祖統紀》。

量也不多。宋代譯經以外來譯師為主，雖然也有少數西夏僧人和漢地僧人參與，但只發揮輔助作用。來華譯經僧主要有法天、天息災（法賢）、施護、法護（中天竺人）、法護（北天竺人）等人，西夏僧人有日稱、智吉祥、金總持等人，漢地僧人有唯淨、慧洵、紹德等人。

仁宗景祐三年（西元1036年），宰相兼譯經使呂夷簡與潤文官宋綬奉詔編定《景祐新修法寶錄》。仁宗撰寫序文說：「自興國王午（興國七年，西元982年）距今乙亥（景祐二年，西元1035年）五十四載，其貢獻並內出梵經無慮一千四百二十八夾，譯成經論凡五百六十四卷。」[063] 據現存《景祐新修法寶錄》卷一，此期間實際譯出大小乘經律論及集、贊共243部，574卷。據元慶吉祥《至元法寶勘同總錄》統計，宋代共譯大小乘經律論及西方聖賢集傳285部，741卷。

隨著新譯經典的陸續完成，北宋先後三次編輯佛經目錄：其一，趙安仁、楊億等人於祥符二年至八年（西元1009～1015年）編修《大中祥符法寶總錄》22卷；其二，唯淨等人於天聖五年（西元1027年）編《天聖釋教總錄》3卷；其三，呂夷簡等人於景祐二年到四年（西元1035～1037年）編《景祐新修法寶錄》21卷。

7世紀以後，在印度佛教內部興起了密教，並且逐漸盛行。北宋時期，正值印度密教進入興盛階段，來華傳教者多為密教僧人，所以，宋代譯經的主要部分是密教經典。按照支那內學院輯佚補編的《大中祥符籙略出》和《景祐新修法寶錄略出》統計，在新譯的243部574卷經典中，密教經典有123部241卷，約占總數的一半。

密教以重視繁多的祭祀、咒術、儀軌為特色，這不僅表現在具體的修行上，也表現在譯經方面。譯經僧人在譯經之前，要按照密教的規定設立譯經道場。例如，施護徵得朝廷同意，在譯經前於譯經院的「東堂西面，

---

[063]　《宋會要輯稿・道釋二》。但是，現存《景祐新修法寶錄》前所載仁宗的序文中並沒有這段話。

第二節　佛教文化事業

粉布聖壇，壇開四門，梵僧（來自印度或西域的僧人）四人，各主其一，持祕密咒七晝夜。又設木壇，布聖賢字輪（設立供奉佛、菩薩、天神的名位），目日『大法曼拿』。……香花、燈、塗、果實、飲食，二時供養：禮拜旋繞，以殄魔障」。參與譯經的僧人還要「每日沐浴，嚴潔三衣、坐具，威儀整肅」[064]。密教人士認為，這些做法並不僅僅出於表達對佛經的尊崇和對佛的敬仰，而是這些儀軌具有受佛菩薩保佑、驅除魔擾、保證譯經工作順利進行的功效。

宋代譯經事業的艱難，從一開始就表現出來了，或因人才缺乏，或因經費不足，或因譯成的經典受到責難，或因沒有輸入的梵文原經，不斷有人提出罷譯之議。太平興國八年（西元983年）十月，天息災等人鑒於能翻譯經典者均為梵僧，為了使譯經事業日後不致中斷，奏請遴選兩街童子學梵文，為翻譯經典儲備人才。於是，朝廷詔令集京城童幼500人，從中選拔唯淨等50人到譯經院學習梵文。此後唯淨學通梵文出家，受賜號「光梵大師」，成為宋代知名的漢族譯僧。

淳化五年（西元994年），譯出《大乘祕藏經》2卷，發現有65處「文義乖戾」，太宗聽後認為，「使邪偽得行，非所以崇正法也」，勒令將此經「對眾焚棄」[065]。真宗咸平二年（西元999年），時任禮部侍郎的陳恕因譯經「久費供億」，奏請廢除譯經院。真宗認為譯經屬於「先朝盛典」[066]而未採納。天禧元年（西元1017年），譯出《頻那夜迦經》4卷，發現同樣問題。真宗認為：「葷血之祀，頗瀆真乘；厭詛之詞，尤乖妙理。……其新譯《頻那夜迦經》4卷，不得編入藏目。自今傳法院似此經文，無得翻譯。」[067]神宗熙寧四年（西元1071年），廢譯經（傳法）院。元豐五年（西

---

[064]　《宋會要輯稿·道釋二》。
[065]　《宋會要輯稿·道釋二》。
[066]　《佛祖統紀》卷四十四。
[067]　《宋會要輯稿·道釋二》。但此經並未禁住。據童瑋編，中華書局1997年出版的《二十二種大藏經通檢》第363頁，中國古代竟然有15種（包括「房山石經」）大藏經收錄此經。

元 1082 年），罷譯經使、潤文官，廢「譯經使司印」。

總之，宋代譯經既與當時印度佛教發展的狀況息息相關，又與宋代佛教自身發展的態勢密切連繫，同時更突出地受著儒家思想文化的制約。以注解外來經典提出創新理論的時代結束以後，新輸入的外來佛教思想就不能成為制約中國佛教理論發展的重要因素。

二、刻印藏經與重要典籍

1. 刻印藏經

佛經從手寫傳抄發展到刻板印刷流通，是佛教史上有著多方面影響的大事。刻印佛經起源於何時何地尚不清楚，現存最早的印刷佛經，是唐懿宗咸通九年（西元 868 年）四月十五日王玠為其雙親做功德而敬造普施，帶有願文的《金剛般若經》。這是斯坦因（Stein）在敦煌古籍中發現的。從相關資料的記載和實物發現來看，宋代以前，只有刻板印刷的單本經書、佛教僧人的注疏著作，還沒有大規模刻印佛教經典總集性質的大藏經。雕刻和印刷大藏經，是始於宋代的佛教文化事業。大規模刻印藏經，使佛教典籍的流傳更為便利和快捷，並影響到少數民族地區及周邊國家。宋代由政府主持的大藏經雕刻始於宋太祖時，其印刷由印經院負責。到北宋末年，民間刻印取代了官方刻印。由朝廷資助並派人主持刻印的藏經習稱「官版」，由地方官吏、富豪或寺院主持刻印的藏經習稱「私版」。宋代 300 餘年間，官私刻印的大藏經有五種版本。

第一，開寶藏。由宋太祖提議開刻的官版藏經。開寶四年（西元 971 年），宋太祖派遣內官張從信到益州（成都）雕造大藏經，至太平興國八年（西元 983 年）完工，歷時 12 年。由於刻成於益州，也稱「蜀版」。開寶藏所收入的典籍依據《開元錄》記載，計有 5,000 餘卷，刻板保存於汴京太

第二節　佛教文化事業

平興國寺內的印經院，並在那裡刊印，印刷好之後頒發給各大寺院。隨著新經陸續譯出，不斷補刻加入，另外還增刻了東土撰述和《貞元錄》入藏經典，並予以校勘，最後達到 6,620 餘卷。開寶藏的印本為以後所有官私刻藏的準繩，並曾印贈高麗、契丹，從而引起仿刻。

第二，崇寧萬壽藏。為滿足遠離京城的地方寺院的需求，福州東禪等覺院住持沖真等人大約於元豐元年（西元 1078 年）募刻，到崇寧二年（西元 1103 年）基本完工。經奏請政府允許，得「崇寧萬壽大藏」的名稱。其後還增刻了一些《貞元錄》的經典和入藏著述，至政和二年（西元 1112 年）結束，共計 5,800 餘卷。南宋乾道、淳熙年間（西元 1165～1189 年），又補刻了 10 餘函。

第三，盧藏。在東禪版刻成的當年，福州人蔡俊臣等組織了刻經會，支持福州開元寺僧本悟等募刻大藏經。從政和二年到紹興二十一年（西元 1112～1151 年），歷時 40 年竣工。此藏依照東禪版刻成，南宋孝宗隆興初（西元 1163 年）又增刻兩函。

第四，思溪圓覺藏。湖州歸安思溪圓覺院僧人懷深等募刻，湖州致仕的密州觀察使王永從家族資助，主要依據東禪版內容刻成，約 5,687 卷。刻板先保存於圓覺院，淳祐年間移藏思溪資福禪寺。[068]

第五，磧砂藏。此藏因受思溪版的影響而發起，由平江磧砂延聖院僧人法思等募刻。此藏從紹興初年（西元 1131 年）始刻，以後時斷時續，到至正九年（西元 1349 年）完成。宋理宗端平元年（西元 1234 年），曾仿思溪版編定本藏目錄，後來屢有改動，並增補元代刻印的經典，共計 6,362 卷。

宋代零星刊刻的佛教經典不勝列舉，而歷時悠久的五種大藏經的刊刻，對佛教經典的普及和流通，對雕刻、造紙、印刷等手工藝的發展，對加強

---

[068]　也有學者認為資福寺另有刻版。

與周邊地區和民族的思想文化溝通交流，都具有重要的推動意義。刻印大藏經是宋太祖在佛教文化事業上的一個創舉。開寶藏的問世，象徵著印刷大藏經開始取代手寫大藏經。其規模之浩大，影響之久遠，在古代世界印刷史上是絕無僅有的事情，其意義已經遠遠超出了宗教的意義。熙寧四年（西元1071年），王安石變法，國家財政困難，為節約費用而廢止了印經院。開寶藏刻版轉移到顯聖寺的聖壽禪院，有需求時才開印。

以開寶藏的雕印為代表的佛教經典印刷時代開始之後，手寫佛經作為功德善舉依然在社會各階層流行。但是，作為提供學習、研究之用的流通中的佛教經典，則以印刷本為主。刻印佛教典籍，特別是禪宗語錄，在宋代及其以後都蔚然成風。

2. 重要典籍

佛教典籍的大量湧現，是宋代佛教文化事業興旺的重要象徵之一。能夠反映本期佛教發展實況，並具有較大影響的著作可以分為三類：即影響廣泛的禪宗「燈錄」、數量十分龐大的禪宗「語錄」、主要出自禪宗和天台宗僧人之手的佛教史籍。這些著作之所以能夠出現，既有許多學問僧的貢獻，又與政府的持續支持和士大夫的廣泛參與分不開。至於數量不少的注疏之作，其影響則遠不能與唐代的注疏之作相提並論。

在宋代編撰的禪宗典籍中，最有特點的是燈錄，這是突出強調禪宗傳法系譜的通史性的禪宗特有僧傳。宋代第一部燈錄是《景德傳燈錄》。景德元年（西元1004年），法眼宗僧人道原編就《景德傳燈錄》呈送朝廷，宋真宗命翰林學士楊億等人裁定。楊億（西元974～1020年）等用了1年多時間修訂成書30卷，成為有史以來第一部官修禪書，入藏流通。

燈錄的雛形起源於初唐，中唐始有卷帙較大的《寶林傳》、《續寶林傳》等產生。及至五代十國出現的《祖堂集》，是彙集整理各家禪師傳聞、語

第二節　佛教文化事業

錄編成，從篇幅上講，已接近後出《景德傳燈錄》的規模。根據楊億自序，他的修訂著重在三個方面：第一，修飾文字，使其文意暢達，具有可讀性。「或辭條之糾紛，或言筌之猥俗，並從刊削，俾之綸貫。」第二，對史實作了必要的訂正，糾正了一些明顯的錯誤，使其具有可信性。「至有儒臣居士之問答，爵位姓氏之著名，校歲歷以愆殊，約史籍而差謬，咸用刪去，以資傳信。」第三，確定了燈錄的體裁，即以記載歷代禪師啟悟學人的機語為主，而有別於禪宗以外的僧傳。「自非啟投針之玄趣，馳激電之迅機，開示妙明之真心，祖述苦空之深理，即何以契傳燈之喻，施刮膜之功？若乃但述感應之徵符，專敘參遊之轍跡，此已標於僧史，亦奚取於禪詮？聊存世系之名，庶紀師承之自。」

綜觀楊億的編改，刪去了一般僧史傳的大部，變成了主要是禪師的語錄集錦，從而削弱了歷史感；壓縮了禪僧的信仰和神異，著重於機鋒禪理，失去了禪宗的宗教性；注重了文字潤色，顯得文采飛揚，丟掉了它們在下層禪眾中流行的粗俗純樸。楊億的眼光在於有利於王朝的安定，著重適應士大夫的口味，所以此燈錄最受士大夫的歡迎。它的功能有些像《世說新語》之於南北朝的談玄者，成為兩宋參禪者效法和模仿的教本。一般認為，兩宋士人多受理學薰陶，這裡要補充的是，他們還受禪學的薰陶，只有理學性格加禪學性格才是兩宋士人的全面性格。在禪性格的形成上，《景德傳燈錄》發揮了重要作用。

《景德傳燈錄》的問世及其廣泛流傳，在佛教界引起極大迴響，推動了佛教禪化向深層發展。另外，效顰之作也不斷出現。今天尚能見到的有4部，它們是臨濟宗李遵勖撰的《天聖廣燈錄》、臨濟宗悟明撰的《聯燈會要》、雲門宗正受撰的《嘉泰普燈錄》、雲門宗唯白撰的《建中靖國續燈錄》。此四書與《景德傳燈錄》合稱為「五燈」。至普濟將五燈合一，編成《五燈會元》，才告一段落。《五燈會元》的影響也不小，它將中唐以後的

禪宗整理為青原與南嶽兩大系統，分為五家七宗，使師資傳承的眉目十分清楚，同時精簡了繁縟的禪語和複雜的義理，顯得言簡意賅，為檢索查閱提供了方便。但這種簡化過於俯就現實的需求，以致扭曲歷史、背離事實現象更加嚴重。另外，燈錄只收禪僧，不涉及與禪門無關的僧人，所以算不上是完整的佛教僧傳，不同於3部《高僧傳》。這一點也刺激了超越宗派的佛教史書的編撰。

「語錄」一般只記禪師個人及其與師友、弟子的言論，類似《論語》之記孔子語的體裁。編錄者多屬禪師的後學。此風也始於初唐，在中晚唐轉盛，到了宋代簡直是氾濫成災。一些禪僧不但編集前代禪師的語錄，也編集當代僧人的語錄；不但名震一方的禪師有語錄行世，而且無所影響的禪師也有語錄流傳。士大夫欣賞它們，紛紛為之寫序，猶如唐代文人樂於為禪師高僧撰寫碑銘一樣。《叢林盛事》卷下謂：

> 本朝士大夫為當代尊宿撰語錄序，語句斬絕者，無出山谷（黃庭堅）、無為（楊傑）、無盡（張商英）三大老。

從語錄的類別看，大多為單個禪師的言行錄，也有包括某一系禪師的語錄集子。從語錄的內容看，主體部分多半是師徒或師友之間的問答酬對。有些語錄也彙集了禪師的詩文著作等，相當於全集，名為「廣錄」。語錄一般詳於記言，略於記事，能夠比較直接地表達禪師的獨特禪學觀點。從宋代開始，多種有代表性的語錄成了禪僧傳禪和習禪的經典和基本資料，甚至有取代傳統佛教典籍之勢。

贊寧是第一位受到宋朝廷重視的佛教史學家，他的兩部史學著作，即《大宋高僧傳》和《大宋僧史略》，集中表現了宋代佛教史學從繼承唐代傳統向開創宋代新史學過渡的特點，影響深遠。

《大宋高僧傳》在體例上仿效梁代和唐代的僧傳，也分為十科，即譯經（3卷），義解（4卷），習禪（6卷），明律（3卷），護法（1卷），感通（5

卷），遺身（1卷），讀誦（2卷），興福（3卷），雜科（2卷）。本書收錄從劉宋到宋初10個朝代的僧人，正傳533人，附見130人，共663人，有彌補《續高僧傳》缺漏的作用。贊寧在上太宗文中說他撰寫本書時「遐求事蹟，博採碑文」，在自序中說：「或案誄銘，或徵志記，或問軒之使者，或詢耆舊之先民。」可見其蒐集資料的廣泛，並且重視資料來源的多樣性和可靠性。本書在一些重要人物傳記的後面加上「系曰」表達作者的觀點，或者設問自答，解釋疑難問題。這些都是該書的創新。

僧傳是人物傳記，在《唐高僧傳》寫作時期，宗派意識在整個佛教界還很淡薄，僧傳史書的寫作可以較少受其影響。但到了宋代，宗派意識強烈，不受宗派局限的史書就少見了。宋代的絕大部分史書，包括僧傳，都是屬於宗派的。例如，禪宗僧人達觀曇穎的《五家宗派傳》，石門慧洪的《禪林僧寶傳》，祖琇的《僧寶正續傳》等，都是如此。《宋高僧傳》則是繼承前代僧傳傳統的最著名代表。

《大宋僧史略》（簡稱《僧事略》）3卷，完成於哪一年尚無明確記載，僅在每卷的目錄下注有「咸平二年（西元999年）重更修理」。本書不是僧傳，也不是只記僧尼事蹟的史書，而是記載佛教重要史實以及典章制度起源和沿革的著作。本書上卷目錄之後說「所立僅六十門」，實際上是59門。上卷23門，內容包括佛陀降生、三寶東傳、佛經翻譯、寺宇建立、中土僧眾的出家、服裝、受戒、齋懺、禮節、講經、注經、傳禪、密教等，對各項內容都講其起源與變化。中卷分為17門，內容包括僧制、行香、唱導、讚唄、佛教管理機構、僧官設置及待遇、國師封號、內道場等。下卷19門，內容包括紫衣師號、僧官品秩、戒壇規定、法社、諡號、對國王的稱謂、度牒、盛經七寶案、城門天王像、上元節燈會、摩尼教等。本書所記載的每一事項，多敘述其起源及變化。本書涉及範圍十分廣泛，不僅涉及佛教自身的歷史、理論和典章制度的發展，而且在佛教與政治的關係、

佛教與社會的關係、三教關係等方面提供了許多有價值的資料，這是其他著作所不具備的。在現存的宋代以前的佛教著作中，還沒有與此書同類的著作。志磐曾經指出：「臺閣之士欲通練內外典故者，皆於此觀之。」[069] 更為重要的是，本書的許多記載可以補正史的不足。真宗於大中祥符四年（西元1011年）詔令將本書收入大藏。

天台宗學僧編撰了多部史書，基本採用紀傳體而不是編年體，以突出本宗的地位為特點，反映了天台宗人為振興本宗在著書立說方面的努力，先後有吳興元穎於政和二年（西元1112年）撰《天台宗元錄》，鎧庵吳克己於慶元年間（西元1195～1200年）在《天台宗元錄》基礎上編撰的《釋門正統》，左溪克昭在《釋門正統》基礎上編撰《釋迦譜系歷代宗承圖》，鏡庵景遷於嘉定年間（西元1208～1224年）在整理《宗元錄》和《宗承圖》基礎上撰成《宗源錄》。以上各書現均已失傳。作為天台宗人史學成果的代表作，是流傳至今的良渚宗鑑的《釋門正統》和志磐的《佛祖統紀》。其中，《佛祖統紀》更有史學價值。

志磐，號大石，曾住四明（今浙江鄞縣）福泉寺及東湖月波山。他在參考元穎的《天台宗元錄》、吳克己的《釋門正統》、克昭的《釋迦譜系歷代宗承圖》、景遷的《宗源錄》、宗鑑的《釋門正統》、德修的《釋氏通紀》、祖琇的《佛運統記》等書的基礎上，撰成《佛祖統紀》。志磐自寶祐六年（西元1258年）動筆，到咸淳五年（西元1269年）完成，5次修改書稿，歷時10餘年。書成之後，還邀請必升、慧舟、善良、宗淨、法照五人參與校正，於咸淳七年（西元1271年）刊行。可以說，此書集眾家之長，補前書不足，是宋代編輯史書的集大成之作。現存《佛祖統紀》54卷，其中卷四十八、卷五十三等個別部分載有元代的一些內容，是後人增補的。

《佛祖統紀》分為本紀、世家、列傳、表和志五部分。其中，本紀部

---

[069]　《佛祖統紀》卷四十四。

第二節　佛教文化事業

分有 8 卷（卷一到卷八），敘述從釋迦牟尼、大迦葉尊者到師子尊者的歷代嫡傳祖師系譜，中國方面則是從北齊慧文到北宋的知禮。這是天台宗的正宗傳承。世家部分有 2 卷（卷九、卷十），有南嶽、天台以至寶雲的 13 個支派，被認為是與諸祖相互輝映的本宗傳教大師。列傳部分有 12 卷（卷十一到卷二十二），分為三類：其一是〈諸師列傳〉，自慈雲以下，至法智十世為止，尤其多述廣智、神照和南屏三家；其二是〈諸師雜傳〉，為淨覺、神智、草菴三家，認為他們「背宗破祖，別樹門庭」，所以區別開來；其三是〈未詳承嗣傳〉，因為這些法師有功於天台宗的傳播，但其師承事蹟不完全清楚，所以另外集成一部分。表的部分有 2 卷（卷二十三、卷二十四）：卷二十三是〈歷代傳教表〉，時間起止是從梁武帝天監元年（西元 502 年）到宋仁宗明道二年（西元 1033 年），按照年代順序排列從慧文到知禮的大事，是天台宗的大事年表；卷二十四是〈佛祖世系表〉，把本紀、世家和列傳中的法師用列表的方法說明傳承關係。這四個部分的內容，是以志磐一系的觀點來敘述整個天台宗的歷史。而對天台系統的僧人劃分等級，一方面是著眼於他們對天台宗發展的貢獻，一方面也與派系鬥爭有關。志的部分有 30 卷（卷二十五到卷五十四），其內容已經不限於天台一宗，而是涉及整個佛教。志的部分共分為九個小部分：第一，〈山家教典志〉，是慧思、智頤等 61 人的著述目錄；第二，〈淨土立教志〉，有蓮社七祖以及東晉慧遠蓮社成員的傳記，然後是歷代往生淨土的僧俗信眾 200 多人；第三，〈諸宗立教志〉，記載禪宗、華嚴宗、慈恩宗、密宗和律宗的祖師；第四，〈三世出興志〉，記載過去、現在和未來三世世界的演變及佛教的情況，主要是關於佛教的世界成住壞空的神話故事；第五，〈世界名體志〉，繪製關於華藏世界、兆須彌、大千世界、諸天宮以及地獄等佛教經典中描述的整個世界的圖景，還包括震旦、西域以及五印等現實世界的圖景；第六，〈法門光顯志〉，介紹佛教各種儀式和事項的起源、內容和變革；第七，〈法運通塞志〉，按照年代順序記述佛教的產生、發展、傳

播及其盛衰消長變化,始自周昭王二十六年(西元前 1023 年),終於南宋理宗寶慶三年(西元 1227 年);第八,〈名文光教志〉,選錄有關天台宗的重要碑文、序言、書牘等;第九,〈歷代會要志〉,按年代先後分類排列的關於佛教以及佛教以外的重要史實,共 65 項。

《佛祖統紀》以記述天台宗的歷史為主,兼及其他宗派以及整個佛教,也涉及道教的一些內容。志磐在確定本書體例方面,有著效法《史記》和《資治通鑑》長處的主觀願望。從整體上講,本書是一部紀傳體的通史著作,但是,從各部分的具體內容來看,本書又把紀傳、編年和會要融為一體,一方面使內容很豐富,保留了許多佛教以外的重要史料;另一方面又使本書的結構不太嚴密,顯得鬆散,各部分的安排也不太協調。

本書每部分的前面都有「序」,本紀的後面有「贊」,遇到有疑難問題需要特別說明則有「述」。這樣的安排不僅使敘述脈絡清楚,而且透過對書中所涉及的人物、事件、教理等問題的解釋、評論、辨析,使讀者對所述內容有更全面的理解。這反映了本書作者對佛教史的深厚研究功底。無論與此前或此後的佛教史書相比,它的學術價值都是很突出的。另外,書中對一些重要的史實等還用夾注解釋,在一些敘述末尾加資料出處,這都反映了作者嚴謹的治史態度。

宋代以後,重要的佛教史書有《佛祖歷代通載》、《釋氏稽古略》等,都是編年體的佛教史書。像《佛祖統紀》這樣一部紀傳體的佛教通史著作,不僅在宋代以前沒有,宋代以後也沒有仿效作品,所以它在中國佛教史學中的地位是十分顯赫的。

第三節　諸宗態勢及其發展階段

宋代佛教的發展可以劃分為三個階段：第一階段，北宋前中期，大約相當於宋太祖到宋哲宗統治時期（西元 960～1100 年）。

在這 140 年間，與宋王朝各種政治、經濟和文化制度的建立相符合，政府的佛教政策、管理佛教的各種具體措施基本形成，此後沒有發生重大的改變。相對說來，這一階段宋代社會發展比較平穩，為寺院經濟的發展、佛教文化事業的繁榮、佛教思想的活躍提供了適宜的環境。

第一，這一階段是宋代佛教文化發展的黃金時代。宋代的佛經翻譯雖然已經不能成為左右佛教發展方向的主要因素，但這項工作規模之大，延續時間之長，譯出的經典數量之多，僅次於唐代。而從宋初諸帝對這項工作的重視程度而言，並不比唐代的帝王遜色。由朝廷直接支持，動員了大量人力、財力而進行的佛經翻譯事業，完成於這個階段，同時也象徵著官僚化的中國古代佛經翻譯史的結束。具有劃時代意義的佛教大藏經的刻板和印刷，也是從這個階段發端。重要的佛教典籍，尤其是禪宗的燈錄，大多也是在這個階段湧現出來。

第二，在這一階段出現了佛教諸宗派的綜合復興。隋唐時期形成的佛教諸宗派，其不均衡發展的態勢在唐中葉就明顯呈現出來。經過唐末五代社會劇烈動盪，佛教義學各派已經難以為繼，多數已經沒有傳承系譜。到了北宋時期，佛教呈現出新的發展格局。禪宗經過唐末五代的發展，成為在佛教中影響最大的一派。北宋禪宗接續這種發展勢頭，在保持本派個性特徵的同時，又有了新的變化。自北宋開始，禪思潮籠罩了整個佛教界，禪宗的發展決定著整個佛教的發展趨向和面貌。就禪宗內部的派系變化而言，北宋前中期是臨濟、雲門兩宗共同推動禪學的發展，而在變革禪學方面最具活力的臨濟宗開始成為禪宗中最有影響的一派。

第一章 宋代佛教新格局與社會結構的變遷

接續五代吳越佛教的傳統，以江浙地區為中心，出現了天台宗、華嚴宗、律宗和淨土宗的所謂「中興」局面。有復興氣象的北宋律宗，法脈出自道宣的南山宗，發展中心是在杭州地區。繼承道宣法系的周秀，遞傳道恆、省躬、慧正、玄暢（世稱法寶律師）。玄暢撰有《行事鈔顯正記》，從學於他的贊寧知名於宋初，有「律虎」之稱。玄暢遞傳元表、守言、元解、法榮、處元、擇悟、允堪，至此律宗開始出現復興勢頭。允堪（西元1005～1061年），錢塘人，曾住持西湖菩提寺，專弘律學。慶曆、皇祐年間（西元1041～1054年），在杭州大昭慶寺、蘇州開元寺、秀州精嚴寺建立戒壇，每年依照戒律度僧。他對道宣的所有重要著述都作「記」解釋，有《行事鈔會正記》、《戒本疏發揮記》、《羯磨疏正源記》、《拾毗尼義鈔輔要記》、《教誡儀通衍記》、《淨心誡觀發真鈔》等10部，世稱「十本記主」。其中，他的《行事鈔會正記》比較重要，後來把繼承其學說的一派稱「會正宗」。

允堪遞傳擇其、元照（西元1048～1116年），律宗又產生了較大影響。元照，餘杭人，初依祥符寺的慧鑑律師出家，專門學習毗尼，後來從天台學僧處謙探究天台教觀。此後30年間，元照住持杭州的靈芝寺，廣事講說和寫作，著有《行事鈔資持記》、《戒本疏行宗記》、《羯磨疏濟緣記》等，共100多卷。他的《行事鈔資持記》用天台宗的教義解釋道宣的學說，與允堪的《行事鈔會正記》在行儀方面有許多不同，對如繞佛的左右旋轉、訂做衣服的長短等，都提出新見解。繼承此派的稱為「資持宗」，律宗以後只有此支維持傳承，並且傳播到日本。寶祐六年（西元1258年），臨安明慶聞思律師奏請朝廷將元照著作入藏流通。元照之後遞傳智交、準一、法政、法久、了宏、妙蓮等，到了元明之際，法系傳承不明。律宗經過這一階段的短暫復興以後，直到明末清初才重新興盛。

淨土信仰的學說與實踐也在宋代出現了多種新變化，弘揚淨土者的創

第三節　諸宗態勢及其發展階段

宗建派意識也非常強烈。激發教、淨、律諸派此類「中興」的原因是多方面的，或有歷史傳統的作用，或受佛教整體格局變動的牽制推促，或與中外佛教交流息息相通。北宋的佛教綜合復興運動，在社會各階層產生了程度不同的迴響和回應。此後近 200 年中，再也沒有出現過這樣的局面。

第三，這一階段也是佛教思想活躍的時期。在宋王朝三教並舉的大環境下，佛教內部出現了各派學說融合發展的局面，其廣度和深度是前所未有的。與隋唐佛教各派分途競立新說進行理論創新不同，宋代佛教是在融合中進行理論創新。在中國佛學發展的悠久歷史過程中，兩者堪稱雙璧，相映生輝，共同促成了佛學的博大和繁榮豐富。就禪學而言，與公案之學相連繫的文字禪形成相對穩定的形態，反映了禪學新思潮的興起，發揮了強大的理論作用和社會作用，直接影響此後的佛學發展。倡導三教融合，倡導禪、淨、教融合的最知名、並且其學說影響最久遠的學僧，基本活動於這個階段。另外，具有理論創新意義，並且產生多樣化社會迴響的淨土信仰實踐，也在這個階段形成。

第二階段，北宋末年到南宋初年，相當於北宋徽宗到南宋孝宗統治時期（西元 1101～1189 年）。

北宋末年，朝廷宗教政策的變化，對佛教產生了更為直接和強烈的影響。宋徽宗排佛崇道，力圖用道教神化自己的政權，並於晚年推行佛教道化的措施。他自號「教主道君皇帝」，於宣和元年（西元 1119 年）下詔說，佛教屬於「胡教」，雖然「不可廢」，但仍為中國「禮儀之害」，所以「不可不革」，於是改「佛號為大覺金仙，餘為仙人、大士之號；僧稱道士，寺為宮，院為觀，即主持之人為知宮觀事」[070]，還下令僧尼蓄髮、頂冠、執簡，完全按道教改造佛教，希望以此泯滅佛道的差別。這些措施雖然實行的時間不長，對佛教還是產生了相當程度的影響。它促使一些禪僧引道教

---

[070]　《宋大詔令集》卷二百二十四〈佛號大覺金仙，余為仙人、大士之號等事御筆手詔〉。

入禪宗，形成了禪學發展中的另一支流。其中最顯著的是把修禪與道教的胎息、長生等連繫起來，將修禪的目的歸結為長壽永年、羽化升天，同時用道教的觀點解釋禪宗史上的神話，使佛教屈從於道教。

徽宗的崇道抑佛做法，自然引起佛教徒的強烈抗議，而引神仙術入禪門，更受到正宗禪師的批判。克勤在〈破妄傳達磨胎息論〉中說：

嗟見一流拍盲野狐種族，自不曾夢見祖師，卻妄傳達磨以胎息傳人，謂之傳法救迷情，以至引從上最年高宗師，如安國師、趙州之類，皆行此氣。及誇初祖隻履、普化空棺，皆謂此術有驗，遂至渾身脫去，謂之形神俱妙。……復有一等，假托〈初祖胎息論〉、趙州〈十二時別歌〉、龐居士〈轉河車頌〉，遞互指授，密傳行持，以圖長年。及全身脫去，或希三五百歲。殊不知，此真妄想愛見！[071]

宋代相當一部分士大夫也不滿意將禪與養生術混為一談，他們重視禪與老莊的思想結合，而不是吸收長生不老之類的方術。羅大經說：

莊子謂至人入水不濡，入火不熱，如周公遭變而赤烏幾幾，孔子厄陳而絃歌自如，皆至人也。不濡、不熱，其言心耳，非言其血肉之身也。

又說：

老莊之意，以身為贅，以生為苦，以死為樂也。今神仙方士，乃欲長生不死，正與老莊之說背而馳矣。佛家所謂「生滅滅已，寂滅為樂」，乃老莊之本意。故老莊與佛，元不為二。[072]

儘管正統禪師和側重尋求心理平衡的士人，都反對把禪歸結為長生術的一種，但以長壽健身為目的的修禪人，在佛教中還是很普遍的。這種傾向自禪傳入中土就已經存在，在天台宗創始者那裡有突出發展。但是，使

---

[071]　參見《圓悟佛果禪師語錄》卷二十。
[072]　上引均見《鶴林玉露》乙編卷三。

第三節　諸宗態勢及其發展階段

禪脫離佛教的基本教義而與道教一致起來，應該從北宋末年算起，可以說與徽宗崇道抑佛的政策導向有關係。正如克勤所說：「其流浸廣，莫之能遏。」[073]

在這一階段影響佛教全局變化的，主要還是當時的社會政治形勢。兩宋之際是中國封建社會再一次陷入全面危機的時期，民族矛盾上升為社會的主要矛盾，圍繞這一主要矛盾而形成的主戰派和主和派的爭鬥，也達到了極度尖銳的程度。社會的長期動盪和連年的戰爭，迫使許多人流入佛教僧團，也就是禪宗僧團。及至宋廷南遷，北方僧人也隨之紛紛渡江，使得以杭州為中心的東南一隅，再度成為佛教活躍的基地。根據南宋高宗（西元1127～1162年）時統計，半壁江山中有僧尼20萬。當時禪宗的著名寺院動輒有僧一兩千人。官方掌握的僧尼數量恐難以反映真實情況，日本學者一般採納筆記的說法，認為當時有僧尼百萬，當然也不一定確切。

由於時代的急遽變化，湧入佛教僧團的社會成分和它們的社會連繫不同，對佛學也提出了新的要求。但是有一點十分明確，就是他們主要是傾心於禪學和淨土。因此，在兩宋之際，佛教義學諸派再也沒有出現興盛局面。律學適應整頓佛教僧團的需求，有一些表現。從宗派興衰而言，禪宗得到了進一步的擴展。雲門宗經過了它的昌盛期，由於不能適應社會變化開拓新的禪學道路，逐漸走向衰落。在整個南宋，儘管它的傳法系譜不斷，但沒有出現有影響力的禪師。到元代初年，此派便淹沒無聞了。臨濟宗的黃龍派自北宋末年衰落，進入南宋不久便法系難考。代之而起的楊岐派以臨濟正宗和唯一代表自命，成為禪宗中最大的派系。在北宋前中期，曹洞宗萎靡不振，到了這個階段逐漸崛起，其影響僅次於臨濟宗。所謂「臨（指臨濟宗）天下，曹（指曹洞宗）一角」的格局由此確立，歷元明清而沒有改變。此時期禪學新發展的象徵，是臨濟宗禪師宗杲的「看話禪」

---

[073]　《圓悟佛果禪師語錄》卷二十。

和曹洞宗禪師正覺的「默照禪」。從這一階段開始，整體禪學的三大組成部分，即夾雜著棒喝的機語酬對、與公案相連繫的文字禪，看話禪和默照禪，就最終定型了。

在這一階段，禪學上出現的一些微妙變化，也迂迴曲折地反映了僧人們關於時局的心態，反映了戰爭環境中出家僧人們心願之所繫。例如，紹興三十一年（西元1161年），「金虜主完顏亮涉居汴京，九月自將入寇，兵號百萬。中竺寺沙門曇瑩學禪悟《易》，屢對禁中，至是策以易數，謂亮當斃於江北」，於是鼓勵皇帝「親征浙西」。[074]《周易》思想早已為禪宗所接受，曹洞宗自曹山本寂之後，傳授《洞山五位》與《寶鏡三昧》，在《寶鏡三昧》中說五位，就是用《易經》思想來進行解釋。臨濟僧人慧洪也結合卦象解釋《洞山五位》。主張「學禪悟易」，用以占卜吉凶來為抵抗外敵服務，是禪僧憂國憂時可能的表現形式。

第三階段，南宋中後期，自南宋光宗至南宋滅亡（西元1190～1279年）。

在這一歷史階段，佛教既沒有遭受嚴重的政治打擊，也沒有任情膨脹。整體說來，佛教僧團還保持著一定的規模，但是佛教思想基本沒有出現令人注目的變化。一個突出的現象是，佛教的對外傳播在這一階段進入黃金時代。

南宋光宗之後的諸帝，基本沿襲前朝的宗教政策，對佛教和道教既扶植又限制。在對佛教的具體管理措施方面，也主要是因循舊法，沒有什麼創新。根據南宋王朝每況愈下的財政情況，針對佛教寺院經濟還有一定的活力，他們特別重視運用經濟方式管理佛教。北宋以來實行的鬻牒、出售紫衣師號、徵收寺院田產稅、向僧人徵收「免丁錢」等措施仍在執行，並在各地的執行過程中有逐漸加強的趨勢，這就促使寺院普遍重視生產經營

---

[074]　《佛祖統紀》卷四十七。

第三節　諸宗態勢及其發展階段

和經濟效益。需要專靠國家供養的佛教義學，在南宋境內進一步衰落。這樣，佛教在元代表現出的南禪北教格局，在宋金對峙時代已經醞釀成熟了。

隨著南宋政權的穩定，江南地區的禪宗也逐步形成了一些穩定的聚集地。國家為了加強對禪眾的管理，採納了史彌遠的建議，確定了「五山十剎」的禪寺劃分，「五山」在杭州的有徑山興聖萬壽寺、北山景德靈隱寺、南山淨慈報恩光孝寺，在寧波的有太白山天童景德寺、育王山雪峰廣利寺。「十剎」是杭州的中天竺天寧萬壽永祚寺、湖州的道場山護聖萬壽寺、溫州的江心龍翔寺、金華的雲黃山雙林寺、寧波的雪竇山資聖寺、臺州的天台山國清教忠寺、福州的雪峰山崇聖寺、建康的蔣山興國寺、蘇州的萬壽山報恩光孝寺和虎丘山雲巖寺。這些禪寺實際上是傳禪中心，也是國家用以控制整個叢林的樞紐，也為以後元明等朝所沿襲。南宋時期，禪宗的對外傳播，主要以這些寺院為基地，而外傳的宗派則主要是臨濟宗。

南宋後期，社會動盪，國之將亡，許多禪宗僧人或南走越南，或東渡日本。應請去日本弘法的禪師，有出於松源崇岳系下的蘭溪道隆（西元1213～1278年），於淳祐六年（西元1246年）赴日；出自破庵祖先系下的兀庵普寧，於景定元年（西元1260年）赴日；另有無學祖元（西元1226～1286年）、大修正念等。他們不僅把禪學，也把儒學傳到了日本。

這個時期相當於日本的鐮倉幕府時代，日本佛教進一步發展，來華求學的僧人很多。其中，榮西（西元1141～1215年）於乾道四年（西元1168年）和淳熙十四年（西元1187年）兩度來宋，參學於天台、廬山、育王、天童等名剎，回國後創立日本臨濟宗。圓爾辯圓嗣法於無準師範，西元1241年回國，開創東禪寺派。無門普門於西元1251年入宋，嗣法於無準師範的弟子斷橋妙倫，西元1266年回國，開創南禪寺派。另外還有無象靜照於西元1252年入宋，西元1262年回國；南浦紹明於西元1259年入宋，西元1267年回國；這些人都屬於臨濟系統。

第一章　宋代佛教新格局與社會結構的變遷

第二章
宋代佛教宗派的重組與理論創新（上）

第二章　宋代佛教宗派的重組與理論創新（上）

第一節　臨濟宗及其禪學新趨向

在唐末五代形成的禪宗五家中，溈仰一系入宋不傳，法眼一系在延壽（西元 904～975 年）以後衰落。宋代禪宗主要有臨濟、雲門和曹洞三派，而在宋代前中期，相當於宋太祖到哲宗時期（西元 960～1100 年），主要由臨濟和雲門兩派推動禪學發展。

直到北宋初年，臨濟宗的主要基地仍然在北方，以今天的河北、河南和山西等地為中心。從仁宗統治時期開始（西元 1023 年），其活動區域轉到了南方，以江西為中心，一變成為禪宗中最活躍的一派。就其派系結構而言，在楚圓之後分化出黃龍、楊岐兩支分道發展，活動於北宋末至南宋初；就其禪學演變而言，倡導和完善了與公案之學相連繫的文字禪諸形態，促成了禪思想的轉變，並且逐步行之於整個禪林。

所謂文字禪，是指透過學習和研究禪宗經典而掌握禪理的禪學形式。它以透過語言文字習禪、教禪，透過語言文字衡量迷悟和得道深淺為特徵。禪宗文字禪的思想和實踐可以追溯到唐代，但是它形成與公案之學相連繫的穩定形式，成為頗具影響力的禪學潮流，則是從北宋開始。作為宋代文字禪的主導方面，它的產生和發展始終與運用語錄公案緊密結合在一起。概括說來，宋代圍繞語錄公案展開的文字禪有四種形態，也可以看成是公案之學發展的四個方面。其中，「拈古」是以散文體講解公案大意，「代別」是對公案進行修正性或補充性解釋，這兩者都起源於宋代之前；「頌古」是以韻文對公案進行讚譽性解釋，「評唱」是結合經教對公案和相關頌文進行考證、注解以發明禪理，這兩者都起源於北宋。一般說來，能夠主導禪學發展方向，並能夠發揮多方面理論作用和社會功能的文字禪形態，是代別、頌古和評唱。北宋初年，臨濟僧人汾陽善昭倡代別、創頌古，象徵著臨濟禪學開始了一個方向性轉變。

第一節　臨濟宗及其禪學新趨向

一、汾陽善昭的公案代別和頌古

臨濟宗從興華存獎（？～西元924年），經南院慧顒（？～西元952年）、風穴延沼（西元896～973年），至首山省念（西元926～993年），日呈衰落之勢，以致流傳有仰山慧寂的讖語，所謂「臨濟一宗，至風而止」[075]。省念重視佛教戒律，提倡《法華經》，有「念法華」之稱。他也沿襲機鋒棒喝的傳禪方式，每有禪僧來「必勘驗之」，因而禪宗典籍中有「天下法席之冠，必指首山」的記載。實際上，在省念身邊的禪僧，「留者才二十餘輩」。他常住「汝州城外荒遠處」的首山，是一個不具多大影響力的叢林，他本人在禪理論和實踐上都沒有什麼建樹。

改變臨濟宗這種窘迫處境的是省念的弟子善昭。他倡導公案代別和頌古，以復古主義的形式，將禪化解為文字玄談；在解釋古聖語言中寓以禪境，創造了文字禪的新形態。善昭由此為禪僧與士大夫的溝通、交流開闢了一條新路，不僅促成了臨濟的持續興盛，並且推動著整個禪宗的全面發展。

善昭（西元947～1024年），俗姓俞，太原人，因父母早逝，14歲出家。此後，他一直過著奔走各地的遊方生活，「歷諸方，見老宿者七十有一人，皆妙得其家風。至首山謁省念，大悟言下」。後又「南遊湘衡」，「北歷襄沔」，繼續訪師問道，前後達30年。[076]楊億稱譽他「效遍參於善財，同多聞於慶喜」[077]。他的禪學在遊學中形成，也在遊學途中聲譽四播。淳化四年（西元993年），首山省念逝世，道俗千餘人迎請善昭住持汾州（山西吉縣）太平寺太子院。從此，善昭「宴坐一榻，足不越閫者三十年」，被

---

[075]　《禪林僧寶傳》卷三〈首山傳〉。
[076]　上引均見《禪林僧寶傳》卷三。
[077]　楊億：〈汾陽無德禪師語錄序〉，《大正藏》卷四十七595頁中。

尊稱為「汾州」[078]。

善昭重視遊方遍參，並鼓勵他的弟子們踐行。他教誨門徒相容並蓄，參學各家禪說。慧洪在《林間錄》中說：「汾州無德禪師，示徒多談洞山五位，臨濟三玄，至作〈廣智歌〉，明十五家宗風，豈非視後進惰於參尋，得少為警之以遍參耶？」[079]

善昭倡導行腳廣學有明確的目的，那就是磨練鋒機酬對的能力，作禪宗「正法」的「內護」，爭取「國王大臣」為自己的「外護」。他說：

> 我大覺世尊於多子塔前分半座，告摩訶迦葉云：吾有清淨法眼，涅槃妙心，實相無相，微妙正法，將付囑汝，汝當流布，勿令斷絕。如是展轉，西天二十八祖，唐來六祖，諸方老和尚，各展鋒機，以為內護；及付囑國王、大臣、有力檀信，以為外護。[080]

簡言之，「各展鋒機」是歷代祖師開創局面，求得發展的根本途徑。善昭強調參學，就在於去提高掌握和運用各種鋒機的能力。諸大禪師的鋒機，蘊藏在關於他們的語錄行事中，稱作「公案」。公案一詞原指官府用以判決是非的案牘，禪宗用來特指前代禪師的言行範例。《碧巖集・三教老人序》說：

> 祖教之書謂之公案者，唱於唐而盛於宋，其來尚矣。二字乃世間法中吏牘語。

說它始於唐，係指黃檗希運；說它盛於宋，倡導者即是善昭。他把參究祖師鋒機最終落實到了參究公案語錄上。據善昭說，古代禪師的言行在「隨機利物」，學者隨之而「各人解悟」。因此，禪師以文字語言示禪，學徒透過文字語言解悟。文字語言成了禪可「示」可「悟」的中介；參究古

---

[078] 《禪林僧寶傳》卷三。
[079] 《林間錄》卷下。
[080] ［宋］楚圓集：《汾陽無德禪師語錄》卷下，《大正藏》卷四十七。

第一節　臨濟宗及其禪學新趨向

人語錄公案,等於悟解禪的真諦,故亦名「參玄」。這種從古人語錄上掌握禪理的主張,和沙門義學從三藏經論中掌握佛理的做法,沒有什麼原則區別,都是把言教看成是第一位的。然而,善昭特別把禪學與義學作了區別:

> 夫參玄大士,與義學不同。頓開一性之門,直出萬機之路;心明則言垂展示,智達則語必投機。了萬法於一言,截眾流於四海。[081]

禪之所以優於義學,僅在於「頓開」、「直出」,而不是拖泥帶水;在於「一言」而「了萬法」,沒有那麼多的煩瑣注疏。至於語言,仍然是垂示、了法和參玄投機的鑰匙。善昭的這些主張,代表了中國禪宗演變的又一個方向,從「說似一物即不中」,經過五代十國對公案的自發討論,轉成了「了萬法於一言」的理論自覺,於是參禪變成了名符其實的「參玄」,追求對禪境的直覺體驗變成了追求含「玄」的語錄。所以,語言的運用和理解,成了禪宗僧人修行的頭等大事。

善昭特別重視臨濟義玄的「三玄三要」,把它看成是禪語玄言運用的典範。慧洪作《臨濟宗旨》,集中講善陽對「三玄三要」的理解。書中還引用了張商英對慧洪講的話:「汾陽,臨濟五世之嫡孫,天下學者宗仰。觀其提綱,渠唯論三玄三要。」善昭本人解釋:「三玄三要事難分,得意忘言道易親,一句明明該萬象,重陽九日菊花新。」意思是說:「三玄」、「三要」具體指謂的是什麼,難於區別,關鍵是悟解它們蘊含的玄旨,由「得意忘言」而「會通」。他又說:「汝還會得三玄底時節麼?直須會取古人意旨,然後自心明去,更得變通自在,受用無窮,喚作自受用身佛,不從他教,便識得自家活計。」[082] 簡言之,透過「三玄三要」的語言,會取古人意旨,使得自心明睿。至於「一句明明該萬象」,是形容「三玄三要」之言,

---

[081]　《汾陽無德禪師語錄》卷下,《大正藏》卷四十七 619 頁中。
[082]　《汾陽善昭語錄》,見《古尊宿語錄》卷十。

在於抓綱，一通百通。「重陽」指《周易》中的乾卦，用以譬喻萬象更新的本源「道」，這裡指聖人「意旨」。因此，善昭之強調「三玄三要」，在於提倡語言玄化，寓禪於言；但不是照字面去理解禪師語錄，而是在公案中別求古人意旨。這樣，作為中介的語言，成了只是可以示現和悟解的符號和門徑。他說：「言之玄也，言不可及旨之妙也。」[083]「言之玄」是及於禪之妙的前提，而這玄化了的言當然就不能單從詞義上去理解了。

為了倡導言玄，善昭作《公案代別百則》和《詰問百則》，弘揚這些公案，並給出自己的解釋。關於公案代別，善昭指出：

> 室中請益，古人公案未盡善者，請以代之；語不格者，請以別之，故目之為代別。[084]

「未盡善者」和「語不格者」的意思相同，都是指公案的語意未盡，需要給予「代語」或「別語」，以作進一步的揭示，也可以說是對公案的修正性解釋。

這裡的「代別」是「代語」和「別語」的複合詞。所謂「代語」，原有兩個含義：其一，是指問答酬對間，禪師設問，聽者或懵然不知，或所答不合意旨，禪師代答的話語；其二，是指古人公案中只有問話，沒有答語，代古人的答語。所謂「別語」，是指古人公案中原有答話，作者另加一句別有含義的話。代語和別語區別不大，都是對古人或他人禪語的發揮。由於雲門語錄中多有代語和別語，一般認為「代別」以雲門為始。善昭利用這種形式，將禪引導到發掘古人意旨方面，更確切些說，是借用古代公案，表達自己的思想。譬如：

> 梁武帝問祖師：如何是聖諦第一義？祖曰：廓然無聖。帝云：對朕者誰？祖曰：不識。代云：弟子智淺。

---

[083]　《汾陽無德禪師語錄》卷上。
[084]　《汾陽無德禪師語錄》卷中，《大正藏》卷四十七 613 頁下。

梁武帝請傅大士講經，大士儼然。帝曰：請大士與朕講經，為什麼不講？志公曰：大士講經畢。代云：講得甚好。

馬鳴問迦毗摩羅：汝有何聖？云：我化大海，不足為難。又問：汝化性海得否？云：若化性海，我當不得。別云：許即不讓。

《詰問百則》是對著名的禪語提出問題，並代以作答。以「四誓」為例：

眾生無邊誓願度。誰是度者？代云：車輪往靈山。

法門無邊誓願學。作麼生學？代云：朝參暮請。

煩惱無邊誓願斷。將什麼斷？代云：有麼？

無上菩提誓願成。作麼生成？代云：天子不刈草。

無論是公案代別還是詰問代答，都反映了善昭追求玄妙語句的用心和提供給公案一個標準答句的努力。其中有的就是字面的含義，別無他解，如「朝參暮請」之類。有的是對原意的引申，如「智淺」即是「不識」，「講得甚好」即是「講經畢」，代別得並不高明。有的是純譬喻，如「車輪往靈山」，「車輪」是「法輪」的譬喻，代得也不甚新奇。值得尋味的是「有麼？」以反問的口氣表達對「煩惱無邊誓願斷」的否定。「天子不刈草」，暗喻「無上菩提」無須勞作生成，帶有濃郁的山村野風，倒是少些矯揉造作。

代別作為一種文體，對後世還是有不小影響的。明清特別盛行的批點，以及透過批點讓古人的著作代自己立言，就是這種代別的發展。因此，儘管善昭的代別也有精采的部分，但多數平平，或不如原來的語言含蓄生動。因為代別之作和公案的選擇一樣，真正的目的不是發明古聖意旨，而是借題發揮；既可以作為言談來往的口實，也是闡述自己思想觀念的途徑。所以從善昭的代別中，大致能夠看到他的禪者面貌。善昭自認為他的百則詰問可以將道理收全，但不敢肯定他的詮釋能夠窮盡這些道理，也說明他只是一家之言。所以他說：「詰問一百則，從頭道理全，古今如目睹，有口

不能詮。」他還說：「夫說法者，須及時節，觀根逗機，應病與藥。不及時節，總喚作非時語。」[085]所以也不能把他的代別當成真言。善昭著意追求語言上的「善」和「格」，實際上是用自己的標準去統一公案的答語，與此同時，也把禪宗引向了追求玄言妙語，在文字上下工夫。

宗杲曾經指出：「近年以來，禪有多途……或以古人入道因緣，聚頭商榷云：這裡是虛，那裡是實，這語玄，那語妙，或代或別為禪者。」[086]北宋末南宋初仍然普遍存在的這種現象，就是由善昭發起的。由於代別成為一種時髦，禪師們普遍希望透過與眾不同的新奇語句，顯示自己的心明智達，以致同一問句會出現多種不同的答語。宗杲舉例說：「或師家問，不是心，不是佛，你作麼生會？便云：和尚不妨惺惺。或云：和尚什麼處來？或云：不可矢上加尖。或云：漫卻多少人。或再舉一遍云：不是心，不是佛，不是物。」[087]古聖多具深意的佳言機語，在代別中多變成了無聊的套話。圓悟在《枯崖漫錄》中敘述了一個頗有代表性的例子，並予以評論：

金華元首座，剛峭簡嚴，叢林目為飽參，見等庵於白雲，始了大事。僧問：如何是佛？曰：即心是佛。問：如何是道？曰：平常心是道。問：如何是祖師西來意？曰：趙州道底。聞者皆笑。後有僧問：如何是佛？曰：南斗七北斗八。問：如何是道？曰：猛火煎麻油。問：如何是祖師西來意？曰：龜毛長數丈。傳者皆喜。嘻，若如此辨驗答話，不唯埋沒己靈，抑亦辜負前輩！[088]

代別之流風所及，使老實簡嚴的禪師也不得不刁鑽古怪起來。而「前輩」們那些不無苦心的「斷流語」，變成了一片油腔滑調，引起正派禪師激

---

[085]　上引均見《汾陽無德禪師語錄》卷中。
[086]　〔宋〕蘊聞編：《大慧普覺禪師語錄》卷三十，《大正藏》卷四十七 941 頁中。
[087]　《大慧普覺禪師語錄》卷十四。
[088]　〔宋〕圓悟：《枯崖漫錄》卷上。

第一節　臨濟宗及其禪學新趨向

烈譴責是正常的。事實上，高層次的士大夫對此也不滿意。岳珂說：「今之言禪者，好為隱語以相迷，大言以相勝，使學者悵悵然益入於迷妄。」[089] 這「隱語」、「大言」可以成為代別者追求妙語玄言的注解，其在宋代禪宗中始終十分盛行。

「頌古」是以韻文對公案進行讚譽性解釋的語錄體裁，它不僅是研究公案的方法，而且是教禪學禪、表達明心見性的方法。善昭首創頌古，是對宋代禪學發展的又一促進。在北宋以後的禪史上，頌古比代別和拈古具有更大的影響。由於得到士大夫的特別喜愛，使它有著很強的生命力和感召力。

善昭的頌古之作是《頌古百則》，選擇百則公案，分別以韻文闡釋。他在其後作《都頌》，簡述選材的原則、作用和目的：「先賢一百則，天下錄來傳。難知與易會，汾陽頌皎然。空花結空果，非後亦非先。普告諸開士，同明第一玄。」[090] 意謂他選用公案的標準主要是擇優，不論宗派，只以禪林公認的「先賢」言行作為弘禪證悟的典型範例流通天下。這反映了善昭力圖融合禪宗各家宗風的傾向，也為日後多數頌古禪師所接受，成為共識。當然，由於各選家的眼光不同，水準有別，所選公案也就不會完全一致。善昭認為，公案中的古德言行和機緣，有的晦澀難懂，有的易於理解，頌古的文字都應該使其清楚明白，便於學者同明「第一玄」（即禪理）。他的頌古明確宣示：禪既可以透過文字「普告」學者，學者也可以透過文字去「明」，這一主張在他的頌古實踐中得到更明朗的表現。

北宋末年，圓悟克勤曾為頌古下過一個經典性的定義：「大凡頌古，只是繞路說禪，拈古大綱，據款結案而已。」[091] 意思是說，頌古不是照直把古聖的意旨敘述出來，而是繞著彎表達自己的禪理。這也是禪宗常

---

[089]　[宋] 岳珂：《史‧解禪偈》。
[090]　《汾陽無德禪師語錄》卷中，《大正藏》卷四十七 613 頁下。
[091]　《碧岩集》卷一，《大正藏》卷四十八 141 頁上。

講的「不點破」的原則。因此，即使平直的語言，也不能單從字面上去理解。但事實上，善昭的頌古特點遠非如此，他總是從公案的事實出發，推論出古聖的意旨來。例如〈俱胝一指〉這則公案，說的是唐代俱胝和尚，每遇有人向他問禪，他都不多說話，只豎起一個指頭表示回答。善昭的頌文是：「天龍一指悟俱胝，當下無私物匪齊。萬互千差寧別說，直教今古勿針錐。」[092] 意思是說，俱胝和尚豎一指悟人的方式，是從天龍和尚那裡學來的，因為他就是從一指得悟。「一指」喻一以貫之，在千差萬別的世界中要掌握它們的統一性。佛教通常或指「空」，或指「心」，善昭給予的解釋是「無私物匪齊」。「無私」即「無我」，「無我」即「性空」，所以從「無私」的角度看世界，無物不是齊一的。至於俱胝和尚的本意是否如此，則是另一個問題。但是，善昭在這裡沒有故弄玄妙，是很明顯的。可見他的頌古，有很大成分是為了普及禪知識。可以說，善昭的頌古之作代表了頌古的初始形態。善昭之後，頌古之風瀰漫禪宗界，成了明心見性的重要方法，頌古本身也經歷著變化。

二、黃龍慧南和黃龍派

善昭的著名弟子是石霜楚圓（西元 986～1039 年），全州清湘（廣西桂林）人，俗姓李，22 歲出家。他慕名到山西參訪善昭，從學 7 年，後又遊歷今河南一帶，結識楊億、李遵勖等人。晚年至潭州（湖南長沙）弘教傳禪，臨濟宗的活動區域開始南移。楚圓的門徒以黃龍慧南和楊岐方會的知名度最高。他們各立門戶，分別形成黃龍派和楊岐派。禪宗史上把這兩派與唐末以來的五家合稱「五家七宗」。

---

[092]　《汾陽善昭禪師語錄》卷中，《大正藏》卷四十七 609 頁上。

第一節　臨濟宗及其禪學新趨向

1. 慧南和他的「黃龍三關」

慧南（西元 1002～1069 年）是信州玉山（江西玉山縣）人，11 歲出家，19 歲受具足戒，先隨雲門宗的三角懷澄習禪，後投楚圓門下。先後住持同安（福建同安縣）崇勝禪院、廬山歸宗寺、高安黃檗山等。從景祐三年（西元 1036 年）開始，常住江西南昌黃龍山。慧南的禪要，人稱「黃龍三關」：

師室中常問僧出家所以，鄉關來歷，復扣云：人人盡有生緣處，那個是上座生緣處？又復當機問答，正馳鋒辯，卻復伸手云：我手何似佛手？又問諸方參請宗師所得，卻復垂腳云：我腳何似驢腳？三十餘年，示此三問，往往學者，多不湊機。叢林共目為三關。[093]

這裡的「生緣」，指決定人生及其命運的諸因素；「我手」與「佛手」相比，涉及人身與諸佛的關係；「我腳」與「驢腳」相比，涉及人身與畜生（異類）的關係。這類問題，在禪宗史上都有過熱烈的討論，所以涵蓋有深厚的佛學理論內容，與一般禪師的信口提問或隨根發機者不同。

據慧洪的《林間錄》記載，慧南禪師「以佛手、驢腳、生緣語問學者，答者甚眾。南公瞑目如入定，未嘗可否之。學者趨出，竟莫知其是非，故天下謂之三關語」。為什麼對任何回答都不置可否？慧南解釋說：「已過關者，掉臂徑去，安知有關吏？從吏問可否，此未透關者也。」[094] 所謂「已過關者」，指由此三問而自悟的人，就用不著再作解釋；所謂「未透關者」，雖經三問啟發猶未悟解的人，再作講說也無濟於事。

慧南的「三關」之設，目的在啟示參禪者自修自證，自悟佛道。慧南曾對自己的「三關語」以頌文形式作過闡述，《林間錄》中記有「佛手」和「驢腳」兩頌，《雲臥紀譚》將三頌錄全：

---

[093]　《建中靖國續燈錄》卷七。此處所記「三關語」的次序與《林間錄》等書不同。
[094]　上引均見《林間錄》卷上。

第二章　宋代佛教宗派的重組與理論創新（上）

　　我手佛手兼舉，禪人直下薦取，不動干戈道出，當處超佛越祖。我腳驢腳並行，步步踏著無生，會得雲收日卷，方知此道縱橫。生緣有語人皆識，水母何曾離得蝦，但見日頭東畔上，誰能更吃趙州茶？[095]

　　意思是，我手、佛手兼舉，表達凡聖無二，只要直下薦取本心，即會超佛越祖；我腳、驢腳並行，顯示我與畜類在「無生」性空上一致，只要懂得這個道理，即可在世間自由縱橫；參悟「生緣」，在於理解生存爭鬥之烈（水母食蝦）和生死無常之速（不能更吃趙州茶）。

　　由此看來，「黃龍三關」的思想並沒有超出佛教禪師一般弘揚的內容，而它的特點在於使用具體形象，將抽象的道理寓於其中，從而使平凡的事理變得迂迴含蓄起來，使已經成為老生常談的佛教教義變得生動而增添新的風采。慧南的「三關」之設，推動了禪宗用語示意的靈活性。據傳，他離開懷澄的原因，是懷澄以「死句」教人，而慧南主張以「活句」說禪。他的弟子隆慶慶閒（西元1037～1081年）對「黃龍三關」的答語，可以看成是使用「活句」的標本：

　　（南）又問：如何是汝生緣處？對曰：早晨吃白粥，至今又覺飢。又問：我手何似佛手？對曰：月下弄琵琶。又問：我腳何似驢腳？對曰：鷺鷥立雪非同色。[096]

　　相比之下，慧南自己的解釋，反而成了「死句」。這樣的活句，雖然也算具體、風趣，但其中表達的禪理，已不是含蓄，而是晦澀了。儘管如此，「活句」的提出，說明同一思想可以用多樣的語言表達，不拘一格，能夠各具千秋。這對於推動語言運用的藝術和表現上的生動多姿，無疑是有益的。

　　據慧洪說，黃龍以「三關」立宗說禪，採用「三句」格式，是源自百丈

---

[095]　《雲臥紀譚》卷上。
[096]　《禪林僧寶傳》卷二十五。

懷海。「大智禪師（懷海）曰：『夫教語皆是三句相連，初、中、後善。初直須教染發善心，中破善，後始明善菩薩即非菩薩，是名菩薩法，非法非非法。……故知古大宗師說法皆依佛祖法式，不知者謂苟然語。』」[097] 這裡講的「三句相連」，實脫胎於天台宗的三位一體，即由《中論》三是偈那裡轉化過來的「假」、「空」、「中」三諦說，與懷海無關。懷海有關「三句」的說法是這樣的：「若透得三句過，不被三段管教家舉，喻如鹿三跳出網，喚作纏外佛，無物拘繫得渠，是屬燃燈後佛，是最上乘，是上上智，是佛道上立，此人是佛，有佛性。」[098] 因此，懷海的「三句」是透「三句」、超「三句」，不被「三句」所纏，與「三句相連」的意思恰恰相反。不過，慧南的「三關」確有受懷海說法的影響。所謂透過「三關」，即可掉臂而去，不再受文字教理的束縛，就是懷海的精神。

宋初雲門僧人慣以「三句」教人，德山緣密概括文偃思想為「雲門三句」，緣密的同學巴陵景鑑有所謂「巴陵三句」。慧南設「三關」之後，影響擴大，「轉三句」的方法在禪僧中十分流行，有的照搬黃龍舊說，有的是花樣翻新，與善昭倡導的代別、頌古相呼應，形成了宋初在文字語言上立禪的一代風氣，由此產生了許多介乎似有哲理又似「行話」的「玄言」。

2. 黃龍系諸禪師

慧南以黃龍山為基地，建立了龐大的僧團，稱為嗣法弟子的達 83 人之多，其中以晦堂祖心、東林常總和寶峰克文最為著名。

晦堂祖心（西元 1025～1100 年），南雄始興（廣東始興縣）人，俗姓鄔。21 歲時依龍山寺沙門惠全剃髮受具足戒，曾求學於雲峰文悅，後到黃龍山參見慧南，深得賞識。慧南生前曾讓他分座訓徒。慧南逝世後，他繼任黃龍住持 12 年，嗣法弟子 47 人。元豐三年（西元 1080 年），王韶推薦

---

[097] 《林間錄》卷上。
[098] 《古尊宿語錄》卷一〈百丈懷海禪師〉。

他住持東林禪寺，他薦舉常總以代，自己樂於閒居。祖心與官僚士大夫來往較多，除觀文殿學士王韶外，與潭州太守謝師直、江西轉運判官彭汝礪等人也很密切。他曾遊歷京城，駙馬都尉王銑「盡禮迎之」。

在祖心之前，禪僧名前多加居住地名以為道號，是唐代以來的慣例。祖心首創以所住庵堂為道號，為各派禪僧所仿效，成為一種時尚。宋代以後，禪宗僧人依然沿襲這種習慣。

東林常總（西元 1025～1091 年），南劍州（福建南平）人，出家後到廬山歸宗寺追隨慧南，前後 20 餘年。曾住持江西泐潭，被稱為「馬祖再來」。元豐三年（西元 1080 年），「詔革江州東林律居為禪」，他應命住持，被認為是應了 700 年前東晉慧遠的讖語，又號「肉身大士」。宋廷曾詔其住持京城相國寺智海禪院，以年老多病推辭。元祐三年（西元 1088 年），賜號「照覺禪師」。

常總把江州東林寺經營得規模龐大，其寺「廈屋崇成，金碧照煙雲，如夜睹史之宮從天而墮。天下學者從風而靡，叢林之盛，近世所未有也」。[099] 常總身邊常有徒眾 700 餘人，嗣法弟子 61 人。

寶峰克文（西元 1025～1082 年），陝府閿鄉（河南靈寶）人，俗姓鄭，號真淨。少年出家，26 歲受具足戒。克文曾遊歷京城，「賢首、慈恩、性相二宗，凡大經論，咸造其微」。後離京南下，棄教習禪，多方參訪，最終投到慧南門下。先後住持江西的寶峰、洞山、聖壽、廬山歸宗寺和金陵報寧寺，與王安石、張商英等官僚文人過從甚密。王安石曾捨金陵家宅為報寧寺，請其住持。克文在江西的影響尤大，「民信其化，家家繪其像，飲食必祠」。克文精通佛教義學及儒學，能夠融會儒釋典籍以解釋公案，以善於說法著稱。他「五坐道場，為諸方說法，得遊戲三昧，有樂

---

[099]　《禪林僧寶傳》卷二十三。

第一節　臨濟宗及其禪學新趨向

說之辯」[100]。他反覆宣講的，依然是禪宗一貫提倡的學說，認為「達摩西來，亦無禪可傳，唯只要大眾自悟自成佛，自建立一切禪道。況神通變化，眾生本身具足，不假外求」。[101] 雖內容毫不新鮮，但由於他擅長辭令，他的《語錄》很受時人的歡迎。

克文的嗣法弟子有 38 人，黃龍第二代弟子中的知名人物，均出在他的門下，如兜率從悅（西元 1044～1091 年）、泐潭文準（西元 1061～1115 年）等，當時都很有影響。然而在兩宋禪宗史上占重要地位的，乃是清涼慧洪。

慧洪（西元 1071～1128 年），字覺範，號寂音，江西筠州（高安）人，俗姓俞（一說姓彭）。14 歲入寺，19 歲在京城天王寺試經得度，4 年後到廬山歸宗寺學禪於真淨克文，並隨其遷往洪州石門。29 歲後，遊歷江南一帶，住持過臨川北禪寺和金陵清涼寺。在金陵時，因有僧人告他持偽度牒，被下獄 1 年，經張商英的幫助，恢復了僧人身分，幾年後改名德洪。

慧洪博聞強記，精通佛典，在京城及江南的士大夫中享有盛譽，尤為張商英所看重，被譽為「今世融肇」。據《宋史‧張商英傳》，大觀四年（西元 1110 年），蔡京下野，張商英入相，「於是大革弊事」，包括「行鈔法以通商旅，蠲橫斂以寬民力。勸徽宗節華侈，息土木，抑僥倖」。蔡京黨人「日夜醞釀其短」，「因僧德洪、客彭兒與語言往來，事覺，鞫於開封府」。說明張商英罷相，直接的罪名是與慧洪等有「語言往來」。究竟是什麼「語言」，史無記載。但從張商英當時正在改革部分積弊，抨擊蔡京「劫持人主，禁錮士大夫」的傾向，大致可以推斷出他們談話的內容。政和元年（西元 1111 年），慧洪因此被流放崖州（海南省），政和三年獲釋回江西。宣和四年（西元 1122 年），有僧人告他為張懷素的同黨，儘管地方官吏知

---

[100]　上引均見慧洪〈雲庵真淨和尚行狀〉。
[101]　《住金陵報寧寺語錄》。

道這是把張商英誤為張懷素,純係誣告,仍以查清事實為由,將他下獄百餘日。此後,慧洪深感「涉世多艱,百念灰冷」[102]。有一首詩很能表達他晚年的心境:

> 霜須瘴面老垂垂,瘦搭詩肩古佛依。滅跡尚嫌身是累,此生永與世相違。殘經倦讀閒憑幾,幽鳥獨聞常掩扉。寢處法華安樂行,蕩除五十二年非。[103]

最後兩句特別值得注意。《法華經》中講的「安樂行」,要求「不親近國王、王子、大臣、官長……」,不「造世俗文筆、讚詠外書」[104]。慧洪作為僧人,積極涉世,遭三度身陷囹圄;及至晚年閉門隱居,而國事日非,北宋王朝已走向末路。他的詩充分流露出對自己,也是對北宋官僚士大夫和整個北宋王朝的悲觀失望情緒。

慧洪的著作很多,在禪宗史方面,以《禪林僧寶傳》和《林間錄》為代表。《禪林僧寶傳》30卷,撰於宣和六年(西元1124年),以北宋時期的禪師為主,記有81人。《林間錄》2卷,筆記體,錄其所見所聞300餘事,「莫非尊宿之高行,叢林之遺訓,諸佛菩薩之微旨,賢士大夫之餘論」,[105]也有史料價值。此外,《石門文字禪》30卷,集詩、偈、書、序等,很能看出北宋後期禪宗的面貌。他的《臨濟宗旨》等論文,在以後的禪僧和士大夫中也有影響。

慧洪是北宋時期最具眼光的禪史學家。他關於禪宗的史學評論,在當時和後代都具權威性。作為一個禪師,他才華出眾並有政治頭腦,任性不羈,屢觸當道,富於個性。反映在學術觀點上,他也是馳騁縱橫有餘,嚴謹周密不足,失實之處,常為史學家所譏。

---

[102] 《石門文字禪》卷二十四。
[103] 《石門文字禪》卷十二。
[104] 《妙法蓮華經》卷五。
[105] 〈洪覺范林間錄序〉。

第一節　臨濟宗及其禪學新趨向

慧洪在禪學上有自己的獨立看法，反對把禪與語言文字割裂開來。他指出：「禪宗學者，自元豐（西元1078～1085年）以來，師法大壞，諸方以撥去文字為禪，以口耳受授為妙。」[106] 對此他很不以為然。他最推崇汾陽善昭，認為「淳化以後宗師，無出汾陽禪師之右者」。這是因為善昭重視臨濟義玄提出的「三玄三要」，並透過對「三玄三要」的新解釋追求玄言，提高文字語言在明心見性過程中的功能。慧洪的《臨濟宗旨》，就是連繫講解善昭關於「三玄三要」的頌文，實現以文解禪的。他說：「言通大道，不坐平常之見，此第一句也，古（指薦福承古）謂之句中玄。」[107] 以「言」溝通「大道」，成為慧洪所倡文字禪的基本特色，並在許多著作中作了反覆論證。慧洪指出：

> 心之妙不可以語言傳，而可以語言見。蓋語言者，心之緣，道之標幟也。標幟審則心契，故學者每以語言為得道淺深之候。[108]

這裡的「心」，就是「大道」。心的神妙不可用語言傳遞，但可以用語言表現。心表現為語言，語言就成了大道的外在標幟；標幟明悉了，心即契會了。所以，是否「得道」就可以從其所使用的語言上來衡量。據此，禪宗的修持自然也要歸結到語言運用的技巧上來。慧洪很注意禪師的文字運用，他曾藉曹洞宗僧人之口，批評某些公案記錄的語言，謂：「古人純素任真，有所問詰，木頭、礫磚，隨意答之，實無巧妙。」所謂「實無巧妙」，本質上是指那種不事雕琢、缺乏文采的斷流語。他認為：「借言以顯無言，然言中無言之趣，妙至幽玄。」[109] 用語必須蘊含「無言之趣」，使人能體會到「幽玄」之旨，那才是值得肯定的。顯然，要使用這樣的巧妙語言，參禪者必須有足夠的文化素養。北宋以文字為禪的禪師，大都具備這樣的條件。

---

[106]　《石門文字禪》卷二十六。
[107]　《臨濟宗旨》。
[108]　《石門文字禪》卷二十五。
[109]　《石門文字禪》卷二十五。

慧洪的詩文既多，詞句也美，可作為他提倡的文字禪的一種標本。其中「十分春瘦緣何事？一掬歸心未到家」[110]，被認為是他的得意之句。批評他俗情未泯，固然有理；說他表現探求心源的執著，也未嘗不可。另有〈贈尼昧上人〉詩：「未肯題紅葉，終期老翠微；余今倦行役，投杖夢煙扉。」[111] 本詩似乎情濃於禪，很難避免正人君子的責難。傳說王安石之女即稱他為「浪子和尚」。事實上，慧洪本人是充滿世俗情感的，以文字為禪，就是情不自禁的表現。

　　文字禪特別能為士大夫所接受，蘇東坡是其中的突出一個。慧洪曾評論說：「東坡居士，遊戲翰墨，作大佛事，如春形容，藻飾萬象。」[112] 他使文學走進佛事達到了自覺，也使文學步入禪境達到了自覺。北宋文字禪的興盛，把有文化的禪師與士大夫連繫得更緊密了，也把禪與文學連繫得更緊密了。

　　南宋以後，一些反對以文字為禪的僧人，往往把批判的矛頭指向倡代別、創頌古的善昭，指向把頌古之風推向高潮的重顯。實際上，從理論上論證文字禪合理性的北宋禪師，應首推慧洪，這是一般人所沒有意識到的。

三、楊岐派的早期傳承

　　楊岐方會（西元992～1049年），袁州宜春（江西宜春）人，俗姓冷。10歲在筠州（江西高安）九峰山出家，曾到潭州（湖南長沙）隨石霜楚圓習禪，後被道俗迎至袁州楊岐山（江西萍鄉縣北）。慶曆六年（西元1046年），遷住潭州雲蓋山。關於方會的言行，有《袁州楊岐山普通禪院會和

---

[110]　《石門文字禪》卷十。
[111]　《石門文字禪》卷九。
[112]　《石門文字禪》卷十九。

第一節　臨濟宗及其禪學新趨向

尚語錄》1卷、《楊岐方會禪師後錄》1卷。

方會在門庭設施上融會臨濟、雲門兩派風格。慧洪說他「提綱振領，大類雲門」，「其勘驗鋒機，又類南院（慧顒）」。[113] 方會不像黃龍慧南那樣，用「三關」之類的固定格式啟悟學者，而是側重靈活的機語，推崇機釋棒喝。「楊岐天縱神悟，善人遊戲三昧，喜勘驗衲子，有古尊宿之風。」[114] 在巧言善辯方面，方會要遠遠勝過慧南。

方會的嗣法弟子12人，白雲守端為上首。方會晚年曾「以臨濟正脈付守端」。守端（西元1024～1072年）是衡陽（湖南衡陽）人，俗姓葛，出家後從學於方會多年。28歲時辭別方會遊廬山，深得雲門僧人圓通居訥的賞識，「圓通訥公見之，自以為不及，舉住江州承天」。[115] 不久，守端辭去，應郡守之請，住舒州法華寺。這個寺院很小，難得有名家住持，但守端「欣然杖策來」。這種做法，深受當時文士的稱讚。後又應士大夫請，移住白雲山。守端的嗣法弟子12人，以五祖法演最有成就。

法演（西元1024～1104年）是綿州（四川綿陽）人，俗姓鄧。35歲出家，先在成都習《唯識》、《百法》等法相經典，後來棄教習禪。張商英曾稱讚他「應機接物，孤峭直接」。由於他常住湖北黃梅五祖山，故稱「五祖法演」。法演弟子22人，以佛眼清遠、佛鑑慧勤和佛果克勤最為著名，被稱為法演門下的「三佛」。

從方會到法演，楊岐派輾轉於江西、湖南、湖北一帶活動，儘管勢力不斷擴大，但遠不能與黃龍派相比。直到北宋末年，從佛果克勤開始，楊岐派興盛起來，逐漸取代了黃龍派。

---

[113]　《禪林僧寶傳》卷二十八。
[114]　《佛祖歷代通載》卷十九。
[115]　《佛祖歷代通載》卷十九。

四、圓悟克勤及其《碧嚴集》

圓悟克勤（西元 1063～1135 年），字無著，俗姓駱，彭州崇寧（今屬四川）人。18 歲出家，先習佛教經論，後屬意禪宗，就學於昭覺勝禪師。不久，克勤離川東下，參見法演。崇寧（西元 1102～1106 年）初，因母老歸省，住持成都昭覺寺。後來到澧州（湖南澧縣），住持夾山靈泉院，再遷湘西道林寺。政和（西元 1111～1118 年）末，奉旨移住金陵蔣山。此時，克勤已名冠叢林，「法道大振」。宣和（西元 1119～1125 年）中，奉詔住持京城天寧寺。不久因戰亂返蜀，仍住持昭覺寺。紹興五年（西元 1135 年）逝世。

克勤非常重視研究佛教經論和禪宗語錄。「凡應接雖至深夜，客退必秉炬開卷，於宗教之書，無所不讀。」[116] 這裡的「宗」，謂「宗通」，特指「禪」言，指禪宗的經典；「教」為言教，即所謂「說通」，指教門經典，他是主張「融通宗教」的。張商英在聽了他講《華嚴》教義和禪宗機語之後說：「夫圓悟融通宗教若此，故使達者心悅而誠服，非宗說俱通，安能爾耶！」[117]

克勤也重視當時禪宗通行的機用。據說，他跟隨法演來到五祖山，要建「東廚」，而「當庭有嘉樹」擋道，法演對克勤說「樹子縱礙不可伐」，克勤不聽，把樹砍了。法演大怒，「舉杖逐師」，克勤倉促躲避間，「忽猛省，曰：此臨濟用處耳。遂接其杖曰：老賊，我識得你也。演大笑而去，自爾命分座說法」。[118] 這種機鋒棒喝已形同兒戲。又傳，克勤在五祖山時，有某漕使入山問法。法演「誦小豔詩云：頻呼小玉元無事，只要檀郎認得聲」，時克勤侍側，「忽大悟，即以告演。演詰之，師（克勤）曰：今日真

---

[116] ［宋］祖琇：《僧寶正續傳》卷四。
[117] 《羅湖野錄》卷上。
[118] 《僧寶正續傳》卷四。

第一節　臨濟宗及其禪學新趨向

喪目前機也。演喜曰：吾宗有汝，自茲高枕矣」。誦豔詩以傳禪，由豔詩而得悟，同棒喝兒戲可謂雙璧。政和末年，北宋王朝已危在旦夕，克勤移居金陵蔣山。有人問：「忠臣不畏死，故能立天下之大名；勇士不顧生，故能立天下之大事，未審衲僧家又作麼生？」師曰：「威震寰區，未為分外。」曰：「怎麼則坐斷十方、壁立千仞？」師曰：「看箭。」上引均見[119]他肯定忠臣勇士之不畏死不顧生，理應「威震寰區」，而他的禪法卻不能因此而動搖。所謂「看箭」，也是古禪師的機鋒，但在這裡變成了純粹的遁詞。

克勤一生南北輾轉，結交的知名禪師和士人官僚很多，使他具有廣博的禪學知識和豐富的閱歷。他頗為得意地說：「老漢生平，久歷叢席，遍參知識，好窮究諸宗派，雖不十分洞貫，然十得八九。」[120]他在此基礎上，創作了影響極大的《碧巖集》。

《碧巖集》雖以克勤所住夾山（碧巖為異名）為名，但形成卻不限於此一地。現存《卍續藏經》中的《碧巖集》，收有前後序、題記、疏等10篇。其中，以署名「關友無黨」的序最早，為宣和七年（西元1125年）作，記述了《碧巖集》的形成過程：

> 圓悟老師在成都時，予與諸人請益其說（指《雪竇頌古百則》），師後住夾山、道林，復為學徒扣之。凡三提宗綱，語雖不同，其旨一也。門人掇而錄之，既二十年矣，師未嘗過問焉。

克勤住持成都昭覺寺是在崇寧（西元1102～1106年）初年到宣和七年（西元1125年），正是20年左右。因此，《碧巖集》是克勤的門徒根據他在昭覺、靈泉和道林三寺講解重顯《頌古百則》的稿子彙編整理而成。《僧寶正續傳》又記，克勤分別在成都、夾山和湘西住持上述三寺之後，

---

[119] 《佛祖歷代通載》卷三十。
[120] 《圓悟佛果禪師語錄》卷二十〈辯偽〉。

又奉旨住金陵蔣山，於是「法道大振」，說明克勤影響力的擴大與講解重顯《頌古百則》有直接關係。

克勤在三地的講稿，可能先分別流傳，多有被竄改的情形發生，故關友無黨的序中說克勤的講稿，「流傳四方，或致踳駁，諸方且因其言以其道不能，尋繹之而妄有改作」。克勤本人也曾指出：「不知何人，盜竊山僧該博之名，遂將此亂道為山僧所出，觀之使人汗下面赤。況老漢尚自未死，早已見如此狼藉，請具眼衲子詳觀之，勿認魚目作明珠也。」[121] 究竟竄改的是什麼內容，雖不得而知，但其中包括關於重顯《頌古百則》的講解應無疑問。由此可見，《碧巖集》是在禪宗普遍重視頌古的情況下形成的，而不是應某個人的邀請而作。

《碧巖集》由重顯《頌古百則》所選的100個公案為骨架組織起來，共分10卷，每卷解釋10個公案和相應的頌古，形成十個部分；每一部分都有五項內容，依次是「垂示」、公案「本則」、雪竇「頌文」、「著語」和「評唱」。其中，「垂示」是關於公案和頌文的總綱，克勤對公案、頌文的解釋，都圍繞「垂示」的主題展開。公案「本則」，是指重顯《頌古百則》所選的公案。雪竇「頌文」是複述重顯原著的頌文。「著語」是克勤替公案本則和重顯頌文所作的夾注，也稱「下語」，文字簡短，多則十餘字，少則三五字，有時只有一個字；形式則多樣，有書面語，也有口語、俗語、諺語，大多具有評論性質，或稱譽，或嘲諷。著語實際上就是機語。最後一項「評唱」，是《碧巖集》的主體部分，分散在公案本則和頌文之後，是克勤對公案和頌文的正面解釋，語言活潑，間或有韻。

試以《碧巖集》第十二則〈洞山麻三斤〉為例來分析《碧巖集》的特點。

「第十二則，洞山麻三斤。」這是題目，以下進入正文：

---

[121]　《圓悟佛果禪師語錄》卷二十。

第一節　臨濟宗及其禪學新趨向

垂示云：殺人刀，活人劍，乃上古之風規，亦今時之樞要。若論殺也，不傷一毫；若論活也，喪身失命。所以道：向上一路，千聖不傳，學者勞形，如猿捉影。且道，既是不傳，為什麼卻有許多葛藤公案？具眼者試說看。

大意是說，消除參禪者的錯誤觀念，啟發參禪者了解自己本來具有的智慧，既是上古禪師教禪的原則，也是現在參禪者要掌握的關鍵。然而，消除參禪者的錯誤觀念，並不正言直說，而是要旁敲側擊，應機示現，不留絲毫痕跡；要啟發參禪者自證自悟，也必須消除世俗的觀念，才能獲得佛教智慧。既如此，為什麼還要研究這些公案呢？克勤的反問，就是強調古聖所傳「麻三斤」的公案，其意義在於啟發人們自證自悟，不要在表面文字上繞圈子。

公案「本則」及其夾注是這樣：

舉。僧問洞山：如何是佛〔鐵蒺藜，天下衲僧跳不出〕？山云：麻三斤〔灼然破草鞋，指槐樹罵柳樹，為稱槌〕。

意思很簡單，克勤在「如何是佛」下的注語，暗示這個問題難以回答，難以理解。「麻三斤」後面的注語，暗示「麻三斤」並不是對「如何是佛」問題的正面作答。

本則公案之後，是克勤的「評唱」，文字頗長。首先，他指出這則公案的特點：

這個公案多少人錯會。直是難咬嚼，無你下口處。何故？淡而無味。古人有多少答佛話，或云殿裡底；或云三十二相；或云杖林山下竹筋鞭。乃至洞山卻道麻三斤，不妨截斷古人舌頭。

「如何是佛」，是參禪者經常會提出的問題，歷來有多種回答。克勤認為，這些答語都和「麻三斤」一樣，是用「淡而無味」的話去截斷從字面上

理解的思路。繼之，他批判了關於這則公案的幾種錯誤理解：

> 人多作話會，道：洞山是時在庫下稱麻，有僧問，所以如此答；有底道：洞山問東答西；有底道：爾是佛，更去問佛，所以洞山繞路答之。死漢！更有一般道：只這麻三斤，便是佛。且得沒交涉。爾若恁麼去洞山句下尋討，參到彌勒佛下生，也未夢見在。

這些解釋都沒有超出「麻三斤」的字面意義，所以都不能掌握公案中蘊含的禪理。按克勤的主張，「言語只是載道之器，殊不知古人意，只管去句中求，有什麼巴鼻？不見古人道：道本無言，因言顯道，見道即忘言。若到這裡，還我第一機來始得」。因此，這則公案是讓人追求言外之旨，即掃除情解，離言會道。他引用五祖法演的頌云：「賤賣擔板漢，貼稱麻三斤，千百年滯貨，無處著渾身。」由此證成：「你但打迭得情塵、意想、計較、得失、是非，一時淨盡，自然會去。」簡言之，洞山以「麻三斤」來回答「如何是佛」的問話，只是讓人掃除一切情節，淨盡所有得失是非，由此自然會道。

接下去是列舉重顯的頌文，中間也有夾注：

> 金烏急〔左眼半斤。快鷂趕不及，火焰裡橫身〕，玉兔速〔右眼八兩。娥宮裡作窠窟〕，善應何曾有輕觸〔如鐘在扣，如谷受響〕。展事投機見洞山〔錯認定盤星，自是闍黎恁麼見〕，跛鱉盲龜入空谷〔自領出去，同坑無異土，阿誰打你鷂子死〕。花簇簇，錦簇簇〔兩重公案，一狀領過，依舊一般〕，南地竹兮北地木〔三重也有四重公案，頭上安頭〕。因思長慶陸大夫〔癩兒牽伴，山僧也恁麼，雪竇也恁麼〕，解道合笑不合哭〔呵呵！蒼天！夜半更添冤苦〕。咦〔咄，是什麼便打〕！

克勤對這段頌文的解釋也很長，他首先指出，重顯講的禪理和洞山是一致的：「雪竇見得透，所以劈頭便道『金烏急，玉兔速』，與洞山『麻三斤』更無兩般」，「南地竹兮北地木，與麻三斤只是阿爺與阿爹相似」。據

第一節　臨濟宗及其禪學新趨向

此，他批判禪僧對重顯頌文的各種錯誤理解。關於「金烏急，玉兔速」一語，克勤說：「人多情解，只管道：『金烏是左眼，玉兔是右眼』，才問著便瞠眼云：『在這裡。』有什麼交涉？」關於「花簇簇，錦簇簇，南地竹兮北地木」一語，他說：「後人卻轉生情見道：麻是孝服，竹是孝杖，所以道『南地竹兮北地木』。『花簇簇，錦簇簇』，是棺材頭邊畫底花草。還識羞麼？」克勤之所以認為這些解釋都是錯誤的，不在於它們脫離了公案，而是沒有超出「情見」，和「麻三斤」公案的主旨背道而馳。為此，克勤對重顯的頌文每一典故都作了考證，以此證明頌文的主旨與公案相同，都是表達不要執著於言句，不要作道理會的。

比如，他考證「花簇簇，錦簇簇，南地竹兮北地木」出自智門和尚的機語。智門和尚這句話的意思，已由洞山守初講出來：「言不展事，語不投機，承言者喪，滯句者迷。」重顯頌文中加以引用，就在於「破人情見，故意引作一串頌出」。「因思長慶陸大夫，解道合笑不會哭」，典出《景德傳燈錄》卷十〈陸亙大夫〉。[122] 這樣，頌文的每一句話都應該考證，考證的結果就是說明頌文與公案表達的是同一主旨。由此形成了《碧巖集》的一大特點，即思想單一而考證煩瑣。

中國的傳統哲學，大多是一元論的，在認識論和方法論上，特別地看重綱舉目張，一以貫之。在特定條件下，這種哲學特色有從根本上轉變觀念，革新實踐，或堅持原則，不為現象迷惑的意義。但在另外一些情況，它簡化了複雜和多變的現實，很容易導向主觀、片面、凝固僵化，令認知貧困化。克勤的《碧巖集》就有這種趨向。

克勤在《碧巖集》第一則〈聖諦第一義〉中說：

---

[122]　「陸大夫」指陸亙，是南泉普願的弟子；「長慶」即福州大安，為百丈懷海的弟子。陸亙事蹟最早見於《祖堂集》，與《景德傳燈錄》的記載差別很大。重顯頌文用的典故，本于《景德傳燈錄》，編者以長慶的口吻，對陸亙的話作代別曰：「合善不合哭。」此處改為「合笑不合哭」。這是禪師們隨興用典的例證之一。

達磨遙觀此土，有大乘根器，遂泛海得得而來，單傳心印，開示迷途，不立文字，直指人心，見性成佛。若恁麼見得，便有自由分，不隨一切語言轉，脫體現成。

這本是隋唐以來諸大禪師咀嚼過多少遍的老生常談，他卻作為新的發現貫徹到頌古之中，所謂「古今言教，機緣公案，問答作用，並全明此」。[123]「古人舉一機一境，皆明此事。」[124] 這樣，他把豐富多彩、表現著諸多禪僧生活和社會內容的禪思想，統歸到一個框架之中，使得禪也貧困化起來。

正因為克勤是把「百則公案從頭一串穿來」[125]，所以像《禪林寶訓》等稱，「圓悟又出己意，離之為《碧巖集》」。克勤對公案、頌文的解釋，處處都要裝進一個框架，處處都使之顯出屬於「己意」。為要證明他所穿的那「一串」符合公案和頌文的本旨，又進行了細密的考據，用大立文字的方法，支持「不立文字」的宗旨，結果將人引進了煩瑣的考證，形成《碧巖集》的另一特點。

總之，克勤的《碧巖集》把公案、頌文、經教三者結合起來，用評唱直截了當地進行解說，容易為人們所理解。但在夾注中或透機鋒，評唱中時用機語，仍不失禪家的特色。克勤創造了一種新的禪宗經典形式，在禪林中產生了很大的影響。

《碧巖集》反映了當時禪宗的一種思潮，它以煩瑣的文字說禪，能令人暫時忘卻當代的得失是非，故不在於思想之豐滿與否。因此，在相當多的士大夫中也得到響應。與此相反，起來反對的也大有人在，他們的主要代表是大慧宗杲，這是反映了另一種社會傾向的禪思潮。

---

[123]　《圓悟佛果禪師語錄》卷十四。
[124]　《擊節錄‧德山示眾》。
[125]　《碧岩集‧普照序》。

五、大慧宗杲及其「看話禪」

1. 生平及其思想淵源

宗杲（西元 1089～1163 年），宣州（安徽）寧國人，俗姓奚，出身在一個祖上為官但已「家道日微」的破落地主家庭。13 歲入鄉校，因用硯臺誤傷老師而棄學。17 歲出家，受具足戒於本州景德寺。他一生的活動可分為四個階段。

第一階段：遊方參學時期。從徽宗崇寧四年（西元 1105 年）至欽宗靖康元年（西元 1126 年），前後 21 年。這是對他禪學思想的形成有很大影響的階段。

宗杲出家之後，在景德寺潛心苦讀兩年。他喜讀禪宗語錄，特別是雲門文偃的語錄，同時也學習其他佛教經典。在遊方參學中，他最初接觸的是曹洞宗僧人，曾就學於芙蓉道楷的弟子瑞州微和尚，在兩年中對「曹洞宗旨，一時參得」。但他不滿於微和尚將「功勳五位、偏正回互、五王子之類許多家事來傳」，認為若「禪有傳授，豈佛祖自證自悟之法？遂棄之」。[126]這個記載一定程度上反映出他不喜歡那種所謂細密的禪風。

大觀三年（西元 1109 年），宗杲到泐潭山寶峰寺（江西南昌），投到湛堂文準（西元 1061～1115 年）門下。文準是臨濟宗黃龍派真淨克文（西元 1025～1102 年）的弟子。同時，宗杲又與文準的同學慧洪、兜率從悅（西元 1044～1091 年）的弟子慧照（西元 1049～1119）保持著密切關係。宗杲對慧洪尤為崇拜，慧洪對宗杲的評價也高。文準逝世後，宗杲編集他的語錄，「謁洪覺範，以議編次」[127]，並請慧洪題記。宗杲的為人和禪風，與慧洪有許多相似處。

---

[126] 《大慧普覺禪師年譜》，大觀二年（西元 1108 年）。
[127] 《大慧普覺禪師年譜》，政和五年（西元 1115 年）。

黃龍派僧人廣交士大夫的傳統、文準重視道德修養的作風，都對宗杲有深刻的影響。文準在逝世前一年與宗杲有一段對話：

> 杲上座。我這裡禪，你一時理會得，教你說也說得，教你做拈古、頌古、小參、普說，你也做得。只有一件事不是，你還知麼？對曰：什麼事？某甲不知。湛堂曰：你欠者一解在，你不得者一解。我在方丈裡與你說時便有禪，才出方丈便無了。惺惺思量時便有禪，才睡著時便無了。若如此，如何敵得生死？[128]

這裡值得注意的有三點：其一，宗杲善於寫作拈古、頌古、小參、普說，即善於「說禪」。在南宋初年，善於寫作或講演是成為知名宗師的基本條件。其二，文準批評他還「欠者一解在」，是強調其在「說禪」的同時，必須有自己獨特的「妙悟」。以後宗杲果然重視參禪過程中的瞬間頓悟。其三，文準強調要時時處處體驗禪的境界，否則就達不到超脫生死的目的。這一思想後來也為宗杲所發揮。宗杲的禪風在一定程度上是文準的繼續。

文準臨終，囑咐宗杲投奔當時已名冠叢林的佛果克勤。宗杲幾經周折，又經克勤的同鄉張商英推薦，於宣和七年（西元1125年）四月抵京師，在天寧寺見到克勤。1個月以後，克勤「著《臨濟正宗記》以付之，俾掌記室，分座訓徒」，宗杲「乃握竹篦為應機之器，於是聲譽藹著，叢林咸歸重之」[129]。克勤所示，主要是講解公案。他聽過宗杲解釋法演的一段公案，評其「出語無滯」，同時又指責他「只恐你透公案不得」。這說明二人在解公案上，一開始就有意見分歧，不甚投機。宗杲在汴京很快就聲譽大振，「士大夫爭與之遊」，欽宗賜號「佛日大師」[130]。

第二階段：弘教傳禪，獨闢新說時期。這是宗杲思想最活躍的階段，

---

[128]　《大慧普覺禪師年譜》，政和四年（西元1114年）。
[129]　《大慧普覺禪師年譜》，宣和七年（西元1125年）。
[130]　《大慧普覺禪師年譜》，靖康元年（西元1126年）。

第一節　臨濟宗及其禪學新趨向

從高宗建炎元年到紹興十年（西元 1127～1140 年），前後 13 年。

靖康二年（西元 1127 年），汴京陷落，二帝被俘，宗杲和許多僧人一起逃離京城，輾轉於江浙、廣、閩等地。建炎四年（西元 1130 年），「妙喜庵於雲門，方成法席」。紹興八年（西元 1138 年），住持新都杭州徑山能仁禪院，聚集僧眾多達 1,700 餘人，「宗風大振，號臨濟再興」。

這一時期，宋王朝依然是危機四伏，朝不保夕，民族戰爭、階級爭鬥、和戰之爭都處在最尖銳、最激烈的狀態。此期，宗杲主要做了兩件事。其一，批判「默照禪」。紹興四年（西元 1134 年），他結庵於福建洋嶼，看到正覺倡導的默照禪盛行於閩，不僅吸引了許多禪僧，而且受到士大夫的歡迎，強烈不滿，遂「力排默照為邪」[131]。其二，火燒《碧巖集》。這一事件發生的具體時間，史無記載，大體不會晚於紹興十年（西元 1140 年）。對自己師長的著作，採取如此深惡痛絕的態度，即使在極不看重權威的禪宗歷史上，也是罕見的。究其原因，固然可以從禪宗內部的歧見中找到解釋，但主要還是由時代觸發的。《宋史》評徽宗失國之因，有「君臣逸豫，相為誕謾，怠棄國政，日行無稽」之語。作為從汴京逃亡過來的禪師，當然也會有自己的反省。克勤雖然大力推行文字禪，沒有像道教那樣虛誕蠹國，但《碧巖集》那種以煩瑣粉飾空虛的禪風，也是「君臣逸豫」的表現。

據《碧巖集‧陵後序》記：

大慧禪師因學人入室，下語頗異，疑之。才勘而邪鋒自挫，再鞠而納款自降，曰：我《碧巖集》中記來，實非有悟。因慮其後不明根本，專尚語言，以圖口捷，由是火之，以救斯弊也。

宗杲毀《碧巖集》是由於它導致禪僧「專尚語言，以圖口捷」，不應繼續流傳在國難時刻，並不是針對克勤其人。心聞曇賁（嗣育王介諶，南嶽下十六世）說：

---

[131]　《大慧普覺禪師年譜》，紹興四年（西元 1134 年）。

紹興初，佛日入閩，見學者牽之不返，日弛月騖，浸漬成弊，即碎其版，闢其說，以袪迷援溺，別繁撥劇，摧邪顯正，特然而振之，衲子稍知其非而不復慕。然非佛日高明遠見，乘悲願力救末法之弊，則叢林大有可畏者也。[132]

如果說，宗杲是在遊閩時即碎《碧巖集》版，則其動機與力排默照禪完全一致，都有社會政治意義。儘管如此，《碧巖集》並未因此而禁絕，繼續有人欣賞，元延祐年間（西元1314～1320年）再次刻版流行，對元、明兩代北方曹洞僧人影響尤大。

就在掃蕩默照禪和《碧巖集》的過程中，宗杲形成了自己的禪學，這就是「看話禪」。紹興五年（西元1135年），有人致書宗杲，討論關於「看狗子無佛性一語」的效果問題，是有關看話禪的最早紀錄。

第三階段：流放時期，從紹興十一年（西元1141年）至二十六年（西元1156年），約15年。

紹興十年（西元1140年）五月，金人背盟，大舉來攻。宋高宗急於議和，於六月始，屢貶主戰派重臣趙鼎，八月又降黜主戰派大臣張龍成等7人。次年，前線諸帥在全面北進中被先後召回。八月，罷嶽飛兵權。十二月，以誣殺之。紹興十三年（西元1143年），張九成又坐黨趙鼎，謫居安南軍。宗杲與張九成甚善，據《宋史·張九成本傳》，「徑山僧宗杲善談禪理，從遊者眾，九成時往來其間。（秦）檜恐其議己，令司諫詹大方論其與宗杲謗訕朝政」，由此放逐。據《大慧普覺禪師塔銘》，紹興十一年（西元1141年），宗杲於徑山與張九成的問答，中有「神臂弓」之語，因而被追牒流放。先是衡州（湖南衡陽），後移梅州（廣東梅州），直至紹興二十六年（西元1156年）遇赦，恢復僧人身分。在此期間，他主要為參禪僧人講說公案語錄，其弟子彙整合書，自題《正法眼藏》，6卷。

---

[132] 《禪林寶訓》。

第一節　臨濟宗及其禪學新趨向

第四階段：晚年墾荒傳禪。

宗杲遇赦後回到浙江，先後住育王山和徑山，威望盛極。所謂「裏糧問道者，萬二千指，百廢並舉，檀度響從，冠於今昔」。他把眾多僧人組織起來，開荒墾田，建立農禪莊園，其中「築塗田凡數千頃，詔賜其莊名般若」[133]。紹興三十一年（西元1161年），到儀真，聽說「州學文宣王殿建造未圓」，便「以說法施利二十萬而助之」。儘管當時他的思想已相當消沉，但愛國之心依然未泯，墾田拓荒和扶植儒學都屬執行南宋的基本國策。紹興三十二年（西元1162年），宋孝宗賜「大慧禪師」號。次年逝，諡號「普覺」。祖琇曾經指出，宗杲「去世未幾，道價愈光，法嗣日盛，天下學禪者仰之，如泰山北斗雲」[134]。嗣法弟子八十四人，隨他參禪的僧人和士大夫不計其數。

記載宗杲言行的主要著作有其弟子蘊聞所編的《大慧普覺禪師語錄》30卷、祖詠編的《大慧普覺禪師年譜》1卷、道謙編的《大慧普覺禪師宗門武庫》1卷。

縱觀宗杲的禪學，各個時期表現的冷熱形式有很大不同，但忠君愛國之情始終如一。他自己說：「予雖學佛者，然愛君憂國之心與忠義士大夫等。但力所不能，而年運往矣。」[135] 他所結交的張九成、張浚等，都是主張抵禦外侮、革除弊政、振興國家的「忠義士大夫」。張浚在〈大慧普覺禪師塔銘〉中也說：「師雖為方外士，而義篤君親。每及時事，愛君憂時，見之詞氣。」這種忠君憂國之心，自恨「力所不能」的情緒，是同時代許多士人的共同心聲。宗杲的憂患意識，和無限忠於宋王朝的熱情，不能不反映在他的禪思想中。他提出「菩提心則忠義心也，名異而體同」[136]，可算是

---

[133]　〈大慧普覺禪師塔銘〉。
[134]　《僧寶正續傳》卷六。
[135]　《大慧普覺禪師語錄》卷二十四。
[136]　《大慧普覺禪師語錄》卷二十四。

一個集中的表現。

在禪風上，宗杲是多樣的。他的參訪經歷，使他能夠博採眾長，融攝各家精粹而不拘一格。《僧寶正續傳》謂：

凡中夏有祖以來，徹法源，具總持，比肩列祖，世不乏人。至於悟門廣大，肆樂說無礙，辯才浩乎沛然如大慧師，得非間世歟！

對宗杲禪風的這一評論，大體確當。然而最能顯示他的本色的，是張浚概括的「喜笑怒罵，佛事熾然」[137]。

按禪眾的本分，是不應過問是非得失，更不應該形諸情感。制情不僅是僧人應有之義，也是兩宋儒者修養的內容。把「喜笑怒罵」當做「佛事」，在佛教中是前無古人，對當時的士大夫也是一種振奮。早在北宋，張商英不滿於宋哲宗更改新法，曾移書蘇軾，其中就有「老僧欲住烏寺，呵佛罵祖」之語，被視作「庾詞」。由此一斑，可見「喜笑怒罵」在當時含有多麼強烈的社會政治意義。

現存《大慧普覺禪師語錄》（以下簡稱《大慧語錄》）30 卷，有 9 卷是宗杲在各地與禪僧的機語問答，與一般語錄相似，沒有什麼價值。卷十至卷十二是「頌古」、「偈頌」和「贊佛祖」的詩偈，也很平平。他的禪思想，特別是關於看話禪，主要保存在卷十三以後的「普說」、「法語」和「書」這三部分之中。「普說」6 卷，半數是為士大夫和居士講的；「法語」6 卷，則全是對在家人的講話；「書」6 卷，幾乎全是與士大夫的往來書信。從他宣教的對象中，也可以透露出他的禪思想特點。

2.「話頭」與「死句」、「活句」

在叢林中和佛教史中，一般將宗杲的特殊禪說歸結為看話禪。看話禪與公案既有關聯，又不同於對公案的解釋。所謂「看話」，指的是參究「話

---

[137] 〈大慧普覺禪師塔銘〉。

第一節　臨濟宗及其禪學新趨向

頭」；而「話頭」，指的是公案中的答話，並非公案全部。在《大慧語錄》中，提出要求參究的話頭只有六、七個，即「庭前柏樹子」、「麻三斤」、「乾屎橛」、「狗子無佛性」、「一口吸盡西江水」、「東山水上行」之類以及雲門「露」字。[138]

但是，宗杲論述看話禪使用頻率最高的，乃是「狗子無佛性」這一趙州話頭。

據傳，最早引用趙州這則公案的是黃檗希運。他說：

> 若是個丈夫漢，看個公案。僧問趙州（從諗）：狗子還有佛性也無。州云：無。但去二六時中看個無字，晝參夜參，行住坐臥，著衣吃飯處，阿屎放尿處，心心相顧，猛著精采，守個無字，日久日深，打成一片。忽然心花頓發，悟佛祖之機，便不被天下老和尚舌頭瞞，便會開大口。

此文出自《頻伽藏》所收的《黃檗斷際禪師宛陵集》中，可疑處甚多，《古尊宿語錄》本中無。《宛陵集》經後人新增了不少內容，此段當是其中之一。希運死於西元 855 年左右，從諗終於西元 868 至 897 年之間，從禪宗宗系上說，二人同是道一的法孫；從年齡上講，希運比從諗年長近乎一代，因此，說希運把從諗的答語當作公案去參，是不可能的。但《古尊宿語錄》載《黃梅東山演和尚語錄》，其中有一段記五祖法演（？～西元 1104 年）的事：

---

[138]　這七個話頭的原公案是：
　　「庭前柏樹子」出自唐代禪僧趙州從諗。有個僧人問趙州：「如何是祖師西來意？」州云：「庭前柏樹子。」
　　「麻三斤」出自唐代僧人洞山守初。僧問洞山：「如何是佛？」云：「麻三斤。」
　　「乾屎橛」出自五代僧人雲門文偃。僧問雲門：「如何是佛？」云：「乾屎橛。」
　　「狗子無佛性」出自趙州從諗。僧問：「狗子還有佛性也無？」州云：「無。」
　　「一口吸盡西江水」出自唐代禪僧馬祖道一。龐蘊居士問馬祖：「不與萬法為侶者是什麼人？」馬祖道：「待汝一口吸盡西江水，即向汝道。」
　　「東山水上行」出自雲門文偃。僧問：「如何是諸佛出身處？」雲門答：「東山水上行。」
　　「露」出自雲門文偃。僧問：「殺父殺母，向佛前懺悔；殺佛殺祖，向什麼處懺悔？」雲門答：「露。」

舉。僧問趙州：狗子還有佛性也無？州云：無。僧云：一切眾生皆有佛性，狗子為什麼卻無？州云：為伊有業識在。師云：大眾，你諸人尋常作麼生會？老僧尋常只舉無字便休，你若透得這一個字，天下人不奈何你。你諸人作麼生透？還有透得徹底麼？有則出來道看。我也不要你道有，也不要你道無，也不要你道不有不無，你作麼生道？

上舉趙州的狗子公案，與《五燈會元》所記同。法演對此公案的論述，似乎是承襲《宛陵集》而來，也或許是法演後人的附會。但在這兩則傳說中，已經具備了「看話禪」的基本特徵。其一，參究「話頭」，並不是對話頭作解釋，更與公案的上下文無關。它只取話頭中的「無」字作參究對象，而不是去正面回答狗子是否有佛性的問題。其二，看話頭是一種長期的踐行工夫，要求與禪僧的生活打成一片，而不是停留在一時一刻。因為它的終極目的在於全悟，而不僅僅是對一則公案的簡單理解。也就是說，它要求體驗整體的禪精神，而不是糾纏在公案的文句上。因此，看話頭的本質，在於擺脫公案，超越文字。

宗杲所倡導的看話禪，就是圍繞這些特徵展開的。從中他提出了一個重要的原則，即應該把話頭作為「活句」看，而不是作為「死句」讀。他在〈答富樞密（季申）〉中說：

但將妄想顛倒底心，思量分別底心，好生惡死底心，知見解會底心，欣靜厭鬧底心，一時按下，只就按下處看個話頭。僧問趙州：狗子還有佛性也無？州云：無。此一字子（無），乃是摧許多惡知惡覺底器仗也。不得作有無會，不得作道理會，不得向意根下思量卜度，不得向揚眉瞬目處垜根，不得向語路上作活計，不得揚在無事甲裡，不得向舉起處承當，不得向文字中引證，但向十二時中，四威儀內，時時提撕，時時舉覺。狗子還有佛性也無？云：無。不離日用，試如此做工夫看，月十日便自見得也。[139]

---

[139] 《大慧語錄》卷二十六。

第一節 臨濟宗及其禪學新趨向

在這裡提的「按下」5種「心」和8個「不得」，具有全面清算宋以來各種禪風的意味。他曾說過：「近代佛法可傷，邪師說法，如恆河沙，各立門戶，各說奇特，逐旋提合，疑誤後昆，不可勝數。」[140]

其中「不得作有無會」、「不得作道理會」、「不得向意根下思量卜度」的3個「不得」，是針對以語言意度而「談」禪和「解」禪者講的，既可包括專逞機鋒口辯的禪風，也可以包括參究公案、頌古、評唱等專逞筆墨詩文的傾向。如他批判對「庭前柏樹子」這一話頭的解釋：

或問：如何是祖師西來意？庭前柏樹子。即下語云：一枝南，一枝北；或云：能為萬象主，不逐四時凋。已上盡在瞪目努眼提撕處，然後下合頭語，以為奇特。[141]

據宗杲看，儘管這些應對答語滿含機辯，顯得奇特，但依然只是一種注解，而且是令人莫名其妙的注解，不可能從中體驗禪的境界。他說：「近世學語之流，多爭鋒，逞口快，以胡說亂道為縱橫，胡喝亂喝為宗旨。」[142]因此，「看話頭」首先不能就話頭下注語，至於胡說亂道，貌似深奧，離禪旨就更遠了。

所謂「不得向揚眉瞬目處堆根」、「不得向舉起處承當」，批判的是那些以「不立文字」為口實，對「舉覺」所問，或回以怪異動作，或一概採取「不受」的態度的。他說：「或者謂一切言語總不幹事，凡舉覺時先大瞪卻眼，如小兒患天吊見神見鬼一般，只於瞪眉努眼處領略……亦各自謂得祖師巴鼻。」「凡問他古人因緣，皆向舉起處承當，擊石火、閃電光處會，舉了便會。凡有所問，皆不受，喚作脫灑自在，得大快樂。」[143]所謂以「勢」示禪、「一切不受」，在唐宋以來的禪宗中也是風靡不已的。據此，

---

[140] 《大慧語錄》卷十四。
[141] 《大慧語錄》卷十四。
[142] 《大慧語錄》卷二十四。
[143] 《大慧語錄》卷十四。

看話禪不是否定任何文字,也不一概拒絕回答問題,以致弄得學者不知所云,無所適從。

所謂「不得揚在無事甲裡」,按下「欣靜厭鬧底心」,從廣義上講,這是反對一切以「守靜」為宗旨的禪風的;特殊地說,是針對默照禪而發。宗杲認為,這類禪師教人「是事莫管」、「只管守靜」,是迎合了一部分士大夫逃避時事的遁世趨向,與禪之必須貫徹在世事之中的精神是相違的。

按下五種「心」,遠離八「不得」,關鍵就是把話頭當做「活句」,而不是當作「死句」看。什麼是「活句」、「死句」?慧洪在《禪林僧寶傳》卷十二《薦福古禪師傳》中早有解釋。當時他指責饒州薦福寺承古禪師(?~西元1045年)「罪巴陵(景鑒)三語,不識活句」。他認為:

夫語中有語,名為死句;語中無語,名為活句。使問提婆宗,答曰外道是;問吹毛劍,答曰利刃是;問祖教同異,答曰不同。鑒作死語,墮言句中。今觀所答三語,謂之語則無理,謂之非語則皆赴來機,活句也。[144]

慧洪認為,巴陵三語答非所問,不是從文字上作解,是超越「言句」的表現,所以叫做「活句」。以此悟人,不應受到指責;相反,那種就問作答,墮在言句,只能是「死語」。這種答非所問的「活句」,通常稱為「玄言」。

《僧寶正續傳》的作者祖琇作〈代古塔主(指承古禪師)與洪覺範書〉,批評慧洪,認為「活句」不應限在「語中無語」上,一切能啟悟人的方法,乃至風聲雨聲,都可視為活句:

承許巴陵三語曰:謂之語則無理,謂之非語則赴來機。嗚呼,此失之遠矣!夫死句活句,雖分語中有語、語中無語之異,然在真實人分上,棒喝譏訶,戲笑怒罵,以致風聲雨滴,朝明夕昏,無非活句,豈唯玄言妙句而已哉。

---

[144] 《禪林僧寶傳》卷十二。巴陵三句是:「僧問:提婆宗?答曰:銀碗裡盛雪。問:吹毛劍?答曰:珊瑚枝枝撐著天。問:佛教祖意是同是別?答曰:雞寒上樹,鴨寒下水。」

這樣,在「活句」中,不但恢復了一切機辯禪勢,而且連翠竹黃花也成了菩提般若。很明顯,慧洪使用「活句」一詞,是反對頌古者鑽故紙堆,走向考據學的歧途;祖琇則復古唐人禪學,要求擴大禪的適應範圍,不要僅限於文字一途。二人的主張不悖,但著眼點不同。

宗杲的看「話頭」,是從這種死活之辨出發的,所以他也強調:

> 夫參學者,須參活句,莫參死句。活句下薦得,永劫不忘;死句下薦得,自救不了。[145]

但他理解的「活句」又全然不同。一方面,這話頭是取自公案,不能離開公案,這公案畢竟是可理解的;另一方面,這話頭是活句,不能從字面理解,所以又具不可解釋性。因此,他既作頌古以釋公案,又倡「看話禪」參究話頭,兩者並行不悖。

3. 從邏輯分析到心理體驗

宗杲的弟子開善道謙與秦國夫人法真[146]有段對話,「真一日問謙曰:徑山和尚(指宗杲)尋常如何為人?謙曰:和尚只教人著狗子無佛性及竹篦子話……」[147]所謂「竹篦子話」,是宗杲在宣和七年受命「分座訓徒」時提出來的:

> 妙喜(宗杲)室中常問禪和子,喚作竹篦則融,不喚作竹篦則背;不得下語,不得無話,不得思量,不得卜度,不得拂袖便行,一切總不得。你便奪卻竹篦,我且許你奪卻。我喚作拳頭則觸,不喚作拳頭則背,你卻如何奪?更饒你道個請和尚放下著,我且放下著。我喚作露柱則觸,不喚

---

[145] 《大慧語錄》卷十四。
[146] 秦國夫人計氏法真,是張浚之母。
[147] 《五燈會元》卷二十。

作露柱則背,你又如何奪?我喚作山河大地則觸,不喚作山河大地則背,你又如何奪?[148]

上文中的「觸」,即觸覺,以承認客體與主體的分離為前提,又是溝通主體與客體連繫的中介,世俗認知將它作為理解的唯一來源,這與禪宗奉行唯識空觀的哲學和提倡內證真如(道)的實踐是對立的。在這裡,宗杲以手持的竹篦為例,提出了一個佛教哲學上的二律背反:如果喚它作竹篦,就是世俗化認知,就與禪要契合的真理無關;如果不喚它作竹篦,或可符合佛教教義,但又與現實生活經驗相違背。換句話說,佛教通常用真俗二諦說調和它的出世理論同其入世實踐間的矛盾,宗杲則用竹篦的例項揭示這一矛盾是不可調和的,不論如何判斷,如何推理,都不可能得到解決,要想以慣用的禪勢繞過或逃脫也不可能。透過參究「話頭」,達到這種二律背反式的困惑,是宗杲看話禪要達到的第一個目標。

從看竹篦到看山河大地,是從個別推及一般;從看某一話頭到一切經教公案,也是從一到一切,從個別推及一般。因此,宗杲認為參究話頭不在多,而在於悟,所謂「一了一切了,一悟一切悟,一證一切證」。如果窮年累月盡參佛語祖語,探究日用塵勞,只能成為「邪魔眷屬」。他說:「千疑萬疑,只是一疑。話頭上疑破,則千疑萬疑一時破。話頭不破,則且就上面與之廝崖。」[149]

宗杲經常要人參看的話頭,的確主要是「狗子無佛性」一句。法演所引用的這一趙州公案,也是一個二律背反。神宗普遍承認,「一切眾生皆有佛性」,狗子屬於眾生之列,當然也有佛性。趙州偏說「狗子無佛性」,而趙州屬於古賢,他的話在禪眾中不容置疑,於是就發生了邏輯矛盾。當然,後人還記趙州另有個解釋,說狗子「有業識在」。但這更糟糕,因

---

[148]　《大慧語錄》卷十六。
[149]　《大慧語錄》卷二十八。

為照佛教教義，凡屬世間眾生，無不「有業識在」。如果從狗子「有業識在」，推論出「狗子無佛性」的結論，那麼「一切眾生」豈不是「皆無佛性」了。所以，參究的結果同樣令人困惑。

看話禪教人的第二步，就是跳出這種困惑，不要按二律背反的那種思考方式去思考。譬如說，在「狗子無佛性」中，只看一個作為答語的「無」字，「方寸若鬧（包括陷入邏輯矛盾），但只舉狗子無佛性話……若透得個無字。一時透得」。至於怎樣才能把「無」字看透，宗杲沒有進一步闡述。而對於「看話頭」，他是有概括性的說明的：

但於話頭上看，看來看去，覺得沒巴鼻，沒滋味，心頭悶時，正好著力，切忌隨他處。只這悶處，便是成佛作祖，坐斷天下人舌頭處也。

所謂工夫者，思量世間塵勞底心，回在乾屎橛上，令情識不行，如土木偶人相似，覺得昏怛沒巴鼻可把捉時，便是好消息也。莫怕落空……[150]

看話禪的形式，和禪定的觀法基本一樣，都是以一定的事物為觀想的對象。但不論哪一種禪觀，都有消除煩惱擾動的功能，都能獲得某種寧靜的安適感。看話頭則相反，它是讓人「覺得沒巴鼻，沒滋味，心頭悶」，「覺得昏怛沒巴鼻可把捉」，以致由超脫理性思維製造的二律背反，達到一種極特殊的心理體驗，即近乎非理性的困惑和不可名狀的煩悶。據他的〈答張丞相（德遠）書〉，要達到這種心理體驗，只要做十餘日工夫即可，而這種體驗的心理感受，「如人飲水，冷暖自知，說與人不得，呈似人不知」[151]。

宗杲要求人們在看話頭中追求這種奇特的感受，目的何在？他沒有直接明說。但他告訴人們，這個時刻會「驀然不知不覺，向『露』字上絕卻消息」[152]，以此勸誡大家「莫怕落空」。這說明，他是激勵人們「絕卻消

---

[150]　《大慧語錄》卷二十八。
[151]　《大慧語錄》卷二十七。
[152]　《大慧語錄》卷二十四。

第二章　宋代佛教宗派的重組與理論創新（上）

息」。由此「落空」，即在走投無路的煩惱之後，接下去的應是一片空白，什麼人我、法我、山河大地，全部空寂。按禪宗哲學，這是精神的原始狀態，也是精神的最後歸宿。在〈答榮侍郎（茂實）書〉中，宗杲談得比較具體：

> 只覺得肚裡悶，心頭煩惱時，正是好底時節，第八識相次不行矣。覺得如此時，莫要放卻，只就這無字上提撕。
>
> 第八識即除，則生死魔無處棲泊。生死魔無棲泊處，則思量分別底，渾是般若妙智，更無毫髮許為我作障。[153]

禪宗承接的是真諦舊譯的唯識說，把「第八識」看成是生死之本、流轉出離之本。「第八識相次不行」，不等於除滅第八識；除滅第八識的靈性（神靈），剩下的是乾乾淨淨。宗杲並不強調去復原這種永恆的靈性，而是突出把「無」字貫徹到底，讓「生死魔無處棲泊」。只要令「生死魔無棲泊處」，則一切思量分別，「渾是般若妙智」，人就得到了完全的自由。

僅從字面上看，看話禪所達到的這一結果，沒有超出禪宗已經歷的軌跡：透過對於「無」的掌握，成就般若智慧。但連繫宗杲強烈的入世干政的價值趨向，則具有它的時代特徵。從消極方面說，它肯定落空是一種必然，是給仕途坎坷的士大夫一種心理準備或精神安慰；從積極方面說，它能勘破生死難關，為「武官不怕死，文官不愛錢」提供一種精神的支撐。正如靈魂不滅、生死輪迴也能激勵一些人視死如歸一樣。

然而，宗杲認為，由看話頭得悟成智，並非一次完成；即使勉強完成，也不會一勞永逸。所以他要求時時看、事事看，貫穿在一切世事活動中。他說，像「趙州狗子無佛性話」，要「時時向行住坐臥處看，讀書史處，修仁義禮智信處，侍奉尊長處，提誨學者處，吃粥吃飯處，與之廝崖」[154]。這樣訓練既久，能夠促成認知上的突變，確立一種視天地、彼我為一的思

---

[153]　《大慧語錄》卷二十。
[154]　《大慧語錄》卷二十八。

考模式，才能最終獲得自我，達到自主：

若得倍地一下，儒即釋、釋即儒，僧即俗、俗即僧、凡即聖、聖即凡、我即爾、爾即我、天即地、地即天，波即水、水即波，酥酪醍醐攪成一味，瓶盤釵釧熔成一金，在我不在人。得到這個田地，由我指揮，所謂我為法王，於法自在，得失是非，焉有罣礙？[155]

在「心頭煩悶」中瞬間發生的證悟、瞬間獲得的智慧，就是要直覺體驗一種無差別的境界。這是內心泯滅一切差別對立，達到萬法相即無二、平等無間的精神狀態，體驗凡聖無別、天地無別、三教無別的境界。在這種境界中，只有一個「我」，所謂「我為法王」。世界萬有原本都是因為「我」而存在，只有這個「我」才是唯一的真實。

4.「隨緣放曠，任性逍遙」

從整體上說，「在我不在人」是看話禪全面追求的終極目標，也是宗杲為士大夫勾畫的理想人格。他說：

忽然一句下透得，方始謂之法界無量回向，如實而見，如實而行，如實而用。便能於一毛端見寶王剎，微塵裡轉大法輪。成就種種法，破種種法，一切由我。如壯士展臂，不借他力；師子遊行，不求伴侶。種種勝妙境界現前心不驚異，種種惡業境界現前心不怕怖。日用四威儀中，隨緣放曠，任性逍遙。[156]

「隨緣放曠，任性逍遙」，本是反映唐代自給經濟和表現獨立個性的名言，宗杲把它視作「一切由我」、「我為法王」的代用詞，則反映了士人在宋王朝的兩難境地，即不能不忠君愛國，又不得不遁世避禍。為此，必須既準備功名事業，又準備後路退路，造作出一種能伸能屈的、不為順逆諸

---

[155]　《大慧語錄》卷二十八。
[156]　《大慧語錄》卷二十七。

境所動的觀念和性格。他說：

> 現在事到面前，或逆或順，亦不須著意，著意則擾方寸矣。但一切臨時隨緣酬酢，自然合著這個道理。[157]

「不著意」，也是「如實而見、如實而行、如實而用」的一種概括。具體包含兩層意思：處逆境要忍，處順境無執。他說：「逆境界易打，順境界難打。逆我意者，只消一個『忍』字，定省少時，便過了。」處順境不同：「順境界直是無你迴避處，如磁石與鐵相偶，彼此不覺合作一處。」[158]因此，不必迴避，但絕不能執著。他曾對秦國夫人說：「兒子作宰相，身作國夫人，未足為貴。糞掃堆頭，收得無價之寶，百劫千生受用不盡，方始為真貴耳。然切不得執著此貴，若執著則墮在尊貴中，不復興悲起智，憐湣有情耳。」[159]這是勸告尊貴者，不要執此凌物，暴虐無辜。在更多情況下，他是要人在春風得意時，做好一旦倒楣的心理準備。在〈答劉實學（彥修）書〉中，他說：「往往士大夫，多於不（如）意中得個瞥地處，卻於如意中打失了。不可不使公知：在如意中，須時時以不如意中時節在念，切不可暫忘也。」[160]據此而言，宗杲的「一切由我」，多是歷盡滄桑、飽經風霜之言，蘊含著幾多無可奈何的悲哀。

「隨緣放曠，任性逍遙」的另一面，是促進了看話禪思想開放的程度，努力消除禪宗中存在的宗派主義惡習。宗杲說，一旦「得消息絕了，起佛見、法見、眾生見、思量分別，作聰明、說道理，都不相妨」[161]，即使「邪禪」也可以運用。「而今諸方有數種邪禪，大法若明，只這邪禪，便是自家受用家具。」[162]

---

[157]　《大慧語錄》卷二十七。
[158]　《大慧語錄》卷二十七。
[159]　《大慧語錄》卷二十七。
[160]　《大慧語錄》卷二十七。
[161]　《大慧語錄》卷二十八。
[162]　《大慧語錄》卷十五。

因此，在宗杲看來，世間法與佛法是一致的，儒釋道可以協調統一起來。他把禪宗主張的任性的「性」，即佛性，與儒家主張的「天性」，視為同一個東西，尤其突出。例如，他聽說汪彥章（內翰）死了兒子，便向汪說：「世間法則佛法，佛法則世間法也。父子天性一而已，若子喪而父不煩惱不思量，如父喪而子不煩惱不思量，還得也無？若便止遏，哭時又不敢哭，思量時又不敢思量，是特欲逆天理天性，揚聲止響，潑油救火耳。」[163] 宗杲在禪宗中，也是主存「情」說的代表人物。肯定父子人倫之情是表現之一；不一般地否定功名利祿，不一般地提倡禁欲制情，也有不少表現可見。

六、南宋中後期臨濟派系結構及禪法

南方禪宗是臨濟宗的天下，有影響的禪師大多出自克勤弟子大慧宗杲和虎丘紹隆兩支。特別是宗杲一系，始終與南宋王朝保持著密切關係，影響最大，宗杲的禪思想變成了禪學的主流；被宗杲批判的兩大禪支，評唱公案和默照禪，沒有繼續盛行。

宗杲的嗣法弟子 84 人，大都在江浙、福建一帶住持寺院，只有感山曉瑩例外，他以撰寫《雲臥紀譚》和《羅湖野錄》而著名。兩書記錄了他平生的見聞，有當代禪師的言行、禪僧與士大夫的往來、禪宗界的趣聞逸事等，是研究宋代禪宗歷史的重要資料。特別是《羅湖野錄》，「其所載者皆命世宗匠、賢士大夫言行之精粹，機鋒之勁捷，酬酢之雄偉，氣格之弘曠，可以輔宗乘、訓後學、抑起人與至善，是故閱者不忍釋手」[164]。

宗杲的弟子輩中，以佛照德光（西元 1122～1203 年）最有代表性。他住持過多處大寺院，與朝廷關係密切。「孝宗皇帝在位二十七年，每宣

---

[163] 《大慧語錄》卷二十七。
[164] 《大明高僧傳》卷八。

諸山長老論道，唯佛照禪師最為知遇。」[165] 他入宮談禪論道，既有禪學，也有儒學，多表達對朝廷的忠誠。《古尊宿語錄》收有《佛照禪師奏對錄》1卷。德光的弟子也多，北磵居簡和妙峰之善兩支比較活躍，在元初都出現過知名禪師。

虎丘紹隆（西元1078～1136年），和州（安徽和縣）含山縣人，9歲出家，15歲受具足戒，20歲以後遊方參禪，曾從學與長蘆崇信、湛堂文準、黃龍死心等禪師。後來慕名投到圓悟克勤門下，習禪20年，晚年常住蘇州虎丘。在南宋初年，紹隆的名望遠不能和宗杲相比，《大明高僧傳》卷五說二人在當時被並稱「二甘露門」，是後人對紹隆的抬高。現存《虎丘紹隆禪師語錄》1卷。

紹隆一系後來十分興盛。他的弟子應庵曇華（西元1103～1163年）是湖北黃梅縣人，俗姓江，17歲於東禪寺出家，曾追隨圓悟克勤，後投到紹隆門下。不久，他輾轉於江西、江蘇、湖北、浙江一帶，住持過多處寺院，先後有「衢之明果，蘄之德章，饒之報恩、薦福，婺之寶林、報恩，江之東林，建康之蔣山，平江之萬壽，兩住南康歸宗」[166]，最後居住浙江天童，影響開始擴大。據說，大慧宗杲見到僧人們傳抄他的「示眾」語錄，「極口稱嘆」[167]。

曇華的嗣法弟子8人，密庵咸傑（？～西元1186年）的知名度較高。他是福州人，俗姓鄭。曾隨曇華習禪4年，後奉詔住持杭州徑山和靈隱。咸傑有弟子破庵祖先和松源崇岳，紹隆一系由此大盛起來，其影響逐步超過宗杲系。

祖先（西元1136～1211年）是廣安（四川寧西）人，俗姓王，字破

---

[165]　《叢林盛事》卷下。
[166]　《佛祖歷代通載》卷二十。
[167]　《大明高僧傳》卷六。

第一節　臨濟宗及其禪學新趨向

庵。出家後,「聞密庵大弘臨濟之宗,遂腰包參謁」[168]。咸傑住持靈隱寺時,令他分座訓徒。祖先曾住持夔州(四川奉節)臥龍寺,後又至江浙一帶住持多處寺院。他的著名弟子無準師範(?～西元 1248 年),四川梓潼人,俗姓雍,9 歲出家,後到靈隱寺侍奉祖先,先後也在江浙一帶住持寺院,晚年奉詔住徑山。師範的門徒中有斷橋妙倫、雪巖祖欽、兀庵普寧、無學祖元以及日僧圓爾辯圓等。這一系在把禪宗傳向日本方面發揮過重要作用。另外,元代南方最著名的禪師大都出自這一禪系,代表了元以後臨濟宗的傳承。

松源崇岳(西元 1132～1202 年)是處州龍泉(浙江龍泉)人,俗姓吳,隆興二年(西元 1164 年)出家,長期遊方參禪。咸傑住持靈隱寺時,曾命他為「第一座」。慶元三年(西元 1197 年),他奉詔住持靈隱寺。他的弟子有運庵普興、滅翁文禮等人。相對來說,這一系影響力較弱。

就南宋中後期的禪學而言,主要仍然是研讀公案、頌古和修習看話禪。在這方面,突出的代表人物是楊岐系的無門慧開禪師。自從宗杲倡導並完善了看話禪之後,看話禪成為禪宗界占主導地位的禪法,持續興盛於禪林,禪師莫不教授,學僧莫不修習。無門慧開把教授看話禪與講解公案結合起來,反映了當時禪學的特點。

在禪宗史書中,記錄慧開言行的有《續傳燈錄》卷三十五、《增集續傳燈錄》卷二、《五燈嚴統》卷二十二、《五燈全書》卷五十三等。它們的記載或因太簡略而難見其全貌,或因隔年久遠而可信程度較低,只能供參考。研究慧開生平及思想的主要資料有二:其一,是普敬等人編輯的《無門慧開禪師語錄》2 卷,又名《無門和尚語錄》,於淳祐九年(西元 1249 年)序刊;其二,是他自著的《禪宗無門關》1 卷,簡稱《無門關》。

慧開(西元 1183～1260 年),字無門,杭州人,俗姓梁。早年出家,

---

[168]　《大明高僧傳》卷八。

初習佛教經論，並專注於修習禪定，歷參當時的多位著名禪師，最後投到萬壽崇觀禪師門下，成為其嗣法弟子。從嘉定十一年（西元1218年）開始，慧開前後住持過15處寺院，有湖州（治在今浙江吳興）報因寺，隆興府（治在今江西南昌）天寧寺，黃龍崇恩寺，翠巖廣化寺，鎮江府（治在今江蘇鎮江）焦山普濟寺，平江府（治在今江蘇吳縣）靈巖顯親崇報寺、開元寺等。慧開在南宋禪林和社會上有相當的知名度，曾應理宗的召見談禪論道，受賜號「佛眼」。景定元年（西元1260年），慧開逝世，理宗賜錢3,000貫，宣葬於護國靈洞山。

慧開以善講說聞名。據其自述，「一十五處道場隨緣入感，八萬四千偈頌信口入玄」。當時他的語錄為「參徒口傳，侍者筆受」，流傳頗廣。從其語錄來看，他以講解公案為主。透過講解公案發明禪理，啟悟參禪者，是北宋以來的傳統，慧開正是繼承了這一傳統。他對公案的價值和作用有一段比較集中的說明：

靈山密付，黃葉止啼；少室單傳，望梅止渴。乃至德山棒，臨濟喝……天龍豎指，盡是弄獼猻底閒家具，到者裡總用不著。雖然如是，事無一向，不免隨例開個皂角生薑鋪子，兄弟上門，要買人參、附子、甘草、大黃，決定是無砒霜。巴豆、燈心、發燭，隨宜應副。[169]

所有機緣公案，說到底也和一切傳統佛教經典、語言文字一樣，屬於方便施設，是為證悟服務的。對於沒有悟道的參學者，任何公案都具有消除迷惑、開發智慧的功能，所以，學習、研究、理解和掌握公案是有益而無害的。但是，掌握公案是修行方法而不是修行目的，真正悟道的禪者，就不能為公案所累，如同疾病痊癒的人，即使良藥也不能再服用了。顯而易見，慧開對公案的見解並沒有超出北宋禪師的認知。

慧開講解公案的內容散見於語錄之中，如《再住黃龍禪寺語錄》中的

---

[169] 《無門慧開禪師語錄》卷下。

第一節　臨濟宗及其禪學新趨向

〈清稅孤貧〉、《建康府保寧禪寺語錄》中的〈千峰一路〉等。不過，與其《語錄》中講解公案的內容相比較，《無門關》詮釋公案更為系統化和精緻，是慧開闡發禪思想的代表作。

《無門關》篇幅不長，個性鮮明，在當時頗有影響力。它透過解說評論公案、揭示公案意旨，以求達到弘揚禪宗教理、啟悟參禪者的目的。北宋以來各類闡釋公案的著作，大多是禪師應學徒之請撰寫的，《無門關》的成書也是如此。根據《無門關序》，紹定戊子（西元1228年）夏安居時，慧開在龍翔寺為學禪者講授公案，抄錄成集，共有48則公案，題名為《禪宗無門關》，並於當年十二月刊行。

慧開宣講的48則公案，是《無門關》的正文，雖然今本《無門關》的後面還新增了〈安晚增補〉一則作為附錄，但是並不影響正文的內容。《無門關》講解每則公案的形式完全相同。每則公案都是獨立的單元，分為三個部分：第一部分是公案本文；第二部分是以「無門曰」開頭講解和評論公案，除了第一則公案之外，其餘47則公案中的這部分講解都比較簡潔，沒有過多的引證或煩瑣的考證；第三部分是以「頌曰」開頭列慧開就本則公案所作的詩偈。很明顯，這種頌古之作在形式上與此前的著作沒有什麼大的區別。而從內容上講，最大的不同是把解釋公案與教授看話禪結合了起來。列於48則公案之首的，是「趙州狗子」。在解釋這則公案中，慧開主要是講解大慧宗杲的看話禪，其思路、內容甚至文字，都是來自宗杲。

慧開曾說：「參這一個『無』字，成佛底如雨點。」他把參究話頭，特別是宗杲突出強調的「無」字話頭，看成是成佛的必經之路，並且認為自己就是因為參究此話頭而證悟的。對於不相信看話禪的人，他提出尖銳批評，「信不及者，虛度時光」[170]，修行是沒有結果的。至於看話禪的具體

---

[170]　《無門慧開禪師語錄》卷下。

內容，無論是他在語錄中的論述還是《無門關》中的講解，都沒有超出宗杲的議論闡述範圍。這正反映了南宋中後期禪學的特點：以因襲兩宋之際的禪學為主，缺乏創新。但是，慧開運用講解公案的舊形式，倡導參究話頭的重踐行的修禪主張，一定程度上反映了禪學的新變化。

第二節　雲門宗的多頭開拓

宋徽宗以前，雲門和臨濟並駕齊驅，是禪宗中最活躍的兩派。雲門宗逐漸由嶺南向北推移，出現了許多有影響的禪師，大都是文偃的第三和第四代弟子。其中，圓通居訥和佛印了元在江西和江蘇建有比較穩固的傳法基地；雪竇重顯以明州（浙江寧波）雪竇山為中心，影響更大，被稱為「中興雲門」；大覺懷璉、宗本和善本師徒、法雲法秀等人住持汴京國立大寺院，使南方禪宗在北方得到發展；明教契嵩雖然在擴大禪宗影響力方面沒有什麼建樹，但他所倡導的儒釋融合理論，特別為持排佛立場的士人所接受，對以禪宗為主流的佛教發展，發揮了清障「護法」的作用。

一、雲門諸系及其發展概況

在北宋雲門系禪師中，圓通居訥[171]（西元 1010～1071 年）連繫廣泛，是應該引起重視的。居訥，字敏中，樟州中江（四川中江）人，俗姓蹇。11 歲出家，於漢州什邡（成都附近）竹林寺侍奉元昉，17 歲試經得度。後東行至廬山，成為延慶子榮的弟子。先後住持歸宗寺和圓通寺，在江州（江西九江）一帶有不小影響。特別是他重視儒學，致力於溝通儒釋

---

[171]　圓通居訥是文偃的第五代弟子，其傳承是：文偃－香林澄遠－智門光祚－延慶子榮－圓通居訥。

第二節　雲門宗的多頭開拓

關係，深得士大夫的好評。慶曆四年（西元 1044 年），激烈反佛的歐陽脩遭貶時見到居訥，交談中，居訥「出入百家而折衷於佛法」，使歐陽脩「肅然心服」。皇祐（西元 1049～1054 年）初年，有詔請他住持京城淨因寺，他薦懷璉以代。另外，他還薦舉臨濟僧人守端住持江州承天寺。

佛印了元[172]（西元 1032～1098 年）的經歷和活動，可以作為北宋上層禪師與士大夫來往的一個縮影。了元，字覺老，饒州（江西波陽）人，俗姓林。15 歲出家，19 歲去廬山參見開先善暹。當他見到圓通居訥時，居訥稱讚他：「骨格已似雪竇。後來之俊也。」[173] 居訥把他與雪竇重顯相比，可見他年輕時代便精通儒學，擅長詩文。了元曾住持廬山歸宗寺、鎮江的金山、江西的大仰和雲居等，「凡四十年間，德化緇素，縉紳之賢者多與之遊」。[174]

了元與蘇軾兄弟的往來堪入文壇史話，「佛印禪師與東坡昆仲過從，必以詩頌為禪悅之樂」。某次，蘇轍要見了元，先寄詩一首：「粗砂施佛佛欣受，怪石供僧僧不嫌。空手遠來還要否？更無一物可增添。」了元回贈一首：「空手持來放下難，三賢十聖聚頭看。此般供養能歆享，木馬泥牛亦喜歡。」[175] 宋代士大夫好與禪僧結方外之交，往往透過機語問答、詩頌酬對，表達各自的禪學見解，交流彼此的感情。了元在這方面的表現是比較突出的。

佛印了元與理學家的關係也很密切。周敦頤與了元結「青松社」，推了元為青松社主，他們「相與講道，為方外友」，有「青松已約為禪社」之語。名僧曉瑩指出：「公（指周敦頤）雖為窮理之學，而推佛印為社主，苟

---

[172]　佛印了元的傳承是：文偃－雙泉仁郁－開先善暹－佛印了元。
[173]　《佛祖歷代通載》卷十九。
[174]　《佛祖歷代通載》卷十九。
[175]　《雲臥紀譚》卷上。

道不同,豈能相與為謀耶?」[176] 儒釋兼通的禪師與理學家的往來,促進了宋代思想界的活躍和理學的形成。儘管了元本人擅長詩文,並以此作為與士大夫連繫的紐帶,但依然堅持禪家固有的「不立文字」的主張,反對學者「漁獵文字語言」。他曾指出:

> 今室中對機緣,皆香林(澄遠)、明教(契嵩)以紙為衣,隨所聞即書之,後世學者漁獵文字語言,正如吹網欲滿,非愚即狂。時江浙叢林尚以文字為禪之謂請益,故元以是風之。[177]

首先應詔住持京城寺院的雲門僧人是大覺懷璉(西元1009～1070年),係文偃的第四代法孫。[178] 他是漳州龍溪(福建龍溪)人,幼年出家,曾隨泐潭懷澄10年,後來到廬山,掌居訥的記室。皇祐初年(西元1049年),居訥推薦他住持汴京左街十方淨因禪寺,使禪宗始行於北宋京城,改變了只有唯識、律宗諸派的局面。

另外幾個住持汴京名刹的雲門僧人,出自雪竇重顯一系的天衣義懷門下。義懷(西元989～1060年),曾住持安徽無為縣的鐵佛寺等,後來常住越州(浙江紹興)天衣寺,組建了龐大的僧團,嗣法弟子83人。其中有慧林宗本(西元1020～1099年),常州無錫人,俗姓管,19歲出家,29歲受具足戒,前後住持過姑蘇瑞光寺、杭州淨慈寺。元豐五年(西元1082年),宗本應詔住持汴京慧林禪院,曾受宋神宗召見,晚年返歸南方。高麗僧人義天來華,「請以弟子禮見」宗本。有《慧林宗本禪師別錄》1卷,記其言論。宗本的門人中有長蘆崇信。崇信的弟子懷深,於宣和三年(西元1121年)住持慧林寺。宗本的另一弟子法雲善本(西元1035～1109年)比較著名。善本是潁州(安徽潁州)人,出家後到姑蘇光瑞寺,隨宗本5年,住持過婺州雙林寺和杭州淨慈寺。在繼宗本住持淨慈寺時,「食堂千

---

[176]　《雲臥紀譚》卷上。
[177]　《佛祖歷代通載》卷二十。
[178]　懷璉的傳承:文偃—雙泉師寬—五祖師戒—泐潭懷澄—大覺懷璉。

第二節　雲門宗的多頭開拓

餘口」，可見規模之大。當時人們把他及其師長宗本並稱「大小本」。哲宗時詔善本住持東京法雲寺，賜「大通禪師」號。他住持法雲寺8年，晚年歸隱於西湖之畔。

義懷的另一位弟子法雲法秀（西元1027～1090年），秦州隴城（甘肅秦安縣）人，俗姓亭。19歲試經得度，重視鑽研佛典，後到安徽無為鐵佛寺參見義懷，曾在江蘇、江西一帶住持多處寺院。京城法雲寺落成，他應詔為第一代住持。法秀的弟子佛國唯白撰《建中靖國續燈錄》30卷，並繼任法雲寺住持，晚年移住明州天童寺。

由於雲門宗僧人奉詔住持京城寺院的人數眾多，挾皇權之勢，影響及於全國，但他們的大本營仍在江浙一帶。在這個時期，對於禪風和禪理的發展產生影響的，乃是雪竇重顯和明教契嵩。

二、雪竇重顯及其詩文頌古

重顯（西元981～1053年），字隱之，俗姓李，遂川（四川遂寧縣）人。22歲時在成都普安院出家，後離川東行，長期遊學於湖北、江蘇、安徽、浙江等地。他嗣法於智門光祚，是文偃的第三代弟子。[179]重顯後來居明州雪竇山資聖寺長達31年。《佛祖歷代通載》謂其「遷明之雪竇，宗風大振，天下龍蟠鳳逸，衲子爭集，號雲門中興」。他的傳法弟子有83人。現存有他的《明覺禪師語錄》6卷。

重顯受汾陽善昭的影響，作《頌古百則》，把宋初的頌古之風推向高潮，風靡整個禪林，幾乎所有能提筆的禪僧都有頌古之作，所有參禪者都要鑽研頌古，所有名禪師都發表對頌古的評說。在這種情況下，頌古著作劇增，構成了禪宗典籍的重要組成部分。到南宋中期，一些禪僧把它們從

---

[179]　重顯的傳承：文偃－香林澄遠－智門光祚－重顯。

眾多的單行語錄本中抽出來，加上零散的頌古之作，分門別類，彙整合冊，以利參學。池州（安徽貴池）報恩光孝禪寺僧人法應，花了30年時間，收集頌古，於淳熙二年（西元1175年）編成《禪宗頌古聯珠集》，「採擷機緣（即公案）三百二十五則，頌（即頌古）二千一百首，宗師（即作頌古的禪僧）一百二十二人」。元初，錢塘沙門普會，接續法應的工作，從元代元貞乙未年（西元1295年）開始，用了23年，編成《聯珠通集》，「機緣先有者，頌則續之，未有者增加之」，依此，「加機緣又四百九十又三則，宗師四百二十六人，頌三千另五十首」[180]。從這些遠不能囊括宋代全部頌古之作的集子中，大體可見它席捲禪林的規模。

大禪師的頌古各有特點，所以在善昭之後，頌古也經歷了一個演變過程。影響最大的作者有4個，即雲門宗的雪竇重顯和曹洞宗的投子義青、丹霞子淳以及宏智正覺。其中，以重顯的《頌古百則》尤具創新意義。如果說善昭製作了頌古的雛形，重顯就是使之成熟，他們代表了宋代頌古的兩種基本類型。

如〈俱胝一指〉，前有善昭的頌文，重顯也有關於此則公案的頌文，謂：

對物深愛老俱胝，宇宙空來更有誰？曾向滄溟下浮木，夜濤相共接盲龜。

從中可以看出，重顯講解公案帶有情感色彩。前兩句的大意是：從真諦看，宇宙本空，無物我之別；然面對世間種種苦難，俱胝和尚以一指度人的苦心，令人讚嘆。後兩句引用《法華經》關於「如一眼之龜值浮木孔，無沒溺之患」的寓言，說明俱胝和尚以「一指」示人，如同在夜幕籠罩下波濤洶湧的大海投下一浮木，拯救淪於生死苦難中的芸芸眾生。由此，引經據典構成了頌古的又一特點。「雪竇《頌古百則》，叢林學道詮要

---

[180] 〈禪宗頌古聯珠通集序〉，見《續藏經》第一輯二編第20套。

也，其間取譬經論或儒家文史，以發明此事。」[181] 重顯好用儒釋經典，又善於融入情感，使他的頌古之作顯得宏贍華麗，文詞可讀，這與善昭頌文之「殊不以攢華迭錦為貴」，是很不相同的。重顯有很好的文學素養，其上堂小參、舉古勘辯，都很注意辭藻修飾。元代名僧行秀評論說：「吾宗有雪竇、天童，猶孔門之有遊、夏；二師之頌古，猶詩壇之李、杜。」[182] 這個評價不一定恰當，但確實反映了這種追求。後來的禪僧紛紛仿效，推動禪宗走上舞文弄墨，著意於文字華麗一途，以致本來注重的「玄言」，演變成辭藻之學。對此，一些崇尚樸實的禪僧頗為不滿。心聞曇賁曾說：「天禧間，雪竇以辨博之才，美意變弄，求新弄巧，繼汾陽為頌古，籠絡當世學者，宗風由此一變矣。」[183]

儘管如此，重顯的頌文並沒有完全脫離公案。由於他著力在藝術的表現，語意愈加模糊，有利於人們的聯想，所以特別能為文學之士喜愛。但他的後學們卻因此而拋開公案，使人對頌文無法理解是什麼意思了。圓悟在《枯崖漫錄》中記：

> 臨安府淨慈肯堂育禪師，餘杭人，嗣顏萬庵，風規肅整，望尊一時。頌「即心即佛」云：美如西子離金闕，嬌似楊妃下玉樓。終日與君花下醉，更嫌何處不風流。[184]

作這樣頌古的禪師，竟然是「風規肅整，望尊一時」者，可見當時禪林風氣之一斑。曉瑩直評之為「以疏帶俳優而為得體，以字相比麗而為見工」[185]。此類頌古，多是助人悠悠消閒，已經沒有多少禪韻了。

頌古密切了禪僧與文人的關係，也為釋氏哲學向文人中融合架起了一

---

[181] 《碧巖錄·關友無黨序》。
[182] 〈評唱天童從容庵錄寄湛然居士書〉。
[183] 《禪林寶訓》卷四。
[184] 《枯崖漫錄》。
[185] 《羅湖野錄》。

座文藝的橋梁。紹興年間（西元 1131～1162 年），一位士人到焦山風月亭，題詩一首：「風來松頂清難立，月到波心淡欲沉。會得松風元物外，始知江月似吾心。」這是一首具有超然物外情調的詩，顯然受般若空觀的思想影響。月庵果禪師行腳到此，讀後說：「詩好則好，只是無眼目。」他把後兩句改為：「會得松風非物外，始得江月即吾心。」如此改動，以使之符合「唯識無境」的教義：「松風」不是「物外」，與「江月」一樣，乃是「吾心」。詩詞宜於表情抒意，不便於說理講道，從這個意義上說，唯識說比般若論更適合於詩的創作，所以月庵的修改，寓意於境，更有品頭。據此，曉瑩說：

做功夫眼開底人，見處自是別，況月庵平昔不曾習詩，而能點化如此，豈非龍王得一滴水能興起雲霧耶！兄弟家行腳，當辨衣單下本分事，不在攻外學。久久眼開，自然點出佛眼睛，況世間文字乎？[186]

禪與詩相通，詩眼需要佛眼點化，始能提高意境。這就成為禪家標準的詩論了。

當然，與追逐文詞工巧的同時，發明公案古聖意旨的頌古，亦不斷如縷，而倡導所謂發揚善昭這方面傳統的主要代表是宗杲。他與其他禪師作頌，以「斟酌古人之深淺」，亦以頌古啟發後學。紹興三年（西元 1133 年），宗杲與東林珪禪師在泉州雲門庵度夏，效法白雲守端和保寧仁勇，取古公案 110 則，各作頌古 110 首，「更互酬酢，發明蘊奧，斟酌古人之深淺，譏訶近世之謬妄；不開智見戶牖，不涉語言蹊徑，各隨機緣，直指要津。庶有志參玄之士，可以洗心易慮於茲矣」[187]。

這種斟酌古人、譏訶近世的做法，是典型的古為今用、諷古喻今。宗杲特別推崇頌古，意在厚今薄古、抬高時論的價值。他在給林判院

---

[186] 《雲臥紀譚》卷下。
[187] 《大慧普覺禪師年譜》。

(少瞻)的信中說，與其喜讀《圓覺經》，不如讀他寫的一首頌，「但將此頌放在上面，卻將經文移來下面，頌卻是經，經卻是頌。試如此做工夫看」[188]。他認為，有些頌文表達的情境，可超過公案昭示的古德言行，像白雲守端的頌文就有「提盡古人未到處」。重頌文超過了重公案，成為許多禪師的共識。

三、契嵩及其三教融合新論

在倡導儒釋融合的歷史上，契嵩代表了一個全新的階段。在他以前的僧人，大都主張釋不違儒，而能容儒，強調釋是融合的主體。延壽始將儒教倫理納入佛教的行為規範，在理論上還講「萬善同歸」。在新的歷史條件下，契嵩進了一大步，他要求把儒家倫理置於佛教戒律之上，承認儒家在國家社會生活中的至高地位，並作了理論闡發，從而成為最適用君主專制社會的原則，幾乎被所有正統佛徒所遵循。

1. 以「三教」融合護法

契嵩（西元1007～1072年），字仲靈，自號潛子，藤州鐔津（今廣西藤縣）人，俗姓李。7歲出家，13歲剃度，14歲受具足戒，19歲開始遊方參學，10餘年間來往於南方各地，在瑞州（江西高安）謁雲門宗洞山曉聰，得法。明道年間（西元1032～1033年），他以佛教五戒十善會通儒家五常，作〈原教〉一文。慶曆年間（西元1041～1049年），來到杭州靈隱寺，獨居一室，潛心著述。由此，「以文鳴道於天下」。

嘉祐六年（西元1061年），契嵩帶著他的著作《輔教編》[189]、《傳法正宗論》、《傳法正宗記》和《傳法正宗定祖圖》北上京城，透過開封府尹

---

[188] 《大慧普覺禪師語錄》卷二十九。
[189] 《輔教編》分上、中、下三卷，包括〈原教〉、〈勸書〉、〈廣原教〉、〈孝論〉、〈壇經贊〉和〈真諦無聖論〉。〈真諦無聖論〉是懷悟在重編時加入的。

王素上達仁宗，請求將它們編入大藏經。次年，「詔付傳法院編次，以示褒寵」，並賜「明教」師號。不久，辭歸杭州，先住佛日山數年，後回靈隱寺，直至終老。

契嵩一生著述甚豐。據稱，「所著書自《定祖圖》而下，謂之《嘉祐集》，又有《治平集》凡百餘卷，總六十餘萬言」。但是，這些著作沒有完整地保留下來，到兩宋之際，已散失很多。懷悟從大觀（西元1107～1110年）初開始蒐集契嵩的著作，至紹興四年（西元1134年），編成《鐔津文集》，只相當他的全部著作之半。《大正藏》第五十二卷所收為19卷，其次序與懷悟所記大體相同，卷目有差別。此外，《傳法正宗記》、《傳法正宗論》和《傳法正宗定祖圖》也保存在大藏經中。其中，《輔教編》等書，倡三教融合，特別強調儒釋兩教的一致性；《傳法正宗記》等書，釐定禪宗傳法世系，都帶有時代的特徵。

契嵩倡三教融合之時，正值宋仁宗開始減度僧尼，朝野上下抑佛排佛的呼聲高漲。早在北宋初即有儒士從傳統的倫理觀點出發，著書批評佛教，如孫復的《儒辱》、石介的《怪論》等，就是其中的代表。「當是時，天下之士學為古文，慕韓退之排佛而尊孔子，東南有章表民、黃聱隅、李泰伯，尤為雄傑，學者宗之。」[190]

至仁宗初，佛教發展失控，國家掌握的僧尼人數猛增，這是引起排佛聲浪高漲的直接原因。仁宗即位以後，大臣不斷提出裁汰僧尼之議，最後聽從張洞之言，減度僧三分之一，毀天下無名額寺院，使僧尼人數從40餘萬減至20餘萬。朝中執掌權柄的重臣中主張抑佛的人很多，如范仲淹、富弼、文彥博、韓琦、歐陽脩等。他們之所以持此主張，與當時國家處境窘迫有關。慶曆四年（西元1044年），宋政府以每年付西夏銀72,000千兩、絹153,000匹、茶葉3萬斤的代價換來宋夏間的停戰；遼則脅迫宋

---

[190]　陳舜俞：《鐔津明教大師行業記》。

第二節　雲門宗的多頭開拓

廷向其增納「歲幣」銀絹各 10 萬。這些不斷加碼的負擔，最後全部都要轉嫁到人民的頭上。因此，在慶曆年間，農民和士兵起義也有發展，不但「一年多如一年，一夥多如一夥」[191]，而且從邊遠地區發展到腹心周圍。宋王朝處在嚴重的內憂外患的壓力下，不少士人提出了變法圖強的主張。范仲淹在慶曆三年（西元 1043 年）九月提出：「官壅於下，民困於外，夷狄驕盛，寇盜橫熾，不可不更張以救之。」[192] 他制定了整頓吏治、培養人才、發展生產、加強武備等措施，被稱為「慶曆新政」。變法僅 1 年左右即告失敗，但改革的趨勢不可遏制。西元 1068 年，又發生了王安石的「熙寧變法」，抑佛排佛是其中的內容之一。李覯的觀點有一定的代表性，他支持新政，主張變法，並盡可能地取締佛道二教。他在〈富國策第五〉中提出：「緇黃存則其害有十，緇黃去則其利有十。」他認為，「去十害而取十利，民人樂業，國家富強。萬世之策也」。

在這一從上到下的排佛浪潮中，契嵩頑強地堅持了三教融合，調和儒佛兩家關係的主張。他以護教的宗教熱情，與排佛者爭論。「遇士大夫之惡佛者，仲靈無不懇懇為言之。由是排者浸止，而後有好之甚者，仲靈唱之也。」[193] 他上書仁宗，不僅講明自己「謀道不謀身，為法不為名」，而且申明自己是「不避死亡之誅」。[194] 這種精神也受到不少縉紳先生的稱譽。

契嵩在京城上書逗留期間，與其書信往來的有韓琦、富弼、田況、曾公亮和歐陽脩等人。「朝中自韓丞相而下，莫不延見而尊重之。」[195] 以後士大夫中主張調和儒佛關係者，如張商英、李綱等人，都受過契嵩的影響。

---

[191]　歐陽脩：《歐陽文忠公文集》卷一。
[192]　《范文正文集·政府奏議上》。
[193]　《鐔津明教大師行業記》。
[194]　《鐔津明教大師行業記》。
[195]　《鐔津明教大師行業記》。

第二章　宋代佛教宗派的重組與理論創新（上）

作為一名禪僧，契嵩為確定禪宗在佛教中的正宗地位，進行了煞費苦心的論證。到契嵩時代，禪宗已流行了兩、三個世紀，關於菩提達摩到慧能的禪宗東土六祖說已成公論。但是，關於禪宗在西土傳承的神話仍有異議。天台宗僧人「頗執《付法藏傳》以相發難，謂所傳列二十四祖，至師子祖而已矣，以達摩所承者，非出於師子尊者。」[196] 針對「雖一圓顱方服之屬，而紛然相是非」的局面，契嵩決心「推一其宗祖，為天下學佛輩息諍釋疑，使百世而知其學有所統」。於是他「力探大藏，或經或論，校驗其所謂禪宗者，推正其所謂佛祖者」[197]。依據《寶林傳》等，他確定了禪宗「西天二十八祖」的傳法系譜，而後成為禪門定論。

契嵩重視《壇經》，著有〈壇經贊〉一文，也有影響力。當時吏部侍郎郎簡頗喜《壇經》，但流行本「為俗所增損，而文字鄙俚繁雜，殆不可考」，便請契嵩校訂。契嵩用了近兩年時間，於至和三年（西元1056年）完成。據說，「果得曹溪古本，校之勒成三卷，粲然皆六祖之言，不復謬妄」[198]。這個編校本今已不存，但後世流傳的所謂曹溪原本及元代德異本、宗寶本，都是以此為底本，略作增減而成。

契嵩堅持禪宗「教外別傳」之旨，他認為：「以佛後摩訶迦葉獨得大法眼藏為初祖，推而下之，至於達摩為二十八祖，皆密相付囑，不立文字，謂之教外別傳者。」而別傳的核心，是「傳佛心印」。他之所以重視《壇經》，就在於「《壇經》者，至人之所以宣其心也。何心耶？佛所傳之妙心也」[199]。此「妙心」，正是他融合三教的哲學基礎。

契嵩儘管強調教外別傳，不立文字，但並不把禪與教割裂開來。他認為：「能仁氏之垂教，必以禪為其宗，而佛為其祖。祖者乃其教之大範，

---

[196]　[宋] 契嵩：《傳法正宗論》卷上。
[197]　〈再書上仁宗皇帝〉，見《鐔津文集》卷九。
[198]　上引均見《鐔津文集》卷十一。
[199]　《輔教編·壇經贊》。

第二節　雲門宗的多頭開拓

宗者乃其教之大統。」禪、教的對立，乃至大小乘的相爭，僅在於祖不正、宗不明，只要承認禪宗的正統地位，就可以息諍釋疑。他指出：「後世之學佛者，不能盡考經論而校正之。乃有言教者，不信佛之微旨在乎言外；語禪者，不諒佛之能詮遺乎教內。」教是方法，禪是宗旨，這就是契嵩的禪教統一觀的特點。

契嵩融合儒佛最有名的兩篇文章是〈原教〉和〈廣原教〉，這是他從理論上闡發儒釋關係的代表作。在談到兩文體例時，他說：

始余為〈原教〉，師《華嚴經》先列乎菩薩乘，蓋取其所謂依本起末門者也。師《智度論》而離合乎五戒十善者也。然立言自有體裁，其人不知，頗相誚訝，當時或為其改之。……今書（指〈廣原教〉）乃先列乎人天乘，亦從《華嚴》之所謂攝末歸本門者也。[200]

按照契嵩的解釋，〈原教〉先述高級修行階位，即「菩薩乘」，然後從高階修行階位敘述到低階修行階位，即「人天乘」，這是依據《華嚴經》「依本起末」的體例。〈廣原教〉則相反，先述低階修行階位，然後進到高階修行階位，這是仿效《華嚴經》「攝末歸本」的體例。然而，無論是「依本起末」還是「攝末歸本」，都是《華嚴經》所沒有的。這些體例是唐代華嚴學僧在詮解《華嚴經》過程中創造性地提出來的，普遍運用於說明經文的組織形式和教義內容的安排。「本」與「末」的關係，也同於「體用」、「因果」等。法藏在解釋「攝末歸本」時說：「今案前題目（指《華嚴經》的題目），然則大之一字，是一部通名，所檢果海……又攝用歸體唯理也，攝因歸果唯佛也。」[201] 作為「本」的「果海」（佛境界）不可言說，所以用「末」（經典文字）來說明。如「大」字（《華嚴經》題目上的第一個字）代表的整部經典只是「末」，所要說明的是「果海」（本）。在華嚴學僧詮解《華

---

[200]　《輔教編‧廣原教序》。
[201]　《華嚴經關脈義記》。

嚴經》的注疏中,「依本起末」和「攝末歸本」被廣泛用於分析經文組織和說明教義的各方面。

契嵩所說的依《華嚴經》,實際上是依華嚴宗的學說。在宋代禪宗運用華嚴學的過程中,常有這樣的現象,就是打著講《華嚴經》的旗號,實際講華嚴宗的理論。他們所讀的是《華嚴經》的文字,所悟的卻是華嚴宗的義理。認為華嚴宗學即是華嚴經學,並不只是佛教界的普遍現象,而且是士大夫群體中的普遍現象。不論是「依本起末」,還是「攝末歸本」,都是在心性論的基礎上,採取華嚴宗理事圓融的方法將儒釋統一起來的。這一方向自宗密開端,為契嵩以後的禪宗僧人所仿效。

2・以「心」為三教統一之本

(1)「自信其心」

契嵩的第一篇知名文章〈原教〉,用佛教的五戒十善比附儒家的五常,認為二者是「異號而一體」。這種從倫理觀方面尋找佛儒兩教契合點的方法,早在《牟於理惑論》和《顏氏家訓》等書中已經講得很透澈了。契嵩的新意主要表現在〈廣原教〉中。

〈廣原教〉作於西元1056年,開宗明義即曰:「唯心之謂道,闡道之謂教。」比較《中庸》所謂「天命之謂性,率性之謂道,修道之謂教」,韓愈〈原道〉所講「博愛之為仁,行而宜之謂義,由是而之焉之謂道」,那差別是明顯的。契嵩講的「道」,與天命無關,與仁義等道德無關,只是一「心」。「道」為「聖人所履」,所以聖人所行的只是「心」;「教」指「聖人之垂跡」,聖人教誨和示範於世人的也是「心」。因此,以「心」規定道的內涵,而非天命和儒家的道德規範,就成了他的主要思想特點。

關於這「心」的含義,他糅進了《老》、《莊》、《周易》關於「道」的規定:

第二節　雲門宗的多頭開拓

心乎，大哉至也矣！幽過乎鬼神，明過乎日月，博大包乎天地，精微貫乎鄰虛。幽而不幽故至幽，明而不明故至明，大而不大故絕大，微而不微故至微，精日精月，靈鬼靈神，而妙乎天地三才。若有乎，若無乎？若不有不無？若不不有？若不不無？是可以言語狀及乎？不可以絕待玄解諭。得之，在乎瞬息；差之，在乎毫釐者。是可以與至者知，不可與學者語。[202]

契嵩作〈壇經贊〉，其中對「心」的描述與此大同。「心」具有哲學本體論和佛教倫理學雙重意義，它既是最高的精神存在，世界的本原，又有「本覺」[203]的功能，與「佛性」同義。這樣的「心」是絕對的，遍於一切的整體，無任何對立和差別，所謂「一物猶萬物也，萬物猶一物也」。正因為如此，「心」具有離言絕相的性質，既不是有，也不是無，不可以言傳，不可以相示，只能為悟者所知，所謂「是可以與至者知，不可與學者語」。

契嵩關於三教融合的新主張，就是把它牢固地安置在禪宗的這一心學基礎上：釋迦牟尼所傳的心，既是佛教聖人之心，也是三教乃至百家聖人之心；既是天地之心，也是眾生之心。這樣，契嵩找到了眾聖與眾生相同處。所以不論信奉什麼教，都是信奉自己的本性，信奉自心：

是故聖人以信其心為大也。夫聖人博說之，約說之；直示之，巧示之，皆所以正人心而與人信也。人而不信聖人之言，乃不信其心耳。[204]

相信聖人與相信自心，是一而二，二而一的。

如果說，此前的禪宗僅是把對佛的信仰轉變為對自心的信仰，那麼契嵩就是把對三教百家的信仰統歸之於對自心的信仰，把禪宗傳統的「自信其心」之說貫徹到了最徹底的程度。他作〈勸書〉三篇，目的即在於此。

---

[202]　《輔教編・廣原教》。
[203]　〈壇經贊〉指出：「方《壇經》之所謂心者，亦義之覺義，心之實心。」
[204]　《輔教編・廣原教》。

「潛子為〈勸書〉，或曰：何以勸乎？曰：勸夫君子者自信其心，然後事其名為然。」[205] 所謂「事其名」，便是信奉「跡異」的儒教和佛教。信佛即是自信，排佛即是自棄。用「心」統一三教，落腳點是為佛教張目，使佛教在三教中獲得一個平等的地位。

(2)「正心」與「正情性」

契嵩從禪宗心學出發，著重解釋了新儒學所熱衷討論的「性情」說，拓寬了儒釋融合的理論視野。他對「性」有兩個相似的規定：「夫性也，為真，為如，為至，為無邪，為清，為靜。近之，則為賢，為正人；遠之，則為聖神，為大聖人。聖人以性為教教人。」、「性也者，無之至也，至無，則未始無。出乎生，入乎死，而非死非生。聖人之道，所以寂焉，明然，唯感所適。」

「性」是唯一的真實（真），諸法的實相（如），它非有非無，非死非生，清靜無邪。從近言之，循「性」可以造就世間的正人君子；從遠言之，見「性」可為聖神，為大聖人。聖人以「性」成道，也以「性」教人。

對於「情」，契嵩也有明確的解說：「情也者，有之初也。有情，則有愛；有愛，則有嗜欲；有嗜欲，則有男女萬物生死焉」；「夫情也，為偽，為識。得之，則為愛，為惠，為親親，為疏疏，為或善，為或惡；失之，則為欺，為狡，為凶，為不遜，為貪，為溺嗜欲，為喪心，為滅性。」這裡把「情」當做「有」之始，與傳統佛教把「無明」當做人之本，把「動」或「名」作為世之初的觀點，是很有些不同的。自道安、慧遠以來，中國佛教義學多在情欲性愛的意義上使用「情」字，契嵩則泛指一切「情識」，即擴展而為一切思想情感。按照佛教教義，這樣的「情」必然具有「偽」、「識」、「變」等屬性。「偽」指其「假有」，性空而不實；「識」指其不智，受世俗認知左右；「變」指其非靜，受生滅無常的鐵律支配。據此，這「情」

---

[205] 《輔教編‧勸書第一》。

第二節　雲門宗的多頭開拓

就成了佛教對世俗世界諸特徵的概括，相當於「有情世界」的「情」。因此，人的任何活動，都必然具有這些特徵：所謂愛惠、親疏、善惡等，它的本質應是「無記」（非善非惡）。這裡值得注意的是，得「情」者，「性」屬「無記」，是善是惡全在得者的個人作為；而失「情」者，則肯定為全惡無善，欺狡凶戾，沉溺貪欲，以致「喪心」、「滅性」。

人之不能無「情」如此，不僅在佛教中獨樹一幟，在某種程度上反映了宋禪特別鍾情的一大特色，而且在宋明理學關於「性情」之辯中也是極有個性的主張。把失情當作「喪心滅性」的表現，使這一個性特殊而鮮明起來。支持這一個性的理論基礎，則是「性情統一說」：「情出乎性，性隱於情。」具體說：

> 心必至，至必變。變者，識也；至者，如也；如者，妙萬物者也；識者，紛萬物，異萬物者也；變也者，動之幾也；至也者，妙之本也。……萬物之變見乎情，天下之至存乎性。以情可以辨萬物之變化，以性可以觀天下之大妙。善夫情性，可以語聖人之教道也。[206]

契嵩用的「至」，相當於玄學喜用的「極」、「宗極」，指最高本體；「如」，即佛教通用的「真如」。「心」必然是最高本體，這一本體稱之為「如」，此「如」必然變動而成為人的通常情「識」。在契嵩看來，這是無須論證的，因為這一宇宙發生論，和〈起信論〉構造的「一心二門」圖式完全一致，至少在禪家中是得到公認的。契嵩的創新在於用「性」表示「如」、用「情」表示「變」，從而使他的議論與他的整個時代密切起來，有了強烈的社會意義。「情」與「性」一樣，都是不可偏離的聖人之「教道」。

契嵩反對儒家把「性」看成是外在的「天命」，強加於人。「鄭氏其解天命之謂性。云天命謂天所命生人者也，是謂性命。……考夫鄭氏之義疑。若天命生人，其性則從所感而有之也。」契嵩回答說：「然鄭氏者，豈

---

[206]　上引均見《輔教編·廣原教》。

能究乎性命之說耶？夫所謂天命之謂性者，天命則天地之數也，性則性靈也。蓋謂人以天地之數而生，合之性靈者也。性乃素有之理也，情感而有之也。」[207]

在五代以前，佛教普遍認為人需感「氣」而成，與道家的學說調和。這裡提出，人需假「天命」而生，反映出契嵩在細微處也偏向儒家，但佛教的根本理論未變，只有與「性靈」相合的「天命」才能成人。「天命」屬「數」的有限變化領域，「性」才是絕對的不變之理。

但是，契嵩在《論原・性德》中還說：「性，生人者之自得也；命，生人者之得於天者也。」「性內也，命外也。聖人正其性而任其命。故其窮之不憂，而通之不疑也。」這一說法，反映了契嵩對儒家的原則讓步。中國佛教歷來認為，「天」屬於世間輪迴範圍，「業」是世界人生的決定因素，天地萬有無非一心，所謂「唯識無境」。因此，不論從宗教觀念，還是從哲學體系上看，佛教都不承認「天」有決定生人之「命」的作用，更不會承認「天」存在於「性」外，是與「性」並行的獨立力量。契嵩這樣做，完成了佛教最後臣服於君主專制的理論步驟。因為「天」之在中國，乃是君主的象徵，君主代表了天命之所歸。此外，說「正其性」等，和他用「正心」、「治心」等詞一樣，特別與禪宗之主張「任性逍遙」者有別，而是來自儒家「正心」、「誠意」。因此，他對正宗儒學的批評，不過是為佛教在新儒學中找到一個恰當的位置，即分工於治心順天。

然而契嵩關於「性」的規定，卻始終堅持佛教的正宗觀點，並以此批評孔孟的人性論：

或問：吾嘗聞人之性有上下，猶手足焉，不可移也。故孔子曰：唯上智與下愚不移。韓子曰：上焉者，善焉而已矣；下焉者，惡焉而已矣。孟子曰：然則，犬之性猶牛之性，牛之性猶人之性。而與子之謂性者疑，若

---

[207] 〈中庸解第三〉，見《鐔津文集》卷四。

第二節　雲門宗的多頭開拓

無賢不肖也，無人之與畜也，混然為一，不辨其上下焉。……子何以異於聖賢之說耶？

上智下愚，上善下惡，人與畜，如此等等差異，是「分」的不同，屬於「情」而不是「性」：

吾之所言者，性也；彼二子（孟子與韓愈）之所言者，情也。情則孰不異乎？性則孰不同乎？[208]

他以「性相近也，習相遠也」證明孔子也是主張「性」無上下的。契嵩的這種觀點為禪宗僧人所共同承認。金山達觀曇穎禪師作〈性辯〉一文，認為：「今古聖賢言性者，只得情也，脫能窮理，不能盡性。」[209]

契嵩根據自己的「情性」論，最後提出了他的儒釋分工互補說。聖人之「心」相同，垂跡「制情」之「教」有別，因而各得其所而不相擾：「聖人各為其教，故其教人為善之方，有淺有奧，有近有遠，及乎絕惡，而人不相擾，則其德同焉。」就佛教言，用以制情的是「五乘」之教，因為眾生「其所成情習，有薄者焉，有篤者焉，機器有大者焉，有小者焉，聖人宜之，故陳其法為五乘者」，「前之二乘云者，以世情膠甚，而其欲不可輒去，就其情而制之」，「後之三乘云者，蓋導其徒超然之出世者也，使其大潔情汙，直趨乎真際，神而通之，世不得而窺之」。[210]至於儒家則以「禮」制情，他說：

禮者，因人情而制中……人情莫不厚生，而禮樂之養；人情莫不棄死，而禮正之喪；人情莫不有男女，而利宜之正；人情莫不有親疏，而禮適之義；人情莫不用喜怒，而禮理之當；人情莫不懷貨利，而禮以之節。[211]

---

[208]　上引均見〈中庸解第四〉，見《鐔津文集》卷四。
[209]　《雲臥紀譚》卷下。
[210]　《輔教編‧原教》。
[211]　《論原‧禮樂》，見《鐔津文集》卷五。

據此，契嵩強調，佛儒百家都有其存在的合理性：「方天下不可無儒，無百家者，不可無佛！虧一教，則損天下一善道；損一善道，則天下之惡加多矣。」具體說，「儒者，聖人之治世者也；佛者，聖人之治出世者也。」[212]治世與治出世不同，但其起「治」的作用則一，所以說「儒佛者，聖人之教也，其所出雖不同，而同歸於治」[213]。他在〈再書上仁宗皇帝書〉中說，他之所以作《輔教編》，主旨就在於「推會二教聖人之道，同乎善世利人矣」[214]。

總之，契嵩融合儒佛兩教，在實踐上求佛教的生存條件，在理論上則納儒入佛，和當時新儒學之援佛入儒是同一種思潮，都有著明確的為君主專制服務的政治目的。就契嵩解決當時的焦點問題而言，他堅持性情統一，肯定「厚生」、「男女」，沒有走禁欲主義的道路。它的意義比某些道學家還要積極。

(3) 孝在戒先

契嵩曾說：「吾之喜儒也，蓋取其於吾道有所合而為之耳。」[215]他很重視《中庸》，作〈中庸解〉5篇，並稱是「以中庸幾於吾道，故竊而言之」。這種「於吾道有所合」、「幾於吾道」之說，實是基於妥協性的求同，是在用佛教的五戒十善會通儒家五常的基礎上，用五常解釋佛教的全部說教：「儒所謂仁義禮智信者，與吾佛曰慈悲，曰布施，曰恭敬，曰無我慢，曰智慧，曰不妄言綺語，其為目雖不同，而其所以立誠修行，善世救人，豈異乎哉。」、「今儒之仁義禮智信者，豈非吾佛所施之萬行乎！」[216]把五常等同於佛教的「萬行」，等於是把佛教僧侶的一切言行通通納入儒家的

---

[212]　《輔教編・原教》。
[213]　〈寂子解〉，見《鐔津文集》卷八。
[214]　見《鐔津文集》卷九。
[215]　〈寂子解〉，見《鐔津文集》卷八。
[216]　〈中庸解〉，見《鐔津文集》卷四。

第二節　雲門宗的多頭開拓

倫理範圍，絕對地接受儒家的規範。

在儒家的倫理規範中，契嵩特別尊崇「孝」道。他撰〈孝論〉，第一句話就是：「夫孝，諸教皆尊之，而佛教殊尊也。」全論多處引用《孝經》、《書經》、《禮記》等儒家經典，以致把孝說成：「天之經也，地之義也，民之行也。至哉大矣！」其大足以感天地、動鬼神，「天地鬼神，不可以不孝求，不可以詐孝欺」。推「孝」至於社會，就會「與世和平，而忘忿爭也」。維護了社會安定，當然是大大有利於王朝的事。因此，契嵩特別要求發揮佛教在維護儒家孝道中的作用，其中做佛教功德，就是盡孝道的重要內容。

佛教一傳入中國，即有所謂「福業」一途，至南北朝而大盛。「福業」涉及的範圍很廣，其中之一，是為父母亡靈追福。按興福的方式講，北方多為造像、建寺；南方則側重創制各種「法事」，諸如作道場法會、辦盂蘭盆會等。至於寫經、讀經、供養、布施等，在全國都很流行。但這類活動，最後形成為民間習俗，則經過了隋唐數百年的醞釀，到宋代才定型。

契嵩說：「孝也極焉，以儒守之，以佛廣之，以儒人之，以佛神之，孝其至且大矣。」佛教成了推廣和神化孝道的方式，也成了「慎終追遠」的儒家孝制中不可缺少的組成部分，佛教再也不能任人隨意從社會生活中排斥出去了。

正因為「孝」具有如此重大的意義，契嵩要求一切佛徒必須無例外地強制執行，這就是所謂「孝為戒之端」。契嵩說：

子亦聞吾先聖人。其始振也，為大戒，即曰孝名為戒。蓋以孝而為戒之端也。子欲戒而欲亡孝，非戒也。夫孝也者，大戒之所先也。戒也者，眾善之所以生也。為善微戒，善何生耶？為戒微孝，戒何自耶？故經曰：「使我疾成於無上正真之道者，由孝德也。」[217]

---

[217]　上引均見《孝論》。

他的邏輯是：正覺由萬善成，眾善由戒生，戒由孝發端。於是「孝」由儒家的「萬善之首」，變成了佛家的「正覺之端」，盡孝即可成佛。

契嵩的這一主張，不僅背離了傳統佛教，也與禪宗的根本精神相違。他遇到的最現實的問題是，《孝經》云：「不孝有三，無後為大。」而僧尼必須出家獨身，不能結婚生子。如何調和這一不可調和的矛盾，歷代高僧除了有一些無甚說服力的辯詞，大都迴避。事實上，在禪宗中即有全家盡入叢林的事，但是否仍保持家庭形式，不得而知。據說宋代僧人有家室的很多，特別在嶺南地區。魯迅在〈我的第一個師〉中記的和尚，也是娶妻生子的，而且兒子繼續做和尚，似乎可以世襲，而這在當地無疑是得到普遍默許的。但是，在契嵩的一系列議論中，還沒有發現鼓勵僧尼結婚的言論。

第三節　曹洞宗復起及其禪學特色

一、宋代曹洞宗概況

五代至宋初，曹洞系統中沒有出現知名禪師，宗派影響微弱。尤其到仁宗時期，在臨濟、雲門兩宗名家輩出，新禪學激盪佛教界，其社會影響不斷擴大的形勢下，曹洞宗依然沒有起色。在這百餘年間，源自雲居道膺（西元835～902年）的曹洞宗傳法禪師依次是同安道丕、同安觀志、梁山緣觀、大陽警玄（西元948～1027年）。警玄晚年從自己的弟子中找不到合適的繼承人，請求與他關係密切的臨濟僧人浮山法遠（？～西元1067年）日後為他物色人選，並且寫了一首偈，連同一雙皮履和一件布直裰留下，作為接續曹洞法統的信物。警玄死後20餘年，法遠囑咐投子義青（西元1032～1083年）嗣法警玄。

第三節　曹洞宗復起及其禪學特色

義青俗姓李，青社（安徽舒州）人。據《投子義青和尚語錄》卷下所載〈行狀〉，他7歲投本州妙相寺出家，15歲試《法華經》得度，16歲受具足戒，習《大乘百法明門論》。後入洛中，專習《華嚴經》，「深達法界性海、剎塵念劫、重重無盡之義」。在開講《華嚴玄談》時，「妙辯如流，聞者悅服」。但是，當他講到諸林菩薩即心自悟偈文時，忽然醒悟：「法離文字，豈可講哉？」他是在講《華嚴經》的過程中領悟到修行佛法不能以講解為目的，於是離開講席，南下遊方，參學禪宗。他從臨濟僧人浮山法遠學習6年，遵其所囑，傳承當時已經斷絕了的曹洞宗法系。熙寧六年（西元1073年），義青始住舒州白雲山，8年後移住投子山，「道望日遠，禪者日增」，曹洞宗法系從此流傳下來。

義青從教入禪的修學經歷，使他在弘傳禪學的同時也注意宣傳佛教義學，特別是對他所熟悉的華嚴學的傳播和創用，在北宋曹洞宗僧人中頗有特點。

在義青的語錄中，有不少出自華嚴典籍的內容，基本被作為傳禪的材料使用。「蓮華世界，毗盧現七佛家風；流水鶯啼，觀音示千門法海。塵塵影現，剎剎光明，轉大法輪，普成佛道。到這裡，若信得去，只悟得佛邊事，須知七佛外消息始得。諸仁者，作麼生是七佛外消息？半夜白猿啼落月，天明金鳳過西峰。」[218] 義青早年習《華嚴經》時所重視的內容，也保留在他晚年的禪語中。此中「塵塵影現，剎剎光明」，與當年他所「深達」的「法界性海、剎塵念劫、重重無盡之義」的含義大體相同，是更簡略的說法。這是說，作為一真法界體現的世界萬有，處於大（剎）小（塵）無礙，長時（劫）短時（念）互攝的圓融無盡狀態。這裡他堅持了早年離教從禪時的理解，強調懂得華嚴教義，不過是「悟得佛邊事」，還須知有「七佛外消息」。在禪宗語錄中，「七佛外消息」是停止追求外在的佛，反觀自

---

[218]　《投子義青和尚語錄》卷上。

心，求得自證自悟教義的另一種表達方式。因此，義青對華嚴教義的不滿足，最終透過信奉自證自悟的禪宗法門來彌補。

然而，華嚴教義只是「悟得佛邊事」之說，並不意味著義青完全否定華嚴教義，「塵塵影現，剎剎光明」也可以運用於另外的方面：「毗盧樓閣，善財見七佛家風；華藏海心，普賢指一生妙果。塵塵影現，剎剎光明，主伴交參，互興佛事，致使堯雲彌布，舜雨膏萌，星辰交換於九宮，和氣淳風於萬國。」[219] 禪宗吸收華嚴宗無礙圓融的教義是普遍現象，但在不同的時代又有不同的表現。義青生活在北宋前中期，宋王朝還保持著發展勢頭，有一定的活力，反映在「中興」曹洞宗的義青禪語中，使圓融無礙說又增加了一層歌頌昇平盛世的色彩。而「主伴交參，互興佛事」，又有一種號召上下齊心協力振興佛教的少見氣派。

在義青的弟子中，有個性且著名者是芙蓉道楷（西元 1042～1117 年）。他是沂州（山東臨沂）人，少時信奉道教，後從投子義青習禪，先後住持過安徽馬鞍山、江西洞山、湖北大陽等地寺院。徽宗崇寧二年（西元 1103 年）住持京城淨因禪院，大觀二年（西元 1108 年）移住天寧寺。徽宗曾賜紫衣和師號，道楷拒絕接受，遂被遣放緇州（山東緇州）。次年，徽宗許其在芙蓉湖畔結庵傳禪。和臨濟、雲門的許多傳法宗師不甚相同，道楷與統治者和官僚士人的關係相對疏遠。他很注重個人修行，堅持每日一食。追隨他的僧眾雖然不多，但影響力不小，曹洞宗從此有了起色。

道楷的著名弟子有鹿門自覺和丹霞子淳。自覺一系初無著名禪師，到金元時盛行於北方。子淳（？～西元 1119 年）門下出現了長蘆清了和宏智正覺，使曹洞宗在兩宋之間興盛起來。

清了（西元 1091～1152 年），號真歇，左綿安昌人，俗姓雍。據《真歇清了禪師語錄》卷上《劫外錄》，他 18 歲試《法華經》得度，具戒後往成

---

[219] 《投子義青和尚語錄》卷上。

第三節　曹洞宗復起及其禪學特色

都大慈寺，學習《圓覺經》、《金剛經》、《起信論》等。他曾先登峨眉禮普賢大士，後入五臺禮文殊菩薩，對華嚴系統的菩薩信仰十分重視。清了先師從鄧州（河南南陽）丹霞子淳習禪，後又到東京參訪禪講名席，對當時南北各地的佛教情況比較了解。從宣和四年（西元 1122 年）開始，清了歷住真州長蘆山、四明補陀、福州雪峰、杭州徑山等多處寺院。他所提倡的禪法，主要是禪、淨、教各宗合一。曾作《淨土集》，倡導念佛法門。又作《華嚴無盡燈記》，以華嚴宗「十法界」說論證禪學，很有特色。關於他的言行，有《真歇清了禪師語錄》2 卷。

在《華嚴無盡燈》中，清了以鏡燈的比喻來講華嚴教理，與法藏的做法類似。「譬東南西北上下四維中點一燈，外安十鏡，以十鏡喻十法界，將一燈況一真心。一真心則理不可分，十法界則事有萬狀。然則理外無事，鏡外無燈，雖鏡鏡中有無盡燈，唯一燈也；事事中有無盡理，唯一理也。以一理能成差別事故，則事事無礙；由一燈全照差別鏡故，則鏡鏡交參。一鏡不動，而能變、能容、能攝、能入；一事不壞，而即彼、即此、即一、即多。主伴融通，事事無盡。」從其內容來看，這是照本宣科講述華嚴宗的教義，沒有什麼創新。但是，這裡的講解始終堅持在理事關係上立論，既不違背華嚴宗的教理，又繼承了自希遷以來的傳統。從理事關係上立論，是曹洞宗自創宗以來的主要特點之一，清了予以繼承。然而，即使這些從形式到內容都是照搬華嚴宗的議論，最終還是要歸結到禪宗倡導的啟發悟解言外之旨的思想上。清了的最後一首偈，「鏡燈燈鏡本無差，大地山河眼裡花，黃葉飄飄滿庭際，一聲砧杵落誰家？」[220] 就很清楚地說明了這一點。

南宋中期的南方曹洞宗僧人，大都出自清了一系。而在北宋末到南宋初，影響力最大的是宏智正覺。正覺之後沒有出現有影響力的禪師，其法系

---

[220]　上引均見《華嚴無盡燈記》。

數傳之後不明。長蘆清了經天童宗、雪竇智鑑，傳至天童如淨（西元1162～1228年），曹洞宗又有了起色。如淨是明州葦江人，出家後，多年遊方參學，於嘉定三年（西元1210年）住持建康清涼寺，繼之住持臺州瑞巖淨土禪寺、杭州淨慈禪寺、明州定海縣瑞巖寺等。寶慶元年（西元1225年），住天童山。他雖然有多年遊方經歷，卻注重坐禪修行，認為參禪是身心脫落，坐禪才是明心見性的唯一途徑，實際上，他是正覺默照禪的延續。現存《如淨和尚語錄》2卷、《天童山景德寺如淨禪師續語錄》1卷。日本京都人道元（西元1200～1253年），入宋師事如淨3年，如淨以芙蓉道楷的法衣和洞山良價所著《寶鏡三昧》、《五位顯訣》及自讚頂相相贈。道元回國後，創立日本曹洞宗。

二、宏智正覺的「默照禪」

正覺（西元1091～1157年），隰州（山西隰縣）人，俗姓李，「七歲誦書，日誦數千言，少時遂通五經」。[221] 正覺的祖、父兩代對禪宗都有濃厚的興趣，或參詢禪師，或誦習《般若》。在家庭的陶染下，正覺11歲出家，14歲受具足戒，18歲開始遊方參學。

在遊方行腳的最初幾年，正覺主要活動在今天山西、河南兩省。他接觸的第一位名禪師，是汝州（今河南臨汝）香山寺的枯木法成。法成是曹洞僧人，是芙蓉道楷的弟子，曾受詔住持汴京淨因寺，名重一時。23歲時，正覺在鄧州（河南鄧縣）見到丹霞子淳，並隨子淳到唐州（河南泌源縣）大乘山和隨州（湖北隨州）大洪山，先掌記室，後升首座。子淳逝世後，正覺與清了保持密切關係。宣和四年（西元1122年），清了住長蘆山時，請正覺為首座。

---

[221] 周葵：〈正覺宏智禪師塔銘〉。

第三節　曹洞宗復起及其禪學特色

從宣和六年到建炎二年（西元 1128 年），正覺先後住持過泗州大聖普照禪寺、舒州太平寺、江州廬山圓通寺等。建炎三年（西元 1129 年），開始住持明州天童寺，並倡導「默照禪」，前後近 30 年。卒後，高宗詔諡「宏智禪師」。其生平言行，主要收錄在《宏智正覺禪師廣錄》中。

默照禪是正覺的主要創作，在南宋初年有特殊的吸引力，追隨正覺修習的僧俗數以千計，天童「寺屋幾千間，無不新者」，形成了一個龐大的修禪中心。知名弟子只有 14 人，其餘絕大多數是「分化幽遠，晦跡林泉」。宗杲評正覺是「起曹洞於已墜之際，針膏肓於必死之時」。曹洞宗之所以振興，主要賴正覺之力。

默照禪的主要特點，是把靜坐守寂作為證悟的唯一方式。正覺本人「晝夜不眠，與眾危坐，三輪俱寂，六用不痕」[222]。馮溫舒在〈天童和尚小參語錄序〉中記，正覺「結屋安禪，會學去來，常以千數。師方導眾以寂，兀如枯株」。一進入正覺住持的天童寺，便會見到「禪毳萬指，默座禪床，無聲咳者」[223]。

禪宗自南北分流，奉慧能為正宗的一系，大都遵循永嘉玄覺提出的「行亦禪，坐亦禪，語默動靜體安然」的主張，力圖打破以坐為禪的傳統模式，其激進的支派，甚至完全否定坐的形式。但就禪宗的多數派言，坐禪依然占重要地位，唐代石霜慶諸更以長坐不臥的「枯木禪」著稱於世，其影響力也是很大的。在一定意義上，正覺的默照禪正是發展了慶諸的坐禪法統。

正覺持戒嚴謹，終生信守過午不食的戒律。他「自幼得戒，坐必跏趺」，「師初以宴坐入道」。[224] 他初識的曹洞僧人法成，即以喜「枯木禪」聞名，世稱「枯木法成」。對他的禪學思想影響最大的丹霞子淳，也極注重坐禪，政和五年（西元 1115 年）在唐州大乘山教導僧眾「休歇去」，「把今時事放

---

[222]　〈正覺宏智禪師塔銘〉。
[223]　《宏智正覺禪師廣錄》卷九。
[224]　〈正覺宏智禪師塔銘〉。

盡去，向枯木堂中冷坐去」[225]，這當是正覺得到的直接啟示。

正覺的默照禪異於先前的坐禪，主要在於它的觀法，包括觀想的對象和由此形成的基本觀念。據說正覺是在子淳所講的「空劫自己」一句之下證悟的，因此，他以後教人，就專講「明空劫前事」。「蓋師初以宴坐入道，淳以空劫自己示之，廓然大悟。其後誨人，專明空劫前事。」[226] 這個「空劫前事」，就是默照禪的觀想對象。正覺本人把曹洞宗的理論特徵就歸結為「劫外」，所謂「劫外家風茲日辨，他儂真與我儂儔」[227]。「劫外」就是「空劫前」。

「劫」，梵文音譯「劫波」之略，用以表示時間極長的單位。《大智度論》卷三十八說：「大時名劫。」「劫」有很多種，正覺這裡所使用的，屬於佛教的宇宙論範疇，相當於「大劫」。按這種宇宙論的說法，世界是從無到有，又從有到無的循環過程，每循環一次，名為一「大劫」；每一大劫又分作成、住、壞、空四個階段，亦稱「四劫」。「成劫」指世界的形成期；「住劫」指相對穩定期；「壞劫」指普遍災害、世界毀壞期；「空劫」則指「唯有虛空」。這樣的「虛空」作為一劫存在，是受時間的限定，仍屬「世間法」。正覺專明「空劫前事」，是要參究「唯有虛空」以前的面貌，即世間連「空」也不存在的原始狀態。因此，觀想「空劫前事」，實質上還是探究世間本源問題。

正覺沿襲唯識性空的思想，對這個問題的回答並無新意，所謂「一切諸法，皆是心地上妄想緣影」，「影含宗鑑，心生則種種法生；步入道場，心滅則種種法滅」。[228] 這樣，世間的成、住、壞、空也全是心的產物，那麼「空劫前事」，也就是「本心」或心的本來面目。這些說法，依舊是陳詞

---

[225] 《丹霞子淳禪師語錄》。
[226] 〈正覺宏智禪師塔銘〉。
[227] 《宏智正覺禪師廣錄》卷四。
[228] 《宏智正覺禪師廣錄》卷五。

第三節　曹洞宗復起及其禪學特色

濫調。由此推論:「十方法界,起自一心;一心寂時,諸相皆盡」也是唯心論的應有之義。正覺的特點不在這裡,而在於把對本體論的這種理解,放置到默照禪中去實現,透過靜坐冥想「空劫」之外的本源加以內證,從而讓唯識空現徹入骨髓,變成參究者的個人經驗和本能見解。

所謂「心寂」,是默照禪追求的直接效果。正覺說:「你但只管放,教心地一切皆空,一切皆盡,個是本來時節。」[229] 這裡的「本來時節」與「本來面目」同,均指心處於「空劫前」的本然狀態。但是,要在擾動不安的現實條件下,令心趣向空無所有的地步,是一個很艱難的過程,正覺稱之為「淨治揩磨」、「休歇」諸緣。他說:

田地虛曠,是從來本所有者。當在淨治揩磨,去諸妄緣幻習,自到清白圓明之處,空空無像,卓卓不倚,唯廓照本真,遭外境界。

這個「淨治揩磨」的工夫,是在靜坐默究中完成的,包括兩個主要內容:其一,是歇諸內緣,即休歇向外攀緣之思;其二,是歇諸外緣,即不為外在因緣流傳:

真實做處,唯靜坐默究,深有所詣,外不被因緣流傳,其心虛則容,其照妙則準。內無攀緣之思,廓然獨存而不昏,靈然絕待而自得,得處不屬情,須豁蕩了無所依,卓卓自神,始得不隨垢相。個處歇得,淨淨而明,明而通,便能順應,還來對事,事事無礙。

就是說,只要內無思考活動,外不被事物左右;內不隨情感而動,外不為聲色所誘,那就是「空空無像」,照見「本真」,即「本來時節」的時刻。屆時,「靈」、「神」獨存自得,明通無礙,達到佛祖的境界。所以說:「諸佛諸祖無異證,俱到個歇處。」[230]

「歇處」所得的體驗,屬於「心虛」,或曰「念盡」。照得的「本真」,

---

[229]　《宏智正覺禪師廣錄》卷五。
[230]　上引均見《宏智正覺禪師廣錄》卷六。

是「空劫前事」，或稱「法界虛空」。按《大乘起信論》的說法，前者屬「始覺」和「畢竟覺」，後者則是「本覺」；前者由修習揩磨得，後者是本然的存在。揩磨所得者，也就是那個本然的存在。正覺說：「直須歇得空空無相，湛湛絕緣，普與法界虛空合，個是你本身。」「你本身」就是由念盡而達到的對於本然「空心」的自覺。所以正覺一再強調：「此是選佛場，心空及第歸。若心地下空寂，便是及第底時節。」又說：「若人欲入佛境界，當淨其意如虛空。」

「空」是心的特質，由心衍生的世間一切，也以「空」為共性。但是這作為法界虛空的心卻空不得：「一切法到底其性加虛空，正恁麼時卻空它不得。雖空而妙，雖虛而靈，雖靜而神，雖默而照。」[231]此「心」作為諸法「法性」，說它的本質是空、虛、靜、默；此「心」具有特殊的功能，說它是妙、靈、神、照。前者是心之「體」，後者是心之「用」。默照禪的最高目標，就是契合心的空虛靜默本性，運用它的妙靈神照功能。這種體用關係，正覺是用默與照這對範疇來加以概括的：「默照之道，離微之根；徹見離微，金梭玉機。」[232]意思是說，「離微」是遵循默照之道的，是默照的表現；只要徹見「離微」的本質，那就會機用自在。此中「離微」這一概念，本自偽託姚秦僧肇撰的《寶藏論》，原文是這樣說的：

無眼無耳謂之離，有見有聞謂之微。無我無造謂之離，有智有用謂之微。無心無意謂之離，有通有達謂之微。又離者涅槃，微者般若。般若故與大用，涅槃故寂滅無餘。無餘故煩惱永盡，大用故聖化無窮。

正覺特別使用「離微」來闡釋「默照」，說明「默照」的含義及「默照」間的關係。儘管如此，正覺仍有新的發揮，強調由「歇緣」達到的「默」與「照」的統一性，就是其中之一。他說：「默照明明似面牆。」[233]「面牆」

---

[231]　上引均見《宏智正覺禪師廣錄》卷五。
[232]　《宏智正覺禪師廣錄》卷八。
[233]　《宏智正覺禪師廣錄》卷八。

指達摩禪，達摩傳的就是「默照」。又說：「默默忘言，昭昭現前……妙存默處，功忘照中……默唯至言，照唯普應。」[234] 在這裡，「默」即是「照」，默處即有照功，中間沒有任何隔閡，不需任何意識作工夫。所以說：「默默工夫，心田自鋤。」又說：「緘默之妙，本光自照。」[235] 這樣，「默」成了「照」之體，「照」即「默」之用，體用完全融合為一了。前引的〈默照銘〉說：「照中失默，便見侵凌……默中失照，渾成剩法。默照理圓，蓮開夢覺。」

「默照」的「照」，本是般若智慧的運用，不論大乘佛教，還是《寶藏論》，都主要指空觀之貫徹於世間事物，而不排斥日常的認知活動。正覺則有所不同。他說：「隱几虛心還自照，炷香孤坐絕它思。」[236] 他的孤坐「默照」，在於「自照」，既不與世間往來，也沒有特定的觀照對象，亦所謂「靈然獨照，照中還妙」。他在〈坐禪箴〉中說：「佛佛要機，祖祖機要，不觸事而知，不對緣而照。不觸事而知，其知自微；不對緣而照，其照自妙。」[237] 「不觸事」、「不對緣」也就是「默」；即「默」而「照」，「空其所存」，是默照禪的重要步驟，其直接的結果，是達到「照體獨立，物我俱亡」。據正覺看，「物我俱亡」只是忘卻物我在相待和對立中的存在，對於絕對的我，即「本來面目」，則是一種自覺，是真正的獲得。「照與照者二俱寂滅，於寂滅中能證寂滅者是你自己。若恁麼桶底子脫去，地水火風，五蘊十八界，掃盡無餘。作麼生是盡不得底？」[238] 正因為如此，正覺不強調修禪者入世，也反對其他解脫之道。他認為「作道理，咬言句，胡棒亂喝，盡是業識流轉」，把靜坐歇緣看成是唯一可以得悟的途徑。

從表面上看，默照禪重視坐禪，又提倡「淨磨心鑑絕遊塵」，與「時時勤

---

[234]　〈默照銘〉，載《宏智正覺禪師廣錄》卷八。
[235]　《宏智正覺禪師廣錄》卷九。
[236]　《宏智正覺禪師廣錄》卷七。
[237]　上引均見《宏智正覺禪師廣錄》卷八。
[238]　上引均見《宏智正覺禪師廣錄》卷五。

拂拭」的北宗相似，但二者差別很大。正覺的「淨磨心鑑」指休歇諸緣，並沒有可以揩磨的塵埃，也不引導去觀看什麼「心」。他批評過「身是菩提樹，心如明鏡臺」，認為「菩提無樹鏡非臺，虛淨光明不受埃。照處易分雪裡粉，轉時難免墨中煤」[239]。既然本來虛淨光明，再去拂拭，全是自尋煩惱。總之，默照禪既有別於動靜語默皆是禪的南宗潮流，也不同於向北宗坐禪的回歸，在相當程度上是吸取《莊子》入禪的結果。

正覺說：「坐忘是非，默見離微，佛祖之陶冶，天地之範圍。……麒麟步藥嶠，金毛師手威，相逢捉手，大道同歸。」、「形儀淡如，胸腹空虛；懶不學佛，鈍不知書。靜應諸緣而無外，默容萬象而有餘。齊物而夢蝶，樂性而觀魚，渠正是我兮我不是渠。」、「夢蝶境中閒有趣，露蟬胸次淨無塵。槁木之形，穀神之靈。」[240]「坐忘」、「齊物」、「夢蝶」、「觀魚」、「槁木」、「穀神」等，都是老莊的術語或寓言。正覺用來說明默照禪的特性，集中表現在「靜應諸緣」和「默容萬象」上。不論世界天翻地覆，不管時事是非曲直，我皆以「靜」應，以「默」容，令渠我相忘於靜默中，感受到夢幻般的逍遙和解脫。他在〈圓禪者求頌〉中說：

枯歇身心百不思，湛圓自照劫空時；妙明智鑑那留垢，虛廓靈機未度絲。[241]

這首頌可算是他對默照禪的一個全面總結和意趣深沉的概括。

三、宗杲對默照禪的批判

正覺的默照禪在南宋初年一度盛行，既吸引了眾多僧人，也吸引了許多士大夫。同時，它在流行過程中也受到非議，其中，對默照禪評論最

---

[239] 《宏智正覺禪師廣錄》卷四。
[240] 《宏智正覺禪師廣錄》卷九。
[241] 《宏智正覺禪師廣錄》卷八。

第三節　曹洞宗復起及其禪學特色

多，批判態度最嚴厲，產生影響也最深遠的，首推臨濟禪師宗杲。他說：

> 今時有一種剃頭外道，自眼不明，只管教人死獦狙地休去歇去，若如此休歇，到千佛出世也休歇不得，轉使心頭迷悶耳。又教人隨緣管帶，忘情默照，照來照去，帶來帶去，轉加迷悶，無有了期。[242]

在宗杲看來，行「休歇」、求「默照」，只能令人迷悶，不能導向覺悟，說明提倡者「自眼不明」。這種評語是相當激烈的。宗杲曾致書劉彥修說：

> 彥衝云，夜夢晝思十年之間，未能全克，或端坐靜默，一空其心，使慮無所緣，事無所託，頗覺輕安。讀至此不覺失笑。何故？既慮無所緣，豈非達磨所謂內心無喘乎？事無所託，豈非達磨所謂外息諸緣乎？[243]

所謂「內心無喘」、「外息諸緣」，是宗密對於達磨禪的概括。宗杲把默照禪與達摩禪掛鉤，符合正覺的本意。宗杲藉此，對於達磨的壁觀，也劃定了一個有限的範圍，就是說：「外息諸緣，內心無喘，可以入道，是方便門；借方便門入道則可，守方便而不捨則為病。」[244] 達磨禪只能是入道的方法，不能成為究竟的目的；而默照禪恰恰把方法當成了目的，所以稱之為「病」。

有一個喜好默照禪的士大夫鄭昂（尚明），聽說宗杲力排默照禪，就責問說：「只如默然無言，是法門中第一等休歇處。和尚肆意詆訶，昂心疑和尚不到這田地，所以信不及。」宗杲就專用鄭昂最熟悉的《莊子·則陽》中的話予以反駁：「莊子云：『言而足，(則)終日言而盡道。言而不足，(則)終日言而盡物。道物之極，言默不足以載，非言非默，義（議）有所極。』我也不曾看郭象解并諸家注解，只據我杜撰說，破你這默然。」

---

[242]　《大慧普覺禪師語錄》卷二十五。
[243]　《大慧普覺禪師語錄》卷二十七。
[244]　《大慧普覺禪師語錄》卷二十五。

因為據宗杲看,「道與物至極處,不在言語上,不在默然處;言也載不得,默也載不得。公之所說,尚不契莊子意,何況要契釋迦老子、達磨大師意耶?」[245]

宗杲雖然反對默照禪,但不一般地反對坐禪。他說:

今時學道之士,只求速效,不知錯了也。卻謂無事省緣,靜坐體究,為空過時光。不如看幾卷經,念幾聲佛,佛前多禮拜,懺悔平生所作底罪過,要免閻老子手中鐵棒。此是愚人所為。[246]

他還告訴他的門徒:

雖然不許默照,卻須人人面壁。既不許默照,為什麼卻須面壁?不見白雲師翁(白雲守端)云:多處添些子,少處減些子。[247]

因為「面壁」即坐禪,作為入道方法是不可缺少的,但把它作為唯一目的則不能容許。

宗杲堅持《維摩經》所說「不二法門」的觀點,認為靜與鬧、世間與實相是統一的,不應割裂,像「杜撰長老輩,教左右靜坐等作佛,豈非虛妄之本乎?又言靜處無失,鬧處有失,非壞世間相而求實相乎?」、「平昔作靜勝工夫,只為要支遣個鬧底,正鬧時卻被鬧底聒擾自家方寸,卻似乎昔不曾做靜勝工夫一般耳。」[248] 因此,單純求靜,只是逃避「鬧」,而不是真正克服「鬧」。他提出:

禪不在靜處,不在鬧處,不在思量分別處,不在日用應緣處,然雖如是,第一不得捨卻靜處、鬧處、日用應緣處、思量分別處。[249]

---

[245] 上引均見《大慧普覺禪師語錄》卷十七。
[246] 《大慧普覺禪師語錄》卷二十五。
[247] 《大慧普覺禪師語錄》卷四。
[248] 《大慧普覺禪師語錄》卷二十七。
[249] 《大慧普覺禪師語錄》卷十九。

第三節　曹洞宗復起及其禪學特色

簡言之，只有在日常動靜作為、思量分別中貫徹空寂之心，那才是禪。

宗杲對於默照禪的抨擊，有其特定的歷史背景。自徽欽二帝被俘，高宗即位（西元 1127 年），全國處在全面的動亂中。一貫為禪宗聚集盤踞的地區，自江淮以南，以至湘、贛、浙、閩，也是遍地戰火，經歷著史無前例的災難。建炎三年（西元 1129 年）末，金兵連續陷落廬州、洪州、建康、臨安府（杭州）、越州，並圍困明州。翌年初，明州失守。就在建炎三年，正覺住持了明州天童寺，開創和發展了他的默照禪。建炎四年（西元 1130 年），東南沿海全面禁嚴。與此同時，官軍叛變、農民暴動，此起彼伏，不可勝計。紹興初（西元 1131 年），范汝為攻據建州，整個福建為之震動，次年為韓世忠所平。宗杲於紹興四年（西元 1134 年）進入福建，看到那裡的默照禪竟然如此熾盛，似乎與時代完全斷絕，從「愛君憂時」之心引起不滿，是可想而知的。宗杲對於默照禪之向士大夫流動，尤為痛心，正面批評也多。

他說：「往往士大夫為聰明利根所使者，多是厭鬧處，乍被邪師指令靜坐，卻又省力，便以為是。」[250] 這種「鬧處」，有戰場，也有官場。厭戰場，是逃避；厭官場，是彌補失落感。宗杲很敏銳地感覺到了士大夫進入禪門的特殊心理：「今時士大夫學道，多是半進退。於世事上不如意，則火急要參禪；忽然世事遂通，則便要罷參。」[251] 像正覺一類的禪師，正是抓住了士大夫多在世事沉浮中過生活的特點，把他們向默照等邪禪中引導。「往往士大夫多是掉舉，而今諸方有一般默照邪禪，見士大夫為塵勞所障，方寸不寧怗，使教他寒灰枯木去，一條白練去，古廟香爐去，冷湫湫地去。」[252] 宗杲曾直言不諱地指責一位士大夫：「爾尚滯在默照處，定是遭邪師引入鬼窟裡無疑。今又得書，復執靜坐為佳。其滯泥如此，如何

---

[250]　《大慧普覺禪師語錄》卷二十六。
[251]　《大慧普覺禪師語錄》卷十九。
[252]　《大慧普覺禪師語錄》卷十七。

參得徑山禪！」[253]

然而，客觀地說，正覺的默照禪也有正向的一面。在當時，東南是支援前線最主要的經濟基地。穩定社會、維持和發展農業生產，是關係南宋命運的大事。宋高宗逃奔的方向是明州、臺州以至溫州，可見這個王朝對這一地區寄予何等希望。即使在軍費異常困難的條件下，仍然詔令減免受害州縣的田稅，同時大力鼓勵墾地拓荒。在這種條件下，默照禪有限制流民入盜、安定民心、輔助生產恢復和發展的作用。宗杲流放回來以後，也走上了以農禪為務的道路，而且規模很大，對於默照禪的看法，可能也有變化。

正覺臨終時，曾派人致書宗杲，請他主持自己的後事。宗杲為正覺的遺像作贊，把正覺引為「知音」，並評之曰：「烹佛烹祖大爐韝，鍛佛鍛聖惡鉗錘。起曹洞於已墜之際，針膏肓於必死之時。善說法要，罔涉離微。……個是天童老古錐，妙喜知音更有誰。」[254] 這個時候的宗杲，在幾經言禍之後，大約也深知沉默的必要和重要了。

---

[253]　《大慧普覺禪師語錄》卷二十六。
[254]　《大慧普覺禪師語錄》卷十二。

第三章
宋代佛教宗派的重組與理論創新（下）

　　宋代以振興本宗為己任的義學各派，把主要精力放在收集、整理散失的唐代典籍，爭取多繼承前代遺產，力求較全面普及本派佛學基礎知識等方面。就華嚴、天台和淨土等宗派而言，透過詮釋各類譯籍而提出新說，突出本派理論個性的時代已經結束。在這種透過整理、弘揚前代學說來適應社會需求的活動中，相容並蓄各派思想成為義學諸家的共同特點。這也是他們對思想界三教融合潮流的回應，其作用和影響是多方面的。

第一節　華嚴宗與華嚴學的演變

華嚴宗在宋代還有不小的影響，甚至在北宋中葉還出現了所謂的「華嚴宗中興」。我們能夠在宋代華嚴學中找到一些理論方面的創造，這些創造是在佛教各派思想融合潮流中生發出來的，且大多是由非華嚴系統的僧人提出來的。在宋代僧俗禪悅之樂傳為佳話、僧俗結社蔚成風氣的大環境中，華嚴典籍和華嚴宗學說也引起士大夫的關注，一定程度上決定了華嚴學被運用的形式，決定了它要被賦予什麼樣的新內容。

一、慧因寺系與華嚴宗中興

北宋時期，兼習《華嚴經》或專攻《華嚴經》的學僧遍布南北各地。其中，杭州慧因寺集中的學僧最多，影響力也最大，被視為中興華嚴宗的基地。實際上，自宗密後，華嚴與禪宗融合，並沒有一個師徒相承的華嚴宗法系。但是，後出史書把北宋僧人子璿（一作浚）歸於宗密下的法燈系，再傳淨源，使宋代華嚴宗傳承一直未斷絕。儘管這種傳法世系並不像禪宗的師承那麼重要，而且子璿的華嚴師承也不明確，但慧因寺系的確是兩宋華嚴學中最重要的一支。

1. 子璿的《楞嚴經疏》

子璿（西元965～1038年），嘉禾人，幼年出家，先從天台宗僧人法敏習《楞嚴經》，又從臨濟宗汾陽善昭系下的琅琊慧覺習禪。慧覺告訴他：「汝宗（指華嚴宗）不振久矣，宜勵志扶持，以報佛恩。」[255] 這表示，子璿是以華嚴宗僧人身分習禪的。但是，早期傳記中並沒有介紹他的華嚴宗師承，他本人日後也沒有華嚴方面的著作。子璿離開慧覺後，住長水寺，以

---

[255]　《佛祖統紀》卷二十九。

第一節　華嚴宗與華嚴學的演變

研究、宣講《楞嚴經》和《大乘起信論》為主，聽其講經者近千人。

子璿主張禪教融合，這既與他的求學經歷有關，也與當時佛教界的潮流一致。他常對學僧講：「道非言象得，禪非擬議知；會意通宗，曾無別致。」他對教與禪的這種態度，同時得到兩方面的歡迎。

子璿的代表作是《楞嚴經疏》10卷（今本《首楞嚴經義疏》為20卷），因「御史中丞王隨序而行之，紙為之貴，賜號楞嚴大師」。[256]《佛祖統紀》卷二十九謂此書是「以賢首宗旨」解釋《楞嚴經》。最早認為子璿以注解《楞嚴經》宣揚華嚴教義的是其弟子淨源。淨源在〈教義分齊章重校序〉中說：「若清涼（澄觀）之釋大經，圭峰（宗密）之解《圓覺》，長水（子璿）之注《楞嚴》，皆所以抗志一乘，潛神五教。」淨源是在重校法藏的《五教章》時講這番話的，實際上是把子璿與法藏、澄觀、宗密並列。子璿被納入華嚴宗系譜，與畢生以中興華嚴宗為己任的淨源不無關係。

從《楞嚴經疏》看，子璿的確有改造此經觀點，使其符合華嚴宗教義的傾向。《首楞嚴經‧大勢至獲念佛圓通章》中有一段：

若眾生心憶佛念佛，現前當來，必定見佛。去佛不遠，不假方便，自得心開。如染香人，身有香氣，此則名曰香光莊嚴。我本因地，以念佛心，入無生忍。

這一段經文是說，人們在心中思考無量壽佛的形象，口中唸其名字，就會見到佛，透過見佛而獲得成佛解脫（入無生忍）。這是強調所見到的佛是真實存在的，並不是虛幻的假象。子璿對這一段經文的解釋則是：

念佛心者，初即以生滅心緣佛相好，專注一境，心無間。然見佛相好，如鏡現象。復觀所念之佛，俱為虛妄，本無自性，從念想現。故能念之心已起，未起自何而有？不見一法，畢竟空寂，本來離念。離念相者，等虛空界，無所不遍，法界一相，即是如來平等法身，故曰無生忍。

---

[256]　上引均見《補續高僧傳》卷二。

第三章 宋代佛教宗派的重組與理論創新（下）

　　由於念佛者執著於憶念佛的莊嚴相貌，見到佛的幻影，這並不是真佛。子璿此說否定了《楞嚴經》所宣揚的念佛法門，只把它視為一種修行方便，不把它作為真正的解脫之路，認為見到的佛「俱為虛妄，本無自性」，是人心產物的觀點，與華嚴宗強調的「心造諸如來」相一致。子璿把「入無生忍」定義為觀想「法界一相」、「如來平等法身」，雖與華嚴宗的「法界觀」有相當距離，但與華嚴宗對「法身」的認知基本一致。因此，《楞嚴經疏》達不到淨源所說的「抗志一乘，潛神五教」的程度，但它接受華嚴思潮的影響是明顯的，而且與當時的禪學不矛盾，有更廣泛的適應性。

　　子璿重視《楞嚴經》，得到淨源的肯定和推崇，影響了其後關注華嚴教義者兼重此經。令觀（西元 998～1088 年），莆田人，俗姓黃，13 歲出家廣化寺，18 歲受具足戒。他先熱衷於《周易》、《老子》、《莊子》、《孟子》諸書，後專研大乘佛教經論。當他讀《楞嚴經》時，「駭然大悟」，宣稱：「世徒傳當年《圓覺》之圭峰，何知不有今日《楞嚴》之我耶？」[257] 這種輕《圓覺經》，重《楞嚴經》的傾向，以後影響了南宋時期慧因寺系的諸多僧人，並引起激烈論辯。另有無演天彭（？～西元 1100 年），曾從曉顏法師習《華嚴法界觀》，但後來他「於《楞嚴》了義，指掌極談」[258]。專就《楞嚴經》和《圓覺經》而論，在主導思想上都既與華嚴教義有相通處，也有不同處。此後華嚴學僧中出現重此輕彼的現象，主要原因不在經典本身，而在如何維護《華嚴經》地位，如何繼承唐代華嚴學說方面。

　　子璿的另一部重要著作是《大乘起信論疏筆削記》20 卷。唐代完成的華嚴學說中，融合了《起信論》的多種思想因素，所以此論更便於和華嚴學相連繫。在宋代，關注華嚴教義的學僧中兼重此論者不乏其人。稍早於子璿的東京開寶寺守真（西元 894～971 年），一生「講《起信》及《法界

---

[257]　《補續高僧傳》卷二。
[258]　《補續高僧傳》卷二。

觀》共七十餘遍」[259]。從子璿習《起信》的淨源此後接受了這個傳統，依據《起信論》提出了排定華嚴宗諸祖的法系傳承說。總之，子璿並不是研究和弘揚《華嚴經》的學僧，他被納入華嚴系譜，與其弟子淨源以後在慧因寺中興華嚴宗有直接連繫。

2. 淨源中興華嚴宗事蹟

在佛教史上，淨源（西元 1011～1088 年）被稱為宋代華嚴宗的「中興教主」。他振興華嚴宗的工作包括四個方面：其一，建立了永久弘揚華嚴宗的基地慧因寺；其二，終生致力於華嚴典籍的收集和整理；其三，提出華嚴宗新的傳法系譜；其四，以華嚴教義解釋其他較流行的佛教典籍，促動華嚴學在整個佛學中的運行。

據《佛祖統紀》卷二十九、《武林西湖高僧事略》載，淨源俗姓楊，字伯長，泉州晉水（今福建晉江）人。初依東京報慈寺海達法師出家，後遊學南北各地。受具足戒之初，即隨橫海明覃習《華嚴經》，又習李通玄的《新華嚴經論》，曾到五臺山求學於華嚴名僧承遷，最後南返從學於長水子璿，習《楞嚴經》、《圓覺經》和《起信論》。淨源離開子璿後，主要活動於江浙一帶，住持過多處寺院，有泉州清涼寺、蘇州報恩寺、杭州祥符寺、秀水（今浙江嘉興）青鎮的密印寶閣、華亭（今江蘇松江）普照的善住寶閣。其後，經在杭州的左丞蒲宗孟上奏朝廷，將杭州慧因禪寺改為教寺，命淨源住持，使該寺成為永久弘揚華嚴宗的道場。宋代華嚴學的研究和傳播中心地由此建立並長久不衰。

宋哲宗元祐元年（西元 1086 年），高麗僧統義天航海來宋，上表 4 次，請傳授華嚴教義，以便歸國弘傳。朝廷命相關部門推薦可以傳授華嚴學的法師，首選的是東京覺嚴寺的誠法師，因為他「講《華嚴經》歷席既

---

[259]　《宋高僧傳》卷二十五。

久」。[260] 但誠法師上表推薦淨源，於是朝廷採納了他的建議，命與誠法師關係較密切的楊傑送義天到杭州慧因寺。義天在請教淨源的同時，也帶來了許多國內已佚失的唐代華嚴注疏，豐富了慧因寺的藏書。義天回國後，於第二年遣使送來金書《華嚴經》的 3 種譯本 180 卷，即「六十華嚴」、「八十華嚴」和「四十華嚴」，淨源建華嚴閣安置。

經歷唐末五代的動亂和滅佛運動，至北宋時，唐代華嚴類著述大多散失，淨源常年致力於華嚴典籍的收集和整理。由於他遊學南北，熟悉各地的佛教情況，所以他在校訂和注解每一種重要著作時，務必收集歷代的注疏本，加以整理，刊出統一的注本。他所整理和注解的，包括了法順、法藏、澄觀、宗密等人的著作。在北宋時期，他是接觸唐代遺留下來的華嚴典籍最多的人之一。他本人的著作，也以整理文獻為特點。從他的記述中，可以了解唐末五代至北宋華嚴典籍的流傳情況，以及華嚴學的發展情況。

第一，關於法順的著作。從澄觀開始，《華嚴法界觀》即被認定為法順所作，此書在宋代為華嚴學僧所重視。據淨源〈法界觀助修記序〉介紹，為此書作注解者「殆盈四家：西蜀仁周法師、開寶守真大師、浙水從朗法師、景德有明大師」，可見《法界觀》流行之廣。淨源認為，所有這些注疏本「雖皆連疏累偈托文為證，而於所解之義，有多互違者」。所以他「刪眾說之繁文，補諸祖之要義，勒成兩卷」[261]，以便傳於後世，有助於學僧修習。他改訂重編的注疏本，即《法界觀門助修記》2 卷。

第二，關於法藏的著作。淨源整理、校釋的法藏著作主要有 4 部，第一部是《五教章》。當他隨橫海明覃習《華嚴經》時，即認為《五教章》「開一乘之淵旨，發五教之微言，故其立言判義，獨耀古今。茲實先聖之遺

---

[260]　《補續高僧傳》卷二。
[261]　《圓宗文類》卷二十二。

第一節　華嚴宗與華嚴學的演變

烈,作後世之龜鑑者也」。但是,當時流傳的《五教章》各本「其間標題有乖謬(書名不統一),列門有參差(段落錯亂,如第九門與第十門顛倒),傳寫有訛誤(錯字別字很多)」。鑒於有此「三失」,淨源收集南北各地流傳的多種版本,「與二三子詳校其辭,以垂當世」[262]。

第二部是《華嚴經義海百門》。據此書「詳校題辭」,淨源曾花費數年時間,「遍搜古本,歷考十門,以前之九門,具彰序意(指《義海百門》所述十門之前的序言),列義通結,唯後之一門,亡其通結(指十門之後沒有與前面序言相對應的結語部分),或諸本傳寫缺文耶,或祖師立言互略耶」。這是對此書結構邏輯關係的考證,對此書是否有缺文,還不能肯定。另外,原第六門為「圓明解縛」,屬誤題,改為「差別顯現」。

第三部是《妄盡還源觀》。北宋天台宗人認為此書是法順作,孤山智圓即持此說。淨源在閱讀唐裴休的《妙覺塔記》時,發現裴休認為此書是法藏作,於是根據法藏的其他著作證實此說。熙寧元年(西元 1068 年),淨源帶上所收集的「諸郡《觀》本」,請教錢塘通義子寧,又找出《妄盡還源觀》中與《華嚴經義海百門》、《般若心經疏序》等中相同的句子。從此,《妄盡還源觀》被公認是法藏的著作。在考證《妄盡還源觀》的基礎上,淨源於元豐二年(西元 1079 年)作《華嚴妄盡還源觀疏鈔補解》1 卷。早在景祐年間(西元 1034～1038 年),淨源在崑山慧聚法師處習《妄盡還源觀》,所用疏文及科文便均為法燈所作。而淨源認為,法燈大師「所釋序文及諸觀義,雖盡乎善,而未盡乎美」,所以,他「探清涼之疏旨,索《演義》之鈔辭,補其遍善之功,成其具美之績」。這是說,他要用澄觀的《華嚴經疏》和《演義鈔》來補法燈疏文之不足。實際上,他的疏文除引用澄觀著作外,還引用了法藏的其他著作,以及僧肇的《肇論》、《寶藏論》(傳為僧肇所作)等。特別引人注目的是,他還引用了子璿的《大乘起信論疏

---

[262] 《教義分齊章重校序》,見《圓宗文類》卷二十二。

筆削記》。他受子璿重《起信論》的影響，並結合對法順《法界觀》和法藏《妄盡還源觀》的理解，提出了馬鳴為華嚴宗初祖說：

> 帝心（杜順）冥挾《起信論》，集三重法界（指《華嚴法界觀》中所述）於前；賢首顯用論文，述六門還源（指《妄盡還源觀》，此書分為六門）於後。推是言之，以馬鳴大士為吾宗初祖，其誰謂之不然。[263]

《起信論》傳為印度馬鳴所著，因認為此論弘揚華嚴宗旨，所以立馬鳴為華嚴宗初祖。另外，淨源還認為傳說是龍樹所撰的《十住毗婆沙論》與《起信論》性質相同，所以立龍樹為二祖，加上從法順到宗密的唐代五位祖師，即成「華嚴宗七祖」說。建立華嚴宗的新法系，也是淨源中興華嚴宗的一個重要內容。

第四部是《華嚴金師子章》。由於此書是簡要介紹華嚴宗教義，文簡義豐，易於理解，在宋代佛教界流傳很廣，所謂「禪叢講席，莫不崇尚」。就其注疏本言，淨源見過四家，「清源止觀禪師注之於前，昭信法燈大士解之於後。近世有同號華藏者，四衢昭昱法師，五臺承遷尊者，皆有述焉」。淨源認為這四家注解「或文繁而義缺，或句長而教非」，於是「探討晉經二玄，推窮唐經兩疏」，選取其中「與祖師章旨炳然相符者，各從義類以解之」。[264] 他是參考智儼、法藏（晉經二玄）和李通玄、澄觀（唐經兩疏）的著作來注解《金師子章》，實際上釋文中還引用了宗密等人的著作。淨源注《金師子章》的著作名為《金師子章雲間類解》，1卷，其序文作於元豐三年（西元1080年）。

第三，關於澄觀的著作。淨源曾抄澄觀的《華嚴經疏》，注於《華嚴經》經文之下，以便於觀覽，今存五十八卷。

第四，關於宗密的著作。治平二年（西元1065年），慧因寺的可中作

---

[263] 〈華嚴還原觀疏鈔補解序〉。
[264] 〈金師子章雲間類解序〉。

《原人論》科文及贊，送淨源審閱。熙寧七年（西元 1074 年），淨源著《原人論發微錄》3 卷。此書引用典籍較多，尤其多引儒家和道家的典籍。但淨源認為，此書是「錄廣鈔之要辭，發斯論之微旨」，「然既錄論主鈔辭以發微旨，故號之曰《發微錄》焉」。他用宗密的《圓覺經大疏鈔》來解釋《原人論》，其目的在於讓人們全面理解宗密的著作。

以上是淨源在整理和注釋唐代《華嚴》注疏方面的主要著作，此外他還有《注仁王護國般若經》4 卷、《佛遺教經論疏節要》1 卷、《華嚴普賢行願修證儀》1 卷、《圓覺經道場略本修證儀》1 卷、《首楞嚴壇場修證儀》1 卷、《肇論中吳集解》3 卷和《肇論集解令模鈔》等。

就淨源關於華嚴方面的著作而言，具有傳播華嚴學知識的特點。他的教學目的之一，是讓學僧系統學習唐代《華嚴》注疏之作，融合各種不同見解，相容並蓄。他在〈策門三道〉中提出三個令學僧思考的問題，前兩個是〈賢首判教〉和〈判教有差〉，都是講法藏與宗密在判教上有不同點，讓人思考其不同的原因。第三個是〈儒釋言性〉，列舉儒家各種心性說，讓人思考有哪些與佛教的心性論相同。這是把融合的範圍擴大到儒釋兩教。整體說來，淨源在華嚴學說方面的議論，沒有超出唐代華嚴學。所謂華嚴宗的中興，並不表現在提出新理論方面。

3. 以華嚴釋《肇論》的途徑

除華嚴類典籍外，淨源還研究過《肇論》，著有《肇論中吳集解》和《肇論集解令模鈔》。前一部書是淨源整理中吳祕思法師的遺稿著成，後一部書是對前者的再解釋，並不是直接注解《肇論》本文。中吳祕思法師生前「久傳《四絕》（指《肇論》），名冠環中」[265]，所以，這兩部書的學說特點，不僅反映淨源本人的思想，而且反映北宋佛教界在理解《肇論》方面

---

[265]　淨源：〈肇論中吳集解題辭〉。

帶普遍性的傾向。

《肇論中吳集解》在〈宗本義〉前題：

宗本之要，其妙明真心乎！然則心之為義，有性焉，有相焉。推之於相，萬物不遷也；本之於性，萬有不真也。統而括之，唯真俗二諦而已。夫觀二諦之交徹，非般若無以窮其源。窮源極慮，故能內鑑照其真，外應涉乎俗。涉俗亡染，大悲所以不住；照真亡緣，聖智所以無知。以聖智無知之因，冥涅槃無名之果。

這段論述是講《肇論》四篇論文的邏輯結構，也是對《肇論》學說的概括。按照這種解釋，《肇論》學說建立在「真心」（即一真法界）論的基礎上。由於「心」有性和相兩方面，所以《物不遷論》是講「心」的「相」，即由心產生的一切事物；《不真空論》講「心」之「性」，即心的實體。把兩者結合起來，不過真俗二諦，而《般若無知論》和《涅槃無名論》正是分別講這兩者。很明顯，這番議論實際上是用有宗改造空宗，用華嚴教義解釋《肇論》。

以華嚴宗教義釋《肇論》，是兩部書的共同特點，以兩書對「不真空」的解釋為例可見。《肇論中吳集解》在釋〈宗本義〉文中指出：「幻有即是不有有，真空即是不空空；不空空故名不真空，不有有故名非實有，非空非有是中道義。」《肇論集解令模鈔》在釋前者的〈不真空論〉解題文時指出：「直以非有非真有，非無非真無。非，不也。《演義》云：以不不之，故云不真空。」僧肇所講的「不真空」，意為「不真」即是「空」，一切事物是虛假存在（不真），此即為「空」的表現，並不承認有一個實在的心生起一切事物。唐代元康的〈肇論疏〉也以「不真即空」釋「不真空」。淨源則認為「不真空」是「不空空」，即不把「空」空掉。這樣，「不真空」就是「不是真正的空」之義。這是強調「真心」的實存。

把《肇論》般若學進行改造，是淨源的自覺行動，他曾因此指出僧肇

的理論不足。《集解題辭》謂：「夫總萬有之本，莫大乎一心，宗一心之源，莫深乎《四論》。昔者論主，生於姚秦，遮詮雖詳，表詮未備。」「遮詮」是否定表述，「表詮」是肯定論述。般若學對一切都不作肯定回答，僧肇也繼承了這種論證方式，所以他並沒有肯定過「一心」的實存。《肇論集解令模鈔》則進一步指出批評僧肇「遮詮雖詳，表詮未備」的原因是：「言遮詮雖詳者，詳，廣也，以八部《般若》泊破相諸論，當姚秦時已傳東夏，故云雖詳。表詮未備者，如《華嚴》梵文雖齎此土，而未翻宣。《楞嚴》、《圓覺》諸經，《起信》、《十地》諸論，猶在西竺。唯《法華》、《淨品》等經流通於此，放云未備也。」此處所講的僧肇未看到的幾部經和論，是宋代佛教界比較流行的典籍，不僅僅為華嚴學僧所重。般若學的方法論已為佛教各派所吸收，而突出「真心緣起」，則是改造《肇論》的一個重要方面。

二、圍繞《五教章》的爭論

在唐代華嚴宗人典籍中，法藏的《五教章》引起浙江一帶眾多學僧的特殊重視。他們紛紛注解此書，並圍繞其中涉及的某些概念展開論戰。在兩宋的《五教章》注釋者中，道亭、師會、觀復和希迪被後世稱為「宋代華嚴四大家」。對《五教章》的研究，在南宋一度成為華嚴研究的代名詞。他們對《五教章》的不同理解和所爭論的主要問題，直接反映了當時華嚴義學的發展狀況及特點。

1. 道亭的《義苑疏》

道亭在北宋神宗時住霅溪（今浙江吳興）普靜寺，其他事蹟不詳。他撰有《華嚴一乘教義分齊章義苑疏》（簡稱《義苑疏》）10卷，楊傑為該書撰寫前序和後序，後序寫於元祐五年（西元1090年）。對於《五教章》，謂道亭「考其箋釋，古今未聞」，說明他是為該書作注最好的。

道亭「題稱《義苑疏》者，分披眾義，若華圃之敷榮；布置群言，攝題綱要之謂也」。其所以如此，是要透過條分縷析《五教章》的眾多義理和引經據典注解，達到掌握其中心思想的目的。從形式上看，《義苑疏》與一般注疏之作沒有差別。

道亭在釋《五教章》題目時指出：

性海沖深，智行融會；義門廣闊，勢變多端。論其體性，不出海印三昧。所以爾者，良由此心具足實德，不動一處，能現萬境。然而所現境不異心，能現心不異境。境智不分，譬如大海雖入眾流，同一鹹味。雖能現影，亦不變異，此明其總也。

按照一般的注疏體例，總是在解釋所注書的題目時引申發揮，闡述其中心思想。道亭也是這樣，透過對《五教章》題目的注釋，對華嚴宗教義予以總概括。他以「海印三昧」概括華嚴教義，完全繼承了法藏的思想。他側重從「心」、「性」方面講融會，認為萬物是「心」的變現，同時又以心為本質規定，不能說有違於法藏的原意。但這種強調說明他與宗密的華嚴學更貼近，是接受了為禪學重塑過的華嚴學。他對華嚴教義的這種歸納，也廣為宋代士大夫所接受。楊傑在此書後序中說：「佛智潛入眾生心，眾生心中具正覺。道場不動，遍九會於同時；海水湛然，含萬形而齊印。大中小法，豈有殊途？過現未來，全歸一念。」把一切現象的融通全歸於「一心」，而這「一心」又是「佛智」，這與華嚴宗的教義無違，並且是為宗密所強調的內容。因此，道亭雖然引用多種經典注解法藏著作，但他所著力發揮的，是完成於宗密的學說。

道亭不僅要講清華嚴宗的「綱要」，而且要辨明華嚴宗與天台宗、禪宗的區別，這是《義苑疏》的另一個重要內容。《五教章》在講「頓教」時說：「頓者，言說頓絕理性，頓顯解行，頓成一念不生，即是佛等。」[266]

---

[266]　《五教章》卷一。

第一節 華嚴宗與華嚴學的演變

道亭對這一句的釋文是：「言說頓絕等者，謂不同天台四教，絕言並令亡筌會旨。今欲頓詮言絕之理，則別為一類。離念之機，不有此門；追機不足，則順禪宗。故達摩以心傳心，正是斯說。既云言絕，何言頓教？若不指（立）一言，以直說即心是佛，心要何由傳？故寄無言之言，直詮言絕之理，教亦明矣。」[267]

從慧苑開始，即認為法藏的「五教」說吸收了天台宗「四教」的內容。道亭首先指出，「頓教」中講的「頓詮言絕之理」，是天台宗「四教」所不能包括的，是與它的不同之處。因為，天台宗講「絕言」，是講忘言得意之類的「亡筌會旨」，而華嚴宗的「頓詮言絕之理」則不是這個意思。在這一方面，華嚴宗也與禪宗不同。禪宗所講的「以心傳心」，是不立一言（不指一言），即主張「絕言」。如果無言（絕言），那「心」又憑藉什麼來傳？禪宗從「離言之機」、「追機不足」方面看待「言」，即為了啟發素養低下者（機不足）去悟「理」才立「言」。所以，禪宗講的「言」不是為了解釋「理」。在道亭看來，如果無言（絕言），又哪裡來的「頓教」？因為「教」指經典文字，是有「言」。華嚴宗的「頓詮言絕之理」，是用「無言之言」解釋（詮）「言絕之理」。這樣，華嚴宗的「言絕」是指「理」的特性，不是指「絕言」會旨。這番議論，實際上是肯定佛教經典的重要性，反對禪宗「教外別傳」、「不立文字」之說。道亭的這些見解，實際上也為宋代大多數禪宗僧人所接受。道亭努力辨明華嚴宗與天台宗、禪宗的區別，目的是樹立華嚴教義的權威，說明華嚴宗優於其他宗派。到了南宋，關於華嚴宗與其他宗派的異同，成為華嚴學僧論辯的中心問題。但其所有論證，未超出澄觀的議論範圍。

道亭《義苑疏》對以後的《五教章》研究影響較大。南宋師會認為，《義苑疏》的釋文大多依據澄觀、宗密的著作，沒有依據智儼和法藏本人

---

[267] 《義苑疏》卷二。

的其他著作,所以很難掌握法藏《五教章》的原意。這樣一來,依據什麼人的著作解釋《五教章》,也成為一個有爭論的問題。

2. 師會及其弟子

師會(西元 1102～1166 年),字可堂,早年師事佛智現,是淨源的三傳弟子,紹興年間住持杭州慧因寺。現存標名師會的著作有 3 種:

其一,《華嚴一乘教義分齊章復古記》(簡稱《復古記》) 6 卷,原為 3 卷。據其弟子善熹在此書序文中介紹,師會早年重視研究《五教章》,菩提寺欽法師勉其注解此書。但師會頗知其難,直到六十五歲時才動筆,至「斷惑分齊章」病逝。師會臨終時囑善熹完成此書。善熹在紹熙三年(西元 1192 年)作〈復古記序〉,此書刻版流通在慶元三年(西元 1197 年),可見歷時之長。善熹在〈序〉中說:「先師專用古文訓釋,因以復古命焉。」在書後的跋中,他又具體說明「復古」的含義:「今云復古者,以先師專用《搜》、《探》二玄、《孔目》、《問答》等解釋前代諸師作記。」因此,《復古記》是以智儼和法藏的學說為標準,與此前道亭的《義苑疏》不同。由於此書是師會和善熹合著,從而成為師會系的代表作。

其二,《華嚴一乘教義章焚薪》(簡稱《焚薪》) 2 卷,是師會為批判其弟子笑庵觀復而作。觀復曾作《華嚴一乘教義章析薪》(簡稱《析薪》),師會於紹興十一年(西元 1141 年)見到此書,逐條批駁,成《焚薪》,並於紹興十七年(西元 1147 年)作《送焚薪書》,送達觀復。此書的形式,是先以「析薪曰」列觀復著作原文,後以「議曰」為題批駁。

其三,《同教策》1 卷,又稱《華嚴同教一乘策》、《同教問答》等。此書雖標為師會所著,實際上是一份答卷。師會不僅個人注重研究《五教章》,而且專以此書授徒。他重視對《五教章》中所說的「同教」和「別教」的理解,專門出「同教」這一試題,讓弟子們作答,然後由他下評語。他

第一節 華嚴宗與華嚴學的演變

的問題是：

問云：華嚴大宗，唯同、別二教，別義講解多同，但《易簡》特異，而多不從。若同教一義，或曰三種，或曰四門，或曰立言小異，大義不差，而學者二三，不知孰是，請諸少俊，博採祖文，示其所歸，當公論是非，不可私其所黨。

師會以華嚴宗傳法宗師自居，出此問卷，討論當時華嚴學方面的熱門問題。他把批判的矛頭指向宗豫《易簡記》，力圖透過對這個問題的回答，統一學僧的認知。《同教策》先列師會的這一問話，接著分列學僧的答語，其後是師會的評論。在回答問題的人中，與師會觀點完全對立的是觀復。觀復號笑庵，曾先後從學於宗豫、師會。其著作有《圓覺經鈔辨疑誤》、《華嚴疏鈔會解記》、《金剛別記》、《遺教經論記》、《同教一義》等，引起迴響較大的是《五教章析薪記》5 卷。觀復始終站在師會的對立面。

繼承和發揮師會學說的主要人物是其弟子善熹。他除續完《復古記》外，又有《注同教問答》1 卷，作於乾道四年（西元 1168 年），專門批駁觀復，指稱「笑庵法師遂據所聞，以辨差當，猶不體其本，而未免乎失焉」。還有《斥謬》1 卷，批評把《圓覺經》與《華嚴經》相等同的觀點。當時有人依據唐宗密重視《圓覺經》，抬高此經地位，認為它與《華嚴經》同屬「別教一乘」。善熹引宗密、澄觀和師會等人的觀點駁斥。他著重指出：關於「一一圓融」、「主伴無盡」、「性起」等學說，只是《華嚴經》所講，非《圓覺經》所談。說《圓覺經》也講「三聖圓融」是「極謬」之言，因為《華嚴經》所講的佛是十身盧舍那，《圓覺經》講的佛是三身佛中的報身佛；《華嚴經》以普賢為長子，《圓覺經》則「先舉文殊」。善熹認為，宗密本人也沒有把《圓覺經》視為「別教一乘」。他在力主維護《華嚴經》至高獨尊地位的同時，還主張恢復華嚴的「五祖之道」。再有《辨非集》1 卷，作於淳熙五年（西元 1178 年），批判解空法師的《金剛通論》和《金剛事苑》，認

為這些書於「禪教無用，士庶莫取」。《評金剛》1 卷，批判天台宗僧人湛然倡導的「無情有性」論，認為「唯眾生得有佛性，有智慧故；牆壁瓦礫無有智慧，故無佛性」。原因在於，「在有情數中，名為佛性，在非情數中，名為法性」。很顯然，這些議論都是重複澄觀的老調。另有《融會一乘義章明宗記》1 卷，又名《釋雲華尊者融會一乘義章明宗記》，因今本書前有缺，亦有人認為是師會作。此書是注解智儼《孔目章》第四卷中的《融會三乘決顯明一乘妙趣》，而論述的重點依然在「同教」與「別教」的關係方面。

綜觀善熹的著作，基本是為論戰或發揮師會學說而作，對外是批判天台宗的「無情有性」論，對內是透過「同教」與「別教」之辯，維護《華嚴經》的至尊地位。善熹直接繼承師會法系，但後來並未被列入所謂「宋代華嚴四大家」。

師會的另一著名弟子希迪，又號「武林沙門」，於嘉定十一年（西元 1218 年）著《五教章整合記》6 卷（今存 1 卷），具有總結研究《五教章》成果的性質。嘉泰元年（西元 1201 年），他作《注一乘同教策》，注解師會的《同教策》。此外還有《評復古記》（又名《扶焚薪》）1 卷，是批判觀復的。希迪的著作也是以《五教章》研究為中心，主要討論「同教」與「別教」的問題。

師會身為華嚴傳法宗師，在浙江一帶有較大影響，除上述弟子外，從其學習的僧人知名者不少。據《補續高僧傳》卷三，寧道慧定（西元 1114～1181 年），俗姓王，紹興山陰（今浙江紹興）人。幼年出家，曾從學於道隆、師會、景從，以習《華嚴經》為主。據說他「超然自得，出入古今，不妄隨，不苟異，三師概莫能屈也」。他曾在江浙一帶住持過多所小寺院，著有《金剛經解》、《法界觀圖》、《會三歸一章》、《莊岳論》等，「皆盛行於世」。

另有子獻（西元 1121～1189 年），字修仲，晚年號笑雲老人。俗姓陳，紹興山陰人。受具足戒後，先習《華嚴經論》於廣福院，後遊錢塘，到慧因寺從學於師會。他後來住山陰城東妙相院 20 年，從其學者「常百餘人」。子獻治學有相容並蓄的特點：「雖華嚴其宗，而南之天台，北之慈恩，少林之心法，南山之律部，莫不窮探。歷討取其妙，以佐吾說。至於百家之書，無所不讀。聞名儒賢士，雖在千里之遠，必往交焉。」[268] 子獻雖兼習各宗教義，目的仍在於弘揚華嚴宗。他在紹興一帶傳教，形成了一定影響。

自北宋淨源以來，華嚴學一直盛行於杭州一帶。從整體看，慧因寺始終是南宋研究和弘傳華嚴的中心，師會系所注重的典籍和所討論的問題，也是當時大多數華嚴學僧所專習的經典和所關注的問題。

3.「同教」、「別教」之辯

法藏在《五教章》卷一開頭說：「初明建立一乘者，然此一乘教義分齊，開為二門，一別教，二同教。」所謂「一乘」分為兩部分，即「別教一乘」和「同教一乘」。「別教一乘」指有別於三乘教義的華嚴宗獨特理論，「同教一乘」指與三乘教義有相同處的一乘教義，天台宗的教義即屬此。

這裡的「三乘」與「一乘」之說，源自《法華經》。該經〈序品〉云：「佛世尊演說正法，初善、中善、後善。」由於佛說法有初、中、後的三個階段，相應的「教」也就有三種，即「聲聞乘」、「辟支佛乘」和「菩薩乘」，此謂「三乘」。由於「三乘教」均為佛所說，所以它們均統一於「一佛乘」，所謂：「如來但以一佛乘故為眾生說法，無有餘乘，若二、若三。」[269] 該經在《譬喻品》中，還以羊車、鹿車、牛車和大白牛車的比喻來說明「三乘」與「一乘」的關係。《法華經》講這些內容，目的在於論證「會三歸一」，

---

[268] 《補續高僧傳》卷三。
[269] 《妙法蓮華經·方便品》。

消除佛教各派的對立,協調各種不同學說的關係,把全部佛教統一到後出的大乘佛教理論上來。法藏在判教中吸收了《法華經》關於「三乘」與「一乘」的說法,同時加以創造,把「一佛乘」又分為「別教」與「同教」。師會系所爭論的主要問題,即圍繞如何理解「同教」與「別教」而展開。自師會出《同教策》,圍繞這個問題的爭論竟然延續了幾十年,當時著名的華嚴學僧大多都參加了討論。論辯的雙方,一方是師會及其弟子善熹、希迪,另一方的主要人物是維護《易簡記》觀點的觀復。

關於「同教」,善熹在《明宗記》中有一個總結性的說明:

言同教者,以同字一言立教。總名通目,一代諸眷屬經,皆名同教也。於中雖有偏圓頓實、始權愚小等教之殊,而各教下所詮教義、理事、行位十法義門,皆從《華嚴》圓別根本法輪所流所自故,派本垂末故,即末同本故,故名圓教也。

「同教」是一個總名,包括了《華嚴經》以外的所有經典(諸眷屬經),並不是單指《法華經》。這個說明,完全貶低了《法華經》的地位,把它從「一乘教」中剔除出去。在善熹看來,「同教」中雖然也可劃分出八種名目(偏、圓、頓、實、始、權、愚、小),但它們所講的某些與《華嚴經》相同的義理(十法義門),都是從作為「圓教」和「別教」的《華嚴經》中流出的。《華嚴經》是「本」,包括《法華經》在內的一切經典都是「末」。由於「本」可以包括「末」,所以《華嚴》稱「圓教」。善熹的這番議論,是以貶低天台宗,樹立華嚴宗的至尊地位為目的。

善熹對「同教」的理解,與他對「別教」的界定相連繫。《明宗記》在解釋「別教者,別於三乘」時指出:「別者,迥異了義,名《華嚴經》宗本一乘,是諸佛眾生平等,本有廣大智慧,具足教義、理事、境智、行位、因果……迥異一代諸眷屬經中小乘、三乘末教所詮。」因此,「別教」在經典上專指《華嚴經》,在教義上(以「十對」為代表講,即上文的「十法義

第一節　華嚴宗與華嚴學的演變

門」）專指華嚴宗理論。

繼承和發揮《易簡記》的觀復對「同教」和「別教」是另外的理解。「今此一乘，具同、別二教，教義之分齊也。以下列十門釋此教義（指華嚴宗的教義），不出三乘。一乘若別教一乘，則三乘等，本來不異；若同教一乘，則三一合明。今雖標一乘，攝三乘等俱盡，所以統收不異，故曰一運載，合融故曰乘。」[270] 觀復還指出：「會三歸一，即是同教；若知彼三乘等法本是一乘，即是別教。……故云：一切三乘等，本來悉是一乘也。」[271] 很明顯，觀復首先嚴格按照《五教章》的論述來理解，認為「一乘」中包括「同教」和「別教」。但是，他接著援引《法華經》關於「三乘」與「一乘」的關係論述同教與別教的關係，把「三乘」與「一乘」的統一關係套用在「同教」與「別教」關係上，這就既抬高了《法華經》的地位，又取消了《華嚴經》的獨尊地位。

師會在《焚薪》卷上駁斥這種觀點：「今說一乘，不知一乘乃緣起圓融無盡普法，而云不出三乘，一乘豈不妄乎？……夫別教一乘，圓融具德，卓絕獨立，餘如虛空。縱收諸教，一一同圓，故曰：唯有一乘，更無餘也。」師會認為，「一乘」專指華嚴宗教義，這種教義是「三乘」所不能概括和包含的。如果說「一乘」「不出三乘」，那麼「一乘」豈不是成了「妄言」。因此，「別教」、「一乘」、「圓教」均特指華嚴教義，除此之外，統屬「同教」。此後的善熹和希迪，都以此為立論的基點。

「同教」與「別教」之辯，基本在《五教章》的學說範圍內進行，涉及如何看待華嚴教義與別派教義的關係，屬於判教問題。師會等人始終站在抬高《華嚴經》的地位、強調華嚴教義優於別派教義的立場上。從這些爭辯中，看不到華嚴學本身有什麼發展，華嚴學僧甚至對本派理論的具體內

---

[270]　《焚薪》卷上引《析薪》文。
[271]　《焚薪》卷下引《析薪》文。

容是什麼都含糊了。這既是諸派融合過程中出現的必然現象，也反映了宋代華嚴義學的低落狀態。華嚴學僧已無力全面繼承唐代華嚴學的成果，更談不上有什麼理論創新了，這種爭辯也在一定程度上反映了宋代佛教的狀況。當時在所謂「教門」中，天台和華嚴兩宗均有「中興」氣象，華嚴學僧把批判的矛頭指向天台教義和《法華經》，具有為本派爭奪生存權的意義。當然，華嚴學僧內部的這種爭辯能夠興起並持續下去，表示華嚴宗還有一定的活力，表示華嚴學還有一定的群眾基礎，受到來自僧俗各界的關注。到宋代以後，這樣的爭辯就沒有了。

4.《析薪》與《焚薪》

「同教」、「別教」之辯的興起，有如何理解唐代華嚴典籍的學術根源，並且受宋代佛教發展狀態的制約。除此之外，這種論辯也與雙方的治學方法不同有關，並且與個人恩怨的特殊因素糾纏在一起。從師會《焚薪》對觀復《析薪》的批判中，可以了解論辯的全貌。

師會批駁觀復的書之所以叫《焚薪》，是因為師會認為觀復的《析薪》「偽經亂轍」，應「聚而焚之」，故名。《焚薪》又名《析薪膏肓》，則是指《析薪》一書錯誤極為嚴重，如同人已病入膏肓，不可救治。師會在其書後所附的〈可堂送焚薪書〉中說，《析薪》一書中有「二百有六病」，即有206個錯誤，他要逐一駁斥。《焚薪》的寫作形式，是先列《析薪》一段原文，後以「議曰」為題批判。所有的批判並沒有涉及多少理論問題，僅舉一例即可見其特點。

觀復在釋《華嚴一乘教義分齊章》題目中的「華嚴」一詞時說：

> 初，題目，云華嚴者，《探玄》云：華嚴之稱，梵語健拏驃訶，健拏名雜華，驃訶名嚴飾。日照三藏（指與法藏同時代的唐譯經僧地婆訶羅）說云：西域別有一供養具，名驃訶，其狀六重，下闊上狹，飾以華寶。一一

第一節　華嚴宗與華嚴學的演變

重內,皆安佛像。良以此經(指《華嚴經》)六位(指修行階位)重疊,位位成佛,正類彼事,故立此名。據此,今唯標華嚴者,乃約事為名也,豈非略名也。

師會認為觀復的此段釋文「有乎三病二可笑」。第一病是:「且茲經者,疏鈔如雲,流通日久,孰不知其華梵,況此止釋一章門乎,等閒會於梵語?」師會的這個批評涉及佛教注疏的形式問題。佛教學僧接受儒家學者釋經的傳統,對釋題很重視,往往是一字釋千百言,借題發揮,透過附會題目中的幾個字,講明全書的中心思想和主要內容。觀復用「華嚴」一詞的梵漢對照來解釋《五教章》題目中的關鍵字,自然不能與唐代的同類注疏之作相提並論,自然也不足以釋《五教章》的「一章門」。師會是用法藏、澄觀等人的注疏標準要求觀復,殊不知佛教義學的黃金時代已經過去,宋代華嚴學僧的學術修養根本達不到他們前輩的水準,也沒有那樣的創造意識。他們即使是照抄前代學僧的注疏,也只能抄那些具有基礎知識性質的內容,這是宋代佛教發展的需求。像觀復這樣以講說華嚴基礎知識為主的注釋,正是宋代佛教注疏之作的特點。「搜」、「探」玄理,暢述微言大義,已不是宋代學僧的任務。師會所謂「疏鈔如雲,流通日久」,似乎廣大學僧都對唐代華嚴典籍很熟悉、很精通,完全是誇大之辭。

第二病:「《探玄》、《周疏》(指澄觀的《華嚴經疏》)具釋斯題,玄言妙語,溢目盈空,置而勿用,陸沉正義。」對於《華嚴經》或華嚴宗的「正義」是什麼,宋代學僧見仁見智。觀復的釋文的確沒有展現法藏、澄觀釋文的核心內容,如同師會把「同教」排斥在「一乘」之外,有違法藏原意一樣。但是,這些都不是本人的誤解或學術淺薄所造成的,而是為了適應時代的需求。觀復要讓未接觸過多少佛教典籍的僧眾聽懂他的演講,不能照搬法藏、澄觀的所有「玄言妙語」,如同師會要振興本宗,最好把「別教」與「同教」涇渭分明地區別開來一樣。

第三病:「吾祖廣演多門,具收餘義,故有事名。清涼見其旁來,是以疏抄不錄。今獨取此,以旁為正。」地婆訶羅生活在清涼澄觀之前,他對「華嚴」的那種解釋不被澄觀疏文所收,即證明其說是「旁」非「正」。觀復取地婆訶羅之說,是「以旁為正」。這實際上是說,注疏之作只能照抄前代「吾祖」的話,連無關大局的內容也不能增加。

所謂「二可笑」,是「不知人之不用而謂人之不知,一可笑也」;「欲以初卷《探玄》張己博覽,二可笑也」。「華嚴」一詞的梵漢對照意思是人所共知的,而且這個釋文就在《探玄記》的第一卷。這兩條只是對觀復的譏諷,沒有在「三種病」的基礎上增加新內容。實際上,這種洩憤之辭是充斥整部《焚薪》的。他還專門交代了與觀復發生衝突的原委:

> 昔者復子(觀復)注吾同教答卷,而遺書曰:某遊學二十年,住持十餘載,讀一宗玄籍,非不多矣。至於深義,未嘗不把流討源而詳究之。故《析薪》、《會解》差當前後,注辨《同教一義》,五萬餘言,其文非不廣也,獲譽孺子。[272]

以華嚴宗傳法宗師自居的師會,對觀復的這種傲慢態度極為不滿,謂:「復之自矜,靡不由此。」帶著這種不滿來看觀復的所有著作,便是「義旨舛謬,略無可觀」。對於觀復引以為豪的兩部代表作,師會的評價是「《同教一義》,復吐五萬餘言,《析薪》五卷,十三萬數千言,理皆妄謬」。

總之,《焚薪》對《析薪》的批判,是在宋代華嚴的兩位「大家」之間展開的,一定程度上反映了宋代華嚴中心地的學說狀況,反映了宋代華嚴學僧的治學範圍及特點,也反映了他們所關注的主要問題,以及他們繼承唐代華嚴學的具體內容等。其中的個人洩憤之辭多少掩蓋了一些真相,透露出無聊的氣息。然而,就是這種氣息,也與當時的義學狀況密切連繫,不會存在於像澄觀批判慧苑學說那樣的議論中。

---

[272] 《焚薪》卷下。

三、士大夫與華嚴學

華嚴典籍和華嚴學也引起宋代士大夫的關注，一定程度上推動了華嚴學在社會上的流行。在接觸佛教典籍方面，宋代士大夫更多地注重禪宗語錄和燈錄，所重視的佛教譯籍種類不多，《華嚴經》可以說是其中比較重要的一種。

書寫《華嚴經》以求福報，是推動華嚴學流行於士大夫群體，並且透過他們向社會各階層傳播佛教信仰的途徑之一。這種活動往往由僧人發起，成為加強佛教團體與社會連繫的重要方式。仁宗至和二年（西元1055年），福建沙門文用為了密切佛教界與士大夫的關係，「使貴勝同風，益堅外護」，連繫公卿朝士共同書寫《華嚴經》一部。尚未書寫到一半，文用逝世，錢塘沙門志廣繼續這項事業，又歷8年始成。前後參與這項工作的有僧俗63人，所書經藏於東京興國寺閣。

他們之所以選中《華嚴經》來書寫，是注意到此經內容具有廣泛的適用性。王欽臣謂：

> 此經所明，該萬法則以門戶為諭，用喜舍則以迴向為先，悅歸往則以嚴侈為容，互杳莽則以廣大為目，此大方廣之本也。至若聖仙非一，神變迭興，十地同歸，趣成法界，大方廣之道也。[273]

值得注意的是，從華嚴宗興起後，如此評價《華嚴經》並不多見。他們對華藏世界海的富麗堂皇（嚴侈為容）和廣大無邊（互杳莽）描述感興趣，把它作為外在的崇拜對象（歸往）而不是視為一種比喻；他們關注「聖仙非一，神變迭興」的神通場面，不知道這是心本體的作用。他們的確是理解此經的原意，卻離華嚴宗人的創造性義理十分遙遠了。只有「十地同歸，趣成法界」，才在重視菩薩修行方面帶有華嚴宗的氣息。這些士人認

---

[273] 〈大宋諸朝賢書大方廣佛華嚴經序〉，見《圓宗文類》卷二十二。

為書寫《華嚴經》「益興人,能廣道」[274],與一般民眾的理解一致,但對促動思想界活躍的義理研究十分隔膜。

對於《華嚴經》的推崇,莫過於朱長文。這位「名動京師」,「六經皆能辨說」[275]的名士,曾簡略評價《華嚴經》在全部佛教典籍中的地位:「至於小乘之戒,以善制惡;三乘之教,談空破有;《淨名》之擎佛剎,《法華》之變龍女,咸所以應機接引,隨根示化爾,非《華嚴》之比爾。」、「夫《華嚴》者,廓諸佛之心境,瑩萬法之本際也。」他把《華嚴經》以外的經典均視為佛的方便之談,只有《華嚴經》講的是終極真理。此說顯係受華嚴宗人判教的影響,但更走極端,連《法華經》的地位也被貶低了。法藏把《法華經》視為「同教一乘」,雖次於《華嚴經》,但高於眾經;宋代考試度僧,也使用此典。朱長文則將其與《華嚴經》以外的經典並列。

在朱長文看來,《華嚴經》在佛教中的地位,如同《易經》在儒教中的地位:「予嘗謂:釋典之有《華嚴經》,猶六經之有大《易》。」「《華嚴經》之於佛教,猶如《易經》之於儒教。」他分別指出了兩者的特點和共同作用。《易經》是「列卦以明時,立爻以通變,設眾以盡意,而兩儀之道,萬物之情具矣」。《華嚴經》是「陳世以宅性,名佛以筌德,布位以表法,而一真之體、萬行之果備矣」。兩經都是以象徵手法表達教義,或透過卦和爻,或透過「陳世」(託事舉喻的世俗文字)和「名佛」(以佛的可視形象)。兩者的不同在於,前者透過明時、通變,講天地之道和萬物之情;後者透過宅性(佛性)、筌德(佛果德),講一真之體(一真法界)和萬行之果(佛果)。《華嚴經》不講明時、通變,它認為「無來往之異,無古今之辨」,瞬間即永恆,天地萬物都是一真法界的作用或表現。儘管兩經有這些區別,但它們又有共同的作用,所謂「學儒而不為《易》」,學佛而不

---

[274] 上引均見〈大宋諸朝賢書大方廣佛華嚴經序〉,載《圓宗文類》卷二十二。
[275] 《宋史》卷四百四十四〈本傳〉。

第一節　華嚴宗與華嚴學的演變

為《華嚴》，焉足以窮理盡性也！」朱長文所歸納的《華嚴經》的思想和特點，顯然是唐代華嚴宗人在詮解此經過程中提出來的理論。因此，與其說他是把《易經》與《華嚴經》作比較，不如說他是把《易經》與華嚴宗的義理作比較。

朱長文還從《華嚴經》的主要內容方面講述他推崇該經的原因：「以言其性，窮法界之無盡；以言其相，視塵剎之交徹；以言其理，包色空以皆真；以言其事，攝一多而同現。」[276] 從性相、理事方面立論講一真法界，注重大小圓融、一多無礙，這是華嚴宗人對《華嚴經》的認知。因此，朱長文名為贊《華嚴經》，實為贊華嚴宗學說。在接觸《華嚴經》的宋代士大夫和禪僧中，往往存在這種現象：他們名義上是講《華嚴經》，實際上是講華嚴宗學說；他們讀的是《華嚴經》經文，理解的是華嚴宗的義理。

在宋代士大夫中，專門研究華嚴宗人著作並依其修行者為數不多。他們接觸華嚴學的途徑不同，所依據的典籍有異，但他們所關注的華嚴宗主要理論卻驚人的集中。大體說來，「圓融無礙」、「一心法界」、「一即一切」等，是他們吸收華嚴學的幾個要點。

呂惠卿（西元1032～1111年）曾注解傳為法順所作的《華嚴法界觀》，這也是在宋代佛教界頗為流行的華嚴典籍之一。他在《新注法界觀序》中自謂：「聞道十有餘年矣，損之又損之，以求正念，而未之契也。」、「及得是觀，如其說而修之，乃真知天下之物，無非心者。」他從《法界觀》中得到的真理性認知，就是懂得了一切皆由心造，一切都是心的作用或表現，因此，修心就成為解脫的關鍵。他總結說：「佛無心外法，則天下之物無非心也。心體廓然，是真法界，故周遍含容而無所殊，則物胡為而不然哉？」法順的《法界觀》最早由澄觀確認並予以注解，再由宗密注釋發揮而流傳開來。呂惠卿從《法界觀》中悟出唯心理論，以「心體廓然是真法

---

[276]　上引均見〈華嚴經贊序〉，載《圓宗文類》卷二十二。

界」，顯係受了宗密的影響，禪味更濃。

張商英與禪教僧人接觸廣泛，從不同面向了解唐代華嚴學，內容較豐富。他在初讀李通玄的《決疑論》後，對《華嚴經》的整體思想有一個說明，反映了他早期的華嚴思想。「夫《華嚴》之為教也，其佛與一乘菩薩之事乎！始終一念也，今昔一時也，因果一佛也，凡聖一性也，十萬一剎也，三界一體也，正像末一法也，初中後一際也，當處現前，不涉情解。」[277] 把全部佛法、宇宙萬有看作一個整體，以「一」統之，一切即一，這種在大一統的唐代形成的佛教理論，同樣適用於大一統的宋代。張商英從《決疑論》悟出的這一點，自然不是李通玄的發明，智儼的「十玄門」已明確表述了其全部內容。

四、禪宗對華嚴學的創用

華嚴學能夠在宋代思想界和佛教界保持相當活力，不僅因為有一批專習《華嚴經》的教僧，而且因為禪宗僧人重視對它的創用。出自臨濟、雲門兩宗的某些僧人，在創造性運用華嚴學方面很有特色。

1. 臨濟宗對華嚴學的創用

自北宋開始，臨濟宗成為禪宗中最興盛的一派，此後這種地位再也沒有動搖過。在當時的佛教界，出自此派的名僧最多，他們的禪學思想代表著宋禪發展的主導方向。華嚴宗的基本教理，也透過他們中的一些人傳播於禪林，普及於社會，上達帝王，下及士大夫。研究和弘揚華嚴的臨濟僧人為數眾多，但他們在吸收華嚴學具體內容及運用方式等方面，往往相互重複，彼此雷同。諸如按華嚴典籍講述某些學說，在注解某些禪籍時援引華嚴宗的教理，在機鋒酬對中使用《華嚴經》或華嚴注疏中的隻言片語等

---

[277] 〈決疑論後記〉。

第一節　華嚴宗與華嚴學的演變

等。他們所要著重表述的思想，不出「圓融無礙」、「十玄六相」、「四法界」的範圍。所有照搬的內容自然不足為論，但它們對禪僧了解華嚴基本知識是必不可少的。當時真正閱讀唐代華嚴注疏，從第一手資料汲取華嚴理論的禪僧是極少數，絕大多數人是從禪籍中的華嚴資料方面了解華嚴教理。

臨濟僧人傳播華嚴學注重靈活運用，注重為弘禪服務。但是，參禪酬對中引用的華嚴學說往往與機語糾纏在一起，介於可解與不可解之間，甚至有些問答則乾脆讓人不知所云。楊岐派僧人道寧[278]（西元1053～1113年）與參禪僧人有一段關於「四法界」的問答：

上堂。僧問：如何是事法界？師曰：杖子拈將來，隨時得受用。僧云：如何是理法界？師曰：妙體本無私，應緣非少剩。僧云：如何是理事無礙法界？師曰：通同歸實際，語妙少知音。僧云：如何是事事無礙法界？師曰：肥典座，瘦維那。[279]

如果說，用「妙體本無私，應緣非少剩」回答什麼是理法界的問題，包含了講「理」為本體，攝事無餘的意思，尚屬可以理解的答語，那麼，對「理事無礙法界」問題的答語就的確「語妙少知音」了，實際上是介於可解與不可解之間的語句。至於對什麼是「事法界」和「事事無礙法界」的答語，則完全無法從字面上來理解。

之所以會產生這種情況，與宋代禪僧普遍追求答語的新奇、玄妙有關。支持者謂此類答語是禪師苦心思索出來的啟悟參禪者的「斷流語」，反對者認為這是迷惑人的「隱語」。道寧關於「四法界」的答語並非特例，這種現象普遍存在於諸多禪師的語錄中，因繁不舉。毫無疑問，華嚴學說一旦被納入禪門，並且與機語酬對結合在一起，就必然會出現此類難於從字面來理解的語句。至於當事人對它們如何理解，就只有當事人自己清楚了。

---

[278]　道寧是臨濟禪師五祖法演（西元1024～1104年）的弟子，曾住湘潭開善寺。
[279]　《開善道寧禪師語錄》卷下。

第三章 宋代佛教宗派的重組與理論創新（下）

同為講解「四法界」教義，在不同的場合就有不同的理解，圓悟克勤就提供了一個很好的例證。他在《碧巖集》第八十九則講到「事事無礙」時說：「四，事事無礙法界，明一事遍入一切事，一事遍攝一切事，同時交參無礙故。」顯然，這是比較準確地轉述華嚴宗的教義。但是，當他連繫禪學講事事無礙時，就發生了變化。據《羅湖野錄》卷上，張商英聽了克勤把華嚴學與禪學進行比較的一番議論之後，大為讚賞：「夫圓悟融通宗教若此，故使達者心悅而誠服，非宗說俱通，安能爾耶？」克勤是在荊州見到張商英的，在談論華嚴要旨時，克勤說：「華嚴現量境界，理事全真，所以即一而萬，了萬為一，一復一，萬復萬，浩然莫窮，心佛眾生，三無差別，卷舒自在，無礙圓融，此雖極則，終是無風匝匝之波。」張商英對克勤歸納的華嚴宗旨很感興趣，問：「到此與祖師西來意為同為別？」即華嚴宗的這個理論與禪宗的理論是同還是別。克勤認為「且得沒交涉」，即完全不同。他解釋：「要須知有向上全提時節，彼德山、臨濟豈非全提乎？」上述的華嚴宗理論，還沒有包括在禪師的啟發下自證自悟的禪宗教義，只有在德山棒、臨濟喝下領悟言外之旨，才是超越華嚴進入禪門。

第二天，克勤為張商英講「四法界」，講了事法界、理法界之後，又講理事無礙法界。張商英問：「此可說禪乎？」即問理事無礙境界是否能和禪境界相比。克勤認為不可以，只有到事事無礙法界才能說禪。他解釋：「若到事事無礙法界，法界量滅，始好說禪。如何是佛？乾屎橛。如何是道？麻三斤。是故真淨（克文）偈曰：事事無礙，如意自在。手把豬頭，口誦淨戒。趁出淫坊，未還酒債。十字街頭，解開布袋。」根據克勤的解釋，到事事無礙，就不僅僅是一種對禪境的體驗，不僅僅是獲得一種真理性認知，而是在現實生活中的實踐（法界量滅）。這裡的「十字街頭，解開布袋」，是指五代的布袋和尚契此的故事。契此被認為是彌勒佛的化身，他的種種瘋癲舉動、怪誕行為，都被視為徹悟的表現，是適應拯救世

第一節　華嚴宗與華嚴學的演變

人的需求而為之。如果不連繫禪宗的基本理論，僅僅從字面來理解克勤引用的真淨克文的偈文，似乎是說，一切隨心所欲的行事，包括各種違背戒律的醜態惡行，都是成佛的表現，都是拯救世人的行為。實際上，這是禪宗僧人習用的走極端的表述，其目的不過是啟發禪眾不崇拜偶像，解除精神枷鎖，走自立自強之路。當然，把「事事無礙」解釋成不執著於「佛」或「道」的「如意自在」，把它作為現實生活中的行為準則，雖說是在弘揚自我解脫的教義，但諸如此類的極端表述，的確有損害佛教形象的弊端，很容易被偽君子用來為其各種醜行辯護。

　　佛海慧遠與孝宗關於華嚴的問答，也是比較有特點的。慧遠（西元1103～1176年），號瞎堂，西蜀眉山（四川眉州）全流鎮人，俗姓彭。13歲出家，曾在四川、浙江等地遊學多年。慧遠是峨眉靈巖寺徽禪師的弟子，徽禪師是臨濟黃龍派的僧人。慧遠曾從學於圓悟克勤，並且與大慧宗杲有較多來往。關於他的傳教言行，主要記錄在《佛海慧遠禪師廣錄》中。慧遠晚年為孝宗所重，經常入宮談禪論道。《廣錄》卷二收有他與孝宗的《奏對錄》，《續傳燈錄》卷二十八也有摘錄。淳熙元年（西元1174年）五月，他與孝宗談論《華嚴經》的問題。孝宗告訴慧遠，他近日閱讀《圓覺經》，覺得經文甚好。慧遠回答：「《圓覺》謂之小本《華嚴》。」孝宗問：「如何是大本？」慧遠答：「《華嚴》總有上中下三本，世尊七處九會說，今人間見傳者，乃是下本。其餘兩本，尚鎮龍宮，流通未到。」孝宗接著問：「七處九會者如何？」慧遠答：「普光明殿說三會，後一會廣作三處，其他共成七處九會。後李長者及諸宗師，廣作十處十會。」孝宗又問：「只有七處九會，如何是那一會？」慧遠答：「即今為陛下說底。」孝宗對此答語頗為滿意，「首肯之」。

　　這種奏對問答，既有教僧講經的特點，又有禪僧機語酬對的色彩。經過這樣的問答，對孝宗來說，可以了解當時佛學界的情況，也適合消遣解悶；

對慧遠來說，在介紹佛教基本知識的同時，也要輔之機智以逢迎。這個奏對內容反映了當時佛教界兩方面的情況。其一，《圓覺經》流傳很廣，禪師也把它與《華嚴經》等量齊觀。這是宗密重視和弘揚此經的結果。不過，當時專業《華嚴經》的僧人是反對這種看法的。其二，李通玄的理論受到接觸華嚴學的禪僧的重視和認可。這已經不是慧遠個人的意見，而是具有共性的認知。臨濟僧人普庵印肅（西元 1115～1169 年）閱讀《華嚴合論》，至「達本情忘，知心體合處」一句時，「豁然大悟，遍體流汗」，宣稱「我今親契華嚴法界矣」。[280] 在這裡，慧遠又對李通玄的「十處十會」異說予以肯定。

2. 雲門宗對華嚴學的創用

在雲門宗僧人中，兼重禪教者為數不少。此類僧眾都與宋王朝有較密切的關係，大多曾應詔住持過京城大寺院，與士大夫往來廣泛。另外，他們本人一般具有良好的佛學和中國文化修養，主張禪教融合，禪教並弘。在他們的傳禪機語中，少有呵佛罵祖、非經毀教的言論，而是更多接受諸派義學內容，或用以充實禪學，或作為傳禪的方法，促進了禪與教的融合發展。其中，法秀、唯白、宗本和懷深在創造性運用華嚴學方面尤具代表性。

法秀（西元 1027～1090 年）是雲門宗天衣義懷（西元 989～1060 年）系僧人，秦州隴城（今甘肅秦安）人，俗姓辛，19 歲試經得度，於元豐七年（西元 1084 年）奉詔住持京城法雲寺，第二年受「圓通禪師」號。法秀出家伊始，專心於佛教典籍，涉獵甚廣，勵志講經，曾習《因明》、《唯識》、《百法》、《金剛》、《華嚴》等經論。他起初是按照宗密的著作講《華嚴經》，「聲聞京洛」，但是他又「恨學圭峰宗密之禪，故唯敬北京之天缽重元」。重元以精通《華嚴經》著名，號「元華嚴」。法秀尊教排禪的態度很堅決，認為「世尊教外以法私大迦葉者，吾不信也」，對禪宗講的「以心

---

[280] 《普庵印肅禪師語錄》卷上。

傳心」的神話堅決否定。他發誓南遊，到禪宗興盛地，要「窮其窟穴，搜取其種類抹殺之，以報佛恩乃已耳」。

法秀南遊至無為軍鐵佛寺，見到天衣義懷。義懷問：「座主講何經？」法秀回答：「《華嚴》。」再問：「此經以何為宗？」答：「以心為宗。」又追問：「心以何為宗？」法秀不能應對。義懷對他說：「毫釐有差，天地懸隔。汝當自看，必有發明。」所謂「自看」，指對教理的直覺體驗，有別於講說教理。義懷透過一直問到法秀無法作答才罷休的啟悟方式，讓法秀懂得只有在親身體驗之後才能真正理解教義，而講經說教並不是個人修行的目的。經過這番問答之後，法秀從教入禪，成為義懷的嗣法弟子。此後他把華嚴學與禪學結合起來教人，強調直覺體驗，不滿足於解說教理。

元豐年中，樞密蔣穎叔撰《華嚴經解》30篇，頗為自負，到長蘆山造訪法秀時，題方丈壁曰：「余三日遂成《華嚴經解》，我於佛法有大因緣，異日當以此地比覺城東際（指《華嚴經》所記善財童子悟入法界故事），唯具佛眼者當知之。」法秀以自己的華嚴學修養和禪僧特有的機智，對蔣穎叔的題言逐句反駁。

蔣穎叔以為，三天著成《華嚴經解》，即說明他具備了獲得解脫的條件（善財在覺城東面，象徵修行解脫），而且他的解脫過程只有真正悟道的人才知道（唯具佛眼者當知之）。對此，法秀指出：「公何言之易耶？夫《華嚴》者，圓頓上乘，乃現量所證，今言比覺城東際，則是比量，非圓頓宗。」法秀曾專習《因明》，此處的「現量」、「比量」即因明學用語。「現量」指不能用語言文字表述，不能以概念思維掌握的感覺和體驗，「比量」指對「現量」獲得的感覺和體驗進行推理，是由已知推論未知的思考活動和表述方式。從了解真理的角度講，「現量」是「比量」的基礎；從修行解脫的角度講，「現量」是發揮決定作用的條件。因為悟道成佛不僅僅是解決認知問題，更重要的是解決實踐（體驗）問題。三天完成的《華嚴經解》

屬「比量」，因為這是形成文字的東西；把自己比作在覺城東際的善財也屬「比量」，因為這是從已知推論未知。在法秀看來，真正懂得《華嚴經》，應與《華嚴經》所說的教理一樣，用「現量所證」。

由於「現量」不可言說，那麼，屬於「比量」的文字論證在表述體驗境界方面必然破綻百出，法秀即由此駁斥蔣穎叔的題言。針對題言中的「異日」，法秀說：「一真法界，無有古今，故云：十世古今，始終不移於當念。若言『異日』，今日豈可非是乎？」他認為「具佛眼者當知」之說也不妥：「然《經》曰：平等真法界，無佛無眾生，凡聖情盡，彼我皆忘，豈有愚智之異？若待佛眼，則天眼、人眼豈可不知哉？」法秀諸如此類的說法，是禪僧逢場作戲的機辯之辭，從華嚴典籍中可以找出更多的話予以反駁。但是，他發此類議論的用意很明確：真正理解華嚴教理，要在親身體驗之後，即強調「現量」的重要性。這與義懷指示他「汝當自看，必有發明」的思路是一樣的。

教與禪在修行方式、修行理論方面的不同點很多，教禪融合需要多方面因素的促動。但是，作為中國佛教內部的不同派別，它們有著本質上的相通處。華嚴宗的佛境界離言絕相，禪宗的教外別傳，不立文字，都有強調直覺體驗的意義，儘管兩者要求體驗的具體內容有不同。這種本質上的相通點，為教禪在適宜的社會環境中融合奠定了學說基礎。

唯白是法秀59位知名弟子之一，靖江府（江蘇靖江縣）人，俗姓冉，初住泗州龜山寺，後繼法秀住持東京法雲寺，活躍於哲宗朝（西元1086～1100年），曾「屢入中禁，三登高座，宣揚妙旨」[281]，晚年住明州（今寧波）天童寺。他的《建中靖國續燈錄》在禪宗文獻史上占有重要地位。他的《佛國禪師文殊指南圖贊》（簡稱《指南圖贊》）一卷，是以禪解《華嚴經》，並納華嚴思想入禪的代表作。

---

[281]　《建中靖國續燈錄御制序》。

第一節　華嚴宗與華嚴學的演變

《指南圖贊》根據《華嚴經・入法界品》中善財童子參訪善知識的故事，分別繪圖，配詩讚頌。這部圖文並茂的小書分為 54 節，前 53 節每節包括三部分，第一部分是據《華嚴經》介紹善財參訪某位善知識的情況，第二部分是附圖，最後一部分是 8 句 56 字的七言詩，闡述個人見解。這就是所謂善財的「五十三參」。第 54 節是總結。

藉《華嚴經》而弘禪，是《指南圖贊》的主要特點。該書第十四節，依〈入法界品〉講善財到達海住城，參訪具足優婆夷。此人能「安一小器，湧無量寶，萬方來者，悉得滿足。得無盡福德藏法門，證無違逆行」。唯白所作的讚辭是：「海住城高瑞氣濃，更觀奇特事無窮。須知隱約千般外，盡出希微一器中。四聖授時成聖果，六凡食後脫凡籠。少林別有真滋味，花果馨香滿木紅。」〈入法界品〉是講具足優婆夷有神通力，能使一個小器皿中湧出無限珍寶，滿足一切人的求財需求。唯白的讚辭，則說這小器皿象徵少林禪宗的教義，能使一切人「成聖果」、「脫凡籠」。那麼，與其說善財參訪具足優婆夷，不如說是參訪禪宗祖師。唯白借用《華嚴經》講菩薩無盡行的故事，鼓勵禪僧行腳參禪。

然而，《華嚴經》講的菩薩行是無窮無盡的，是永無止境的修行過程，禪宗講的行腳參禪卻不是讓人一輩子東奔西跑。換言之，行腳遍參只是方法而不是目的。於是，唯白在第五十四節總結：「時光已覺成蹉跎，嗟爾平生跋涉多。五十餘人皆問訊，百重城郭盡經過。而今到此休分別，直下承當得也麼？忽若更云南北去，分明鷂子過新羅。」透過行腳遍參，最終的收穫要表現在能言下便悟（直下承當），懂得要開發自我的能力，實現自我完善的道理，並依此實踐。個人的解脫完全不能依賴他人，或希求他人代勞。

禪宗的行腳參禪起自中唐以後，有其社會根源，並引起修行方式、傳教方式等方面的變化。直到宋代，在遍訪名師過程中豐富知識、擴大見聞、累積經驗、建立關係，仍為禪僧所重視。《華嚴經・入法界品》提

供了一個稍加改造就可以利用的權威教材，不但受到禪宗界的重視，也受到士大夫的重視。楊傑曾作《大方廣佛華嚴經入法界品贊》，其贊文共55首，第一首題為「毗盧遮那如來」，第五十五首為「再見文殊師利」，與《指南圖贊》所述的「五十三參」不完全一致。張商英對《指南圖贊》評價甚高：「李長者《合論》四十軸，觀國師（澄觀）《疏鈔》一百卷，龍樹尊者二十萬偈，佛國禪師五十四贊，四家之說，學者所宗。」[282]把《指南圖贊》與李通玄、澄觀、龍樹的著作並列，自然是誇張說法，但此書特別流行則是事實。張商英認為此書「乃撮大經之要樞，舉法界之綱目，標知識之儀相，述善財之悟門，人境交參，事理俱顯，則意詳文簡，其《圖贊》乎！」[283]「文簡」的確是《指南圖贊》的特點，便於學習，易於流通，但它並不是「撮大經之要樞」，即概括《華嚴經》的主要內容，而是借用《華嚴經》中的材料，予以改造，闡發禪宗的教義。所謂「法界之綱目」，與《指南圖贊》的內容和旨趣相去甚遠。

宗本（西元1020～1099年）是天衣義懷弟子，俗姓管，常州無錫（今江蘇無錫）人，年19投蘇州承天永安禪院道升，從事勞作甚苦，10年後剃髮受具，又三年乃辭別道升，遊方參學。初至池州景德寺，師事義懷，先後隨義懷遷住越州天衣山、常州薦福寺。英宗治平元年（西元1064年），受義懷之薦，住持蘇州瑞光寺，門眾達500人。後又應杭州太守陳襄之請，住持承天、興教二剎。神宗元豐五年（西元1082年），應詔住東京大相國寺的慧林禪院。此後，多次受神宗和哲宗之詔入宮談禪論道。哲宗賜「圓照禪師」號。

元豐八年（西元1085年）七月二十八日，高麗僧統義天在蘇軾等人的陪同下到慧林寺見宗本，兩人有一段關於如何悟入華嚴妙理的問答，僅錄

---

[282] 張商英：〈佛果禪師文殊指南圖贊序〉。
[283] 張商英：〈佛果禪師文殊指南圖贊序〉。

第一節　華嚴宗與華嚴學的演變

前面一部分：

師（指宗本）問義天：承聞久熟經論，是否？

天曰：粗於華嚴大教留心。

師曰：好！《華嚴經》盡是諸聖發明，稱性極談，若非親證悟解，難明法界妙理，莫曾有悟入處否？

天曰：昭昭於心目之間，而相不可睹。

師曰：作麼生是昭昭於心目之間？

天曰：森羅及萬象，一法之所印。

師曰：猶是文字語言，如何是一法？

天曰：無下口處。

師曰：汝未曾悟在，諸佛音旨，密密堂堂，若非悟人，實難措口。祖師西來，直指人心，見性成佛。見即使見，不在思量，不歷文字，不涉階梯。若以世智辯聰解會，無有是處。[284]

要真正理解《華嚴經》的法界妙理，需要「親證悟解」，包括體驗（親證）和以邏輯思維掌握（解）兩個方面。在宗本看來，義天的答語全是引用的〈華嚴法界觀序〉（何人所作未明言）的原文，這是以「世智辯聰解會」，是不曾悟入的表現。按照宗本的論述，所謂「悟入處」，不在尋章摘句的注釋，而在「悟解」禪宗「直指人心，見性成佛」的教義。由於華嚴教理難明，所以達摩西來，送來了解決這個問題的辦法。換言之，悟解禪宗教理，是悟解華嚴法界妙理的前提。那麼，華嚴的「悟入處」，也就是禪宗的「不在思量，不歷文字，不涉階梯」，即禪宗教理的「悟入處」。而作為這種「悟入」的表現，自然只能是禪僧在參禪酬對過程中的行機鋒、施棒喝之類的做法。

---

[284]　《慧林宗本禪師別錄》。

第三章 宋代佛教宗派的重組與理論創新（下）

當經過一連串的追問之後，義天終於明白了宗本的意思，宣告「義天未曾參禪」，此時宗本告訴他：「不可到寶山空手而回。」讓精通華嚴教理的義天也學些禪法，把禪法帶回國去。從宗本所謂華嚴妙理「悟入處」之說可以看到，義學僧人與禪僧討論華嚴學問題時，這種討論往往流為機語酬對。這不僅僅是發生在宗本與外來義學僧人之間的個別現象，而且是當時禪宗界的普遍現象。

懷深（西元 1077～1132 年）是宗本再傳弟子，師從長蘆崇信，壽春府六安（安徽六安）人，俗姓夏。關於他的生平事蹟，《嘉泰普燈錄》卷九所記與《慈受懷深禪師廣錄》卷一略有不同。據後者記，懷深於徽宗崇寧元年（西元 1102 年）往嘉樂（今福建建陽）資聖寺，師從崇信。政和三年（西元 1113 年），住儀真城南資福禪寺。政和七年（西元 1117 年），宋朝廷詔改資福禪寺為神霄宮，懷深離去，投臨濟僧人佛鑑慧懃（西元 1059～1117 年），不久奉詔住焦山禪寺。宣和三年（西元 1121 年），奉詔住持東京慧林禪院。欽宗靖康元年（西元 1126 年），兩次乞辭住持，經宋廷批准，南返天台山，活動於江浙一帶。晚年曾應請住思溪圓覺寺，為第一祖。

懷深活動於北宋末南宋初，當時宋王朝無力抵禦外侵，處於風雨飄搖之中。戰事頻仍，社會動盪，不僅使許多人湧入禪門，而且社會上信佛教的人數也增加。在這種情況下，懷深比較重視向居士群傳教，為他們樹立了一位華嚴居士的形象。

據《慈受懷深禪師廣錄》卷三，有位居士傾心於《華嚴經》，「宿於華嚴性海、七處九會有大因緣。每歲之中，常興此會」。除了每年舉行僧俗均參加的華嚴齋會，他還「供養華嚴五十三善知識」。針對這位信奉《華嚴經》的居士，懷深首先宣講的華嚴教義是：「毗盧界內，真如俗諦交參；華藏海中，諸佛眾生一體。古今三世，非後非先，凡聖一心，無迷無悟。」由於凡俗眾生不懂這些道理，所以如來「說《華嚴經》，令一切眾生於自身

中得見如來智慧德相」。對教外信眾劈頭就講「真如俗諦交參」，宗教真理與世俗真理相互溝通，不過是要強調僧俗平等交融，可以渾為「一體」。其餘的議論，大體是藉《華嚴經》講禪宗強調的人心具足一切，即心即佛之類，是禪僧語錄中俯拾皆是的老生常談。

值得重視的是懷深向教外信眾介紹《華嚴經》所記的善財所參訪的居士。懷深謂：「善財童子至大興城，參見明智居士。當善財問明智居士云何學菩薩道，修菩薩行時，居士告訴他：『我得出生隨意福德藏解脫門，且待須臾，汝當自見。』言猶在耳，見一切人來居士所，而求種種資生之物，或求飲食者，或求湯藥者，或求錢財寶物者，或求衣服者。」經過懷深改編的這則《華嚴經》故事說明，作為佛教居士，他所修的菩薩行，所得的菩薩道，所證的解脫法門，通通表現在能為一切人提供「資生之物」方面。這裡的「一切人」，自然也包括佛教僧侶。在北宋末南宋初，一方面是大量北方僧人因躲避戰亂而紛紛南下；另一方面是各地更多喪失家園者出家為僧，致使佛教僧侶人數迅速增加，解決衣食問題就十分緊迫。在這種情況下，樹立明智居士的形象，顯得特別重要。總之，懷深華嚴居士觀的內容就是在僧俗無別、僧俗平等的前提下，居士能夠為一切人提供生活必需品，此即是居士解脫的表現。

第二節　天台宗及其學說發展趨向

一、中興基礎與清竦門下兩支

中唐以後，南方江浙地區的天台宗也和北方長安地區的佛教義學諸派一樣，逐漸沉寂下去。特別到了唐末，天台宗寺院廢棄和經典散失等情況也很嚴重。本宗之所以能在北宋前中期出現所謂「中興」局面，並且在一

第三章　宋代佛教宗派的重組與理論創新（下）

段時間成為義學諸派中比較活躍的一派，整體說來，有四個方面的原因。其一，五代時期吳越國相對穩定的政治形勢和佛教政策，為佛教各派的發展提供了有利的社會環境；其二，從高麗、日本收集到中國散失的天台典籍，激發了學僧的研究興趣和弘法熱情，為本宗的中興提供了資料基礎；其三，天台宗普遍重視各類佛事、重視淨土信仰，特別是其代表人物，那種必欲獻身於懺的專注，那種把懺法的社會政治作用發揮到無以復加程度的實踐，震動朝野，大大提高了本宗在社會各階層的影響；其四，天台宗倡導的止觀雙修、教行並重，比佛教義學各派的專務名相更能為宋代士人所接受。這一點已經為天台宗的後繼者所看到。志磐曾指出：「皇祐元年，自周朝毀寺，建隆興復，京師兩街，唯南山律部，賢首、慈恩義學而已。士夫聰明超軼者，皆厭聞名相之談。而天台止觀，達摩禪宗未之能行。淳化以來，四明（知禮）天竺（遵式）行道，東南觀心宗眼，映照天下。楊億、晁迥有以發之，真宗獎錫以法智（知禮）慈雲（遵式）之號。」[285] 以止觀為號召，強調觀心法門，引起士大夫階層的注意和喜好，從而擴大了天台宗的社會影響。

但是，天台宗的「中興」也和華嚴宗的「中興」一樣，並不是表現在創新理論方面。教理的繁榮，著作的增加，主要表現在對本宗原有教義的不同理解方面，表現在就某些理論的爭論方面。

從後梁太祖開平元年（西元 907 年）錢鏐受封吳越王，直到北宋太平興國三年（西元 978 年）錢俶舉國歸宋，領有兩浙十三州的吳越國沒有發生較大規模的戰亂，基本保持著國家的社會穩定。從錢鏐開始，吳越國就採取保護佛教的政策，致力於建築寺塔、設齋講經、延請高僧等活動。後周世宗於顯德二年（西元 955 年）清理和整頓佛教之時，吳越王錢俶依然沒有受其影響。在這種適合佛教穩定發展的情況下，躲避北方戰亂的僧人

---

[285]　《佛祖統紀》卷四十五。

第二節　天台宗及其學說發展趨向

紛紛南下，進入吳越，促進了這一地區佛教各派的綜合發展。吳越國以和平方式併入北宋之後，該地區更出現各宗競起的局面。到了南宋，這裡自然成為全國的佛教中心。天台宗正是在這樣的社會環境中出現復興氣象的，並且延續了相當長的時間。

唐代湛然之下遞傳五世，至高論清竦。清竦被奉為天台宗的第十四代祖師，入宋以後出現的天台宗著名人物，均出自他的門下。整個宋代天台宗著名僧人的活躍地區，以天台、四明和杭州為中心。清竦是浙江天台縣人，生卒時間不詳，活動於五代末年。他出家後隨元琇學習天台止觀，日夜不懈，後住持國清寺。鑒於當時吳越國的佛教生存環境遠比其他地區優越，清竦在講經說法之餘，總是告誡僧眾：「王臣勤務外護，得免擾攘之憂。我輩豈可袖手坐食？應當精進道業，以答國恩。」[286] 他這種把修行與報答國恩連繫起來的思想，深刻影響了後繼者們，此後的天台宗代表人物都與吳越王或宋朝廷保持著密切關係，為天台宗的興盛贏得了政治支持。

清竦的兩個重要弟子是義寂和志因，他們都有傳承弟子。在義寂再傳弟子知禮時期，發生了關於教理方面的論辯，並且發展為派系爭鬥。以知禮為代表的義寂一支最後宣布本派獲勝，自稱為「山家」，是天台宗的正統，把志因弟子一系貶為「山外」，是天台宗的異端。從此，天台宗分為山家、山外兩派。山外派不久便衰落了，而知禮一系一直流傳於南宋及其以後。

義寂（西元 919～987 年），溫州永嘉人，俗姓胡，字常照，12 歲入溫州開元寺從子安法師出家，19 歲受具足戒，跟從會稽清律師學習《南山律鈔》。22 歲之後，入天台山國清寺，投清竦門下，專習天台教觀 10 餘年。顯德年間（西元 954～959 年）應張彥安之請，住持其建立的螺溪傳教院。據說，吳越王錢俶在讀《永嘉集》時，不理解「同除四住，此處為

---

[286]　《佛祖統紀》卷八。

第三章　宋代佛教宗派的重組與理論創新（下）

齊，若伏無明，三藏即劣」一句，便請問德韶，德韶推舉義寂。義寂應請入宮回答問題時，講到當時天台宗典籍，「因前遭安山、史明兵亂毀滅，近則會昌焚毀，教藏殘缺殆盡。今高麗闡教方盛，全書在彼」[287]。吳越王便派遣使者到高麗，求請天台典籍。北宋建隆二年（西元961年）十月，高麗王派沙門諦觀送來若干天台宗的論疏和著述。獲得許多失傳的唐代天台宗典籍，激發起學僧研究和弘揚天台教義的興趣，奠定了本宗中興的基礎。[288] 義寂因請吳越王遣使求經而備受尊重，這也是他對當時佛教發展的一個突出貢獻。太平興國八年（西元983年），錢俶請義寂傳授菩薩戒，執弟子禮，賜「淨光大師」號。義寂一生講天台「三大部」各20遍，還講《維摩》、《光明》、《梵網》、《金剛錍》、《法界觀》、《永嘉集》等。

義寂的弟子有寶雲義通、諦觀等。諦觀是高麗人，於建隆二年（西元961年）奉高麗王之命，贈送典籍至天台山，拜師義寂，隨侍10年，潛心研究天台教義，著有《天台四教儀》。後世義寂的法系是從其弟子義通傳承下來的。義通（西元927～988年），高麗人，字唯通，俗姓尹，在高麗以研究《華嚴經》、《起信》而知名。後漢乾祐年間（西元948～950年），遊學漢地，到螺溪傳教院見義寂，執弟子禮，學習天台教觀。北宋太平興國七年（西元982年），宋太祖敕封他為「寶雲尊者」。他重視淨土信仰，經常稱呼施主為「鄉人」，人問其故，他說：「吾以淨土為故鄉，諸人皆當往生，皆吾鄉中人也。」義通後被奉為天台宗第十六代祖師，著有《觀經疏記》、《光明文贊釋》、《光明句備急鈔》等。[289] 義通最有影響的兩位弟子是遵式和知禮。

遵式（西元964～1032年），字知白，俗姓葉，臺州寧海人。幼年出

---

[287] 《佛祖統紀》卷八。

[288] 吳越王派遣使者求取天台典籍是到日本還是到高麗，史書的記載有出入。即使在《佛祖統紀》中，《義寂傳》和《諦觀傳》所述也有不同。學者也有多種考證。從義寂門下多高麗弟子來看，天台典籍當時主要來自高麗之說根據較充分。

[289] 上引見《佛祖統紀》卷十。

第二節　天台宗及其學說發展趨向

家,20歲受具足戒,次年隨守初律師學律,不久到天台山國清寺,發誓弘傳天台教義。雍熙元年(西元984年),到四明寶雲寺就學於義通,專門研究天台教義。端拱元年(西元988年),義通去世之後,又到天台山,因苦學得了疾病,以致吐血。淳化元年(西元990年),遵式受請在寶雲寺繼其師義通的講席,一直講《法華經》、《維摩》、《金光明》等經典。至道二年(西元996年),與僧俗信眾修習淨業,行念佛三昧。著有《誓生西方記》。咸平三年(西元1000年),與知禮一起同修「光明懺」為郡祈雨。居寶雲寺12年,很少與外界來往。咸平五年(西元1002年),回天台。在住持東掖寺時,帶領眾人修念佛三昧。大中祥符七年(西元1014年),到杭州昭慶寺講說,次年到蘇州開元寺弘法,聽眾成千上萬,甚至驚動官府。大中祥符九年(西元1016年),天台僧正慧思到京城,奏其事蹟,真宗敕賜紫服。天禧四年(西元1020年),由於王欽若的舉薦,他受真宗所賜「慈雲」之號。在王欽若的幫助下,天台教文入藏流通,又恢復天竺寺舊名。在擴大天台宗在北方,特別是在京城的影響方面,遵式發揮了重要作用。遵式的弟子有祖韶等多人。著述多種,其弟子把他的著作整理,為《金園集》和《天竺別集》各3卷。

　　知禮(西元960~1028年)被稱為天台「中興教主」,是當時整個天台系中最有影響力的人物。知禮,字約言,俗姓金,浙江四明(今寧波)人。幼年出家,15歲受具足戒後,專業律學。太平興國四年(西元979年),隨義通學習天台教義,3年後可以代替義通講解諸部經論。至道元年(西元995年),住保恩院,後來將該院改為常講天台教觀的十方叢林。大中祥符三年(西元1010年)十月,敕賜保恩院為延慶寺。概括知禮的一生活動,主要有四個方面的工作,即講經授徒、著書立說、修懺祈福、論戰扶宗。

　　知禮自23歲接替義通講解經論開始,幾十年間勤於講經弘法。他一

生曾講過《法華玄義》7遍,《法華文句》和《摩訶止觀》各8遍,《金光明玄疏》10遍,《涅槃疏》1遍,《淨名疏》2遍,《觀音玄義》和《觀無量壽經》各7遍,至於《十不二門》、《金論》、《止觀大意》、《止觀義例》、《始終心要》不計其遍。從他所講的經典來看,包括了唐代重要的天台宗著作,還有淨土信仰方面的典籍。他講述的內容,大致涵蓋了宋代天台宗學僧的基本研習範圍。

知禮的著作很多,主要是研究唐代湛然的著作,注釋湛然未研究的天台典籍。其主要著作有《觀音玄義記》4卷,《觀音經義疏記》(又稱《別行義疏記》、《觀音別行疏記》)4卷,《金光明文句記》12卷,《金光明玄義拾遺記》6卷,《金光明經釋難扶宗記》1卷,《十不二門指要鈔》2卷,《四明十義書》2卷,《法智遺編觀心二百問》1卷,《觀無量壽佛經疏妙宗鈔》6卷,《觀無量壽佛經融心解》1卷,《千手千眼大悲心咒行法》1卷,《金光明最勝懺儀》1卷,《四名尊者教行錄》7卷。其中有些是其弟子或後繼者集成。

知禮很重視懺法,特別是「法華懺」和「金光明懺」,他在這方面的著述和實踐,在為寺院佛事的商業化經營,讓佛事充分發揮社會政治功能,以及為天台各類懺法的定型等方面,發揮了不可替代的作用。咸平三年(西元1000年),他與遵式等人修「光明懺」祈雨。真宗時,知禮和遵式先後多次「修法華懺,為國祈福」。[290]天台僧人由此與宋朝廷建立了較密切的關係,天台宗的典籍也被獲准編入大藏經。大中祥符六年(西元1013年),他創設念佛施戒會,參加的僧俗男女信眾有一萬人,同修念佛,發菩提心,求生淨土。他晚年曾結伴十僧共修「法華懺」,3年後擬集體自焚,經楊億、李遵勗、遵式等人勸阻而未實行,其名聲更大,真宗特賜「法智大師」號。知禮的弟子很多,據說入室者超過千人,北宋中期以後

---

[290]　《佛祖統紀》卷四十四。

第二節　天台宗及其學說發展趨向

的天台法系,均出自其門下的廣智尚賢、神照本如、南屏梵臻三支。

根據《宋高僧傳》卷七的記載,晤恩(西元912～986年),字修已,俗姓路,江蘇常熟人,年13出家,初學南山律,後到杭州投慈光院志因門下學習天台教義,通達《法華經》、《金光明經》和《止觀論》。他注解天台智的《金光明經玄義》,名為《金光明經玄義發揮記》,是在北宋前中期引發論戰的著作。

晤恩的弟子有文備、洪敏、源清(？～西元997年)等人,該派的傳承出自源清。源清的生平事蹟不詳,著有《法華十妙不二門示珠指》2卷。源清弟子中,有影響力的人物是孤山志圓(西元976～1022年)和梵天慶昭(西元963～1017年)。志圓,字無外,自號中庸子,亦名潛夫,俗姓徐,錢塘人,幼年出家,8歲受具足戒,21歲從源清學習3年。源清去世後,隱居於西湖的孤山,專心於研究經論和撰寫著述,從學甚眾。志圓兼通儒釋,治學廣泛,有各種經疏記鈔凡30種,71卷,詩文集《閒居編》51卷。志圓在擴大本派組織規模方面並沒有什麼建樹,但透過著書立說,在倡導三教融合方面有一定的影響。

就北宋天台宗的範圍來講,志圓所倡導的三教融合理論是最具代表性和影響力的。他認為,「夫儒釋者,言異而理貫也,莫不化民,俾遷善遠惡也。儒者,飾身之教,故謂之外典也;釋者,修心之教,故謂之內典也……儒乎,釋乎,其共為表裡乎!」[291] 他的思想就是儒釋本同,互為表裡,有助於教化民眾,而且兩教有分工,應該以儒修身,以釋治心。這些議論,實際上也是北宋大多數僧人的共識。但是,就當時整個佛教界的範圍而言,他的著作所產生的影響,還不能與明教契嵩相提並論。

在此系之中,梵天慶昭則是以擴大本派的規模,充分探討本派的理論著稱的。慶昭,字子文,俗姓胡,錢塘人,幼年出家,13歲受具足戒。年

---

[291]　志圓:《中庸子傳》卷上。

21 從學於源清，並繼其法席，從學者甚多。景德元年（西元 1004 年），徙梵天寺，平生講說《法華經》、《止觀》諸部經論 100 餘遍，其著作已經不存。據說他的傳法弟子多達 97 人，著名者有咸潤、繼齊等。

二、義理論辯與派系爭鬥

兩派紛爭的直接誘因是晤恩的著作，具體的爭論過程是從鑑定智顗著作的真偽開始，發展到對天台宗基本教理的理解，最後演變為兩個派系之間的門戶之爭。參加辯論人數之多，論戰延續時間之長，影響之大，遠遠超過當時華嚴宗系統的爭論，成為顯示天台宗存在和義理發展的一個重要表現。

宋景德年之前，智顗的《金光明經玄義》有廣略兩種版本同時流傳。廣本有上、下兩卷，上卷是釋義，下卷論觀心，而略本沒有下卷，缺少觀心的內容。晤恩作《金光明經玄義發揮記》（以下簡稱《發揮記》），只解釋略本，並且認為廣本有理乖、義疏、詞鄙、事誤等四失，是後人的偽作。晤恩認為「大師（智）順經文法性之圓談，乃明十種三法，始自性德三道，終至果人三德，一一三法，無非妙性；一一妙性，盡是真源；若法若心，即金光明不思議法性。豈有如此純談法性之外，別更『觀心』者？」[292] 在晤恩看來，智顗在《玄義》「教義釋」中以「十種三法」（三德、三寶、三涅槃、三身、三大乘、三菩提、三般若、三佛性、三識、三道）解釋「金光明」三字之義，概括了經文宗旨和佛法要領，已經是法性之圓談，所以沒有必要再撰寫「觀心釋」以解釋觀心。換言之，「十種三法」既然已經講了從凡入聖、修行解脫的全過程，特別講了解脫境界，那麼也就沒有必要再談修行上的「觀心」問題了，那麼「觀心釋」就自然是多餘的篇章了。在這裡，晤恩並不是要廢除觀心的修行，也看不出他是要廢除「妄

---

[292] 《釋難扶宗記》。見《四明仁岳異說叢書》，《續藏》95 冊。

第二節　天台宗及其學說發展趨向

心觀」而另立什麼「真心」作為觀察對象的意思。

　　晤恩的見解，不但為其後代弟子們所繼承，並且以此為基礎不斷有所發揮，把論爭的範圍進一步擴大。晤恩的弟子源清、洪敏一起作〈難詞〉，提出針對廣本真偽的問難、質疑，以贊成其師的觀點。當時錢塘寶山善信將此事告知禮，請其評論，兩派的論戰由此開始。

　　知禮首先作《釋難扶宗記》，批駁晤恩師徒的觀點，堅持《金光明經玄義》的廣本是真實的。知禮的反駁著作一出，立即得到晤恩系的回應，源清的弟子慶昭和志圓撰寫〈辯訛〉，維護晤恩《發揮記》的觀點，並且反駁知禮的觀點。此後辯論主要在知禮和慶昭之間進行。知禮作〈問疑書〉，慶昭回以〈答疑書〉；知禮再作〈詰難書〉，慶昭回以〈五義書〉；知禮再作〈問難書〉，當時慶昭一年未回答，所以知禮又作〈復問書〉，催促慶昭迅速作答，於是慶昭作〈釋難書〉。於是「往返各五，綿歷七載」。最後，知禮於景德四年（西元 1007 年）綜合 7 年間的前後論難文義，撰成《十義書》。到此時為止，兩派超出義理探討範圍的門戶之爭就明確下來了。志磐後來指出：「法智（知禮）乃復備引前後之文，詳而論之，號《十義書》，而四明之學者始指恩、清、昭、圓之學稱為『山外』，蓋貶之辭云。」[293]

　　慶昭於同年五月作《答十義書》。知禮於當年六月再作《觀心二百問》，就觀心問題提出 200 條問題，但是慶昭並沒有作答，雙方的第一次論戰就告一段落。此後論戰還在延續，參加者有知禮和慶昭的弟子。以後的論戰就不僅僅是書信的往返，而且有當面的指責，甚至不得不請出地方官吏出面調停。天禧二年（西元 1018 年），志圓著《金光明經玄義表徵記》，依然主張廣本是偽作。知禮則於天聖元年（西元 1023 年）再作《金光明經玄義拾遺記》，反駁此說。因此，就兩派所爭論的問題來看，誰也沒有說服誰，兩派都堅持自己的主張。另外，在論戰中熱情最飽滿、主動進攻意

---

[293]　《佛祖統紀》卷十〈慶昭傳〉。

識最強、積極度最高的是知禮，他不僅激烈批判晤恩系，而且也容不得弟子有不同意見。由於弟子仁岳有不同觀點，知禮又與其進行了不調和的論戰，並一直持續到知禮逝世，此後仁岳也被貶出山家派。整體說來，所謂山家與山外的爭論，主要是以知禮為首的一派與慶昭、志圓的辯論，而知禮始終是主導論戰過程的核心人物。

知禮對晤恩系的批判和他自己對「觀心」的看法，涉及許多方面的問題，就其思想核心而言，主要有兩個方面：其一，在知禮看來，不能因為談了「法性」，就不要再談「觀心」了。這也是他展開與晤恩系論戰的第一個重要理由。他認為：「觀心者，正論觀法，的示行門，須對境明觀，俾惑滅果成，豈此圓談法性，便不立觀心耶？」[294] 知禮認為：「應知十種三法，唯談果佛所證法相，只是約教開解。況文初自云，約信解分別，故於此後須有觀心一科，顯於圓行，方合一家教觀傍證之義也。」[295] 如果只談佛果境界，不談觀心法門，那就是「有教無觀」了，而這正是天台宗批判華嚴宗的一貫言論。實際上，知禮「豈此圓談法性，便不立觀心耶」的批評是無的放矢。因為，晤恩只是認為「觀心釋」是多餘的，並沒有主張廢除「觀心」修行。

其二，知禮認為，「觀心」主要觀「三魔四障」。這不僅與智顗的思想有差距，也是與晤恩系分歧的焦點。

對於在修行止觀時以什麼作為觀想的對象，所觀想的「心」具有什麼樣的性質，天台宗智已經有明確說明：「眾生法太廣，佛法太高，於初學為難。然心佛及眾生，是三無差別，但自觀己心則為易。」[296] 佛心高遠難測，修行者不好掌握，所以不主張把解脫世界的佛心作為理解和體認的對象；眾生無量無盡，數不過來，到底把哪個眾生的心作為觀想對象不易

---

[294]　《十義書》卷上。
[295]　《十義書·一不解能觀之法》，《大正藏》卷四十六。
[296]　《法華玄義》卷二。

第二節　天台宗及其學說發展趨向

解決,所以也不主張把眾生心作為觀想對象。那麼,可以把修行者個人的「己心」作為觀想對象。所謂「己心」,就是修行者的起心動念,具體的心理活動過程。「己心」當然是有汙染的、變動不居的、屬於現實世界的「妄心」。輪迴世界的「妄心」雖然不同於解脫世界的「真心」,卻也不是純惡無善。對於「己心」的性質,天台宗內部歷來有著不同見解。晤恩一系就很強調一念心所蘊含的真如性質,例如,晤恩弟子源清認為:「今指一念知性,本來清淨,不生不滅,是真無性。以此性令即十界色心之法,故云三千宛然,是知一念三千世間相當也。」[297] 這種論述表示,晤恩系並不是要以「真心」為觀想對象,而是強調「一念」、「妄心」的本體是清淨真如。然而,知禮所要「觀」(想)的對象(「境」),卻不是一般意義上的「妄心」,他認為:

　　故一家之教,依此意故,乃立陰心為所觀境。所以《止觀》及以諸文,皆令觀心,以取近要之心,為觀所託。若無所託陰界入境,觀依何修?理依何顯?故離三障四魔,則無所觀境界也。[298]

知禮講的所觀之境,核心是「三魔四障」,不但是與真如、佛果直接對立的東西,也是「眾生心」、「己心」中純惡無善的部分。如果這些就是「己心」的話,那麼在他的眼裡,一切就都是黑暗可怕的、恐怖的。他的焚身追求,就是這種極端思想指導下的極端追求。知禮提出的「妄心觀」,是一種嚴酷的宗教實踐,這種實踐讓人們在觀想過程中,只把日常中的所有惡來觀想,透過了解一切「惡」,達到轉惡為善、轉妄成真、轉凡成聖的目的。這種重點讓人們理解和體認「妄」、「惡」的純負面精神活動的止觀實踐,可能會具有實現自我懺悔罪惡、加強自我道德修養的作用,但是,它同時也會讓人不能全面看待世界、人生和自我,把人帶到與

---

[297]　源清:《十不二門示珠指》,《續藏》100 冊。
[298]　《十義書》卷下。

「存天理，滅人欲」相同的道路上去。

山家一派的後來者，曾經指出山家與山外產生理論分歧的原因：

唐之末造，天下喪亂，臺宗典籍流散海東。當是時，為其學者，至有兼講《華嚴》，以資飾說，暨我宋隆興，此道尚晦。螺溪、寶雲之際，遺文復還，雖講演稍聞，而曲見之士習氣未移，故恩、清兼業於前，昭、圓異議於後，（繼）齊、（咸）潤以他黨而外務，淨覺以吾子而內畔，皆以溷亂法門，壅塞祖道。四明法智，以上聖之才，當中興之運，東征西伐，再清教海，功業之盛，可得而思……自荊溪而來……備眾體而集大乘，闢異端而隆正統者，唯法智一師耳！[299]

這樣的總結帶有濃厚宗派意識，但其中也包含了一些事實：山外派的確受到華嚴教理的影響。然而，這是與宋代各宗派理論的相互融合大潮相呼應的。此後，佛教內部各派思想的融合就更加明顯了。

三、知禮門下三系諸師及其佛學

北宋中期之後，從法系傳承方面考察，天台著名僧人大都出自知禮的弟子廣智尚賢、神照本如和南屏梵臻三支；從學說發展方面看，知禮的後繼者中很少有人堅持他的天台學，而是走上了與禪、淨土和懺進一步融合的道路，這是與當時的政治形勢和佛教內部的變化密切相關的。隨著北宋末年內憂外患的加劇，社會急遽動盪，天台的義學探討已經沒有繼續維持的外部環境。大量流民擁入佛門，帶來了禪學的興盛。在這種情況下，出自天台法系的僧人也清楚地看到了義學不適應動盪社會的弊端，或轉向禪學，或專門弘揚淨土，或繼承知禮、遵式以來重懺法的傳統。特別是對知禮帶有極端色彩的「妄心觀」，反對的人就更多了。用志磐的話說，就是

---

[299]　《佛祖統紀》卷八〈知禮紀贊〉。

第二節　天台宗及其學說發展趨向

「背宗破祖」的人很多。

尚賢（生卒年代不詳），四明人，獲賜號「廣智」。天聖六年（西元1028年），他曾繼知禮住延慶寺，名重一時。日本僧人紹良入宋求法，曾隨其學習3年。尚賢的弟子眾多，著名者有繼忠、唯湛、鑑文等。

鑑文遞傳中立（西元1046～1114年）、覺先（？～西元1146年）等人，他們一般都是把行懺法、倡導淨土信仰放在首要位置。例如，中立長於講止觀，精通儒道經典，但尤以修持淨土聞名，就被譽為「玉池蓮中之人」。覺先精通天台教義，並且善於講經，同時持淨土佛號48年，從不間斷。他們在社會上的影響主要是在做佛事方面而不是在宣揚天台的純教義方面。這個特點在北宋初期就表現出來，而在知禮的後繼者中，就表現得更充分了。天台的止觀修行雖然是僧人修行中不能廢除的，但是，在社會實踐上，淨土信仰占據了越來越重要的位置。

唯湛（西元1009～1073年）在講經之餘，也是注重各類佛事，重視淨土信仰。「天台祖教，淨土法門，盛行三吳，由師始也。」[300]

繼忠（西元1012～1062年），永嘉人，《釋門正統》卷六和《佛祖統紀》卷十三中有其傳。他曾住西湖法明寺講經論，學者甚眾。同時，他也接受天台宗的傳統，注重各種懺法，常行法華、光明、彌陀、觀音三昧等。著有《扶宗集》，並集有《四明仁岳異說叢書》等。繼忠遞傳草堂處元（西元1030～1119年）、息庵道淵、圓辯道琛（西元1086～1153年）。當時人們把道琛作為天台義學的正統，所謂「山家言教觀者，皆稟師為正」。然而，他雖有精通義學之名，並沒有留下什麼著作。他專注於修持念佛三昧和弘揚淨土，曾指出：「唯心、淨土，一而已矣，良由彌陀悟我心之寶剎，我心具彌陀之樂邦。雖遠而近，不離一念；雖近而遠，過十萬

---

[300]　《釋門正統》卷六、《佛祖統紀》卷十三。

億刹。」[301] 對唯心淨土與西方淨土的這種溝通和理解，不僅是當時佛教界的老生常談，而且與主張禪淨融合的禪師的言論沒有多少區別。

神照本如（西元982～1051年），四明人，先後從學於知禮和遵式，曾住持東山能仁寺，講經30年，從學弟子經常有五六百人。講《法華》、《涅槃》、《觀無量壽》、《金光明》、《摩訶止觀》、《觀心論》等六七遍。注重修懺，曾集百僧修法華長懺1年。又效法廬山慧遠故事，結白蓮社，專修淨土。幾年後，寺院規模擴大，影響很廣，宋仁宗題額「白蓮庵院」。他的弟子有處謙、有嚴等。

處謙（西元1011～1075年），先問學於遵式，後依本如，為其首座。曾燃三指供佛，發誓弘揚天台教。他一生住持過10所寺院，持戒嚴謹，從學者甚多。處謙的弟子有淨梵（？～西元1128年）、擇英（西元1045～1099年）、思照（？～西元1119年）等。他們的一個共同特點，就是重視西方淨土信仰，把修持淨業作為最主要的修行活動。擇英的弟子思淨，更是專志念佛，每日誦讀《觀經》，時人稱其為「喻彌陀」。

有嚴（西元1021～1101年），幼年出家，後依本如。他對止觀的不思議境的理解是：「萬法唯一心，心外無一法，心法不可得，故名妙三千。」這種理解顯然受了禪學的影響。他持戒嚴謹，注重淨土，《佛祖統紀》謂其：「蓄一缽，無長物，躬拾薪汲水，食唯三白（乳酪米飯三種白淨之物）。毗尼條章輕重等，護二十年，專事淨業以安養，為故鄉作〈懷淨土詩〉八章，辭情悽切，人多樂頌。常時所修三昧，多獲瑞應。」[302] 有嚴的言行可以說是反映本派僧人整體面貌的一個縮影。他們在傳承天台法系的同時，把觀心法門與禪學、念佛求生淨土和懺法等密切融合在了一起。另外，他們在個人生活方面一般都持戒近乎苛刻，在做佛事方面都很虔誠，

---

[301] 《釋門正統》卷七〈道淵傳〉。
[302] 《佛祖統紀》卷十二。

第二節　天台宗及其學說發展趨向

並且有吸引信眾的神異瑞應。

梵臻一支是天台宗法系傳承最長久者，宋代以後的天台宗人大多出自此係。梵臻生卒年不詳，錢塘人，初名有臻，因常居南屏山，故號南屏。早年從學於知禮，皇祐三年（西元 1051 年）住上天竺寺，熙寧五年（西元 1072 年）移居南屏山興教寺。他以知識淵博、擅長演講、博聞強識著名。與其往來密切的蘇軾曾說：「吾嘗與語，凡經史群籍有遺忘，即應聲誦之。」[303] 至於他的思想，並沒有繼承知禮，所以志磐說：「南屏晚見法智，其所立義，有時而違。」[304] 梵臻的弟子慈辯從諫（西元 1034～1109 年），先從學於上天竺寺的辯才元淨（西元 1011～1091 年）3 年，後按照辯才的指示，投到梵臻門下。從諫一生歷住明慶、淨住、處州（今麗水）壽聖、南屏、上天竺等寺院，晚年退居壽聖。高麗僧統義天來華，師事於從諫，歸國後奉他為高麗天台宗初祖。

從諫之下分為兩支，其一是弟子慧覺齊玉一支，其二是車溪擇卿一支。齊玉（西元 1071～1129 年）在杭、嘉、湖等地住持過多處寺院，每到一地，都要結淨土社，率領僧俗信眾念佛。他經常告訴信徒：「我等未念佛之時，其心在常處諸根，隨逐諸塵，作諸不善。」因此，「若不繫念彌陀，苦難難拔。稱佛名故，於念念中除八十億劫生死之罪。」[305] 齊玉倡導淨土，不僅僅是為了來生，他把今生所做的一切不善的事情，都歸結於不念佛。念佛不僅是解決往生的問題，也是解決今生苦難的方法。在他看來，只要念佛，就能避免做不善的事，這也就是不作苦業，也就消除了人生苦難的根源。齊玉自覺地把修淨土作為主業，把它放置在「觀心」法門之上。

齊玉的弟子法久，反對「膠於章句，鼓於頰舌」的義理之學，傾心於

---

[303]　《佛祖統紀》卷十二〈梵臻〉。
[304]　《佛祖統紀》卷十三〈會賢傳・述〉。
[305]　《佛祖統紀》卷十四〈齊玉傳〉。

禪學。他與大慧宗杲關係密切，經常到徑山求教。宗杲勸他，「教苑人稀，宜勉力弘傳，以光祖道」。紹興十三年（西元 1143 年），他住持餘姚清修寺，按照禪宗寺院規制安排寺院。而他的弘教風格被認為是有宗杲之風，時人稱他「談禪於教苑」。[306]

擇卿（西元 1055～1108 年）對於知禮的學說有一個明確表態：「四明所弘奧義深旨，吾悉得之，唯起教觀，信之不足，但不敢不信耳。」[307]「教觀」乃是四明之學的核心內容，作為本系的後代嗣法宗師尚且不能真正相信，那麼，天台本宗有特點的學說，自然也就不可能在佛教思想界處於主流地位了。正是基於這種理解，擇卿在 30 歲之後就「廢書卷而坐禪」了。擇卿弟子有竹庵可觀（西元 1092～1182 年），也曾從學於齊玉，是兩宋之際著述較多的天台僧人，著有《楞嚴經題集解補注》、《蘭盆補注》、《金剛通論》、《竹庵錄》、《山家義苑》等。可觀傳北峰宗印（西元 1148～1213 年），元代知名的天台僧人都出自這一系。

第三節　淨土信仰與實踐

一、淨土信仰發展的特點

在宋代禪宗組織規模和禪學思想不斷發展的同時，淨土信仰也以前所未有的勢頭興盛起來，形成與禪學相互促動的另一股信仰思潮。

就禪宗的基本思想而言，它主張自證自悟，否定外部力量的拯救。禪宗否定傳統的偶像崇拜、不重戒律等，在一定程度上損害了佛教的道德形象，也削弱了其宗教信仰功能。禪學不能滿足人們尋求神靈拯救的需求，

---

[306]　《佛祖統紀》卷十五〈法久傳〉。《釋門正統》卷七〈法久傳〉。
[307]　《佛祖統紀》卷十四〈擇卿傳〉。《釋門正統》卷六〈擇卿傳〉。

第三節　淨土信仰與實踐

也不能滿足人們對後世或來世的寄託。就所依賴的社會階層而言，在不同的社會歷史環境中，禪宗分別適應兩個社會階層。在宋代社會平穩發展的時期，促動它發展的主要社會力量是有較高文化修養的士大夫階層，這是導致禪宗出現新變化的重要社會原因。在社會動盪時期，禪宗滿足了聚集一地的流民的生活需求，這是山林禪宗勃興的社會基礎。禪宗自耕自食、自我拯救的教義，是小農經濟生產方式的宗教反映。對於在和平年代的更大數量的一般民眾，也就是被某些禪宗僧人斥為「愚夫愚婦」者，禪顯然就不能滿足他們的精神需求。正是禪宗理論內在的頑強理性精神，促成了淨土信仰的廣泛流傳。

從純宗教目的來說，人們對於淨土信仰的追求，實際上是對救世主的呼喚，是對消除現實苦難的企盼，是對百年之後獲得圓滿美妙歸宿的憧憬。這些精神追求，都是禪學所不能滿足的。法忠在〈南嶽山彌陀塔記〉中講了一位信奉西方淨土者的例子：「信士鄭子隆者，夙懷善種，悲念特發，觀斯罹亂之苦，知怨業之有對也。……唯佛力可以拯濟也。乃運精誠，結同志者萬人，共念西方極樂世界阿彌陀佛尊號。」[308] 這正說明了人們信仰淨土的一個重要原因。

宋代淨土信仰的興盛表現在許多方面。第一，倡導和實踐淨土信仰開始成為各個宗派僧眾的共識。就佛教內部而言，無論是禪宗、華嚴宗、天台宗以及律宗的有影響人物，還是一般僧眾，大多有淨土信仰，或接受某種學說，或奉行某種行儀。志磐的《佛祖統紀》將宋代僧人 75 位列入〈往生高僧傳〉，說明當時可作為信奉淨土信仰表率人物的數量之多。著書宣揚歷代淨土信仰榜樣的人，既有出家僧人，也有在家居士。有影響力的著作如遵式的《往生西方略傳》、戒珠的《淨土往生傳》、王古的《新修往生傳》、陸世壽的《淨土寶珠集》等，都是為信仰、宣揚和實踐淨土的代表人

---

[308]　《樂邦文類》卷三。

物樹碑立傳。

第二，淨土學說多管道、多層面展開，其社會功能進一步擴大。

在從古印度傳入的佛教經典中，宣揚淨土信仰的典籍不少，而在唐代中國僧人的注疏著作中提出的淨土種類就更繁多了。就其影響和普及程度而言，以崇奉阿彌陀佛的西方淨土說最為流行，這種情況到了宋代依然沒有變化。自北宋初年開始，在佛教界這種西方淨土學說與各派學說廣泛融合的潮流中，一些原本與淨土信仰相互矛盾、對立和牴牾的學說，也開始發生明顯改變。屬於西方淨土信仰系統的各種淨土說教不僅普遍流行於各派僧人中，而且透過他們廣泛傳播於社會各階層。宋代倡導淨土信仰的代表人物，自覺把整理淨土學說與適應士大夫和一般信眾的生活需求，與有利於社會的穩定、有利於建立社會秩序結合起來。宋代出現的創新性質的淨土學說，成為重新整合佛教各派理論的方法和工具，從而又加快了佛教各派相互融合的步伐。

在佛教各派學說融合發展的基礎上，出現了多種自成體系的淨土學說，分別屬於禪宗系統、華嚴系統、天台系統和律宗系統。這些淨土信仰一般並不是孤立地以某一類經典為依據組織起來，而是具有吸納融合多種因素的特點，不但遠遠超出了佛教譯籍的學說範圍，也超出了唐代注疏的論證範圍。它們之間既有衝突，又有融合。

在淨土學說和實踐的多樣化發展過程中，有一個突出的共性，就是無論出自哪一個宗派的淨土信仰，無論以哪一派的教理為依據的淨土思想，都在理論和實踐上與本於彌陀經典的西方淨土內容有著千絲萬縷的連繫。這是西方淨土思潮廣泛流行於社會各階層的直接反映。各派淨土學說所依據的基本理論、所崇拜的信仰對象、所確定的修行內容、所樹立的修行目的，都與傳統的淨土經典存在差別，具有適應社會需求的創新性質。

第三，以淨土信仰為紐帶的僧俗結社運動風起雲湧，貫穿於整個宋代。

第三節　淨土信仰與實踐

當時僧俗結社現象很普遍，名目繁多，種類不少，但不全是淨土結社。其中，有以禪學為紐帶的結社活動。佛印了元（西元 1032～1098 年）與理學家關係密切，曾與周敦頤結「青松社」，被推為社主。他們「相與講道，為方外友」，有「青松已約為禪社」的美談。名僧曉瑩指出：「公（指周敦頤）雖為窮理之學，而推佛印為社主，苟道不同，豈能相與為謀耶？」[309] 這種結社規模比較小，是以談禪論道為主要活動。另外，根據《大慧年譜》記載，紹興二十七年（西元 1157 年）「師率八萬四千人，結般若勝會。人出緡錢，餘竭衣盂，以成歲入，用瞻齋廚」。這種般若勝會也屬於佛教結社，而且規模很大。結社還有以念誦某些經典為主的。例如，陸偉「中年厭世念佛，率眾結法華、華嚴二社，各百許人。其法，各人在家誦經一卷，月終就寺讀誦，終日而散。如是二十年，遂成大會」[310]。

宋代流行最廣、影響最大的佛教結社，是以淨土信仰為紐帶的僧俗結社。宋代淨土結社運動從以杭州為中心的江浙一帶興起，影響到北方的京畿地區。以淨土信仰為紐帶的結社名目繁多，其規模之大，延續時間之長，傳播速度之快，也是歷史上所罕見的。有些結社組織始終是地方性質的，影響僅限於一地；有些結社組織則成員遍布朝野，影響遍及全國。建立和參與各類結社的人員，在僧團之外有朝廷的達官顯宦，有各級地方官吏，有一般士人，更有廣大下層民眾；在佛教內部有各宗派的領袖人物，地方名寺的住持，也有一般的僧眾。由名僧和達官顯貴組織的結社很多，例如省常在西湖昭慶寺建立的「淨行社」，遵式在四明寶雲寺設立的「念佛會」，知禮在明州延慶寺建立的「念佛施戒會」，本如在東掖山能仁精舍建立的「白蓮社」等等。

由於淨土結社活動相當普及，一些小寺院的住持或一般僧眾，甚至有

---

[309]　《雲臥記譚》卷上。
[310]　《佛祖統紀》卷二十八。

第三章 宋代佛教宗派的重組與理論創新（下）

佛教信仰的平民，也在地方上發起或參加淨土結社。例如，延慶寺住持惠詢慕廬山慧遠念佛結社故事，結 18 人「為念佛三昧西歸蓮社」[311]；華亭超果寺靈照「每歲開淨土會七日，道俗二萬人」與會[312]；若愚「建無量壽閣，勸道俗四季開會念佛，凡三十年」；中立「常以淨業誘人，其徒介然創十六觀堂，為東州之冠，實師勉之也」；思照「於月二十三日率道俗繫念三聖，常及千聖」，道言「大集道俗念佛」[313]。這些念佛結社有些發展的規模很大，延續的時間也很長。

另外，也有達官顯宦發起或資助念佛結社。錢象祖「問道於保寧全無用，尤以淨土真修為念，嘗於鄉州建接待十處，皆以淨土、極樂等名之，創止庵、高僧寮，為延僧談道之所」；笞定國「常念佛，讀淨土諸經，結西歸社以勸人。……三、八集僧俗，就淨土院諷《觀經》、念佛以為常」[314]；文彥博兼譯經潤文使時，「在京與淨嚴禪師結僧俗十萬人念佛，為往生淨土之願」[315]。一些地方富裕地主，發起的結社規模之大，持續時間之長，也是很可觀的。姚約「覺海友師勸里人結淨業社，約實主其事」，與社中友人日日念佛，以期往生。[316]

各種淨土結社中，大部分社團在發展過程中始終得到國家的默許、羈縻甚至支持，也得到佛教內部非社團僧眾的認可。個別社團在發展過程中背離了佛教的基本教條，引起地方治安問題，既被正統佛教宗派斥為「魔道」，又受到朝廷的鎮壓。

淨土信仰的純宗教行儀內容，是以口念阿彌陀佛名號，對佛懺悔、發願往生西方淨土世界為主要內容。但是，作為結社活動，其目的就不僅僅

---

[311]　《樂邦文類》卷二。
[312]　《佛祖統紀》卷二十八。
[313]　上引均見《佛祖統紀》卷二十七。
[314]　上引均見《佛祖統紀》卷二十八。
[315]　《佛祖統紀》卷四十五。
[316]　《佛祖統紀》卷二十八。

第三節　淨土信仰與實踐

如此。贊寧在《僧事略》卷下說：「歷代以來，成就僧寺為法會，社也。社之法，以眾輕成一重，濟事成功，莫近於社。今之結社，共作福田；條約嚴明，逾於公法。行人互相激勵，勤於修證，則社有生善之大功矣。」[317] 結社有著佛教修行的目的，希望透過集體的力量來增強修行的功效，又有壯大僧團經濟實力的重要作用。另外，還對穩定社會秩序有利。贊寧對結社作用的歸納，反映了當時人們對僧俗結社的一般看法。但是，隨著淨土結社運動的發展，出現了新的情況，淨土結社的作用就複雜多了。

第四，淨土結社在發展過程中還產生了民間的祕密教團，在宋代最有影響的是白蓮教、白雲宗等。其中，白蓮教的興起與淨土結社活動有更直接的關係。

南宋初年，江蘇吳郡延祥院僧人茅子元先學習天台宗教義，修習止觀禪法，後仿效廬山慧遠結蓮社的做法，「勸人皈依三寶，受持五戒」，「又念阿彌陀佛五聲，以證五戒，普結淨緣，欲令世人淨五根，得五力，出五濁」。[318] 他摘錄《大藏經》中的相關內容，編成《蓮宗晨朝懺儀》，教人禮佛懺悔，專念彌陀，同生淨土。後住淀山湖，建立「蓮宗懺堂」，與大眾同修淨業，並著《西行集》，自稱「白蓮導師」。由於白蓮宗倡導不殺生、不飲酒、斷肉食菜，所以又名「白蓮菜」。

按照茅子元的說法，「此土但有信願念佛，不斷煩惱，不捨家緣，不修禪定，臨命終時，彌陀接引，皆得往生淨土。」[319] 茅子元以未來的佛國世界為號召，並且認為不需要修什麼禪定，也用不著捨棄家庭生活，僧徒可以娶妻生子，並不妨礙修行，就可以得到一切。這對一般鄉鎮民眾是很有吸引力的。然而，到此為止，白蓮宗的活動還沒有超出一般淨土結社的範圍。紹興初年，當局曾因白蓮宗「宗風大振」，「愚夫愚婦轉相誑誘，

---

[317]　《大宋僧事略》卷下。〈結社法集〉。
[318]　《廬山蓮宗寶鑑》卷四。
[319]　《廬山蓮宗寶鑑》卷二。

聚落田裡皆樂其妄」[320]，以「食菜事魔」的罪名流配茅子元於江州。所謂「食菜」不但不是什麼罪過，還是信守佛教戒律的表現，但是，「事魔」的確是不能被寬恕的罪過。所謂「事魔」，主要指白蓮宗「勸諸男女同修淨業」[321]，甚至出現男女淫亂活動。這不僅為正統佛教徒所不齒，也是官方所不容的。進入元代以後，白蓮宗的部分徒眾轉向反抗少數民族統治的抗爭，有了政治色彩，也一再被元王朝下令禁止。

第五，隨著宋代淨土信仰在社會各階層的普及，淨土的宗派傳承法系開始編排，成為淨土創宗建派過程中的一項重要內容。

淨土宗的立宗之說是在南宋後期出現的，由天台宗人提出來。四明宗曉（西元 1151～1214 年）以廬山慧遠為蓮社始祖，這幾乎是宋代主張淨土信仰的僧俗人士的共識，所以對此不僅當時在佛教界沒有異議，在後代也沒有反對意見。其次是善導、法照、少康、省常、宗賾五位法師，這是淨土宗的六祖說。[322] 稍後，四明知磐又立七代祖師：慧遠、善導、承遠、法照、少康、延壽、省常，這是淨土宗的七祖說。[323] 確定的祖師雖然有差別，但把淨土作為與隋唐時期產生的其他佛教宗派並列的一個宗派，是得到當時佛教界和社會信眾廣泛認同的。

無論是宗曉還是志磐，選擇祖師的原則都是一樣的，是選取對弘揚淨土法門有貢獻的人，並不在乎其所屬宗派，也不問師承關係。這與其他宗派的形成完全不同，反映了本宗信仰的多樣性特徵。宋代之後佛教界又在此基礎上新增祖師，選取原則也是這樣。明清之際，立袾宏為淨土八祖。清道光年間，悟開更立智旭為九祖、實賢為十祖，際醒為十一祖。[324]

---

[320]　《佛祖統紀》卷四十八。
[321]　《釋門正統》卷四。
[322]　《樂邦文類》卷三。
[323]　《佛祖統紀》卷二十六〈淨土立教志〉。
[324]　《蓮宗正傳》。

第三節 淨土信仰與實踐

二、西方淨土與唯心淨土的對立與融合

宋代以前，無論在佛教界還是在社會一般民眾中，西方淨土信仰是各種淨土學說中影響最大、流行最廣的一種。西方淨土信仰的內容，源自隋代以前相繼翻譯出的四部經典（後代習稱「三經一論」），即曹魏康僧鎧所譯的《無量壽經》（又稱《大無量壽經》）2 卷，劉宋良耶舍所譯的《觀無量壽經》1 卷，姚秦鳩摩羅什所譯的《阿彌陀經》（又稱《小無量壽經》）1 卷，元魏菩提流支所譯的《往生論》（全名為《無量壽經優婆提舍願生偈》）1 卷。

這些經論的主要內容，是透過神話傳說，描述佛國世界的無限美妙，介紹現實世界眾生到達那裡的方法。據說，西方有一個名為「極樂」的國度，那是相距遙遠的一方「淨土」（佛國），那裡的眾生只有享樂沒有痛苦。人們如果真心按照佛教的要求修善持戒，或思念那裡的教主阿彌陀佛，甚至只是念誦「南無阿彌陀佛」，就可以獲得滅罪消災的功效，死後往生到那裡，享受人間難以想像的極樂生活。從南北朝到隋唐，注疏宣傳這些經典的學僧有多家，促進了淨土信仰的流行和普及，其中影響力較大者有善導（西元 613～681 年）。他初步完成了淨土信仰的教理和行儀。

淨土信仰在理論上的特點，是強調修行者依憑佛力的拯救，追求來世的幸福和解脫。按照這種說教，信奉者以稱名念佛為主要內容的修行活動構成「內因」，阿彌陀佛拯救眾生的願力構成「外緣」，內外相應，修行者就可以往生淨土。就其修行規定而言，簡單易行，遠勝於其他宗派的修行規定。西方淨土真實存在、佛有拯救眾生的能力、來世可以解脫，是淨土學說成立的前提條件。在解脫論上，淨土信仰與佛教其他派別存在分歧，尤其與禪宗的理論直接對立。

在各種淨土學說中，除了西方淨土之外，最有影響力的就是禪宗的唯

心淨土理論。禪宗認為，自我具足一切，佛教中所有美好的東西都存在於自己的心中，因此，覺悟和解脫只能依靠自己的努力來完成，不能憑藉任何外部力量達到，所謂「識心見性，自成佛道」。《六祖壇經》對西方淨土的態度十分鮮明，可以說是禪宗對西方淨土信仰的最早、最有系統並且是最有影響力的理論，確定了此後禪宗淨土學說演變的基調。根據一般認為成書不遲於宋初，並且保持古本原貌的敦煌本《壇經》記述，當有人問對於「僧俗常念阿彌陀佛，願往生西方」這個現象應該怎樣理解時，慧能回答：

世尊在舍衛城說西方引化，經文分明，去此不遠。只為下根說遠，說近只緣上智。人有兩種，法無兩般。迷悟有殊，見有遲速。迷人念佛生彼，悟者自淨其心。所以佛言：隨其心淨則佛土淨。使君，東方人但淨心即無罪，西方人心不淨亦有愆，迷人願生東方。[325]

古本全書錯漏較多，所幸此段文字除了最後一句外，其餘部分文字可以讀通，意思也大體清楚。對照更晚出的《壇經》版本，意思就更清楚了。成書於元代至元二十八年（西元1291年）的宗寶本《壇經》，對於慧能答語相關部分的記述是：

世尊在舍衛城中說西方引化，經文分明，去此不遠。若論相說裡數，有十萬八千，即身中十惡八邪，便是說遠。說遠為其下根，說近為其上智。人有兩種，法無兩般。迷悟有殊，見有遲疾。迷人念佛，求生於彼，悟人自淨其心。所以佛言：隨其心淨，即佛土淨。使君，東方人但心淨即無罪。雖西方人，心不淨亦有愆。東方人造罪，念佛求生西方，西方人造罪，念佛求生何國？凡愚不了自性，不識身中淨土，願東願西，悟人在處一般。

成書於宋初的敦煌本《壇經》與成書於元代的宗寶本《壇經》相比較，

---

[325] 敦煌本引文見楊曾文：《六祖壇經》，宗教文化出版社，2001年5月版，第43～44頁。

第三節　淨土信仰與實踐

可以看到，儘管字句有差異，但是基本思想沒有變，即否定淨土世界的實存，倡導自力解脫。禪宗並不直接否定淨土類典籍，但是經過它的解釋，實際上是否定了在人身之外有一個實存的淨土世界，取消了人們所希望的死後歸宿。在禪宗看來，關於西方淨土的說法不過是一種比喻，是為素養低下的人講的。距離西方淨土的「十萬八千」，只不過是指「十惡八邪」，並不是真正的空間概念。禪宗所講的唯心淨土，全盤否定了西方淨土信仰的主要學說要素。

宋代倡導淨土信仰的著名禪師，大多在理論上堅持本宗的唯心淨土說。在這些禪師中，延壽倡導淨土信仰影響較大，並被禪宗以外的僧人奉為淨土宗祖師。他的特點是在堅持唯心淨土的前提下主張禪淨雙修，對淨土信仰的態度是比較溫和的。

根據慧洪《禪林僧寶傳》記載，延壽（西元 904 ～ 975 年），俗姓王，餘杭人。28 歲時為華亭（今江蘇松江）鎮將。34 歲出家，曾於天台山淨修禪定，參謁天台德韶，從其受法，成為法眼宗弟子。後到明州雪竇山，住持資聖寺。宋太祖建隆元年（西元 960 年），吳越王錢俶請其住持杭州靈隱山新寺。第二年，又請其住持永明寺（今杭州西湖淨慈寺），「眾至二千人，時號慈氏下生」。高麗國王遠慕其名，遣使奉書，敘弟子禮，前來從學於延壽的高麗僧人有 36 位。延壽的主要著作有《宗鏡錄》100 卷、《萬善同歸集》3 卷、《唯心訣》1 卷，另有一些詩文。

宋代法眼宗並不是在開拓禪學新形式、提出禪學新思想方面有創造，而是以延壽為代表，在倡導佛教內部各宗融合、主張禪宗僧人兼修淨土兩個方面有所建樹，並且影響著宋代禪學的發展趨向。延壽在理論和實踐上相容並蓄，有著使禪學失去獨立性的特徵，所以宋代的禪史學家們已經對他有不同的看法。例如，慧洪把他視為法眼宗祖師，[326] 贊寧把他列入〈興

---

[326]　《禪林僧寶傳》卷九〈永明知覺禪師〉。

第三章　宋代佛教宗派的重組與理論創新（下）

福篇〉，志磐則把他奉為淨土宗祖師。

禪師倡導禪教的融合，從唐代就已經開始，被奉為禪宗祖師和華嚴宗祖師的宗密就是著名代表。這種主張禪教融合的思想在唐代也得到士大夫的積極回應。延壽針對五代時期禪宗界出現的新情況，對禪教融合思想有了進一步發揮。《宗鏡錄》是延壽論證禪教融合、禪教一致的代表作，在歷代眾多以論證禪宗諸宗派融合為主旨的著作中，引證資料之豐富，篇幅之巨，影響之久遠，還沒有超出本書的。根據慧洪《林間錄》的記載，本書是集中精於義學的賢首、慈恩和天台三家學者參與討論，由延壽以「心宗」為準繩審定編輯而成。本書徵引大乘佛教經典 120 種、祖師語錄 120 種、聖賢集 60 種，旨在透過這種廣徵博引、多番問答，達到「舉一心為宗，照萬法如鏡」，即用禪宗理論統攝全部佛教的目的。延壽融合禪教的特點就是在堅持禪宗基本理論的基礎上，用法相宗證成萬法唯識，用華嚴宗明萬行的必要，用天台宗檢約身心、去惡從善，從而使一切經教全部納入禪宗領域。延壽的理論，實際上是宣布純然一色的禪宗時代的結束，宣布綜合性禪學時代的來臨，而這正是宋代及其以後禪宗的演變方向，所以影響深遠。清代雍正在整頓當時的禪宗時就特別稱讚延壽，認為他「超出歷代諸古德之上」，並且說「六祖以後永明為古今第一大善知識」。

延壽影響後世的第二個重要思想是倡導禪宗僧人兼修淨土法門。正如延壽在倡導禪教融合時堅持禪宗基本理論一樣，他在倡導兼修淨土時也堅持禪宗的唯心淨土。他在回答有關唯心淨土和西方淨土的關係時講得很明白：

問：唯心淨土，周遍十方，何得托質蓮臺，寄形安養？而興取捨之念，豈達無生之門；欣厭情生，何成平等？

答：唯心佛土者，了心方生。……故知，識心，方生唯心淨土；著境，只墮所緣境中。既明因果無差，乃知心外無法。

第三節　淨土信仰與實踐

問：心外無法，佛不去來，何有見佛，及來迎之事？

答：唯心念佛，以唯心觀，遍該萬法。既了境唯心，了心即佛，故隨所念，無非佛矣。如是念佛，此喻唯心所作，即有而空，故無來去。又如幻非實，則心佛兩亡；而不無幻相，則不壞心佛，空有無隔，即無去來。[327]

延壽調和這兩種完全不同的說法，認為唯心淨土是「識心方生」時的提法，是從「唯識無境」得知「諸佛及一切法皆唯心量」中產生的結論，一旦「淨土」這個境界由心產生，以此為所緣，就要墮於所緣境中，這就是西方淨土。佛說二諦，無俗不真，西方淨土屬於俗諦，處在因果之中，若不信其實有，就是「斷見」。因此，他調和兩種「淨土」的結果，是要肯定西方淨土的實在性，讓淨土名正言順地進入禪宗領域。

宋代批評唯心淨土，倡導西方淨土的僧俗人士不少，王日休是其中的一位著名代表。王日休（？～西元 1173 年），字虛中，號龍舒居士，廬州龍舒（今安徽舒城）人。高宗朝成為國學進士，著有《龍舒淨土文》12 卷（原著 10 卷，後人增為 12 卷）。他不僅身體力行修習念佛法門，而且積極勸誘各階層人士信仰西方淨土的學說和實踐。「上自王公、士大夫，下至屠丐、僮奴、皁隸、優妓之屬，咸以淨土法門勸引歸依。其文淺說曲喻，至詳至懇，若父兄之教子弟然。」[328] 他批評禪宗唯心淨土的言論是比較激烈的：

世有專於參禪者云：唯心淨土，豈復更有淨土；自性阿彌，不必更見阿彌。此言似是而非也。何則？西方淨土，有理有跡。論其理，則能淨其心，故一切皆淨，誠為唯心淨土矣。論其跡，則實有極樂世界，佛叮嚀詳復言之，豈妄語哉！

---

[327]　《萬善同歸集》卷上。
[328]　《居士傳》卷三十三。

吾心可以為淨土，而猝未能為淨土；吾性可以為阿彌，而猝未能為阿彌。烏得忽淨土而不修，捨阿彌而不欲見乎？故修西方而得道則甚易，若止在此世界，欲參禪悟性，超佛越祖，為甚難。況修淨土者，不礙於參禪，何參禪者必薄淨土而不修也？

唯心淨土、自性彌陀者，大而不要，高而不切，修未到者，誤人多矣。不若腳踏實地，持誦修行，則人人必生淨土，徑脫輪迴，與虛言無實者天地相遠矣。[329]

王日休對唯心淨土與西方淨土關係的說明，對唯心淨土的駁難，有三點值得注意。

其一，樹立西方淨土法門的權威。唯心淨土從道理上講有合理性的一面，即自淨其心可以達到一切皆淨的功效。因此，他並不否認轉變觀念，淨化心靈的重要性。但是，淨心並不能否認西方淨土世界的實際存在，它並不是存在於心中。同時，西方淨土世界的實際存在，也並不妨礙禪淨雙修，應該承認禪是和淨土同樣的佛教法門。

其二，樹立往生淨土者的權威。西方淨土的實際存在，雖然是就「跡」而言，但是進入西方淨土世界，並不是墮入所緣境中，而是超脫生死輪迴，達到終極的解脫。因此，不能說西方淨土是俗諦，是處於因果輪迴之中，所謂「人人必生淨土，徑脫輪迴」。在他看來，「生淨土」就是「脫輪迴」。這是他的一貫思想。他指出：「唯有西方淨土，最能為超脫輪迴之捷徑。」[330]「生淨土者非徒長生不老，又生死自如」，「欲生天上亦可，欲生人間亦可，欲生大富貴中亦可，欲長生不滅亦可，欲滅而復生亦可」[331]。往生淨土者可以不受生死因果的支配，可以隨心所欲地改變一切，實際上，「生淨土」就成了「成佛」的同義語。這種說法雖然在淨土類經典中沒

---

[329]　《龍舒淨土文》卷一。
[330]　《龍舒增廣淨土文》卷三。
[331]　《龍舒增廣淨土文》卷二。

有直接依據，但是宋代倡導淨土信仰的代表人物大多有這種認知。因此，無論參禪還是修淨土，都可以成佛。

其三，樹立佛的權威，貶低禪者的自大狂妄意識。大而無當，容易使人走入歧途，修行者個人努力的作用是很重要，但是又絕不能凌駕於佛的力量之上。

宋代以前，包括禪宗在內的各派學僧都提出了本派的淨土說，有反對西方淨土的，也有支持的，也有把西方淨土作為多種淨土之一承認它的存在的。但是，從理論和實踐上全面協調淨土與其他佛教派別教理的關係，還沒有形成潮流。

三、《華嚴經》與淨土結社

淨土信仰在宋代士人中很流行。宋初，省常依據《華嚴經‧淨行品》弘揚淨土，創造了華嚴信仰與淨土信仰融合的一種形態，在佛教界和社會各階層影響深遠，並得到士大夫的廣泛響應。

省常（西元959～1020年），俗姓顏，字造微，錢塘人。7歲離家入寺，15歲落髮，師從吳越副僧統圓明志興為師，17歲受具足戒，20歲學通性宗，21歲講《起信論》。雍熙（西元984～987年）中，在僧眾中傳播文殊菩薩信仰。淳化（西元990～994年）中，省常住杭州南昭慶寺，仿效東晉慧遠廬山蓮社故事，在西湖邊刻無量壽佛像，連繫僧俗結蓮社。不久，他看到《華嚴經‧淨行品》為「成聖之宗要」，即將蓮社改名為「淨行社」。[332] 參加淨行社的僧人千餘名，士大夫123人，以王旦（西元957～1017年）為社首。此後淨行社規模擴大，影響南北各地。僅《圓宗文類》卷二十二便收朝廷達官所作序、碑四篇。

---

[332] 《佛祖統紀》卷二十七。

第三章　宋代佛教宗派的重組與理論創新（下）

　　淳化二年（西元991年），蘇易簡（西元958～997年）撰《施華嚴經・淨行品序》。此時是淨行社的初創時期。省常先連繫80位僧人（結八十僧社），印《淨行品》1,000份，讓僧俗人士四處散發。在東京的蘇易簡也於當年收到1份，可見傳播速度之快、範圍之廣。

　　景德三年（西元1006年），丁謂（西元966～1037年）作〈西湖結社詩序〉，此時是淨行社得到京城士大夫紛紛響應的興盛時期。省常邀請京城的士人贈詩入社，「自是貴有位者，聞師之請願入者十八九。故三公四輔、樞密禁林、西垣之辭人、東觀之史官，泊臺省素有稱望之士，咸寄詩以為結社之盟文」。

　　大中祥符二年（西元1009年），錢易撰〈西湖昭慶寺結淨行社集總序〉，總結了前一階段「上自丞相宥密，下及省閣名公」以及數以百計的士人「爭投文以求為社中人」的盛況。

　　宋代士人經世多作兩手準備。宦海浮沉，變幻莫測，他們往往到佛教中尋找精神寄託。這是宋代士人接受淨土信仰的主要原因，也是他們接受禪學和華嚴學的主要原因。入淨行社的士人活動於太宗、真宗和仁宗三朝，處於北宋前期，社會比較穩定。在此之後，隨著民族矛盾的加劇，統治集團內部爭鬥的激烈，憂患意識與頹廢情緒在士大夫中同步增強，「林泉其心」的特點就更突出了。

　　宋白（西元936～1012年）在〈大宋杭州西湖昭慶寺結社碑銘并序〉（簡稱〈結社碑銘〉）中，對省常倡導的淨土信仰的具體內容有詳細記述。省常先「刺血和墨，書寫真經（即《大方廣佛華嚴經・淨行品》）」，然後把書寫成的《淨行品》印1,000冊，分發僧俗。「又以旃檀香造毗盧像，結八十僧同為一社」。等到「經像成」，即對經和像發願：「我與八十比丘，一千大眾，始從今日，發菩提心，窮未來際，行菩薩行願，盡此報已，生安養國，頓入法界，圓悟無生。修習十種波羅密多，親近無數真善知識，

第三節　淨土信仰與實踐

身光遍照,令諸有情,得念佛三昧,如大勢至;聞聲救苦,令諸有情,獲十四無畏,如觀世音;修廣大無邊行願海,猶如普賢;開微妙甚深智慧門,猶如妙德;邊際智滿,漸次補佛處,猶如彌勒;至成佛時,若身若土,如阿彌陀。」

〈淨行品〉篇幅不長,主要講菩薩在家和出家修行的各個方面,可以同時為僧俗信徒所使用。要特別指出的是,此品譯文有「孝事父母」等儒家倫理的內容,具有向社會各階層推廣的優勢。從宋白的記載來看,省常倡導的淨土修行內容要更廣泛,不限於此品所述,其主要特點有三:

第一,崇拜對象的融合。在佛教幾類主要典籍中、幾個較大派別的學說中,都有特定的佛菩薩信仰體系與各自的學說理論密切連繫,而省常是把淨土經典和華嚴經典中講的佛菩薩混合起來,共同作為崇拜對象。這裡有華嚴宗從《華嚴經》中概括出來的「華嚴三聖」:毗盧遮那佛、普賢和文殊(即文中的「妙德」),有淨土宗從淨土經典中概括出來的「西方三聖」:阿彌陀佛、大勢至和觀世音,還加入了彌勒經典中講的未來佛彌勒。省常所崇拜的主佛是毗盧遮那,並雕造成像。為了「令諸有情」達到解脫,使用諸位佛菩薩原本具有的諸種功能,正是進行這種崇拜對象融合的目的。

第二,修行內容的融合。省常要求入社者所修的「十種波羅密多」、「親近無數真善知識」等,是《華嚴經》的修行內容,至於「聞聲救苦」之類,則是淨土類經典講的內容。在修行內容方面,省常也是把華嚴典籍和淨土典籍混合在一起,共同作為成佛的條件。

第三,修行目的的融合。從修行歸宿上講,省常希望「生安養國,頓入法界」。所謂「生安養國」,指死後進入西方極樂世界,這是淨土宗人的修行目的。所謂「頓入法界」,是進入佛的境界,並無東西方位之分,也沒有生前死後之別,這是華嚴宗人的修行目的。省常不問兩者的區別,把兩者共同作為「成佛」的同義語使用。其實,省常倡導的這種多元複合性

質的淨土信仰，雖然依據了《華嚴經》的經文，雖然吸收了華嚴宗的佛菩薩信仰對象，卻並不是建立在華嚴核心理論基礎上的系統學說。同樣，它也不是照搬淨土經典的內容。這種淨土信仰與已有的佛教經論相牴牾處很多，且十分明顯，但這些不但無人指責，反而具有驚人的號召力和感染力。

據宋白說，省常的說教「士人聞之，則務貞廉，息貪暴，填刑網，矜人民；釋子聞之，則勤課誦，謹齋戒，習禪諦，悟苦空；職司聞之，則慕寬仁，畏罪業，尊長吏，庇家屬；眾庶聞之，則耳苦辛，樂貧賤，精伎業，懼憲章；善者聞之而遷善，惡者聞之而舍惡」。[333] 是否有這樣的作用自然值得懷疑，但省常的淨土信仰廣泛流行於社會各階層則不容置疑。這種淨土說「能感人心」，適應當時社會的需求，具有生命力，至於是否嚴密、深刻、系統，是否與佛教傳統經論有違，都是無人過問的次要問題。從這種信仰的盛行，可以看到宋代佛教融合的一個側面，可以了解華嚴典籍與淨土信仰混合的一種形態。

四、義和的華嚴淨土說

北宋省常依《華嚴經》弘揚淨土信仰，並沒有吸收《華嚴經》中提到的淨土信佛法門，其學說也不是建立在華嚴宗理論基礎上。南宋初，義和撰《華嚴念佛三昧無盡燈》，倡華嚴淨土信仰，是華嚴學僧對社會上普遍流行的淨土信仰的回應。

義和，號圓澄，又被稱為「圓證大師」，曾住平江（今江蘇吳縣）能仁寺和杭州慧因寺。義和注重華嚴典籍的收集、整理和流通。紹興十五年（西元1145年），他請准將華嚴宗典籍編入大藏經。紹興十九年（西元

---

[333]　上引均見《圓宗文類》卷二十二。

第三節　淨土信仰與實踐

1149 年），刊刻《法藏和尚傳》。他把從高麗蒐集的智儼、法藏的著作重新雕版，以廣流傳。他本人有影響的著作是《華嚴念佛三昧無盡燈》（簡稱《無盡燈記》）1 卷，據說宋孝宗讀後「大悅」。該書已佚，序文存於《樂邦文類》卷四，據此可以了解義和華嚴淨土說的概要。

該序寫於乾道元年（西元 1165 年）。義和指出作《華嚴念佛無盡燈》的原因：「某晚年退席平江能仁，遍搜淨土傳錄與諸論贊，未嘗有華嚴圓融念佛法門，蓋巴歌和眾，雪曲應稀，無足道者。嗚呼！不思議法門，散乎大經與疏記之中，無聞於世，離此別求，何異北轍而之楚耶？於是備錄法門，著為一編。」按照義和的說法，《華嚴經》和華嚴諸祖的注疏中不是沒有念佛法門，而是寫傳錄和作論贊的人沒有注意到或不懂而沒有收集。他作《無盡燈記》，是要把散於經疏中的念佛法門彙集起來。義和自述的撰書原因和目的，與《佛祖統紀》所述完全不同。志磐說，義和因「閱淨土傳錄，以《華嚴》部中未有顯揚念佛法門者，乃著《無盡燈》，以此經宗旨遍贊西方，為念佛往生之法」[334]。

從現存的序言來看，志磐的記載並不符合實際情況。首先，義和並不認為《華嚴經》中沒有念佛法門，《無盡燈》正是要彙集其中的念佛法門。其次，義和並不是要以《華嚴經》宗旨說明西方淨土信仰，而是要闡述與西方淨土說不相同的「華嚴圓融念佛法門」，是華嚴系統的念佛法門。

義和分別從《華嚴經》和華嚴諸祖著作中尋找念佛法門，說明他明確把《華嚴經》的學說與華嚴宗的學說區分開來，這不僅在宋代華嚴研究中少見，在整個佛教學說研究史上也不多見。他指出：

> 至於善財證入法界，參諸知識，最初吉祥云比丘，教以無礙智慧念佛門；又解脫長者，教以唯心念佛門；又普遍吉淨光夜神，教以觀德相念佛門。其後華嚴諸祖慮念佛者莫得其要，於善知識解脫門中復說諸門，意使

---

[334]　《佛祖統紀》卷二十九。

諸佛與眾生交徹,淨土與穢土融通,法法彼此該收,塵塵悉包遍法界,相即相入,無礙圓融。倘等(得)其門,則等諸佛於一朝;不得其門,則徒修因於曠劫。[335]

義和從《入法界品》中找到三種念佛法門,他如何具體解釋它們不得而知,但很明顯他也意識到這三種念佛法門既與西方淨土不相配,也與華嚴教義掛不上鉤。所以他又轉述華嚴諸祖的言論引申發揮,實際上是把華嚴宗倡導的圓融無礙、相即相入境界作為淨土境界,這與淨土類經典講的西方極樂世界的場面自然不是同一回事。但是,義和又從多方面與淨土信仰的理論和實踐連繫。淨土修行歷來被稱為「易行道」,以簡便易修著稱,而義和則認為:「唯華嚴觀行,得圓至功於頃刻,見佛境於塵毛。諸佛心內眾生,新新作佛;眾生心中諸佛,念念證真,至簡至易。」[336] 修華嚴念佛法門,可以在瞬間成佛,不用等到死後,比西方念佛法門更簡便易行。義和認為,他作此書的目的,是要「使見聞者不動步而歸淨土,安俟階梯!非思量而證彌陀,豈存言念」!這樣一來,義和的念佛法門不僅否定淨土存在於西方,在理論上與西方淨土信仰相矛盾,而且在修行實踐上也不與其調和。因為,修西方淨土法門,要求修行者口中念佛的名號,心裡想佛的形象,而義和講「非思量」和「豈存言念」,就完全否定了口念心想的實踐過程。

淨土信仰不但在佛教譯籍中有不少論述,中國佛教主要宗派也對其各有獨特說明。就唐代華嚴注疏言,李通玄《新華嚴經合論》卷六即列有10種「淨土法門」,分別論述、評判其高下優劣。大體說來,所有的淨土學說可以分為兩類:其一,「有相」淨土,認為淨土解脫世界實存,不以人的意志為轉移,人們可以透過特定的修行,在特定的時間到達這個彼岸

---

[335]　義和:〈華嚴念佛三昧無盡燈序〉,見《樂邦文類》卷四。
[336]　〈華嚴念佛三昧無盡燈序〉。

第三節　淨土信仰與實踐

世界。唐宋時期及其後最流行的西方阿彌陀佛淨土信仰即屬此類。其二，「無相」淨土，淨土不是獨立實存的某個地方，而是一種獲得解脫的精神境界，如果說它存在，它就存在於人們的心中。禪宗的唯心淨土是其重要代表。在佛教史上，各派對淨土在理論上認知不一致，在修行實踐上大多主張調和。無論認為淨土在「心外」，還是在「心內」，對口念佛名、心想佛形（或相關的抽象義理）並不反對。「不動步而歸淨土」自然是否定西方淨土的，這也不是義和的創造。義和的特點是在修行方式上也不與西方淨土信仰調和，這自然特別引起人們的注意。范成大（西元1126～1193年）在乾道三年（西元1167年）寫的〈無盡燈後跋〉專門強調這一點：「念佛三昧，深廣微密，世但以音聲為佛事，此書既出，當有知津者。」[337]

然而，面對僧俗各界普遍接受西方淨土信仰的形勢，義和在倡導華嚴淨土時不得不妥協讓步。「雖然諸佛拔苦救樂之心一也，不思議力一也，唯西方彌陀世尊接引娑婆眾生，願力偏重，即本師故。是以流通經中，普賢行願，獨指彌陀，極為至切。」[338] 華嚴宗以毗盧遮那為至尊佛，西方淨土信仰以阿彌陀佛為教主，義和的淨土說雖然建立在華嚴宗學說的基礎上，但在樹立最高崇拜對象方面，他比不依據華嚴宗教理倡導淨土說的省常離華嚴宗更遠。

---

[337]　范成大：〈無盡燈後跋〉，見《樂邦文類》卷四。
[338]　〈華嚴念佛無盡燈序〉，見《樂邦文類》卷四。

第三章　宋代佛教宗派的重組與理論創新（下）

第四章
遼金佛教的民族互動與宗教變貌

第四章　遼金佛教的民族互動與宗教變貌

第一節　遼代佛教

一、佛教政策與寺院經濟

耶律阿保機領導居住於遼河流域的契丹人，於西元907年建立了統一的大契丹國。西元947年，改國號為大遼，建都於今內蒙古巴林左旗南，稱為「皇都」，後改為「上京」。西元983年，恢復舊國號。西元1066年，再稱「大遼國」。其版圖曾東起黑龍江口，西至阿爾泰山，北達克魯倫河，南到雁門關。西元1125年，遼為金所滅，前後經歷九帝210年。

遼朝建國之前，契丹人沒有佛教信仰。隨著對外征服戰爭的擴大，契丹人接觸到漢族和女真族的佛教。為了使被擄掠的漢民能夠在遷徙地穩定生活，契丹統治者開始容許佛教的存在和發展。這種適應開拓疆域需求而採取的宗教政策，是從遼太祖（西元907～926年）開始的。

據說早在唐天復二年（西元902年），阿保機占領河北、河東九郡，將占領地的漢民全部遷徙於潢河（今西拉木倫河）之南的龍化州（今內蒙古翁牛特旗西部），為了安撫和穩定被遷徙的漢民，在建造城池、設置州縣的同時，也建立了佛教寺院——開教寺，這被認為是遼地第一座寺院。當時，寺院由被俘虜的漢族僧人住持，信奉者也是漢族信眾。採用這樣的措施，既可以防止僧人因為沒有寺院居住而逃跑，又能保留被遷徙漢人的原有宗教信仰，有利於社會的穩定。在為安置被遷徙的漢人所建的「漢城」中，往往要建立孔廟、祠堂、佛寺等，是全盤漢化的模式，是把漢文化複製到了遼地。當時佛教傳播速度很快，唐天祐（西元905～907年）末年，在都城西樓南邊的漢城中，「有佛寺三，僧尼千人。國人號阿保機為天皇王」。[339] 天顯二年（西元927年），契丹統治者將俘獲的僧人崇文等

---

[339]　薛居正：《舊五代史》卷七十二。

第一節 遼代佛教

50 人遷徙到都城西樓，安置於專門建造的天雄寺。

隨著受漢族文化影響的日益加深，佛教信仰也逐漸在契丹貴族階層中間流行。從耶律阿保機開始，遼廷已經不再把信奉佛教看成是漢人的事情，而是開始自覺地效法唐代帝王的奉佛故事，利用佛教為其政治服務。阿保機即位的第三年（西元 909 年）夏四月，詔命左僕射韓知古在龍化州大廣寺建碑，以紀功德。神冊三年（西元 918 年）五月，又下詔建立佛寺。

阿保機對儒、釋的看法，實際上與唐代帝王基本相同。神冊元年（西元 916 年），阿保機問群臣：「受命之君，當事天敬神。有大功德者，朕欲祀之，何先？」群臣認為應當以佛為先。阿保機說：「佛非中國教。」太子倍回答：「孔子大聖，萬世所尊，宜先。」阿保機予以肯定。[340] 儒教為第一，但並不排斥佛教，可見佛教在當時契丹貴族中的地位。可以說，在阿保機時期，已經奠定了契丹人信仰佛教的基礎。

遼太宗（西元 927～947 年）會同元年（西元 938 年），契丹貴族取得燕雲十六州。當這些佛教興盛地區被納入遼朝版圖之後，就有了真正意義上的遼朝佛教。也正是在這個時期，佛教信仰開始融入到契丹人的宗教生活和政治生活中，與契丹人的原有宗教信仰相互融合。根據《遼史》卷四十九〈禮志〉記載：「太宗幸幽州大悲閣，遷白衣觀音像，建廟木葉山，尊為家神，於拜山儀過樹之後，增詣菩薩堂儀一節，然後拜神，非胡剌可汗之故也。」改變契丹的祖宗家法，改變舊的風俗，把「白衣觀音」奉為「家神」，使契丹王族的拜山儀有了新的祭祀流程和方式。把佛教崇拜對象納入遼王朝的崇拜體系之中，反映了契丹王族信奉佛教程度的逐步加深。

世宗、穆宗和景宗（西元 947～982 年）三朝，遼代佛教逐步發展起來，而聖宗、興宗和道宗（西元 982～1101 年）三朝，則是遼代佛教的百年興盛時期。就歷代帝王對佛教的態度而言，基本上走了一條從信佛到佞

---

[340] 《遼史》卷七十二〈義宗記〉。

第四章　遼金佛教的民族互動與宗教變貌

佛的發展路線。特別是道宗耶律洪基（西元 1055～1101 年），對佛教的尊崇、沉醉和痴迷尤為突出。道宗本人在即位之前就學習過梵文，並且很有研究，所謂「有若生知，殊非性習」。他不但廣泛閱讀儒、釋經典，撰寫佛教方面的著作，而且有觀行的實踐，所謂「閱儒籍則暢禮樂詩書之旨，研釋典則該性相權實之宗。至教之三十二乘，早頤妙義；雜華之一百千頌，親制雄詞。修觀行以精融，入頓乘而邃悟」。他研究儒、釋的目的，則是「欲使玄風，兼扶盛世」[341]。他積極主張用儒教和佛教的道德規範教化人民，「十善治民，五常訓物」。道宗對佛教經典的重視程度，可以和梁武帝相比。他對《華嚴經》的痴迷，就是一個例證。根據《遼史·道宗本紀》中的資料，咸雍四年（西元 1068 年）二月，他頒行自己撰寫的《華嚴經贊》；咸雍八年（西元 1072 年）七月，頒行自己書寫的「華嚴五頌」。他還著有《華嚴經隨品贊》等。太康元年（西元 1075 年），他曾命皇太子寫佛書。

從時間上講，遼代佛教與北宋佛教大體相當；從來源上講，都是接續唐五代的佛教，受域外佛教傳入因素的影響不大。然而，在不同的社會背景下、在不同的文化環境中，遼代佛教在許多方面呈現出與北宋佛教完全不同的特點，寺院經濟的發展就是一個重要方面。

遼地的第一座寺院，就是在王朝的直接支持下建立起來的。有遼一代的寺院經濟，始終是在王室、貴族大量施捨的示範效應下，透過社會各階層廣泛參與捐資而發達起來的。支撐遼代寺院經濟基礎有三大因素：其一，從朝廷到達官顯宦和一般富豪的大量施捨捐獻；其二，寺院二稅戶制度；其三，社會民眾以結社形式參與寺院佛事。

遼代寺院大多有相當規模的地產，其主要來源是社會的捐獻，特別是遼朝帝室、貴族的大量施捨。例如，聖宗次女秦越長公主捨南京（今北

---

[341]　趙孝嚴：〈神變加持經義釋演密鈔引文〉，《遼文匯》卷七。

京)私宅,建大昊天寺,同時施捨田地百頃、民戶百家,其女懿德皇后又施捨錢13萬貫。蘭陵郡夫人蕭氏施中京(今內蒙大名城)靜安寺土地3,000頃、穀1萬石、錢2,000貫、民戶50家、牛50頭、馬40匹。權貴、功臣、地方富豪向寺院施捨莊田、農戶、牲畜和錢糧,使寺院經濟快速發展。還有些寺院,並沒有直接獲得朝廷或富豪的土地捐賜,而是透過社會捐獻的錢財購買土地、置辦莊園。

遼代寺院一般都比較富裕,僧尼生活優裕。特別是一些大寺院,的確可以說是富可敵國。在道宗(西元1055～1101年)末年,政府財政困難,出現了寺院向國家捐獻的現象。「至其末年,經費活穰,鼓鑄仍舊,國用不給,雖以海雲佛寺千萬之助,受而不拒。」[342]

皇帝賜予寺院寺額,是對寺院合法性的肯定。在興宗(西元1031～1055)之前,皇帝並不向寺院隨便頒賜寺額。例如,聖宗(西元982～1031年)曾許諾為晉國公主的新建佛寺賜額,因為受到大臣諫阻而作罷。從興宗開始,就不遵守這個規定了。「興宗皇帝偶因巡幸,亦稽先太平間,賜號曰縉陽。」[343] 到道宗時期,向寺院賜額就很普遍了,甚至出現了一處寺院,兩度由皇帝改名賜額的現象。例如,清寧四年(西元1058年),特賜興中府安德州的一處寺院為「淨覺」;咸雍六年(西元1070年),又賜名「靈巖」。咸雍六年(西元1070年),向知涿州軍州事耶律昌允之妻蘭陵郡夫人蕭氏自建的一佛寺賜名靜安寺。

把民戶施於寺院,對寺院經濟發展的影響尤其深遠。原本屬於領主的民戶,都要把向國家交稅數額的一半交於領主,他們被施捨給寺院以後,就將這半數稅金上交寺院,他們也因此被稱為寺院的「二稅戶」。據《金史》卷九十六〈李宴傳〉,當時任御史中丞的李宴說:「遼主撥賜戶民、俾

---

[342] 《遼史》卷六十〈食貨志〉。
[343] 《遼史》卷七十九〈室伏傳〉。

第四章　遼金佛教的民族互動與宗教變貌

輸稅於寺，歲久皆以為奴。」這是「二稅戶」的來源。他們原本是遼朝皇室或貴族的民戶，被賞賜給寺院以後，逐漸淪為寺院的奴僕，社會地位十分低下。金代人往往把「二稅戶」產生的原因，與契丹貴族的佞佛連繫起來思考：

> 初，遼人佞佛尤甚，以良民賜諸寺，分其稅一半輸官，一半輸寺，故謂二稅戶。遼亡僧多匿其實，抑為賤，有援左證以告者，有司各執以聞。上素知其事，故特免之。[344]

北魏時期，以官奴為「佛圖戶」，供寺院用於灑掃的日常勞動，並且向寺院納糧。到唐代有了「兩稅戶」的名稱。如《唐會要》卷四十七載唐武宗會昌五年（西元 845 年）滅佛時：「天下拆寺四千六百餘所，還俗僧尼二十六萬人，收充兩稅戶。拆招提蘭若四萬餘所，收膏腴上田數千萬頃，收奴婢為兩稅戶十五萬人。」遼代是把良民賜予寺院為二稅戶，與上述不同。二稅戶受著雙重壓迫。到金世宗大定二十九年（西元 1189 年）才廢除二稅戶制度，這已經是遼朝滅亡 60 餘年的事情，可見二稅戶制度在遼的影響。

民間對參與寺院興辦佛事積極度很高，時常組織起來，以結社的形式來參與，由此出現了所謂「千人邑社」的組織。「千人邑」這種結社組織在遼代以前的佛教史上沒有出現過，在官方編撰的《遼史》中也沒有提到，但是在遼代各地方寺院的碑銘中有大量的記載。這是一種以某個寺院為中心，以舉辦某些特定興建工程和法事活動為內容，由民間信徒自發組織起來的社團。千人邑名義上是組織 1,000 戶人構成，但實際上「一千」並不是一個確數，並不是每一個邑社都有這樣的規模。但有一點可以肯定，就是組織「千人邑」在遼代是相當普遍的現象。

千人邑的首領被稱為「邑長」、「邑主」、「邑頭」等，大多是寺院的住

---

[344]　《金史》卷四十六〈食貨志〉。

持，也有俗人信徒充當的現象。無論首領是僧人還是世俗信眾，這種團體一般都隸屬於寺院。有些邑社規模較大，具有一定的組織系統，在邑長之下，還設都維那、維那以及邑證、邑錄等職，社員就是當地的居民。所有參與邑社的成員都是自願的，並沒有任何強制性的措施。

各種邑社由於建立的目的不同、規模不同，存在的時間長短也不同，但其內部的經濟運作規定大同小異。以雲居寺住持謙諷所組織的千人邑為例：

> 今之所紀，但以謙諷等同德經營，協力唱和，結一千人之社，一千人之心。春不妨耕，秋不妨獲。立其信，導其教，無貧富後先，無貴賤老少，施有定例，納有期，常貯於庫司，補茲寺缺。[345]

由此記載可見，結社活動是以不妨礙農業生產為前提，以佛教信仰為紐帶的；參加邑社的成員是自願的；在邑社內部，所有成員一律平等；成員的義務是按照規定向寺院施捨，所有的捐獻財物儲備於寺庫，以供寺用。

興辦的佛事不同，社邑的名稱也不一樣。如「念佛邑」，以定期聚會念誦阿彌陀佛名號，祈求往生西方極樂世界為主要內容；「舍利邑」，以舉辦安置佛舍利的法事、興建某些建築為主要活動；「經寺邑」，為了鐫刻石經和修整寺院而組織的；「兜率邑」，信仰往生兜率天的信徒為共同修行而組織的；「太子誕邑」，為舉辦每年一度紀念佛誕辰活動而組織的；「供燈塔邑」，為供養寺院佛塔等建築而組織的等等。另外，寺院印刷和保存大藏經，由於規模較大，有時也組織邑社來操辦。

邑社在遼代各地的廣泛流行，反映了佛教信仰在民間的深入和普及，同時，也有力地促進了寺院經濟的發展、佛事的盛行。由於寺院經濟的強大、各社會階層的廣泛參與，寺院舉辦的佛事的規模也就越來越大、種類

---

[345]　王正撰：〈重修范陽白帶山雲居寺碑〉，見繆荃孫《遼文存》卷五。

第四章 遼金佛教的民族互動與宗教變貌

也就越來越多。隨著佛教影響日益深入到各階層的日常生活中，許多契丹習俗也就在這種情況下發生了變化。

從遼太宗開始，就把觀音作為王族的保護神。此後的帝王對佛教的崇信程度不斷加深，進一步刺激了佛教信仰在民間的流傳。例如，婦女喜歡用黃粉塗面，稱為「佛裝」。契丹人無論男女貴賤，流行著使用佛教名詞取小名的習俗，從宮廷到民間，這種做法都很盛行。其名或直接用佛、菩薩名，或直接用佛教的一些名詞，更為常見的是在佛、菩薩名後加「女」、「奴」等字樣。在遼王室中，有佛教小名的包括太子、公主、皇后，甚至連帝王也不例外。遼世宗的二女小名為「觀音」；遼景宗（西元969～982年）的二子小名為「普賢奴」，四子小名為「藥師奴」，長女小名為「觀音女」，二女小名為「長壽女」，三女小名為「延壽女」；聖宗（西元982～1031年）的小名是「文殊奴」，他的仁德皇后蕭氏小名為「菩薩」。佛誕日是佛教的節日，在佛教信仰廣泛普及社會各階層的情況下，也成為遼朝從京城到地方的全國性節日。《遼史》卷五十三〈禮志〉記載：「二月八日[346]為悉達太子生辰，京府及諸州雕木為像，儀仗百戲導從，循城為樂。」

二、僧侶地位與文化事業

遼代佛教僧人的社會地位和政治地位空前提高，他們所享有的某些特權，只有以後元代的喇嘛教僧人可以相比。

遼王朝並沒有設置專門管理宗教的機構和官吏，而任命僧官往往與帝王個人喜好有關。遼朝對僧人的封官賜爵始於景宗（西元969～983年），盛於興宗、道宗。保寧六年（西元974年）十二月，詔命昭敏為三京諸道僧尼都總管加兼侍中，這是遼代封僧人官職的開始。正因為如此，景宗被

---

[346]　佛誕日《遼史》記為二月八日，其他記為四月八日，《元史》二〇二〈釋老傳〉記為三月八日。關於佛誕日的最詳細和權威的考證，見於魏源的《海國圖志》卷七十二〈曆法異同表〉。

認為是遼代諸帝中第一位佞佛者。如果說「三京諸道僧尼都總管」還是屬於僧官，那麼兼任的「侍中」就不屬於僧官了。後世對此予以斥責：「沙門昭敏，以左道亂德，寵以侍中，不亦惑乎？」[347]

興宗耶律宗真是一位「好名，喜變更，又溺於浮屠法」[348]的皇帝。他本人也於重熙七年（西元1038年）受戒。興宗大量興建寺塔，鑄造金銀佛像，組織整理編刻大藏經，舉辦佛事供僧。尤其重要的是，興宗向僧侶封以高官顯爵，如重熙十九年（西元1050年）春正月，為僧慧鑑加「檢校太尉」。「僧有正拜三公、三師兼政事令者，凡二十人，貴戚望族化之，多捨男女為僧尼。如王綱、姚景熙、馮立輩皆道流中人，曾遇帝於微行，後皆任顯官。」[349] 遼代的官職承襲唐代，以太尉、司徒、司空為三公，乙太師、太傅、太保為三師，政事令相當於唐代的中書令。道宗任命的僧官也較多。根據《遼史‧道宗本紀》，清寧年間（西元1055～1064年），有僧守臻、精修、智清等加司徒、司空。咸雍年間（西元1065～1074年），有守志、志福為司徒，圓釋、法鈞為司空。

遼代帝王的這些做法，助長了全社會的崇佛風氣，影響到朝野上下各個階層，故而民間願意出家為僧尼的人很多。咸雍八年（西元1072年）三月，「長春、泰、寧江等三州，三千餘人願為僧尼，受具足戒。詔許之」[350]。

遼代幾乎每一個帝王都把「飯僧」作為一項功德善事。飯僧也稱「齋僧」，即為僧人提供飲食。遼代飯僧規模之大、次數之頻繁，為唐宋王朝所不及。從景宗開始，就相信飯僧這種功德事的作用。聖宗統和四年（西元986年），詔上京舉辦佛教法事一月，飯僧萬人。特別是在道宗時，遼廷與各地方飯僧形成風氣。據《遼史》卷二十三〈道宗本紀〉，太康四年

---

[347] 《遼史》卷九〈景宗本紀贊〉。
[348] 《遼史》卷六十二〈刑法志下〉。
[349] 《契丹國志》卷八。
[350] 《遼史》卷二十三〈道宗本紀〉。

「諸路奏飯僧尼三十六萬」。遼王朝把飯僧作為一種功德善事，其主要目的是為帝後祈福、慶賀戰功、超渡陣亡將士、賑災濟貧等。這種大規模的飯僧不僅為前代所未見，也為後代所批評，批評其「一歲而飯僧三十六萬，一日而祝髮三千，徒勒小惠，蔑計大本，尚足與論治哉」[351]！道宗對佛教的態度和政策，被後世看作亡國的原因之一。

遼代帝王也利用佛教溝通與別國的關係，增進彼此往來。由於聖宗崇佛，屬國也投其所好，如有載統和十九年（西元1001年）春正月，回鶻進獻梵僧。根據《遼史·道宗本紀》的記載，在對外關係方面，道宗也利用佛教溝通往來。咸雍三年（西元1067年），西國遣使送達回鶻僧人、金佛像和梵文經典。咸雍八年（西元1072年）十二月，賜高麗一套大藏經，影響了高麗大藏的再雕刻。太康九年（西元1083年）十一月，詔僧善知校訂高麗所進的佛經，並命頒行。壽昌元年（西元1095年）十一月，西夏進貢多葉佛經。

由於寺院經濟的膨脹、僧尼人數的激增，即使在聖宗之後帝王佞佛的背景下，遼廷也陸續頒布一些整頓佛教的禁令。從《遼史》卷十三、十五、十六的記載來看，統和九年（西元991年）詔許私度僧尼。但是此禁一開，引起許多弊端，出現濫度之風，於是又在統和十五年（西元997年）十月，詔諸山寺院毋濫度僧尼。從遼朝的絕大部分時間看，都是禁止私度、濫度僧尼。開泰四年（西元1015年）十一月，汰東京僧。另外，還有禁止僧尼妄述禍福收取財物、禁僧燃身煉指、禁僧尼破戒等詔令頒布。道宗也提倡用佛教的戒律約束、整頓僧團。他允許在宮廷設壇傳戒，形成講習律學之風。太康五年（西元1079年）九月，道宗詔令諸路不要禁止僧徒開壇。雖然遼朝廷先後頒布某些整頓佛教的措施，但整體說來對佛教是疏於控制的。

---

[351]　《遼史》卷二十六〈道宗本紀·贊〉。

第一節　遼代佛教

在遼代帝王大力支持和民間信眾的廣泛參與下，佛教文化事業也有了發展。其中有兩個最顯著的成就，即雕印的《遼藏》和續刻的「房山石經」。《遼藏》又稱《契丹藏》、《丹藏》，是繼中國第一部木刻本大藏經《開寶藏》之後的第二種大藏經。聖宗太平元年（西元1021年），遼朝得到《開寶藏》的印本，激發起朝廷組織重新刻印藏經的願望。《遼藏》於聖宗時代（西元982～1031年）始刻，至道宗清寧八年（西元1062年）完成。全藏以燕京為中心刻印，收經總數是1,414部，計6,054卷，579帙，在內容上盡量補充了《開寶藏》所缺少的寫經。《遼藏》至少有兩種不同的版本，一種版本是在山西應縣木塔發現的印本所屬的版本，是卷子裝，每卷首尾均有經名卷次及千字文帙號，每版紙長50～55公分，寬30公分左右。經文四周有單線邊框，框高22～24公分。每版經文27～28行，每行17字。《遼藏》的另一種版本是在豐潤縣天宮寺塔發現的小字冊裝本，每冊所含卷數不等，每頁版心刻經名、卷次。每半頁有版框，刻經文12行左右，每行30字左右。《遼藏》曾經送到高麗，對高麗大藏經再雕本的校補和訂正有很大影響。同時，《遼藏》在整個中國刻藏史上也影響深遠。它「繼承了比較規範的統一的官寫本大藏經的傳統，而這種傳統又為宋元以來各版大藏經所繼承」[352]。

涿州房山雲居寺的石經雕刻開始於隋代，到了唐末一度中斷。遼代的續刻工作分為兩個階段。第一個階段是從聖宗太平七年（西元1027年）到道宗清寧三年（西元1057年），前後31年。這是由遼廷直接支持的階段。太平七年，州官韓紹芳奏請續刻雲居寺石經，獲得聖宗批准，由政府撥款提供費用，並委派沙門可玄主持其事。到興宗時，又增加撥款，擴大續刻規模。在這一時期，遼朝與北宋訂立了澶淵之盟，戰事日少，在相對和平的社會環境中，遼朝的經濟實力不斷成長，所以對佛教的財政支持力度也

---

[352]　上述內容參見李富華、何梅的《漢文佛教大藏經研究》相關部分。

隨之加大。這個階段主要是把《般若》、《涅槃》、《華嚴》、《寶積》這四大部續刻完畢。總共刻經 200 卷，石碑 600 條。

第二階段是在大安九年至十年（西元 1093～1094 年）間，在沒有官方支持的情況下，由民間自發進行的，只維持了 2 年。當時有僧人通理和他的弟子善定等，在雲居寺發起授戒大法會，募集民間資金，續刻經 44 帙，4,850 片石碑。遼代續刻房山石經，並不是為了預防天災人禍，純粹是為了接續靜琬的事業，作為一件佛教功德事來做。

另外，行均所著《龍龕手鑑》比較有影響。本書 4 卷，成書於統和十五年（西元 997 年），集佛教典籍中的字，作切韻訓詁，計收 26,430 餘字，注 163,100 餘字。沈括《夢溪筆談》卷十三記：「幽州僧行均，集佛書中字為切韻訓詁，凡十六萬字，分四卷，號《龍龕手鑑》。燕僧智光為之序，甚有詞辨。契丹重熙二年集。契丹書禁甚嚴，傳入中國者法皆死。熙寧中，有自虜中得之，入傅欽之家。蒲傳正帥浙西，取以鏤版。其序文末舊題重熙二年五月序，蒲公削去之。觀其字音韻次序皆有理法，後世殆不以其為燕人也。」從宋至清，提及此書者很多，褒貶不一。此書對研究遼代燕京地區的民俗語言很有價值。崇仁寺的希麟撰《續一切經音義》10 卷，也是有價值的著作。

三、義學發展與顯密圓通

從聖宗到道宗的一百餘年間，是遼代佛教的義學興盛期，各派義學的代表人物基本活躍在這個時期。遼王朝比較重視義學，各州府都選拔有學問的高僧為綱首，指導僧眾學習，目的是要從講（講解佛經）、業（修持）、誦（讀經）三方面提高僧人的佛學修養。這些措施，也在一定程度上促進了遼代佛教義學的發展。在遼代歷史上，有偏重研究或弘揚淨土、唯識和律的學僧，但數量不多。遼代佛學的主流，是密教和華嚴。

第一節　遼代佛教

活動於興宗、道宗兩朝的純慧非濁（？～西元 1063 年）曾任上京管內都僧錄，在宣傳淨土信仰方面有影響，撰有《隨願往生集》20 卷（已佚）、《三寶感應要略錄》等。詮曉撰有《上生經疏會古通今新鈔》、《隨新鈔科文》（現存殘卷），他通唯識學，又撰《成唯識論詳鏡幽微新鈔》17 卷（均不存）。以弘律或研究律學著名的僧人有多位，其中，守道曾應道宗之詔於內廷設置戒壇。此外，志遠也曾主持內廷戒壇。非覺（西元 1006 ～ 1077 年）住薊州盤山普濟寺，以律行聞名，任右街僧錄判官。其弟子等偉（西元 1051 ～ 1107 年）於壽昌二年（西元 1096 年）在慧濟寺講律，為三學殿主，名重一時。法均於清寧年間（西元 1055 ～ 1064 年）校定諸家章鈔。燕京奉福寺國師圓融澄淵，撰《四分律刪繁補闕行事鈔詳集記》14 卷。思孝撰《近住五戒儀》、《近住八戒儀》、《自誓受戒儀》各 1 卷，《發菩提心戒本》3 卷，《大乘懺悔儀》4 卷，都已經不存。思孝博通諸經，根據高麗《義天錄》記載，他有《華嚴》、《法華》、《寶積》等許多經典的注疏之作。另外，沙門行琳輯《釋教最上乘祕密陀羅陀尼集》30 卷；中京報恩傳教寺詮圓通法大師法悟撰《釋摩訶衍論贊玄疏》5 卷，《科》3 卷，《大科》1 卷；燕京歸義寺純慧守臻撰《通贊疏》10 卷，《科》3 卷，《大科》1 卷（已佚）；間山慈行志福撰《通玄鈔》4 卷，《科》3 卷，《大科》1 卷。這些研究都是與華嚴、密教興盛有關的。

山西五臺山原來是華嚴學的研究基地，對遼境各地的佛學有較大影響。上京開龍寺圓通悟理大師鮮演，即以專門研究華嚴著名。撰寫《華嚴懸談抉擇》6 卷，以闡揚澄觀之說。道宗對華嚴學也有偏好，曾撰《華嚴經隨品贊》10 卷。遼代華嚴學興盛，不是表現在對唐代原有教義的創新方面，也不是表現在獨立傳播的範圍擴大方面，而是表現在與密教的融合方面。遼代最著名的密教學問僧是精通華嚴的，而倡導顯教和密教融合的學僧也是研究華嚴的學者。遼代華嚴學是在密教刺激下發達的。顯教和密教

第四章　遼金佛教的民族互動與宗教變貌

的關係，在遼代實際上表現為華嚴和密教的關係。

遼代密教信仰廣泛流行於社會各階層。從皇室貴戚到士庶百姓，往往透過雕塑佛菩薩像、建塔造幢以及諷誦行持等活動，表達虔誠的信仰。密教的興盛，顯密之間的對立、衝突和融合，也正是在這種社會大背景下形成的。

遼代傳譯密教經典的代表，是來自中印度摩揭陀國的慈賢，他大約活動在聖宗到道宗時期。根據房山石經目錄和《至元錄》記載，慈賢共翻譯了9部13卷密教經典，其中，陀羅尼經有五部五卷，即《大摧碎陀羅尼經》1卷、《大佛頂陀羅尼經》1卷、《大隨求陀羅尼經》1卷、《大悲心陀羅尼經》1卷、《尊勝佛頂陀羅尼經》1卷，新譯瑜伽密典4部8卷，即《妙吉祥平等觀門大教王經》5卷、《妙吉祥平等觀門大教王經略出護摩儀》1卷、《妙吉祥平等瑜伽祕密觀身成佛儀軌》1卷、《如意輪蓮華心觀門儀》1卷，其中後4部經典是重譯本。當時，民間盛行的密法還有《準提咒》、《六字大明咒》、《八大菩薩曼陀羅經》等。

在遼朝各地傳播密教的僧人很多，朝廷不但不加以禁止，而且對於傳教有影響的還予以鼓勵。據咸雍八年（西元1072年）范陽王鼎所撰的〈大遼薊州神山雲泉寺記〉記載，志祕師徒在薊州一帶傳播密教，遠近皆信，很有影響。重熙九年（西元1040年），本郡張從軫等百餘人請志祕到家鄉傳教。志祕與弟子定遠到神山，住雲泉寺。他所行甚密，徒眾很多。原本的一座荒廢破落的雲泉寺，由於志祕師徒的到來，香火旺盛。他重修寺院，建立道場，在正殿之內，設立八大菩薩曼陀羅壇場，以備歸依。朝廷賜以雲泉寺額，表示了對這種密教傳播的支持。

在遼朝各地傳播密教的僧人很多，既有外來僧人，也有本地僧人。在聖宗時，有西印度僧摩尼傳無上瑜伽密教，著名弟子有覺苑。弘演及其弟子道廣，在南京道武清、香河一帶，以廣濟寺為基地傳教，影響比較大。

第一節 遼代佛教

有學者根據《全遼文》統計，道宗時見於記載的密教僧人有涿州廣因寺的奉振、守恩、智覺，房山雲居寺的可成、季令，西京道縉陽寺的奉潤，涿州石經寺的善慈、志瑩等。[353] 遼代統治者對密教的重視和喜好，推動了密教在朝野的流行。當時的密教傳播，也被認為有勸人棄惡從善的作用。宋璋在〈廣濟寺佛殿記〉中說，「或農商侶至，睹之者，生善而歸；或漁獵人來，瞻之者，斷惡而去」。

正是由於密教流傳範圍廣、影響大，並且得到朝廷的支持，才引起了顯教與密教之間的爭論和衝突：

> 習顯教者，且以空、有、禪、律而自違，不盡究竟之圓理；學密部者，但以壇、印、字、聲而為法，未知祕奧之神宗。遂使顯教密教矛盾而相攻，性宗相宗鑿枘而難入。互成非毀，謗議之心生焉。[354]

顯教指在漢地占主導潮流的所有教門和宗門諸派，包括華嚴、唯識、天台、淨土、律宗和禪宗。密教則是指唐代建立的密宗，曾作為一個宗派興盛一時，雖然很快衰落，但是它的許多影響還存在。它們之間的差別是明顯的，所以相互攻擊不可避免。顯密衝突的結果，是兩者的溝通和融合，融合的目的在於說明：「顯密之兩途，皆證聖之要津，入真之妙道」。在遼代佛教界，覺苑和道碩是倡導顯密融合的兩個代表。

覺苑活動在興宗和道宗時期，幼年就學習密教，主要居住在燕京圓福寺，有燕京右街檢校太保大卿、崇祿大夫、行崇祿卿等封職。興宗組織雕刻大藏經，覺苑奉旨參加校勘工作，並發現了唐代一行的 14 卷《大日經義釋》。此書淹沒達 300 年之久，所以當時京城大臣和僧官 100 多人請求抄解。道宗降旨刊刻入藏，並且命朝廷大臣趙孝嚴親自作序。覺苑先開講本經，並作《大日經義釋》的《科文》兩種（已經失傳）、《演密抄》10 卷。

---

[353]　《中國密教史》，第 472 頁。
[354]　陳覺：〈顯密圓通成佛心要集序〉。

第四章 遼金佛教的民族互動與宗教變貌

覺苑的《演密抄》分為兩個部分：第一部分是「文前聊簡」，相當於玄談性質，也就是對全經的概括性論述。「文前聊簡」分為六個小部分：一起教因緣，二藏教收攝，三說經會處，四禪教淺深，五明經宗趣，六翻譯傳通；第二部分是「依文正釋」，是隨文釋義的性質，逐句或逐段解釋所依據的文字。

覺苑是在繼承一行學說的同時，重點吸收和融合華嚴思想。在判教問題上，他提出了顯密五教說，實際上是在法藏以來華嚴宗的判教基礎上，加上抬高密教地位的議論而形成的。「五教」是指：一小乘教，二始教（也名分教），三終教（亦名實教），四頓教，五圓教。他認為，圓教是宣傳本來成佛思想的，可以分為兩種，即顯圓和密圓。《華嚴經》所講的法界緣起境界，帝網重重，主伴具足，相即相入，一位即一切位，一切位即一位，等等都屬於圓教。《大日經》也是講這些內容的，所以與《華嚴經》同屬圓教。覺苑多方面論證密教與華嚴學的一致性，其中，從觀行方面看，《大日經》的字輪旋陀羅尼，以一字攝一切字，一切字全是一字，初後相攝，舉一全收，橫豎相該，一切法門，不離一字，全同於《華嚴經》的42字。從《金剛頂經》講的觀佛來看，「五部中的每一部都具有三十七尊，每一尊都成三十七尊，一尊與三十七尊的關係，也是一即一切，一切即一的關係」。

從覺苑溝通密教與華嚴的關係來看，其中的判教之說只是形式上的比附，只有華嚴法界緣起的核心內容，即「一即一切，無過不離，無法不同」的思想，才是溝通的實質性內容。這是自智儼《十玄門》開始就強調的核心內容，所以，密教與華嚴的融合，不是與《華嚴經》的融合，而是與華嚴宗思想的融合。從一定程度上說，覺苑所弘揚的密教，是用華嚴宗思想改造之後的密教。

第一節 遼代佛教

道碩是五臺山金河寺僧人[355]，大約活動在遼道宗時期。他通內外學，兼究禪律，後專弘密教，主要著作是《顯密圓通心要集》（以下簡稱《心要集》）。《心要集》原作1卷，今本分為上下兩卷。上卷主要內容有兩個部分，分別講顯教心要和密教心要；下卷先是關於顯密雙辯，講顯密雙修和密咒的十大功德，然後是慶遇述懷。

道碩講的顯教心要，包括五教判教和五法界觀，以五法界觀為心要。他講的「五教」，實際上是承襲覺苑的觀點，也是以華嚴五教判釋方法來組織分類所有經典，把華嚴稱為顯圓，把諸部陀羅尼稱為密圓。這兩者沒有高下優劣之分。但是，對於顯密內部存在的諸宗諸教和不同經典，他並不認為是完全平等的。實際上，他所認為的平等，只存在於顯教中的華嚴和密教中的準提咒上。前者是顯教的心要、精髓，後者是密教的心要、精髓。

他所講的法界觀是：1.諸法如夢幻觀，2.杆真如絕相觀，3.事理無礙觀，4.帝網無盡觀，5.無障礙法界觀。很明顯，前四觀是仿自宗密開始定型的「四法界」。而第五觀是加上去的，作為一個總綱來統攝。這個五重觀法，不僅沒有增加什麼新內容，而且也不符合從理事關係展開的四法界成立邏輯，不過是為了迎合密教五部之數而加上的。

他所講的密教心要，主要是印咒觀法及其功能作用，以其中的準提經咒為心要。為什麼要以準提經咒來統攝密教諸部，作為密教心法？有學者認為，原因有三：一是他自修密部，並沒有師承，所以不可能攝取密不外洩的瑜伽密教諸法。二是他受善無畏譯本的影響，認為準提真言總攝二十五部真言，在密藏之中為第一，是真言之母。三是他受法賢譯本的影響，認為此經是龍樹菩薩親傳，最有權威。[356]

---

[355] 關於道碩所處的時代，各種史書中有不同記載；金河寺是否在山西五臺山，學者中也有不同見解。

[356] 參見《中國密教史》，第488～489頁。

從覺苑和道碩的思想來看，他們都是兼通密教和華嚴。他們的區別在於，覺苑是站在密教的立場上，吸收華嚴學的內容，在此基礎上溝通兩者的關係；道碩則是從華嚴的立場上講顯密的平等無差別。儘管他們有著這樣的區別，但他們所重視的華嚴教義內容，卻驚人地相同。他們所要吸收或突出的華嚴內容，不是來自《華嚴經》，而是來自華嚴宗的教理。其核心內容，就是從智儼在《華嚴一乘十玄門》開頭就強調的內容，即「法界緣起」的內容：「一即一切，無過不離，無法不同。」儘管他們引用的《華嚴經》語句不同，並且以引用澄觀的著作內容為多，但是其核心思想沒有超出這個範圍。他們雖然祖述善無畏、一行所傳的胎藏系統，但是，由於吸收了華嚴宗的核心理論，已經成為帶有時代特點的中國化的密教思想。這是在顯密融合大背景下的產物。

第二節　金代佛教

一、金代諸帝與佛教

宋徽宗政和五年（西元 1115 年），完顏阿骨打率領女真完顏部擊敗遼軍，於會寧府（今黑龍江阿城縣南）建立大金國。金天會五年（西元 1125 年），金與宋軍聯合滅遼。第二年，金軍攻占汴京，俘虜徽宗和欽宗，北宋滅亡。宋理宗端平二年（西元 1235 年），金國在蒙古和南宋的聯合進攻下滅亡。前後九帝，歷 120 年。

女真族在建國之前就從高麗、渤海等周邊地區接受了佛教信仰。建國之後，又接受了遼國的佛教，這是金朝初期佛教的主要成分。南下占領北宋都城汴京，進而把黃河流域以至淮水以北地區納入版圖之後，宋地的佛教就成為金代佛教的主體。至於佛教影響金代統治者，大約從金太宗完顏

第二節　金代佛教

晟時期（西元 1123～1135 年）開始。他將佛教進一步引入皇室宮廷，天會元年（西元 1123 年），「帝於禁庭親睹瑞光，光中現佛。即敕模像，殿庭供養。帝親掃灑，每食跪獻，累年無怠。每歲設會，齋僧萬餘」。[357] 這個記載的敘述未免有些誇張，但他供奉佛像於內廷是可信的。天會五年（西元 1127 年），又迎旃檀像安置於燕京憫忠寺（今北京法源寺），並「建水陸法會七晝夜」[358]。天會年間（西元 1123～1137 年），完顏晟還詔令善祥於山西應州建淨土寺。皇后則為海慧法師於燕京建大延聖寺，以後改名為大聖安寺，始終是燕京的著名寺院。與加強對黃河以北地區控制的政策相配合，金王朝以後陸續在河北、山西一帶大量建寺造塔，促進了佛教在金統治區的發展。

熙宗完顏亶（西元 1135～1149 年）時期，南部邊境已經拓展到淮水以北，典章制度迅速漢化。在積極提倡尊孔讀經的同時，金統治者也加大了扶植佛教的力度。熙宗優禮名僧海慧（？～西元 1145 年）、清慧、悟銖（？～西元 1154 年）等。太子生日，「詔海慧大師於上京（今會寧市）宮側，創造大儲慶寺，普度僧尼」，並由海慧任大儲慶寺住持。他還「詔海慧、清慧二禪師住儲慶寺，迎瑞像於本寺積慶閣中供養」。皇統五年（西元 1145 年），海慧卒於上京，「帝偕後親奉舍利，五處立塔，特諡佛覺佑國大禪師」[359]。悟銖則於皇統年間（西元 1141～1149 年）被任命為中都右街僧錄。

金天德五年（西元 1153 年），海陵王完顏亮遷都燕京，志在滅宋，既輕視儒學，也限制佛教，佛教曾一度遭受打擊。世宗完顏雍（西元 1161 年）即位後，金代進入全盛期，重新開始尊孔崇儒，保護佛教。從西元 1162 年到西元 1184 年，世宗先後詔令在燕京建大慶壽寺，賜錢兩萬緡，

---

[357]　《佛祖歷代通載》卷十九。
[358]　《佛祖歷代通載》卷二十。
[359]　《佛祖歷代通載》卷二十。

良田 20 頃；在東京遼陽府建清安禪寺，度僧 500；於仰山建棲隱寺，賜田若干，度僧萬人。

世宗即位之初，曾因軍費缺乏，採取北宋王朝的一些做法，出售度牒、紫衣、師號、寺額等，刺激了佛教規模的迅速擴大。但是世宗更重視儒家倫理，對於佛教則很注意整頓管理，相繼採取嚴禁民間私自建立寺院、防止僧侶逃避課役等措施。章宗完顏璟基本上繼承了世宗的佛教政策，明昌四年（西元 1193 年）詔請萬松行秀入內廷說法，並親自禮迎，內宮貴戚均羅拜拱跪，大量施捨珍寶，並建普度會。從承安二年（西元 1197 年）以後，由於國家財政困難，恢復了出售度牒等，以便籌措經費。承安四年（西元 1199 年），出於為太后追薦冥福的目的，敕令和龍府建大明寺，造九級浮圖，度僧 3 萬，施以度牒。根據《金史》卷九〈章宗本紀〉的記載，他於明昌年間（西元 1190～1196 年）多次詔令整頓寺院僧尼，嚴禁民間私度僧尼，對在籍僧尼三年一考試，禁止僧尼出入王室貴族之家，規定僧尼必須參拜父母、行喪禮。金代統治者接受儒家文化影響的程度，要比遼代帝王更深。章宗之後，因蒙古人軍事壓力的增強，金王朝軍費開支劇增，所以度牒、紫衣、師號、寺額的出售也更加廣泛。

金代的有些寺院也和遼代一樣，占有大量的土地，擁有鉅額資產，其來源主要還是帝室、顯貴的布施。有一部分遼代的舊寺院，在金代初期還保留著二稅戶制度。這種制度受到金代朝野上下的反對，經過世宗、章宗兩度下詔免二稅戶為民，才最終消滅了這種制度。金代民間佛教結社，也有類似遼代的千人邑會。興中府的三學寺是千人邑會，規定參加者每年十月須納錢 200、米半斗。這些捐獻和施捨，成為維持寺院僧眾的生活費用和舉辦各種法事的主要經濟來源，是寺院經常性的穩定收入。由於寺院經濟收入可觀，故多舉辦社會福利事業，主要是施藥和救濟飢民等活動，並且得到官方的支持。在寺內設立藥局，負責向貧民布施藥物，首創於青州

第二節　金代佛教

一辨，後來各地寺院紛紛仿效。一些經濟實力雄厚的寺院，還參與典當行業牟利。

金代的佛教政策受宋王朝的影響較深，佛教思想也更多地與漢地相連繫。「浮圖之教，雖貴戚望族多捨男女為僧尼，唯禪多而律少。在京曰國師，帥府曰僧錄、僧正，列郡曰都綱，縣曰維那。披剃威儀，與南宋等。」[360] 整體說來，金代的政策使金地佛教逐漸消除遼代的殘餘影響，並逐步向宋地佛教靠攏。

金代民間佛教信仰的盛行，可以從大藏經的雕刻和印刷中反映出來。關於《金藏》的雕刻過程原先不清楚，但近年，在北京圖書館收藏的宋本《磧砂藏》印本「火」帙《大寶積經》卷二十九末，發現一則明永樂九年（西元 1411 年）釋善恢撰寫的〈最初敕賜弘教大師雕藏經版院記〉，十分詳細地記述了雕刻這部大藏經的過程。[361]

《金藏》是由私人募資雕刻的私版大藏經，始雕於金熙宗天眷年間（西元 1138～1140 年），大約在大定十三年（西元 1173 年）之後完成，所依據的底本是《開寶藏》，首倡者是潞州長子縣（今山西長治）的崔法珍。她 13 歲斷臂出家，立誓雕刻藏經，30 年間「同心協力」雕經者有楊惠溫等 72 人，助緣雕經者還有劉法善等 50 餘人。經版總數為 168,113 片，收錄經籍 6,980 卷。《金藏》雕刻完成後，崔法珍等人印經一藏，於金大定十八年（西元 1178 年）進獻於朝廷，奉敕安置於大聖安寺。經版也於大定二十一年（西元 1181 年）運到京城，安放在大昊天寺。朝廷還命有司遴選精通經典的沙門導遵等 5 人，校正這部藏經。金朝廷為了表彰崔法珍，准其在聖安寺落髮為尼，並賜紫衣，號「弘法大師」。協助雕經的楊惠溫等 72 人，也給度牒，並禮弘法大師為師。自從經版運到燕京之後，有明確記載的印

---

[360]　《大金國志》卷三十六。
[361]　參見《漢文佛教大藏經研究》，第 98～100 頁。

經活動至少有兩次，一次是在金大定二十九年（西元 1189 年），一次是在金大安元年（西元 1209 年）。在趙城發現的《金藏》，現存有 5,000 餘卷，是中國宋元時代所刻各種大藏經中保存實物最多的一種，被作為當代重編的《中華大藏經》的底本使用。

民間佛教信仰的盛行，也促進了佛教建築、雕刻、壁畫等藝術形式的發展。現存的金代佛教建築，尤以今天山西省境內為多。

二、佛教概況與特點

金王朝的統轄地區包括了此前的遼地，佛教也有繼承遼代佛教的因素。但同時受到宋朝的影響，佛教的派系結構和佛學思想發生了重要變化。密教與華嚴學不再成為顯學，繼承北宋傳統的禪學成為佛學的主體。不但在佛教界，而且在有佛教信仰的士大夫中，三教融合也成為共識。金代居士李屏山（西元 1185～1231 年）撰《鳴道集說》，集中批判宋儒的排佛言論，主張三教融合，在當時引起較大迴響。李屏山曾經師從萬松行秀，其思想也受到行秀的影響。從李屏山的著作來看，在論述三教關係，特別是儒釋關係中所涉及的問題、所提出的觀點等，都沒有超出兩宋學僧和士大夫思考的範圍。

受遼代佛教餘波的影響，密教在民間還有流行，但是已經趨向衰微。金朝弘揚密教的知名人物很少，主要活動地區依然是山西五臺山。根據《補續高僧傳》卷十九記載，在五臺山地區弘揚密教者法沖，大定（西元 1161～1189 年）年中，曾到京城，與道士蕭守真鬥法，並獲勝。閔宗大加讚賞，賜儀仗送歸五臺山，敕建萬歲寺居之。又有名知玲者，曾從嵩山少林寺英公受總持法，後於皇統（西元 1141～1149 年）中住河北盤山感化寺弘傳密法。另外，來自北印度的密教僧人呼哈囉悉利等一行 7 人，曾到五臺山、靈巖等地巡禮，並建有寺院。

第二節　金代佛教

　　金代以專業華嚴知名的學僧有幾位，但都沒有著作傳世，其華嚴思想的具體內容不很清楚。其中，寶嚴於天德三年（西元 1151 年）住上京興正寺，兩度開講《華嚴》，據說聽眾達到 500 餘人。義柔精通《華嚴》，當時被稱為「華嚴法師」。另有惠寂法師，曾從汾州天寧寺的寶和尚學習《華嚴法界觀》，後來到鄂城等地講說。印度那爛陀寺的高僧蘇陀室利，在 85 歲高齡時率領弟子 7 人航海拜訪中國。他雖然以精通《華嚴經》聞名，但到中國後並沒有宣講，後逝於五臺山。

　　燕京地區始終是金代佛教的中心，雲集來自各地的有影響力的僧人。在燕京及其周邊地區，活躍著一些弘揚淨土信仰的僧人。其中，祖朗（西元 1148～1222 年）是薊州人，俗姓李，少年出家。大定年間，先後住持燕京的崇壽、香林等寺院。貞祐（西元 1213～1217 年）年間，獲賜「圓通大師」號。他每日誦阿彌陀佛名號數萬聲，受其感化的信眾很多。廣思在河北臨城山建立淨土道場，效法廬山慧遠的故事，結白蓮華會，帶領僧俗信眾修習念佛法門。除了這些專門弘揚淨土的僧人之外，當時的禪師中，也多淨土信仰者。

　　金代以戒行嚴謹著名的律師首先是悟銖（？～西元 1154 年），他兼通經論，在燕京有很高的聲譽。法律（西元 1099～1166 年），於天眷三年（西元 1140 年）住燕京淨垢寺，皇統二年（西元 1142 年）奉命普度僧尼 10 萬人，後為平州三學律主。廣恩（西元 1195～1243 年），在邢州（今河北邢臺）開元寺度僧千餘人，著有《密蓮集》。

　　金代的知名禪宗僧人較遼代為多，其禪學多受北宋佛教的影響。濟南靈巖寺是北方禪宗的一個重要基地，黃龍系的淨如（？～西元 1141 年）在此傳教。其弟子道詢（西元 1086～1142 年）也主要在靈巖寺活動，著有《示眾廣語》、《遊方勘辨》、《頌古唱贊》等。另一個禪宗僧人聚集地是燕京。圓性（西元 1104～1175 年）曾從學於汴梁的佛日禪師，於大定年間

第四章 遼金佛教的民族互動與宗教變貌

受請住持燕京潭柘寺，以復興禪學為己任，有《語錄》傳世，弟子中有普照、了奇、圓悟、廣溫、覺本5人。廣溫（？～1162年）也曾從學於燕京竹林寺的廣慧，後來住河北薊縣盤山雙峰寺。此後住持潭柘寺的禪師還有政言，著有《頌古》、《拈古》各百篇，《金剛經證道歌》、《金臺錄》、《真心說》、《修行十法門》等；相了（西元1134～1203年），曾從懿州崇福寺的超公學習。另外，比較著名的禪師還有教亨（西元1150～1219年），號虛明，濟州任城（山東濟寧）人，長期活動在嵩山一帶，曾「五做道場」，後應金左丞相夾谷清臣的邀請，住持潭柘寺，晚年歸少林，其弟子有宏相等人。鄭州普照寺有道悟（西元1151～1205年）等等。而在金代末年最有影響的禪派，則是曹洞宗的一支。

金代曹洞宗的傳承源自鹿門自覺一系。自覺遞傳華嚴慧蘭、常州一辨、大明僧寶、王山僧體、雪巖如滿。在如滿時期，此系還沒有產生什麼影響，到其弟子萬松行秀時期，此支成為曹洞宗的代表，昌盛於金代末年及其以後。此支的佛教思想繼承北宋禪宗，並且先後與金、元朝廷保持著密切關係。

行秀（西元1166～1246年），河內之解（河南洛陽一帶）人，俗姓蔡。15歲在邢州（河北邢臺）淨土寺出家，曾到磁州（河北磁縣）大明寺參見曹洞宗僧人雪巖如滿，成為其嗣法弟子。返回邢州淨土寺後，他在寺旁建「萬松軒」，由此有萬松之號。不久，他應請住持中都（北京）萬壽寺。

金章宗明昌四年（西元1193年），行秀應詔赴內廷說法，受到章宗躬親迎禮，后妃貴戚羅拜於前，各施珍財的隆重禮遇。承安二年（西元1197年），應詔住持西山的仰山棲隱寺，後遷報恩寺，晚年退居報恩寺從容庵。

行秀在金元之交，以「儒釋兼備，宗說精通，辯才無礙」[362] 著稱，吸

---

[362] 耶律楚材：〈萬松老人評唱天童覺和尚從容庵錄序〉。

第二節　金代佛教

引了金、元眾多的官僚和士大夫，尤其對契丹貴族後裔、儒學素養很高的耶律楚材（西元 1190～1244 年）影響最大。在蒙古兵圍燕京期間（西元 1214～1215 年），作為金朝留守官員的耶律楚材，拜行秀為師；歸元後，楚材為元朝的中書令，終其一生，都對行秀尊敬有加，稱得上是佛教的內外護。

行秀的著作很多，除著名的《從容庵錄》外，還有《請益錄》6 卷、《祖燈錄》62 卷，以及《釋氏新聞》、《鳴道集》、《辨宗說》、《心經鳳鳴》、《禪悅法喜集》等。行秀的門徒眾多，得法者 120 人。他們當中的許多人住持名剎，與元王朝有直接的連繫，其中影響最大的有林泉從倫、華嚴至溫和雪庭福裕。

林泉從倫（西元 1223～1281 年），曾住持萬壽寺和報恩寺。至元九年（西元 1272 年），元世祖詔他入內廷說法，他「從容問辨，抵暮而退，帝大悅」。他引用《華嚴》、《楞伽》、《涅槃》等經典，說明禪就是「佛性」、「如來藏」。「達摩以來遞代相傳者，是如來清淨禪也。」[363] 以此論證禪宗是佛教的正宗，禪與教經一致。至元十八年（西元 1281 年），從倫奉旨在燕京憫忠寺主持焚燒道教經典，成為元初佛道爭鬥中佛教一派的代表。他著有《空谷集》和《虛堂集》，進一步推動了曹洞宗僧人詮釋公案和頌古的風氣。

華嚴至溫（西元 1217～1267 年），字其玉，號全一，邢州人，俗姓郝。幼年入寺，15 歲開始隨行秀習禪，常年不離左右。後住京城華嚴寺，與繼住報恩寺的從倫齊名。至溫與劉秉忠幼年相交，經其推薦，「留王庭多有贊益」，「居三載遣還，出賜金資，日用不計其費」。忽必烈賜其號「佛國普安大禪師」，命他「總攝關西五路，河南、南京等路，太原府路，邢洛磁懷益等州僧尼之事」，他在保護和振興這些地區的佛教方面產生了重

---

[363]　《五燈會元續略》卷一。

要作用。「凡僧之田廬見侵於豪富及他教者，皆力歸之。」[364] 後代僧人評論這一時期曹洞宗時說：「今人獨味萬松評唱語，而不聞公（指至溫）有回天之力。」[365]

雪庭福裕（西元 1203～1270 年），太原文水（山西文水）人，俗姓張。22 歲出家，從學於行秀 10 年。金元交兵，嵩山少林寺遭到毀壞，福裕在行秀和印簡的支持下，興復禪宗祖庭。西元 1248 年，奉詔住持和林興國寺。後受憲宗召見，奉命「總領釋教」，重建各地廢毀寺院 236 處。他也是參加元初佛道論戰的主要人物，受賜「光宗正辯」法號，並住持萬壽寺。晚年退居嵩山。以後行秀一系曹洞宗的傳承均出自福裕，並長期以河南嵩山少林寺為主要傳法基地。

三、《從容庵錄》與評唱之風

當圓悟克勤的《碧巖集》受到南方禪師普遍冷落的時候，金末元初的北方曹洞宗僧人則對它推崇備至，並極力仿效。行秀撰《從容庵錄》於前，從倫作《空谷集》和《虛堂集》於後，納評唱之風為曹洞宗風，從而影響了元代南北禪學的不同走向。

從倫的《空谷集》，全名《林泉老人評唱投子青和尚頌古空谷集》，6 卷，詮釋投子義青的《頌古百則》。《虛堂集》，全名《林泉老人評唱丹霞淳禪師頌古虛堂集》，也是 6 卷，詮釋丹霞子淳的《頌古百則》。從倫在談及他撰寫這兩部書的目的時說：「非敢與佛果、萬松聯轡並驚於世，且傍鄰舍試效顰者歟。」[366] 說其是「效顰」之作，當非自謙之詞，它們的影響，也遠不如《從容庵錄》那樣大。《從容庵錄》一書，足夠反映此宗評唱的特點。

---

[364]　〈敕賜佛國普安溫禪師塔銘〉，見《佛祖歷代通載》卷二十二。
[365]　《南宋元明禪林僧寶傳》卷七。
[366]　陸應陽：〈林泉老人評唱投子、丹霞頌古總序〉。

第二節　金代佛教

《從容庵錄》，全稱《萬松老人評唱天童覺和尚頌古從容庵錄》，詮釋天童正覺的《頌古百則》，有 6 卷和 3 卷兩個版本。其中，每則公案和頌古組成一個部分，每部分包括五項內容，即示眾、列舉公案、列舉頌古、公案和頌古中的夾注，以及它們之後的評唱，完全是仿效《碧巖集》的形式。每部分之前有四字的標題，比《碧巖集》的題目整齊，用語也生動。

關於《從容庵錄》的成書過程，行秀曾說：「萬松昔嘗評唱，兵革以來，廢其祖槁，邇來退居燕京報恩，旋築蝸舍，榜曰『從容庵』，圖成書緒，適值湛然居士（耶律楚材）勸請成之。」[367] 行秀在蒙古太祖十七年（西元 1222 年）接到耶律楚材的信，次年成書，第三年耶律楚材為此書作序。《從容庵錄》是行秀整理多年講解公案和頌古的舊稿而成，代表了他長期弘揚的曹洞禪風，也反映了金元北方統治集團對這種禪風的認可和讚賞。

行秀把《從容庵錄》與同類著作進行比較指出：「竊比佛果《碧巖集》，則篇篇皆有示眾為備；竊比圓通《覺海錄》，則句句未嘗支離為完。」[368]《碧巖集》少部分沒有示眾一項，而《從容庵錄》不缺，講清楚每則的中心思想。《覺海錄》對公案和頌古的講解，有時支離不全，《從容庵錄》則句句有解。行秀指出的這兩個方面都是形式上的問題，而不是內容上的問題，說明他注重的是形式的完備，而不是內容的創新。

行秀曾指出他撰《從容庵錄》的動機是：「一則旌天童學海波瀾，附會巧便；二則省學人檢討之功；三則露萬松述而不作，非臆斷也。」[369] 用「述而不作」和「省學人檢討之功」，以展示天童正覺的學識淵博，充分顯示行秀以文字考證和詮釋見長的特性。在這方面，《從容庵錄》比之《碧巖集》是有過之而無不及。下面僅舉一例說明。

《從容庵錄》第八則是〈百丈野狐〉，說的是百丈懷海說法時總有一個

---

[367]　〈評唱天童從容庵錄寄湛然居士書〉。
[368]　〈評唱天童從容庵錄寄湛然居士書〉。
[369]　〈評唱天童從容庵錄寄湛然居士書〉。

老人前來聽講。一天，說法結束，眾人散去，唯老人不走。懷海問他是什麼人？老人說，他遠在迦葉佛時期就居於此山，那時有人問他「大修行底人還落因果也無？」他回答「不落因果」。就因這句話，使他「墮野狐身五百生」。所以老人請懷海「代一轉語」，以便脫去「野狐身」。懷海說了一句「不昧因果」，老人「言下大悟」。正覺據此「公案」作頌文曰：

一尺水，一丈波，五百生前不奈何。不落不昧商量也，依前撞入葛藤窠。阿呵呵，會也麼？若是爾灑灑落落，不妨我哆哆和和。神歌社舞自成曲，拍手其間唱哩囉。

行秀即對上述公案和頌文的每一句都進行細膩的考證和解釋，這裡僅舉一例以見一斑。《從容庵錄》解釋「哆哆和和」說：

哆哆和和，嬰兒言語，不真貌。又《法華釋箋》云：多跺學行之相。婆和學語之聲。《涅槃經》有病行嬰兒行。有本云：婆婆和和。石室善道禪師云：涅槃十六行中，嬰兒行為最。哆哆和和，時喻學道人離分別取捨心，與下神歌社舞皆一意也。

為了解釋這一詞，行秀考證了它的詞源字義，又考察了它在佛教典籍中的用法，最後詮釋正覺用在這段頌文中的含義，簡直是禪宗用語的絕好詞典。行秀就透過這種詞典式的注解，達到令學道人「離分別取捨心」的禪學目的。

在將禪學引向考據學和詮釋學方面，《從容庵錄》與《碧巖集》相同，但行秀更增添了一項內容，那就是圍繞公案，附會蔓衍，大篇幅地講解儒道經典和有關神話。例如《從容庵錄》第九則〈南泉斬貓〉，公案講南泉普願提起一隻貓，對弟子說：「道得即不斬」，眾皆不知所云，南泉就把貓斬卻了。後來南泉將此事講給趙州從諗，趙州聽罷，脫下草鞋，頂在頭上走出去。行秀連結正覺對此公案的頌文，評唱道：

趙州脫草鞋，頭上戴出，果然此道未喪，知音可嘉。孔子云：天將未喪斯文也。看他師資道合，唱拍相隨，無以為喻。諡法泉源流通曰禹，又受禪成功曰禹。《尚書‧禹貢》：導河積石至於龍門。《淮南子》：共工氏兵強凶暴，而與堯帝爭功，力窮觸不周山而死，天柱為之折，女媧煉五色石補天。《列子》：陰陽失度名缺，煉五常之精名補。……南泉如大禹鑿山透海，顯出神通；趙州如女媧煉石補天，圓卻話頭。

從這裡可以看到行秀所謂「附會巧便」，在相當程度上是借題發揮，傳播儒道等傳統文化，尤其是用大禹治水受禪和女媧煉石補天這類傳說、神話譬喻禪師，是特別容易發古人之幽思的。

《從容庵錄》的評唱，在文字考證、引用典籍、背離公案等方面，都比《碧巖集》走得更遠，但卻容易為不傾心於禪學，而又希望獲得佛教知識的民眾和官僚士大夫所接受。精通天文地理律曆術數及釋老醫卜之說的耶律楚材，特別喜好此類評唱，就頗能說明問題。耶律楚材是元初儒學的積極倡導者，而志不得伸，心情的壓抑，時時露於文字。當然，促發評唱之風盛行的主要原因，還是當時政治上需要將禪僧禁錮於書齋之中，以限制禪宗的活動範圍和人數的發展。

第四章　遼金佛教的民族互動與宗教變貌

第五章
元代佛教的政教體制與文化整合

第五章　元代佛教的政教體制與文化整合

第一節　元代社會中佛教的地位

　　成吉思汗於西元 1206 年在漠北建國，經過半個多世紀，蒙古貴族完成全國統一。西元 1271 年忽必烈定國號曰元。西元 1279 年，南宋亡，元建都大都（北京）。

　　元朝結束了南宋、金、西夏、西遼、大理、吐蕃等政權長期分立的局面，建立起一個幅員遼闊的多民族國家，開拓出了中華民族生息繁衍的疆域。統一帝國的建立，加強了各民族的多方面連結，為各民族地區的政治、經濟趨於平衡發展，為多民族文化的相互融合，提供了必要的社會條件。

　　蒙古貴族統治漢族及其他少數民族地區後，自身經歷了對新的生產力方式的適應和調節過程；同時，奴隸制因素注入漢地封建制度中，也使得宋代發展起來的封建經濟遭受挫折，走上迂迴曲折的發展道路。蒙古少數民族上升為統治民族，採取了有別於唐、宋舊制的民族政策，形成了波及面深廣的民族新格局。無論在政治結構、經濟結構還是意識形態方面，元朝都呈現出新的特點。相對於遼、金兩個少數民族建立的王朝，元朝統治對中國社會各方面發展變化的影響要深刻和久遠得多。

　　元王朝按照族別的不同和地區被征服的先後，把全國人民劃分為蒙古、色目、漢人和南人四個等級，在任用官吏、法律地位以及其他權利和義務等方面，對四等人有種種不平等的規定，在各族人民間的友好往來和文化融會中人為地製造障礙，直接波及民族心理和文化的分布。在這種民族等級制度下，流行於不同地區的宗教首次被官方放置在有民族等級優劣劃分的前提下來考察。與此相應，儒釋道三教在蒙元統治集團的直接介入下，經歷了重新定位和排列，形成元代獨特的意識形態結構。

　　民族因素，在元代突出地成為制約中國佛教發展演變的一個重要因

素。由於信奉佛教的漢族等級低下，相應的漢地佛教在元代整個佛教體系中的地位受到前所未有的衝擊。特別是由於南人處於最低等級，主要在南方流傳的禪宗則更要受到影響。元王朝對民間宗教的政策，既不同於此前的唐宋，也不同於此後的明清，對正統佛教也有刺激作用。在新的社會環境中，佛教在寺院組織、派系結構、教理信仰和修行實踐等許多方面發生了極大變化，直接影響著中國佛教以後的發展方向。

一、喇嘛教的特權及其表現

從成吉思汗開始，蒙古貴族就制定了平等對待各民族宗教信仰，允許多種宗教並存的政策。蒙元貴族進入漢地之初，基本遵循著這樣的既定方針。當時除佛教、道教、儒教、伊斯蘭教以外，也里可溫（天主教）、術忽（猶太教）也占有一席之地。憲宗蒙哥（西元1251～1259年）在保護各種宗教的基礎上，開始側重扶植佛教。他說：「今先生言道門最高，秀才人言儒門第一，迭屑人奉彌失訶言得昇天，達失蠻叫空謝天賜與，細思根本，皆難與佛齊。」[370]至忽必烈時期（西元1260～1294年），根據中國的政治形勢和藏傳佛教的具體情況，元廷確定了依靠薩迦派、崇奉喇嘛教（藏傳佛教）的宗教政策，直到元末沒有根本改變。這個政策的形成，是有歷史原因的。

西元1206年，成吉思汗出兵西夏，由於西夏王室與薩迦派有連繫，使他注意到衛藏地區。據說他曾致書薩迦寺的大喇嘛，表示尊重喇嘛教。[371]窩闊臺時期（西元1229～1241年），經營西夏故地和藏族地區的闊端，也和成吉思汗一樣，希望找到能夠協助治理衛藏地區的宗教代理人。當他得知薩迦派是吐蕃佛教中有影響力的教派時，便採取部下的建議，主動與該

---

[370]　《辨偽錄》卷三。
[371]　王森：《西藏佛教發展史略》，第209～210頁。

第五章　元代佛教的政教體制與文化整合

派首領聯絡。西元 1244 年，闊端致函薩班，召其到涼州商談衛藏地區歸順蒙古問題。薩班帶領他的兩個姪子八思巴（帕思巴）和恰那來到涼州，於西元 1247 年和闊端進行談判，共同擬訂了西藏歸順蒙古的協議。藏區的各派僧俗集團都很快同意了這些條件，正式歸順蒙古。經過薩班的努力，薩迦派取得了在藏區行政和宗教事務方面的領導地位。創立於 11 世紀的薩迦派，從此成為藏傳佛教中最有政治勢力和社會影響的一派。這種情況直到元朝滅亡才發生變化。

憲宗蒙哥即位後，授權忽必烈管理漠南蒙古和漢藏地區事務。忽必烈繼續執行成吉思汗以來的政策，於西元 1252 年派人到涼州召見八思巴。西元 1253 年，八思巴到六盤山謁見忽必烈，遂留在忽必烈身邊。這個事件為元朝建立後重用八思巴、進而崇奉喇嘛教奠定了基礎。

元廷確立喇嘛教特權地位的重要象徵之一是帝師制度的建立。中統元年（西元 1260 年），忽必烈即位後封八思巴為國師；至元七年（西元 1270 年），進封其為帝師。從此以後，歷代皇帝奉藏傳佛教薩迦派僧人為師成為元朝的一項制度。此即為帝師制度，是宋遼金三代所沒有的。

帝師制度的建立和延續，與八思巴是分不開的。八思巴（西元 1235〜1280 年）是吐蕃薩斯嘉（西藏日喀則地區薩嘉縣）人，童年時代接受了良好的佛學教育，「國人號之聖童」。元憲宗三年（西元 1253 年），「年十有五，謁世祖於潛邸，與語，大悅，日見親禮。中統元年（西元 1260 年），世祖即位，尊為國師，授以金印。」[372] 不久，受命為蒙古族製造文字，至元六年（西元 1269 年）頒行天下。這是八思巴對蒙古文化的一大貢獻，他因此被「升號帝師、大寶法王，更賜玉印，統領諸國釋教」[373]。至元十一年（西元 1274 年），八思巴請求返回藏地，由其弟亦憐真接替其位。八思

---

[372]　《元史》卷二〇二〈釋老傳〉。
[373]　《佛祖歷代通載》卷二十一〈帝師行狀〉。

第一節 元代社會中佛教的地位

巴死後的賜號是「皇天之下一人之上宣文輔治大聖至德普覺真智佑國如意大寶法王西天佛子大元帝師」，共 36 個字。八思巴有著述 30 餘種，其中為世祖的太子真金講的《彰所知論》最為流行。八思巴曾述《根本說一切有部出家授近圓羯磨儀軌》1 卷。其著名弟子有膽巴、阿魯諢薩里、沙羅巴、達益巴、迦魯納達思等。

在元代的歷史上，八思巴始終得到元朝統治者的尊崇。英宗至治元年（西元 1321 年）三月間，「建帝師八思巴寺於京師」，並且派遣使者賞賜八思巴家鄉的僧人「金二百五十兩，銀二千二百兩，袈裟二萬（件），幣、帛、幡、茶各有差」。[374] 英宗還「敕建帝師殿碑」，按照碑文的說法，元世祖能夠「德加於四海，澤洽於子孫……啟沃天衷，克弘王度，實賴帝師之助焉」。這樣的評價顯然言過其實，但它反映了八思巴始終受到元王朝的尊崇，從而也從一個側面反映了喇嘛教的持續興盛。泰定元年（西元 1324 年），元廷命令繪製八思巴畫像頒發各行省，「為之塑像」[375]。

亦憐真任帝師六年，繼任者是答兒麻八剌乞列。在此之後，「每帝師一人死，必自西域取一人為嗣，終元世無改焉」[376]。綜合《元史》各處的零散記載，其後的帝師依次是亦攝思連真、乞剌斯八斡節兒、輦真監藏、相家班、相兒加思、公哥羅古羅思監藏班藏卜、旺齣兒監藏、公哥列思八沖納思監藏班藏卜、輦真吃剌失思。[377] 這些歷任帝師都出自薩迦派。

從八思巴開始，帝師直接領導和管理全國佛教和藏區軍政事務的中央最高機構宣政院，擁有推薦任免高階世俗官吏和上層僧官的權力，其命令與皇帝的詔書具有同等權威，可以並行於藏區。終元一代，在八思巴的弟

---

[374] 《元史・英宗紀一》。
[375] 帝師殿碑的碑文見《佛祖歷代通載》卷二十。
[376] 《元史紀事本末》卷三。
[377] 日本學者野上俊靜、稻葉正就所著《元代帝師考》，對帝師的在位時間、生卒年月等有考證，見《東洋論叢》1958 年，大阪關西大學編印。另外，王森《西藏佛教發展史略》根據藏文資料對元朝的歷代帝師進行了考證，見該書第五篇。

第五章　元代佛教的政教體制與文化整合

子、兄弟、姪子、姪孫輩中，不少人在中央和地方身居要職，有的繼任為帝師，有的尚公主或長公主。薩迦派帝師的徒眾、親屬紛紛隨之飛黃騰達，地位顯赫，受封為司空、司徒、國公等，受賜金印、玉印者歷代不絕。泰定年間（西元1324～1328年），帝師「弟子之號司空、司徒、國公，佩金玉印章者，前後相望」[378]，而藏區各地方領主透過他們到京城謀求職位、封爵和賞賜的人，就更多不勝計了。

帝師主持宣政院，其他高階藏僧往往在地方任職。出身於唐兀族的楊璉真加，曾總攝江南諸路釋教。幼年從八思巴出家的西域僧人沙羅巴觀照，歷任江浙、福建等地釋教總統。擔任雲南諸路釋教都總統的節思朵、積律速南巴等人，也都來自西藏。建藩於雲南等地的諸王仿效中央的做法，也常到西藏延請高僧，封為「王師」。這些僧官，制約著漢地佛教的演化，影響著各宗派的消長，其作用不可忽視。一些上層藏僧，占據不少規模較大的寺院，作為其傳法的基地，贏得不少信奉者。喇嘛教由此大踏步地進入漢族聚居地區，並深刻地影響著蒙古民族。

帝師不僅控制了藏區的軍政大權，而且使中國上至朝廷，下到地方的各級官吏都程度不同地受到制約。在元代歷史上，達官顯宦，甚至皇親國戚，奔走於帝師及其徒屬門下是很平常的事情。帝師在舉辦各類名目繁多的法會時、在出行或辦理喪葬時，往往要驚動朝廷百官。每逢帝師從藏區來中國，「其未至而迎之，則中書大臣馳驛累百騎以往，所過供億迎送。比至京師，則敕大府假法駕半仗以為前導。……用每歲二月八日迎佛威儀往迓，且命禮部尚書、郎專科督迎接。及其卒而歸藏，又命百官出郭祭餞」。帝師還可以透過求「福利」、作「布施」等名義，包庇違法官員，使各類罪犯逍遙法外，嚴重影響了執法的公正，直接導致了行政的腐敗。「又每歲必因好事奏釋輕重囚徒，以為福利，雖大臣如阿里闍帥如別沙兒等，

---

[378]　《續資治通鑑》卷二〇〇三。

第一節　元代社會中佛教的地位

莫不假是以逭其誅。宣政院參議李良弼，受賕鬻官，直以帝師之言縱之。其餘殺人之盜，作奸之徒，夤緣倖免者多。至或取空名宣敕以為布施，而任其人，可謂濫矣。」[379] 武宗至大元年十二月，中書省臣對作佛事釋放罪犯提出意見：「自元貞（成宗在位時）以來，以作佛事之故，放釋有罪，失於太寬，故有司無所遵守。今請凡內外犯法之人，悉歸有司，依法裁決。」[380]

由於元代帝王的縱容，帝師徒屬及其一些上層藏僧違法亂紀、擾亂治安、侵官害民，引起了朝野上下的普遍怨恨和仇視。元世祖時，出任江南釋教總統的楊璉真加，「發掘故宋趙氏諸陵之在錢塘、紹興者（有寧宗、理宗、度宗等帝王陵墓）及其大臣塚墓凡一百一所」[381]。他還「截理宗頂（骨）以為飲器，充骨草莽間。……復發徽、高、孝、光四陵及諸後陵」[382]。泰定二年（西元1325年），西臺御史李昌奏稱：「嘗經平涼府靜、會、定西等州，見西番僧佩金字圓符，絡繹道途，馳騎累百，傳舍至不能容，則假宿民舍，因追逐男子，姦汙女婦。奉元一路，自正月至七月，往返者百八十五次，用馬至八百四十餘匹，較之諸王、行省之使，十多六七。驛戶無所控訴，臺察莫得誰何！且國家之制圓符，本為邊防警報之虞，僧人何事而輒佩之！」[383]

藏僧不僅作惡於地方，為害於民間，在京城也是劣跡昭彰。開元寺的藏僧就曾毆打、劫持京城官員。「（武宗）至大元年（西元1308年），上都開元寺西僧強市民薪，民訴諸留守李璧，璧方詢問其由，僧已率其黨持白梃突入公府，隔案引璧發，摔諸地，捶撲交下，拽之以歸，閉諸空室，久乃得脫。奔訴於朝，遇赦以免。」對於元王朝的王妃，藏僧也敢抗爭、毆打。至大二年（西元1309年），「復有僧龔柯等十八人，與諸王闍兒八剌

---

[379]　上引均見《元史》卷二〇二〈釋老傳〉。
[380]　《元史・武宗一》。
[381]　《元史》卷二〇二〈釋老傳〉。
[382]　《續資治通鑑》卷一八四。
[383]　《元史》卷二〇二〈釋老傳〉。

妃……爭道,拉妃墮車毆之,且有犯上等語。事聞,詔釋不問」。這些發生在元王朝的事情,可謂空前絕後,足見喇嘛教特權地位引發的弊端之深重。

到了元代末期,包括最高統治者在內的蒙古上層官僚腐敗墮落,他們接納上層藏僧完全不是出於什麼政治目的,而是利用喇嘛教某些性修煉的內容充實其糜爛生活。

至正十三年(西元1353年)十二月間,身為丞相的哈麻和其擔任集賢殿學士的妹婿禿魯帖木兒等人,偷偷把喇嘛僧送給元順帝,教他「行房中運氣之術,號『演揲兒法』(『大喜樂』之意)」。禿魯帖木兒(圖魯特穆爾)還把精通祕密法的喇嘛策琳沁(伽璘真)推薦給元順帝,並且說:「陛下雖尊居萬乘,富有四海,不過保有一世而已。人生幾何?當受此祕密大喜樂禪定。」元順帝接受了這種淫穢之法,並且「詔以西天僧(來自古印度的密教僧人)為司徒,西番僧(來自藏地的喇嘛)為大元國師」。祕密法引入宮廷,使元順帝更荒淫,使一些朝廷大臣更無恥,使某些精通祕密法的喇嘛僧更驕橫跋扈,使更多的百姓乃至官員的家庭遭殃蒙辱。當時,元順帝不但自己「日從事其法」,而且命人「取良家女」奉獻給該僧,「謂之供養」。元順帝和他的親信嬖倖們「相與褻狎,甚至男女裸處。號所居室曰『色濟克烏格依』,譯言事事無礙也。君臣宣淫,而群僧出入禁中,無所防閑,醜聲穢行,著聞於外。雖市井之人,亦惡聞之」[384]「事事無礙」本是漢地華嚴宗的最高精神境界,也為包括禪宗在內的各派僧人所接受和創用。這裡的「事事無礙」,是對佛教教義最無恥的運用。喇嘛僧的所作所為,加速了元王室的腐敗,也加速了薩迦派的衰落。

無論是古代藏文典籍還是漢文史書,記載薩迦派在元代這段歷史時,都痛斥其許多上層僧人追求世俗利祿、貪圖享受、不守戒律,在中國和藏

---

[384] 《元史》卷二〇五〈哈麻〉。大體相同的記載見《元史・順帝六》、《續資治通鑑》卷二一一等。

第一節　元代社會中佛教的地位

區橫行不法、跋扈恣睢、亂政害民，可謂劣跡斑斑、罪狀多端。然而，薩迦派活躍於元代政治舞臺上，也發揮了多方面的歷史作用。薩迦派幫助元廷在西藏地區建立了有效的行政體制，結束了大約 400 年的分裂割據局面，實現了政治的統一。帝師制度的建立，使中央與西藏的政治和宗教聯結為一體。藏族地區作為一個整體密切了與中央的關係，也加強了和中國各省的關係。這對藏區和中國的經濟發展、技術交流和文化融合，發揮了極大的推動作用。中國的印刷器材和印刷術、大渡船和造船技術、建築技術等等，就是在這一時期先後傳入西藏的；藏族形式的塑像、造塔、用具工藝等技術，也是在這一時期自西藏傳入中國的。[385] 在元代，蒙、藏、漢等族的相互交流、相互融合，達到了前所未有的程度。從長遠講，這有利於中華民族的共同文化、共同心理的形成，其意義不僅僅限於元代，也遠遠超出宗教範圍。

喇嘛教地位至高無上，是法定的，不容爭辯。它獲得皇室信仰，得到社會各階層的尊崇，成了占統治地位的宗教，其修行方式盛行於宮廷，其信仰流傳於中原和江南。可以說，正是經過元代與漢族文化的衝突和融合，以喇嘛教為載體的藏族文化才真正成為中華民族文化的組成部分。

喇嘛教在整個意識形態中占據的特殊地位，使元代形成了有別於歷代封建社會文化形態的特殊結構，那就是不但在口頭上，而且主要是在實際上，將儒學放置在佛道之下，一般儒士長期受到冷落，所謂「釋氏掀天官府，道家隨世功名，俗子執鞭亦貴，書生無用分明」[386]。這話也許有些偏激，但就主要方面說，是符合事實的。至仁宗（西元 1312～1320 年），開始了解到「明心見性，佛教為深，修身治國，儒道為切」[387]。皇慶二年（西元 1313 年），元廷決定恢復久廢的科舉制度。儒學受到重視，反映了

---

[385]　《西藏佛教發展史略》，第 76 頁。
[386]　汪元量：《湖山類稿》卷二。
[387]　《元史》卷二十六。

第五章 元代佛教的政教體制與文化整合

大部分蒙古上層的意向，影響是深遠的。但是，無論是科舉取士的數量，還是入仕者在統治集團中的作用，都不能與唐、宋兩代相提並論，它始終沒有造就一大批從科舉入仕的官僚士大夫階層。這樣，元代佛教就失去了一個推動它發展的社會因素。

在藏傳佛教居統治地位的情況下，漢地佛教受到極大的衝擊，特別是那些不堪忍受蒙古貴族壓迫的漢族僧人，從修行思想到實踐，都發生了變化。他們往往主張退隱山林，不與統治者來往。元代著名詩僧善住就是一位比較突出的代表，《四庫提要》認為他在當時的詩僧中「首屈一指」。善住，字無住，別號雲屋，曾住吳郡城的報恩寺，著有詩集《谷響集》3卷。他在〈山庵〉一詩中寫道：「平生愛幽致，況得共跏趺。片月掛木末，一峰當坐隅。斷猿寒欲下，驚鳥夜相呼。世上耽名者，還能到此無？」這首詩是他一生的寫照。他不去現實社會爭名逐利，而是甘願在林泉之下離世隱修。這不僅僅是遵守佛教的一般教義，不是在宗教觀念驅動下的人生選擇，而是有著深厚的社會原因的。他的〈贈隱者〉詩名義上是嘆別人，實際上是個人抒懷：「……對食慚周粟，紉衣尚楚蘭。……窮達皆有命，初非行路難。」他在〈悼隱者〉詩中說：「安知新宇宙，猶有故衣冠。」[388] 他的離世隱修，是為宋遺民情結所驅使，為刻骨銘心的亡國之恨所驅使。他採取隱修的方式，是與蒙古統治者不合作的政治行為，也是一種反抗民族壓迫的抗爭方式。至於「窮達皆有命」的感嘆，也多少反映了他作為出家人的無奈。但是，連繫善住一生過著隱修的生活，可見他的抗元信念始終沒有改變。與善住相同的這種抗元情緒，在元代初中期的南方禪宗中特別濃重。這也是促動佛學轉向，促動元代禪學與宋代禪學拉開距離的重要原因之一。到了元代後期，許多漢族僧人也受到元廷的重視，這與上層喇嘛的溝通有關。

---

[388]　上引均見《谷響集》卷一。

第一節　元代社會中佛教的地位

隨著喇嘛教的興盛，在中國沉寂很久的密教也興盛起來。據元代念常追述：「唐宋間始聞有祕密之法，典籍雖存，猶未顯行於世。」由於藏僧的到來，「祕密之法，日麗乎中天，波漸於四海。精其法者，皆致重於天朝，敬慕於殊俗。故佛氏之舊，一變於齊魯」[389]。當時的士人也承認：「中國朝祕密之興，義學之廣，亦前代之所未有。」[390] 正由於密教傳播的範圍漸廣，引起了顯教與密教間的爭論：「習顯教者，且以空、有、禪、律而自違，不盡究竟之圓理；學密部者，但以壇、印、字、聲而為法，未知祕奧之神宗。遂使顯教密教矛盾而相攻，性宗相宗鑿枘而難入。互成非毀，謗議之心生焉。」[391] 在陳覺看來，顯密各執一端相互攻擊，是尚未圓融的表現，因此，只有兩者調和才是全面的。元代有許多僧人致力於溝通顯密關係，作為漢地佛教的主流派別禪宗，其內部本來就有密教祕密流傳，至此，受到藏傳佛教的影響，不少人也大張旗鼓地致力於融合禪密關係，使禪宗的內容進一步多樣化起來。

二、佛教與道教的爭鬥

隨著蒙元統治集團各項宗教政策的實施，傳統的儒釋道關係經歷了新的變化。儒學的地位明顯下降，道教在蒙元貴族的扶植下，政治、經濟勢力在北方部分地區急遽膨脹，終於在元朝初期爆發了以全真教與曹洞宗為主角的道教和佛教的衝突。這場爭鬥的起源，可以追溯到成吉思汗時期。

12世紀中葉，金代道士王重陽（號重陽子，西元1113～1169年）創全真教。據元代祥邁追述，全真教創立的目的之一就是為了對抗禪宗，因為王重陽嘗謂：「禪僧達性而不明命，儒人談命而不言性，余亦兼而修之，

---

[389]　《佛祖歷代通載》卷二十二。
[390]　〈佛祖歷代通載序〉。
[391]　陳覺：〈顯密圓通心要集序〉。

第五章 元代佛教的政教體制與文化整合

故號全真。」[392]事實上，道禪之爭在王重陽時代並沒有真正展開。全真教具備與佛教抗爭的實力，是在丘處機（西元 1148～1227 年）時代，並且與蒙元統治者的積極扶植有關。

成吉思汗為了尋求長生不老之術，主動接觸漢地的道教。西元 1219年，在西征途中，成吉思汗命令漢人官吏劉仲祿去山東萊州，邀請全真教的長春真人丘處機來講授長生之術。由此可以看出，當時全真教在北方地區的影響力還是比較大的，已經為蒙古上層知曉。西元 1222 年三月，成吉思汗在阿姆河營帳第一次會見丘處機。當年十月，再次會見並論道三日，由契丹人耶律阿海擔任翻譯。在與成吉思汗的密談中，丘處機坦言沒有什麼長生不老之藥，他對成吉思汗所講道法的核心內容有二：其一，作為個人所應遵守的長生之道，不過是要清心寡欲。這是對成吉思汗長生不老幻想的否定；其二，作為統治者所要採取的治國方略，無外乎敬天愛民。這是對蒙古軍隊殘酷殺戮和野蠻掠奪的規勸。很難得的是，成吉思汗特別重視丘處機的講話，命令耶律阿海把幾天的密談記錄下來，並且要傳給他的子孫。成吉思汗還賜給丘處機一張詔書，免除道士的賦稅和差發。

全真教得到蒙古統治者的積極扶植後急遽發展，據說河溯之人十分之二成了全真教徒。[393]也就在此期間，全真教與北方佛教的衝突開始激化。根據佛教的記載，丘處機在燕京時就「持力侵占」佛教寺田，他的弟子們在各州縣更是肆意侵奪寺產，甚至搗毀佛像，改佛寺為道觀。

丘處機死後，其弟子李志常（西元 1193～1256 年）依然得到元統治者的支持，並於西元 1227 年被任命為都道錄兼領長春宮事，西元 1233 年受詔教授蒙古貴族弟子，西元 1238 年嗣住道教事，西元 1251 年受金符玉誥。在侵占佛寺、打擊佛教勢力方面，到李志常達到頂點。祥邁說他「虛

---

[392] 祥邁：《辨偽錄》卷三。
[393] 元好問：〈紫微觀記〉，見《遺山集》。

第一節　元代社會中佛教的地位

冒全真之名，不行道德之實；鴟鳴正道，虎視釋家；挾邪作威，侵占佛寺；襲丘公之偽跡，扇殘賊之餘風。」此外，李志常還刊行《太上混元上德皇帝明威化胡成佛經》和《老子八十一化圖》，力圖用偽造經典的方法，證明佛陀是老子的門徒，置道教於佛教之上。

元初的北方佛教是承亡金的餘緒，以禪宗的勢力最大。首先起來對抗道教侵吞和攻擊的是曹洞宗禪僧。西元1255年，曹洞宗禪師福裕上書，控告道教徒。蒙哥命福裕等僧與李志常廷前辯論，結果佛教稍占上風。蒙哥詔令中原斷事官布智爾和喀什米爾僧那摩，檢查道藏偽經，並「教那先生依前舊塑釋迦、觀音之像。……那壞佛的先生依理要罪過者。」同樣，「若是和尚每壞了老子塑著佛像，亦依前例要罪過者。」這次曹洞宗僧人為佛教爭得了一個與道教平等的地位。西元1256年，福裕等人再次到和林控告道教徒，佛教大勝。蒙哥指示：「譬如五指皆從掌出，佛門如掌，餘皆如指」[394]，令佛教的地位高於道教和其他宗教。

西元1257年秋，福裕等人再次上書蒙哥，控告道教徒沒有退還佛寺和焚燒《化胡經》。次年，由忽必烈召集僧道和九流名士，在開平城舉行第二次論戰。佛教以福裕為首，另有那摩、劉秉忠等300餘人參加。道教以全真教主張志敬為首，參加者200餘人。此外，參與斷事和作證的官員、儒士等有200餘人。據《佛祖歷代通載》所記，八思巴被任命為仲裁人，「戊午（西元1258年），師（八思巴）二十歲。釋道訂正《化胡經》，憲宗皇帝詔師剖析是非，道不能答，自棄其學」。八思巴是喇嘛教薩迦派大師，由他裁定佛道兩家的「是非」，道教慘敗是不言而喻的。結果，參與辯論的道士17人削髮為僧，道藏經典45部被焚，200多處道觀改為佛寺。

至元十八年（西元1281年），以喇嘛教為首，對道教進行了更徹底的清算。是年，膽巴（？～西元1303年）「得道藏《化胡經》並《八十一化

---

[394]　上引均見《辨偽錄》卷三。

圖》,幻惑妄誕。師乃嘆曰:『以邪惑正如此者!』遂奏聞。召教禪大德及翰林承制等,詣長春宮辯證」[395]。忽必烈詔諭天下,除《道德經》外,其他一切道教經典全部燒焚,並命福裕的同門林泉從倫主持下火儀式。至此,以全真教徒為首的道教和以曹洞宗僧人為首的佛教之間的爭鬥至此告一段落。

在這場延續數十年的釋道爭鬥中,曹洞宗禪師發揮了重要作用。他們得到喇嘛教和蒙古貴族的支持,從而密切了北方禪宗和元朝統治者的連繫,為禪宗在北方的發展創造了有利的政治條件。

佛道的這次爭鬥,有一定的政治背景。丘處機西行,以老子「化胡」自況,自稱是為了「罷干戈,致太平」。但在當時宋金交兵的嚴峻時刻,遠結蒙古,說他是曲線救國不無道理,而蒙元支持全真教的政治目的也是清楚的。[396] 至於李志常重造《老子化胡經》的興論,即使元廷不以佛教輔政,也是注定要失敗的。「老子化胡」之說的本質,是以鄙薄胡人的手法貶低佛教,也是「用夏變夷」的一種思想反映。北方禪宗僧人已慣於在女真等「胡人」統治下生活,對民族問題比全真派道教要敏銳。

三、教禪廷辯與尊教抑禪

蒙元王朝初期,統治者出於入主漢地的政治需求,重視利用禪宗僧人。臨濟宗的海雲印簡,曹洞宗的萬松行秀、林泉從倫和華嚴至溫等,在管理佛教事務,溝通蒙漢民族關係,把禪宗納入為元王朝服務的軌道方面用力甚多。到忽必烈時,元王朝扶植的重點從禪宗轉向教門。至元二十五年(西元1288年)召開教禪廷辯,其結果使「教冠於禪之上」[397]。尊教抑

---

[395] 上引均見《佛祖歷代通載》卷二十二。
[396] 丘處機於西元1219年西行,南宋已與夏聯兵攻金;西元1232年,宋元亦聯兵攻金汴梁。
[397] 《佛祖統紀》卷四十八〈附元〉。

第一節　元代社會中佛教的地位

禪在政治上反映了蒙古統治者對南人的歧視,在經濟上反映了他們尚不了解自然經濟條件下的農業特徵,在思想上反映了他們不能容忍禪僧的任性放狂。

如果從宗教信仰方面考察,尊教抑禪與崇奉喇嘛教是相互連繫的,這與蒙元貴族所要利用佛教的具體內容有關。憑藉武力征服漢地的蒙古貴族雖然「崇尚釋氏」,所關注的不過是布錢施物、建寺造塔、寫經齋僧、禮佛拜千之類的功德善事,對於義理研究之類則並無興趣。他們推崇喇嘛教,除了適應控制西藏地區的政治需求外,還在於喜好那些為達到解脫成佛而進行的性修煉活動,以便吸收過來充實其糜爛的生活。禪宗不重經典、不拜偶像,倡導自主獨立、自我解脫的修行理論和實踐,自然與蒙元貴族可接受的佛教信仰格格不入。相對說來,漢地教門諸派所重經典和所倡教義與喇嘛教有更多相通處,更容易為蒙元貴族接受。

教禪兩派到京城進行廷辯,其具體醞釀過程各書記載不一,已不是很清楚。據《佛祖歷代通載》記:「戊子(西元 1288 年)春,魔事忽作,教徒譖毀禪宗……有旨大集教禪廷辯。」[398] 主持召集這場廷辯的是藏僧楊璉真加。儘管參加會議的有教、禪、律三派僧人,中心議題則是教、禪關係。禪宗的代表是妙高,義學的代表為仙林。

關於仙林的生平不詳。妙高(西元 1219～1293 年)在南宋曾奉詔住持金陵蔣山寺院 13 年,徒眾多達 500 餘人,在江南頗有影響。德祐乙亥年(西元 1275 年),因抗拒亂兵搶劫,得到蒙古丞相伯顏的保護。這次他以古稀之年赴京,可能是出於對南方禪的辯護。

在廷辯中,仙林說:「南方眾生多是說謊,所以達磨西來,不立文字,正恐伶俐的說謊,貪著語言文字,故有直指之語。」用「南人」善於說謊,說明達磨特別要化之以禪的原因,前提是「南人」低下。以南人為低下,

---

[398]　《佛祖歷代通載》卷二十二〈妙高〉。

第五章　元代佛教的政教體制與文化整合

已不再像過去那樣只限於南北相嘲,而是元朝統治集團正在推行的等級制度。以此駁難禪宗,禪僧的任何辯解都是多餘的。

妙高說:「夫禪之與教本一體也。禪乃佛之心,教乃佛之語,因佛語而見佛心,譬之百川導流同歸於海,到海則無異味。」這種禪教一致的老調,當然不會引起忽必烈的興趣,他倒提出一個令禪僧十分難堪的問題:「俺也知爾是上乘法,但得法底人,入水不溺,入火不燒,於熱油鍋中教坐,汝還敢麼?」答云:「不敢。」奉聖旨:「為甚不敢?」奏云:「此是神通三昧,我此法中無如是事。」[399]此外,妙高曾舉雲門公案一事,欲為佛祖雪屈,忽必烈很不高興。

廷辯的最終結果,「使教冠於禪之上」。事實上,結論在辯論之前早已定下了。「尊教抑禪」反映了蒙古統治者對南人的政治歧視,表現了他們對自然經濟條件下的農業特徵的尚不了解。當然,禪僧的任性放狂,不像必須依賴國家寺院為生的義學僧人那樣馴服,也是促成政府採取壓制措施的一個原因。元王朝重視義學,從義學沙門中選拔地方僧官,早有規定。至元二年(西元1265年)二月,詔諭總統所:「僧人通五大部經者為中選,以有德業者為州郡僧錄、判正、副都綱等官。」[400]這就促使漢地僧人重視佛教經典,誘導禪僧走上禪教融合的道路。

向江南禪宗興盛地派遣講經僧人,改變禪僧不重經教的學風,樹立傳統佛教典籍的權威,是元王朝實施尊教抑禪政策的重要內容。《佛祖歷代通載》卷二十二《世祖弘教玉音百段》記:「帝平宋已,彼境教不流通,天下揀選教僧三十員,往彼說法利生,由是直南教道大興。」所選僧人無論出自佛教哪一派,都必須精通佛教典籍,嚴格按佛教規定修行。至元二十五年(西元1288年),「詔江淮路立御講三十六所,務求宗正行修者分

---

[399]　上引均見《佛祖歷代通載》卷二十二。
[400]　《元史・世祖紀三》。

主之」。[401] 對於講什麼經典並無具體規定，依《智德傳》記，有《法華》、《華嚴》、《金剛》、《唯識》等經疏。

元王朝還支持把禪寺改為「講寺」。如天台家僧人性澄，請將國清寺由禪院改為「講寺」，忽必烈「賜璽書復之」[402] 表示支持就是突出的一例。中唐以來，佛教義學衰微，僧侶「從教入禪」成為一種時髦。入元以後，也出現了「從禪入教」的潮流。如四明延慶寺僧本無，原依寂照禪師在中天竺習禪，「亦有省處」，但後來又投到性澄門下，去「精研教部」。寂照為此向本無寄去一偈：「從教入禪今古有，從禪入教古今無。一心三觀門雖別，水滿千江月自孤。」[403] 言語之間不無遺憾。

在元統治者的倡導下，漢地佛教界出現了「禪學浸微，教乘益盛，性相二宗，皆以大乘並驅海內」[404] 的局面。在這種教禪新格局中，教門諸派的傳播和流通也受到了一定程度的刺激，其傳播途徑也有了新的時代特點。

事實上，受到尊教抑禪打擊最重的是北方禪宗，此後基本上銷聲匿跡了。南方禪宗則採取消極對抗態度，但其作為佛教在南方的主體地位並沒有因為政府的政策而有劇烈的變化，所以在相當長的時間裡，南方的多數禪師與朝廷保持距離。忽必烈死後，元統治集團對南方禪宗逐步減弱了壓力，加強了懷柔的成分，雖有助於緩解對抗，但收效並不顯著。例如，臨濟宗禪師中峰明本在江南僧俗各界享有盛譽，元朝廷曾多次徵召，卻多次被他拒絕。延祐六年（西元1319年），「帝聞天目中峰明本之道，聘之不至，制金紋袈裟賜之，號為『佛慈圓照廣慧禪師』。賜師於院（明本曾住持的寺院）額曰：正宗禪寺」。至治三年（西元1323年），即明本臨終那年，

---

[401] 《大明高僧傳》卷二〈智德〉。
[402] 《大明高僧傳》卷一。
[403] 《大明高僧傳》卷二。
[404] 《佛祖歷代通載》卷二十二〈妙文〉。

「遣使即其居脩敬」。天曆二年（西元 1329 年），「賜謚智覺，塔曰法雲，召奎章閣學士虞集，命撰〈中峰塔銘〉」。元統二年（西元 1334 年），「大普慶寺住持善達密的表奏，以先師《明本廣錄》入藏，帝可其奏，加『普應國師』」[405]。元朝中期諸帝對明本的推崇，是對南方禪宗既有形勢的一種肯定。到了元代末期，南方有更多的禪師與元廷加強了連繫。

四、管理機構與寺院經濟

與宋代相比，元代的佛教管理機構有了很大變化。這種變動既與喇嘛教的統治地位有連繫，也和元世祖之前蒙古貴族的傳統宗教政策密切相關。機構繁多雜亂、設立和罷撤隨意、管轄範圍交叉重疊、僧官位高權重，是元代佛教管理體系的重要特點。

元朝建立之初，管理佛教的中央機構是釋教總制院，由當時的國師八思巴領導。後來，一度設立功德使司，但存在時間不長。唐朝時，吐蕃使臣來京城於宣政殿朝見，總制院因此於至元二十五年（西元 1288 年）改名為宣政院。它是「秩從一品」的機構，與專門執掌「天下兵甲機密之務」的樞密院是相同級別，其行政長官是晉升帝師的八思巴。宣政院的職責比以前的釋教總制院有所擴大，既管理全國的佛教事務，又直轄西藏地區的民政、軍政和司法事務。任用宣政院官員的原則，是「軍民通攝，僧俗並用」[406]。宣政院代表中央對西藏行使全面管轄大權，如果形勢需要，可以在當地設立分院治理。這是元朝設立的一個特殊機構，與中書省、樞密院、御史臺並列為國家的四大軍政機構。

宣政院是中央管理佛教的最高機構，在地方上，各路設立行宣政院，

---

[405] 〈元故天目山佛慈圓照廣慧禪師中峰和尚行狀〉。
[406] 《元史》卷八十七〈百官三〉中載，宣政院「秩從一品，掌釋教僧徒及吐蕃之境而隸治之。遇吐蕃有事，則為分院往鎮，亦別有印。如大征伐，則會樞府議。其用人則自為選，其選則軍民通攝，僧俗並用。」

代替功德使司管理事務。至順二年（西元1331年），曾一度撤銷行宣政院，在全國設立16個廣教總管府，管理各地的佛教事務。元統二年（西元1334年），又撤銷了廣教總管府，恢復行宣政院。宣政院管理的僧官有僧錄、僧正、僧綱等。

元代的僧官衙門並不是完全與行政建制配套，元廷往往針對不同地區和不同教派的具體情況，設立特殊的管理機構，有些機構是針對不同地區的情況臨時設置或裁撤。例如，蒙元軍隊攻占南宋都城臨安不久，就設立江南釋教總統所，管理江南的佛教，在江南各路的僧官也由釋教總統所來管轄，它直接隸屬於京城的宣政院。至元十四年（西元1277年），命元吉祥和憐真加加瓦掌管漢人佛教事務。江南釋教總統所於大德三年（西元1299年）罷；江南行宣政院曾於武宗至大四年（西元1311年）撤銷。元代僧官衙門的品級都很高，如宣政院是從一品，而元代以後再也沒有出現過這樣品級的僧官衙門。

元王朝宗教政策不穩定，機構設置隨意，也反映在對白雲宗的管理方面。白雲宗是從佛教中分化出來的一個民間教派，由洛陽寶應寺沙門孔清覺（西元1043～1121年）於北宋徽宗大觀年間（西元1107～1110年）在杭州創立。南宋時期，白雲宗受到朝廷的多次明令取締。進入元代，白雲宗被視為有別於佛教其他宗派的合法教派，並且專門設立機構管理。這在元代以前是沒有先例的。元代初年所設立的白雲宗攝所，屬於官方機構，另外別置白雲宗僧錄司，任命南山普寧寺道安為僧錄。此後元廷白雲宗管理機構又屢罷屢設，直至徹底取締。成宗大德十年（西元1306年）「罷江南白雲宗都僧錄司，汰其民歸州縣，僧歸各寺，田悉輸租」。[407] 武宗至大元年（西元1308年）又「復立白雲宗攝所，秩從二品，設官三員」[408]。

---

[407] 《元史・成宗四》。
[408] 《元史・武宗一》。

武宗至大四年（西元1311年）二月，在「罷江南行通政院、行宣政院」的同時，「御史臺臣言：白雲宗總攝所統江南為僧之有髮者，不養父母，避役損民。乞追收所受璽書銀印，勒還民籍。從之」。[409] 仁宗延祐六年（西元1319年）十月，「中書省臣言：白雲宗總攝沈明仁，強奪民田二萬頃，誑誘愚俗十萬人私賂近侍，妄受名爵，已奉旨追奪，請汰其徒，還所奪民田。其諸不法事，宜令復核問。有旨：朕知沈明仁奸惡，其嚴鞫之」[410]。仁宗延祐七年（西元1320年）正月，「江浙行省丞相黑驢言：白雲僧沈明仁，擅度僧四千八百餘人，獲鈔四萬餘錠，既已辭伏，今遣其徒沈崇勝潛赴京師行賄求援，請逮赴江浙並治其罪。從之」[411]。同年二月，元廷因為「白雲宗總攝沈明仁為不法坐罪，詔籍江南冒為白雲僧者為民」[412]。至此，白雲宗被元王朝最終取締。

從元代開始，出現了一個新現象，就是由官方把政府管理的寺院進行分類，並且要求他們保持各自的專業。根據《元史·釋老傳》記載：「若夫天下寺院之領於內外宣政院，曰禪、曰教、曰律，則固各守其業。」官方承認並將隸屬於宣政院的寺院分為禪、教、律三類，這在宋代沒有正式規定。但是，在南宋朝廷頒賜寺額過程中，已經逐漸形成了寺院分類的現象。元王朝在寺院分類方面的做法，為明代寺院分類管理的系統化和完善化奠定了基礎。

元代初年，由政府掌握的寺院以及僧尼數量大體與南宋時期相當。至元二十八年（西元1291年）十二月時，「宣政院領天下寺宇四萬二千三百一十八區，僧尼二十一萬三千一百四十八人」[413]。僧尼人數顯然是太少了，未經注籍的要遠遠超出這個數字。一般說，禪僧逃避統計或不在統計之列。

---

[409]　《元史·武宗一》。
[410]　《元史·仁宗三》。
[411]　《元史·仁宗三》。
[412]　《元史·仁宗一》。
[413]　《元史·世祖紀十三》。

第一節　元代社會中佛教的地位

　　寺院占有大量土地，寺院經濟惡性膨脹，是元代寺院的重要特點。大寺院所占的鉅額田產，首先是來自皇室的賞賜，是與蒙元貴族的大土地占有相關聯的。元統一全國後，朝廷把土地作為「官田」，以賞賜的形式分配給貴族、官僚，其數額之巨之濫，為歷史上所罕見。與此同時，佛教寺院和以喇嘛教僧人為主的佛教界頭面人物，也獲得大量土地。由國家主管的大寺院，特別是一些皇室捐建的國立寺院，動輒占田成千上萬畝。忽必烈敕建的大護國仁王寺，在大都等處直接占有的水陸地和分布在河間、襄陽、江淮等處的田產，共達 10 萬頃以上，此外，還有大量的山林、河泊、池塘等。至大四年（西元 1311 年），仁宗一次賜給大普慶寺田 8 萬畝。元文宗曾一次賜給大承天護聖寺田地 16 萬頃，元順帝時又賜田 16 萬頃。這些是比較突出的例子。

　　對於帝王大建寺院和大量賞賜寺院土地，元代後期的重臣也提出異議，指出其危害。泰定三年（西元 1326 年），「中書省臣言：養給軍民，必籍地利。世祖建宣文弘教寺，賜永業，當時已號虛費。而成宗復構天壽萬寧寺，較之世祖，用增倍半。若武宗之崇恩福元，仁宗之承華普慶，稅權所入，益又甚焉。英宗鑿山開寺，損民傷農，而卒無益。」[414] 但是，儘管有這些議論，此後元王朝仍然沒有停止大建寺院和大量賞賜寺院土地。

　　對於寺院的租稅和僧人的差役，蒙元統治者一開始是免除的。世祖曾對群臣說：「朕以本覺無二真心治天下……故自有天下，寺院田產，二稅盡蠲免之，並令緇侶安心辦道。」[415] 但是，後來情況有了變化。仁宗延祐五年（西元 1318 年）十月，「僧人除宋舊有及朝廷撥賜土田免租稅，餘田與民一體科徵」[416]。對於僧人的差役，也是時免時徵。成宗大德七年（西

---

[414]　《佛祖統紀》卷四十八〈附元〉。
[415]　《佛祖統紀》卷四十八〈附元〉。
[416]　《元史‧仁宗三》。

第五章 元代佛教的政教體制與文化整合

元1303年)閏五月,「詔僧人與民均當差役」[417]。但是到英宗延祐七年(西元1320年)六月,又「詔免僧人雜役」[418]。所以,在元代歷史上,短時間內實行的徵收寺院租稅和僧人當差役的措施,並沒有產生限制寺院經濟惡性膨脹和僧人特權的作用。

另外,上層僧人利用權勢,搜刮民脂民膏,巧取豪奪,是造成寺院經濟的惡性膨脹的重要原因。元王朝曾經下令禁止寺僧擴占民田,武宗至大四年(西元1311年)十月,「禁諸僧寺毋得冒侵民田」[419]。但是,事實顯示,這些禁令收效甚微。

由於寺院曾長時間享有免稅免役等特權,許多民戶自願成為寺院的佃戶。但是在更多的情況下,上層藏僧是利用特權強行把在籍農民編入寺籍。在江南各地的寺院中,占有土地和佃戶的情況是比較嚴重的。成宗大德三年(西元1299年)七月間,「中書省臣言:江南諸寺佃戶五十餘萬」[420]。

為逃避賦稅和差役,也使大量土地透過不合法的管道流入寺院。因為元代寺院長時期不交賦稅,沒有差發,所以有些漢人地主將私產託名寺院,以規避差稅。有的富戶使子弟一人出家,然後把全家田產託名這個出家僧人所有,使全家不再納稅。有的地主將土地施捨給寺院,然後再向寺院承佃,這樣就不必向官府納稅和承擔差役。凡此種種做法,實際上是侵害了國家的利益,導致寺院經濟的惡性膨脹。《至順鎮江志》載,鎮江路平均每人占有土地約6畝,而僧尼則達50畝左右。這反映了當時寺院占有田地規模之大。史稱泰定帝時(西元1324～1328年),「江南民貧僧富」,以致有人說「天下之田,一入僧業,遂固不移。」[421]

---

[417] 《元史·成宗四》。
[418] 《元史·英宗一》。
[419] 《元史·武宗一》。
[420] 《元史·成宗紀三》。
[421] 吳師道:《吳禮部文集》卷十二。

第一節　元代社會中佛教的地位

元朝崇佛重在修功德、作佛事，從建寺造塔、賜田齋僧、寫經印經、念經祈禱，到帝後受戒、受法，各種功德法事常年不斷，幾無虛日。為此耗費的人力、財力、物力是驚人的。大德七年（西元1303年），鄭介夫說「今國家財富，半入西蕃」，[422] 這是特指西藏而言的；至大三年（西元1310年），張養浩說「國家經費，三分為率，僧居二焉」[423]，這是指全國的情形。據延祐五年（西元1318年）統計，各寺作佛事日用羊萬頭。清代趙翼指出：「此供養之費，雖官俸兵餉不及也」，佛事「土木之費，雖離宮別館不過也」，寺院「財產之富，雖藩王國戚不及也」。[424]

寺院占有土地，同時也就控制了土地上的農戶。寺院佃戶人數很龐大，例如，江浙行省所管寺院佃戶達到50多萬戶。寺院的田產名義上屬於寺戶，並不為私人所有，但實際上為主管的各級僧官所支配，他們是實際占有者和使用者。

寺院既占有田地，也占有山林，數量都是驚人的。許有王《乾明寺記》說「海內名山，寺據者十八九」。此類說法自然有誇張的成分，但是寺院田地山林之多是不爭的事實。

元代寺院經濟不是與社會生產發展同步成長起來的，而是透過掠奪民田、接受賞賜、規避差稅等等方式在短時間內突發式膨脹起來的，所以對社會經濟造成的危害更大。同時，經濟實力的極度膨脹又成為佛教內部孳生腐敗墮落的溫床。

---

[422]　《歷代名臣奏議》卷六十七。
[423]　《歸田類稿》卷二。
[424]　《陔餘叢考》卷十八。

第二節　教門三派實況

　　有元一代，凡領於宣政院的寺院，分禪、教、律三宗。其中律為各派僧人遵守，並不脫離禪教而完全獨立，所以有獨立的律寺並不意味著有獨立的宗派。禪概指禪宗，並非專指禪定修習理論和實踐。元代稱教者，具體指天台、華嚴和慈恩三家，並非總是籠統指佛教的所有典籍。慈恩之所以特別為元代佛教所重，與喇嘛教以法相為理論基礎，以因明為方法論有關。就禪宗與教門三家的力量對比而言，禪宗是元代佛教的主體；就它們主要分布區域而言，是所謂的「南禪北教」。這一格局，一直延續到明清兩朝。

　　元代僧人對教門三派主要思想的來源及特點有簡明歸納：

教自隋唐之後，傳者各宗其說，遂派而為三：由止觀之門，觀假而悟空，觀空而趣中，以入於實相者，為天台宗；會緣入實，即俗而明真者，為賢首宗；窮萬有之數，昭一性之玄，有空殊致而歸乎中道者，為慈恩宗。[425]

　　天台宗兼重「止觀」修行，透過了解「假」、「空」、「中」三者的統一關係，體認不依賴人的意識而存在的世界真實體相（「實相」），獲得佛的智慧，達到解脫。這個歸納概括了天台宗止觀雙修、三諦圓融及中道實相等主要教義的基本思想。華嚴宗講「俗」即是「真」，由體認「俗」（緣）而進入真「實」法界。這種歸納強調華嚴宗視世俗世界為解脫世界的觀點，但沒有涉及它的主要學說。至於唯識宗，則是透過分析一切現象（萬有）的虛假不真實，體認真實的本源「一性」，所以「空」與「有」互異，均不可執著，應同歸於「中道」。《成唯識論述記》講：「唯遮境有，執有者喪其真；識簡心空，滯空者乖其實。所以晦斯空有，長溺兩邊；悟彼有空，高履中

---

[425]　《佛祖歷代通載》卷二十二〈秦州普覺〉。

道。」悟得空有關係，體認唯識無境，即為中道。很明顯，這裡的歸納突出強調唯識宗（慈恩宗）唯識無境的觀點。

元代教僧是按照唐代各宗注疏講經，使唐代諸派學說持續流傳。一般說來，他們的宣講只發揮普及各宗基本知識的作用，殊少創新。講經僧人大多兼通各宗教義，專弘某一派而貶抑其他派的現象並不多見。

整體說來，元代研究唯識的學僧很少。見於《大明高僧傳》記載的有普覺英辯（西元1247～1314年），從學於柏林潭，在秦州景福寺弘法，被稱為「無佛之世的佛」。雲巖志德（西元1235～1322年），從真定龍興寺法照學習唯識，至元二十五年（西元1288年）被選為講主，除了講《唯識》等疏外，兼講《法華》，號「佛光大師」。同為江淮御講所講主的吉祥普喜，也通達《唯識》和《因明》。雲南僧人端無念，曾和普喜討論《唯識》，受到讚賞。傳播華嚴學和天台學的僧人要相對多一些，但無論其社會影響還是其對本宗教理的研究深度和廣度，都不能與宋代相比；無論弘揚華嚴還是天台的學僧，幾乎都沒有爭奪本宗正統或振興本宗派的意識，能夠為復興本宗派的重要寺院而努力的僧人，比如天台學僧性澄，都已經是很少見的了。

一、華嚴教僧與華嚴學

元代傳播華嚴學的主要力量不是禪僧，而是以宣講《華嚴經》為主的教僧。弘揚《華嚴經》的教僧遍布全國各地，北方以五臺山為中心，聚集了一批有影響的華嚴學僧；元大都也有兼通或弘揚華嚴的僧人；南方的華嚴學僧則主要活動在江浙地區。

元京城兼通華嚴教理的有達益巴、妙文、德謙、萬安揀壇主等。達益巴（西元1246～1318年），出身不詳，早年從學帝師八思巴（西元1239～1280年）十三年，「凡大小乘律論及祕密部皆得乎理之所歸」。後至甘

肅臨洮，師從綽思吉十九年，返京城後住慶壽寺。《通載》卷二十二並未記其兼通華嚴宗教理，《大明高僧傳》卷二本傳說他「兼通賢首之教，於是名譽四表，道重三朝」。武宗曾聽其講經，賜「弘法普濟三藏」之號，並「敕王公大臣皆諮決心要」[426]。達益巴華嚴學的師承不詳，但他應是藏傳佛教僧人接受漢地佛教影響的一例。

妙文（西元1237～1319年），蔚州人，俗姓孫，9歲出家，18歲受具足戒後遊學雲朔燕趙，21歲至元大都，依明和尚習華嚴教理11年，32歲開始講經。忽必烈稱其為「福德僧」，詔居寶集寺。鑒於當時「相學之流，困於名數，滯於殊途，蔽情執之見，惑圓頓之旨」的情況，妙文力主振興「圓宗」（即華嚴宗），「使守株文字者有以盪滌情塵，融通寂照」[427]。妙文希望以華嚴教理清除義學之弊，而他以反對「株守文字」為主，又帶有禪的特色。據《大明高僧傳》本傳，妙文晚年「專修念佛三昧」，這也是當時義學僧人的一個特點。

據《通載》卷二十二和《大明高僧傳》卷二本傳載，德謙（西元1267～1317年），號福元，俗姓楊，寧州平定（治在今甘肅寧縣）人。幼年出家，後遊「秦洛汴汝，逾河北齊魏燕趙之郡，諮訪先德」。他初學《般若》於邠州守，習瑞應於原州忠，受幽贊於好時仙，學《圓覺》於乾陵一，習《唯識》、《俱舍》於陝州政，聽《首楞嚴》、《四分律》於陽夏聞，所謂「六經四論一律皆辭宏旨奧，窮三藏之蘊」。在進入元大都之前，德謙即以博學多能著稱。

德謙入京城後，慕名就學於萬安揀壇主，專習華嚴教義。揀壇主側重弘揚華嚴，並且重視五臺山地區。忽必烈曾問：「何處為最上福田？」揀壇主回奏：「清涼。」忽必烈欣然首肯，謂是「真佛境界」，「乃建五大寺為

---

[426] 《大明高僧傳》卷二本傳。
[427] 《佛祖歷代通載》卷二十二。

第二節　教門三派實況

世福田」。[428] 德謙因受揀壇主器重，在京城有一定影響，先奉詔居萬寧寺（元成宗時所建），後遷崇恩寺（武宗時所建），前後十年。卒後，諡「佛護宣覺憲慈匡道大師」。

五臺山是元朝統治者做佛事功德的首選地點，經常建寺造塔、舉辦各種法會、詔僧人講經等，這裡聚集的兼通或專弘華嚴的僧人較多，且與外界有廣泛連繫。

善柔，俗姓董，德興之永興人，7歲出家，隨永安廣行習《金剛》、《楞嚴》等經，20歲始習華嚴教義。他承廣嚴傳戒，具有較大影響。憲宗蒙哥（西元1251～1259年）賜號「弘教通理大師」，命其在五臺山舉辦「清涼大會」，還在京城開《華嚴》講席。由於他在各地傳菩薩戒，「自是門人加進，法道半天下矣」。他對振興佛教十分積極，「經之缺者，勒而補之；寺之廢者，撤而新之」[429]。善柔在元王朝的支持下，透過舉辦法會和傳戒擴大了華嚴的傳播範圍。

與善柔一樣，定演（西元1237～1310年）也溝通了五臺山與元京城的佛教交流。定演是崇國隆安和尚弟子，專習華嚴教義，先住五臺山上方寺，後繼隆安住崇國寺，「日以《雜華》為講課，訓釋孜孜」[430]，元世祖賜其號「佛性圓融崇教大師」。至元二十四年（西元1287年），賜地元大都，定演與門人又建崇國寺，與其在五臺山所住寺同名，成南北二寺。

五臺山也聚集著依《華嚴經》修禪觀的僧人，正順是其中的代表。正順，蔚州人，俗姓高，初依五臺山壽寧用，受具足戒後，「結廬深樹間，屏絕諸緣，唯讀《華嚴經》，數滿千部」。正順依《華嚴》修禪定，「於嶺頭建大閣，閣下為海水，出大蓮華，華上坐毗盧遮那佛滿月像。每對佛入觀，五七日方起，故人以『華嚴菩薩』稱之」。顯然，正順所設的觀想（思

---

[428]　《佛祖歷代通載》卷二十二〈世祖弘教玉音百段〉。
[429]　《補續高僧傳》卷四。
[430]　《補續高僧傳》卷四。

考）對象來自《華嚴經》中的神話描述，但其透過這種觀想所悟的境界，並不是《華嚴經》中所描述的神通境界。他入華嚴觀後所證悟的是：「行住坐臥，了無一物為障礙，無一念而起滅，身心蕩然，與法界合。」他還強調：「無盡剎海，不離當處，妄情未瞥，悟人無時。」在這種證悟之後，他「為人演說，言如湧泉，皆契法界深義」[431]。所謂「無一念而起滅」是「無念」，「無盡剎海，不離當處」則是把世俗世界視為解脫世界。此類證悟說辭，源於華嚴宗的教理，並與禪學有相通處，顯然與所觀的海水、蓮花及佛像無關。

五臺山地區知名度最高的華嚴一支是文才系。文才（西元 1241～1302 年），俗姓楊，號仲華，清水（在今陝西省）人。早年遍覽經史，尤精理學，受具足戒後多方聽講經論，以習華嚴教義為主。他曾隱居成紀（治在今甘肅天水），於戶外植松，人稱「松堂和尚」。元世祖詔命住持白馬寺，號「釋源宗主」（因認為中國佛教始興起於白馬寺，故稱「釋源」）。元成宗於五臺山建萬聖佑國寺，經帝師迦羅斯巴推薦，詔為開山第一代住持，並鑄金印，署為「真覺國師」。文才一生以「大弘清涼之道」為己任，是元代少數專弘華嚴的名僧之一。

文才經常教導弟子：「學貴宗通，言欲會意，以意逆志，為得之矣。語言文字糟粕之餘也，豈有餘味哉？⋯⋯以記問自多，殊不知支離其知，穿鑿其見，愈惑多歧，不能冥會於道。聽其說適足以熟耳而已，豈能開人惠目乎？」他反對拘泥於經書文句，背誦經典，主張「會意」和「宗通」，掌握精神實質，強調轉變人的思想認知（開人惠目）。這些主張都是與禪思想相通的。

根據《佛祖歷代通載》所記，文才著有《華嚴懸談詳略》5 卷、《肇論略疏》3 卷、《惠燈集》2 卷，「皆內據佛經，外援儒老，託譬取類，其辭

---

[431] 《補續高僧傳》卷四。

第二節 教門三派實況

質而不華,簡而詣取其達而已」[432]。就其傳播華嚴的著作而言,除了《華嚴懸談詳略》介紹唐代澄現以來的華嚴教義外,更有特色的是以華嚴學解釋《肇論》,作《肇論新疏》3卷和《肇論新疏游刃》3卷。後者並非直接釋《肇論》,而是對前者的進一步發揮。兩者的關係,大同於宋淨源的《中吳集解》和《中吳集解令模鈔》的關係。

文才認為,云庵達禪師、光瑤禪師和淨源法師的《肇論》注疏之作「醇疵紛錯,似有未盡乎《論》旨之妙眾矣」。於是「因暇日,謹撮先覺之說,別為訓解,以授座下」[433]。《肇論新疏》即是他對僧眾講授的紀錄。縱觀文才此書的詮釋,最顯著的一個特色是接受淨源的影響,並予以發揮,用華嚴宗的心、理、事三範疇統攝整部《肇論》。

文才在解釋《宗本義》時說:

> 四論所崇曰宗,本謂根本通法及義。法有通別。通者,即實相之一心。中吳淨源法師云。然茲四論,宗其一心。然四論雖殊,亦各述此一心之義也。別者,即四論所宗各殊。所以爾者,非一心無以攝四法,非四法無以示一心,即一是四,即四是一。

文才雖然從「通」和「別」兩方面講四論的同一和差別關係,但主旨是把四論建立在心學基礎上。這不是文才的獨創,而是承自淨源著作。

在用理事關係概括《肇論》內容方面,文才又比淨源前進了一步。《宗本義》開頭一句是:「本無、實相、法性、性空、緣會,一義耳。」文才對五個概念的釋文是:

> 此五名諸經通有,義雖差殊,不越理事。今始終相攝,略而釋之。初謂緣會之事,緣前元無,故云本無;無相之相,復云實相;即此實相,是諸法性,故云法性;此性真空,故復云性空;復由性空之理不離於事,以

---

[432] 上引均見《佛祖歷代通載》卷二十二。
[433] 〈肇論新疏序〉。

第五章　元代佛教的政教體制與文化整合

理從事,複名緣會,謂因緣合集,而有諸法,或名緣集、緣生等,皆意在法也。杜順和尚云:離真理外,無片事可得。[434]

　　文才循環論證,目的是要以理事關係修正和改造僧肇的般若學。他堅持華嚴宗的理事關係說,認為理事不可分,並把理作為諸法的本源,但是他講的「緣會之事,緣前元無」,又完全不同於華嚴宗的緣起說。華嚴宗最有特色的「性起緣起」講「緣集不有,緣散不無」,是無起之起。因此,文才在以理事關係概括時,並不具有以華嚴理論全面改造《肇論》的能力。

　　文才以後,此系有影響的人物是大林了性和幻堂寶嚴。寶嚴(西元1272～1322年),多年跟隨文才,助其在各地傳教。文才逝世後,寶嚴繼住其席至大年間(西元1308～1311年),寶嚴奉詔住五臺山普寧寺,為第一代住持,直至逝世。了性(?～西元1321年),俗姓武,早年曾從學於文才,不久周遊「關陝河洛襄漢」,尋訪名僧,先後從學於柏林潭、關輔懷和南陽慈。《通載》卷二十二謂此3人「皆以義學著稱」,《大明高僧傳》卷二〈了性〉謂此3人「皆以賢首之學著稱一時」。了性此後又至清水投文才,認為「佛法司南,其在茲矣」,承認文才在佛學上的權威地位。他跟隨文才到五臺山,文才逝世後,他「北遊燕薊」,「優遊江海之上」,過著「與世若相忘」的隱居生活。到元成宗詔居萬寧寺,由此而「聲價震盪內外」。

　　在五臺山的華嚴學僧中,有堅持隱修不聽元王朝調遣者,如正順,「成宗聞其名,三召不起」[435];有獲得元王朝的支持,保持自身獨立,不媚喇嘛教權貴者,了性是其中著名的一位。當時漢地僧人見到喇嘛僧便摳衣接足,乞其摩頂,謂之「攝受」。了性則「獨長揖而已」。有人謂其傲

---

[434]　上引均見《肇論新疏》卷一。
[435]　《補續高僧傳》卷四。

第二節　教門三派實況

慢，他說：「吾何敢慢於人耶？吾聞君子愛人以禮，何可屈其節而巽於床，自取卑辱乎？且吾於道，於彼何求哉？彼以其勢，自大而倨，吾苟為之屈焉，則諂則佞也。」[436]不乞求喇嘛教僧摩頂，也反映了漢地佛教具有的特殊獨立性的一面。

南方華嚴僧人主要集中於江浙一帶，或宣講華嚴教理，或依經修行，從事著述者極少。麗水盤谷是海鹽（治在今浙江嘉興）人，元至元年間（西元1264～1294年）遊歷五臺、峨眉、伏牛、少室等處，有「足跡半天下，詩名滿世間」[437]之譽。元世祖的駙馬高麗王子王璋請其於杭州慧因寺講《華嚴》大意，使僧俗聽眾信服。後至松江隱居，專修淨土，日誦阿彌陀佛名號，有《遊山詩集》3卷。

浦尚（西元1290～1362年），字希谷，檇李（今浙江嘉興）人，曾隨景巖福習華嚴觀。文宗天曆元年（西元1328年）後，受宣政院命歷住多處寺院，受「慈峰妙辯大師」號。浦尚晚年自號「雜華道人」，「宗華嚴，志不忘也」[438]。浦尚的弟子有數十人，著名者有學古海和滋澤翁。

元末倡天台與華嚴融合的代表人物是善學（西元1307～1370年），號古庭，曾從寶覺簡習澄觀的《大疏鈔》，以及《圓覺》、《楞嚴》、《起信》等。常住陽山大慈寺。他告誡徒眾：「吾宗法界還源，非徒事於空言，能於禪定而獲證入者，乃為有得耳。」可見其重視禪定踐行。而他融合天台與華嚴，也是側重於這方面論述。

由於禪定體驗有相通處，所以善學反對「專守一門」。他曾指出：「吾早通《法華》，累入法華三昧。」他所說的「法華三昧」體驗，與「法界還源」的禪體驗是相通的。因此，他所倡的天台與華嚴的融合，特指天台禪定體驗與華嚴禪定體驗的融合，屬於實踐問題而不是理論問題。然而，

---

[436]　《佛祖歷代通載》卷二十二〈本傳〉。
[437]　《大明高僧傳》卷一。
[438]　《補續高僧傳》卷四。

這種融通也頗受士大夫的欣賞。宋濂稱他「於諸宗之義頗嘗習讀，每病臺衡、賢首二家不能相通，欲和會而融貫之，恨鮮有可言斯事者，不知世上乃復有師乎！[439]」善學沒有華嚴方面的專著，但有《法華問答》、《法華隨品贊》、《辨正教門關鍵錄》等著述。

大同（西元 1289～1370 年），字一雲，號別峰，是元末明初知名度較高的華嚴學僧。大同早年出家於會稽崇勝寺，先從春谷習華嚴教義，《補續高僧傳》卷四謂其特重《五教儀》和《玄談》。次訪古懷肇習「四法界觀」。返歸寶林寺後，春谷告訴他：「子之學精且博矣，恐滯心於粗執。但益多聞，縛於知見，誠非見性之本。宜潛修而滌之，庶為吾宗之事。」所謂「潛修而滌之」，指禪定修習過程中的心理體驗。於是他先後依錢塘晦機元熙和中峰明本習禪數年。明本告訴他「賢首一宗，日遠而日微矣，子之器量，足以張之，毋久滯此」，並「書偈贊清涼像」付之。大同認為：「吾今始知萬法本乎一心，不識孰為禪，又孰為教也。」[440]因此，他日後所弘揚的華嚴學，在主導思想方面與禪學是不分彼此的。

大同離開明本返回寶林寺春谷處，受命分座講《華嚴經》。元延祐年間（西元 1314～1320 年），住持蕭山淨土寺，繼遷景德寺、嘉禾東塔寺、紹興寶林寺等，終生弘傳華嚴宗。由於寶林寺被視為澄觀肄業之處，大同也被視為華嚴正宗傳人，從學者甚眾。至正（西元 1341～1368 年）年初，受賜「佛心慈濟妙辨」之號。至明初，明太祖曾請其參加鐘山無遮大會，大同又受到新朝統治者的重視。

大同與士大夫來往較多，《補續高僧傳》本傳記有永康胡長孺、吳興趙孟頫、巴西鄧文原、長沙歐陽玄、烏傷黃溍等，並謂其「獨能撐支震耀，使孤宗植玄於十餘傳之後，凡五十年」。然而，大同並不因為振興華

---

[439]　上引均見《補續高僧傳》卷五。
[440]　《大明高僧傳》卷三。

第二節　教門三派實況

嚴宗而排斥他宗，還多次因薦舉禪宗和天台宗僧人主持名剎而受稱讚，所謂「扶植他宗，毫無猜忌」[441]。他的著作有《天柱稿》，是彙集自己的詩文；《寶林類編》，是彙集古今人的詩作。他的嗣法弟子有皋亭善現、高麗若蘭、景德仁靜、姜山明善、延壽師顗、南塔國琛、福城大慧、景福性湛、妙相道、法雲道悅、淨土梵翶、寶林日益等。學徒雖眾，但未出現以華嚴命家者。

雲南地區弘傳華嚴教義的代表人物是普瑞。普瑞，字雪庭，號妙觀，榆城人，少年出家後喜讀《華嚴經》，曾師事禪僧皎淵。南詔段氏統治大理時，住水月山；元統一後，住蒼山再光寺，以講《華嚴》為主。僧傳謂其「雖印心南宗（指師從皎淵），恆闡《華嚴》為業」[442]，但他的華嚴學師承不詳。普瑞著有《楞嚴纂要》10卷、《金剛方語》、《華嚴心鏡》、《玄談輔翼》以及《華嚴玄談會玄記》（簡稱《會玄記》）40卷，另外還補注唐一行的《華嚴懺儀》42卷。在這些著作中，《會玄記》是他弘揚華嚴教理的代表作。

據《會玄記》卷一介紹，普瑞作此書分四個步驟，該書每部分相應有四項內容，即「先科（分段）、次經（引《華嚴經》經文）、次疏（引澄觀《華嚴經疏》）、後鈔（引述澄觀《隨流演義鈔》）」，查其全書，基本嚴格依此。《會玄記》並非隨文釋義式的逐句解釋《華嚴經》本文，而是依照澄觀《華嚴經疏》所概述的主要問題選配經文。書中間或也引宗密等人的著作，個別地方也有一些發揮，但本質上是借《華嚴經》傳播澄觀的華嚴思想，故而對於《華嚴經》本文的解釋，均以澄觀的《華嚴經疏》為準，輔之以《隨流演義鈔》。他在介紹澄觀時說：「號澄者，定也；觀者，慧也，表和尚定慧雙修。」此說是普瑞的發揮。本書謂澄觀「歷九宗聖世，為七帝

---

[441]　《補續高僧傳》卷三。
[442]　《新續高僧傳》卷三。

門師」[443]，不知依據什麼材料。另外，所述澄觀的生平事蹟等也與《宋高僧傳》多有不符。

二、天台教僧與天台學

元代天台宗的活動範圍比較小，主要集中在杭州地區，以上、下天竺寺為中心。元代傳播天台宗的著名僧人，從法系傳承上來講，主要是由南宋南屏系統發展而來，主要是北峰宗印一支。宗印（西元1148～1213年），師承竹庵可觀，俗姓陳，鹽官（浙江海寧）人，15歲受具足戒，曾被宋寧宗召對便殿問佛法大義，得賜「慧行大師」之號。宗印的弟子很多，活躍於元代的著名天台僧人基本都出自宗印的再傳弟子門下，如出自佛光法照門下的東溟慧日（西元1291～1379年），出自桐洲懷坦門下的玉岡蒙潤（西元1275～1342年）、大用必才（西元1292～1359年），出自剡元覺先門下的湛堂性澄（西元1265～1342年）等。

慧日是浙江天台人，為宋丞相賈似道之孫，出家於本縣廣嚴寺。從至元四年（西元1338年）開始，先後住持薦福寺、下天竺寺、上天竺寺。慧日曾得到帝師欣賞，受賜「普濟大師」之號和法衣。元明更迭之際，明太祖曾問以「升濟沉冥之道」，被尊為「白眉大師」。在他的努力下，重建了金陵瓦官寺。慧日對恢復和保護天台宗的傳法基地做了很多工作，這是他的一個貢獻。

蒙潤，俗姓顧，浙江海鹽人。根據《續佛祖統紀》卷一所記，他曾在海鹽德藏聚眾講《法華》，聽眾有上千人。曾先後住持過演福寺、下天竺寺等。著有《四教儀集注》。

蒙潤弟子必才，俗姓屈，臺州臨海人。12歲出家，曾足不出戶苦讀大

---

[443] 《華嚴玄談會玄記》卷一。

第二節　教門三派實況

藏 10 年。在蒙潤的弟子中，他在「剖決宗旨，議定教章」方面是上首，所以蒙潤在德藏講經的時候，必才分座講演。從至正二年（西元 1342 年）開始，必才住持杭州興福寺，後遷演福寺。他一生勤於講經，但對淨土信仰十分重視，臨終還要告誡弟子不要拋棄往生淨土的修行實踐。他的主要著作有天台三大部的增治助文，以及《法華》、《涅槃》的講義等。他的弟子也主要活動於杭州地區。

性澄，俗姓孫，別號越溪，至元十三年（西元 1276 年）出家。初依石門殊律師習律，至元二十二年（西元 1285 年）從佛鑑學習天台教觀，後又從學於允澤。從大德元年（西元 1297 年）開始，先後住持東天竺的興源寺、南天竺的演福寺和上天竺寺，曾因說法祈禳有功而受朝廷的獎勵。性澄振興天台宗的宗派意識很強烈，並且孜孜不倦地追求。為了把已經改為禪寺的國清寺重新恢復，性澄不遠數千里到京城，向宣政院說明情況，最後獲得成功；他致書高麗，希望求取天台宗的典籍，直到對方回書說沒有才作罷。性澄以杭州地區的寺院為傳法中心，弟子有弘濟、本無、允若、善繼等。

弘濟（？～西元 1356 年），嘉興餘姚人，俗姓姚，字同丹，別號天岸。少年出家，20 歲受具，先學律，後到四明延慶寺從半山全學習天台教義。後受到性澄的重視，任演福寺的首座。泰定年間，開法於圓覺寺。他一生除講天台教義之外，重視行各種懺法、淨土修行，曾有多種神異事蹟，受到僧俗各界的擁戴。主要著述有《四教儀記要》、《天岸外集》等。弟子有上竺道臻、超果允中、圓通有傳等人。

本無（西元 1286～1343 年），俗姓陳，臺州黃岩人，字極元，又號我庵。13 歲出家，先後從學於蒙潤、性澄。曾住持鳳山崇壽、普福、延慶等寺院。著述有《楞嚴經集注》、《山意集》等。弟子有弘道、慧隱、大始等。

允若（西元 1280～1359 年），浙江紹興人，字季蘅，號浮休、若耶。

少年出家，先從大山恢學天台教，後慕名到南天竺演福寺依從性澄。他對知禮的思想比較重視，精研其典籍，這在元代傳承天台的僧人中是不多見的。至正年間，先後住持圓通寺、下天竺寺。允若活動在杭州地區，比較重視寺院建設。同時，他也注重與文人的往來。後亡於戰亂。

善繼（西元1286～1357年），浙江諸暨人，俗姓婁，字絕宗。出家後先從學於大山恢，後到演福寺投到性澄門下。善繼住持過良渚、天竺薦福、天台能仁3處寺院，以講天台三大部為主。元末戰亂時期，他以修淨土念佛為主。弟子有演福如（王己）等，活躍於明初。

第三節　臨濟宗的北南兩支

一、海雲印簡與北方臨濟宗

在有影響力的漢地佛教僧人中，印簡是與蒙古貴族建立密切關係的第一人。臨濟一宗在元代北方的興盛，與他在政治上的活動是分不開的。

印簡（西元1202～1257年），字海雲，俗姓宋，山西嵐谷寧遠（山西嵐縣）人。自幼出家，拜中觀沼為師，11歲受具足戒。據《佛祖歷代通載》記，印簡13歲，蒙古軍隊攻陷嵐谷，他於「稠人中親面聖顏（大約是窩闊臺）」。西元1219年，木華黎軍再取嵐谷，印簡見到清樂元帥史天澤和義州元帥李七哥，頗受賞識。不久，印簡師徒隨木華黎北行，到赤城。成吉思汗傳旨給木華黎：「爾使人說底老長老（指中觀）、小長老（指印簡），實是告天的人，好與衣糧養活者，教做頭兒，多收拾那般人，在意告天。」由此，中觀得賜號「慈雲正覺大禪師」，印簡得賜號「寂照英悟大師」。

不久，中觀禪師逝世，印簡來到燕京大慶壽寺，從學於中和璋禪師，並成為他的嗣法人。印簡先後應請住持過興州（河北灤平）仁智寺、淶陽

第三節　臨濟宗的北南兩支

興國寺、興安（河北承德）永慶寺和燕京慶壽寺。西元 1235 年，窩闊臺差官選試天下僧道，印簡被推為住持，進一步加深了與蒙古貴族的關係。西元 1237 年，成吉思汗的二皇后賜其號「光天鎮國大士」。西元 1242 年，忽必烈請他到漠北講法。西元 1245 年，奉太皇后旨，在五臺山為國祈福。西元 1247 年，貴由皇帝命他統領僧眾，賜白金萬兩；太子合賴察請他至和林，住太平興國禪寺。西元 1251 年，蒙哥即位，命印簡掌管全國佛教事務。西元 1256 年，奉旨在昊天寺建法會，再次為國祈福。印簡死後，忽必烈命建塔於大慶壽寺之側，諡「佛日圓明大師」。印簡歷事成吉思汗、窩闊臺、貴由和蒙哥四朝，並與專管漢地事務的忽必烈保持密切關係，是漢人僧侶中權勢最大的一個。他以禪師身分參與政治活動，又以政治需求改造禪宗面貌，對北方禪宗以至整個佛教都有不小影響。他把政治條件列進選僧標準，把佛教引向直接為蒙元服務的軌道。

西元 1235 年，印簡參與選試僧道，蒙古主考官確定：「識字者可為僧，不識字者皆令還俗。」印簡反對，對主考官說，他自己就「不曾看經，一字不識」。廈里丞相問他：「既不識字，如何做長老？」他反問：「方今大官人還識字否？」他的話使在座的蒙古達官、外鎮諸侯大驚失色。接著他說：「應知世法即是佛法，道情豈異人情？古之人亦有負販者，立大功名於世，載於史冊，千載之下，凜然生氣。況今聖明天子在上，如日月之照臨，考試僧道……宜以興修萬善，敬奉三寶，以奉上天，永延國祚可也。我等沙門之用捨，何足道哉！」這話是十分清楚的：僧侶的資格不應由精通多少經論取得，而是看他們能否為「永延國祚」盡力決定。「奉上天」是主要的標準，沙門自身的規定不足掛齒。

這次考試僧道經業，是蒙古聯宋滅金後的第一項文化措施，對佛教界震動頗大。許多名僧憂心忡忡，擔心佛教受到沙汰。唯獨印簡胸有成竹，他說：「主上必有深意。我觀今日沙門少護戒律，學不盡禮，身遠於道，

第五章　元代佛教的政教體制與文化整合

故天龍亡衛而感朝廷,勵其考試也。三寶加被,必不辜聖詔。」主上考試經業只是名義,透過考試令僧人循規蹈矩才是本質。結果,「雖考試,亦無退落者」。

印簡積極投靠蒙元的行為,是否也帶有類似丘處機那樣的「化胡」目的,很難評說,但他在勸說蒙古貴族接受漢文化方面,確實是盡過力的。其中影響最大的,是勸他們以儒術治國。西元 1236 年,孔子第五十一代孫孔元措託印簡向上陳情,准於襲衍聖公,並免差役。印簡勸告忽都護,接受了這一請求。在印簡的努力下,顏、孟等儒家聖賢的後裔也被免除差役。西元 1242 年忽必烈請印簡到漠北講法時,曾問:「佛法中有安天下之法否?」印簡勸他「宜求天下大賢碩儒,問以古今治亂興亡之事,當有所聞也」,意思是說「安天下」的事情應請教儒家,不應垂問佛家。在告別時,印簡又說:「恆念百姓,不安善撫,綏明賞罰,執政無私,任賢納諫」,而且所有這一切「皆佛法也」。換言之,在沒有發現古賢碩儒之前,他的佛法就是治國的儒術。

西元 1236 年,蒙元正括中原戶口,曾想用「印識人臂」的非人道方式防止人們逃亡。印簡向斷事官忽都護說:「人非馬也,既皆歸服國朝,天下之大,四海之廣,縱復逃散,亦何所歸?豈可同禽獸而印識哉?」[444] 經過印簡的努力,阻止了這種野蠻行為。

印簡宣揚孔子之教,從三綱五常到治國平天下,其用心的程度,遠比弘揚佛教教義為深。在他領導下的北方臨濟宗,已無別的禪理和禪行可言。

至大二年(西元 1309 年),趙孟頫奉敕撰〈臨濟正宗碑〉,把印簡一系奉為臨濟正宗,將他的傳承法系追溯到北宋的五祖法演:演傳天目齊,齊傳懶牛和,和傳竹林寶,寶傳竹林安,安傳容庵海,海傳中和璋,璋傳印

---

[444]　上引均見《佛祖歷代通載》卷二十一。

第三節　臨濟宗的北南兩支

簡。很明顯，這個系統能為世人所知，全賴印簡的騰達。

印簡有知名弟子二，一是可庵朗，一是賾庵僞。可庵朗有俗弟子劉秉忠，賾庵僞有弟子西雲安，對印簡一系的持續興盛有重大作用。

劉秉忠（西元1216～1274年），原是雲中南堂寺僧人，名子聰。印簡去蒙古見忽必烈時，途經雲中，攜其同行，秉忠因而得識忽必烈。《元史》本傳說劉「久侍藩邸，積有歲年，參帷幄之密謀，定社稷之大計」。忽必烈即位後，詔復原姓，更名秉忠，以翰林侍讀學士竇默之女妻之，拜光祿大夫、太保，參領中書省事。死後，忽必烈對群臣說：「秉忠三十餘年，小心慎密，不避艱危，事有可否，言無隱情。又其陰陽術數之精，占事知來，若合符契，唯朕知之，他人莫得預聞也。」有這樣一位職高權重的俗家弟子，對擴大印簡一系的社會影響，無疑是有利的。

西雲安也有很高的政治地位。元貞元年（西元1295年），成宗詔請其住大都大慶壽寺。武宗時，賜以「臨濟正宗之印」，封其為榮祿大夫、大司空，並讓他「領臨濟一宗事」[445]。這說明元代統治者是把印簡一系作為臨濟正宗的代表的。

二、南方臨濟宗派系構成

在元王朝崇奉藏傳佛教和尊教抑禪的歷史背景下，北方禪宗在行秀及其門徒之後，實際上已逐漸衰落下去，南方禪宗則恢復了它的活力。「叢林以五山稱雄」的格局雖無變化，但思想上的分化比較顯著。

南方禪宗均屬臨濟宗，分別出自宗杲和紹隆兩系。宗杲弟子育王德光之後，出現了靈隱之善和北磵居簡兩支；紹隆的再傳弟子密庵咸傑之後，出現了松源崇岳和破庵祖先兩支。這四支構成了南方臨濟宗的主流，整體

---

[445]　《佛祖歷代通載》卷二十一。

可歸為功利禪和山林禪兩種類型。

功利禪型,指以功利為目的,積極靠攏朝廷,憑藉政治權勢帶動禪宗發展的派別,其代表主要有之善系和居簡系,以及崇岳系的清茂、守忠等人。五山十剎,主要由這類禪師住持。山林禪型則與此相反,大多數人山居隱修,不為世人所知;部分人活動於民間,影響力很大,但拒絕入仕,與朝廷官府的關係疏遠,最重要的代表是祖先系統。

1. 之善系與居簡系

代表之善一系的禪師,主要是元叟行端(西元 1255～1341 年)。行端是之善的再傳弟子,俗姓何,臺州臨海(浙江臨海)人,12 歲出家,18 歲受具足戒。曾隨藏叟善珍學禪於有「眾滿萬指」之稱的徑山,後又到袁州仰山隨雪巖祖欽習禪 3 年,仍回徑山。行端擅長詩文,在徑山時作《擬寒山子詩》百篇,「皆真乘流注,四方衲子多傳誦之」[446]。大德四年(西元 1300 年),行端住持湖州資福寺,由此「學徒奔湊,名聞京國」;七年(西元 1303 年),詔賜「慧文正辯禪師」號;九年(西元 1305 年),應命住持中天竺萬壽禪寺,在行宣政院的支持下,「樹門榜而正鄰剎之侵彊,治殿宇而還叢林之舊觀」。皇慶元年(西元 1312 年),住持靈隱寺,並奉旨在金山水陸法會上說法,受「佛日普照」號。至治二年(西元 1322 年),住持徑山興聖萬壽禪寺。泰定元年(西元 1324 年),獲「大護持師」璽書。早在大德七年受賜號詔書時,他就曾說:「天恩浹肌骨,淺薄將何酬?願君為堯舜,願臣為伊周。」[447]

在元代禪師中,像他這樣急遽地升為新貴的寥寥無幾,這是元代禪宗的成功之筆。自此,南方禪師陸續與元結緣者不乏其人。笑隱大說:「今

---

[446] 黃溍:〈行端塔銘〉,凡引文未標注者,皆出此。
[447] 《元叟端禪師語錄》。

第三節　臨濟宗的北南兩支

我徑山法叔（行端），再世妙喜（宗杲）也。」[448] 可見他受人尊重和豔羨的程度。

行端一生，「以呵叱怒罵為門弟子慈切之誨，以不近人情行天下大公之道」。「呵叱怒罵」，其跡確係臨濟宗風，然其所行「天下大公之道」，那精神與其前輩不知相去幾千里了。

由於行端四主名剎，「三被金襴袈裟之賜」，名聲遠播，招致眾多門徒，「嗣其法而同時闡化於吳楚閩粵蜀漢間者若干人」，對蒙古人也有影響。他的其他弟子，如楚石梵琦、夢堂曇噩、古鼎祖銘、愚庵智及等都比較有名，居簡系也成為活躍於元末明初、勢力最大的一個禪派。

居簡系所出人才較多，其中笑隱大（西元1284～1344年）是居簡的三傳弟子，南昌人，俗姓陳。大幼年出家，曾遍閱大藏經文，後到百丈山從晦機元熙學禪多年。至大四年（西元1311年），住持湖州烏回寺。延祐七年（西元1320年），住持杭州大報國寺。泰定二年（西元1325年），江浙行省丞相脫歡命他住持中天竺，「僧徒相從者垂千輩」。天曆二年（西元1329年），奉詔住持金陵大龍翔集慶寺，得封「大中大夫」，受賜「廣智全悟大禪師」號。至順元年（西元1330年），與曇芳守忠等南方著名禪師北上，「京師之為禪宗者出迎河上」，受文宗召見。至元二年（西元1336年），受賜「釋教宗主兼領五山寺」號。

大重視叢林清規和禪眾教育，指出：「百丈作清規而叢林大備，有書狀、有藏主、有首座，將使禪者兼通經教外典，欲其他日柄大法，可以為全材而禦外侮也。」[449] 要求禪僧兼通經教外典，是相當開放的主張，但目的是為他日「柄大法」、「為全才」作準備，則與百丈的「規式」精神全不相干。這反映了南方禪師在多教相容的社會條件下，有意參與角逐的熱切心

---

[448]　《笑隱禪師語錄》卷二。
[449]　《笑隱禪師語錄》卷四。

腸。大曾奉旨召集學問僧，審定德輝編集的《敕修百丈清規》，從這個《清規》中也多少可以看到大的思想。

大也擅長詩文，與趙孟頫、鄧文原等士人有良好的關係。黃溍評論其文：

> 無山林枯寂之態，變化開合，奇彩燦然。而議論磊落，一出於正，未嘗有所偏蔽。虞公（集）稱其如洞庭之野眾樂並作，鏗鏘軒昂；蛟龍起躍，物怪屏走，沉冥發興。[450]

南方臨濟宗至於元代，一般因襲宗杲的傳統，行看話禪。大則起來反對：「每見近時宗師教人捉個話頭……使其朝參暮參，疑來疑去，謂之大疑必有大悟。雖是一期善巧方便，其奈愈添障礙。」他斥責那些參究話頭的禪僧說：

> 愚痴之輩，一丁不識，竊吾形服，經教不知，戒律不守，問著百無所能，但道：我請益善知識，舉個話頭，口裡誦，心裡想，如三家屯里學堂，教小兒子念上大人相似，眼醒記得，睡忘了；或用心太過，愈疑愈亂，遂至失心顛狂；或妄生卜度，胡言亂語，誑嚇無知；或痴痴兀兀，黑山鬼窟裡淹過一生。[451]

這種斥責，揭露了看話禪的流弊，有令迷入歧途者猛醒的意義。與此同時，大也批評慧南的「黃龍三關」：

> 黃龍三關，如商君立法，法雖行而廢先王之道，故當時出其門者甚多，得其傳者益寡。使其恪守慈明家法，子孫未致斷絕。[452]

把慧南設「三關語」視為黃龍派法系斷絕的原因，自然沒有什麼可靠根據，但是在當時提出來是有所指的。元初，祖先系代表人物原妙即效法

---

[450]　黃溍：〈元大中大夫廣智全悟大禪師住持大龍翔集慶寺釋教宗主兼領五山寺公塔銘〉。
[451]　上引均見《笑隱禪師語錄》卷二。
[452]　《笑隱禪師語錄》卷一。

第三節　臨濟宗的北南兩支

慧南,也設「三關」傳禪,頗有影響力。因此,大的批評也是針對祖先系的,儘管他與祖先系的許多禪師關係不錯。

大肯定的禪風是「行棒行喝」,與行端相近;又重述「直指人心,見性成佛」,表示他沒有忘記禪的宗旨。

居簡系還有其他一些禪師,像覺岸和念常等,對佛教史學有所貢獻。覺岸著《釋氏稽古略》四卷,屬編年體通史,從三皇五帝到南宋末,按干支帝紀年號記載歷朝沿革和佛教史蹟等,其資料大多取自南宋咸淳(西元1265～1274年)年間本覺所撰的《釋氏通鑑》。《釋氏稽古略》的史學價值比不上念常的《佛祖歷代通載》。

念常(西元1282～1341年),俗姓黃,號梅屋,世居華亭(上海松江)。12歲出家,曾從平江圓明院體志學律。元貞元年(西元1295年),受具足戒。至大元年(西元1308年),到杭州淨慈寺隨晦機元熙習禪7年。元熙遷住徑山後,他留在淨慈寺,又住持嘉興祥符寺。至治三年(西元1323年),赴燕京繕寫黃金佛經,面見帝師,聽講密教教義。念常歷時20年,撰成編年體通史《佛祖歷代通載》22卷,內容大部分取自《景德傳燈錄》和南宋祖琇的《隆興佛教編年通論》,補述了南宋、金元的佛教史。雖然有些記述過於繁冗,史實方面亦有訛誤,《佛祖歷代通載》仍不失為研究宋元佛教的重要著作。

德輝也出自居簡系,由他重編的《敕修百丈清規》,為後來禪宗各寺採納,影響久遠。據德輝自序,自百丈懷海制定《禪門規式》以來,歷代都有重編「叢林清規」流行,詳略不一。延祐年間(西元1314～1320年),晦機元熙、一山了萬、雲屋善住曾打算對各種版本「刪修刊正,以立一代典章」[453],但沒有實現。德輝有志於完成他們的未竟之業,在住持百丈山大智壽聖禪寺期間,奔走京城,奏請重編統一的《百丈清規》,元統三年

---

[453] 〈敕修百丈清規序〉。

（西元 1335 年）詔許。當時德輝沒有發現所謂《古清規》，而認為有 3 個流行本可取，即宗賾的《崇寧清規》、唯勉的《咸淳清規》和式咸的《至大清規》。根據這 3 個本子，刪繁就簡，正誤補缺，經大主持審定，分成九章十卷，題《敕修百丈清規》，於後至元年間（西元 1335～1340 年）刊行。

2. 崇岳系

出自崇岳一系的禪師，主要有古林清茂和曇芳守忠。他們都是「道契王臣」者，在金陵地區頗為活躍。

清茂（西元 1262～1329 年），號「金剛幢」，晚稱休居叟，俗姓林，溫州樂清人。11 歲出家，13 歲得度，曾居天台國清寺。年 19，參橫川如珙（西元 1222～1289 年），深得器重。20 歲回國清寺，作《擬寒山詩》300 首。不久，如珙遷住育王山，應命前往隨侍 6 年。清茂先後住持過平江府天平山白雲禪寺、開元禪寺、饒州永福禪寺和金陵鳳臺山保寧禪寺等。仁宗賜號「扶宗普覺佛性禪師」，英宗也曾下詔問道。晚年住保寧禪寺八載，頗得居住於金陵的圖帖睦爾（即位後稱文宗）的尊敬，「時上居潛邸時，留神內典，時數枉駕，詣師問道」。圖帖睦爾還刻印《般若心經》、《高王觀世音經》，都請清茂作序，「章顯佛心，冠乎群經首」[454]。即位第二年，遣使問候，時清茂已經去世了。

清茂平生所作詩文偈頌不少，流傳也廣，著《重拈雪竇舉古一百則》以及其他頌古之作，比較受重視的是拈古和頌古。關於他的著述有《古林清茂禪師語錄》5 卷，《古林和尚拾遺偈頌》2 卷。這些著作在國外也受歡迎，「日本扶桑之域，求師語錄，刊以播其國」[455]；《偈頌》傳到高麗，刻版印行。

守忠（西元 1275～1348 年），南康都昌人，俗姓黃。11 歲出家受具

---

[454]　梵仙：〈古林和尚行實〉。
[455]　〈古林和尚碑〉。

足戒，拜雲居玉山珍為師，後遊方至金陵蔣山。大德九年（西元1305年）起，受請住持金陵崇因禪寺15年。至治元年（西元1321年），脫歡請他住持蔣山，由此聲望日隆。西元1325年，圖帖睦爾在金陵時與守忠來往尤密，守忠預言他日後能做皇帝，並為之祈禱。天曆元年（西元1328年）秋，圖帖睦爾剛即位，便譴使賜守忠「佛海普印大禪師」號，將其在金陵的潛邸改為大龍翔集慶寺，詔選守忠為開山祖師，守忠推薦大以代。次年春，文宗又加賜守忠「大中大夫廣慈圓悟大禪師」號，命住持蔣山和崇禧兩處寺院。

至順元年（西元1330年），守忠與大應詔赴京，受到文宗及皇后、太子和帝師的隆禮接見，賞賜極多。返回時，詔命所經官府沿途護送。守忠用所得錢財在金陵「大興營構，穹樓佛殿，殆若天降」。不久，文宗又賜鈔5,000錠，割平江上田50頃，蠲兩寺田賦。[456] 至正元年（西元1341年），守忠告老，後仍被詔出，特別是詔令住持和修復稱作「國朝江南建寺，唯此一寺為盛」的集慶寺，被視為殊榮。及其逝世，為之送葬者達數萬人，「士庶率財作大會七日」，甚至有「燃頂臂香為供者」。

3. 祖先系

祖先系是元代禪宗中影響最大的一個支派，其中高峰元妙、中峰明本、天如惟則、千巖元長等，擬另作專題介紹，這裡僅就三個代表人物以示一般。

無見先睹（西元1265～1334年），天台人，俗姓葉。曾師事方山文寶，後到天台山華頂，一住四十年，以善興禪寺為基地，倡導看話禪。人們把他與中峰明本視為南方最有影響的兩位禪師：「入國朝以來，能使臨濟之法復大振於東南者，本公（明本）及禪師而已。」[457]

---

[456]　歐陽玄：〈佛海普印廣慈圓悟大禪師大龍翔集慶寺長老忠公塔銘〉。
[457]　黃溍：〈無見睹禪師語錄序〉。

第五章　元代佛教的政教體制與文化整合

關於先睹的言行，有智度等編的《無見先睹禪師語錄》2 卷。

石屋清珙（西元 1272～1352 年），常熟人，俗姓溫。20 歲出家，23 歲受具足戒。曾從高峰原妙習禪 3 年，後投到及庵宗信門下，被譽為「法海中透網金鱗」[458]。他長期過著隱居生活，曾在霞霧山庵居，晚年住持嘉禾當湖福源禪寺七載。死後諡「佛慈慧照禪師」。記其言行的有至柔等編的《石屋清珙禪師語錄》2 卷。

萬峰時蔚（西元 1313～1381 年），溫州樂清人，俗姓金。13 歲出家，19 歲後於兩浙地區遊方參學。後至天台華頂見先睹，並遵其所囑，山居隱修多年。及至先睹去世，乃慕名謁千巖元長，被元長命為「堂中第一座」。不久，到蘭溪州嵩山結庵。晚年住鄧蔚山聖恩禪寺。

祖先系的禪師有許多共同特點，而以與元王朝的關係疏遠最為顯著。他們或山居不出達數十年，或草棲浪宿、結庵而居，與同行端輩結交權貴、住持大寺以至參與官場形成鮮明的對照。先睹所居天台華頂，「其地高寒幽僻，人莫能久處，唯禪師一坐四十年，足未嘗輒閱戶限」[459]。高峰原妙也居山隱修數十年。明本及其弟子天如惟則和千巖元長，或隱居一山，或長期行腳，居無定處。石屋清珙「四十餘年獨隱居，不知塵世幾榮枯。」[460] 這是此系的驕傲，世稱「庵居知識」。

這些禪僧一般透過接受下層民眾的布施或自耕自食來維持生計，不依賴朝廷的賞賜。如清珙，「凡樵蔬之役，皆躬自為之」，人稱「有古德之風」[461]。儘管他們大都與中下官僚士人有來往，特別是在元代後期「士大夫逃禪」的風氣下，關係更為密切，但目的不在向上巴結。時蔚說：

---

[458]　元旭：〈福源石屋珙禪師塔銘〉。
[459]　曇噩：〈無見睹和尚塔銘並序〉。
[460]　《石屋清珙禪師語錄》卷下〈山居詩〉。
[461]　元旭：〈福源石屋珙禪師塔銘〉。

第三節　臨濟宗的北南兩支

須向山間林下，钁頭邊接引一個半個，闡揚吾道，報佛恩德。不可攀高接貴，輕慢下流，逐利追名，迷真惑道。[462]

在「钁頭邊」弘禪授徒，具體地說明了這派禪僧的特點。他們當中不少人受到朝廷的注意，或賜號褒獎，或命住持名山巨剎，但從未引起驚喜若狂的那種神態。明本曾屢辭朝廷的召見，為逃避住持名山之命而遁走各地。至正年間，朝廷「降香幣以旌異，皇后賜金襴衣，人皆榮之，師淡如也」[463]。

祖先系的禪風也很有特點。他們反對北方曹洞宗僧人繼承克勤的傳統，反對致力於詮釋公案和頌古的評唱；他們與南方其他禪師一樣，大多長於詩文，有不少詩作流傳，所以並不反對詮釋公案的拈古與頌古，且有頌古之作，但他們偏重和強調的乃是宗杲的看話禪。在祖先系的推動下，看話禪擁有廣大的禪眾，成為元代南方禪學的主流。先睹把參究話頭稱為「真實工夫」，並指出：「今時士大夫沒溺文字語言，不下真實工夫。」[464] 這表示，作為禪的主流，並沒有引起官僚士大夫的強烈興趣。這個階層與禪宗有了隔膜，而長期居山過生活的禪僧，也與這個階層疏遠起來。儘管如此，祖先系仍向看話禪賦予了新的內容，有強烈的時代氣息和濃重的地方色彩，透過各種管道影響著整個元代禪宗的基調。

祖先系的禪師雖山居但並不閉塞，他們與北方禪師沒有斷絕往來。在推動禪宗東渡方面，祖先系禪師的作用尤為彰著。

南宋末年，不少南方禪師東渡日本。元初曾一度用兵日本，中日禪僧的往來中斷。大德三年（西元 1299 年），元成宗派江浙釋教總統一山一寧及其弟子赴日，受到日本朝野的歡迎。同時，來華的日本僧人也隨之增

---

[462]　《萬峰和尚語錄》。
[463]　〈福源石屋珙禪師塔銘〉。
[464]　《無見先睹禪師語錄》卷上。

多，其參學的重要對象就是祖先系的著名禪師。僅習禪於中峰明本的日本知名僧人就有：遠溪祖雄、無隱雲晦、可翁宗然、嵩山居中、大樸玄素、復庵宗己、孤峰覺明、別源圓旨、明叟齊哲、平田慈均、無礙妙謙、古先印元、業海本淨、祖繼大智，等等。不少人追隨明本的時間很長，如遠溪祖雄師事明本7年，復庵宗己師事明本9年。明本還指導過高麗僧人多名和駙馬王璋習禪。

三、高峰原妙及其禪學思想

出自祖先系的原妙（西元1238～1295年），號高峰，吳江（江蘇蘇州）人，俗姓徐，15歲拜嘉禾密印寺法住為師，17歲受具足戒。曾習天台教義兩年，20歲棄教入禪，至杭州淨慈寺，就學於斷橋妙倫，妙倫讓他看「生從何來，死從何去」的話頭。原妙勤奮參究，竟然「脅不至席，口體俱忘，或如廁唯中單而出，或發函忘扃鐍而去」[465]。但時近一年，仍然「只如個迷路人相似」，乃轉而求教於雪巖祖欽。祖欽讓他參究看話禪中的經典話頭「趙州狗子」中的「無」字，依然無收穫。又到徑山參禪，經半月，忽於夢中想到妙倫說法時曾提到的「萬法歸一，一歸何處」的話頭，「自此疑情頓發，打成一片，直得東西不辨，寢食俱忘」[466]。發「疑情」是看話禪證悟的前提，「打成一片」，是指達到主客泯滅、物我雙亡時的心理感受，是徹悟的體驗。

此後，原妙遊學於江浙一帶，於西元1265年從法欽住天寧寺，「隨侍服勞」。次年辭去，獨自到臨安龍鬚山，苦行隱修，一住9年，「冬夏一衲，不扇不爐，日搗松和糜，延息而已」。冬季大雪封山，旬月之間，不見煙火，人們以為他飢寒而死，「及霽而入，師正宴坐那伽（坐禪入

---

[465]　洪喬祖：〈高峰原妙禪師行狀〉。
[466]　《高峰原妙禪師禪要》。

第三節　臨濟宗的北南兩支

定）」[467]。9年後轉入武康的雙髻峰，身邊聚集了不少僧徒。又兩年後戰亂爆發，學徒星散，他獨修如故。西元1279年，轉到杭州天目山西師子巖，營造小室以居，號為「死關」，足不出戶10餘年，直至逝世。

原妙居師子巖時，聲譽日隆。法欽在當時的南方很有影響，派人送去竹籠、塵拂和法語，把他視為最得意的嗣法弟子。西元1291年，鶴沙瞿提舉為原妙在西峰下建「大覺禪寺」。這裡成為他的重要傳禪基地，來參學的有數萬人，包括「他方異域」的僧人。他被譽為「高峰古佛」。

原妙以話頭禪授徒，也設「三關語」啟悟學者。據〈高峰原妙禪師行狀〉記載，他的「三關語」是：「大徹底人，本脫生死，因甚命根不斷？佛祖公案，只是一個道理，因甚有明與不明？大修行人，當遵佛行，因甚不守毗尼？」另據《高峰原妙禪師禪要》記載，其「室中三關」是：「杲日當空，無所不照，因甚被片雲遮卻？人人有個影子，寸步不離，因甚踏不著？盡大地是個火坑，得何三昧，不被燒卻？」這兩種「三關語」大約並行於世，中心是引導人們參透生死和解脫生死。

原妙也解釋公案，透過解釋表達自己的見解。「丹霞燒木佛」是椿流傳較廣的公案。一些禪師認為這也是啟悟的方式，原妙則反對。他說：「丹霞燒木佛，為寒所逼，豈有他哉！若作佛法商量，管取地獄如箭。」[468] 因為寒冷燒木佛取暖，可以理解；若「作佛法商量」，那就是罪過。這種看法也表現了原妙持戒謹嚴，反對放浪不羈的作風。

關於原妙始終深居隱修、與世隔離的禪生活，人們有不同的評論，其中宋本說：「方是時，尊教抑禪，欽由江右召至錢塘授密戒，妙方遺世子立，身巢巖局。」[469] 原妙是在「尊教抑禪」的形勢下，不得不「遺身子立」的。當然，更多的人認為他是操守高潔，不與世同流。其弟子明本則說：

---

[467]　〈高峰原妙禪師行狀〉。
[468]　《高峰大師語錄》。
[469]　宋本：〈有元普應國師道行碑〉。

第五章　元代佛教的政教體制與文化整合

「先師枯槁身心於巖穴之下,畢世不改其操。人或高之,必蹙額以告之曰:『此吾定分,使拘此行。欲矯世逆俗,則罪何可逃。』」[470] 這話是帶有隱痛的。所謂「定分」,是無可奈何之詞,而無可奈何絕不是緣於「尊教抑禪」類的彈性措施。就其所處的特定歷史條件看,只能從南宋的覆滅中得到解釋。

1.「萬法歸一,一歸何處」

原妙的禪思想可以概括為三句話,也可以作為修習的三個階段,那就是從看話頭「萬法歸一,一歸何處」出發,運用「疑以信為體,悟以疑為用」的觀念和方法,實現「無心三昧」的精神境界。

原妙藉以得悟的「萬法歸一,一歸何處」是一個話頭,這個話頭和宗杲的「無」字話頭一樣,也源自趙州從諗的公案。有僧人問:「萬法歸一,一歸何處?」從諗答:「我在青州作了一領布衫,重七斤。」按照宗杲選擇話頭的原則,這則公案應該參究的是從諗的答話,因為它和「無」字答語類似,不能從字義上理解,只是作為啟悟學者的「活句」。但是,原妙沒有遵循宗杲選擇「活句」的原則,而是提倡直接參究問話,使他的看話頭與宗杲有了不同。

原妙有參活句「無」的失敗經歷,後來他又作了理論的說明:

成片自決之後,鞠其病源,別無他故,只為不在疑情上做工夫。一味只是舉,舉時即有,不舉便無。設要起疑,亦無下手處。設使下得手,疑得去,只頃刻間,又未免被昏散打作兩橛。於是,空費許多光陰,空吃許多生受,略無些子進趨。

意思是說,他悟後總結教訓才知道,看「活句」之所以失敗,在於只舉「無」字冥思,而沒有在「疑情」上做工夫。原妙強調,起「疑」是證悟

---

[470]　《天目中峰和尚廣錄》卷二十四。

第三節　臨濟宗的北南兩支

的前提，沒有「疑情」發生，就不能證悟。因此，看話頭首先要起疑，而參究「萬法歸一，一歸何處」最易實現。他說：「一歸何處卻與無字不同，且是疑情易發，一舉便有，不待反覆思維，計較作意。才有疑情，稍成片，便無能為之心。」[471] 這樣，看「萬法歸一，一歸何處」就成了原妙禪法的主要特徵。

原妙的再傳弟子千巖元長指出：「『萬法歸一，一歸何處』，這八個字子是天目高峰老祖自證自悟之後，又將這幾個字子教四海學者，各各令其自證自悟。」[472] 這幾個字為其後輩保持了下來。

然而，可以產生疑情的問題很多，原妙為什麼單選擇「萬法歸一，一歸何處」參究？「萬法」，泛指世間與出世間一切事物，當然，首先是世界人生；「萬法」所歸之「一」，按當時禪宗的共識，乃是「一心」；一心生萬法，萬法歸一心。現在要探求的是「一歸何處」，也就是一心又歸向何處？如果說「空劫前」尚能得出「即心即空」的結論，那麼，這裡的提問本身，就是落寞到了茫然程度的表現。就禪宗的基本理論而言，「一心」是絕對，是永恆，是真如佛性。連「心」都要追問一個歸向，對那個時代的禪宗來說，其無結論實在是必然的。

2.「疑以信為體，悟以疑為用」

既然疑情在禪修中占據如此關鍵地位，那麼「疑」來自何處？原妙回答：來自「信」。他說：

山僧……將個省力易修，曾驗底話頭，兩手分付：萬法歸一，一歸何處？決能使怎麼信去，便怎麼疑去。須知：疑以信為體，悟以疑為用。信有十分，疑有十分；疑得十分，悟得十分。

---

[471]　上引均見《高峰原妙禪師禪要》。
[472]　《千巖和尚語錄》。

就是說，看八字話頭是個入門，由此引導你信什麼就疑什麼，信有多少，疑即多少，疑得徹底，悟即徹底，悟必須藉對信之疑才能實現。在禪宗歷來崇奉的佛典中，《大乘起信論》影響最大，原妙反其道而行，創立「起疑論」：不是提起疑起信，而是據信起疑。

關於如何起疑，原妙有一段比較詳細的說明：

先將六情六識，四大五蘊，山河大地，萬象森羅，總熔作一個疑團，頓在目前……如是行也只是個疑團，坐也只是個疑團，著衣吃飯也只是個疑團，屙屎放尿也只是個疑團，以至見聞覺知總是個疑團。疑來疑去，疑省力處，便是得力處。

即不論是主觀情識，還是客體世界；不論是衣食住行，還是見聞覺知，要一律疑之。疑成「疑團」，疑成「疑情」，疑到疑為本能，纏結不開，這樣就很容易得悟了。據此看來，原妙倡導的「悟」，實質是對「疑」的悟，即悟解世界人生無一不可懷疑，無一可信，以此懷疑的眼光透視周圍一切事相。從這個方面說，原妙的禪法是帶有絕望情緒的懷疑論。

另一方面，原妙又強調「決疑」，疑必須得到解決。他說：

西天此土、古今知識，發揚此段光明，莫不只是一個決疑而已。千疑萬疑，只是一疑；決此疑者，更無餘疑。既無餘疑，即與釋迦、彌勒、淨名、龐老不增不減，無二無別，同一眼見，同一耳聞，同一受用，同一出沒天堂地獄，任意逍遙。

「千疑萬疑，只是一疑」，這「一疑」就是「一歸何處」。只要解決了這「一疑」，就是成佛成祖，絕對自由。至於如何解決，原妙沒有明說，但他轉而強調要「信」。

所謂「信」，就是對參究話頭一定能證悟的信仰。原妙說：「大抵參樣不分緇素，但只要一個決定『信』字。若能直下信得及，把得定，作得主，不被五欲所撼，如個鐵橛子相似，管取剋日成功，不怕甕中走鼈。」

他甚至說:「信是道元功德母,信是無上佛菩提,信能永斷煩惱本,信能速證解脫門。」在這裡,「信」不是要人信仰「道元功德母」、「無上佛菩提」,而是說,「信」即是「功德母」,即是「佛菩提」,他們是同位的,而「信」的內涵依然不清楚。他又說:「苟或不疑不信,饒你坐到彌勒下生,也只做得個依草附木之精靈,魂不散底死漢。」這裡又把「疑」與「信」並作為解脫法門。

這種相互矛盾的說法,令人難以捉摸,不知原妙是在提倡「信」,還是在提倡「疑」。但有一點可以肯定,他說的「疑」是具體的、遍在的,有實在內容的;而「信」只是一個抽象,一個只能令人堅持懷疑到底,從而忘卻一切的抽象。他說:「萬法歸一,一歸何處?只貴惺惺著意疑,疑到情忘心絕處。」對此中的「疑」毋庸置疑,這也可以說就是「信」的實際含義。

3.「無心三昧」

關於「疑到情忘心絕處」,原妙講過:「山僧昔年疑著萬法歸一,一歸何處,自此疑情頓發,廢寢忘餐,東西不辨,晝夜不分。……雖在稠人廣眾中,如無一人相似。從朝至暮,從暮至朝,澄澄湛湛,卓卓巍巍;純清絕點,一念萬年;境寂人忘,如痴如兀。」他教授學徒,也要如此「疑著」:「吃茶不知吃茶,吃飯不知吃飯,行不知行,坐不知坐。情識頓淨,計較都忘,恰如個有氣底死人相似,又如泥塑木雕底相似」。他稱這種「如痴如兀」,形若「泥塑」、「木雕」的狀態為「無心三昧」。在原妙看來,「無心三昧」即是禪宗祖師的境界,也是儒家聖人的境界:

> 凡工夫做到極則處,必然自然入於無心三昧……老胡云:心如牆壁。夫子三月忘味,顏回終日如愚,賈島取捨推敲,此等即是無心之類也。[473]

---

[473] 上引均見《高峰原妙禪師禪要》。

把「無心」作為禪境追求，是唐以來禪宗中的一大潮流。「無心三昧」與此有所不同。照原妙的解釋，所謂「無心」，只是注意力高度集中，抑制了其他思考情感活動的心理現象，在一般專注於某項工作過程中都可能發生。「無心三昧」的特別處，在於專注於「疑」，使疑情頓發，疑結滿懷，由此導致物我兩忘，情識俱盡；若能將此種心態貫徹於時時事事，持之以恆，那就是「無心三昧」，也就是看話禪的最後目標。

據此來看，原妙禪法是用集中思慮世界人生根源問題的方法，強制轉移和忘卻現實的世界人生。這是對自我實施的一種自覺的精神麻醉。他甚至希望能鍛鍊成「有氣底死人」，全然沒有靈魂的人。這實在是失望悲哀到了極端。

原妙的禪思想，在一定程度上反映了南宋亡國的世紀末情緒，在南宋遺民中會引起迴響。至於原妙弟子明本以後，新朝已經穩定，南人也開始習慣，禪的這種悲觀調性也有所改變。

四、看話禪的復興與四宗調和

1. 明本生平及其著作

明本（西元 1263～1323 年），號中峰，杭州錢塘人，俗姓孫。少年時便立志出家，除學習儒家經典外，還習佛典。24 歲，因讀《景德傳燈錄》遇疑難問題，往天目山求教原妙，次年落髮，第三年受具足戒。明本一直跟隨原妙 10 年，被原妙評為「竿上林新篁」，預見他「他日成才未易量也」。[474]

明本 60 歲時自稱：「余初心出家，志在草衣垢面，習頭陀行……平昔

---

[474] 《元故天目山佛慈圓照廣慧禪師中峰和尚行錄》（以下簡稱《中峰和尚行錄》）。

第三節　臨濟宗的北南兩支

唯慕退休，非矯世絕俗，使坐靡信施，乃岌岌不自安也。」[475] 此段話大體上反映了他一生的守志和禪風，這顯然是從原妙那裡繼承下來的。

原妙晚年居官僚霍廷發的私寺大覺正等禪寺，曾命明本住持，明本謝絕，另薦第一座祖雍擔任。西元1296年原妙死後，明本開始遊方，先後經歷皖山、廬山、金陵等地，並於廬州弁山和平江雁蕩山結庵傳禪，其間為趙孟頫講「防情復性之旨」。大德八年（西元1304年），回天目山為原妙守塔。次年，住持師子院。至大元年（西元1308年），時為太子的仁宗賜號「法慧」。翌年，繼續外遊儀真、吳江，並渡江北上少林寺。在北方，明本雖「隱其名，僦城隅土屋以居」，但聽到消息的僧俗還是「爭相瞻禮，皆手額曰：江南古佛也」。皇慶元年（西元1312年）以後，又繼續遊方結庵的生活。

延祐三年（西元1316年），宣政院奉命整頓佛教，遣使請明本，明本避走鎮江；五年（西元1318年），仁宗賜號「佛慈圓照廣慧禪師」，命將明本所居師子院改名「師子正宗禪寺」，趙孟頫奉命撰寫碑文。至治二年（西元1322年），行宣政院請他主持徑山，不應命而結庵於中佳山。當年十月，英宗特旨降香，賜金襴僧伽梨。明本死後，文宗諡號「智覺」，塔名「法雲」，命奎章閣學士虞集撰〈中峰塔銘〉。

明本常年草棲浪宿，奔波於江南各地。每到一處，就建起一個個傳法庵室，由此徒眾廣布，影響面擴大。在他的信徒中，還有從學的非漢人，一個被尊為「三藏法師」的沙律愛護持必剌牙室利「亦嘗從師參詰」，即是一例。他和漢族士大夫及蒙古、朝鮮族官吏都有往來，霍廷發、趙孟頫、敬嚴、答剌罕脫歡等人，都向他請教過禪學。但他在政治上始終與元王朝保持一定距離，不卑不亢，有其師的遺風。

明本在元代也是於邊遠地區和周邊國家影響很大的禪師，據說「遠至

---

[475]　《天目中峰廣錄》卷十八下。

第五章　元代佛教的政教體制與文化整合

西域、北庭、東夷、南詔，接踵來見」[476]的僧俗信徒很多，他還曾為來自日本和高麗的僧人授禪。雲南沙門玄鑑慕名求教於明本，在歸途病逝，其弟子普福等人乃畫明本圖像南歸，於雲南建立禪宗，奉明本為「南詔第一祖」。

明本也以擅長詩文聞名於世，有詩作不少。為闡述自己的禪學，撰寫了《山房夜話》和《擬寒山詩》；為解答義學僧人的問難，寫了《楞嚴徵心辨見或問》；為糾正某些禪僧「不求心悟，唯尚言通」的傾向，寫作了《信心銘闢義解》。他在各處建造的茅庵都名「幻住」，所以為徒眾解說參禪方法和途徑而寫的文章即名《幻住家訓》。以上5篇，明本自題《一華五葉》，是他的代表作。詩作除《擬寒山詩》百首外，還有《船居》、《山居》、《水居》、《塵居》各10首，都頗有名；另有《懷淨土詩》108首，及其他歌偈、送別酬對詩等，分別收錄於《天目中峰和尚廣錄》和《天目明本禪師雜錄》中。元統二年（西元1334年），惠宗追諡明本為「普應國師」，並准《天目中峰和尚廣錄》入大藏經流通。

2. 對公案詮釋之批判

明本的禪思想，突出地表現在他對宗杲看話禪的復興和對其他禪法的批判。明本的批判精神，幾乎可以與中唐的菏澤神會相媲美。

自從克勤的《碧巖集》作為詮釋公案的典範受到宗杲的激烈抨擊以來，金元之際的北方曹洞宗依然以公案詮釋為主業，《容庵錄》、《空谷集》等評唱著作流行，也影響了南方禪宗向公案的探究。據明本目睹當時的情況說：

今之叢林商量，大不如此。乃以向佛問西來意之一問一答，如麻三升（斤）、乾屎橛、須彌山、莫妄想之類，喚作單提淺近者；以勘婆、話墮、

---

[476]　上引均見《中峰和尚行錄》。

第三節 臨濟宗的北南兩支

托缽、上樹等為向上全提者；或以眾機緣列歸三玄，或以諸語言判入四句。中間曲談巧辯，網羅千七百則公案，各立異名，互存高下，不識古人之意界爾否？[477]

南方禪師鑽研公案，遍及《景德傳燈錄》所記的一千七百則，他們將其分類，評判優劣高下，如他們把「麻三斤」、「乾屎橛」、「須彌山」、「莫妄想」等回答「如何是佛」、「如何是祖師西來意」的公案稱為「單提淺近者」，認為這些公案易解，是古禪師用以啟悟素養較差者的。至於「勘婆」、「話墮」、「托缽」、「上樹」等公案被稱作「向上全提者」，認為它們深奧難解，宜於啟悟素養高的人。此外，還將公案中的酬對機語分類，標上「三玄」、「四句」等名目。這些說明公案詮釋風在南方也相當行時。

明本對此自北而南的禪風，持完全否定的態度。他認為，這類公案的研究，「唯以聰明之資，向古今文字上，將相似語言較量卜度，會盡古今公案。殊不知，既不了生死，反不如個不會底最真」。修禪是為了解脫生死，公案詮釋脫離了這個目標，即使所有的公案都理解了，不如一個都不懂的好。

推究公案詮釋學，是起自雪竇的頌古，完成於圓悟的評唱，追本窮源，明本也加以鞭撻，他說：

無邊眾生各各腳下有一則現成公案，靈山四十九年詮注不出，達磨萬里西來指點不破，至若德山、臨濟摸索不著，此又豈雪竇能頌而圓悟能判者哉？縱使《碧巖集》有百千萬卷，於他現成公案上一何加損焉？昔妙喜不窮此理而碎其版，大似禁石女之勿生兒也。今復刊此版之士，將有意於攛掇石女之生兒乎？蓋可笑也。[478]

這裡所謂的「現成公案」，是指眾生一切具足的本心。明心見性在於

---

[477]　《天目中峰和尚廣錄》卷十一上。
[478]　上引均見《天目中峰和尚廣錄》卷十一中。

眾生的自悟，釋迦一生的說教，達磨西來的指點，宣鑑和義玄的棒喝交馳，都代替不了眾生的自證自悟。至於《碧巖集》，什麼作用都不會產生，宗杲焚版，是沒有窮究此理；今天復刊，徒勞可笑。明本的態度是：給予輕蔑，不屑一顧。

明本反對從文字詮釋和考據學的角度鑽研公案，但並不拋棄公案。他要求僧人：「但遇著古今因緣，都不要將心領會，只消舉起一個，頓在面前，發起決要了生死之正志，壁立萬仞，與之久遠參去。」[479]我們知道，這種方法就是宗杲的看話頭。

3. 看話禪

明本畢生在捍衛和發展宗杲創始的看話禪，對古今其他禪思潮作了多方面的清理。他曾記當時的禪界狀況：

> 彼此是非，立個名字，喚作如來禪、祖師禪、平實禪、杜撰禪、文字禪、海蠢禪、外道禪、聲聞禪、凡夫禪、五味禪、棒喝禪、拍盲禪、道者禪、葛藤禪，更有脫略機境，不受差排者，喚作向上禪。古今已來，諸方三百五百眾，浩浩商量，立出許多閒名雜字。由是而吹起知見風，鼓動雜毒海；掀翻情濤，飛騰識浪；遞相汨沒，聚成惡業；流入無間，卒未有休。[480]

這在相當程度上反映了南方禪師競立宗派，各行其是，沒有統帥，分散自在，興隆繁盛的形勢。據明本看，這些禪說的共性，是以「知見」為禪（「吹起知見風」），以「情」、「識」用事（「掀翻情濤，飛騰識浪」），以致累積惡業，墮入無間地獄，也不知休止。

與此同時，明本也貶抑古禪師的種種「門庭設施」，認為：「達磨西

---

[479]　《天目中峰和尚廣錄》卷十一上。
[480]　《天目中峰和尚廣錄》卷四下。

第三節　臨濟宗的北南兩支

來，謂之單傳直指，初無委曲。後來法久成弊，生出異端，或五位君臣、四種料簡、三關九帶、十智同真，各立門庭，互相提唱。雖則一期建立，卻不思賺他後代兒孫。」這類門庭，雖有一時建立的理由，但流弊及於後代參禪者，危害是很大的。他認為，「拯救此弊」，拔諸「惡業」的唯一方法就是看話頭：「將個無意味話頭，放在伊八識田中」，這是古代有「真實悟底尊宿出興於世」，從「第二門頭別開」的一路。它是「無處發藥，不得已」之作，但又別無他途。[481]

這個「真實悟底尊宿」就是話頭禪的創始者宗杲。在此之前，沒有這一禪門，有人因此責難看話禪沒有傳承根據：「或謂《傳燈錄》一千七百單一人，皆是言外知歸，迎刃而解，初不聞有做工夫看話頭之說。在此自年朝至歲暮，其忉忉不絕口，唯是說看話頭做工夫，不但遠背先宗，無乃以實頭綴繫於人乎？」明本回答說：「謂看話頭做工夫，固是不契直指單傳之旨，然亦不曾賺人落草，最是立腳穩當，悟處親切。縱使此心不悟，但信心不退不轉，一生兩生，更無不獲開悟者。如《傳燈錄》中許多言外知歸之士。焉知其不自夙生腳踏實地做來？」[482]

這是一種頗為蒼白的辯解，但說明明本為人是誠實的。他承認他推崇的看話禪不是禪宗一貫標榜的「直指單傳」，只不過不會「賺人落草」，走入邪途而已。相比當時的諸多禪門言，看話禪正派踏實，所以說是唯一可行的法門。他用「一生兩生」論證由此開悟的可能性，有鼓勵參學者持之以恆的意思，但要以神靈不滅為前提，顯然是靠不住的。與唐代的「頓悟」浪潮相比，這無疑缺乏對於今世此生的自信。

然而，明本對於看話禪則有不可動搖的自信。他說：「若人欲識佛境界，提起話頭休捏怪，忽然兩手俱託空，佛祖直教齊納敗。」[483] 他深信只

---

[481]　上引均見《天目中峰和尚廣錄》卷一上。
[482]　《天目中峰和尚廣錄》卷一下。
[483]　《天目中峰和尚廣錄》卷四下。

要堅持到底,一旦「話頭」參透,必然與佛祖無別。據他看,一切禪修目的都在「明心」、證悟心體。可是,「心之至體無可見,無可聞,無可知,無可覺,乃至無可取捨,既有可為,皆是虛妄顛倒」。因此,心體不可能被通常的見聞覺知掌握,但若意想離棄見聞覺知,這離棄的意念就屬於見聞覺知,所謂「只個欲離之念,早是增加其病耳」,唯一的可能是「遠離一切見聞覺知,乃至能離所離一齊空寂,則靈知心體宛然顯露於見聞覺知之間。」因此,心體既不能依賴見聞覺知悟解,又不能拋開見聞覺知顯現,這是一個矛盾。明本認為,解決這一矛盾的最好方法是參究話頭:「於是古人別資一種善巧方便,將個無義味話頭,拋向學人面前,令其究竟。但知體究話頭,則與見聞知覺等不期離而離矣。」[484]「與見聞知覺等不期離而離」,與原妙的「無心三昧」一樣,其實是全部思想集中於那個「無義味話頭」時的精神狀態,這一狀態被視為「靈體心知」的顯露。

明本倡導的話頭禪,特別強調與嚴守戒律的一致性。他說:

> 須知一個所參話終日橫於方寸,不思善,不思惡,善惡二途自然忘念,而言修斷,何其贅耶?且參此話時,不見有一眾生而可度脫,乃非饒益而饒益也。此所參話雖不稱三聚,而其存三聚無少間也。朝參之,夕究之,久遠而守之,一旦開悟……不知戒之在我,我之在戒也。[485]

這裡講的「三聚」,指「三聚淨戒」,包括「攝善法戒」,所謂「無善不修」;「攝律儀戒」,所謂「無惡不斷」;「饒益有情戒」,所謂「無眾生不度」。在明本看來,參究話頭能使善惡兩忘,自然不會造惡,也無須修善斷惡;既無眾生可度,也就是「饒益眾生」[486]。因此,它的本性就是與戒鑄為一體,「不知戒之在我,我之在戒也」。

---

[484] 《天目中峰和尚廣錄》卷五下。
[485] 《天目中峰和尚廣錄》卷四下。
[486] 「無眾生」的思想,來自《金剛》等般若經類,其與「普度眾生」的大乘觀念相矛盾。《維摩經》等用「不二法門」說進行調和,可以作多種解釋,此處從略。

第三節　臨濟宗的北南兩支

當時有一類禪師認為:「盡十萬世界,所有虛空色象大小纖洪,皆是個自己」,所以「信步行,不離祖翁田地;信口道,總是古佛真詮」,並據此而不守戒律,放蕩不羈,以致提出什麼「抱妻罵釋迦,醉酒打彌勒,俱成一行三昧」等荒唐主張。明本對這種輕薄的言論十分痛恨。他在解釋〈信心銘〉中「究竟窮極,不存軌則」一句時詛咒說:「閻羅大王要捉此等說底來吃鐵棒。」[487] 他本人接受原妙的衣缽,戒律是很嚴謹的。

如果說,在入定模式上明本主要是繼承了原妙的經驗且有所發展,那麼在參究話頭上,他主要是恢復了宗杲的傳統而疏遠了原妙的主張。他說:

昔僧問趙州:狗子還有佛性也無?州云:無。只者一個無字,如倚天長劍,塗毒鼓聲,觸之則屍橫,嬰之則魂喪,雖佛祖亦不敢正眼覷著。[488]

他把宗杲主張重點參究的「無」字喻為「倚天長劍」、「塗毒鼓聲」,等於說它是消除一切世俗觀念,使人超佛越祖的關鍵。「無」字話頭的地位,無疑是空前地提高了。以後明本的弟子繼續沿著這條思路前行,把「無」字話頭等同於密教中的咒語,可見它成了至高無上,可以取代任何一種話頭的話頭。

有一個住京師萬壽寺的麟上人,從前參「釋迦彌勒是它奴,且道它是阿誰?」這個話頭,今時人亦參,「多要墮落知解,妄認識情,顛倒分別,引起邪見,失佛知見」。明本寫信勸告麟上人,以後不要再參其他話頭了,「但只去參個趙州因甚道個『無』字。十二時中猛提起,一切處只如參。久之,自然正悟,斷不相賺」。

明本並沒有正面反對把「萬法歸一,一歸何處」作為參究話頭,但他只提倡「無」字,甚至用「無」字取代其他話頭,已經足夠表達他對八字話

---

[487]　《天目中峰和尚廣錄》卷十二下。
[488]　《天目中峰和尚廣錄》卷五下。

頭的態度。參「無」字話頭，在哲學上要完成向空觀的轉變，在實踐上要促成不問是非的寧靜，這對佛教來說都是平常事，但其結果是擺脫了「一歸何處」帶來的悲觀絕望趨向，轉到了禪家修持的通常軌道。在這裡，明本使用「無」字話頭，重點就放置到了制止起念，他稱之為制止「第二念」。他說：

> 但除卻一個所參底話頭外，更有心念，不問是佛念、法念乃至善惡諸緣，皆是第二念。此第二念久久不起，唯於所參話上一坐坐斷，和個所參話同時超越，便見十方世界皆是解脫遊戲之場也。[489]

所謂「第二念」，是指專念話頭以外的所有思慮活動。意思是說，要盡力持久地運用「參話頭」的專念，以抑制其他任何念想一律不起，及至其他思慮活動完全斷滅，所參話頭自然消失，所以說是「同時超越」，或「和個話頭，一時忘卻」[490]。超越了話頭，就是解脫，就能夠駕馭世界，遊戲世界。這樣，明本就把看話禪納進了一種禪思考模式，即以一念制萬念，滅萬念，至無念。而「無念」，正是隋唐禪眾追求的理想精神，正是《壇經》確定的最高宗旨。據此可見，明本的看話禪，吸取了古典禪法的許多因素，其中把制止「第二念」的生起作為修禪的中心環節，尤其能表現出古典禪法強制停息一切思量的特色。

明本提倡的看話頭，要求貫徹在人生的一切活動中，須臾不離。他說：「不妨提起個古人沒意智話頭，頓在面前，默默體究……行時行體究，坐時坐體究，忙時忙體究，閒時閒體究，老時老體究，病時病體究，乃至死時死體究。」[491] 但就看話禪的基礎工夫言，坐還是根本。他在追隨原妙的十年中，就是以「晝日勞作，夜而禪寂」著稱。他與其師一樣強調坐功，甚至認為，「非禪不坐，非坐不禪，唯禪唯坐，而坐而禪。禪即坐之

---

[489]　上引均見《天目明本禪師雜錄》卷下。
[490]　《天目中峰和尚廣錄》卷一上。
[491]　《天目中峰和尚廣錄》卷四下。

異名,坐乃禪之別稱」。當然,有時他對「坐」也別有解釋,所謂「一念不動為坐,萬法歸源為禪。」[492] 他在堅持「坐」的原則上,比乃師要靈活得多,這與他的後半生多在遊動建庵中度過有關係。

4. 禪淨合一與四宗一旨

禪與淨土信仰的關係,仍舊是元代佛教討論的一個重要問題,核心是圍繞著延壽關於禪淨作的「四料簡」。明本說:「謂有禪有淨土,無禪無淨土,有禪無淨土,無禪有淨土。」有些禪師據此認為禪外別有淨土宗旨,淨外尚有禪的宗旨。明本有許多言論,專門澄清這類禪淨分離的觀念。他說:

學者不識建立之旨,反相矛盾,謂禪自禪,淨土自淨土。殊不知參禪要了生死,而念佛亦要了生死。原夫生死無根,由迷本性而生焉。若洞見本性,則生死不待蕩而遣矣。生死既遣,則禪云乎哉,淨土云乎哉?[493]

在了生死、遣生死的根本宗旨上,兩家是一致的,也都可以「洞見本性」。現在兩家出現分歧,以致對立,「蓋二宗之學者不本乎生死大事耳。以不痛心於生死,禪則騁空言以自高,淨土則常作為而自足,由是是非倒見,雜然前陳」[494]。顯然,明本指的淨土是延壽講的唯心淨土,所以他認為兩家都以一心為基礎。

明本關於禪淨一致的這些理論,不都是他的獨創,但在實踐上具體地將話頭禪與念佛法門結合起來,則是他的發明。他向一位吳姓居士寫信說:

居士久來親淨土之學,復慕少林直指之道,直以「父母未生前那個是我本來面目」話,置之念佛心中,念念不得放捨,孜孜不可棄離。工夫純

---

[492]　《天目中峰和尚廣錄》卷二十七上。
[493]　《天目中峰和尚廣錄》卷五下。
[494]　《天目中峰和尚廣錄》卷十一上。

第五章　元代佛教的政教體制與文化整合

密，識見愈精明，道方愈堅密。一旦忘能所、絕氣息處，豁然頓悟，始信予言之不爾欺矣。[495]

此中「父母未生前那個是我本來面目」是話頭，「念佛心」屬於淨土，把話頭置於念佛心中，這就是他屢屢重複的「禪即淨土，淨土即禪」的實際含義，本質上，也就是化淨土為禪。

元代政權鞏固後，佛教中以喇嘛教的地位最高，是密宗的代表；在北方重點扶植天台、華嚴和唯識三宗，被稱為教門；南方是禪宗的天下，勢力最大；律學則為一切宗派共奉，所以，在全國是密、教、禪、律四宗並存的局面。明本的看話禪充分肯定了這一形勢。他說：

夫四宗共傳一佛之旨，不可缺也。然佛以一音演說法，教中謂：唯一佛乘，無二無三。安客有四宗之別耶？謂各擅專門之別，非別一佛乘也。譬如四序成一歲之功，而春夏秋冬之令不容不別也。其所不能別者，一歲之功也。密宗春也，天台、賢首、慈恩等宗夏也，南山律宗秋也，少林單傳之宗冬也。

這四宗都為「一佛之旨」，弘揚的皆是「佛心」，所謂：「密宗乃宣一佛大悲拔濟之心也，教宗乃闡一佛大智開示之心也，律宗乃持一佛大行莊嚴之心也，禪宗乃傳一佛大覺圓滿之心也。」既然四宗都是一佛之心，宣傳的皆是佛心，那就應該四宗平等，不應該有高下優劣之分。

明本關於四家一旨之說，明顯是為當時地位低劣的禪宗鳴不平。他用一年四季譬喻四宗之互不可缺，意味深長。將密宗比之為「春」，禪宗比之為「冬」，表達他是深感面臨季節的嚴酷。不過，四季是循環的，所以他依然很有信心，依然堅持禪宗為「大覺圓滿」——佛的最高教旨。

明本曲折表達出來的這種心緒，在南方禪宗中可能有相當的代表性。

---

[495]　《天目中峰和尚廣錄》卷五下。

當時有義學教宗責難:「彼三宗皆不言別傳,唯禪宗顯言別傳者何耶?」明本對曰:「理使然也。諸宗皆從門而後入,由學而後成;唯禪內不涉思唯計度之情,外不加學問修證之功,窮劫迨今不曾欠少。擬心領荷,早涉途程;脫體承當,翻成鈍置,誠別中之別也。」[496]

禪宗以自我的本心圓滿無缺為理論指導,既不需要增加什麼,也不需要減少什麼,因此,它無須「從門而入」,也不必總處於「思唯計度」中,所以說它是「別傳」。雖然並不排斥其餘三宗也是「別傳」,但它獨得此名,確實是「理使然也」。明本這種解釋是有刺的,進一步反映了他對禪宗的自信和自傲。

五、天如惟則與千巖元長

元代後期,朝政腐敗,社會動盪,「士大夫逃禪」成為引人注目的現象。一些地方官僚開始向禪宗尋找出路,其中既有漢族,又有蒙族;既有「向司縣間作小吏,弄到老死,構不得九品八品」的仕途「無根腳」之人,又有「出身便是五品四品」或「白身便是三品」的統治者。他們的儒學和佛學修養一般不能與宋代的士大夫相比,關心的問題與宋代士大夫不完全相同,參究的內容也有差別。

在元代後期,受到中小官僚和士大夫推崇的禪僧中,明本的弟子惟則和元長是最著名的代表。

1. 惟則的禪淨融合新說

惟則[497],號天如,俗姓譚,廬陵(江西吉安)人,追隨明本習禪多年。曾「遁跡松江之九峰間,十有二年,道價日振」。他也是終生拒絕住

---

[496] 上引均見《天目中峰和尚廣錄》卷十一上。
[497] 關於惟則的生平事蹟所知甚少。《天如惟則禪師語錄》卷四載〈水西原十首並引〉其中有「至正丙戌(西元1346年),余年六十又一」一句,推知他生於西元1276年左右,卒年不詳。

第五章　元代佛教的政教體制與文化整合

持國立大寺院,「江浙諸名山屢請主席,堅卻不受」[498]。至正二年(西元1342年),他的信徒在蘇州城為他建院居住,為紀念惟則師明本曾住天目山師子巖,禪院便名「師子林」。歐陽玄曾撰〈師子林菩提正宗寺記〉。危素(西元1303～1372年)說他雖「無意於世,然四方之欲求其道者,唯禪師是歸,故其言不待結集而盛行」[499]。惟則的著述有《楞嚴經圓通疏》、《十法界圖說》、《淨土或問》和《天如惟則禪師語錄》9卷。

惟則在禪學上無甚創新,主要是傳播明本的看話禪。在師子林的一次齋會上,他對一大群蒙漢官僚士大夫說:「何謂參禪是向上要緊大事?蓋為要明心見性,了生脫死。生死未明,謂之大事。」他勸說這群「身歷憲臺,法柄在手,聲光赫赫,震耀海內」的諸公去參禪,以「了生脫死」,是很幽默的。他又說,既然諸公「相率過我師子林,諮決禪宗向上一著,此豈偶然者哉!然我這裡,別無指授之方,但請各各參取個『無』字話頭,卻不妨向出司按部,蒞政牧民,偃武修文處,時時提掇,密密覷捕」[500]。

參取「無」字話頭,是宗杲到明本的傳承,並不新鮮。但這裡用來提醒當權的官僚,特別是讓他們在行使權勢時「時時提掇」,就有特別的意味,這在一定程度上也反映了官僚層對於行將破滅的不安和預感。

元代中後期,淨土信仰盛行,對禪宗的影響愈來愈深。惟則在唯心淨土的基礎上,開始容納西方淨土的主張,並力圖給予理論的說明,使禪淨統一的傳統觀念發生了重要變化。他一方面批評排斥淨土的禪者:「不究如來之了義,不知達磨之玄機,空腹高心,習為狂妄,見修淨土,則笑之曰:彼學愚夫愚婦之所為」;[501]另一方面又批評修淨土者「自疑念佛與參禪不同」。他認為:「參禪者直指人心,見性成佛;念佛者達唯心淨土,見

---

[498]　歐陽玄:〈師子林菩提正宗寺記〉。
[499]　危素:〈天如惟則禪師語錄・序〉。
[500]　《天如惟則禪師語錄》卷二。
[501]　惟則:《淨土或問》。

第三節　臨濟宗的北南兩支

本性彌陀。既曰本性彌陀，唯心淨土，豈有不同哉！」[502]

到此為止，惟則的禪淨統一觀，沒有超出延壽、宗杲以來唯心淨土的範圍。他的特點，是進一步把西方淨土與唯心淨土溝通起來，讓唯心淨土也融進極樂世界的內容。

惟則在敘述自己的思想轉變時說：

嘗聞有唯心淨土，本性彌陀之說，愚竊喜之。及觀淨土經論，所謂淨土者，十兆土之外之極樂也；所謂彌陀者，極樂國中之教主也。是則彼我倏然，遠在唯心本性之外矣，果何異哉！[503]

惟則從唯識無境出發，肯定「在吾心」外，不會別有佛土，但他換了一個說法：「極樂世界、彌陀世尊，亦吾淨土中之一剎一佛而已。」[504] 既然吾心即是吾淨土，所以崇拜彌陀的極樂世界也與禪宗以心為宗的本旨不悖。他不像明本那樣，把「念佛」歸結到看話禪中，而是讓禪眾理直氣壯地去崇拜西方世界：「念佛之外，或念經、禮佛、懺悔、發願，種種結緣，種種作福，隨力布施，修諸善功以助之，幾一毫之善皆須迴向西方。如此用功，非唯決定往生，亦且增高品味矣。」[505]

如前所述，西方淨土與唯心淨土的不同，是基於對外力的信仰與對自力的信心上的差別。惟則容納西方淨土進入禪門，是對自信心的一種動搖，但也反映了極樂世界對於當時世人的吸引力，使禪宗也不能無動於衷。一般說，凡西方淨土盛行之日，往往也是人們對當前現實世界失望之時。

惟則曾作《宗乘要義》，集中論述禪宗五家宗旨並概括它們各自的特點是：「臨濟痛快，溈仰謹嚴，曹洞細密，法眼詳明，而雲門高古也。」這

---

[502]　《天如惟則禪師語錄》卷二。
[503]　《淨土或問》。
[504]　《天如惟則禪師語錄》卷三。
[505]　《淨土或問》。

一評論，很受禪史研究者的重視，常被引用。他的目的在於用五家禪法的不同個性，說明「用有萬一，體無二致」[506]的道理，反對從五派教學理論和方法的異同方面尋找其興衰存亡的原因。

2. 元長的禪密統一說

元長在元代的禪宗中也有相當的影響力。據明朝宗泐評論：「當元之盛時，庵居知識，在天目則中峰本公，華頂則無見睹公，屹然法幢東西角。立伏龍（指元長）雖晚，出而與天目、華頂並高矣。」[507]意謂元長與先睹、明本在元中期稱得上三足鼎立。

元長（西元1284～1357年），字無明，號千巖，越之蕭山人，俗姓董。17歲隨曇芳遊方，習《法華經》。19歲受具足戒，到武林靈芝寺學律，曾以禪解律，受到律師稱讚。後在一次齋僧中，遇到中峰明本，明本讓他參究「無」字話頭，別後即往靈隱山修行，不久又「棄歸法門，隨順世緣，殆將十載」。後再次到靈隱山習禪，「跏趺危坐，脅不沾席者三年」，然後又去參見明本。明本告誡他：「汝直善自護持，棲遁巖穴，時節若至，其理自彰。」於是，元長隱居天龍山東庵，「耽悅禪味，不與外緣」。在此期間，笑隱大曾薦舉他住持名剎，領行宣政院事的江浙行省丞相脫歡請他「出世」，他都未應命。

泰定四年（西元1327年），元長來到金華府伏龍山，重建已廢的聖壽禪寺，弘禪授徒，聲譽日隆。「內而齊魯燕趙、秦隴閩蜀，外而日本三韓、八番羅甸、交趾琉球，莫不奔走膜拜，諮決心學，留者恆數百人。」據說還有「求道之切，斷臂師前以見志者」。這也是元朝的影響力擴大，與周邊國家的連繫進一步密切的一種反映。

元長在官僚士大夫中也有一定影響力，與宋濂「為方外交垂三十年」，

---

[506]　《天如惟則禪師語錄》卷九。
[507]　宗泐：〈題千巖和尚語錄後〉。

第三節　臨濟宗的北南兩支

「王公大臣嚮師之道,如仰日月。名傾朝廷,三遣重臣降名香以寵嘉之」。曾被賜「佛慧圓鑑大元普濟大禪師」號。

元長也以詩文見長,著「《語錄》若干卷,和智覺《擬寒山詩》若干首,皆刻梓行於叢林」[508]。元長也是畢生倡導看話禪,但在選擇話頭上比較靈活:

> 果須到佛祖田地,領悟萬法歸一,一歸何處話,與父母未生前話,狗子無佛性話,不是心,不是佛,不是物話。無絲毫疑滯,無些子差錯,盡平生力量,一味捱將去。捱到露有極,伎倆盡,命根斷,便是到佛祖田地也。

這裡列舉的四個話頭,都比較流行,他認為都無不可,只要能夠當做話頭堅持參究就行,選擇上不必那麼拘束。

元長也重視溝通禪與密教的關係,他用禪宗的觀點解釋密教教義:

> 祕密一宗,顯諸佛不傳之旨,闡上上大乘之教,故能入凡入聖,入一切國土而無所入,於諸境界亦無所礙。

但他強調,密宗與禪宗一樣,也應該以解脫生死為目的,從「無心」勘破一切事理中獲取自由快樂,所以說:

> 你若打理窟不破,事上便不明;事上既不明,諸法皆有滯;諸法既有滯,持咒觀想,皆是虛妄生死根本。喚作法身佛得麼?喚作無等等咒得麼?喚作大慈悲、大忿怒、大解脫、大自在得麼?且道如今作麼生?你但無事於心,無心於事,自然虛而靈,寂而妙……隨緣著衣吃飯,任運快樂無憂,不與凡聖同纏,超然名之曰祖。如上說底,即非密也,密在汝邊,已是說了。無明門下,須吃棒始得。何故,大事為你不得,小事自家支當。

---

[508]　上引均見〈佛慧圓明廣照無邊普利大禪師塔銘〉。

第五章 元代佛教的政教體制與文化整合

對於密宗提出這種要求，與當時實踐中的密宗，不啻是天壤之別。這是他把密宗禪化了，或者是有意按照禪宗標準對密宗實踐的批評。與此同時，他也受到密宗的影響，像「任運快樂」的話，在此前的禪宗中是沒有的。

不管怎樣，在整體上他與明本所取的立場一致，都肯定密宗為佛說，同禪、教一樣，不應有高低差異：

雲門「普」、趙州「無」、德山棒、臨濟喝，與你尋常想底佛，持底咒，同耶，不同耶？同則禪分五宗，教分五教，不同則總是釋迦老子兒孫，何有彼此之異？[509]

---

[509] 上引均見《千岩和尚語錄》。

第六章
明代佛教的復興思潮與宗派再構（上）

第六章　明代佛教的復興思潮與宗派再構（上）

第一節　明代社會與佛教政策

一、佛教管理制度的建立

明王朝（西元 1368～1644 年）的建立，結束了遼、金、元以來延續了 400 餘年的少數民族地主階級的統治。明王朝廢除蒙元貴族不平等的民族政策和宗教政策，特別是取消了喇嘛教的特權，不僅受到社會各階層的擁護，也為佛教的發展提供了新的社會環境。

代表漢族地主階級利益的明王朝，一開始就把強化封建君主專制制度放在首位，在加強思想文化統治方面，也推出了維護君權至上的新舉措。明太祖朱元璋主張以儒術治天下，把宋代理學作為官方的學術，然而，對於儒家經典中有損君權神聖的內容也要清理剔除。如《孟子》中有「君視臣如草芥，則臣視君如寇仇」的話，他認為「非臣子所宜言」，命人刪去此類的言論 85 條，編成《孟子節文》。[510] 他對於文人言論的敏感近乎病態，中國有史以來的真正文字獄就是從明太祖開始的。在這種思想指導下，對宗教的政治控制也空前加強。

明太祖出身貧寒，早年出家為僧，使他十分熟悉佛教的內幕；3 年的遊方乞食，使他廣泛了解佛教與社會各階層的關係；打著明教和彌勒教旗號的農民起義軍能夠日益壯大並獲得勝利，又使他深刻了解到宗教在社會上的影響力、價值和地位。正因為如此，在朱元璋統治時期（西元 1368～1398 年）制定的宗教政策，嚴密而且針對性強。朱元璋時關於整頓佛教的各項措施，奠定了整個明王朝佛教政策的基礎。

朱元璋稱帝的第一年，詔令禁止白蓮社、大明教和彌勒教等一切「邪教」。繼之，於《大明律》中規定，凡「妄稱彌勒佛、白蓮社、明尊教、白

---

[510]　《明史》卷一三九〈錢唐傳〉。

第一節　明代社會與佛教政策

雲宗等會，一應左道亂正之術，或隱藏圖像，燒香集眾，夜聚曉散，佯修善事，惑人民，為首者，絞；為從者，各杖一百，流三千里」。洪武十五年（西元1382年）之後，對佛教的管理進一步強化；洪武二十四年（西元1391年），頒布《申明佛教榜冊》；二十七年（西元1394年），再次頒布類似榜文，系統化地陳述了佛教管理的基本內容。

太祖曾企圖讓佛教僧人溝通對外關係：洪武三年（西元1370年），命慧曇出使西域；次年，命祖闡和克勤送日僧歸國；十年（西元1377年），命宗泐出使西域；十七年（西元1384年），命僧光及其弟子惠辯等出使尼泊爾。這些奉詔出使的僧人，即使是載譽歸國後仍很活躍，但沒有帶回較有影響力的外來佛教因素。

建立和健全僧司機構，是強化佛教管理的重要措施。洪武元年，中書省奉旨命「浙之東西五府名剎住持，咸集京師，共蕆天界，立善世院，以統僧眾」[511]。設在金陵天界寺的善世院，是明廷建立的第一個臨時性中央僧官機構。善世院的第一代統領是慧雲（西元1304〜1371年），敘從二品。僧官品級如此之高，顯然是受到元代的影響。到洪武十四年（西元1381年）六月正式建立各級僧司機構時，在許多方面明確強調參考宋代的規定，僧官的品級也大大降低。根據當時禮部提出的方案，各級僧司衙門的設立與行政建制配套，在中央設僧錄司，在府、州、縣分設僧綱司、僧正司和僧會司，由此構成了自上而下的嚴密佛教管理體系；同時規定了各級僧官的名額、品階、職權範圍，以及任選標準等。[512]

按照當時的規定，僧錄司的僧官由禮部任命，沒有俸祿[513]，官、吏、

---

[511]　《釋氏稽古略續集》卷二。
[512]　根據《釋氏稽古略續集》卷二的記載，在京設置僧錄司，掌天下僧教事。善世二員，正六品，左善世，右善世。闡教二員，從六品，左闡教，右闡教。講經二員，正八品，左講經，右講經。覺義二員，從八品，左覺義，右覺義。各府僧綱司，掌本府僧教事。都綱一員，從九品，副都綱一員。各州僧正司，僧正一員，掌本州僧事。各縣僧會司，僧會一員。
[513]　根據《釋氏稽古略續集》卷二的記載，「僧道錄司衙門，全依宋制，官不支俸，吏與皂隸合

第六章 明代佛教的復興思潮與宗派再構（上）

皁隸都由僧人及佃僕擔任。各級僧司衙門的職責，是負責與寺院和僧眾有關的教內事務，如向當地衙門舉薦寺院住持、監督僧眾恪守戒律、闡揚教法等，如涉及與軍民相關的案件，以及違反國家法律的案件，則分別由中央或地方行政機構處理。因此，僧官機構沒有超出宗教範圍之外的行政權力。這套管理機構直到明末沒有改變，而且為清代直接仿效。

洪武年間，對各府州縣的僧道人數、各地方的寺觀數量和僧道數量等，也逐步制定出相應限額。另外，對僧人的剃度制度也作了重要變更。洪武六年（西元1373年），詔令全國各地免費發放度牒。明初的剃度條件一直很嚴格：洪武二十四年（西元1391年）規定，男子出家限定40歲以上，女子50歲以上。

明太祖控制佛教最重要的環節，是限制僧人與社會各階層的自由往來。經過元末戰亂，許多僧人不住寺院，遊蕩於鄉鎮，雜處於民間，對社會的穩定構成威脅。明太祖多次下詔，令各級僧司調查遊僧人數，強制集中，入住寺院，這就是所謂「合眾以成叢林，清規以安禪」。朱元璋還特別禁止僧人與各級官吏往來，洪武二十七年（西元1394年）詔令：「凡住持並一切散僧，敢有交結官府、悅俗為朋者，治以重罪。」一些經濟實力雄厚的大寺院，必然要與當地政府有經濟方面的來往，明廷專門設立了前代所沒有的「砧基道人」，專門負責寺院與官府的溝通。洪武十九年（西元1386年），明太祖「敕天下寺院有田糧者設砧基道人，一應差役，不許僧應」。洪武二十七年（西元1394年）再次強調：「寺院菴舍，已有砧基道人，一切煩難、答應官府，並在此人，其僧不許具僧服入公聽跪拜。」作為寺院與官府的聯絡者，砧基道人要處理的事務可能不少，但主要職責是負責辦理差稅。到景泰年間（西元1450～1456年），明廷限制每寺田地為60畝，其餘都交給農民佃種，並納糧於國家，砧基道人制度也隨之廢止了。

用人數，並以僧道及佃僕人等為之」。根據《太祖實錄》，從洪武二十五年（西元1392年）開始，僧錄司各僧官都按級別給俸，最高的月給米十石，最低的五石。

第一節　明代社會與佛教政策

明太祖還嚴禁僧人娶妻成家，不僅三令五申，而且鼓動民眾群起攻之。洪武二十七年（西元 1394 年）公告的榜文說：「僧有妻者，許諸人捶辱之，更索取鈔錢；如無鈔者，打死勿論。」他要求僧人嚴格遵守傳統戒律，不許踰越僧俗鴻溝。

對於那些退居山林、從事隱修的僧人，明廷特別予以鼓勵。洪武二十四年（西元 1391 年）的《申明佛教榜冊》規定：「有能忍辱，不居市廛，不混時俗，深入崇山，刀耕火種，侶影伴燈，甘苦空寂於林泉之下，意在以英靈出三界者，聽。」

明太祖直接插手佛教的內部事務，多次頒布詔令，把寺院分為禪、講、教三等，僧人也相應分為三宗，並要求「各承宗派，集眾為寺」。這對明代及其以後的佛教發展走向發揮決定性的作用。洪武十五年（西元 1382 年），「禮部照得佛寺之設，歷代分為三等，曰禪、曰講、曰教。其禪不立文字，必見性者方是本宗；講者務明諸經旨義，教者演佛利濟之法，消一切現造之業，滌死者宿作之愆，以訓世人」[514]。「歷代」之辭是假託，禪、講、教的三等分類，實始於此。「禪」，專指禪宗；「講」，指宣講佛教經典的僧人，相當於元代的「教」；「教」，指祈福彌災、追薦亡靈等各種法事，從事法事活動的僧人，名「瑜伽僧」或「赴應僧」。與此同時，對三宗僧人的服飾也作了規定：「禪僧茶褐常服，青條玉色袈裟；講僧玉色常服，綠色淺紅袈裟；教僧皂色常服，黑條淺紅袈裟。」[515]

明太祖把法事單列一宗，與當時民間顯密法事普遍盛行、對群眾有特殊影響有關。他本人相信，舉辦法事，「明則可以達人，幽則可以達鬼」，有助於國家教化，所以比較重視。洪武十六年（西元 1383 年）又強調，「即今瑜伽顯密法事儀式及諸真言密咒，盡行考校穩當，可為一定成規，行於

---

[514]　《釋氏稽古略續集》卷二。
[515]　《明太祖實錄》卷十五。

天下諸山寺院，永遠遵守」。並規定，在實行過程中，任何人不得增刪修改，「敢有違者，罪及首僧及習者」[516]。

按照欽定的儀規做法事，是教僧的職責，也是他們的特權。據說，只有持戒嚴謹的教僧按程序念誦真言密咒，才能在「呼召之際，幽冥鬼趣，咸使聞知」，其他人是不會有這種神祕效力的。此外，禁止俗人主持法事。有幸充當人天和人鬼使者的教僧，可以獲取合法收入。明王朝還專門規定了做法事的價格，根據擔任的不同角色，得到相應的報酬。[517]至此，以往司掌死者葬儀、年忌慶典、祈福消災諸事的瑜伽僧等，都有了公認的合法地位。過去曾有過火宅僧、火宅道人等已婚俗人或僧道經營此類佛事，現在明令禁止俗人經營，對法事活動進行了規範化的整頓。日本學者推斷，當時瑜伽教僧的數量達到全部僧侶的半數。[518]

在寺院或家庭請瑜伽僧做法事，一般貧苦人家無力負擔其費用，只有富裕階層才有可能。就像宋代的文字禪為禪僧與士大夫的連繫開闢了通道一樣，瑜伽宗成為佛教與更廣泛的社會富裕階層連繫的橋梁。當各種法事收入成為寺院一個重要經濟收入來源時，佛教內部各派的重新組合定位就不可避免了。而對於明朝統治階層來說，不論是統一儀規，還是令瑜伽者專業化，目的都是為了方便國家控制，以防民眾像紅巾軍那樣利用宗教信仰組織暴動。

明太祖對講習佛教經典也很重視。洪武十年（西元1377年），詔令全國僧人講《心經》、《金剛》和《楞伽》，並命宗泐、如玘等人注釋此三經頒行。元代帝王曾鼓勵講經，但對講什麼經並沒有規定，明太祖為全國僧人指定講習的具體經典，在此後的清代帝王中也再沒有出現過。明太祖曾作〈心經序〉，講述他對此經的理解。他力圖透過統一對某幾部佛經的解釋，

---

[516] 《釋氏稽古略續集》卷二。
[517] 《金陵梵剎志》記有誦讀各種經典的收費標準，這只是法事支出的一部分。
[518] 牧田諦亮：《中國佛教史》（下），見《世界佛學名著譯叢》第45冊，第106頁。

第一節　明代社會與佛教政策

進而統一佛教思想，達到加強思想統治的作用。明王朝要求講者，「務遵釋迦四十九秋妙音之演，以導愚昧」[519]。為國家教化「愚昧」，成為講僧的神聖職責，享有與瑜伽僧同樣的接觸社會的權力。相比之下，禪僧恰恰被剝奪了這些職責和權力。

明廷規定：「其禪者務遵本宗公案，觀心目形，以證善果。」[520] 這裡只有根據禪宗典籍，調節身心，以達到個人「證善果」。禪僧沒有講僧教化「愚昧」的任務，也沒有教僧為人消災祈福的職責，自然也就沒有合法的經濟收入。明太祖告誡禪僧，還要研讀佛經：「若自欲識西來之意，必幽居淨室，使目誦心解，歲久而機通，諸惡不作，百善從心所至，於斯之道，佛經豈不大矣哉！」[521] 禪宗對遵守戒律靈活性很大，讓禪者讀經，主要目的之一是要收到「諸惡不作，百善從心所至」的持戒功效。

遊方行腳曾是禪僧重要的修行活動，明王朝先是禁止僧道四處遊動，至洪武三十一年（西元1398年）詔令：「著江東驛、江淮驛兩處，蓋兩座接待寺，著南北遊方僧道，往來便當。」[522] 很明顯，「往來便當」只是一種官腔，其功能是更嚴厲地制止僧道，主要是禪僧的自由遊動。故而，禪僧除了「甘苦空寂於林泉之下」，或「幽居淨室」之外，實在是別無出路了。顯而易見，明太祖為宗教設立的政治環境，特別切斷了禪宗與其群眾基礎的連繫；對佛教劃定的活動範圍，也主要是限制禪宗的自由。如此，禪宗的自然衰亡，成了不可避免的事。

明太祖整頓佛教的目的之一，是力圖把宗教不利於社會穩定的消極作用減少到最低程度，盡可能發揮佛教有利於統治的作用。他在整頓佛教的同時，特別重視選拔和重用有政治才幹的僧人。他曾撰寫〈拔儒僧入

---

[519]　《釋氏稽古略續集》卷二。
[520]　《釋氏稽古略續集》卷二。
[521]　《明太祖集》卷十一。
[522]　《釋氏稽古略續集》卷二。

仕論〉、〈宦釋論〉、〈拔儒僧文〉等，提出要重用佛教僧團中精通儒術的僧人，這在歷史上是少見的。他的有些做法，也被認為是過分寵信僧人，有一定的弊端。「帝自踐阼後，頗號釋氏教，詔征東南戒德僧，數建法會於蔣山，應對稱旨者，輒賜金襴袈裟衣，召入禁中，賜坐與講論。吳印、華可勤之屬，皆被擢至大官，時時寄以耳目。由是其徒橫甚，讒毀大臣，舉朝莫敢言。」[523] 明太祖重點限制的是禪宗，而僧人中受其重用者和幫助其治理佛教者，恰恰是以精通儒術的禪僧為主。

二、佛教政策的局部調整

從成祖到孝宗（西元 1403～1505 年）的百年間，雖有幾次短時間變動，但是洪武年間制定的佛教政策基本得到貫徹和維持。從主要方面講，明廷仍然致力於消除佛教產生的不利於社會穩定的因素，發揮其有利於維護統治秩序的因素，並且收到了一定效果。明廷根據社會情況和宗教形勢發展，或者重申此前的詔令，或者作出某些局部調整，對前期的宗教事務管理制度有補充和完善的作用。整體說來，這一時期的佛教還是處於王朝的有效掌控之中。明太祖之後，佛教管理制度的調整主要包括如下幾個方面。

其一，完善洪武時期某些管理措施。

洪武時期頒布的一系列具體管理措施，有些不夠完善和系統，有些規定甚至前後矛盾。例如對僧人出家的年齡規定，洪武二十年（西元 1387 年）八月，「詔民年二十以上者，不許落髮為僧，年二十以下來請度牒者，俱令於在京諸寺試事三年，考其廉潔無過者，始度為僧」[524]。洪武二十七年（西元 1394 年）正月，明太祖下令「不許收民兒童為僧，違者並兒童父母

---

[523] 《明史》卷一三九〈李仕魯傳〉。
[524] 《明太祖實錄》卷一八四。

皆坐以罪。年二十以上願為僧者，亦須父母具告，有司奏聞，方許」[525]。前後兩個詔令，對 20 歲以上者能否出家的說法並不一致。永樂十六年（西元 1418 年）十月，明成祖命「榜諭天下」：「今後願為僧道者，府不過四十人，州不過三十人，縣不過二十人；限年十四以上，二十以下，父母皆允，方許陳告；有司行鄉里保勘無礙，然後得投寺觀，從師受業，俟五年後，諸經習熟，然後赴僧錄、道錄司考試，果諳經典，始立法名，給與度牒。不通者罷還為民。若童子與父母不願，及有祖父母、父母無他子孫侍養者，皆不許出家。」[526] 這樣一來，對出家的規定就更為清楚、系統化和全面了。類似的情況還有很多，基本是對洪武時期佛教管理制度的補充、完善或進一步重申，並沒有在大的方面有所改變。

其二，從嚴格限制女性出家到完全禁絕。

洪武時期就嚴格限制女性出家，此後有逐步強化的趨勢，直至頒發完全禁絕女性出家的命令，這是明代以前所沒有的。洪武六年（西元 1373 年），鑒於民間女子出家者較多，規定「自今年四十以上者聽，未及者不許」[527]。到明惠帝時，又改為 50 歲以上。

永樂十八年（西元 1420 年）二月，山東青州地區尼僧唐賽兒打著佛教旗號起義，自稱佛母，精通法術，組織起數萬起義軍。雖然起義不到一個月就被鎮壓，但唐賽兒未被擒捕，明廷仍然惶恐不安。明成祖（西元 1403～1424 年）恐唐賽兒混入尼僧之中，竟然下令盡逮北京、山東境內的出家女性來京審問，而後又下令盡逮全國的尼僧及道姑，先後有幾萬人，最後發展到命令所有尼姑都還俗。

實際上，完全禁絕女性出家根本不可能，有明一代，佛教和道教中的女性出家者始終存在。儘管如此，成祖之後的帝王不斷重申禁令。明

---

[525]　《明太祖實錄》卷二三一。
[526]　《明太宗實錄》卷二五。
[527]　《明太祖實錄》卷八六。

宣宗宣德四年（西元1429年）六月，重申遵守永樂年間的禁令，「仍嚴婦女出家之禁」[528]。明憲宗成化五年（西元1469年）十二月下令，「仍禁絕婦女不許為尼」[529]。明世宗嘉靖六年（西元1527年）十二月，方獻夫等人奏准，將尼僧、道姑「發回改嫁，以廣生聚。年老者量給養贍，依親居住」[530]。二十二年（西元1543年）七月，禮部再次申明，「凡中外一切遊聚尼僧，俱勒令還俗婚配」，並且強調，「違者重懲如令」。[531] 明王朝對女性出家如此深惡痛絕，既是空前的，也是絕後的。這種政策與當時的思想文化和社會風尚有關。禁絕女性出家，也對明朝佛教產生了潛移默化的作用。

其三，從免費發放度牒到鬻牒。

洪武時期，朝廷每三年免費發放一次度牒，並且不再徵收「免丁錢」。到成祖時，改為每五年發放一次。明代中期以後，由於政府財政吃緊，為了賑濟碰到自然災害的飢民、解決大型土木工程費用，以及支付邊境地區的軍餉等，明廷從景泰二年（西元1451年）開始鬻牒，一直延續到萬曆年間。其中，憲宗成化年間（西元1465～1487年）鬻牒最為嚴重，引起朝野不滿。不過，從明代鬻牒的數量、次數、範圍，以及對佛教界和社會造成的影響等方面來看，遠沒有宋代那麼嚴重。但鬻牒制度的實行，也就意味著國家對佛教的控制在一些環節上的鬆動。

其四，藏傳佛教政策的延續和調整。

隨著元王朝的滅亡，喇嘛教喪失了在中國佛教界的特權地位。由於喇嘛教在華北一些地區仍有深厚基礎，特別是在藏蒙等少數民族中信仰依然普遍，明太祖出於「化愚俗、彌邊患」的政治目的，依然重視網羅少數上

---

[528] 《明宣宗實錄》卷五五。
[529] 《明憲宗實錄》卷七四。
[530] 《明世宗實錄》卷八三。
[531] 《明世宗實錄》卷二七六。

第一節　明代社會與佛教政策

層喇嘛，把他們作為協助治理藏蒙地區的重要力量。

吐蕃地區在元末陷入政治動亂，藏傳佛教內部的派系格局也發生了變化：為元代獨尊的薩迦派由盛轉衰，噶舉派、格魯派等教派相繼興起。明太祖依然仿效元朝的做法，重視薩迦派的傳人，召其到京城接受封號，並授予所薦舉人員官職。洪武六年（西元1373年），前元朝代理帝師喃迦巴藏卜入朝，賜以「熾盛佛寶國師」稱號，對所推薦烏斯藏（以拉薩為中心的前後藏地區）和朵甘思（烏斯藏以東至陝西、四川鄰界的藏族居地）地區人員60人，分別授予指揮同知、僉事、宣慰使、元帥、招討等職位。洪武七年（西元1374年），八思巴後代公哥監藏巴藏卜入朝，又尊為帝師。另外，還在寧夏西寧、甘肅河州設僧綱司，管理當地的佛教事務。

從成祖開始，明廷對各教派領袖分別封王，不再獨尊薩迦派。永樂元年（西元1403年），明成祖派遣中官侯顯入藏，迎請噶舉派黑帽支脈的轉世活佛哈立麻到京城。永樂四年（西元1406年）十二月，哈立麻到京，成祖親自慰問，並請他到南京靈谷寺建法會。永樂五年（西元1407年）三月，封其為「為萬行具足十分最勝圓覺妙智慧善普應佑國演教如來大寶法王西天大善自在佛」，令「領天下釋教。……賜儀仗與郡主同」。「其徒孛羅等皆封為大國師，並賜印誥金幣等物。」[532]

薩迦派的領袖昆澤思巴，於永樂十年（西元1412年）二月由明廷宦官迎請到京，成祖賜其冗長封號中也有「法王」、「佛」字樣，職責也是「領天下釋教」。第二年正月，宦官護送其回藏。

格魯派於明初新創，但發展很迅速，在創始人宗喀巴（西元1357～1419年）時代即成為一大教派。明廷很快注意到這種情況，派遣大臣入藏招諭，宗喀巴曾於西元1408年上書成祖答謝。永樂十二年（西元1414年）十二月，宗喀巴派弟子釋伽智（西元1354～1435年）到京城朝見，成祖

---

[532]　《釋氏稽古略續集》卷三。

賜「大慈法王」稱號。釋伽智返回西藏後，建立沙拉寺，是拉薩三大寺之一。釋伽智後重返京城，任成祖、宣宗兩代國師。

明廷雖然也封藏傳佛教各派領袖「法王」、「佛」和「國師」等稱號，並令兩派的領袖「領天下釋教」，但實際上他們只是統領本派僧眾，與元代薩迦派的帝師已經完全不同。武宗（西元 1506～1521 年）以縱欲荒嬉著稱，接納綽吉我些兒習祕術（房中術），厚賜番僧，為害朝野，一度引起「公私騷然」。到世宗（西元 1522～1566 年）「復汰番僧」，藏傳佛教對中國的影響進一步縮小。

三、明代佛教的發展階段與特點

明代佛教可以分為三個階段，第一階段，明代初期，約為太祖到成祖（西元 1368～1425 年）的半個多世紀。

元末農民起義有著推翻異族統治、反對蒙古貴族的民族歧視和壓迫的色彩。明王朝的建立，順應了推翻異族統治的要求。明初的佛教界與元初不同，沒有復元抗明的前朝遺老，這就避免了佛教界的波動。當時佛教界的著名人物不僅沒有留戀前朝，而且對新朝具有很強的向心力。在新舊王朝鼎革之際，許多優秀人才進入佛教僧團，他們有著高漲的政治熱情。在當時的佛教界，積極參與政治活動是一種時尚，是有影響力的潮流。這種情況的出現，為洪武時期發表的一系列佛教改革措施的有效實施提供了環境。同時，政治舞臺上也活躍著一大批政治僧侶，例如姚廣孝（道衍）、來復、溥洽等。他們有的因參與政治而位列朝堂，有的也因此身陷囹圄。

在這一階段，是佛教從王朝交替的動盪中逐漸趨於穩定，並且在新王朝規範治理過程中實現逐步轉變的階段。佛教界的義學諸派陷入沉寂，有影響力的義學名僧很少。相對說來，禪宗比較活躍，主要以元叟行端和笑

隱大兩系影響較大,特別是前者,與明廷關係尤為密切。活躍於明代初年的禪師,主要來自這兩個系統。就禪學而言,也發生了不同於宋元的新變化。

第二階段,明代中期,從宣宗到穆宗(西元 1426～1572 年)的近 150 年間。

在這一階段,佛教規模有所擴大。景泰(西元 1450～1456 年)初年,為了救濟饑荒和籌措軍餉,明廷恢復了鬻牒制度,一直實行到明末。景泰四年(西元 1453 年),監察御史左鼎說:「今天下僧數十萬計。」[533] 憲宗成化年間,僧道數量進一步上升。根據倪嶽的〈止給度疏〉說:「成化十二年(西元 1476 年)度僧一十萬,成化二十三年(西元 1487 年)度僧二十餘萬。以前各年所度僧道不下二十萬,共該五十萬。……其軍壯丁私自披剃而隱於寺觀者,不知其幾何。」[534] 憲宗寵信僧人繼曉,封為國師。繼曉與宦官勾結,操縱官員的進退。憲宗還廣封[535]僧道官。弘治九年(西元1496年),工科都給事中柴升說:「祖宗朝僧道各有額數,邇年增至三十七萬有餘,今之僧道幾與軍民相半。」看來僧道實際人數要大大超過官方的統計,但是說「幾與軍民相半」則是誇張。武宗時大興佛寺,僧道傳升官充斥於朝。世宗初即位時,對佛教進行力度較大的整頓。他採納工部侍郎趙璜的建議,沒收大能仁寺僧齊瑞竹資財,毀除佛像,革罷充斥於朝的僧道傳升官。但是他篤通道教,並因此不理朝政,對佛教的治理也沒有多少成效。這一階段的突出現象,是佛教各宗除了禪宗之外普遍處於沉寂狀態,義學僧人中知名者很少。

第三階段,明代後期,從神宗到明亡(西元 1573～1644 年)的七十餘年。

---

[533] 《明英宗實錄》卷二二八。
[534] 《明經世文編》卷七七。
[535] 《明孝宗實錄》卷一一三。

第六章　明代佛教的復興思潮與宗派再構（上）

在這一階段，明王朝對佛教已經失去有效控制，各種佛教管理措施已經不能執行。當時國家度僧活動已經完全停止，洪武時期規定的寺院分三等、僧人分三宗以及服飾區別規定等都無法維持。更有甚者，三宗的名稱也有了變化，成了禪、講、律。袾宏講述了他所見到的杭州地區的情況：「禪、講、律古號三宗，學者所居之寺，所服之衣亦各區別。如吾郡則淨慈、虎跑、鐵佛等，禪寺也；三天竺、靈隱、普福等，講寺也；昭慶、靈芝、菩提、六通等，律寺也。衣則禪者褐色，講者藍色，律者黑色。予初出家，猶見三色衣，今則均成黑色矣。諸禪、律寺，均作講所矣。嗟乎！吾不知其所終矣。」[536] 在這一階段，隨著社會矛盾的激化，佛教出現了綜合復興浪潮，以江浙地區為中心，聲勢浩大，席捲全國，並且一直延續到清代初期。

■ 第二節　明代前中期的禪學和義學

一、禪向義學的傾斜

元末的社會危機在江南禪宗中也有相應的表現：「至正間，四方多事，士大夫逃禪海濱者眾矣。」[537] 這一現象引起元朝廷的注意，進一步增強了對江南禪僧的羈縻，「元主崇尚我宗，凡林下染衣之叟，多受隆譽」[538]。在「元文、順二帝時，楚山南北，浙水東西，其有道尊宿，無不經錫徽號」[539]。他們的徒眾多，在下層民眾中影響力大，以後就構成了明初禪宗界的中堅力量。明太祖建都金陵後，詔見的僧人大多是這類禪師。

---

[536]　袾宏：《竹窗二筆・禪講律》。
[537]　《南宋元明禪林僧寶傳》卷十。
[538]　《南宋元明禪林僧寶傳》卷十二。
[539]　《南宋元明禪林僧寶傳》卷十。

第二節　明代前中期的禪學和義學

明太祖制定的佛教政策著重打擊的是禪宗，但他為貫徹這一政策而起用的力量大部分是禪宗宗師，這些禪師大多樂於講經、注經和主持法會，與禪宗的傳統當然是大相逕庭的。

明初的著名禪師多出自江南臨濟宗，北方曹洞宗人極少。洪武年間，元叟行端和笑隱大訢兩系影響力較大，特別是前者，與明廷關係尤為密切。洪武三年，明太祖詔僧人赴金陵天界寺，「其赴詔尊宿三十餘員，出元叟之門者，三居一焉」[540]。即使如此，他們的法系也沒有維持多久就衰落了。

明中期佛教僧團在規模上超過明初，但是無論義學還是禪學，都處於有史以來最缺乏生機的階段，既沒有形成有影響全國能力的傳教基地，也沒有出現眾望所歸的禪師，更沒有什麼新的禪思潮興起。有活動能力的多數禪師，在為建寺院、治田莊、蓄財使奴、構築豪富生活而奔忙，以致其同行也為之感嘆：「自潛知識之好，哄動富勢，建寺院，度徒眾。居則金碧，呼則群聚，衣則滑鮮，食則甘美，乃至積金帛，治田莊，人豐境勝，便是出世一番，盡此而已。」[541] 因此，雖然也算是一方之師，在禪學上卻無任何建樹。潭吉弘忍在記述有明以來臨濟傳法宗師時說：「國家至今近三百年，僧行稠雜，宗祖之道，微亦極矣。雖有一二大士，名聞未著，故其《語錄》無傳焉。」[542] 這裡講到禪宗「微亦極矣」的另一個原因，是有極少數的「大士」「深韜巖穴」，遁世隱修[543]，這也是明廷佛教政策的產物。

就禪宗內部情況言，「少室一枝（指曹洞宗），流入評唱；斷橋一脈（指臨濟宗斷橋妙倫一系），幾及平沉。雖南方剎竿相望，率皆半生半滅。佛祖慧命，殆且素矣」。從元初開始，曹洞宗在河南嵩山建立基地，到明中

---

[540]　《南宋元明禪林僧寶傳》卷十。
[541]　《笑岩北集》卷上。
[542]　《辟妄救略說》卷八。
[543]　《五燈會元續略·凡例》也說：臨濟宗的「人在大匠」，「所在都有」，但他們「韜光斂瑞，說莫得傳」。

葉雖然仍在固守少室舊地，卻只能因循萬松行秀的禪學傳統，停止在公案的評唱上。南方是臨濟宗的活動區域，儘管寺院星羅棋布，卻沒有什麼值得一提的影響。後代臨濟僧人發出感嘆：「吾潟沱一宗，自元明之季，蓋冰霜之際矣。」[544]

禪宗之所以不景氣，從學風上講是出於禪僧對於義學的攀附。有明一代，講經注經受到國家重視，義學相對發達，禪僧們競上京城，聽習經典，作為修行的必經階段，因此，佛教經論的功底如何，不僅是衡量義學法師水準的標準，而且也是考察禪師水準的尺度。法師登門向禪師挑戰，似乎也是常見的現象。根據德寶自述：「每每黃口義學，見不同，厥類奮毒，將折草探量。吾亦不敢爪齒，遂作洿潦，略順寒溫，庸常管待。彼出門悉皆快暢。」[545]這個故事具體地反映了當時義學的氣焰與禪學的委屈自安。

在講到明中期治經風氣的特點時，明末曹洞宗僧人元賢指出：「國朝嘉、隆以前，治經者類膠古注，不敢旁視，如生盲依杖，一步難捨，甚陋不足觀也。」[546]這種株守古注的作風，在有獨立性的禪師看來是很可笑的。

德寶曾見到一個「無用」和尚，「背誦《法華經》，得法華三昧，悟實相之旨。住連日，相談發言，多汗漫宗眼，未甚明識者。咸謂此老固有道之士，奈未遇本色師匠耳。言其日用臨機有滯」。按德寶的形容，這位「無用」和尚實是佛家裡的「冬烘先生」，精於背誦，似有悟解，只是不知所云，更不能應用。這可以作為當時義學僧侶的一幅寫真。德寶曾對義學僧侶的普遍狀況作過一次回顧，說：

余初聞善知識名者，或一言一行為可宗者，不問遠近，必往參

---

[544] 上引均見《南宋元明禪林僧寶傳》卷十四。
[545] 《笑岩北集》卷上。
[546] 《鼓山永覺和尚廣錄》卷二十九。

第二節　明代前中期的禪學和義學

見。……既夫禮見之後，或於請益、決惑、論述之際，諄諄自相矛盾者多矣。或談必大言，及其所言，卻又陝（狹）隘。每誨人曰：本具現成。逮究其旨，又不了了。……倘有叩問佛祖古宿綱要，總皆罔知。如此等師，一則從上師法非真非的，師師止此，亦是自己心志不真，不深體察，缺大悟緣，縱遇激發，尋便弛廢。[547]

在明代中期，無論是哪一派義學都陷入沉寂。華嚴、天台、唯識等方面都沒有出現知名人物。當時，能夠背誦一部經典的就可以高視闊步了，能夠依據古代注疏講解經文的就是著名宗師了。

相對而言，禪宗僧侶雖然也都看重讀經悟教，但依然是當作證悟的方法。嵩山曹洞宗的月舟文載（西元 1455〜1524 年）提倡：「迷時須假三乘教，悟後方知一字無。」[548] 學習三乘教典是由迷轉悟的過程中不可缺少的環節，但畢竟只是一個過渡，不是終極。

在禪僧中也存在讀經後「閉關」修行的風氣。「閉關」也稱「掩關」，指在一段時期內，足不出戶，專事坐禪習定。元賢曾記述了閉關修行的由來，並對這種修行方式提出了批評：

余聞古之學道者，博參遠訪，陸沉賤役，勞其筋骨，餓其體膚，百苦無不備，嘗未有晏坐一室，閉關守默以為學道者也。自入元始有閉關之說。然高峰閉死關於天目，乃是枕子落地後，非大事未明而畫地以為限者也。入明乃有閉關學道之事。其最初一念，乃是厭動趨寂者也。只此一念，便為入道之障。況關中既不受知識鉗錘，又無師友策勵，痴痴守著一句話頭，如抱枯椿相似。日久月深，志漸靡，力漸疲，話頭無味，疑情不起，忽然轉生第二念了也。甚至身坐一室，百念紛飛者有之，又何貴於關哉？[549]

---

[547]　上引均見《笑岩北集》卷上。
[548]　《笑岩南集》卷下。
[549]　《鼓山永覺和尚廣錄》卷九。

說元以前沒有「閉關之說」，這符合事實；但說沒有「晏坐一室」為修行學道者，則距事實太遠。如果將「閉關」特指坐禪看話頭，那是始自高峰原妙。反對「閉關」修行是禪宗內部一家之言，說明自元以來的山居隱修至此已經形成一種「閉關默守」的定型，在此後的禪宗中一直流行。

二、臨濟三系禪師行狀

明代初年比較活躍的禪師，基本出自臨濟宗的元叟行端、笑隱大訢和竺元妙道三系。行端門下弟子眾多，以無夢曇噩、愚庵智及和楚石梵琦在元明之際最有影響力。

曇噩（西元1285～1373年），字無夢，號酉庵。早年學習儒學，出家後廣泛閱讀佛教典籍，「性相之學，無不該練」。後從行端習禪，在江南一帶住持過多處寺院。早在元延祐（西元1314～1320年）初年，奉詔主持「金山水陸佛事」，元帝師賜以衣號。曇噩本人雖然飽讀經書，但並不鼓勵弟子們學習，他曾規定：「僧堂內外，有閱經書者，罰油若干。」這反而激發了僧眾的讀書興趣：「一僧每逢朔望，納油庫司，讀《梵網經》；一僧納油，讀《傳燈錄》；一僧納油，讀《易》。」[550] 元末明初的上層禪師一般都有良好的佛學修養，所以能夠勝任應請講經做法事。洪武二年（西元1369年），明太祖詔江南知名僧人，曇噩也在應選之列，後「憐其年耄，放令還山」。有《新修科分六學僧傳》30卷。

智及（西元1311～1378年），字以中，號愚庵，江蘇吳縣人，俗姓顧。早年出家，「釋書與儒典並進」，受學於笑隱大訢和元叟行端。元至正二年（西元1342年），江南行宣政院薦舉他住持慶元路隆教禪寺，再遷普慈寺、報恩禪寺，後轉徑山興聖萬壽禪寺。洪武六年（西元1373年），明太

---

[550] 上引均見《南宋元明禪林僧寶傳》卷十。

第二節　明代前中期的禪學和義學

祖「詔有道浮屠十餘人集京師大天界寺」，智及「居其首」。宋濂認為：「自宋季以迄於今，提倡達磨正傳，追配先哲者，唯明辯正宗廣慧禪師（指智及）一人而已。」[551]

智及能夠得到元明兩朝的重視，一個重要的原因是他有在大法會上「據令提綱」演說的能力。此舉一例：

> 今辰結集勝會，同音僉誦《法華》妙典，說戒放生，熏修懺法，悉使見聞，莫不回三毒為三聚淨戒，轉六識為六波羅蜜；回煩惱為菩提，轉無明為大智。以之保國安民，則國泰民安；以之禳災彌盜，則盜息災消；以之懺罪，則罪垢蠲除；以之薦亡，則亡歿解脫；以之普度水陸會內幽顯聖凡，則同駕願輪，俱登覺岸。[552]

這是用法華懺法統率和替代一切佛法的演說，從中很難見到星點禪師的面貌。以此「保國安民」成為一種定式，既可以為元祈福，也可以為明服務了。所以，他對宗泐在明太祖舉辦的法會上宣講的「法」十分讚賞：「說法不應機，總是非時語……今觀全室禪師，鐘山法會，奉旨普說，窮理盡性，徹果該因，顯密淺深，無機不被，真得先佛之意，深與契經相合。」[553] 禪宗經過宋元的政治陶冶，至明而完全馴順了，對國家的依附日益明顯。

智及的著名弟子斯道道衍，即姚廣孝（西元 1335～1418 年），曾隨智及在「徑山習禪學」，後來宗泐看到他的「賦詩懷古」，明白這些不是「釋子語」，很明智地將他推薦給朱棣。後來道衍扶助朱棣起兵打敗明惠帝，奪得皇位，因此明成祖朱棣對佛教比較偏愛。道衍本人終身為僧，被列入禪宗系譜；同時他也是世俗官僚。

---

[551]　《愚庵智及禪師語錄》後附〈塔銘〉。
[552]　《愚庵智及禪師語錄》卷三。
[553]　《愚庵智及禪師語錄》卷十。

第六章　明代佛教的復興思潮與宗派再構（上）

梵琦（西元 1296～1370 年），字楚石，浙江寧波象山人，俗姓朱。9 歲進寺院，16 歲在杭州昭慶寺受具足戒，後來從學於元叟行端，為嗣法弟子。元英宗詔令寫金字大藏經，他因善書法而應選入京。元泰定帝時，曾奉宣政院命令而開堂說法。在近五十年間，於江浙一帶住持過六處寺院。元至正七年（西元 1347 年），帝師賜號「佛日普照慧辯禪師」。明洪武元年和二年，奉詔參加蔣山法會，明太祖聽了他的「提倡語，大悅」。梵琦著有《北遊集》、《鳳山集》、《西齋集》等。其弟子編有《楚石禪師語錄》20 卷。

梵琦似乎保留了禪家的放曠風氣，他曾說：「如來涅槃心，祖師正法眼，衲僧奇特事，知識解脫門，總是十字街頭破草鞋，拋向錢塘江裡著。」[554] 這很像是倡導自證自悟，呵佛罵祖的樣子，但他僅僅用於對付禪門，反襯出他對佛教其他法門的特殊重視。

根據記載，梵琦臨終前對曇噩說：「師兄，我去也。」曇噩問：「何處去？」答：「西方去。」曇噩再問：「西方有佛，東方無佛耶？」他「乃震威一喝而逝」[555]。梵琦堅信西方淨土，就沒有把這種信仰當作破草鞋拋向江裡，而是至死不渝。他著有淨土詩若干首。明末袾宏指出：「本朝第一流宗師，無尚於楚石矣。築石室，扁曰『西齋』，有《西齋淨土詩》一卷。今只錄十首，以見大意。彼自號禪人而淺視淨者，可以深長思矣。」[556] 明末另一位名僧智旭更說：「禪宗自楚石琦大師後，未聞其人也。」[557] 以後的佛教史書多根據此類評語給梵琦加上「第一流」、「第一等」等等讚詞。其實，這些都是指他以禪師身分揚淨抑禪的突出作用。

梵琦也和智及一樣，在法會上宣講禪宗教義，重點也在超渡輪迴眾生

---

[554]　《楚石禪師語錄》卷四。
[555]　〈楚石和尚行狀〉。
[556]　《雲棲法彙‧皇明名僧輯略‧楚石琦禪師》。
[557]　《靈峰宗論》卷五。

342

第二節 明代前中期的禪學和義學

和一切鬼神:「臣僧梵琦,舉唱宗乘,所集功勳,並用超渡四生六道,無辜冤枉,悉脫幽冥,終生佛土,成就菩提。」[558] 這話幾乎成了梵琦歷次法會的開場白。在明初大禪師那裡,主辦法會、宣講禪宗教義,本質上和瑜伽僧所主持的法事儀式、所念誦的真言密咒是一樣的,具有同樣的通人天、達鬼神的功能。禪學的懺化,是從元代末年產生的現象,是禪師與元王朝政治結合而產生的宗教變化。

元末笑隱大傳法於金陵,所以此系禪師和朱元璋接觸較早,主要代表有覺原慧曇和季潭宗泐。

慧曇(西元1304～1371年),字覺原,天台人,俗姓楊。16歲出家,曾習律學、天台宗教義,後來到杭州中竺求學於大,並隨其遷住金陵大龍翔集慶寺。住持過牛頭山。曾得到元文宗的召見。元帝師授他「清覺妙辯」之號。朱元璋占領金陵,慧曇到軍營中謁見,受命住持蔣山太平興國寺,一年後遷住大天界寺。天界寺是明初最重要的寺院,交由慧曇住持,說明他在佛教界的特殊地位。每當明太祖舉辦法會,慧曇總是登臺說法。洪武元年(西元1368年),善事院成立,他受命「統諸山釋教事」。洪武三年(西元1370年),奉命出使西域諸國,是明代首批出使僧團。洪武四年(西元1371年),卒於今斯里蘭卡。以後,宗泐出使西域,把他的遺衣帶回金陵,葬於雨花臺。

宗泐(西元1318～1391年),字季曇,號全室,臺州臨海人,俗姓周。8歲隨大出家,14歲剃度,20歲受具足戒。先隨大住大龍翔寺,後來南下杭州,求學於元叟行端,在浙江一帶住持過多處寺院。洪武五年(西元1372年),奉詔參與金陵法會,並住持天界寺,管理全國佛教事務。曾作《贊佛樂章》8曲,並同如玘等人箋注《心經》、《金剛》和《楞伽》3經書,頒行全國。他也以擅長詩文著稱於當時,有《全室外集》9卷。洪武

---

[558] 《楚石禪師語錄》卷二十。

十年（西元 1377 年），宗泐繼慧曇之後，奉詔出使西域，「往返十有四萬餘程」，洪武十五年（西元 1382 年）歸國，帶回了《莊嚴寶王》、《文殊》、《真空名義》等經。回國後仍住天界寺，並「常入大內，開襟論道」，與明太祖的關係十分密切。在朱元璋的賜詩中，有「泐翁此去問誰禪，朝夕常思在月前」之句。不久，宗泐鑒於「朝臣黨立，間有嫉之」，離開天界寺，隱居槎峰。洪武十九年（西元 1386 年），又詔住天界寺。當時人們讚揚他「與內聖外王之略，無不畢備」[559]。宗泐參與朝政較多，因善於處理與明廷的關係，與朱元璋的長期往來中，沒有遭到見心來復[560]那樣的命運。

笑隱大一系的這兩位著名禪師，都積極為新王朝服務，是當時佛教界的重要領袖，但其禪學思想並沒有值得提及之處。

出自竺元妙道一系的臨濟禪師，在明初有一定影響的，當屬恕中無慍和呆庵普莊。

無慍（西元 1309～1386 年），字恕中，號空室，臺州人，俗姓陳。早年隨元叟行端出家，後在江浙一帶參禪，閱讀佛教經典「凡經十載，以博達著名」。他在竺元妙道的指導下，由於參「狗子無佛性」話頭得悟。曾先後住持象山靈巖廣福禪寺和臺州瑞巖淨土禪寺。

無慍不願長久住持寺院，「雖兩住名山，皆甫及三載而退」[561]。他既不願與元王朝來往，也不願接受明王朝的差遣。住瑞巖時，雖然「道價日高，湖江英俊趨臺者不絕」，但他始終保持「住山本色之操」[562]。由於他在明初禪宗界的聲望很高，日本曾請明廷遣他赴日傳教，但無慍沒有接受

---

[559] 《釋氏稽古略續集》卷二。
[560] 見心來復（西元 1319～1391 年）是元末明初有影響的禪師，根據《釋氏稽古略續集》卷二記載，他「通儒書，工詩文，一時名士皆與之交，與文僧宗泐齊名。上聞召見之，後以賦詩忤上意，被刑」。也有記載，他的被殺，與胡惟庸案有牽連。他有《四會語錄》和《蒲庵集外集》六卷。
[561] 《釋氏稽古略續集》卷二。
[562] 《南宋元明禪林僧寶傳》卷十二。

第二節　明代前中期的禪學和義學

明太祖的委派，只願終老林泉。後曾住天界寺，與宋濂有一些往來。

無慍重視以固定的問話啟悟學者，重視參究話頭，這是他的兩大特點。他在住瑞巖時，「乃設三句勘禪流，不合即逐出，當時謂之『瑞巖三關』」[563]。所謂「瑞巖三關」，不過是「黃龍三關」之類的翻版，但是在元末明初禪學毫無起色的情況下，也能激起參禪者的興趣。

無慍自以為博通佛經，卻沒有得悟，引為教訓，而力主參究話頭：

參禪乎，參禪乎，參禪須是大丈夫，當信參禪最省事，單單提個趙州無。行亦提，坐亦提，行住坐臥常提撕。驀然打破黑漆桶，便與諸聖肩相齊。……近代參禪全不是，盡去相師學言語。[564]

重申看話禪的老話，沒有什麼新意。但相比之下，在他身上依然保持宋代禪宗的遺風，也屬難得。

無慍和當時絕大多數禪師一樣，也重視淨土信仰，作有淨土詩若干首，所著《山庵雜錄》兩卷也頗流行。

普莊（西元1347～1403年），字敬中，號呆庵，臺之仙居人，俗姓袁，13歲出家，曾求學於竺元妙道的弟子了堂唯一。洪武十年（西元1377年），受請到鎮江金山講朝廷規定的《心經》等。次年，奉詔入天界寺。洪武十二年（西元1379年），移住撫州北禪寺，不久即率徒到雲居山，重建廢棄的寺院，力圖復興江西禪宗。洪武二十六年（西元1393年），應詔到金陵見明太祖；當年秋，受命至廬山祭祀立碑；冬，奉詔住持浙江徑山寺院。徑山是當時海內禪宗首剎，由普莊擔任住持，說明了朝廷對他的重視。關於普莊的言行，有《呆庵普莊禪師語錄》八卷。

普莊曾指點僧人說：「我等沙門釋子，不知歲之餘閏，不問月之大小，喚作無事人則可，喚作了事人則不可。八萬四千法門，一千七百公

---

[563]　《南宋元明禪林僧寶傳》卷十二。
[564]　《恕中無慍禪師語錄》卷五。

案，須是一一參究，一一透脫始得。」[565] 可以做「無事人」，不可以做「了事人」，是他的唯一新說。什麼是須了的事？那就是對「八萬四千法門，一千七百公案」一一參究，也就是完全徹底地鑽入禪宗的經學中去。很清楚，這是號召叢林把禪宗轉變為教宗的措施，與王朝的要求全然一致。

普莊在〈呆庵歌並序〉中說：「我此呆庵呆道人，不識世間秋與春，兀兀痴痴只麼過，無榮無辱無疏親。」[566] 這一自述大約是他的「無事人」的寫照，但事實上他是言行不一的。他對明廷的禮待是如此的感到榮耀，至死不能忘懷：「老來無復事朝參，彩筆曾經對御拈。叨沐君王賜方服，中官送出午門前。」[567]

三、德寶及其看話禪

明中葉影響較大的禪師是笑岩德寶，他沒有提出什麼新的禪學理論，但對話頭禪進行了修正和補充。

德寶（西元 1512～1581 年），字月心，號笑岩，俗姓吳，金臺人，早年喪父，「失讀孔孟之書，缺承父師之訓」[568]。「因聽《華嚴》，恍如破夢，乃卸世籍，為大比丘。」[569] 出家之後，長年來往於南北各地，尋師習禪。其中天奇本瑞（？～西元 1503 年）門下的無聞明聰、大覺圓和大休實三禪師對他的影響較大。[570] 他在以後的弘教過程中，是「隨緣開化，靡定所居」，史稱其「名震海內」。[571] 萬曆五年（西元 1577 年）後，隱居於燕

---

[565] 《呆庵普莊禪師語錄》卷三。
[566] 《呆庵普莊禪師語錄》卷六。
[567] 《呆庵普莊禪師語錄》卷七。
[568] 《笑岩南集》卷下。
[569] 《南宋元明禪林僧寶傳》卷十四。
[570] 德寶的傳承：萬峰時蔚－寶藏普持－虛白慧昆－海舟永慈－寶峰智瑄－天奇本瑞－無聞明聰－笑岩德寶。
[571] 《補續高僧傳》卷十六。

京柳巷，不少知名僧人向他請教。他的言行見諸《月心笑岩寶祖南北集》4卷，隆慶年間（西元1567～1572年）刊行。

德寶在總結自己半生求學經歷時說：「予自離本師至此，入山出山，遍謁諸師，博明個事，冒寒暑於十餘年間，涉南北於數千里之外，方始心猿罷跳，意馬休馳。豈此一心外更別有玄妙可得者哉？」[572]他求學10餘年，參訪了30多位著名禪師，最後懂得了自悟本心不假外求的道理。他所倡導的實踐和理論，都是圍繞這一基本思想展開的。

德寶在當時的佛教潮流中，是比較能夠獨樹一幟的人。他對於那種希望於公案和語錄中獲證的流行觀點，持否定態度。他評論一些禪僧：「兩兩三三，聚夥成隊，專抱執卷冊子，東刺頭西插耳，採拾將來，摸尋前人義路葛藤，聚頭相鬥，朝四暮三，妄諍瞋喜，何異按圖索驥，畫餅充飢？全不審思於諸已躬，有甚至涉。」他強調的是「審思於諸已躬」，而不是外求於書卷和諍論。據他看，「自世尊拈花已降，諸善知識但有詞句，皆出言意之外。不可泥於言句，以意識卜度，或會深或淺，悉隨力量。如要真知諸善知識閫奧，必須自己大悟後，方盡見得也」等公案語錄之類，不是不可以看，而是要在證悟之後看，這是德寶所確定的閱讀禪宗典籍的「法式」。換言之，《燈錄》、《語錄》並不是悟解的橋梁；反之，只有悟了以後，才能理解歷史上諸善知識的思想實質。這樣，參學公案、語錄就不再是明心見性的正途，而成了獲悟後可以了解的歷史知識。

然而，德寶也沒有創造「審思於諸已躬」的新方法，他主張自悟的方法依舊是宗杲的看話頭，但有不少修訂：

第一，參話頭與念話頭結合。他說：

直下舉個不起一念處，那個是我本來面目？或云：一念未生時，那個是我本來面目？初用心必須出聲，或三回，或五回，或至數回，默默審

---

[572]　《笑岩南集》卷下。

定。次或唯提一句，云：不起一念處；或云：一念未生時。疑句用心不定，順意則可，只要第五個處字時，字上宜疑聲永長，沉沉痛切。此正疑中，當駐意著眼。或杜口默切，或出聲追審，的要字字分明，不緩不急，如耳親聞，如目親睹。即心即念，即念即疑，即疑即心，心疑莫辨，黑白不分。爆然地一聲，灼見一場笑具。[573]

在德寶之前，禪師講的「舉起話頭」、「參話頭」或「看話頭」，都是指內心參究，即用集中一個話頭的方法消除其他思慮活動，屬於「杜口默切」。德寶把「杜口默切」與「出聲追審」結合起來，要求在內心參究的同時，也要口中念誦，並規定如何念誦的細節，因為從入定的實踐看，出聲念誦比內心默參更容易達到心理的寧靜，使參禪者全然處在話頭的氛圍中，以致出現「如耳親聞，如目親睹」的幻覺，一直達到「心疑莫辨，黑白不分」的精神狀態，獲得「地一聲」的證悟。很明顯，「念話頭」的方法是源自念佛，它們的心理機制是一樣的，只在最後的信仰歸宿上有所不同。

第二，參話頭與念佛結合。明代中期，許多禪師主張以念佛代替看話頭，德寶最初求教於大寂能和尚，能和尚指導他念佛。後到河南見大川禪師，大川說「念佛有念佛功德，爭奈發悟尤難，未若提無字活頭為佳耳」，於是德寶改參「無」字話頭。後又求教於際空禪師，際空讓他只管念佛，於是德寶便「屏卻無字，還只念佛，甚是順快」[574]。最後，他根據自己反覆體驗，主張將二者等同看待：

向無依無著乾淨心中唯提一個阿彌陀佛，或出聲數念，或心中默念，只要字字朗然。……但覺話頭鬆緩斷間，便是意下不謹切，便是走作生死

---

[573] 上引均見《笑岩北集》上。
[574] 《笑岩南集》下。

第二節　明代前中期的禪學和義學

大空子，即速覺得照破伊，則自然沒處去。……如此用心，不消半年一載，話頭自成片，欲罷而莫能也。[575]

事實上是把阿彌陀佛名號直接當成「話頭」，與其他話頭一樣，既可念，也可參。這樣，就把淨土信仰再度融進了禪的領域。

第三，解話頭與參話頭結合。德寶在金陵時，有士人對他說：「某參萬法公案，今將半載，心中不快，乞師為分明代破。」於是德寶就為他解釋「萬法歸一」的意思：

萬法歸一，一歸何處？昔人從此悟入者，不為不多，欲知萬法，便是而今所見虛空、山河、大地、人畜等物，乃至自己身心，總名萬法也。欲知其一，便是如今人人本具，不生不滅，妙寂明心是也，亦名真心，雖有多名，皆此一心也。[576]

歷史上，「萬法歸一」云云，是不允許用語言解釋的，因為參話頭的出發點，就是要排除知解。所以不管德寶對這一話頭的解釋是對是錯，其解釋本身就與話頭禪的原意相違。話頭既然可以逐字解釋，甚至「分明代破」，那麼「參看」實際上就變成了理解，話頭禪就滲進了義學的成分。

德寶雖然早年沒有讀過書，卻善於講話。他在與禪師的機語酬對中，總是「隨問隨答」，略無少滯。德寶也善於作偈頌表達自己的思想，如，明聰曾問德寶：「人人有個本來父母，子之父母今在何處？」為了回答這一提問，德寶寫了一首偈：「本來真父母，歷劫不曾離。起坐承他力，寒溫亦共知。相逢不相見，相見不相識。為問今何在，分明呈似師。」所謂「本來父母」，即指本心佛性。德寶這首偈，就是表達自己關於佛性本有以及如何明見本心的見解。明聰看過這首偈後，認為「只此一偈，堪紹

---

[575]　《笑岩北集》上。
[576]　《笑岩北遊集》上。

吾宗」[577]。擅長機辯，善作偈頌，在明代中葉也是傳法宗師的重要條件之一。

四、義學諸派的沉寂狀態

從明太祖至穆宗（西元 1368～1572 年）的 200 餘年間，佛教總格局沒有大的改變。明太祖對講習佛教經典是很重視的，但是，他詔令全國僧人講的《心經》、《金剛》和《楞伽》都不是義學宗派的根本經典，這無疑進一步削弱了講僧振興唐代舊宗派的信念。因此，義學僧人多以融合諸宗學說為特色，專弘某一派或某一經的人極少，佛教義學在這一階段始終處於沉寂不振的狀態。在明代前中期的天台、唯識和華嚴諸派中，只有華嚴勉強可以提及。

明太祖沒有像忽必烈那樣倡導專門宣講《華嚴經》，此經的地位在統治者眼裡下降了，此前在專弘《華嚴經》旗幟下復興華嚴宗的號召也就失去了權威性和吸引力。在明宣宗在位時（西元 1426～1435 年），為朝廷認可，並為士大夫和僧眾看重的所謂佛教「四大部經」，係指《華嚴》、《般若》、《寶積》和《涅槃》。「多官並僧眾」用「金字」書寫這「四大部經」[578]，一定階段成了比較流行的風氣。然而，重視這四部大經，是出於做功德獲福報的目的，並不是研究其義理，所以對義學的發展並沒有推動作用。

明代前中期，北方有一些兼弘華嚴的僧人。圓鏡是汾州臨縣（山西臨縣）人，早年「遊心賢首講肆」，「得悟諸經密旨」[579]，可見他習華嚴宗教理，並不專注於某一部經論。後住隰州（今山西隰縣）妙樓山石室寺，宣講華嚴教義。他的活動區域不大，影響也有限。

---

[577] 上引均見《笑岩南集》卷下。
[578] 《補續高僧傳》卷四〈慧進〉。
[579] 《大明高僧傳》卷三〈本傳〉。

第二節　明代前中期的禪學和義學

受官方重視的兼弘華嚴者慧進（西元 1355～1436 年），字棲巖，號止翁，山西霍州（今霍縣）人。他於洪武年間出家，入汴依古峰法師「究通華嚴宗旨，傍達《唯識》、《百法》諸論」[580]，並精通《楞嚴經》。慧進受明太宗詔至南京，住天界寺，後又隨駕至北京，住海印寺，是「被詔領袖天下僧眾」的人物。他此後又得仁宗和宣宗的推崇和支持，在組織編校《大藏經》及佛教工具書方面做了較多工作。他在使《華嚴經》引起僧俗重視方面發揮作用，在弘傳華嚴宗教理方面並無突出事蹟。

據《新續高僧傳》卷五《本傳》，無極致力於融合禪與華嚴。無極（西元 1333～1406 年），號法天，俗姓楊，大理人。年 16，隨禪僧海印出家，習禪宗教義，不久遍歷諸方，以習禪與華嚴為主，所謂「參叩明眼，大徹宗旨，而六相圓融，三觀妙語」。無極「每登講席，議論風生，有聲於時」，常講的經典有《華嚴》和《法華》。特別是他提出了「以宗印心，以教化人」的原則，明確了禪宗與教門諸派的關係。然而，他所說的「教」是泛指佛教所有經典，《華嚴經》作為其中的一種，並無特殊地位。

洪武十六年（西元 1383 年），無極率僧眾到金陵見朱元璋，盛讚他的統一事業。朱元璋很重視依靠無極這樣的僧人教化邊區民眾。他指出：「朕朝天下，八荒來庭者，皆荒徼諸蠻，其威儀進退，服色制度，飲食詞語，一切盡異，非重譯不能通其情，所以異於中國者為此也。」朱元璋希望在政治統一的同時也達到文化的統一。於是，他令久居京城的無極等人返歸大理，因為「其僧本生雲南，學超士俗，經通佛旨，語善華言，誠可謂有志之人矣」。所謂「有志之人」就是有志於為新王朝服務的人。無極回大理後，仍與明王朝保持了一段時間的連繫。他著《法華注解》7 卷，於洪武二十九年（西元 1396 年）遣弟子文熹至京呈進。無極徒眾數百，嗣法者 40 餘人，在大理地區很有影響。就其傳播華嚴而言，並無顯著特色。

---

[580]　《補續高僧傳》卷四〈本傳〉。

總之，在明代前中期，無論佛教昔日的興盛地還是明王朝注重開發的邊區，華嚴學都不是顯學，也沒有特殊地位，只是作為整體佛學中影響不大的一支流傳。

第三節　明末的佛教復興

一、佛教復興中的兩股潮流

嘉靖、隆慶時期（西元 1522～1572 年），明王朝的腐朽已從各方面表現出來：宦官專權，朝臣黨爭，各級官吏貪贓枉法，統治階級已經難於照舊存在下去；土地兼併加劇，賦役沉重，農民的負擔難以承受，被統治階級也難於照舊生存下去。萬曆（西元 1573～1620 年）初年，張居正推行「一條鞭法」改革，一度抑制了豪強的掠奪和官吏的營私舞弊，發揮了緩解階級矛盾的作用。但為時不久，改革的作用逐漸消失，政治更加腐敗。自萬曆末年開始，黨社大興，以反閹黨為主線的爭鬥揭開了統治階級內部大規模爭鬥的序幕；不斷進行反抗的農民，終於醞釀並爆發了張獻忠、李自成的大起義。久在東北經營的女真人，乘機入關，建立起中國最後一個封建朝代的大清帝國。

在明代末年社會急遽的變動轉化中，佛教界出現了聲勢浩大、發展迅速、席捲全國的復興浪潮。這股復興浪潮從嘉靖、隆慶時期初露端倪，到萬曆時達到高潮，一直延續到清雍正（西元 1723 年）時期。由於僧眾的出身不同、所依憑的社會基礎不同、所採取的修行方式不同、所信奉的教義有別，明末佛教復興運動自然劃分為兩股潮流，或者說兩個陣營。一股潮流主要在都市城鎮裡奔湧，是以所謂「明末四大高僧」為代表的「佛教綜合復興運動」；另一股潮流主要在山林村野中流淌，是以臨濟、曹洞為主

第三節　明末的佛教復興

體的「禪宗復興運動」。兩股潮流相互激盪，相互呼應，相互影響，打破了佛教界的長期沉寂，共同促成了佛教在中國封建主義歷史上的最後一個興盛期。

萬曆前後，在北京、南京和其他一些城市，相繼出現了一大批學問僧，他們以淨土信仰或包括禪學在內的其他佛學門類為紐帶，與崇佛的官僚士大夫階層迅速結合起來。這些學問僧身邊往往聚集起數以百計的俗家信徒，在全國掀起佛教綜合復興的浪潮。王元翰曾記述了京城出現的這種情況的概況：

> 其時京師學道人如林。善知識則有達觀（真可）、朗目、憨山（德清）、月川、雪浪、隱庵、清虛、愚庵諸公。宰官則有黃慎軒、李卓吾、袁中郎、袁小修、王性海、段幻然、陶石簣、蔡五岳、陶不退、蔡承植諸君。聲氣相求，涵蓋相合。[581]

活躍於城市的學問僧很多，分別成為各地佛教綜合復興運動的領袖群體。其中最主要的代表，是被後世稱為「明末四大高僧」的袾宏、真可、德清和智旭。他們從修行理論到傳教實踐，都形成了不同於其前輩的顯著特點和風格。

學問僧一般都不重視在佛教內部的法系地位，並不爭取獲得法系的高貴和顯赫，這與禪宗宗師重視立門戶、續法嗣的傳統做法是截然不同的。學問僧一般是依靠俗家弟子的擁戴而在社會上形成影響，憑藉其佛學思想在佛教界樹立權威。在他們的信眾群體中，俗家弟子的人數往往超過出家弟子。學問僧之中的有些人，從來就沒有住持過寺院，也沒有接收傳統意義上的嗣法弟子。清初曹洞宗僧人覺浪道盛指出：「憨山與雲棲、達觀稱三大老，相為鼎立，以悟宗門之人，不據宗門之位，是預知宗門將振，故

---

[581]　《凝翠集・與野愚和尚書》。

第六章　明代佛教的復興思潮與宗派再構（上）

為大防，獨虛此位，而尊此宗。」[582] 他們從實踐到理論，有著促使整體佛教綜合復興的傾向，而不是促使佛教中的某個具體派別崛起。

綜合復興運動的代表人物主要依靠官僚士人的支持，以城鎮工商業者為基本群眾。明代末年，一大批賦閒官僚和痛感仕途險惡的士大夫，到佛教中尋找自己的精神家園，這些人往往成為佛教綜合復興運動中的社會中堅力量。例如，袾宏的弟子數以千計，其主體就是官僚士大夫階層，而不是出家僧人。明末佛教信仰群體舉辦各種結社活動，比如淨業社、念佛社、念佛會、放生會等，大都有官僚士人的支持，由學問僧參與領導。同時，學問僧也重視參與社會公益事業和佛教文化建設事業。上層社會的布施、捐助，成為他們的主要經濟來源。

以四大高僧為代表的學問僧，在佛教思想方面有共性。他們所推崇的佛教人物，是宋代以來的倡導禪教淨律融合的延壽等人；他們繼承宋以來教禪並重、三教合一的主張，既重禪學，也重義學，更重淨土。當時接受佛教信仰的大部分士人，主要興趣集中在念佛往生淨土方面，以獲取福報功德，尋求死後的終極歸宿為學佛目標。所以，弘揚淨土信仰，幾乎是當時每一位學問僧所重視的。同時，為了符合一般社會民眾的需求，他們注重宣傳佛教的善惡報應理論，注重推廣各類救贖法事，注重弘揚菩薩信仰。他們之中的有些人，雖然不是大寺院的住持，但在改進和完善佛教寺院的管理制度、制定寺院日常課誦儀式等方面推展了有影響力的工作。他們從理論到實踐，都是全面繼承佛教遺產，而不僅僅是佛教的學術。

佛教綜合復興的代表人物，在依靠的主要社會力量上沒有大的區別，都是以官僚士大夫階層為主要對象。但是，他們的政治態度也有區別。例如，在「明末四大高僧」中，袾宏與智旭有相同之處，留心與朝廷保持一

---

[582]　道盛：〈憨山大師全集序〉。德清曾從學於攝山棲霞寺禪僧法會，法會出自臨濟宗的淨慈妙倫一系。由於此系元末以前極少著名禪師，也不屬於明末復興的臨濟支派，所以有時把臨濟僧人德清稱為「不據宗門之位」的僧人。

第三節　明末的佛教復興

定距離，避免參與政治爭鬥，而真可與德清則更積極關注現實，熱衷於參與佛教以外的政治事務。

由於這批活躍於城鎮、以俗家弟子為主要宣教對象的僧人並不以復興佛教的某個宗派為目的，而是號召全面繼承佛教遺產，可以把他們稱為佛教綜合復興運動的代表。他們不僅在當時社會上和佛教界享有盛譽，也成為後世佛教信仰者頂禮膜拜的偶像。

佛教復興的另一股浪潮是禪宗的崛起，其直接原因是社會動亂造成的窮苦民眾源源不斷地湧入佛教僧團。圓澄曾指出許多人出家的原因：

或為打劫事露而為僧者；或牢獄脫逃而僧者；或妻子鬥氣而僧者；或負債無還而為僧者；或夫為僧而妻戴髮者，謂之雙修；或夫妻皆削髮，而共住庵廟，稱為住持者；或男女路遇而同住者；以至姦盜詐偽，技藝百工，皆有僧在焉。[583]

這些人顯然都是被社會排斥到無路可走的底層民眾，隨著戰亂的蔓延，流亡無歸的人愈多，進入「禪家者流」的愈眾。他們的共同特點是：出家為僧首先不是出於宗教信仰，而是尋找一條生活的出路。他們缺乏必要的佛學修養和佛教知識，出家又未經官方許可，不能成為講經僧或瑜伽僧。其中因為「打劫事露」、「牢獄脫逃」、「負債無還」而為僧者，難免要蔑視舊的社會秩序；那些「夫為僧而妻戴髮」、「夫妻皆削髮」和「男女路遇」而為僧者，則必然輕蔑佛教戒律。但他們畢竟皈依於佛教，所以在整體上是遠離社會爭鬥的漩渦，多半從事墾田開荒。因此，「農禪並舉」也就成了新興禪宗最有吸引力的口號。由於「技藝百工」也進入了禪僧行列，在「農禪」的同時，更擴大了多種經營。

明末禪宗的復興基地是江西和浙江一帶的山林，隨著社會動盪的加劇，很快擴展到南方各地，在明清之際，出現的宗師之多，特別引人注

---

[583]　湛然圓澄：《慨古錄》。

第六章　明代佛教的復興思潮與宗派再構（上）

目：「今海內開堂說法者至百有餘人，付拂傳衣者千有餘人。」[584] 具有弘教傳禪資格的禪師有上千人，這在整個禪宗史上也是少見的。在數以百計的「開堂說法」者周圍，往往聚集著數百名僧人，有的多達一二千眾。他們中不少人不循戒律，貶低佛典價值，否定西方淨土，反對從事瑜伽教僧的職業，這種禪風與宋以來的禪宗傳統直接牴觸，而與晚唐五代的山林禪有更多的相似之處。

　　禪宗流行的東南地區，也是當時黨社最發達的地區，但是至少在明末，尚沒有見到禪社與黨社有什麼特殊密切的關係。黨社是士大夫組織，他們擁有宋明充分發達起來的理學和心學體系，已經不再需要向佛教請教；而黨社本身是同人組織，大部是傾向於從學論政，積極入世，不存在向僧團逃跑的要求，所以相對而言，明末的士大夫與禪宗是疏遠的，這就大大影響了禪宗的素養，不利於理論的創新和提高。至於明亡，大批士大夫逃向僧團，避難因素大於信仰成分，也沒有可能對佛教義理進行鑽研。

　　當時禪宗內部的爭論還是很激烈的，爭論的癥結在於：是突破傳統佛教，還是維護傳統佛教；是有選擇地繼承禪學遺產，還是全面地繼承佛教遺產。這些爭論有時十分煩瑣，引發出的創見極少，往往與參加爭論者的宗派隸屬、政治態度等交織在一起。就此而言，與當時黨社的派系爭鬥又有些近似。知名的禪師幾乎都對禪宗的現狀不滿，都有痛斥所謂「禪病」的言論。

　　支撐佛教綜合復興的階層是官僚士大夫階層，托起禪宗復興的是失去土地和民生物資的流民，他們有不同的境遇和不同的需求，信仰佛教也有不同的目的，所以兩股復興潮流也就呈現出迥然不同的風貌，而復興浪潮的發展方向則是一致的。這兩股浪潮都延續到清代初年，最後的結果是禪

---

[584]　《鼓山永覺和尚廣錄》卷十八。

宗復興運動的徹底沉寂，綜合復興運動中的主導思想逐漸成為社會各階層信眾的普遍基本共識。

二、袾宏復興佛教的多方面開拓

袾宏（西元 1535～1615 年），俗姓沈，杭州仁和人，字佛慧，別號蓮池，因曾常住杭州雲棲寺，世稱「雲棲大師」。袾宏是明末佛教復興運動中最有代表性的人物之一，他在佛教理論和實踐上的多方面開拓，代表了佛教在明末以後的發展方向，影響十分深遠。清代守一在《宗教律諸宗演派》中，把他作為華嚴系統宗密一支的第二十二代祖師；清道光四年（西元 1824 年）悟開撰《蓮宗九祖傳略》，把他奉為蓮宗第八代祖師。袾宏的弟子不下數千人，其中居士多於出家人，充分反映了他在當時社會上的影響。

1. 重視清規戒律

袾宏針對明末佛教界的具體情況，根據自己的親身實踐，從制定〈雲棲寺僧約〉與〈孝義庵規約〉開始，逐步建立和完善寺院制度，規範僧尼的宗教生活，協調佛教與社會的關係。

袾宏出身名門望族，少年和青年時代以儒學為業，受家庭佛教氣氛的影響，出家之前就「已棲心淨土矣。家戒殺生，祭必素」[585]。由於數年之間連續遭受妻亡子喪、父母相繼去世的不幸變故，他於 32 歲出家。出家之後，到南北各地遊方參學多年，曾在京城求教於遍融和笑岩德寶。隆慶五年（西元 1571 年），袾宏乞食來到杭州梵村的雲棲山，在當地民眾的幫助下，重建荒廢百年的雲棲古寺。此後數十年間，雲棲寺在他的經營下逐步發展成為全國知名的重要寺院。

---

[585]　德清：〈古杭雲棲蓮池大師塔銘〉。

第六章　明代佛教的復興思潮與宗派再構（上）

對於修復雲棲寺，袾宏曾有一個說明：「予興復雲棲，事事皆出勢所自迫而後動作，曾不強為而亦所損於己不少，況盡心力而求之乎。」[586] 他是根據形勢的需求，具體提出重建雲棲寺的各項措施，而不是憑主觀意志行事。這不僅是他重建雲棲寺的基本方針，也是他為佛教界規劃寺院制度，為僧尼制定清規戒律的指導思想。他所提出的寺院建設和僧尼生活規定等管理制度，都不是因循傳統的教條，而是根據自己在建立寺院和尼庵的實踐中針對實際情況提出來的。因此，袾宏的佛教建設理論，並不是從對教理教義的探討中歸納出來的，而是從親身實踐中總結出來的。因此，他提出的各種方案切合實際，有助於解決佛教界當時面臨的具體問題，很快為許多地方的叢林所仿效。

明代末年，南北各地的戒壇被禁止很久，為僧受戒者已經不能履行合法手續。袾宏根據當時的情況，對出家受戒採取了靈活的應對和處理方法。他主張「明旨既禁戒壇，僧眾自宜遵守。然只禁聚眾開壇說戒，不禁己身依戒修行也，茲議各各自辦二部戒經，各各自於佛前承領熟讀堅持，即是真實戒子。他日開壇，隨眾往受，證明功德。倘其久竟未開，亦何忝真實戒子」[587]。準備出家的人自己帶上兩部戒律經典（指《四分律》和《梵網經》），透過在佛前誦讀，證明自己受戒，這樣就能成為「真實戒子」。這種受戒做法在佛典中找不到根據，並不符合傳統佛教的規定。另外，明廷禁止開戒壇，就是禁止出家。至於「依戒修行」，與出家為僧畢竟不是同一回事。袾宏提出的這種受戒方式實際上既不符合佛教自身的規定，也有違於明廷法令。但是，他同時又提出後續的補救辦法，所謂「他日開壇，隨眾往受」，為遵守國家法令和佛教傳統受戒規定留下後退餘地。袾宏提出的許多措施都有這種靈活權宜的性質。連繫到當時明廷對佛教的管理措施已經名存實亡，佛教實際上處於失控狀態，袾宏提出的這種受戒出

---

[586]　《竹窗隨筆・建立叢林》。
[587]　袾宏：〈雲棲共住規約・別集〉。

第三節　明末的佛教復興

家規定，滿足了社會的需求，而且在實踐上行得通。明代直到滅亡也沒有再禁止私度，清代初期朝廷公開承認私度合法，袾宏當年的做法儘管不再被普遍仿效，但也沒有受到指責。

針對明末佛教界的實況，袾宏深感戒律的重要性。他認為，振興佛教，戒是根本，沒有戒律制度，一切無從談起。制定相應的戒律，從他重建雲棲禪院之初就開始了。根據德清所撰〈塔銘〉的記載，袾宏在重建雲棲寺過程中，所關心的既不是如何造佛像，也不是殿堂是否合規則、寺院是否巍峨壯觀，而是關心僧人的住處和安放經與律。他在建寺之初就告誡人們：「毗盧宮殿，遍界遍空，草昧經營，無勤檀施。唯法堂奉經律，禪堂以處僧，茲所急也。」[588]他始終把僧眾的宗教修行生活放在第一位。「不日成蘭若，然外無崇門，中無大殿，唯禪堂安僧，法堂奉經像。餘取蔽風雨耳。自此道大振，海內衲子歸心，遂成叢林。」[589]

袾宏為雲棲寺制定了〈僧約十章〉，作為僧眾宗教修行生活的準則。這十章是：敦尚戒德，安貧樂道，省緣務本，奉公守正，柔和忍辱，威儀整肅，勤修行業，直心處眾，安分小心，隨順規制。並且，對於遵守這個〈僧約〉有十分嚴格的規定：寺院中的所有僧人，違反了其中的任何一條，都要被驅逐出寺院。從〈僧約〉第一章的要求，就可以看到袾宏治理叢林的側重點：

第一，敦尚戒德約。破根本大戒者出院，誦戒無故不隨眾者出院，不孝父母者出院，欺凌師長者出院，故違朝廷公府禁令者出院，習近女人者出院，受戒經年不知戒相者出院，親近邪師者出院。[590]

很明顯，這裡的「戒」已經超出了佛教傳統戒律的範圍，既有關於家

---

[588]　《雲棲紀事》。
[589]　董其昌：〈重建雲棲禪院碑記〉。
[590]　《雲棲紀事》。

庭方面的內容,也有遵紀守法的內容。袾宏所重視的「戒」,不但要促成佛教內部的協調,也要促成佛教與社會各方面的協調。隨著寺院規模的擴大和僧眾的增多,袾宏在這個簡略〈僧約〉的基礎上制定了更為詳細和完備的〈雲棲共住規約〉,這是對僧人寺院制度、僧人宗教生活各個方面的詳細規定。

除了雲棲寺規約之外,袾宏還為其前妻住持的孝義庵制定了〈孝義庵規約〉,收錄在《雲棲紀事·後附》。這個規約雖然很簡短,總共只有29條,卻是針對尼眾特點制定的。規約的制定,影響力很大,德清曾這樣評價:

其設清規益嚴肅,眾有通堂,若精進、若老病、若十方各別有堂,百執事各有寮。一一具鎖鑰,啟開以時。各有警策語,依期宣說。夜有巡警,擊板念佛,聲傳山谷。即倦者眠不安寢不夢。布薩羯磨,舉功過,行賞罰。以進退人,凜若冰霜,威如斧鉞。即佛住祇桓,尚有六群擾眾,此中無一敢諍而故犯者。雖非盡百丈規繩,而適時救弊,古今叢林未有如今日之清肅者。[591]

從表面來看,德清的評價是很高了,但是,如果連繫袾宏對《百丈清規》的看法,德清「雖非盡百丈規繩」的評說實際上與袾宏的見解不同。袾宏認為:「《清規》一書,後人增廣,非百丈所作也。……蓋建立叢林,使一眾有所約束,則自百丈始耳。至於制度之冗繁,節文之細瑣,使人僕僕爾、碌碌耳,日不暇給,更何從得省緣、省事,而悉心窮究此道也。」[592] 這種見解與後來智旭的觀點一致:「馬祖建叢林,百丈立清規,世相沿襲,遂各出私見,妄增條章,如藏中《百丈清規》一書,及流通《諸經日頌》三冊,杜撰穿鑿,不一而足。」[593] 所以,德清實際上並沒有

---

[591]　德清:〈古杭雲棲蓮池大師塔銘〉。
[592]　袾宏:《竹窗三筆·百丈清規》。
[593]　智旭:《靈峰宗論》卷六之三〈刻重訂諸經日頌自序〉。

真正理解，袾宏制定《規約》的目的不是僅僅「適時救弊」而已，而是要完全取代《百丈清規》，因為真正的所謂「百丈規繩」是根本不存在的。

袾宏在律學方面的著作有《沙彌要略》、《具戒便蒙》各 1 卷，《菩薩戒疏發隱》5 卷等，符合了建立新律學的需求。它們成為合法僧團成員及其在家信仰者信守戒律的依據，得到佛教界的廣泛承認。他的《朝暮二時課誦》（《諸經日誦》），制定和完善了重要宗教生活的具體儀式，並且一直流傳到現在。所有這些工作，使他有了宗教導師的精神號召力，奠定了他在佛教界及其社會信眾中的地位。

袾宏倡導僧人的職業正當化、生活純潔化，反對兼營雜術。他認為：「僧又有作地理師者，作卜筮師者，作風鑑師者，作醫藥師者，作女科醫藥師者，作符水、爐火、燒煉師者，末法之弊極矣。」[594] 可以說，這是他強調信守清規戒律，全面整頓治理佛教的又一項重要內容。

2. 提倡興辦法事

袾宏提倡戒殺放生，這雖然是佛教界的一貫主張，但是在明末社會動盪開始加劇的歷史背景下提出來，更有利於塑造佛教的形象。對於後代影響更大的，是他全力倡導舉辦各類法事。他曾指出：「僧人棄應院而歸禪門，譬之儒人棄舉業而談道學也。二俱美事，然歸而不修，談而不行，竟有何益？」[595] 僧人如果不參與舉辦法事活動，就等於「歸而不修，談而不行」，這種對法事重要性的強調比較少見，實際上把法事活動作為佛教存在的最重要的表現。在各種法事中，水陸法會是影響較大的一種。

水陸法會被認為是規模最龐大、儀式最隆重、功德最廣大、參與階層最廣泛的一種佛教經懺法事活動。根據宋代宗鑑《釋門正統》卷四記述，水陸法會起源於梁武帝時期，首先在潤州（今鎮江）金山寺舉辦。直到隋

---

[594] 袾宏：《竹窗三筆·僧務雜術》。
[595] 袾宏：《雲棲大師遺稿》卷三。

唐時期，社會上舉辦水陸法會仍不普遍，進入宋代才開始流行。宋熙寧（西元 1068～1077 年）中，東川楊鍔祖述舊規，著成關於水陸法會的儀文三卷，在蜀地流行；宋紹聖三年（西元 1096 年），宗賾著《水陸儀文》4卷；南宋乾道九年（西元 1173 年），志磐續成《水陸新儀》4 卷。這種推廣齋法、大興普度之道的水陸法會自宋代流行以後，很快遍及全國，特別成為戰爭以後朝野常行的一種超渡法會。宗賾〈水陸緣起〉對水陸法會的功德和流行情況有一個記述：「今之供一佛，齋一僧，尚有無限功德，何況普通供養十方三寶，六道萬靈，豈止自利一身，亦乃恩沾九族……所以，江淮兩浙、川廣、福建，水陸佛事，今古盛行。或保慶平安而不設水陸，則人以為不善；追資尊長而不設水陸，則人以為不孝；濟拔卑幼而不設水陸，則人以為不慈。由是富者獨立營辦，貧者共財修設。」[596]

佛教界倡導這種法事，無論在著書制定儀軌方面，還是在具體參與方面，都超越了宗派界限，同時也有社會各階層的參與。特別是有佛教信仰的達官富商，成為支持這種大法會的主要力量。宋代舉辦的規模較大並且較著名的水陸法會不少，例如，元豐七年至八年（西元 1084～1085 年）間，佛印了元在金山應海賈之請住持水陸法會。元祐八年（西元 1093 年），蘇軾為亡妻王氏設水陸道場。紹興二十一年（西元 1151 年），慈寧太后為真歇清了出資在杭州崇先顯孝寺舉辦水陸法會。乾道九年（西元 1173 年），四明人史浩施田百畝，在四明東湖月波山專門建立舉辦水陸法會的場所，宋孝宗特別賜給「水陸無礙道場」的寺額。月波山附近有尊教寺，也建立舉辦水陸法會的場所，僧俗達三千人。[597] 整體說來，宋代水陸法會的主要舉辦者是以富商、達官為主，不僅吸引了各階層民眾參加，而且引起朝廷關注。

---

[596]　《施食通覽》。
[597]　《佛祖統紀》卷三十三。

第三節　明末的佛教復興

元代舉辦法會就不完全是民間的自發行為，而多由元朝廷出面舉辦。元代在大都昊天寺、五臺山、杭州上天竺寺、鎮江金山寺等南北各地都舉辦過規模驚人的水陸法會。延祐三年（西元1316年），在金山寺設水陸大會，命江南教禪律三宗僧人與會說法，僅參與法會的僧人就有1,500人。至治二年（西元1322年）的「金山大會，誠非小緣。山僧得與四十一人善知識、一千五百比丘僧，同入如來大光明藏，各說不二法門，共揚第一義諦」[598]。明洪武元年到五年，在南京蔣山也有官方出面舉辦的水陸法會。這都促進了佛教法事在民間的盛行。

袾宏呼應明代末年舉行各種法事的需求，撰寫了兩部關於法事儀軌方面的著作，其一是修訂了《瑜伽焰口》；其二是依據志磐的《水陸新儀》進行增刪修改，完成了《水陸法會儀軌》6卷。根據智旭《水陸大齋疏》的記載，袾宏所作的《水陸法會儀軌》首先在杭州一帶流行開來。他的著作在清代一直發生影響。儀潤根據袾宏的著作，對水陸法會的具體操作規則又進行詳細敘述，撰成《法界聖凡水陸普度大齋勝會儀軌會本》6卷。其後咫觀又對袾宏的著作詳細增補論述，撰成《法界聖凡水陸大齋普利道場性相通論》9卷，略稱《雞園水陸通論》。就其在宗教生活方面的影響而言，此類著作不亞於明初制定的瑜伽法事儀軌，這種來自民間的儀軌比官方的以行政方式的硬性規定具有更大的影響力，所以流傳很廣泛，沿用時間也比較長。

3. 提升淨土法門

在解決禪教淨律四者的關係問題上，袾宏佛教思想的特點是在提升淨土法門的前提下兼容並蓄。在融通禪教淨律四者的關係方面，袾宏主要透過會通禪與淨土來進行。

---

[598] 《月江正印禪師語錄》卷上。

修行任何佛教法門有一個共同的終極目標，就是超脫生死輪迴。這可以說是傳統佛教的老話題，但在宋代禪宗中進一步突出出來，並且廣泛影響了社會信眾。袾宏早年就受到影響，很注重生死問題。據說他在未出家之前，就「每書『生死事大』四字於案頭」[599]，這與禪宗典籍中講的「明生死」、「了生死」、「脫生死」、「出生死」之類實際上沒有本質區別，都是指解決最終的解脫問題。袾宏把達到最終解脫的途徑歸結為禪與淨土：「經論所陳出生死法固有多門，約而言之，參禪念佛兩種法門而已。」[600] 所以，淨土與禪的關係，也就可以代表淨土與其他多種修行法門的關係。

禪宗一貫用參禪來概括佛教全部，袾宏則試圖用淨土念佛來概括佛教的全部，指出：「若人持律，律是佛制，正好念佛；若人看經，經是佛說，正好念佛；若人參禪，禪是佛心，正好念佛。若人悟道，道是佛證，正好念佛。」[601]

儘管袾宏用淨土統攝整個佛學的意圖很明確，但是並不意味著他否定佛教其他法門，尤其是禪學的重要性。他指出：

> 禪宗淨土，殊途同歸。所謂參禪，只為明生死，念佛唯圖了生死，而要一門深入。近時性敏者喜談禪，徒取快於口吻；而守鈍念佛者，又浮念不復觀心，往往雙失之。高見蓋灼然不惑矣。今唯在守定而時時切念勿忘耳。[602]

在他看來，念佛也有弊端，也要吸收參禪入定的長處，因此，念佛並不是用口念，就像參禪並不是高談闊論一樣，兩者都有特定的心理感受。這種感受在看話頭中可以統一。袾宏在倡導念佛的過程中，充分吸收了宗杲看話禪在元明的發展成果，主張把念佛與參話頭結合起來：

---

[599]　德清：〈塔銘〉。
[600]　《雲棲大師遺稿》卷二。
[601]　《雲棲遺稿》卷三〈普勸念佛往生淨土〉。
[602]　《雲棲大師遺稿》卷二。

第三節　明末的佛教復興

> 提話頭是宗門發悟最緊切工夫，修淨土人即以一聲佛號做個話頭，此妙法也。但心粗氣浮，則未能相應，須是沉潛反照，至於力極勢窮，乃有地一聲消息。[603]

把佛號作為話頭，在元代已經有了。而「地一聲」，正是宗杲對參禪得悟的表述。因此，袾宏倡導的念佛號一定程度與參究話頭有相同或者相似的體驗。同時，它們在目的上也有一致性：

> 畏死者以未悟本來無生故也。本自無生，焉得有死？何畏之有？然無生未易卒悟。今唯當專誠念佛，久久念至一心不亂，必得開悟。就令不悟，而一生念力，臨終自知死去必生淨土，則如流落他鄉得歸故里，阿彌陀佛垂手接引往生，歡喜無量，何畏之有？

> 專以念佛求生淨土奉勸，然此道至玄至妙，亦復至簡至易。以簡易故，高明者忽焉；夫生死不離一念，乃至世出世間萬法皆不離一念。今即以此念念佛，何等切近精實。若覰破此念起處，即是自性彌陀，即是祖師西來意。縱令不悟，乘此念力，往生極樂，且橫截生死，不受輪迴，終當大悟耳。願翁放下萬緣，十二時中，念念提撕，是所至望。[604]

參禪與念佛有著同樣的解決生死問題的目的，念佛到「一心不亂，必得開悟」，與看話頭的成功是一致的。因此，念佛的功效既有禪學自力解脫的成分，又有依憑佛的願力拯救的功能，為念佛者提供了雙重保險。同時，念佛可以得到與參禪一樣的「悟」，又有參禪所不能得到的「往生淨土」。袾宏倡導的念佛，從具體方法到心理感受再到解脫目的，都吸收了看話禪的內容。

當有人問到淨土與禪的優劣比較時，袾宏認為：「歸元性無二，方便有多門。今之執禪謗淨土者，卻不曾真實參究；執淨土謗禪者，亦不曾真

---

[603]　《雲棲大師遺稿》卷二。
[604]　上引均見《雲棲大師遺稿》卷二。

實念佛。若各各做工夫到徹底窮源處，則知兩條門路原不差毫釐也。」[605] 他並不反對參禪本身，禪與淨土都同樣是解脫的途徑，他是反對不真實參禪者。

祩宏認為，念佛修行適用於一切人，可以在任何時間進行，並且沒有任何限制。「夫學佛者，無論莊嚴行跡，止貴真實修行。在家居士，不必定要緇衣道巾；帶發之人，自可常服念佛，不必定要敲魚擊鼓；好靜之人，自可寂默念佛，不必定要成群做會；怕事之人，自可閉門念佛，不必定要入寺聽經；識字之人，自可依教念佛。千里燒香不如安坐家堂念佛，供養邪師不如孝順父母念佛，廣交魔友不如獨身清淨念佛，寄庫來生不如見在作福念佛，許願保禳不如悔過自新念佛，習學外道文書不如一字不識念佛，無知妄談禪理不如老實持戒念佛，希求妖鬼靈通不如正信因果念佛。以要言之，端心滅惡，如是念佛，號曰善人；攝心除散，如是念佛，號曰賢人；悟心斷惑，如是念佛，號曰聖人。」[606] 這樣，祩宏就用念佛修行取代了佛教一切修行法門。

看話禪在元代就與持咒相結合，祩宏也告誡士大夫：「念佛即是持咒，念佛得力後，對境自如作厭離想，即是解脫初門。但目前如何便得自在，久持不退，自有相應時也。」[607] 另外，祩宏在針對宋代以來盛行的禪學形式方面，反對作頌古、拈古，這些都是與雍正整頓禪宗的思路相一致。

祩宏對佛教經典也十分重視，不因提升念佛而貶抑經典。他說：「予一生崇尚念佛，然勤勤懇懇勸人看教。何以故，念佛之說何自來乎？非金口所宣明載簡冊，今日眾生何由而知十兆剎之外有阿彌陀佛也。其參禪者藉口教外別傳，不知離教而參是邪因也，離教而悟是邪解也。……是故學

---

[605]　《雲棲大師遺稿》卷三。
[606]　《雲棲大師遺稿》卷三。
[607]　《雲棲大師遺稿》卷二。

第三節　明末的佛教復興

佛者必以三藏十二部為模楷。」[608]

教禪律三者都有其真理性（因為都來自佛），但是分別考察每一部分，又都有局限性，只有把三者與淨土結合，才是完美的統一。認為教禪律分別代表佛教的一部分，各有真理性和局限性的觀點早已有之，但把他們牢固地安置在淨土信仰上才算完美，則是袾宏有影響力的主張。所以，佛教的一切法門最後都在弘揚淨土信仰上完美地統一起來。

袾宏所提升的淨土法門是西方淨土信仰，所倡導的具體修行方式是「持名念佛」。他說：「念佛一門而分四種，曰持名念佛，曰觀像念佛，曰觀想念佛，曰實相念佛。雖有四種之殊，究竟歸乎實相而已。」他指出自己強調持名念佛的原因：「觀法理微，眾生心雜，雜心修觀，觀想難成。大聖悲憐，直勸專持名號。良由稱名易故，相續即生。此闡揚持名念佛之功，最為往生淨土之要。若其持名深達實相，則與妙觀同功。」[609]在袾宏的著作中，雖然不乏承認出自傳統經典的唯心淨土的話語，但是透過對實踐唯心淨土者的批判，認為他們錯誤理解了經典，並且透過申明「淨土不可言無」[610]，委婉地表達了他否定唯心淨土的真實態度。但是，對於否定西方淨土實存的言論，不管出自什麼經典，也不管是誰講的，他都要旗幟鮮明地反駁。他認為，《壇經》是他人記錄，錯誤很多，其中「六祖不教人生西方見佛」等，就是「不足信」的。[611]

袾宏借鑑華嚴宗的判教方法，認為就教相來說，《彌陀經》屬於「頓教」，並且兼通「終教」和「圓教」，藉此提高該經在整個佛教典籍中的地位。他說：「此經攝於頓者，蓋謂持名即生，疾超速證無迂曲故。」[612]提高《阿

---

[608]　《竹窗隨筆・經教》。
[609]　《雲棲大師遺稿》卷三，〈普示持名念佛三昧〉。
[610]　《竹窗二筆・淨土不可言無》。
[611]　《竹窗三筆・六祖壇經》。
[612]　袾宏：《阿彌陀經疏鈔》。

彌陀經》在整個佛教經典體系中的地位，正是為他提升西方淨土信仰的地位服務。

信奉西方淨土信仰僧俗人士，總是與重視懺儀法事、靈異神蹟分不開，袾宏也不例外。他曾輯錄《大方廣佛華嚴經感應略記》1卷，述漢地從晉至元以及古印度有關奉持《華嚴》的神異事蹟。書分28段，每段四字為題，如「雙童觀瑞」、「天地呈祥」等，所述神異靈蹟大都沒有標明出處，書後附有〈華嚴大經處會品目卷帙總要之圖〉。此書是面向社會宣傳崇奉《華嚴》的諸種神祕功能，並非只是針對僧尼界，從而集中反映了袾宏運用《華嚴》的側重點。

從宋代開始，禪已經成為佛學的主流，袾宏全力倡導念佛修行，提升西方淨土法門地位，實際上是要扭轉佛學發展的趨向，把佛學從以禪學為主流轉變到以淨土為主流的軌道上。他所倡導的淨土學，也並非囿於傳統淨土經典的內容，而是增加了新內容。

三、達觀真可與憨山德清

「明末四大高僧」中，在政治態度、社會實踐和佛學思想等方面，真可與德清有更多的共同點，即使是生平遭遇，也有很多相似之處。他們共同代表了佛教綜合復興中的一個類型。

1. 真可事蹟與思想特點

真可（西元1543～1603年），字達觀，號紫柏，俗姓沈，江蘇吳江人。他平生遊學南北各地，廣泛結交士大夫，知名於明末朝野。他博覽群書，精通各派教理，並且以振興整體佛教各種法門為己任。他不僅關心教內事務，而且熱心於現實政治，具有參與政事的強烈願望。他為保護佛教古蹟、刊刻佛教經典等用力甚多，但一生遭遇坎坷，從未住持過寺院，最

第三節　明末的佛教復興

終因遭誣陷而逝世於獄中。真可現存著作有《紫柏尊者全集》30卷，收載他的法語、經釋、序跋、銘傳、書信和詩歌等；《紫柏尊者別集》四卷，補收全集所未收的雜文、贊偈、詩、書問、語錄和附錄等，另有《附錄》1卷。

真可17歲於蘇州虎丘雲巖寺從明覺出家。此後的10餘年間，他先後住雲巖寺、武塘景德寺、匡山等地，閉門讀書，專心研究各種佛教典籍，涉獵十分廣泛。萬曆元年（西元1573年），真可北上京城，先後求學於法通寺華嚴學名家遍融、禪學名家笑岩德寶與暹理等人，使他了解了京城的佛教情況。萬曆三年（西元1575年），真可到達嵩山少林寺，參見大千常潤。當他看到常潤上堂講解公案，不過是以口耳為心印，以帕子為真傳，遂大不以為然，認為這不是真正的禪學。不久，他離開北方，南下到浙江嘉興。

真可一生沒有應請擔任過寺院的住持，但他對興修荒棄古寺、保護佛教的古蹟和文物始終熱情不減，而且取得不小成就。他到嘉興不久，看到宋代子睿所居住著經疏的楞嚴寺荒廢日久，便發願重修，並讓侍者密藏具體負責辦理。萬曆二十年（西元1592年），真可遊歷房山雲居寺，在石經山雷音洞佛座下得到隋代高僧靜琬所藏的3枚佛舍利，引起神宗生母李太后的注意。李太后曾請舍利入宮供養3日，並且出資將舍利重藏石窟。當時靜琬塔院已經被出賣，真可用太后所施捨的資金贖回，並請德清撰〈復涿州石經山琬公塔院記〉。

真可在刻印藏經方面的工作尤為突出。萬曆初年，法本幻予告訴真可，袁了凡曾感慨請經的困難，有把梵夾改為方冊以便於經典的印刷、流布的願望，但是法本自知不能勝任此事，請真可協助。真可為他撰〈刻藏緣起〉，宣傳刻藏的功德，鼓勵募刻全藏。此事得到陸光祖、馮夢禎等人的贊助。真可命密藏籌備刻經事宜。萬曆十七年（西元1589年），方冊藏

第六章 明代佛教的復興思潮與宗派再構（上）

在五臺山紫霞谷妙德庵開工，由真可弟子如奇等人主持。由於五臺山地區氣候寒冷，不適宜刻經工作，4年後（西元1593年）刻經工作轉移到浙江杭州徑山寂照庵。

德清在〈達觀大師塔銘〉中說，真可因為看到大藏經卷帙甚多，不易流通，就「欲刻方冊，易為流通」，倡議雕刻方冊本大藏經。「時與太宰光祖陸公，及司成夢禎馮公、廷尉同亨曾公、冏卿汝稷瞿公等定議，各歡然，願贊佐。」[613] 當時，陸光祖撰寫〈募刻書冊大藏經緣起序〉；瞿汝稷則「為文導諸眾信，破除異論」，且在發願文中表達了對雕刻方冊本大藏經的支持，並作誓願偈說：「我今雖食貧，檀資當勉具。歷仕及歸農，隨緣力為辦。不值此一生，願盡未來際。常以此法藏，普度諸眾生。」[614]

萬曆二十八年（西元1600年），對南康太守吳寶秀因不執行朝廷徵收礦稅令而被捕，真可表示同情。他常感嘆說：「老憨（山）不歸，則我出世一大負；礦稅不止，則我救世一大負；傳燈未續，則我慧命一大負。」在他的這三個願望中，前兩個都涉及政治問題。不久，京城發生「妖書」事件，稱神宗要改立太子，以挑撥宮廷內部糾紛。神宗下令搜索犯人，有人趁機誣告真可曾濫用太后所施捨的帑金，並且還說他就是妖書的製作人，真可因此被捕入獄。[615] 此事雖然最終查無實據，但真可一直未能出獄，在獄中病逝。其弟子先將其遺骸藏於西郊慈慧寺外，以後又移藏於杭州徑山，再移於開山，並於萬曆四十四年（西元1616年）在開山立塔。

真可對於佛教各宗的思想採取調和態度，全面吸收佛教遺產的傾向比

---

[613] 關於刻經緣起，道安在《中華大藏經雕刻史話》（《海潮音》，1978年第8期）另有一個說明：「方冊本大藏經之出版，為袁了凡居士之發端。居士在雲谷法會參禪之時，遇與雲谷法會之侍者幻余法本法師，談及明之南藏因請求印造者甚多，版面使用日久，經文已不甚清白，而北藏經版又藏於禁內，印造不容易，如將古來之梵莢式折帖本改為方冊本，不但節省經費，且使用方便。當時贊成此一提議者，有沙門密藏道開和陸光祖、馮夢禎二居士。」

[614] 《居士傳》卷四十四。

[615] 《紫柏尊者別集》附錄〈東廠緝訪妖書底簿〉。

第三節　明末的佛教復興

較突出。《別集》卷四收錄有他撰寫的〈禮佛儀式〉，其中除了發願禮拜十方三世一切諸佛外，還禮拜西天東土歷代傳宗判教和翻傳祕密章句的諸位祖師。吸收融合這麼多的崇拜對象，以前還沒有過，是真可的首創。真可與當時排斥文字的禪宗不同，極其重視文字經教。他認為，佛弟子不通文字般若，即不得觀照般若，不能契會實相般若。對這幾種般若的兼容並蓄，也就是對全部佛教理論和實踐的接受。

真可對經教的態度，可以透過他對《華嚴》的理解和運用充分表現出來，並且能夠較全面地反映華嚴學在佛教綜合復興中的境遇。五臺山作為華嚴宗的聖地，歷來受到佛徒崇拜。真可遊歷五臺，作有〈文殊師利菩薩贊〉、〈禮北臺文殊菩薩贊〉、〈蚤春謁李長者著論處〉、〈華嚴嶺詩〉、〈登方山歌〉等。他讚頌聖地、菩薩和經論，把聖地靈蹟、華嚴典籍和佛菩薩崇拜結合起來，具有推動民間信仰綜合發展的特點。

對於《華嚴經》，僧俗信眾有血書或金書以求取功德的傳統，真可對此大加讚賞，並且予以鼓勵。在《紫柏尊者全集》中，收有真可所作〈募書金字華嚴經緣起〉、〈麟禪人刺血跪書華嚴經序〉、〈跋麟禪人血書華嚴經〉等。在《紫柏尊者別集》中，收有〈跋照公墨書華嚴楞嚴〉等。他指出，對於禮拜書寫此經，「予願凡諸黑白賢豪，皆當見作隨喜」[616]。真可希望這些佛事善舉得到僧俗支持，特別是富豪者的支持，以促進經典的流通和信仰的普及。他同時認為，書經之類的活動有助於個人解脫。如麟禪人原本因天性魯鈍，根本讀不懂《華嚴》，由於誠心書寫念誦，「懺洗」過去、現在的「重輕罪垢」，「仗毗盧之寵靈，《雜華》之薰發，法界頓開，入佛種性」。[617]

當然，他與一般禪眾一樣，也認為書經與不書經對經典本身並無作

---

[616]　《紫柏尊者全集》卷十三。
[617]　《紫柏尊者全集》卷十五。

用，執著於此類做法反而有礙於解脫，所謂「書與不書，全經自在；見與不見，明昧一如」。他還強調：「析骨為筆，剝皮為紙，刺血為墨，徒點染太虛；揮灑金屑，豈不重增迷悶，枉歷辛勤耶？」[618] 他所肯定的書經當是誠心而為，不以書經本身為目的的功德活動。

對於華嚴宗教理，真可最重視的是「四法界」。他在〈持華嚴偈〉中說：

> 《大方廣佛華嚴經》，如來初轉根本輪。此輪轉不離四門，理轉事轉事理轉。事事無礙最幽玄，拈來便用無廉纖。離理無事波水同，事理互轉亦流類。若微第四事事幽，前三終未離窠臼。窠臼不離情不枯，情不枯兮智不訖。智不訖兮覺為礙，境風逆順難自在。理障事障誰為魔？覺不為礙事事快。若能受持此經卷，洞達吾偈根本在。且道根本畢竟在何所？熱惱燒心誰著火？清涼徹骨豈天來！[619]

真可此說有兩點值得注意：其一，四法界是華嚴宗人的創造，在《華嚴經》中是沒有的。真可藉《華嚴經》講華嚴宗教理，繼承了唐末五代以來的傳統。這種經學與宗學不分家的傳統，始終在華嚴學中占主導潮流，此後也沒有變化。在這裡，真可還進一步把四法界作為《華嚴經》的總綱。其二，在四法界中，真可最注重的是事事無礙及其運用。無論在佛學史上還是中國哲學史上，都找不到與事事無礙完全相同的理論。真可認為，離開事事無礙，前三者均非解脫之途。他重視事事無礙的原因，是要「拈來便用」，要落實到實踐上。這就走上了與北宋禪宗僧人相同的思考路線。是否體認和運用事事無礙理論，歸根到底體現在個人於或逆或順的境遇中都能自由自在，都能「事事快」，沒有「熱惱燒心」，這是真可制定的運用事事無礙的標準。

對於把四法界運用於心理調節、運用於個人處理現實生活中的每一件

---

[618]　《紫柏尊者全集》卷十三。
[619]　《紫柏尊者全集》卷二十。

第三節　明末的佛教復興

事上,真可有較多論述,並且把它作為《華嚴》總綱或核心內容:

> 夫《華嚴》大典,雖文豐義博,實雄他經。然其大義,不過四分、四法界而已:一念不生謂之理法界;一念既生謂之事法界;未生不礙已生,已生不礙未生,謂之事理無礙法界;如拈來便用,不涉情解,當處現成,不可以理求之,亦不可以事盡之,權謂之事事無礙法界。行者能信此、解此、行此、證此,總謂之四分也。[620]

在真可看來,四法界已不是理解問題,而是實踐問題。他用心念的生與未生及其無礙關係詮釋前三法界,偏重於心理調節。他用「不涉情解,當處現成」,不為理或事所束縛作事事無礙的注腳,明確把第四法界貫徹在個人的生活實踐中,這與他在〈持華嚴偈〉中講的於逆境順境中都能自由自在是一致的。能夠信仰(信)、理解(解)、實踐(行)和體悟(證)這種理論,就是全部《華嚴經》的要義。經過真可的這番理解,事事無礙就與禪宗的人生實踐精神一般無二了。對事事無礙的這種詮解,也就象徵著對它運用的最後定型。真可對經教的態度由此就十分清楚了,他是用禪學來解釋華嚴學,以達到服務於實踐的目的。

真可並不同意悟道只依靠念佛求生淨土的說法,這是對淨土信仰者的批評,反映了與袾宏不同的思想。「以為念佛求生淨土易而不難,比之參禪看教,唯此著子最為穩當」,這是傳統的認知,此前即使是反對淨土信仰者,也很少有人針對這一點進行批判。真可則認為,修淨土不僅不是容易,而且往生比參禪得悟難度更大。若「到家果能打屏人事,專力淨業,乃第一義」[621]。這種說法,實際上是規勸人們不要以修淨土而廢禪行。真可此類言論不少,《紫柏尊者全集》卷三的〈法語〉中就保留了很多。

在〈達觀大師塔銘〉中,德清稱真可的宗風足以「遠追臨濟,上接大

---

[620]　《紫柏尊者全集》卷九。
[621]　《紫柏尊者全集》卷二十四。

慧」。由於德清受真可影響很深，關於真可的評價總是多了溢美、誇張，少了真實、客觀，此處就是一個例證。就禪學本身而言，真可並沒有什麼有影響力的創新思想，怎麼能夠和臨濟義玄、大慧宗杲相提並論？真可的禪學實際上是士大夫禪、貴族禪，而不是當時臨濟、曹洞兩宗興起於山林的流民禪、農民禪。

真可一生活動範圍廣大，廣交社會各界人士，其俗家弟子也很多。與袾宏關係密切的陸光祖、馮夢禎等人也奔走於他的門下。另外，在與真可來往密切的士大夫中，有代表性的當推湯顯祖、瞿汝稷、王肯堂、陳瓚等人。

湯顯祖（西元1550～1617年），字義仍，號若士，臨川（今江西撫州）人，萬曆十一年（西元1583年）進士，曾任浙江遂昌知縣。他因為不願附和權貴而被免官，以後再不踏入仕途，是一位性情耿直、了解明末政治黑暗的士大夫。他推崇禪學，抨擊假道學，與真可友善。瞿汝稷，字元立，江蘇常熟人，以蔭補官，曾任黃州知府，乙太僕少卿致仕。他兼通儒家和佛家經典，與真可、密藏、幻余、湛然圓澄等名僧往來較多。其最主要的事蹟是撰寫《指月錄》32卷。王肯堂（西元1549～1613年），字宇泰，號念西居士，金壇（今屬江蘇）人，萬曆十七年（西元1589年）進士，官至福建參政，並且是當時的醫學大家。在佛教方面，他精通教乘，尤其對唯識學研究深入。鑒於窺基的《成唯識疏》失傳，他撰成《成唯識論證義》10卷。在當時的崇佛士大夫中，王肯堂是比較突出的。

真可雖然貶抑淨土而力倡禪學，但在他的士大夫信徒中，不乏信奉西方淨土者，陳瓚是其中的一個代表。陳瓚是嘉靖三十五年（西元1556年）進士，曾任刑科給事中，因忤旨而被除名，後重入仕，官至刑部侍郎。陳瓚是堅定的西方淨土信仰者，有人問：「爾不聞大鑑之論唯心淨土者乎？何厭垢而欣淨？」他回答：「唯心淨土，發之大鑑，而非自大鑑始也。是心

作佛，是心是佛，佛固先言之矣。蓋懼人以不淨之心求淨土也。非曰土無垢淨也。……客以客之禪樂垢土，而我以我之禪樂淨土。」[622] 禪宗講的唯心淨土，完全否定有與現實世界（垢土）相對的彼岸世界（淨土），它把實現淨土安置在現實世界中，淨土就在垢土中。陳瓚雖然承認有禪宗的唯心淨土之說，但是他肯定有與垢土相對的另一個實存淨土，就完全背離了禪宗的根本宗旨，他的所謂「樂淨土」之「禪」，是徒有禪之名稱的淨土，是對唯心淨土的根本否定，這是與袾宏的思想相一致的。整體說來，在與真可過從甚密的士大夫群體中，多數人在佛學思想方面深受其影響，見解不同的只是少數。

2. 德清行狀與禪淨學說

德清（西元 1546～1628 年），俗姓蔡，安徽全椒人。19 歲時，德清到南京報恩寺出家，先從住持西林的俊公學習《法華經》，後讀《四書》、《易經》等儒家經典和古文詩賦。嘉靖四十三年（西元 1564 年），到攝山棲霞寺從學於雲谷法會，因閱讀《中峰廣錄》感觸頗深，下定決心學禪。同年，又從無極明信學習《華嚴玄談》，並受具足戒。因為他對清涼澄觀極為景仰，自號為「澄印」。過了幾年，報恩寺設立義學，教育僧徒，他被聘為教師，其後又應徵鎮江金山寺教館兩年。

隆慶五年（西元 1571 年），他北遊參學，先到北京聽講《法華》和唯識，並參遍融真圓、笑岩德寶，分別請教禪學。當他遊歷五臺山時，見到北臺憨山風景奇秀，便有取「憨山」為自號之意。不久，他回到北京西山，與當時的名士王鳳洲、汪次公、歐楨伯等往來，有詩文酬唱。

萬曆二年（西元 1574 年）開始，他又離京遊歷嵩山、洛陽，然後到五臺山，居北臺的龍門，專門參禪。萬曆四年（西元 1576 年），曾見到

---

[622] 《居士傳》卷四十二〈本傳〉。

袾宏。萬曆九年（西元1581年），神宗慈聖太后派人到五臺山設「祈儲道場」，並修造舍利塔，他和妙峰共建無遮會為道場迴向。萬曆十年（西元1582年），在五臺山講《華嚴玄談》，聽眾近萬人。到此時為止，德清在五臺山地區有了較大影響力。

萬曆十一年（西元1583年），他到東海牢山（山東嶗山）那羅延窟結廬安居，開始用憨山為別號。皇太后派人送3,000金資助他建立寺庵，但他看到當地正值災荒，便決定全數施捨給貧窮孤苦的人。這使他不僅在上流社會贏得聲譽，而且受到當地廣大下層民眾的擁戴。萬曆十四年（西元1586年），神宗印刷大藏經十五部，分送全國名山，慈聖太后特送一部給東海嶗山，並施財修建海印寺以安置經典。這一年，達觀真可與弟子道開來到嶗山，與他商議關於刻印大藏經的事情。萬曆二十年（西元1592年），德清到北京房山造訪真可。

萬曆二十三年（西元1595年），神宗不滿意皇太后為佛事耗費財物，當時恰值太后派人送經到嶗山。這樣，德清剛從北京返回就被捕入獄，最後以私建寺院的罪名充軍廣東雷州。第三年德清到達雷州，當時正遇到雷州旱災，餓殍遍野，他帶動當地民眾掩埋屍骨，並建濟度道場。當年八月，當地官員命令他到廣州。當地的民眾慕名求教者很多，他甚至穿著罪犯的服裝為信眾講說佛法。

萬曆二十八年（西元1600年），南韶地方官請他住曹溪南華寺。當時作為南宗祖庭的南華寺已經衰落很久，德清到達後，大張旗鼓地展開復興工作。他選僧受戒，設立僧學，培養人才，訂立清規。但是沒過多久，到萬曆三十一年（西元1603年），由於真可在北京因為「妖書」事件被捕入獄，德清受到牽連，仍被遣返雷州。

萬曆三十四年（西元1606年）八月，明王朝大赦，德清再回曹溪，大興土木修建南華寺。但是，不久有僧人向按察院告他私用寺院的財產，德

第三節　明末的佛教復興

清被迫離開南華寺。此事後來雖然因查無實據而不了了之，但德清再也沒有擔任南華寺的住持。此後的10餘年間，德清先後住廣州長春庵，衡陽靈湖萬聖寺、曇華精舍，九江法雲寺等處。每到一地，他都勤於講經，所以在各地形成了很大影響。他所講的經典有《華嚴玄談》、《法華》、《楞嚴》、《金剛》、《起信》、《唯識》等。

德清廣泛結交社會各階層的人物，有朝廷和地方的各級官吏，也有南北各地的學者士人，有書信來往的就達近百人。在他身邊的士大夫信眾，既有傾心於參禪者，也有專注於念佛者。明代知名的文學家屠隆（西元1542～1605年），曾撰《佛法金湯錄》3卷，批評宋代儒者的排佛言論。德清逝世後，吳應賓、錢謙益分別根據德清自撰的《憨山老人自述年譜實錄》為其撰寫塔銘，陸夢龍撰《憨山大師傳》。德清深知結交達官顯宦的重要性，當他結識了錢謙益時，高興地說「刹竿不憂倒卻矣」[623]。德清把佛教以及個人的命運與官僚階層連繫得太緊密，他所依憑的社會基礎不像袾宏那樣廣泛。

德清多才多藝，早年詩文和書法都很知名。他說，古人都以禪比詩，不知「詩乃真禪」。他認為陶淵明、李太白的詩境玄妙，是不知禪而有禪味，而王維的詩多雜佛語，後人雖誇他善禪，不過是「文字禪而已」。他在敘述自己的書法時說：「余生平愛書晉唐諸帖，或雅事之。宋之四家（即蘇、黃、米、蔡），猶未經思。及被放海外，每想東坡居儋耳時桄榔庵中風味，不覺書法近之。」[624] 德清文名廣播南北各地，為人撰寫碑記塔銘、序跋題贊等，數量都很多。

德清學問廣博，著作不少，關於佛教方面的著作有《觀楞伽經記》8卷、《楞伽補遺》1卷、《華嚴經綱要》80卷、《法華擊節》1卷、《金剛經

---

[623]　《夢遊集》卷五十五。
[624]　《夢遊集》卷三十九〈雜說〉。

第六章　明代佛教的復興思潮與宗派再構（上）

決疑》1卷、《圓覺經直解》2卷、《般若心經直說》1卷、《大乘起信論疏略》4卷、《大乘起信論直解》2卷、《性相通論》2卷（卷上為〈百法明門論論義〉，卷下為〈八識規矩頌通說〉）、《肇論略注》6卷、《曹溪通志》4卷、《八十八祖道影傳贊》1卷，儒家和道家方面的著作有《道德經解》（又名《老子解》）2卷、《春秋左氏心法》1卷，另有《夢遊詩集》3卷、《憨山老人自敘年譜實錄》2卷等。

德清主張三教融合，認為「為學有三要，所謂不知《春秋》，不能涉世；不精老莊，不能忘世；不參禪，不能出世」[625]。這也反映了他治學範圍的寬廣。在佛學思想方面，他也以博雜多端著名。吳應賓在〈憨山大師塔銘〉中說他：「縱其樂說無礙之辯，曲示單傳，而融入一塵法界，似圭峰（宗密）；解說文字般若，而多得世間障者，似覺範（慧洪）；森羅萬行以宗一心，而產無生往生之土，又似永明（延壽）。」這種評價雖然有過譽之嫌，但德清重視華嚴與禪的確是宗密的傳統；他結交官僚孜孜不倦，議論政事無所顧忌，頗類慧洪的作風；他以禪學為主融合佛教各派學說，並且重視淨土信仰，顯然也是延壽的佛學特點。整體說來，對德清佛教思想形成影響較大的，是雲谷法會、無極明信和達觀真可。

德清最初學《華嚴》，後又習禪，所以，他結合華嚴與禪的思想傾向比較明顯。同時，他也接受了其師雲谷法會的影響，主張禪淨兼修。就其思想的主要方面而言，是禪、華嚴和淨土三者並重，並且有著以淨土信仰作統攝的特點。特別是在教化在家信眾方面，他尤其強調念佛法門。他在被流放廣東時期，曾組織淨土結社，向信眾傳授念佛三昧，並且立有規制，讓信眾專心淨業，月會以期。晚年在廬山法雲寺，他仿效慧遠修六時淨業。

他也和袾宏、真可一樣，把參禪與念佛作為最主要的修行法門，認為

---

[625]　《夢遊集》卷三十九〈學要〉條。

第三節　明末的佛教復興

「參禪看話頭一路，最為明心切要。……是故念佛參禪兼修之行，極為穩當法門」[626]。他所謂的參禪，是元代開始就流行的融合了念佛的看話禪：「古人說，參禪、提話頭，都是不得已，公案雖多，唯獨念佛審實的話頭，塵勞中極容易得力。[627]」所謂「念佛審實的話頭」，就是把念佛作為話頭來參。從表面上看，德清是把宗杲的看話禪與延壽的念佛淨土結合起來，但是，直接把「阿彌陀佛」作為中心話頭，是源自元代末年的傳統，與宋代宗杲的看話禪與延壽的念佛淨土已經有了不少區別。

德清認為，淨土法門適合所有的人修行，不但適合「禪家上上根」、「中下之士」乃至「愚夫愚婦」，也適合那些「極惡之輩」。[628] 然而，同樣是倡導念佛修行淨土法門，德清與袾宏對淨土和佛的認知卻截然不同。德清告訴信眾：「今所念之佛，即自性彌陀；所求淨土，即唯心極樂。諸人苟能念念不忘，心心彌陀出現，步步極樂家鄉，又何必遠企於十兆國之外，別有淨土可歸耶？」[629] 因此，德清是完全站在禪宗的立場倡導淨土，弘揚的是唯心淨土。這與袾宏所倡導的西方有相淨土完全不相同，而與真可的思想是相同的。

德清雖然與真可一樣，也主張禪淨兼修，但在程序上正好相反。真可認為，透過參禪、淨心方可念佛；德清則認為，先須念佛、心淨，方可參禪。在實踐中，真可偏重參禪，德清偏重念佛。

德清接受明信和真可的影響，比較重視華嚴學。他編著有《大方廣佛華嚴經綱要》80卷，據其自著《年譜》卷下「萬曆四十七年（西元1619年）條」所述，當時華嚴一宗將失傳，人們對澄觀的《疏》、《鈔》「皆懼其繁廣」，於是「但宗《合論》」（即只鑽研李通玄的《新華嚴經論》）。針對僧

---

[626]　《夢遊集》卷五〈示劉存赤〉。
[627]　《夢遊集》卷二〈答鄭頌岩中丞〉。
[628]　《靈峰宗論》卷五。
[629]　《夢遊集》卷二〈示優婆塞結社念佛〉。

界的這種情況，他節錄澄觀的《華嚴經疏》，並附以自己的解釋（補義）。其解釋只是具有通俗講解的性質，並沒有什麼獨到見解。此書始作於萬曆四十七年，成於天啟二年（西元 1622 年），流傳並不廣。查《憨山老人夢遊全集》中他對《華嚴經》及華嚴宗教義的多種論述，主要是鼓勵僧俗讀誦、書寫、禮拜《華嚴》，將其作為祈福消災、獲得個人解脫的有效方式。整體而言，他對華嚴的運用與理解沒有超出真可。

四、智旭及其思想特色

智旭是明末清初倡導全面繼承佛教遺產的代表人物。他不僅不分優劣地弘揚天台、禪、律、唯識、淨土等教理，而且主張信仰一切佛、菩薩和祖師，並且包括佛教一切經典。他積極推廣各類贖罪法事，重視和支持禮懺、持咒、血書、燃香等活動。他把念佛、戒殺和放生，自然融合到求生淨土的信念和實踐中。

智旭（西元 1599～1655 年），俗姓鍾，名際明，又名聲，字振之，江蘇蘇州木瀆人。據自著的〈八不道人傳〉記載，智旭 12 歲學習儒家經典，對佛教與道教都採取排斥態度，有「誓滅釋老」的決心，並且寫作論文數十篇「闢異端」。少年時代的這些做法，智旭在他以後的著作中屢屢提及，作為自己要不斷懺悔的大罪過，也作為勸導他人虔誠信仰佛教的教材。他 17 歲閱讀袾宏《自知錄》及《竹窗隨筆》之後，受到袾宏融合儒釋關係的影響，開始不再誹謗佛教和道教。22 歲喪父，對他產生觸動。此後，智旭總是帶著問題聽講佛教經論，或帶著聽講中產生的疑問來進一步研究。因此，智旭從信奉儒教轉向信仰佛教，既有受到著名僧人影響和閱讀佛教經典的原因，也有自身經歷方面的原因。23 歲時，因為聽講《楞嚴經》，對為什麼有「大覺」、虛空，以及世界如何產生等問題不清楚，下決心鑽研相關佛教問題。24 歲，因為三次夢見德清，從德清的弟子雪嶺

第三節 明末的佛教復興

剃度,取名智旭。出家後,他專注於鑽研經論,先在雲棲寺聽講《成唯識論》,對性相二宗的關係問題不能理解,便到徑山去坐禪,至第二年夏天,透過坐禪的直接體驗,達到「性相二宗,一齊透澈,知其本無矛盾,但是交光邪說,大誤人耳」。在他看來,這也就是「覺悟」的體現。

到 27 歲,智旭針對當時佛教界不守戒律的現象普遍存在,決心弘揚律學,並且開始系統閱讀律藏。實際上,他對戒律的重視貫穿於他的整個思想中。他認為:「毗尼藏者,佛法紀綱,僧伽命脈,苦海津梁,涅槃要道也。」[630] 智旭曾三次系統閱讀律藏,對大小乘律書進行注釋講解。他所著的《梵網經疏》依據天台宗的見解,對於別解脫戒依照《四分律》,旁採諸家,並參考大乘律。他的主要著作是《毗尼事義集要》。他還曾強調:「伏念諸佛滅後,以戒為師,三無漏學,以戒為首。」[631]

32 歲時,智旭用在佛像前抓鬮的方式決定繼承天台宗。這是一種隨機選擇,並沒有其他重要原因。「於是究心台部而不肯為台家子孫,以近世台家與禪宗、賢首、慈恩各執門庭,不能和合故也。」[632] 他是要專門弘揚天台宗教義,並不想成為本派的傳法宗師。33 歲,秋天,他來到靈峰(浙江孝豐縣)建西湖寺。這裡成為他以後的常住地。在以後的 20 餘年中,智旭來往於江浙閩皖諸省,主要從事閱藏、講經、著述、舉辦法會等活動。

智旭的著作經過其弟子編輯整理,分為宗論和釋論兩大類。宗論指《靈峰宗論》,有 10 卷;釋論包括各類著述共 60 餘種,164 卷。

智旭的思想很龐雜,包括天台、禪、律、唯識、淨土等。由於他立志專弘天台教義,所以研究天台典籍相對廣泛一些,可以說是明代有代表性的天台學僧之一。明代的天台宗學僧很少,在明代末年,有傳燈嘗從百松真覺學習天台宗教義,後來在幽溪高明寺建立天台祖庭,並著有《淨土生

---

[630]　《靈峰宗論》卷六之一〈毗尼事義集要緣起〉。
[631]　《靈峰宗論・西湖寺安居疏》卷一之二。
[632]　上引均見〈八不道人傳〉。

無生論》1卷等。其後的代表人物就是智旭。

智旭32歲注解《梵網經》，開始研究天台教義。他最推崇的兩部書是知禮的《妙宗鈔》和傳燈的《淨土生無生論》，其天台思想也主要繼承這兩個人的學說。在天台教理方面，智旭主張性具善惡與色心雙具理事兩重三千。雖然他有時也說，「眾生現前介爾心性，本無實我實法，亦無五位百法百界千如差別相」，略近山外的「理具三千無相」的思想，但這並不是他的主要思想。在觀法方面，智旭沿用妄心觀，把現前一念妄心作為止觀的直接對象。因此，他的天台思想主要是繼承山家派。在判教方面，智旭在《教觀綱宗》中提出了貫通前後的五時說，就是在化儀四教的「祕密教」中，區分出「祕密教」與「祕密咒」，把一切陀羅尼章句收於祕密咒之下，這與天台宗舊有教觀是不同的。在論及天台與其他宗派的關係方面，智旭認為，天台應遍攝禪、律、法相，否則就不能成其絕待之妙了。從表面上看，他在突出天台教義優越性的同時，有貶抑其他宗派的意圖。實際上，智旭在論述淨土等法門時，也有過同樣的說法。這種論證方法用智旭的話概括，就是「乃一門圓攝百千法門，非舉一廢百也」[633]。他雖然立志傳承天台教義，卻並沒有希望透過貶低其他宗派來達到這個目的。

明代研究唯識學的僧人很少，在明末佛教綜合復興中，唯識學的研究主要集中在《成唯識論》上。智旭在研究唯識學方面也有可提及之處，他作有《成唯識論心要》、《相宗八要直解》等，並且在用唯識思想解釋天台學方面引起人們的注意。

另外，主要活動在萬曆年間的明昱，字高原，吳人，生卒年月不詳。他曾為王肯堂講《成唯識論》，並將講義整理成《成唯識論俗詮》10卷。該書流傳較廣。另外撰有《相宗八要解》8卷，內容分為：百法明門論贅言、唯識三十論約意、六離合釋法式通關、觀所緣緣論釋記、因明入正理論直

---

[633] 《靈峰宗論》卷二之三〈法語四〉。

第三節 明末的佛教復興

疏、三支比量義鈔、八識規矩補注證義等。

明代末年弘揚唯識學有傳承的一支是昭覺廣乘，智旭也受到此系的影響。廣乘於杭州蓮居庵講《唯識》，其弟子靈源大惠、古德大賢、新伊大真等繼續致力於唯識學的宣傳。此系進入清代以後，還維持著傳法系統，被稱為蓮居派。

大惠（西元 1564～1636 年），浙江仁和人，俗姓邵，字靈源。他在出家之前就到處尋訪名僧，研究法相唯識學。57 歲出家之後，在北京、蘇州、杭州等地講《唯識》十幾年。寂於杭州昭慶寺。著有《唯識自考錄》、《唯識證義》等。大賢，曾在雲棲寺講經，智旭曾聽其講《唯識》。大賢的繼承者玉庵、忍庵也傳承唯識。大真，字新伊，從雲棲袾宏受具足戒，繼昭覺廣乘住持蓮居，除了研究律學之外，也宣講《唯識》。智旭曾從其學。他著有《成唯識論合響》，其弟子本無、聖先等相繼傳講。在此派之外，內衡在杭州講《唯識》，受到錢謙益的稱讚。到清代中期，佛教義學本來就衰微，加之《楞嚴經》比較流行，《唯識》之學就更沉寂了。

到清代末年，研究和傳播唯識學的知名學僧有松巖和默庵果仁。松巖於光緒年間在南京清涼山研究唯識宗學說，曾以唯識理論評價《天演論》、《民約論》等新傳入的西方書籍，但他的著作並未流傳。果仁（西元 1839～1902 年），常住南嶽福嚴寺，研究多種佛教經典，為僧俗宣講《唯識》，並著有《唯識勸學篇》、《閱藏日記》等。傳承其學的有弟子道階和佛乘等人。

至於研究唯識學的士大夫，最著名的當推明清之際的王夫之（西元 1619～1692 年）。他在佛教方面的重點研究領域之一是法相唯識學，撰有《相宗絡索》、《三藏法師八識規矩贊》。在《相宗絡索》中，他肯定阿賴耶識的永恆不滅，所謂「唯此八識，實有不亡，恆相接續」。書中還闡述了「轉識成智」的原理和過程。透過對佛教「能」、「所」範疇及其關係的考

察，王夫之建立起自己的認識論。王夫之研究唯識學，對豐富他的哲學思想有重要作用。

智旭認為，淨土法門可以用來概括整個佛教：「淨土法門本該一切宗教，普收一切群機，故從上佛祖聖賢著述亦最富博。」[634] 他的淨土思想集中在《彌陀要解》中。此書先依據天台宗的五重玄義方式，說明此經以能說所說人為「名」，實相為「體」，信願為「宗」，往聖不退為「用」，大乘菩薩無問自說為「教相」。又認為《阿彌陀經》總攝一切佛教，以信願行總攝該經宗旨。在智旭之前，宋代遵式作《往生淨土決疑行願二門》，已經包含了信願行，傳燈《生無生論》更正式提出：「一念之道有三，曰信，曰行，曰願」智旭所立信願行，就是繼承了他們的主張，並且進一步發揮。

「信」的內容是：1. 信自：一念迴心決定得生，自心本具極了。2. 信他：彌陀決無虛願，釋迦及六方佛決無誑語。3. 信因：散亂稱名仍為佛種，一心不亂寧不往生。4. 信果：淨土諸上善人皆由念佛得生，如影隨形絕無虛棄。5. 信事：實有極樂國土，不同莊生寓言。6. 信理：西方依正，不出現前一念心外。這六種「信」的內容，是對西方有相淨土和禪宗唯心淨土思想的混合，是把兩種不同的信仰體系不加區分的結合在一起。沒有選擇，不分高下，不論優劣，同等看待佛教的遺產是智旭的一個顯著特點。六種「信」中，自、因、理，是對自力解脫的信仰；他、果、事，是對外力拯救的信仰。

「願」的內容是：「厭離娑婆，欣求極樂。」既然相信極樂世界實際存在，那麼，這個願就沒有唯心淨土的痕跡了，從而否定了極樂世界就在娑婆世界之中的認知。

「行」的內容是：「執持名號，一心不亂。六字持名，念念欣厭具足，信決願切，由此就能歷九品生，淨四種土。」他主張，「即以執持名號為正

---

[634] 《靈峰宗論》卷五之一〈復淨禪〉。

行，不必更涉參究」，「參禪必不可無淨土，淨土必不可夾禪機」。智旭實際上是認為，任何一種法門都能獨立達到最終解脫，而且並不依靠其他的法門。

智旭把持名分為「事持」和「理持」。所謂「事持者，信有西方阿彌陀佛，未達是心作佛，是心是佛，但以決志願求生故，如子憶母，無時暫忘。理持者，信西方阿彌陀佛是我心具心造，即以自心所具所造洪名為繫心之境，令不暫忘」。事持是對西方淨土的肯定，理持則是對唯心淨土的強調。

智旭認為念佛三昧有三種：其一，「念他佛，以彌陀果德莊嚴力為所念境，或念名號，或念相好，或念功德，或觀正報，或觀依報，如東林諸上善人」；其二，「念自佛，觀此現前一念介爾之心，具足百界千如，與三世佛平等，功深力到，豁破無明，如南嶽、天台、禪宗諸祖」；其三，「自他俱念，了知心佛眾生三無差別，託彼果上依正，顯我自心理智，感應道交自然不隔，如永明（延壽）、楚石」。[635] 這三種念佛三昧，實際上是兩種淨土信仰體系和二者的混合形態：「念他佛」指的是西方有相淨土；「念自佛」指的是唯心淨土；而「自他俱念」則指的是西方淨土與唯心淨土的混合形態。智旭三種念佛三昧的概括，是把歷史上流行的所有念佛法門及其倡導者和傳承者都予以肯定和接受。他的淨土思想，不僅與袾宏有差別，而且與德清、真可更是顯著不同。

智旭倡導信仰佛教典籍中記載的一切佛、菩薩、祖師，並且包括佛教一切經典，他指出：「一心歸命，梵網教主盧舍那佛，極樂世界阿彌陀佛，菩薩心地品、毗奈邪藏、三藏十二分教一切尊法，觀音、勢至、文殊、普賢、地藏、彌勒等一切菩薩，優波離、迦葉、阿難、西天東土一切聖師，

---

[635]　《靈峰宗論》卷七之四。

第六章　明代佛教的復興思潮與宗派再構（上）

願展慈光，同垂悲濟。」[636] 對佛教所樹立的一切權威，他都無條件地予以接受。

智旭重視地藏菩薩信仰，據他自述，早年正是因為閱讀了《地藏菩薩本願經》才萌發了出家念頭。他在〈八不道人傳〉結尾中說：「知我者，唯釋迦、地藏乎！罪我者，唯釋迦、地藏乎！」[637] 把地藏菩薩和釋迦佛並列，放在同等重要的地位，可見他對地藏菩薩的崇信程度。他寫作了多種關於地藏的著作，如〈化城地藏菩薩名號緣起〉、〈甲申七月三十日願文〉等，主要是講述地藏在拯救世人方面所具有的多種神奇功能，反覆勸導人們，只要皈依地藏，憑藉地藏慈悲本願所具有的功能，信仰者就可以消除種種罪障，既不受現世的種種苦難，也可以避免遭受來世的地獄之苦，同時還能夠獲得種種福報，滿足各種美好願望。

智旭還大力推動地藏信仰在民間的流行。崇禎九年（西元1636年），他在九華山華嚴庵（回香閣）勸僧俗念持地藏名號，以求地藏菩薩的拯救。他曾結壇百日，念持地藏菩薩滅定業真言五百萬遍，「又廣化緇素，共持十萬萬，求轉大地眾生共業」[638]。記載地藏菩薩的經典很多，就智旭所重視的《地藏菩薩本願經》而言，它宣稱地藏的「大慈大悲」遠超過其他菩薩，他的廣利眾生的神力可以消除信仰者先天和後天的種種罪障。地藏信仰所宣傳的對菩薩神力崇拜，給信仰者以脫離苦難的希望。

智旭積極推廣各類贖罪法事，並且倡導禮懺、持咒、血書、燃香等。他在〈刺血書經願文〉中說：「刺舌血書大乘經律，先與三寶前然臂香十二炷，發十二願……」[639] 他在〈結壇持往生咒偈〉中說，「以此功德力，求

---

[636]　《靈峰宗論・西湖寺安居疏》卷一之二。
[637]　《靈峰宗論》卷首。
[638]　印光：《九華山志》卷一。
[639]　《靈峰宗論》卷一之一。

第三節　明末的佛教復興

決生安養」[640]。他對刺血書經、燃臂香供養、結壇持咒等行為的積極支持，與袾宏是不同的。這類活動與地藏信仰相互配合，更能激發起人們的宗教熱情。

智旭認為，所謂行懺法就是要消除一切罪過：「懺假稱悟道、妄評公案之罪，妄造懺法、謗毀先聖之罪，損克大眾、錯因昧果之罪。諸如此罪，願悉消除，或不可除，願悉代受。令現前病苦，速得痊安，若大限莫逃，竟登安養。」[641] 倡導和信仰修懺法有兩個重要的理解前提：其一，要信仰一切崇拜對象，而不是只信仰某個主要的對象；其二，要認定自己時時處處有罪過，而不僅僅是有痛苦。智旭在大量的懺文、迴向文等中，大量列舉自己的「罪」過，強調個人的罪過。罪過成為個人的存在形式，罪過多於「苦」。他在〈陳罪求哀疏〉中，自稱「罪旭」：「言念罪旭，少年主張理學，妄詆三寶，過犯彌天，應墮無間。」[642]

除了強調個人的罪過，還有強調眾生乃至國家朝廷的罪過：「悲佛法之衰亂，五逆橫作。痛國步之艱難，朝野無改過之心。緇素爭覆轍之踐，良由共識相種，惡業同牽，同分妄見，售緣共起。」那麼消除這些罪過的辦法，就只有舉辦各種救贖法事，透過這些法事活動，「普為國王帝王、父母親緣、土境萬民、法界含識，頂禮慈悲道場懺法，供養歷代知識道容，然香三炷，供常住三寶，又三炷，奉供幽冥教主地藏慈尊」[643]。重視各種贖罪法事，最終歸結到懺悔的功能上，智旭指出：「迷真起妄，誰不造業？業有輕重，果報隨之。於中轉重令輕，轉輕令盡，獨賴有懺悔一門耳。重業而能深悔，業遂冰消；輕罪而不革心，終成定業。……所謂屠刀放下，便成佛也。」[644] 在他看來，「懺悔之力，亦能往生，況持戒、修福、

---

[640]　《靈峰宗論》卷一之二。
[641]　《靈峰宗論・禮金光明懺文》卷一之二。
[642]　《靈峰宗論》卷一之三。
[643]　《靈峰宗論》卷一之三〈甲申七月三十日願文〉。
[644]　《靈峰宗論》卷三〈涵白關主禮懺持咒募長生供米疏〉。

種種勝業，豈不足莊嚴淨土」[645]。

智旭曾把戒殺與戰爭連繫起來思考：「殺業既厚，劫成刀兵，寇賊紛然，干戈不息。釋迦往矣，彌勒未生。設欲拯救，唯力修奢摩他耳。奢摩他此翻妙止，止一切惡，從止殺始。若能止殺，即是止一切惡。」[646] 不殺生是佛教的根本戒律，在明代末年社會動盪的形勢下，智旭倡導戒殺就有著反對戰爭的社會意義。很明顯，智旭在這裡已經不是著眼於宗教戒律來講戒殺，而是著眼於社會現實來思考問題。至於與勸戒殺相連繫的放生活動，往往成為結社的根據和口號，也成為往生淨土的重要方法。在念佛過程中，「以不殺大悲，放生大慈助嚴之（指作為念佛的輔助方式），必生極樂，蓮華化現，永脫輪迴之苦」[647]。念佛、戒殺和放生是連繫在一起的。在特定的社會背景下，戒殺能喚起人們對爭取社會穩定的共識；放生是結社的方法，可以作為募集資金，解決寺院民生物資來源的方法。這兩者都在念佛求生淨土中統一起來。

第四節　明末的禪宗復興

一、密雲圓悟的「一條白棒」

就明末禪宗的派系結構說，曹洞宗和臨濟宗並興。曹洞宗有兩支不斷擴張，一是湛然圓澄開創的雲門系，二是無明慧經開創的壽昌系。臨濟宗的主要派系出自笑岩德寶的弟子幻有正傳（西元 1547～1614 年）門下，正傳的著名弟子有密雲圓悟、天隱圓修（？～西元 1635 年）和雪嶠圓信

---

[645]　《宗論》卷二之一〈法語一〉。
[646]　《靈峰宗論》卷四之二〈勸戒殺文〉。
[647]　《靈峰宗論》卷四之二〈惠應寺放生社普勸戒殺念佛文〉。

第四節　明末的禪宗復興

（西元 1570～1647 年），都在江南一帶傳禪。

圓澄（西元 1561～1626 年），會稽人，幼年出家。萬曆十九年（西元 1591 年）求學於曹洞禪師大覺方念，成為嗣法弟子，先後住持過紹興廣孝寺、徑山萬壽寺、嘉興福城東塔寺等，主要活動於浙江地區。他「生平不為律縛，脫略軌儀」[648]，因此受到不少僧人的指責。

圓澄著作較多，有《宗門或問》、《慨古錄》、《楞嚴臆說》、《法華意語》各 1 卷，《金剛三昧經注解》4 卷，另有其弟子編的《湛然圓澄禪師語錄》8 卷。他是一位倡導禪教融合的僧人，例如，儘管他對《華嚴經》及華嚴宗教義並無偏好，但在他的《語錄》中也借用華嚴來為其禪教融合的主張服務。他指出：

聞夫四十八願而願願度生，五十三參而參參見佛，所以清涼大師演華嚴性海於此地，闡法界一乘於多門，福慧雙修，猶星天之行布；禪教兩學，若萬派之歸宗。圓融自在，大小共緣。[649]

個人參學求解脫與發願拯救眾生是同一修行過程的兩個方面。禪宗講明心見佛（慧），教門諸派重累積各種功德（福），實際上兩者不可偏廢，相資為用。既然福慧雙修，也就要求禪教兩學。華嚴宗的「圓融」說，也被運用於禪教的圓融無礙上。明末清初禪宗內部論戰激烈，爭論的癥結在於：是突破傳統佛教還是維護傳統佛教；是有選擇地繼承佛教遺產還是繼承佛教一切遺產。圓澄在這裡強調澄觀「闡法界一乘於多門」，是倡導全面繼承佛教遺產，而不是有選擇地繼承禪學遺產。明末以後，這種觀點在佛教界占主導地位。

圓澄系一直盛行到清初。就其個人影響力而言，圓澄不及無明慧經。圓悟（西元 1566～1642 年），號密雲，俗姓蔣，宜興人，出身於貧困的農

---

[648]　〈會稽雲門湛然圓澄禪師塔銘〉。
[649]　《湛然圓澄禪師語錄》卷八〈慕造東塔天王殿引〉。

民家庭，成年之後從事過各種勞動。少年時，受流行的淨土信仰影響，曾「恆誦佛號」。到26歲，因讀《六祖壇經》而歸信禪宗。29歲，拋妻離子，出外遊歷，立志出家。

萬曆二十三年（西元1595年），圓悟到常州龍池山參見正傳，以後20餘年中，除有幾年出遊外，都在正傳身邊。前3年，主要是服雜役，「身任眾務，以至齎薪陶器，負米百里之外」，所以他在成名以後也特別重視勞動，時常以自己的經歷告誡門徒：「老僧三十一上待先師，參神學道都在勞作裡辦，汝靠要安坐修行耶？老僧不願叢林遺此法式。」晚年住持寧波天童寺時，一次有十幾個僧人不參加「普請」，他知道後，「立擯之」。

3年後，圓悟始得落髮。次年，遵從正傳的教導，「掩關本山，以千日為期」，同時學習禪籍。又3年，正傳去燕京，圓悟受命監理龍池山的院務。萬曆三十三年（西元1605年），入京省覲正傳。繼之，南還遊歷杭州徑山、天目山以及天台山等地。萬曆三十九年（西元1611年），正式接受正傳「衣拂」。正傳逝世（西元1614年），圓悟堅持「心喪伴樞」3年。在此期間，作頌古200首，「以明佛祖大意」。[650]

圓悟從萬曆四十五年（西元1617年）到逝世的20餘年中，先後住持過常州龍池山禹門禪院、天台山通玄禪寺、福州黃檗山萬福禪寺等六處寺院，在江蘇、浙江、福建一帶產生了很大影響，有「眾盈千指」、「眾滿萬指」之說。其所到之處，都著力倡導墾田開荒。晚年居天童寺時，遇大雨，「山水暴漲」，他不顧年事已高，率僧眾砌築大堤防洪，大堤「通計一千三百五十尺，皆用巨石壘砌」[651]。

圓悟非常重視發展他的宗派勢力，不像當時在江西的曹洞宗師那樣不輕易承認傳法繼承人。他可以「付衣拂」於跟隨他多年、能力不強但俯

---

[650]　上引均見《天童密雲禪師年譜》。
[651]　《天童密雲禪師年譜》。

第四節　明末的禪宗復興

首貼耳、唯命是從的僧人，也可以「付衣拂」於暫投門下，桀驁不馴、有禪學異見，但很有能力的僧人。這樣，他的弟子遍天下。剃度的弟子200餘，嗣法弟子12人，即五峰如學、漢月法藏、破山海明、費隱通容、石通秉公、朝宗通忍、萬如通微、木陳道忞、石奇通雲、牧雲通門、浮石通賢、林野通奇。其中法藏、通容、道忞，在明清之交，影響尤大。由於圓悟門下聚集了持有各種禪觀的僧人，所以矛盾多，爭鬥也激烈，在相當程度上反映了明末不同的禪學思潮。

明末，士大夫大規模向東南轉移，情況比任何時代都要複雜，分散向禪僧請教的不在少數。《天童密雲禪師年譜》之末，列舉了與圓悟往來的「王臣國士」有數人。據其〈行狀〉記載：「吳越閩楚，名公巨儒，慕師宗風，或晨夕隨侍，或尺素相通，或邂逅諮請，得師激發，無不虛往而實歸。」而「齊魯燕趙及殊方異域之士，亦憧憧不絕也」[652]。他與這些士大夫究竟有什麼性質的關係，發生了什麼作用，不得詳知。這個事實說明，明朝末年，逃向南方的士大夫與禪宗的往來變得普遍而頻繁起來，直接影響了清初禪宗的動向和清政府的宗教政策。

圓悟與明廷始終保持一定距離。崇禎十四年（西元1641年），朝廷齎香賜紫，命他住持金陵報恩寺，他以年邁為由固辭，故有「老不奉詔，朝廷慕之」[653]的傳說。事實上，這時的明王朝已經危在旦夕了。關於他的言行，有道忞編的《密雲禪師語錄》12卷，有他批評弟子法藏的《闢妄救略說》10卷。

圓悟曾花費了許多時間致力於公案研究，在他的《語錄》中，有「舉古」、「拈古」、「徵古」、「別古」、「代古」和「頌古」達三卷多。然而，他對自己數十年修行所得的總結卻十分簡單：

---

[652]　王谷：〈行狀〉。
[653]　《南宋元明禪林僧寶傳》卷十五。

第六章　明代佛教的復興思潮與宗派再構（上）

>　　山僧出家將及四十載，別也無成得什麼事，只明得祖師西來，直指人心，見性成佛一著子。[654]

「直指人心，見性成佛」，儘管不是他的創造，但他所傳禪法緊緊圍繞這八個字，卻是一個明顯的特點。他用以「直指人心」的方法和啟發學者「見性成佛」的方法，最後簡化到只有「棒打」一條，他這樣說：

>　　老僧生平不解打之繞，唯以條棒一味從頭棒將去，直要人向棒頭拂著處豁開正眼，徹見自家境界，不從他得。[655]

當時的輿論這樣評論：「大師為人，不惜身命，寧使喪身失命，終不為開第二門。此是徹骨徹髓，獨超千七百則宗門。」[656]這個獨超千七百則宗門，終不為開第二門的就是棒打。圓悟對此有一個解釋：「蓋緣貧道無學識，兼之口訥，不善委曲接人，故以一條白棒當頭直指耳。」[657]這話有謙虛的成分，他對禪宗典籍很熟悉，在他的《語錄》中也充滿著巧言善辯的機語酬對；但他的這種方式對他的門徒則很適用，因為他們大都從事農禪，不可能都受過禪學和言辯的良好訓練。

此外，當時的禪宗中，存在著對「悟」的不同理解，有所謂「大悟十八遍，小悟不計數」之說，把「悟」看成是需要反覆多次才能完成的過程。圓悟以「棒打」啟悟，與此針鋒相對，強調「一悟不再悟，深達法源底，墜地便稱尊」。唐世濟在〈遺衣金粟塔銘並序〉中特別指出：

>　　大悟十八遍，小悟不計數，本是宋儒言，非大慧（宗杲）所說。學人承訛久，智者亦惑之。唯師以為非確然，不肯信此。非博學得心，不受瞞故！[658]

---

[654]　《密雲禪師語錄》卷三。
[655]　《密雲禪師語錄》卷十二。
[656]　《密雲禪師語錄》卷七。
[657]　《密雲禪師語錄》卷七。
[658]　《密雲禪師語錄》卷七。

第四節　明末的禪宗復興

圓悟用一條白棒啟悟，精簡了所有修習層次、階段，這也是對宋儒的繁縟學風的一種糾正。

二、漢月法藏的禪思想

1.「得心於高峰，印法於寂音」

法藏（西元 1573～1635 年），號漢月，字於密，晚改天山，俗姓蘇，無錫人。他出身於儒學世家，少年時代受過良好的教育，15 歲於德慶院出家，19 歲得度。此後，他研習佛教經典及禪宗語錄並重視融會儒學與禪學的關係。他曾以禪理釋《河圖》、《洛書》，「黏《河圖》、《洛書》於壁，嘗語人曰：十河九洛，象教總持，須從無文字道理處求之直指。」[659]

29 歲時，法藏從雲棲袾宏受沙戒，並得袾宏「新刻《高峰語錄》，讀之，如逢舊物」[660]。自 30 歲始，專參原妙的「萬法歸一，一歸何處」話頭，用功數年。後來「遍購古尊宿語錄讀之」，尤喜北宋慧洪的著作。年 37，在金陵靈谷寺受具足戒。至 42，宣稱「我以天目為印心，清涼為印法，真師則臨濟也」[661]。他經常以此自詡，認為是獲得了義玄、慧洪和原妙的真傳。46 歲時，法藏已頗有聲譽，前來參學的禪僧和士大夫很多，以致「提唱無虛日」。但講說時，法藏「不正席、不升座」，不以宗師自居，因為他沒有可誇耀的師承，沒有獲得正宗禪師的資格。直到 53 歲，到金粟山廣慧禪寺拜密雲圓悟為師。圓悟立即讓法藏為「第一座」，並且「手書從上承嗣法源，並信拂付囑和尚」[662]，快速地承認了法藏為嗣法弟子。次年，法藏即以臨濟傳法宗師的身分，歷住常熟三峰清涼院、蘇州北禪大慈

---

[659]　《三峰和尚年譜》萬曆二十年。
[660]　《三峰和尚年譜》萬曆二十九年。
[661]　《三峰和尚年譜》萬曆四十二年。
[662]　《三峰和尚年譜》天啟四年。

第六章　明代佛教的復興思潮與宗派再構（上）

寺以及杭州、無錫、嘉興等地的八處寺院，擴大了在江浙一帶的影響力。

法藏因精通儒學，很受一些官僚士大夫的推崇。大司馬岳元聲見到35歲的法藏，敬佩地說：「堂堂我輩中巨人，被釋門束之以袈裟，信儒門淡薄也。」[663] 法藏一生與不少士大夫有過往來，既有一般的官吏，也有像董其昌那樣的文人。他住持各地大寺院時，都有官僚士大夫出面支持。

與此同時，法藏也重視寺院的經濟建設，倡導農禪。他60歲時住持無錫龍山錦樹院，共弟子「弘儲兄弟輩散廣陵、嘉禾諸郡，募置參禪田，期歲得沿湖封田三百餘畝於寺之西，和尚率眾入田，構茆鑿池，刘榛疏澮，名之曰大義莊」[664]。這種散於諸郡「募置參禪田」的做法，屬於寺院的附設田莊，與山林聚居、自作自食的性質已有不同。「和尚率眾入田」，僅是一種示範，與「普請」制度的含義也有區別。

法藏雖然投身圓悟門下，但在禪的見解上，兩人大相逕庭，而且都沒有相互妥協的願望。法藏曾致信圓悟，表達自己的觀點：

自謂得心於高峰，印法於寂音，乃復發願弘兩枝法脈，起臨濟正宗。凡遇掃宗旨者，力為諍之。不獨負荷滹沱，將使雲門、（法眼）、溈仰、曹洞四家，遙承近續，今五宗再燦，願世世生生為接續斷脈之種……屈指諸家，知和尚（指圓悟）乃高峰嫡骨正傳，敢不一探堂奧。向於金粟山前，叨承委付。[665]

法藏對於圓悟「委付」的事，時時強調，以志不忘。但在禪思想上，絕不因師徒名分而亦步亦趨。他認為禪家五宗各有宗旨，都應繼承和弘揚，而不能像圓悟那樣，僅以「直指人心，見性成佛」為唯一法門。他不僅要振興臨濟宗，而且要使其他四宗並興，「五宗再燦」。他接受原妙的影

---

[663]　《三峰和尚年譜》萬曆三十五年。
[664]　《三峰和尚年譜》崇禎五年。
[665]　《三峰藏和尚語錄》卷十四。

響，重視參話頭，對宗杲以來的看話禪進行總結；他接受慧洪的影響，重視《臨濟宗旨》和《智證傳》，發揮「三玄三要」之說。在此基礎上，他力圖融五家宗旨為一家，同時吸收慧洪的說法，重新釐定禪宗五家的傳承關係。這些構成了法藏禪思想的主體部分。

2.「大慧一出，掃空千古禪病」

法藏用以統攝五宗的禪法，實際上只是宗杲的看話禪，不過他有一些新的發展。

首先，是對「話頭」作了新的解釋：

所謂話頭者，即目前一事一法也。凡人平居無事，隨心任運，千思百量，正是無生死處，只為將一件物事到前，便生九種見解，所以流浪生死，無有出期。故祖師家令人於一事一物上坐斷九種知見，討個出格之路，故謂之看話頭。[666]

話頭原指公案中的問話或答語，法藏將它推廣到平常可能遇到的任何「一事一法」，這就打破了禪的某些書卷氣。

隨便一件日常事象，都可以成為參究的對象，也都可以從中得到證悟解脫。因此，法藏更強調從日常生活的具體事物中採取話頭，而不要限定在抽象的玄理上。他說：「（看）話頭者，不可看心看性，看理看玄，須離卻心窠裡，單單向事上看取，謂之事究竟堅固。」[667] 因為只有解決了日常生活最常遇到的問題，才能真正掌握禪所啟悟的玄理，這種主張為傳統的看語禪增添了更多的實踐功能。

把看話頭與「格物」連繫起來，也是法藏的一個特點。他說：

---

[666]　《三峰藏和尚語錄》卷六。
[667]　《三峰藏和尚語錄》卷十三。

在祖師禪謂之話頭，在儒家謂之格物。格物者，兩端叩竭，一切善惡、凡聖等見，並不許些子露現。從此翻身，直到末後句，齊治均平，著著與此相應，則禪與聖道一以貫之矣。[668]

話頭與格物之所以一致，是因為二者都要求人們平等、無差別地看待善惡、凡聖，而不必有意地去揚善止惡、貶凡崇聖。他用「齊治均平」作為禪與儒在政治思想上的銜接點，就是用佛家的平等觀（齊與均）闡釋儒家的治國平天下，也是他對「格物」的理解。

這樣，法藏即以看話禪為尺度，評判宋元以來流行於明的幾種主要禪潮流：

單坐禪不看話頭，謂之枯木禪，又謂之忘懷禪；或坐中照得昭昭靈靈為自己者，謂之默照禪；以上皆邪禪也。坐中作止作觀，惺寂相傾，觀理觀事，雖天台正脈及如來正禪，然猶假借識神用事，所照即境，所以命根難斷，不能透脫，多落四禪八定，及生五十種陰魔，以識身在故也。大慧一出，掃空千古禪病，直以祖師禪一句話頭，當下截斷意根。任是疑情急切，千思萬想，亦不能如此如彼，有可著落。既無著落，則識心何處繫泊？令人於無繫泊處一迸，則千了百當。可見才看話頭，則五蘊魔便無路入矣。[669]

在這裡，他既反對枯木禪和默照禪，也不同意天台宗的止觀雙運。理由是，枯木禪有失靈性，而默照禪以靈靈昭昭「為自己」，止觀雙運則是「假借識神用事」。此中的「自己」和「識神」，都指「我見」，按照唯識家的說法，「我見」是「末那識」的功用所生，「末那識」為第六「意識」所依，故亦稱「意根」，所以「當下截斷意根」，就是截斷「我見」的根源。而「我見」又是一切分別和煩惱的根本，因而也是截斷一切分別和煩惱的根本。

---

[668]　《三峰藏和尚語錄》卷七。
[669]　《三峰藏和尚語錄》卷七。

第四節　明末的禪宗復興

換言之，法藏是把唯識家的思想引進看話禪，力求透過對一事一法的參究，以根除我見。但他特別用「假借識神用事」來表示我見，顯得更加生動而貼近禪家的生活。

參禪是排除「識神用事」的過程，這是法藏的基本主張。所謂「離心意識參，出凡聖路學」，是他強調的重點。在《三峰藏和尚語錄》第十五卷中，有〈離心意識說示禪者〉和〈離心意識辨識神子〉兩篇短文，集中闡述這個問題。他從宗杲接受唯識家關於「轉識成智」的解脫之路出發，認為「心意識」乃是引起生死輪迴的總根源，一切修行都以離「心意識」為目的，所以歷代佛祖也都「千方百計，立轉識成智之法以變之」，其中最為捷便和神奇的，莫過於參究話頭：「厥後法之最捷而妙者，但教人看個話頭，才看才疑，頓離心、意、識三法。」[670]

法藏提倡話頭禪，並不排斥其他禪法，他反對的是執禪而「病」，成為「禪病」。而禪的用意，很大部分在於治「病」，所以因病給藥，禪也不能拘於一路。他向一個「病」中的孝廉寫信說：

> 病中工夫且歇卻，看話頭鬱過費力，難與病情支遣，不若明明白白一看透底，便自肯心休去。第一先看此身凝溼動暖，四大從來，無有實體。……其二看色身既不交涉，其身外骨肉恩怨，功名利養，一切我所，皆是虛妄。……其三看破內外色空，何處更有妄心領受？……到此則身心世界一法無可當情，當下脫然放捨，便與法界平等，無一塵一法不是我自心真心。真心者，無心也。無心便當下成佛。[671]

法藏在這裡介紹的禪法，大體是指觀「身」不實，「我所」是空，觀「心」無受，諸「法」平等，屬於傳統小乘的禪法範圍。但他作了一些糅合工夫，最後歸結到「真心」或「無心」上來，也就是他提倡的「離心意識」

---

[670]　上引均見《三峰藏和尚語錄》卷十五。
[671]　《三峰藏和尚語錄》卷十四。

和轉識所成之「智」。這些觀法,對於因「病魔」纏身而精神負擔沉重的人來說,可能會因此變得達觀一些。

法藏特別提倡把「看話頭」與「參請」結合起來:「復有看話頭而不肯參請者,又有執參請而不看話頭者,皆偏枯也。何不向話頭疑處著個參請,參請疑處反覆自看?如此參,如此看,兩路夾攻,不愁不得。」[672]「參請」指參禪人向外的參究學習,包括禪師的機鋒、棒喝和對公案、話頭的解釋等,而看話頭則完全是內工夫。法藏認為,要想得悟就不應該把對外參學與向內自省對立起來,而是要讓二者相互推動,相互促進,這樣一來,除看話頭以外,禪的其他形式也有了合理並存的必要。正是在這種思想指導下,法藏作《五宗原》,神化「五家宗旨」,主張全盤接受禪宗遺產。

3. 五家宗旨與威音王圓相

對於五家宗旨的探討,在法藏的早年就開始了,但結果使他頻感失望:「及考邇來諸尊宿語錄,雖不多見,然於五家宗旨,既無吃緊語,未嘗不置卷長嘆也。」[673] 經過多年研究,「既有所立」,但又「苦無先達為證」,於是就「不遠千里」到處參請,而「諸方尊宿欲抹殺五家宗旨,單傳釋迦拈華一事,謂之直提向上」[674]。也就是說,當時的「尊宿」,並不承認有獨特的五家宗旨,而只承認有「釋迦拈華」的傳承存在。所謂「釋迦拈華,迦葉微笑」,是關於禪宗創宗不立文字、默傳心印的傳說,在北宋中後期開始流行。至此,一些禪師重新提出來,似在反對五家的宗派糾葛,認為宗派糾葛有違禪宗「明心見性」的初衷。所以有的禪師照直對他說:「五家宗旨是馬祖以下人所建立,非前人意也,子盍簡釋迦而下逮於

---

[672] 《三峰藏和尚語錄》卷七。
[673] 《三峰藏和尚語錄》卷五。
[674] 《三峰藏和尚語錄》卷十一。

第四節　明末的禪宗復興

六祖三十四傳之偈。其禪原無許多事，若向馬祖之下輒作禪語，則惡俗不可當矣。」[675]

自《寶林傳》以後，禪家說本宗傳承，公認西天有二十八祖，東土至慧能為六祖，這裡講「三十四傳」，就是指西、東傳的總和（其中菩提達磨是重複計算）。《寶林傳》載有每個師祖的傳法偈言，《壇經》名為「傳衣付法頌」。這個以五家宗旨為「惡俗」的禪師，提倡的就是專門研習這些偈頌，而將道一以下的所有禪語，都不當作參究的對象。這種禪風，在明清之際的禪眾中，可能有一定的代表性。因此，當法藏問及臨濟宗時，有位禪師說：「我不用臨濟禪，我今盡欲翻掉他窟子，從六祖而上，直逆釋迦老漢，紹其法脈耳。若接臨濟源流，便有賓主等法。若有賓主等法，便有生死矣。」[676] 當法藏向另外幾個禪師請教臨濟宗的「三玄三要」時，他們「皆貶三玄三要為謾人語，無如是事」[677]。由此可見，當時禪宗界對所謂五家宗旨極為輕視，更不能把它們作為禪修應該依據的準則。

法藏的目標就是要大力振興五家宗旨。在他的語錄中，有許多論述各家宗旨的內容。天啟五年（西元1625年）所作的《五宗原》，對五家宗旨進行了系統整理。整體而言，包括三項內容：

第一，弘揚慧洪重新釐定的禪宗五家的系譜。關於慧能以後的禪宗傳承，本來很複雜（在相關章節中，我們已作過介紹），但自《祖堂集》開始，突出青原行思和南嶽懷讓兩系的血脈，並大體孕育了五宗的脈絡：在編排次序上，是先青原，後南嶽；青原下出曹洞、雲門和法眼三宗；南嶽下出溈仰、臨濟兩宗。此後的《景德傳燈錄》大體沿繫這一體例，只是在編次上，是先南嶽後青原。但將五宗法統如此明晰起來，並為後世禪宗所共許的，乃是南宋時編纂的《五燈會元》。

---

[675]　《三峰藏和尚語錄》卷五。
[676]　《三峰藏和尚語錄》卷五。
[677]　《三峰藏和尚語錄》卷五。

然而，自慧洪等宣傳崇信出自天王道悟，天王道悟嗣法於道一，從而把雲門和法眼兩宗歸於南嶽懷讓法系，這種說法影響不小，宋元以來襲其說者不乏其人。法藏即據慧洪之說，認為：「六祖而出二枝，南嶽懷讓、青原行思是也。讓出四葉」，即臨濟、溈仰、雲門、法眼。「青原一枝出一葉」[678]，即曹洞宗。這些說法，全無新意，但他舊話重提，在當時的禪宗中卻是別樹一幟。

第二，概括五家宗旨的要點和作新的解釋，法藏說：

……此其為三玄也，三要不必言矣；四句齊行，金剛王也；全威獨露，踞地獅子也；以此驗人，探竿影草也；究竟則一喝不作一喝用也，此四喝之謂也。……此四料簡也。……此四照用也。……此四賓主也。臨濟宗旨大略具矣。

……此五位君臣也，而五位王子亦具焉。此曹洞宗旨也。

……涵蓋乾坤也……截斷眾流也……隨波逐浪也……一字關也。此雲門宗旨也。

……以拄杖於空中作圓相……此溈仰宗旨也。

……此六相義，而法眼宗旨具也。[679]

很顯然，這裡講的五家宗旨，是吸收了法眼文益《宗門十規論》和智昭《人天眼目》的觀點，也沒有什麼新的見解。但在《五宗原》中，則加入了宋以後各派禪師比較常用的機語。他的主要創見，在於對已概括的五家宗旨的新的解釋上。例如，他對「雲門三句」就作了如下發揮：

雲門家有三句律之以定宗旨，曰：涵蓋乾坤句，截斷眾流句，隨波逐浪句。以其函之蓋之，乾坤固密，便能截斷生死之流，不妨隨波不沉，逐浪不汩。今之一句咒語，云唵折隸主隸準提莎訶，豈不涵蓋乾坤？如此一

---

[678] 《三峰藏和尚語錄》卷十一。
[679] 《三峰藏和尚語錄》卷五。

第四節 明末的禪宗復興

句,豈不截斷生死?凡有所求也,則曰唵折隸主隸準提;所求某事,莎訶,豈非隨波逐浪之句乎?[680]

「涵蓋乾坤」實際解釋為「理」,證得此「理」,即能截斷生死之流;運用此「理」,則不妨隨逐生死而不會沉淪。他認為這三句雲門宗旨的全部涵義,都可以用一句咒語「唵折隸主隸準提莎訶」代替。這一咒語由兩部分組成,「莎訶」可以單獨用,也可以作為咒語的結句用,所以法藏把它分解為三種意思與雲門三句相應。事實上,咒語本身是否具有他所詮釋的那些意思,並不重要,關鍵是他把一家內容繁多的宗旨歸為一句咒語,本質上是把它們演變成一個話頭,從而使一宗之風統攝到了看話禪中。其所以採用咒語來歸納一家宗旨,則是受了元以來流傳的密宗的影響。

第三,神化五家宗旨,推崇威音王佛。法藏說:

嘗見繪事家圖七佛之始於威音王佛,唯大作一○,圓相之後則七佛各有言詮,言詮雖異,而諸佛之偈旨不出圓相也。夫威者,形之外者也;音者,聲之外者也;威音王者,形聲之外,未有出載,無所考據,文字以前,最上事也。……圓相早具五家宗旨矣,五宗各出一面。[681]

在某些佛經神話中,威音王佛被認為是最古老的佛。有些禪僧則把威音王當作本心佛性、「實際理地」的形象化說法,他離言絕相,只能用圓相來表示。法藏據此認為,五家宗旨不是中國禪宗發展到特定階段的產物,而是一直蘊含在威音王佛中,只是為五宗體現出來罷了。這樣,五家宗旨就成了威音王佛的顯現,各表現了它的一面,比之「釋迦拈花,迦葉微笑」所傳的宗旨具有更高的神聖性。

法藏之所以強調五家宗旨,在當時有特殊的針對性。他說:

---

[680] 《三峰藏和尚語錄》卷五。
[681] 《三峰藏和尚語錄》卷十一。

第六章 明代佛教的復興思潮與宗派再構（上）

比年以來，天下稱善知識者，竟以抹殺宗旨為真悟，致令無賴之徒無所關制，妄以雞鳴狗盜為習，稱王稱霸，無從勘驗，誠久假而不歸矣。[682]

由於抹煞「宗旨」，無從勘驗禪眾所行的真偽，以致出現了一些無賴之徒，以雞鳴狗盜稱王稱霸，這種抨擊可謂憤激之極。至於他們的表現，與法藏同時代的曹洞宗禪師無異元來列舉過：

近時妄稱知識者，行棒行喝，入門便打，入門便罵，不論初心晚進，妄立個門庭，皆是竊號之徒。鼓動學者一片識心，妄興問答，豎指擎拳，翻筋斗，踢飛腳，大似弄傀儡相似，使旁觀者相襲成風。[683]

元來還說，這些人「胸中無半點禪氣，強作機鋒；肚裡懷一塊骯髒，伸為問答。鬼見拍手而笑，人逢側目而嗔」[684]。元來的指責近乎辱罵，但從中可以看到被斥責的這類禪風為數不少。《五宗原》之作，是在理論上進行聲討，目的在喚醒禪者回到五家宗旨，特別是回到看話禪的軌道上去。

關於法藏等人所揭露的諸種「禪病」是否真的為「病」，從事棒喝、翻踢的禪者是否就是「以雞鳴狗盜為習」，姑且不論。問題是，在當時處在這股風浪的頂尖，足以「稱王稱霸」的代表人物是誰呢？人們很容易聯想到唯以一條白棒從頭打到尾的乃師圓悟。圓悟對法藏的觀點深惡痛絕是不可避免的。

三、圓悟對法藏師徒的批判

崇禎三年（西元 1630 年），圓悟得到法藏送去的《五宗原》，未閱全文，束之高閣。不久，圓悟的同門圓修致書批評法藏。法藏回書反駁。崇

---

[682]　《五宗原》後附〈臨濟頌語〉。
[683]　《無異元來禪師廣錄》卷七。
[684]　《無異元來禪師廣錄》卷七。

第四節 明末的禪宗復興

禎六年（西元 1633 年），圓修把法藏的回信寄給圓悟，請其裁決。圓悟聽說「漢月每提唱時喜為穿鑿，恐後學效尤，有傷宗旨，因其省問，乃為規誨」。[685] 他是如何「規誨」的，不知其詳。次年，圓悟著《闢妄七書》，揭開批判《五宗原》的序幕。

崇禎九年（西元 1636 年），法藏已死，圓悟又著《闢妄三錄》，再次批判。法藏弟子潭吉弘忍為維護法藏之說，兼駁圓悟，著《五宗救》10 卷。圓悟曾說：「潭吉聰明伶俐，博極群書，其所作《五宗救》，讀書人愛看。」[686] 但在潭吉弘忍死後不久，崇禎十一年（西元 1638 年），圓悟推出《闢妄救略說》十卷，對法藏、弘忍師徒一起清算。

《闢妄救略說》按過去七佛到密雲圓悟（附法藏）歷代佛祖傳記的順序排列，摘錄弘忍《五宗救》的言論附於每條之後，逐條批駁，矛頭則主要指向法藏，雖論述比較雜亂，但中心思想突出。

首先，斥責法藏不尊師長，是無君無父，亂臣賊子。他說：「古人道：威音王以後，無師自悟，盡是天然外道。漢月抹殺老僧，便是外道種子，所以老僧竭力整頓他，亦為道也，非為名分也。」[687] 又說：「漢月攀高峰為得心之師，覺範為印法之師，真師則臨濟，正若世間無父之子，認三姓為父親，遺臭萬年，唾罵不盡。」[688]「世有讀書君子，明理高賢，以為如此人者，能逃孔孟賊子之筆伐，無父之口誅否耶？」[689]

圓悟的這類咒罵，從宋明的儒家道學看，是義正詞嚴、冠冕堂皇，因為「天地君親師」，師已上升到與君親並重的倫理地位，當然是違逆不得的。但就禪宗而言，卻不盡然。唐禪以超越佛祖為灑脫，宋禪把呵佛罵祖

---

[685] 《天童密雲禪師年譜》。
[686] 《辟妄救略說》卷十〈附三峰〉。
[687] 《辟妄救略說》卷七。
[688] 《辟妄救略說》卷八。
[689] 《辟妄救略說》卷九。

視作解脫，一般禪者也以弟子創新為師之能，師輩也不以弟子違於己說而目作叛逆。因此，禪理禪風不斷翻新，顯得思想十分活躍。至於圓悟，以師長的身分壓人，身分成為真理的象徵，表示新儒學的倫理觀也已深入禪眾。因此，法藏的失敗，是歷史地注定了的。

其次，是對法藏神化五家宗旨的批判。圓悟說：

漢月不識五宗正旨，妄揑一〇，為千佛萬佛之祖，則千佛萬佛，正法眼藏，已被漢月抹殺。更謂五宗各出〇之一面，任汝作《五宗原》、《五宗救》，建立五宗，實乃抹殺五宗。任汝執三玄三要、四賓主、四料簡，舉揚臨濟，實乃抹殺臨濟。[690]

那麼，什麼是真正的五家宗旨？什麼是真正的臨濟宗旨？這就涉及禪法本身問題。

圓悟認為，所有禪家宗旨，只有一個，即：「從上已來，佛法的大意，唯直指一切人心，不從得之本來，為正法眼藏，為曹溪正脈，為五家無異之正宗正旨。」[691] 圓悟的「直指一切人心」，既是佛祖的宗旨，也是五家共同的宗旨，此外別無宗旨。

顯然，圓悟此說是缺乏禪史知識。因為以圓相〇示佛理，佛理即是諸佛的本源，是始自為仰宗的慧寂，並不是法藏的「妄揑」。從「圓相」說的理論形式上看，它屬於禪宗中的理學派；以「一心」為諸佛起源，因而強調「直指人心」，我們稱之為禪宗中的心學派。實際上，理學派的理，本質也是「心」；心學派的「心」，也有「理」的含義。所以從哲學本質體論上看，二者沒有原則區別。圓悟用「直指人心」批駁法藏的圓相，沒有展開心學與理學的分歧，而是以意氣用事，代替了理論分析。

其實，圓悟本人對五家宗旨的論述也是有矛盾的。一方面，他否定五

---

[690]　《辟妄救略說》卷四。
[691]　《辟妄救略說》卷九。

家各有宗旨；另一方面，在分述各宗時，又肯定各派確有自己的宗旨。關於臨濟宗，他就反覆強調：「此臨濟建立宗旨，唯問著便打而已。」[692]「老僧只據臨濟道，你但自家看，更有什麼？山僧無一法與人，是臨濟宗旨。」「老僧拈條白棒，問著便打，直教一個個迥然獨脫，無倚無依，者便是老僧的宗旨。」[693] 這樣，「無一法與人」和「問著便打」都是臨濟宗旨。

若按這樣的標準計算，則宗旨可以多到不可數。顯然，圓悟在這裡把禪宗的共性與各派的特性，把各派的禪理及其禪風都混為一談。這暴露了當時禪師們理論水準的普遍粗淺和低下。

如上所述，圓悟一生以「問著便打」著稱，並引以為自豪。潭吉弘忍把「打」稱為「狂」，把「罵」稱為「潑」，對他進行抨擊。圓悟也堅決駁斥，他列舉了「黃檗打臨濟，大覺打興化」，而「天下萬世，未有指為狂打者」的事例；列舉了某些尊宿用「噇酒糟漢，屎床鬼子」罵人，而「天下萬世，未有指為潑罵者」的事例，證明「打」和「罵」正體現了禪的「全機大用」。圓悟認為：「妄稱狂打潑罵自潭吉始，使天下萬世，疑打即是狂，罵即是潑，師家束手結舌，不敢以本分草料接人，自潭吉一言始矣。」[694] 作為一個禪師如果不能打罵，就只有「束手結舌」，這就等於說，禪師的全部本領只有打和罵了。

四、無明慧經的農禪興宗

自元初行秀弟子雪庭福裕受詔住持少林到明代中期，嵩山一直是曹洞宗的主要基地，吸引了各地眾多的僧人前來參禪，但從這裡產生的有影響力的禪師則為數寥寥。明初，值得一提的，只有雪軒道成。

---

[692]　《辟妄救略說》卷一。
[693]　《辟妄救略說》卷十。
[694]　《辟妄救略說》卷八。

第六章　明代佛教的復興思潮與宗派再構（上）

道成（西元 1352～1432 年），15 歲在保定興國寺出家，後就學於靈巖寺少室文泰的弟子靈巖潔。道成先後受到三帝（明太祖、成祖和宣宗）的重視，在政治上有一定作用，但在禪學上並無建樹，也沒有促進曹洞宗的進一步興盛。

整體說來，嵩山曹洞宗繼承的是行秀的禪學傳統，以評唱公案為主。元賢說：

> 自元朝初，雪庭裕公奉詔住少林，天下學者翕然宗之。歷傳之萬曆改元，小山書遷化，詔幻休潤補其席，四方腰包而至者，如鳥投林，如魚赴壑。而潤公乃講習評唱為事，大失眾望。[695]

幻休常潤（西元 1514～1585 年）是小山宗書的弟子，嘉靖二十五年（西元 1546 年）住持少林。30 年間，仍以「講習評唱為事」，秉守祖師家法不變，以致「大失眾望」。這時候，無明慧經卻在江西開始了振興曹洞宗的事業。

慧經（西元 1548～1618 年），號無明，撫州崇仁（江西崇仁縣人），俗姓裴。9 歲入鄉校，21 歲出家，到江西黎川廩山求學於蘊空常忠。常忠（西元 1514～1588 年）的知名度，沒有當時幻休常潤高，但對慧經的影響很大。據「杭州徑山嗣法曾孫道盛」撰〈建昌廩山忠公傳〉記，常忠是建昌人，「少時習姚江良知之學，嘗以自有別見當揭明之」。出家之後，到嵩山參見小山宗書，並遊歷五臺、北京等地。小山宗書住持北京宗鏡寺，他「服勤三載，深得其旨」。後來他回到江西黎川廩山隱居，而「獨與羅近溪汝芳、鄧潛谷元錫二公相與談性命之學，間拈《金剛》、《圓覺》，發揮宗門大意，及舉向上事，剖決良知，掃除知解，皆超出情見」[696]。據此，常

---

[695] 〈博山語錄集要序〉。據《宗統編年》卷二十九記載，幻休常潤於嘉靖二十五年（西元 1546 年）開始住持少林寺，萬曆初年常潤雖仍住少林，但小山宗書早已去世。所以，元賢在這裡講的時間不太確切。

[696] 〈建昌廩山忠公傳〉。

第四節　明末的禪宗復興

忠是用佛教教義「剖決」王學的中心概念「良知」，並由之所闡發「性命之學」的。可惜這方面的資料不多，具體內容難詳。常忠並不廣交士大夫，曾把一些縉紳名士拒之門外。有人問他原因，他說：「彼且多知多解，肉飽酒醉，來尋長老消閒。予粥飯僧，那有許多氣力，與他搔皮寬肚，取人爽快，圖人讚嘆也。」[697] 這是一個不願給人作消閒材料，不甘清客身分，而有獨立性格的禪師。這對慧經是有影響的。常忠曾有自己的志向：「當嘉、隆間，宇內宗風，多以傳習為究竟。師疾時矯弊，志欲匡扶大法，而力未合，以故終身韜晦。」[698] 他反對的「以傳習為究竟」是指嵩山傳習的評唱，他力圖加以改革，而響應者少，所以不得不「終身韜晦」。直到慧經「從其剃落，後蒙記莂，始為弘揚」[699]，常忠未申之志才在慧經那裡得到實現。

慧經隨侍常忠3年，後到鵝峰山住28年。[700] 萬曆二十八年（西元1600年），慧經到各地遊歷參訪，曾見到雲棲袾宏、無言正道、瑞峰廣通等當代名僧。據德清撰〈新城壽昌無明經禪師塔銘〉記，慧經還曾前往京都，謁達觀（真可）禪師，達觀「深器重之」。[701]

此中涉及慧經傳承關係的有兩個人：其一是無言正道（西元1548～1618年），乃幻休常潤的弟子，繼住少林，被視為曹洞正宗；其二是瑞峰廣通，乃笑岩德寶的弟子，屬臨濟宗。他對慧經也有影響，黃端伯在〈壽昌語錄序〉中說，慧經「最初從廩山發悟，而末後印法於五臺（廣通）」，把慧經歸於臨濟宗。慧經在萬曆三十一年（西元1603年）初次開堂說法，

---

[697] 〈建昌廩山忠公傳〉。
[698] 〈建昌廩山忠公傳〉。
[699] 〈博山語錄集要序〉。
[700] 一說慧經在峨峰居住二十四年，此據元賢的〈無明和尚行業記〉，見《鼓山永覺和尚廣錄》卷十五。
[701] 元賢認為，德清所撰〈塔銘〉「述先師（指慧經）入道機緣，率多失實」，故另作〈無明和尚行業記〉，認為慧經並沒有見到達觀真可。

即宣布嗣法常忠,確定自己屬曹洞宗系。儘管如此,到清初仍有人提出慧經一系的歸屬問題。

萬曆三十六年(西元1608年),慧經受請住持福建董巖,不久重返寶方寺。第二年,遷住建昌府新昌(江西黎川縣)壽昌寺,直至逝世。習慣上即把他這一派稱為曹洞宗壽昌系。關於他的言行,有其弟子元來所編《壽昌無明和尚語錄》2卷。

慧經在江西振興禪宗,主要藉助農禪擴大叢林規模。在他出家後的40餘年中,除二三年行腳外,都是住山開田。在鵝峰山時,他「鑿山開田,不憚勞苦」;在寶山寺時,他「雖臨廣眾,不以師道自居,日率眾開田,齋甫畢,己荷鍤先之矣。時有志於禪者日漸集」;至於壽昌寺,他「居敗屋,日中率眾開田,一如寶方,未嘗少倦。數載之間,重建一新莊,莊嚴偉麗,甲於江右叢林」。他的弟子元賢說:「四十餘年,鋤犁弗釋;年迨七旬,尚混勞侶,必先出後歸,未嘗有一息敬安之意。三剎歲入可供三百眾,皆師血汗之力也。」[702] 他的另一弟子元來說:「入山躬自作務,力田飯僧。凡鼎建梵剎大小十餘所,皆吾師一鍤之功也。」[703] 慧經正是以倡導並帶頭勞動,將禪建立在保障自給的經濟上,才使禪眾不斷擴大的。在寶方寺,「四方聞風而至者,絡繹於道,掛搭常數千指」[704];在壽昌寺,「二十年來,千指圍繞」[705]。慧經的農禪,是對百丈懷海的自覺效法。他說:「山僧昨早停箸,披蓑頂笠,弄頭到晚,猶不覺倦。若不履踐至百丈堂奧,焉能禁得大眾?」[706] 在他看來,「能禁得大眾」的,不是精深的學問,而是解決大眾的衣食問題;以親身勞動帶動大家共同勞動,才是禁制大眾不失散、不違戒的根本途徑。也因如此,他受到推崇,被尊為「壽昌古佛」。

---

[702] 〈無明和尚行業記〉。
[703] 《無異元來禪師語錄》卷三十三。
[704] 〈無明和尚行業記〉。
[705] 〈新城壽昌無明經禪師塔銘〉。
[706] 《壽昌無明和尚語錄》卷上。

第四節　明末的禪宗復興

「學侶參尋，每將鐝頭為禪杖；尊賓顧訪，且就蓑衣準布袍，故有『壽昌古佛』之稱。」[707]

慧經「常示參徒」，「牽犁拽地，法法全彰，豈待老僧再舉揚乎！」[708] 開田墾荒、牽犁拽地，就是示以佛法，用不著再有什麼說教。德清說他「生平佛法，未離鐝頭邊也」[709]。這個評價是恰當的。

慧經貫徹的農禪制度，非常徹底。其表現之一，就是拒絕接受官僚王公的布施，所謂「歷主三剎，皆不發化主，不扳外緣」[710]。當時的達官顯貴進山，總要「齋香脩敬」。對於這些人，慧經「漠然不答」。寺中知事勸他「稍循時宜」，他回答：「吾佛制，不臣天子，不友諸侯，為佛兒孫，而違佛制，是叛佛也。」[711] 這是因為有了獨立的經濟，所以才有獨立的品格。而這種禪宗的獨立性，只有在中央集權薄弱或失勢的年月才能實現。慧經一反明代禪宗風習，主張保持禪林的純潔性，反對把「禪坊」變為「應院」。洪武年間，明王朝規定禪、講、教分宗，由於官民法事盛行。教寺香火旺盛，赴應僧賺錢十分容易，所以禪僧多兼作法事。這種風氣也曾流到慧經創業的山寺，他大加斥責：「汝邀一時之利，開晚近流弊之端，使禪坊流為應院，豈非巨罪之魁也！」[712]

從這類言行看，慧經努力恢復的的確是晚唐農禪的模式，在振興江西叢林中有不少號召力。但他拒受布施，不作法事，大約只能行之於他所住持的寺院，並不能改變元明以來的舊風。

在禪的領域，慧經繼常忠之志，反對講習評唱，也反對鑽研公案機語。他指出：

---

[707]　《南宋無明禪林僧寶傳》卷十四。
[708]　〈壽昌無明和尚語錄序〉。
[709]　〈新城壽昌無明經禪師塔銘〉。
[710]　〈無明和尚行業記〉。
[711]　《南宋無明禪林僧寶傳》卷十四。
[712]　《南宋無明禪林僧寶傳》卷十四。

第六章　明代佛教的復興思潮與宗派再構（上）

參禪者須得禪源底要妙，方有語話分。此語無來由，沒格式，但應機便用，實無有鋪排，著量之言。所以云：無味之談，塞斷人口。如僧問趙州：如何是道？州曰：門外是。……此等語話可商量乎？盡是禪源到底句，但具眼者自然相契。[713]

意思是說，機語是「沒來由，沒格式」的「無味之談」，不能透過分析它們的含義悟解。只有「得禪源底要妙」，「具眼者」自然契會。所謂「具眼」，這裡指具有「道眼」；「道眼」能令人明慧，所以又名「道眼明」。慧經認為，令人「道眼明」的唯一的方法是看話頭。慧經說：

參學之士，道眼未明，但當看個話頭……如是最是省力，不須念經，不須拜佛，不須坐禪，不須行腳，不須學文字，不需求講解，不須評公案，不須受飯戒，不須苦行，不須安閒，於一切處，只見有話頭明白，不見於一切處。[714]

他這裡講的看話頭，也是明末的潮流，特點是針對性強，目的是用以取代講習評唱，而看話頭的方法也沒有定式，禪者只要注意力集中於某個話頭上，令心力不要旁涉就足夠了。這樣，看話禪被簡化了，和勞動的結合也更容易密切了。

壽昌一系的傳承法號有28字：「慧圓（元）道大興慈濟，悟本傳燈續祖先，性海洞明彰法界，廣宏行願證真常。」[715] 在慧經的弟子中，以壽昌元謐、晦臺元鏡、博山元來和鼓山元賢較為著名。

元謐（西元1579～1649年），字見如，一字闃然，南昌人，俗姓胡。21歲到寶方寺見慧經，要求剃髮，未獲應允，遂去撫州金山，隨鎧法師出家。1年後，返回寶方寺，一直追隨慧經，先作火頭，後為維那。元謐接

---

[713]　《壽昌無明和尚語錄》卷上。
[714]　《壽昌無明和尚語錄》卷上。
[715]　守一編：《宗教律諸宗演派》。

受了慧經的禪學傳統，重視參究話頭，對擴大叢林建設多有貢獻。後繼慧經住持壽昌寺 20 餘年，並重建了寶方寺和本邑的龍湖禪寺。關於他的言行，有弟子道璞集的《見如元謐禪師語錄》1 卷。

元鏡（西元 1577～1631 年），字晦臺，別號湛靈，福建建陽人，俗姓馮。萬曆三十二年（西元 1604 年）出家，隨慧經住寶方寺和壽昌寺。萬曆四十三年（西元 1615 年），從博山元來到福建大仰。晚年歸隱武夷石屏山，被稱為「武夷第一代禪祖」。關於他的言行，其弟子覺浪道盛編《晦臺元鏡禪師語錄》1 卷。李長庚作〈武夷第一代禪祖東苑鏡公大塔塔銘並序〉，附在《語錄》之後。

元鏡弟子覺浪道盛，是壽昌系的後起之秀。他先後跟隨元來、慧經、元鏡習禪，元鏡曾以「壽昌宗派並書偈付之」。元謐也很看重道盛，後來讓他代替自己住持壽昌寺。

五、博山元來的相容思想

元來不同於其師慧經，不專以勞作為務，而是以禪律並行治理叢林，禪教兼重，又盛倡淨土信仰，其影響遠遠超過慧經。

1. 禪律並行，禪教兼重

元來（西元 1575～1630 年），又名大艤，字無異，俗姓沙，舒城（安徽舒城縣）人。16 歲到金陵瓦棺寺，聽講《法華經》，後至五臺山出家，從天台宗僧習止觀法門。他後來追述這段修行過程說：

參五臺山靜庵通和尚，蒙示三觀之旨。先修空觀，一空一切空。當時於蒲團上，當下不知血肉身心前境，不知有山河大地。如此五年。[716]

---

[716] 《無異元來禪師廣錄》卷八。

顯然，元來注重的是天台宗的坐禪觀想，所以一直勤於此，「嘗露坐松下，不知晨夜，蚊蚋集軀，如喳槁木」[717]，並由此形成他終生重視禪修實踐的作風。

5年之後，元來慕名到鵝峰參見慧經，見他貌似田夫，遂未停留便去福建白雲峰，苦修3年，有所證悟。然後又到寶方寺見慧經，慧經讓他為首座。27歲，至鵝湖訪袾宏弟子心和尚，「受菩薩毗尼」。在此期間，曾三次拜見袾宏，袾宏書寫「演暢真乘」相贈。

從28歲開始，元來獨立住持寺院。初住博山（江西上饒）能仁禪寺，後30年中，住持過福州董巖禪寺、鼓山湧泉禪寺和金陵天界寺等，在江西、福建和江蘇一帶頗有影響力。

明末，南方禪宗崛起，湧入禪門的僧人普遍輕視戒律。元來以戒律約束僧徒，受到社會好評。他能夠住持博山能仁禪寺，就是當地官僚士大夫看重他這一特長。「博山故韶國師道場，荒廢日久，寺僧皆肉食者流。廣文君倡諸縉紳，偕寺僧請和尚。和尚至，同是誅草為屋，僅足容膝，而禪律並行，蹶然而興起。鵝湖聞和尚居博山，即以授戒儀軌畀之。」[718]他以戒律治理叢林，有很大的號召力，前來請他受戒的人很多，「學士大夫、文學布衣，禮足求戒者，動至數萬」[719]。

元來也很重視參究話頭，但不像慧經那樣用它代替一切。他鼓勵學徒多讀佛典：「夫為學者，凡經律論三藏文字，大小偏圓，靡不遍涉。」[720]他認為宗與教不應該相互褒貶：「然宗教殊途，皆歸一致；都城趨入，迅速不同。非敢以宗抑教，以教抑宗，真有所抑，即是魔入。」[721]他本人即

---

[717] 〈博山和尚傳〉。

[718] 〈博山和尚傳〉。

[719] 〈博山和尚傳〉。

[720] 《無異元來禪師廣錄》卷二十六。

[721] 《無異元來禪師廣錄》卷二十三。

第四節　明末的禪宗復興

頗通經典和諸宗教義，增強了對文人的影響力。「姑蘇劉監軍錫玄，素慕和尚，聞和尚在金陵，干走謁焉。義以臺教，辯如懸河，和尚剖疑義，更示以別傳之道，監軍窅然自喪。」[722] 據《無異元來禪師廣錄》載，他經常為僧人和士大夫講解天台、華嚴和唯識等宗的教義。他自撰《宗教答響》5卷，專門論述宗與教的相通關係。這種禪教並重的做法，呼應了整個佛教發展的大趨向，是他名重一時的重要原因。

劉日杲曾高度評價元來：「明興二百年，宗乘寥寥，得和尚而丕振，猗與盛哉！禪律不相謀，宗教不相為也，而和尚法嗣壽昌，律傳鵝湖，殆兼之矣。[723]」。劉日杲認為元來改變了明代二百年來禪宗萎靡不振的局面是溢美之詞，但指出元來打破了「禪律不相謀，宗教不相為」的框框，促進了禪律並行、禪教兼重的發展則是事實。

元來的門徒編有《無異元來禪師廣錄》35卷，收錄他六坐道場的語錄及雜著、拈古、頌古、書啟、詩文、傳記等，後元賢從中篩選，編為《博山無異大師語錄集要》6卷。

元來一系後被稱為壽昌系的博山一支，其傳承法號有二十字：「元道宏傳一，心光普照通，祖師隆法眼，永傳壽昌宗。」[724] 元來的門徒很多，在他第二次住博山時，「朔既燕都，南盡交趾，望風而止者，數以千計」。[725] 知名的弟子有長慶道獨（西元1599～1660年）、雪磵道奉（西元1597～1675年）、古航道舟（西元1585～1655年）、瀛山智誾（西元1585～1637年）等。其中智誾曾住持博山、福州鼓山、杭州虎跑、信州瀛山等處，影響力較大，但他的思想沒有超出元來的範圍。關於他的言行，有《雪關和尚語錄》6卷和《雪關禪師語錄》13卷。

---

[722]　〈博山和尚傳〉。
[723]　〈博山和尚傳〉。
[724]　《宗教律諸宗演派》。
[725]　〈博山和尚傳〉。

2. 禪與淨土，「當求一門深入」

在禪宗史上，禪與淨土的關係問題始終是意見不一。當明清之際，禪宗重興，再次出現了排斥淨土信仰的思潮，元來則是衛護淨土信仰的代表。他批判當時的一些現象說：

慨末法我相自高，邊見分執，貶淨土為小乘，指念佛為權行，甚至向人誕唾下覓尖新語句，蘊在八識田中，以為究竟極則。及至到頭，一毫無用，是之謂棄楚璧而寶燕石，反鑑而索照也。[726]

將淨土信仰斥於禪外的人，是要用參究話頭取代佛教一切法門。據元來看，這將「一毫無用」。他的觀點是：「禪淨無二也，而機自二。初進者，似不可會通，當求一門深入。」[727] 他的意思是說，「禪」與「淨」本身並無區別，由於行者根基不同，禪與淨始劃分為二。初學者尚不能將二者會通為一，則參禪者可專心看話頭，求西方者可專心於念佛。也就是說，禪淨結合最好，否則禪淨單修也行，但絕不能把二者對立起來。以後元來指導學人修習，或參禪，或念佛，都沒有背離這一原則。

元來提倡禪淨無二，其中的「淨土」，首先指的還是唯心淨土，所謂「十兆剎之外，不出一心」。[728] 他作《淨土偈》108 首，每首都以「淨心即是西方土」一句開頭，其中前三首是：

淨心即是西方土，行通西方步不移。無影樹頭非色相，瞥然起念便支離。

淨心即是西方土，念佛聲消我是誰。徹底掀翻「誰」字窟，三家村裡活阿彌。

---

[726] 《無異元來禪師廣錄》卷三十二。
[727] 《無異元來禪師廣錄》卷二十一。
[728] 《無異元來禪師廣錄》卷二十一。

第四節　明末的禪宗復興

淨心即是西方土，何必瞿曇萬卷書。霹靂一聲聾兩耳，全身捋入趙州「無」。[729]

第一首是重述唯心淨土的原理，無甚特色。第二首是接受袾宏關於融通禪淨的思想，並納入看話禪。他曾指出：「我雲棲師翁將禪淨二途縛作一束，教人單提一句『念佛是誰』。」[730] 即用看「念佛是誰」代替念誦阿彌陀佛；透過「念佛聲」「消我是誰」的「我執」觀念。如果參透這個話頭，就是「徹底掀翻『誰』字窟」，將「我執」徹底掀翻，也就達到了念佛求見阿彌陀佛的目的。第三首是用念佛代替看話頭，認為二者會有同樣的效果：念佛若念到無其他知覺的程度，等於看趙州「無」字話頭所達到的境界。

這種「淨心即是西方土」，在具體運用上可以有很多方面，但就唯心言淨土，本質上是反西方淨土的，屬於禪宗的老調。但是，若依據修行根機來分，禪與淨土是兩種法門，這裡的淨土就是西方淨土：「如果提一句彌陀，當以信、行、願為資糧。信者，信自心有成佛的種子，信有彌陀可見，信有淨土可生，信我念佛將來畢竟見佛，畢竟成佛，更無疑慮也……」[731] 既然承認「有彌陀可見」、「有淨土可生」，那麼，彌陀和淨土就不是存在於自我心中，而是外在可崇拜的對象。在這裡，元來還把西方信仰當作「資糧」，即方法，但在另一些地方，他把唯心淨土與西方淨土這兩種相互矛盾的說法完全溝通起來：

然行人念佛，正當發願往生，不可執目前淨土。大方家，安可滯一隅，謂之心淨土淨，正所謂棄大海認浮漚為全潮者，不跡迷乎？……果將

---

[729]　《無異元來禪師廣錄》卷二十。
[730]　《無異元來禪師廣錄》卷八。
[731]　《無異元來禪師廣錄》卷二十。

一句彌陀，念教不念自念，究竟到一心不亂，則唯心之理，不言可喻，又何妨發願往生乎？[732]

他認為，以「心淨土淨」反對求往生，是愚迷的表現；而念誦佛號求往生，最終也能達到唯心淨土的境界。看來，矛盾並沒有從理論上解決，只是在實踐上調和了。

與此相應，他將歷代禪師呵佛罵祖等反對偶像崇拜的言論當作「權語」，以便把西方淨土納入禪中：「是故求一門深入，不可滯祖師權語，又不可滯抑揚之說也。……祖師亦云：『佛之一字，吾不喜聞。』又云：『念佛一聲，三日漱口。』祖師意總不在此。」[733]最後，他依然是重述念佛會有佛力冥資、易於參禪等老調：「此淨土一門，仗果位中佛，發大弘誓，廣攝念佛行人，比於諸法門中，似省力也。」[734]

元來提出的禪淨可以不必兼修，當求一門深入的主張，影響力不小。對此，他的同門師弟元賢有進一步發揮。元賢告誡禪僧，不論是參禪還是念佛，能同樣達到解脫：「又有一等人，才念佛又愁不悟道，卻要參禪，心掛兩頭，功不成就，全不知念佛也是這心，參禪也是這心，參禪參得到的，念佛也念得到。」[735]

然而在元賢的繼續解釋中，卻從禪淨可以不必兼修變成了禪淨不可兼修：

問：參禪兼修淨土可乎？曰：參禪之功，只貴並心一路，若念分兩頭，百無成就。如參禪人有一念待悟心便為大障，有一念恐不悟心便為大障，

---

[732] 《無異元來禪師廣錄》卷二十一。
[733] 《無異元來禪師廣錄》卷二十一。
[734] 《無異元來禪師廣錄》卷二十一。
[735] 《鼓山永覺和尚廣錄》卷九。

有一念要即悟心亦為大障，況復慕淨土諸樂事乎？況慮不悟時不生淨土，已悟後不生淨土乎？盡屬偷心，急加剿絕可也。[736]

這樣一來，參禪和念佛不是相輔相成、互為補充，而是相沖相剋、水火不容，儘管二者都可以獨立達到解脫的目的。

元來和元賢這些充滿矛盾的主張，反映了明清之際淨土思潮的高漲，使禪宗處在兩難之中，最後不得不以承認淨土為獨立的解脫法門來保持禪宗絕對內向的純淨，但這種日子也不多了。

六、永覺元賢的「救儒禪」

1. 生平與著作

元賢（西元 1578～1657 年），字永覺，俗姓蔡，建陽（福建建陽縣）人。未出家前受過良好的儒家教育，是一個典型的「以儒而入釋」的禪師。他喜好宋代理學家的著作，尤其「嗜周、程、張、朱之學」。25 歲，到寺院聽講《法華經》，對佛教產生信仰，便繼續研習《楞嚴》、《圓覺》等在當時最流行的佛典。萬曆三十一年（西元 1603 年），往福建董巖，隨慧經習禪，慧經還指導他參究「乾屎橛」話頭。萬曆四十五年（西元 1617 年），元賢正式出家。1 年後，慧經去世，元賢又隨元來習禪 3 年。至 46 歲，閉門 3 年，閱讀大藏經。自 57 歲以後的 20 餘年，先後住持福建鼓山湧泉禪寺、泉州開元禪寺、杭州真寂禪院和劍州寶善庵。其弟子為霖道霈稱他「四坐道場，大作佛事，言滿天下，道被域中」。[737]

元賢是繼元來之後曹洞宗最有影響力的禪師。他重建了許多廢棄的寺院，他居住時間最久的鼓山成為「八閩叢林之冠」，且「山中所依止率三百

---

[736]　《鼓山永覺和尚廣錄》卷二十九。
[737]　道霈：〈最後語序〉。

第六章　明代佛教的復興思潮與宗派再構（上）

餘人；問道受戒，不啻數萬人」[738]。

元賢晚年，正是明清交兵的年月，南方戰事頻仍，生靈塗炭，人民蒙難，死亡狼藉。元賢率領僧徒，從事賑濟災民、葬埋死者等慈善活動。如清順治七年（西元 1650 年），率眾「收無主遺骸千餘瘞之」。順治十二年（西元 1655 年）春，興化、福清、長樂一帶「罹兵變，飢民男婦流至會城南鄰……師乃斂眾遺途，設粥以賑。死者具有棺葬之，凡二千餘人，至五十日而止」[739]。中國佛教在戰爭年代從事大規模的社會救濟活動，大約應該從元賢算起。

元賢的社會視角廣，關心的問題也多，反對溺殺女嬰的陋習是其中之一。他說：

今世俗溺女，正所謂殺無罪之子，惡之莫大者也，而世俗恬不知怪，視以為常，不亦異乎？昔孟子謂：今人乍見孺子將入井，皆有怵惕惻隱之心，非納交於孺子父母也，非要譽於鄉黨朋友也，非惡其聲而然也，直曰：無惻隱之心非人也。……其愛子之情，豈有擇於男女哉。[740]

元賢以精通儒釋聞名，本人也很自負，臨終述懷，竟以拯救儒士和禪者為囑：

老漢生來性太偏，不肯隨流入世塵。頑性至今猶未化，剛將傲骨救儒禪。儒重功名真已喪，禪崇機辯行難全。如今垂死更何用，只將此念報龍天。[741]

在他看來，儒士追求功名而喪盡真性，禪僧巧言善辯則正行難全。此話講於明亡清初之際，是否別有所指很難揣度，但最後要將此念報「龍

---

[738]　潘晉台：〈鼓山永覺老人傳〉。
[739]　〈福州鼓山白雲峰湧泉禪寺賢公大和尚行業曲記〉，以下簡稱〈賢公大和尚行業曲記〉。
[740]　《喜山永覺和尚廣錄》卷十六。
[741]　〈賢公大和尚行業曲記〉。

418

第四節　明末的禪宗復興

天」，確實特別。在佛徒中，一般不會說「報龍天」這種話的，尤其是一個知識僧侶。

元賢一生著述很多，道霈說：「師平生說法語錄及諸撰述共二十種，凡八十卷，盛行於世。」[742] 元賢自述其著作「凡二十種，計一百餘卷」。[743] 道霈集元賢的語錄及部分雜著，編為《鼓山永覺和尚廣錄》30卷。除了上堂說法語錄之外，他的著作可分為四類：一是史傳，包括兩部《燈錄》，1部地區僧史和重修的2部寺志；二是禪學論述，以《洞上古轍》2卷為代表；三是「會通儒釋」之作，主要是《言》；其四是注疏，包括《楞嚴翼解》、《楞嚴略疏》、《金剛略疏》、《般若心經指掌》、《法華私記》等。

元賢很重視編撰禪宗的史書，用力甚大。為補《五燈會元》的不足，他於西元1649年編撰了《補燈錄》，補記了185人，希望能「發前賢之祕光，開後學之智眼」。[744] 兩年之後，他又補了《五燈會元》和《五燈續略》的不足，編撰《繼燈錄》六卷，分述臨濟（始於第十八世）和曹洞（始於第十六世）兩宗，其影響大於《補燈錄》。

元賢的《建州弘釋錄》2卷，是在元來鼓勵下編撰的，完成於崇禎二年（西元1629年）。元來指出，他早年遊歷福建，知道這裡是「理學淵藪」，後讀《燈錄》又知道「建州為禪學淵藪」[745]。因此勸元賢寫一部他故鄉的僧史。元賢遂「博探群籍，取諸師之產生於建者，或開法顯化於建者，悉錄傳之」[746]，記錄了從唐到明的名僧77人。

元賢整理和續編了2部山寺志書，即續編《泉州開元寺志》和《鼓山志》。後者原為2卷，未最後定稿。

---

[742]　〈鼓山永覺老人傳〉。
[743]　《鼓山永覺和尚廣錄》卷十八。
[744]　《鼓山永覺和尚廣錄》卷十四。
[745]　《無異元來禪師廣錄》卷十二。
[746]　《鼓山永覺和尚廣錄》卷十三。

第六章　明代佛教的復興思潮與宗派再構（上）

元賢對臨濟和曹洞兩宗的研究獨具心得，認為兩家禪學具有一致性。他說：「予三十年前學臨濟，三十年後學曹洞，自從胡亂後，始知法無異味。」[747] 在臨濟禪學方面，曾作《三玄考》，重新解釋三玄三要；而費力最多的是研究曹洞宗禪學。清順治元年（西元1644年），寫成《洞上古轍》2卷；順治五年（西元1648年），經「再四訂定」，最後定稿。此書把曹洞宗旨的源頭歸結到希遷的《參同契》，認為「參同契」乃「洞宗之源也」；[748] 對「五位君臣」、「偏正回互」等曹洞宗義重新解釋，並選集了歷代曹洞禪師若干言行。

元賢在講到撰寫《洞上古轍》的背景時指出：

至我明弘治中，有《四家頌古注》，嘉靖中，有《曹洞宗旨緒餘》及《少林筆記》等書，悉皆謬妄，迷亂後學。……乃作《洞上古轍》二卷，盡刪邪說，唯取古德舊案，類集成書，間有發明考訂，乃不顧危亡，直犯忌諱。[749]

《洞上古轍》在於用「發明考訂」的方法，批駁謬妄，理清迷亂，而矛頭則是直指《曹洞宗旨緒餘》及《少林筆記》等代表的嵩山系曹洞宗。因此，《洞上古轍》的性質與法藏的《五宗原》相似，也有反權威的意義，在一定程度上反映了南北曹洞禪師在禪思想上的差異。

元賢論述儒釋關係的著作是《寱言》。寫於崇禎五年（西元1632年）的〈續寱言序〉說：「昔余居荷山，因諸儒有所問辯，乃會通儒釋，而作《寱言》。」[750] 他強調的是儒佛二教的一致性：「人皆知釋迦是出世底聖人，而不知正入世底聖人，不入世不能出世也；人皆知孔子是入世底聖人，而

---

[747]　《鼓山永覺和尚廣錄》卷十六。
[748]　《鼓山永覺和尚廣錄》卷二十七。
[749]　《鼓山永覺和尚廣錄》卷二十七。
[750]　《鼓山永覺和尚廣錄》卷三十。

第四節　明末的禪宗復興

不知正出世底聖人，不出世不能入世。」[751] 視佛為出世之教，儒為入世之教，二者分工治世，是一種十分流行的觀點。元賢則把二家聖人完全等同起來，認為他們既是出世的，同時也是入世的。

《言》的內容比較龐雜，引用大量儒典，涉及歷代很多儒士，分析了不少哲學命題，但比較集中論述的仍然是心性問題。在談及程朱及王陽明的學說與禪宗心性論之同異時，他說：

佛氏論性，多以知覺言之。然所謂知覺者，乃靈光獨露，回脫根塵，無待而知覺者也。陽明倡良知之說，則知待境起，境滅知亡，豈實性之光乎！程朱論性，直以理言之，謂知覺乃心，心中所具之理為性，發之於四端為情。陽明之良知，正情也。即欲深觀之，則此情將動未動之間，有靈靈不昧，非善非惡者，正心也，豈實性之理乎？[752]

這是一個禪僧對於宋明儒學熱門話題的觀點，是值得注意的。以《圓覺》、《楞嚴》為代表的「佛氏」，即禪宗的主流，以「知覺」為人的本「性」。但此「知覺」與王陽明的「良知」不同：佛氏之「知覺」，是無條件的存在；王氏的「良知」則受對象的限制；程朱把人「性」歸為「理」在心中的顯現，知覺僅歸為心的功能，理成了知覺的本體。這是三家的差別。元賢認為，儒家兩說都不完全：王氏之「良知」，屬於道德化的「善」；「善」是「情」的一種，故曰「正情」；程朱之理，「發之於四端」者，也是善，與王氏之「情」是一回事。但在此「情」之上，即「此情將動未動之間」，善惡尚未分化，是謂「正心」，即「靈靈不昧」的「知覺」，這才是「實性」所在，而不是別有其「理」的存在。因此，王學是講情而非「性」，程朱講「理」亦非「性」，只有禪宗的「知覺」才是「性」，也與儒家的「正心」之旨相合。

---

[751]　《鼓山永覺和尚廣錄》卷二十九。
[752]　《鼓山永覺和尚廣錄》卷二十九。

2. 論「治經」

注重講經注經也是明代佛徒的一種風氣。元賢在追溯這種風氣的變化時說：

> 國朝嘉隆以前，治經者類膠守古注，不敢旁視，如生盲依杖，一步難捨，甚陋不足觀也。萬曆間，雪浪起而振之，盡罷諸疏，獨演經文，遂為講中一快。然而輕狂之士，強欲效顰，妄逞胸臆，率爾災木，其違經叛聖之害，豈止於陋而已哉？[753]

明代治經有兩個階段，在嘉靖、隆慶（西元1522～1572年）年以前，講經者都是「膠守古注」，不敢有一點自己的見解。從萬曆開始（西元1573～1619年），治經出現了轉折：精通《華嚴》、《唯識》的雪浪洪恩（西元1545～1608年），完全撇開古疏，而按自己的理解闡發，使治經之風為之一新。但由此又引發另一種流弊，使「輕狂之士」任意發揮，以致「違經判聖」。在元賢看來，這種現象比「膠守古注」更為有害。他以《楞嚴經》的講習為例說：「英敏者既藐視前修，則竟逞臆裁，而全經之旨幾至掃地。稍鈍者進無新得，退失故局，則從席下拾殘唾而已。」[754] 因此，治經既不能全靠古注，又不能「藐視前修」；既不能曲解經義，又不能沒有獨立見解，應該把二者結合起來。元賢注解《楞嚴經》就是按這個原則做的：「今山中閒寂，客有請益《楞嚴》者，乃俾以舊解為指南，間有未安者，乃旁採眾說，或出私意以翼之。」[755]

元賢很讚賞謝介庵注《金剛般若經》，認為能夠「使天下學者讀之，無不了然於自，豁然於心，亦善巧方便，接引初機之一法也」。[756] 他自作《楞嚴略疏》，更以「使觀者觸目而爽然會心，不為經文所蔽，諸疏所

---

[753] 《鼓山永覺和尚廣錄》卷二十九。
[754] 《鼓山永覺和尚廣錄》卷十三。
[755] 《鼓山永覺和尚廣錄》卷十三。
[756] 《鼓山永覺和尚廣錄》卷十三。

第四節　明末的禪宗復興

亂」[757]為目標。這實質上是把注經變成了弘禪的方便做法，所以時出「私意」就成了必然的事。因此，他的注疏往往受到指責。他的《金剛略疏》三易其稿而後成，自以為「盡誅舊日葛藤，獨揭嶄新日月，但理求其當，辭求其達」，絕對「無紆回隱昧之弊」，可謂是得意之作。但卻有人批評他：「古疏上祖慈尊，下宗二論，無片言隻字不有所本，今子棄之而弗從，豈子之智慧超於諸大聖哉？」[758]

很顯然，這種批評本身是迂腐的，根本不值一駁。元賢把治經作為發揮自己禪觀的方法，作為教授學徒明心的方便，無疑是繼承了禪宗歷來提倡「六經注我」的傳統，說明自由解釋的學風也在明清之際復甦起來。

3. 運用華嚴義理

在傳授方式及佛學思想等方面，元賢不類其師，而與元來有更多相同處。他們在運用教門義理方面，特別是對華嚴的態度及評論，不僅代表了曹洞一系的觀點，而且反映了明末清初佛教界具有普遍性的思想傾向。在他們各自的《語錄》中，提及《華嚴經》或華嚴宗教義之處很多，歸納起來，主要有三方面的內容：

其一，全面接受唐宋以來華嚴學的成果，把華嚴宗人及其教外居士的華嚴學說同等看待，發掘其中的共性。

元賢在〈重刻華嚴要解序〉中說：

《華嚴》為世尊成道最初所說，實稱性之真談，非逐機之曲說，他經不可得而並擬者也。昔杜順大師首為發端，賢首繼之，頗暢其旨。至於清涼而表裏發揮，罄無餘蘊矣。然其旨幽，其理圓，其文富，其義豐，非淺薄之機所敢窺，故學者多望洋而退。至方山李長者，則別為《合論》，約

---

[757]　《鼓山永覺和尚廣錄》卷十三。
[758]　《鼓山永覺和尚廣錄》卷十四。

繁就簡，獨明大旨，蓋是大聖方便，用接此方好略之機，非二師有軒輊也。[759]

元賢推崇《華嚴》，把它奉為眾經之首，視為佛的真實之談，不過是老話重提。另外，他認為杜順最早闡發《華嚴經》義理，認為法藏承杜順而不提智儼，又把李通玄列於澄觀之後等，均與史實有違。但是，他確認澄觀發揮了華嚴宗的全部要義、李通玄「獨明大旨」，則真實反映了唐末五代以後此兩人著作最受重視的情況。這也是在宋僧戒環書中所反映的。元賢沒有涉及從杜順到澄觀華嚴思想的演變脈絡及其學說異同，反而強調澄觀與李通玄的著作僅有繁簡之異，真實反映了李通玄學說與華嚴宗人學說合流的史實。在禪教融合的大潮中，禪僧也把華嚴內部各支派的學說進一步糅合混同，尋求其共性，不論其差別。

其二，在倡導禪教融合中，始終堅持禪統諸教的原則。

有人問：「禪宗稱頓悟者，何教所攝？豈非清涼判頓教攝歟？抑亦未及圓教歟？」這是有關禪與華嚴優劣比較的問題。如果依澄觀的判教理論，禪宗屬頓教範圍，比不上華嚴宗（圓教）。元來認為，華嚴教理可以說是「教家極則」，在教門中最高，但比不上禪宗的悟門。在他看來，禪宗是「五教所不能攝，唯禪門能攝五教」。他用以論證這個命題的論據，不過是「釋迦拈華，迦葉微笑」之類的神話，並無任何理論說明。當然，在論述各派優劣高下時，也用不著什麼理論，神話就是最權威的論據。元來認為，禪師的「一語一喝，一動一靜，皆純圓之旨，非悟入者，不能彷彿萬一也。或禪宗稱頓者，是頓悟之頓，非判教之頓也」。[760] 在論及宗與教的優劣高下時，禪僧必定要徹底推翻華嚴及其他教門諸派的所有判教主張，認為那些判教理論只屬於教門之內的事，與禪宗無關。那些力圖把

---

[759]　《永覺元賢禪師廣錄》卷十三。
[760]　《無異元來禪師廣錄》卷二十七。

第四節　明末的禪宗復興

禪宗納入教門判教範圍內的一切觀點，都是不被承認的。「唯禪門能攝五教」，才是禪僧處理宗與教關係的不可改變的總原則。禪門高於教門，並且容納了教門的一切。

其三，接受包括《華嚴》在內的諸多經典及諸派教義，最終目的是「實用」。

元來在〈示道揆禪人〉中說：「夫為學者，圓頓之教，了義之詮，廣博精研，窮源極數，一一得其實用，慎勿執名相階段並遮表文字，障諸佛之光明，翳眾生之慧目。」[761] 精研各類經典及其注疏之作的目的，只是「得其實用」，不包括記誦文字語句，這些與解脫無緣。連繫華嚴學，這種「實用」是指把《華嚴經》的神通描述和華嚴宗的哲學發揮完全落實到實踐上來。元來指出：

若達成平等實相，一微細眾生與毗盧遮那佛等無有異。《華嚴疏》謂：遮那如來入一微細眾生身中入定，全身不散，此眾生不覺不知。謂佛眾生同體故，理無分齊故……以此觀，人有貴賤，位有尊卑，而心無高下也。是故當發大心，以願力維持，直成佛道，似不可須臾有間然也。[762]

包容一切的遮那如來可進入一微細眾生身中入定之類，原本是《華嚴經》對神通構想境界的描述，經過華嚴學人（並非始自澄觀）的哲學發揮，則形成一種理論：作為萬物本原的「理」不可分割，沒有差別，遍在於萬有之中，是佛與眾生所具有的共同本質。

元來則把這種抽象理論運用於觀察人生，實現在現實生活中平等看待有貴賤之別和尊卑之分的一切人。所謂「心無高下」，就是從思想上把有差別和不平等的現實世界轉化為無差別和絕對平等的理想世界。能夠達到並且一貫保持這種「心無高下」的實踐，即為華嚴之「實用」，「成佛道」就

---

[761]　《無異元來禪師廣錄》卷二十六。
[762]　《無異元來禪師廣錄》卷二十二。

有了保證。

　　這種「實用」論顯然不能從《華嚴經》的神通描述中直接引申出來,而要經過華嚴宗哲學這個中介。它之所以產生的最直接的動力則是禪宗開發自我能力的精神。

第七章

明代佛教的復興思潮與宗派再構（下）

第七章　明代佛教的復興思潮與宗派再構（下）

第一節　清代社會與佛教

一、宗教政策與佛教演變態勢

　　清王朝（西元 1644～1911 年）是中國歷史上最後一個封建王朝，處於從封建社會向半封建半殖民地社會的轉型時期。在政治、經濟和文化各個方面的劇烈變動，特別是社會形態的交替，直接制約著這一階段佛教的興衰消長和演變趨向。

　　從世祖到聖祖，清王朝基本肅清了中國國內抗清勢力，效法明代制定各項典章制度，實現了對多民族的有效統治。世宗和高宗兩朝，清廷透過整頓吏治、革除積弊，繼續保持著國勢強盛的生機。從仁宗開始，帝國出現了由盛轉衰的跡象。宣宗時期，內憂外患接踵而至，在清王朝內部腐敗日益加劇和西方殖民主義者入侵不斷深入下，國家逐步淪為半封建半殖民地社會，從此翻開了中國歷史上最悲壯的一頁。

　　在意識形態領域，清代諸帝基本繼承明代的傳統，採取了崇奉孔子、倡導理學、宣揚儒家倫理的各種措施。在思想統制方面，禁止文士結社，以文字治罪，禁錮人們的思想，可以說比明代還要嚴酷，達到了空前未有的程度。清王朝宗教政策的指導思想，是把維護專制皇權放在第一位，徹底清除任何宗教派別中有違於「皇權至上」的因素。這個政策的一個突出特點，是把儒、釋、道「三教」與其他一切有祕密結社性質的民間教派嚴格區分開來，自覺把前者作為加強統治的思想工具，扶植多於限制，採取相對寬鬆的政策；明確把後者作為顛覆政權的力量，武力鎮壓多於思想誘導，採取堅決打擊的嚴厲措施。清王朝的佛教政策，就是在這種指導思想之下制定的。

　　清朝貴族在入關之前就接觸了佛教，入關之後面對全國多種傳統宗

第一節　清代社會與佛教

教以及民間教派，借鑑前代的經驗，制定了保護「三教」和打擊「左道」或「邪教」的宗教政策基調。順治十三年（西元1656年）諭：「朕唯治天下必先正人心，正人心必先黜邪術。儒、釋、道三教並垂，皆使人為善去惡，反邪歸正，尊王法而免禍患。此外乃有左道惑眾，如無為、白蓮、聞香等教名色，邀集結黨，夜聚曉散，小者貪圖財利，恣為姦淫；大者招納亡命，陰謀不軌。無知小民被其引誘，迷惘顛狂，至死不悟。歷考往代，覆轍昭然，深可痛恨。」[763] 世祖比前代帝王更明確地把儒、釋、道這「三教」與其他民間教派分開，前者之所以都是「正教」，主要在於「尊王法」，有助於帝王從「正人心」到「治天下」的事業；後者之所以均屬「左道」，主要在於「惑眾」、「陰謀不軌」。在清代前期，被稱為此類的教派很多。根據康熙十二年（西元1673年）的「議準」，有：「無為、白蓮、焚香、混元、龍元、洪陽、圓通、大乘等邪教」[764]，實際上遠不只這些。

　　民間祕密結社組織的一個共性，就是利用傳統宗教的內容吸引信徒。對此，清朝政府嚴格禁止假借佛道名義從事各類活動。康熙二十六年（西元1687年）規定：「無賴狂徒假借僧道為名，或稱祖師降乩，或妄逞邪說，託言前知，或以虛妄之談蠱惑愚蒙，至有群相禮拜，甘作徒眾者。此等邪教，行令五城官嚴行禁止。」清廷下達的打擊「邪教」命令，大多是與懲處查辦不利的官員的規定相連繫。康熙十四年（西元1675年）奏准：「官員該管地方有愚民自稱為佛，不能查緝者，降二級調用；或不能禁止邪教，以至聚眾、張旗、鳴鑼者，降一級調用。如給予此輩執照、告示者革職，該管上官降一級調用，督撫罰俸一年。如愚民建立淫祠，不能查禁反給告示者，罰俸一年。」這裡的規定有一點很值得注意，對於不能查緝「自稱為佛」者的官員的懲處要比「不能禁止邪教」的官員的懲處更嚴厲，前者降二級，後者降一級。康熙三十年（西元1691年）又奏准：「凡官員該管

---

[763]　《大清會典事例・都察院・五城》。
[764]　《大清會典事例・禮部・方伎》。

地方，有奸民自稱為神為佛，傳布符水、經版、煽惑愚民，以致聚眾、斂錢、張旗、鳴鑼者，降三級調用；該管上司降一級留任；督撫罰俸九月。」[765] 在整個清代歷史上，防範和鎮壓諸如此類的民間祕密結社組織，始終是清廷的一項要務。

到仁宗時，各省上報的「邪教」和「會匪」案子就越來越多。他看到這些案情大同小異，眾多參加「邪教」或「會匪」的人都是被誘騙，所以在繼續打擊之外，還採取教育誘導的辦法。「每有奏辦邪教及會匪等案，其案由雖各不侔，而蚩愚被誘，其情節大率相類。此等頑民既經破案，不能不嚴行懲創。若先時化導，或可冀其覺悟改悔，陷法者少。著該督撫各就該省情形，敘次簡明告示，通行曉諭，使鄉曲小民群知：三綱五常之外，別無所謂教；天理王法之外，他無可求福。從正則吉，從邪則凶。」[766] 他所講的與邪教相對「三綱五常」之教、「天理王法」之教，都是傳統的「三教」所講的內容，除此之外，別無新鮮內容。

清王朝在管理佛教事務方面，採取了許多不同於前代的重要措施。取消試經度僧制度，就是一個重要變化，對佛教的演變走向有深刻影響。直到明代，申請出家者要通過官方舉辦的經典考試，合格者才能得到度牒，成為合法出家人。歷代考試內容不同，有的是背誦經典，有的是讀誦經典，其命題都是從經律論中選出。這就要求申請出家者要有一定的教育程度，有一定的佛學修養。同時，這種政策也有鼓勵僧尼鑽研佛教經典的作用。取消試經度僧制度，對清代佛教義學的發展產生嚴重消極影響，所謂「國初免試僧之制，研究三藏者鮮矣」[767]。這等於是告訴人們，是否懂得佛教理論知識對於僧眾是無關緊要的。清朝諸帝中，與佛教僧人接觸較多者有之，喜讀佛教典籍者有之，甚至傳說佛教信仰極堅定者亦有之，他們

---

[765] 上引均見《大清會典事例・禮部・方伎》。
[766] 《大清會典事例・禮部・風教》。
[767] 《清續考》卷八十九。

第一節　清代社會與佛教

當中幾乎沒有人不指責當時僧人學問修養低下，但是沒有哪位帝王為提高僧人的佛學修養採取切實可行的有效措施，甚至也沒有在僧官任用方面提出相應的激勵措施。官方對佛教義學的漠視，對清代義學諸派衰落到歷史最低點產生了推波助瀾的作用。

佛教事務管理方面的另一個重要變化，是頒發度牒從收費到免費再到完全廢止的轉變。清朝貴族入關之前，仿照明王朝的做法，向出家者發放度牒。清太宗天聰六年（西元1632年）規定，對於通曉經典義理、恪守清規的申請出家者，發給度牒，並收取一定的費用。崇德五年（西元1640年）再次規定，僧人要向戶部交納銀子才能領度牒，度牒由僧綱司分發。順治二年（西元1645年）開始實行免費頒發度牒，並且在順治八年（西元1651年）又重申這一規定。但是，順治十五年（西元1658年）在要求把漢文字度牒換成滿漢兩種文字的度牒時，規定原來沒有納銀的舊度牒在換新度牒時要納銀。因此，此前免費發放度牒的規定並沒有切實執行。到順治十七年（西元1660年），再次議準僧道度牒免費。度牒從收費頒發到免費頒發，反映了清王朝要革除歷代鬻牒所引發的各種弊端的願望，無論對整頓佛教界的風氣還是對維護社會經濟秩序，都是有正向意義的。清代初年，度牒作為僧道合法身分證，具有免稅免役的作用，所以比較受重視。順治十八年（西元1661年）曾規定：「其有充僧道無度牒者，悉令為農，安插附入丁冊當差。」[768]

聖祖時期，朝廷對度牒的管理並不嚴格。雍正十三年（西元1735年），鑒於「近日緇流太眾，品類混淆，各省僧眾真心出家修道者百無一二，而愚下無賴之人遊手聚食，且有獲罪逃匿者竄跡其中，是以佛門之人日眾，而佛法日衰。不唯參求正覺、克紹宗風者寥寥希覯，即嚴持戒律習學小乘之人已不多見」的狀況，出於整頓佛教的目的，加強度牒管理，世宗下令

---

[768]　《東華錄・順治一》。

第七章　明代佛教的復興思潮與宗派再構（下）

「情願出家之人，必須給度牒方准披剃」[769]。但是，這個措施並沒有獲得效果。

高宗時期，曾一度要加強度牒管理。「乾隆三十九年甲午六月癸巳，山西道御史戈源奏：近據禮部奏請，自乾隆四年以後僧道未給度牒者，交地方官通查補給，以備僧綱、道紀等官之選。查乾隆元年至四年，僧道之無度牒者，已有三十四萬餘人。其私自簪剃者，恐不下數百萬眾。若紛紛查補，必多滋擾，請嗣後永停通頒。如遇選充僧道等官，查其實在戒行嚴明者，具結諮部，給照充補。」[770] 清廷長期對度牒制度不重視，有法不依，造成私度僧人氾濫，居然有「百萬眾」，遠遠比政府掌握的僧人數量多。按照當時的規定，沒有度牒的僧道是不合法的，更不能擔任各級僧道官。為了解決這個問題，清王朝開始進行度牒的查驗補發，但積重難返，無法實行，不但查不清楚，而且引起各方面的不安。另外，由於度牒問題，出現了不合法的僧道（無牒照）多於合法僧道（有牒照）的現象。這不僅造成佛道僧團的分裂，也為政府管理帶來困難。在這種情況下，高宗於當年下令，不僅以後選僧道官不需要度牒，而且完全廢除度牒制度：

> 僧道度牒本屬無關緊要，而查辦適以滋擾，著永遠停止。其選充僧道官，令地方官查明具結辦理。……度牒不過相沿舊例散給，仍屬具文，而稽查實虞煩擾。若防僧道滋事，未必有牒照者悉能恪守清規，而犯法者皆係私自簪剃。方今法紀森嚴，有犯必懲，更毋庸為此葸葸過慮。……所有充補僧道官必須給有牒照之例，亦著停止。[771]

表面上看，廢止度牒是高宗迫不得已之舉，實際上與當時的政治、經濟形勢和佛教界的具體情況相關聯。從經濟方面看，這與雍正時採取「攤丁入畝」的賦稅改革有關。清廷將人丁稅與田畝稅合一，依據占有土地的

---

[769]　《東華錄・乾隆一》。
[770]　《東華錄・乾隆七十九》。
[771]　《大清會典事例・禮部・方伎》。

第一節　清代社會與佛教

面積統一徵收賦稅，這樣，具有免役作用的度牒隨之失去意義。正如清人所說：「度牒亦廢，蓋以丁歸地，則不須報牒免役也。」[772]

再從社會政治形勢和佛教界的情況來看，清初，各地的反清農民起義不斷發生，明朝舊臣的反抗更是震撼著清廷。反清復明情緒也波及佛教界，一些明朝官僚子弟、甚至宗室成員剃髮出家，著名的有戒顯、函可、澹歸、藥地、檗庵、擔當、大錯、石濤、八大山人、石溪、漸江等。這種情況引起了朝野上下的注意。茚溪行森曾對順治說：「近三十季來，則世家公子、舉監生員，亦多有出家者。浙直素稱佛地，覺似不如廣東矣。」[773] 明朝遺民或為僧，或為施主，扶植佛教，促進了江南禪宗的興盛，也增強了禪宗不滿清統治的政治傾向。在這種情況下，加強度牒管理是必要的。但是，到了高宗時代，佛教僧團已經穩定，大量流民掀起的山林禪宗復興浪潮已經平息。由於進入宗教團體的人已經沒有反清復明的政治目的，所以，對有牒照和無牒照的僧人自然可以一視同仁。像「未必有牒照者悉能恪守清規，而犯法者皆係私自簪剃」之類的話，此前的帝王是從未講過的。

除了廢除度牒制度之外，沙汰僧道是高宗佛教政策變化的另一個重要象徵。乾隆初年，鑒於當時佛、道教中「遊手之徒藉名出家，耗民財而妨民俗」的情況，高宗下令漸次沙汰僧道，並且要求地方官「從寬辦理」，不要太嚴厲。在他看來，「古聖人之嚴闢異端者，因其有害於正教。今之僧道不過鄉里無依之貧民，竄入空門，以為餬口計，豈古昔異端之可比而能為政教之害耶？若果去一僧道，即多一力田之農民，則善政也。但朕復思之：彼遊手坐食之人，既為僧道，習於安閒，若迫令改業，受手胼足胝之勞苦，其勢有所不能，不過市井中添無數遊惰生事之輩耳，轉不若收之寺

---

[772]　《癸巳存稿》卷十三。
[773]　《天童弘覺禪師北遊集》卷三。

觀中，尚有羈縻也。是以朕前原有漸次裁減之旨，不可聽其引而日盛。若緇黃之屬必應盡汰無遺，則朕從前又何難降旨全行禁革不事姑容乎！爾等可將朕意寄信於督撫，令其善為體會，轉飭所屬，從寬辦理。若伊等錯會朕意，以為崇尚佛老，則又非矣」[774]。但是，在實施過程中發現，各省上報的冊籍中，只有沙汰的僧道數字，沒有續收增加的僧道人數。僧道規模的萎縮，也不是他治理僧道群體的本意。所以，乾隆十九年（西元 1754 年）又諭：「前經降旨禮部，頒發僧道牒照，復令各督撫歲終將所減實數具奏。此原欲驅遊手為良農，略示沙汰之意耳。乃十餘年來，各省奏報不過具文從事，且若輩即盡令歸農，安得餘田而與之，轉不免無籍為匪耳。據實嚴查，或致滋擾，有名無實。此綜理日久所悉，正不必襲復古闢異之跡也。著停止。」[775] 在乾隆看來，僧道團體的組成人員已經不構成對王朝統治的威脅，相反，寺觀可以容留失去土地、走投無路的貧民，發揮穩定社會的作用。同時，國家也沒有那麼多的土地安置還俗的僧道。所以，大規模的沙汰僧道，既是難以實行的，也是不必要的。整頓佛教和道教組織不同於對付異端邪教，過於嚴格則對社會是有害無益的。無論佛教與道教中有多少遊手坐食者，都不會使這兩種宗教成為亂政害民的異端邪教。當寺觀被最高統治者視為收容遊手坐食之輩的處所時，佛道教的社會形象也開始向歷史最低點滑落。

對僧道不進行全面沙汰，對佛道教不採取全面整頓措施，僧道違法案件採取就事論事的個案處理方法，這些不僅是高宗朝的政策，也是整個清代宗教政策的特點。高宗之後，清王朝面臨更多的問題，也就無暇顧及佛教和道教的治理了。

清代的僧道管理機構基本仿照明代建立。從天聰六年（西元 1632 年）

---

[774]　《東華錄・乾隆二十一》。
[775]　《大清會典事例・禮部・方伎》。

第一節　清代社會與佛教

開始，清朝貴族就設立管理佛教和道教的機構，當時設立了「僧錄司」和「道錄司」以管理寺廟中的僧道事務。到康熙十三年（西元 1674 年），清王朝建立了與行政建制相配套的涵蓋全國的僧道官機構。京城設立僧錄司，所有僧官經禮部考選，然後由吏部委任。僧錄司之下有善世兩人、闡教兩人、講經兩人、覺義兩人。地方上是府設僧綱、州設僧正、縣設僧會。地方僧官由各省布政司考選，報送禮部任職。這套僧道管理體系完全是仿照明代建立的：中央和地方僧官機構設立，僧官遴選和任命辦法，僧官的名稱、品級、職權等，都與明代洪武年間的規定大體相同。各級僧官主要負責佛教內部相關事務，並沒有實際行政權力。如果屬於戒律清規方面的問題，僧官可以自主處理，不必上報官府；如果超出了這個範圍，則由中央或地方的各級相關機構處理，即「若所犯與軍民相涉，在京申部酌審，在外聽有司斷理」。[776]

　　清朝在從事刊刻和翻譯佛經等佛教文化事業方面，其規模已經遠不能與前代相比。清代官方的刻經是從刊刻零散經典開始，發展到刊行藏經。聖祖曾刊刻《圓覺》、《金剛》等 22 經，被認為是清代官方刊經之始。明萬曆中所刻大藏為 6,771 卷，乾隆三年（西元 1738 年）敕選後世大德著述，增為 7,247 卷，從事雕刻，是為《龍藏》。《龍藏》的刊刻是從雍正十一年（西元 1733 年）開始。清代以寺院為單位的民間刊刻佛經也不少，如福州鼓山清初所刻的有《華嚴經》、《華嚴經疏論纂要》、《憨山夢遊集》等。順治、康熙（西元 1644～1722 年）年間，民間各地所刻的僧傳語錄，都集中在嘉興楞嚴寺。當時發行的有《續藏經》90 函，237 部。《又續藏經》43 函，189 部。這些都是清初所刻，而附於明版《嘉興藏》的典籍。

　　清代佛經翻譯是中國各民族語言的互譯。乾隆二十四年（西元 1759 年），敕和碩莊親王允祿選擇通習梵音之人，詳譯全藏經中諸咒，編為

---

[776]　《清續考》卷八十九〈康熙十三年〉。

第七章　明代佛教的復興思潮與宗派再構（下）

《滿漢蒙古西番合璧大藏全咒》，計 88 卷，附《同文韻統》6 卷、《字母讀法》1 卷、《讀咒法》1 卷，共 96 卷，頒發中外各大叢林。乾隆三十八年（西元 1773 年），又敕以國書翻譯藏經，乾隆五十五年（西元 1790 年）告成，計 2,466 卷。

清王朝對建寺和度僧都頒布了法律條文，而且規定得也比較詳細。清代寺院分為國家建造和民間建造兩種，都被納入政府的統一規劃和管理之下，限制比較嚴格。順治二年（西元 1645 年），宣布禁止在京城內外私自建造寺廟和佛像，如果建造必須獲得禮部批准。對於私建寺院的限制和管理，清王朝始終沒有放鬆過。同時，對於已有的寺廟和佛像等，也不允許擅自拆毀。康熙六年（西元 1667 年）禮部統計，各省屬於國家的大寺院 6,073 處，小寺院 6,409 處；民間私家建造的大寺院 8,458 處，小寺院 58,682 處。對各種寺院可以有多少僧人也有規定，然而實際情況可能有較大出入，這從官方掌握的僧道數量與實際數量懸殊上可見一斑。

清朝官方對統計僧道人數並不重視。現存有聖祖和高宗時期的兩次統計資料。康熙六年（西元 1667 年）禮部統計，有僧 110,292 人，尼 8,615 人。當時佛教正處在高漲期，許多山林寺院的僧人成百上千，僧尼人數卻少於宋、明時期，可見大量僧尼處於國家管理之外。根據乾隆三十九年山西道御史戈源所奏，「查乾隆元年至四年，僧道之無度牒者，已有三十四萬餘人。其私自簪剃者，恐不下數百萬眾」。這裡的「三十四萬餘人」，是各地方統計的數量，是可以相信的。至於私度的僧道「不下數百萬眾」，就只能是推測的數字了，很難據此判定當時僧道的實際人數。但是，這些情況可以說明，清廷掌握的僧道人數，或者說官方承認的合法僧道的數量，與實際人數相差懸殊。無論在清代初期還是中後期，這種情況大體沒有顯著變化。

清王朝對藏傳佛教採取的諸種措施，是其宗教政策的一個重要方面，

第一節　清代社會與佛教

與掌控蒙藏邊疆地區的政策相關聯。清朝貴族與喇嘛建立連繫較早，太祖（西元 1616～1626 年）曾優禮關外傳教的喇嘛，太宗（皇太極）曾與達賴喇嘛五世（羅桑加措）（西元 1617～1682 年）互致問候。入關之後，歷代帝王對藏傳佛教始終予以重視。從太宗到高宗，清廷對藏傳佛教的各項政策逐步建立和健全。

順治九年（西元 1652 年），達賴五世應請進京，受封號「西天大善自在佛所領天下釋教普通瓦赤喇怛喇喇嘛」，這是中央政府承認他作為藏蒙地區宗教領袖的地位。達賴返回之後，用朝廷賞賜的金銀在前後藏新建格魯派寺廟 13 所。聖祖時期，中央政府不斷遣使進藏與達賴和班禪聯絡溝通。康熙三十年（西元 1691 年），封章嘉喇嘛為「呼圖克圖」、「灌頂普慧廣慈大國師」，總管內蒙古佛教事務。康熙五十二年（西元 1713 年），遣使封五世班禪羅桑益為「班禪額爾德尼」，為黃教樹立了另一位領袖。世宗雍正六年（西元 1728 年），設駐藏大臣，管理西藏政務。到高宗乾隆五十八年（西元 1793 年），制定《欽定章程》，確定了西藏地區政教合一的制度，所有西藏地區的寺廟和喇嘛都受清廷理藩院管理。

即使與元代相比，清王朝對藏傳佛教僧人的管理措施也更為細膩。整體說來，清廷授予上層喇嘛政教權力，鼓勵喇嘛教在中國傳播，但並沒有引發元代那樣從中央到地方的亂政擾民局面。宗教上層人士的教權成為協助中央管理地方的重要力量。同時，清廷透過編譯四種文字對照的《滿漢蒙古西番大藏全咒》，透過在京城建立喇嘛教寺院等措施，強化了滿、漢、藏、蒙諸民族的文化認同意識。有清一代，藏傳佛教對漢傳佛教的影響已經不能與元代相比了。

清王朝對佛教內部各種宗派或各種法門的變動情況也很重視，其中介入較多的是清代前四帝。他們的態度是相當明確的，也是相當一致的。他們著重鼓勵和支持的是律宗和淨土，重點整頓和清理的是禪宗，任其自生

第七章 明代佛教的復興思潮與宗派再構（下）

自滅的是教門諸派義學。帝王的這種態度以及清廷採取的相應政策，對佛教內部的派系結構變化、思想信仰調整，都有著直接或間接的影響。

二、世祖的「都門宗風」

在清廷進入北京的時候，禪宗依然是漢地佛教的主體，支派最繁盛，規模最宏大，活躍於叢林的高僧也最多。同時，與清朝貴族入關前接觸過的佛教相比，它的個性也最顯著。更為重要的是，在明清交替之際，江南禪宗群體中抗清復明情緒也最濃重，所以，清初帝王對禪宗高度關注。其中，與禪宗交涉多、關係密切，其政策對禪學發展走向，乃至對整個佛教思想結構發生重大影響的，是世祖和世宗。

世祖（西元 1644～1661 年）個人喜好禪學，信仰禪宗，敬重禪師。在召見到名禪師時，不讓他們稱臣致拜。他與諸禪師的往來論道，被後世譽為「都門宗風自此大振」，這是與後來的世宗完全不同的方面。但是，他們作為帝王，在利用禪師協助治理佛教方面，在把禪宗引入服務於王朝的政治統治方面，並沒有本質區別，只是具體措施有不同而已。

世祖曾多次召見江南著名禪師，這不僅是出於個人對禪學的喜好，更是要藉助他們的聲望和影響，協助清廷治理佛教，宣揚清統治的合理性，從而達到緩和民族矛盾的作用。在他所召見的禪師中，著名的有憨璞性聰、玉林通琇及其弟子茆溪行森和木陳道忞，他們都屬於臨濟宗。

世祖曾說：「朕初雖尊象教，而未知有宗門者舊，知有宗門者舊，則自憨璞始。」[777]憨璞性聰（西元 1610～1666 年），福建延平順昌縣人，15 歲出家，18 歲剃度，隨費隱通容的弟子百癡元禪師習禪。自順治六年（西元 1649 年）開始，在浙江住持多處寺院。順治十三年（西元 1656 年）應北

---

[777] 《天童弘覺忞禪師北遊集》卷六。

第一節　清代社會與佛教

京士紳和僧侶之請北上京城，住城南海會寺。次年，世祖到寺見性聰，請他住萬善殿。

世祖很看重性聰，到萬善殿時，傳話「駕到不用和尚接送，不行禮拜」。[778] 他對性聰持戒嚴謹、善於治理寺院也給予鼓勵。順治十六年（西元 1659 年）的敕書說：「禪僧性聰，戒律清嚴，規模純樸」，「弘闡清規，信無慚於福地」。[779] 他最欣賞性聰之處，是其持戒嚴謹、善於治理寺院。此後的帝王衡量僧人優劣，都把信守和弘揚戒律清規放在首位。世祖透過與性聰的交談，了解江南禪宗情況，以網羅更多有影響力的禪師。順治十五年（西元 1658 年），他讓性聰專門開列了一個「南方尊宿」的名單，於是按名單詔見木陳道忞。性聰恐其不願應詔，特地送去書信，頌揚順治是「佛心天子」，「篤信於佛乘」，「寬忍恕禮待人」，勸道忞「不吝洪慈，慨然飛錫，莫負聖明之誠心，有失宗門之正信」。[780]

在以後召見的江南諸禪師中，世祖重用的是玉林通琇，曾分別於順治十五年和十七年兩次下詔請其入京，要他住持京城戒壇：

> 末法比丘，少奉戒律。其口談無，而行在有者，又如麻慄也。此欲於都城建立皇壇，俾衲子一千五百人眾，受毗尼戒……然非禪師為羯磨，正恐以最上慈航為人天階級耳。[781]

世祖的目的很清楚：利用通琇在禪眾中的聲望，治理整頓佛教，使僧尼守戒奉法。通琇因此而獲得「大覺普濟能仁國師」的賜號，也是世祖給予國師稱號的唯一江南禪師。

世祖對江南禪學的內部結構並不了解。例如，當他聽說曹洞宗僧人三宜明盂常為僧人講經時，很不滿意，認為：「既稱宗師，當提持向上事，

---

[778]　馮博：〈明覺聰禪師〉。
[779]　《明覺聰禪師語錄》卷首。
[780]　《明覺聰禪師語錄》卷十四。
[781]　《玉林禪師語錄》卷首。

講經即不相宜。」[782] 他並不知道，清初禪師與《五燈》中記載的禪師已大不相同，他們中的許多人已把講經、念佛、修懺等等納入了禪的範圍。順治本人的確喜好參禪，然而他最喜好的參禪活動，就是禪僧們在他面前藉機語酬對恭維皇上，宣揚清王朝統治的合理性。他與道忞的一段問答可是一個典型：

上一日問：梁武帝見達磨，問如何是聖諦第一義？磨云廓然無聖。意旨如何？師云：絲包持石。上云：帝曰對朕者誰？磨云不識。又作麼生會？師云：鐵裡泥團。上云：今問老和尚，如何是聖諦第一義？師云：天無二日，民無二主。上云：對朕者誰？師云：即日恭維皇上聖躬萬福。[783]

梁武帝與達磨問答的這段公案，是唐以後禪宗僧人精心思索出來的機語，表達禪宗否定外在權威，主張凡聖無別，倡導自證自悟的教義。帝與達磨的簡短問答並不難懂，順治讓道忞解釋，則是一大難題。因為如何曲解，也不會讓世祖聽了高興。道忞的機敏就表現在不作正面回答，而是用「絲包持石」、「鐵裡泥團」一類的「玄言」暗示達磨答語不能從字面理解，而是別有玄理，即「第一義諦」：清世祖是天下獨一無二的君王，清取代明是絕對的合理。正因為道忞有如此不凡的阿諛本事，所以世祖與他交談的話題最多，幾乎無所不談。

明末清初，西方天主教以耶穌會為主體，在東南沿海省分相當活躍。世祖曾與道忞討論過這個問題。

上遂問師：天主教書，老和尚曾看過麼？師曰：崇禎末季，廣閩盛行其說。有同參唯一潤者，從福建回，持有此書，因而獲睹。上曰：湯若望曾將進御，朕亦知其詳意。天下古今，荒唐悠謬之說，無逾此書，何緣惑

---

[782]　《天童弘覺禪師北遊集》卷三。
[783]　《天童弘覺禪師北遊集》卷二。

世反從其教,真不可解。師曰:此含生之所以出沒三途如遊園觀,蓋邪見為之糾纏也。[784]

世祖把天主教教義視為最荒謬的學說,道忞則詛咒天主教徒是沉淪於苦海而自以為樂。世祖對洋教的這種態度,在有清一代,大體未變;佛教則與儒教一起,成為反洋教的輿論中堅。在當時的歷史條件下,他們的立場與廣大民眾的情緒還是一致的。

整體說來,清世祖對江南禪宗曾有意進行政治清理,但他篤信教和禪的傾向也很認真,順治十七年(西元1660年)八月,董鄂妃病死,他執意出家,就是突出表現。

三、世宗整頓禪宗與清理禪學

在清初諸帝中,清世宗對禪宗理解最深刻,因而控制也最嚴厲。他曾廣泛閱讀禪籍,詳細評論禪學,積極介入禪宗的內部事務,力圖透過對禪僧的生活方式、修行實踐和禪學理論進行全面分析,為他們制定不可違反的金科玉律,對禪宗的發展劃定不可踰越的界限。

世宗接觸佛教之初,就把世俗佛事與禪學涇渭分明地區別開來,認為禪學不屬「如來正教」。他說:「朕少年時喜閱內典,唯慕有為佛事。於諸公案,總以解路推求,心輕禪宗,謂如來正教,不應如是。」[785] 在對待佛教問題上,他「唯慕有為佛事」和「心輕禪宗」的態度終生未變。他早年受喇嘛教僧人影響較大,推崇章呼圖克圖,稱其為「真再來人,實大善知識也」,相互來往時間頗長。他說:「藩邸清閒,時接茶話者十餘載,得其善權方便,因知究竟此事。……章呼圖克圖國師喇嘛,實為朕證明恩師也。」他早年也接待過不少禪師,但對他們的說教總是心存疑慮,不願輕

---

[784] 《天童弘覺禪師北遊集》卷三。
[785] 上引均見《御選語錄》卷十八。

信，往往請章呼圖克圖為其判定正邪是非。臨濟宗的迦陵性音曾輔導他研究五家宗旨，結果適得其反。他說：

> 向後性音唯勸朕辨五家宗旨，朕問：「五家宗旨如何研辨？」音云：「宗旨須待口傳。」朕意：是何言歟？口傳耳授，豈是拈華別傳之旨？堂堂丈夫，豈有肯拾人涕唾？從茲棄置語錄，不復再覽者二十年。

他否定「口傳耳授」，把研讀語錄說成是「拾人涕唾」，可見他對禪宗蔑視之甚。

世宗即位以後，10 年間「唯循周孔之轍」，再沒有過問佛教和禪宗的問題。在他看來，當時的禪僧「實明者少，逐塊之流，徒勞延佇；求名之輩，更長業緣」[786]。

然而清初的禪宗，尤其在江南地區，卻是一股擁有信徒眾多、影響很大的社會力量。對於政治特別敏感的世宗，是不會長期忽視的。雍正十一年（西元 1733 年），他藉口禪學弊端太多、禪僧腐敗嚴重，以維護佛教和禪宗的名義，對禪宗進行了聲勢浩大的清算和整頓，相關內容集中反映在他編著的《御製揀魔辨異錄》和《御選語錄》中。

《御製揀魔辨異錄》是打著維護圓悟禪學的旗號，專為摧垮法藏禪系而作。雍正在相當於序言的〈上諭〉中指出：

> 朕覽密雲悟、天隱修語錄，其言句機用，單提向上，直指人心，乃契西來的意，得曹溪正脈者。及見密雲悟錄內，示其徒法藏闞妄語，其中所據法藏之言，駁其全迷本性，無知妄說，不但不知佛法宗旨，即其本師悟處，亦全未窺見。肆其臆誕，誑世惑人，此真外魔知見。……如魔嗣弘忍，中其毒者，復有《五宗救》一書，一併流傳，冀魔說之不朽，造魔業於無窮。

---

[786] 《御選語錄》卷十八。

第一節　清代社會與佛教

在這裡，世宗御定圓悟及其支持者圓修是已經悟證的宗師，所言契合禪理，全是正確的。相反，法藏及其弟子弘忍則迷失本性，其言論都是「無知妄說」、「外魔知見」。於是，長達八卷的《揀魔辨異錄》逐一批駁法藏系的觀點。其中涉及的問題很多，論證也很煩瑣，整體上是因襲圓悟的說法，並無新的見解。

世宗特別深惡痛絕於法藏一系的重要理由，是說他們結交士大夫：「今其魔子魔孫，至於不坐香、不節制，甚至於飲酒食肉，毀戒破律，唯以吟詩作文，媚悅士大夫，同於娼優伎倆，豈不汙濁祖庭？若不剪除，同是諸佛法眼，眾生慧命，所關非細。」據此，勒令「天童密雲悟派下法藏一支，所有徒眾，著直省督撫，詳細查明，盡去支派，不許蔓入祖庭。」這等於是株連九族式的鎮壓。此外，還下令毀掉法藏、弘忍的語錄和著述，禁止流傳。

明清之際的南方士大夫，普遍具有抗清扶明的意識，但有一部分以名士自居，在嚴重的民族危急時刻，依然吟詩作文，飲酒狎妓。隨著明遺民流入佛教，懷念亡明的情緒和某種頹廢的風氣，無疑也波及禪宗。因此，不守戒律、與懷舊的士大夫往來，就成了清代初期江南禪宗的普遍現象，也是使清廷特別警覺的現象。故而，取締法藏一系，不過是殺一儆百。

《御選語錄》共 19 卷，前 11 卷選錄了晉唐宋明清各代 14 人[787]的「語錄」；第十四至十八卷是「歷代禪師語錄」，係依據《正法眼藏》、《指月錄》、《教外別傳》和《禪宗正脈》等選輯；第十二卷是世宗為親王時的「語錄」；第十三卷是雲棲袾宏的著作；第十九卷為「當今法會」，即經過他的指導，一些親王、大臣和僧人關於參禪證悟的詩文。他寫的 20 餘篇〈序〉和〈上諭〉放置在相關「語錄」的各卷前後。他對前 11 卷選的人物特別重

---

[787]　十四人是：僧肇、永嘉玄覺、私聖寒山、合聖拾得、溈山靈佑、仰山慧寂、趙州從諗、永明延壽、雲門文偃、雪竇重顯、密雲圓悟、玉林通、紫陽真人張平權、茆溪行森。

第七章 明代佛教的復興思潮與宗派再構（下）

視，指出：「是數大善知識，實皆窮徹洞本，究旨通宗，深契摩詰不二法之門，曹溪一味之旨。」[788] 實際上，這 14 個人中，不但有禪宗以外的僧人，還有道教徒。因此，他把這些人統稱作「究旨通宗」的「大善知識」，不過是明確清廷的價值標準，為他統治下的僧侶確定應該效法的師範。

與此相應，世宗還欽定了禪學應該涉足的範圍：

第一，「宗教之合一」。

把僧肇列入《御選語錄》中的第一人，世宗有個解釋：

> 朕閱肇法師所作《般若無知》、《涅槃無名》、《空有不遷》、《形山密寶》諸論，非深明宗旨，何能了了如斯？以此講經，正是不立文字。諸佛慧命，奚隔封疆，有何今古？豈得謂菩提達磨未來以前，震旦無宗旨哉？[789]

說達磨來到中國以前，中國佛教即有禪宗宗旨存在，這話不一定錯；僧肇的論文中含有以後禪宗闡發的思想，也是事實，但說像僧肇那樣作論講經「正是不立文字」，卻是只有權勢者才能成立的邏輯。他的目的，在於強調「講經」的重要性，以促進「宗」與「教」的一致。在卷十三的〈御製序〉中，他重申：「朕於肇法師語錄序，已詳言宗教之合一矣。」

與強調義學法師也深明禪宗宗旨的同時，世宗還認為道教徒同樣可以明見本性，他把道士張平叔（紫陽）稱為「禪仙」，收錄了他的著述，並加以說明：

> 紫陽真人作《悟真篇》，以明元門祕要，復作頌偈等三十二篇，一一從性地演出西來最上一乘之妙旨。……篇中言句，真證了徹，直指妙圓。

---

[788]　《御選語錄‧御製總序》。

[789]　《御選語錄》卷一〈御製序〉。此中提到的《形山密寶》當指《寶藏論》，為後人偽託僧肇的著作。

444

第一節　清代社會與佛教

禪門古德中,如此自利利他,不可思議者,猶為稀有。……刊示來今,使學元門者,知有真宗;學宗門者,知唯此一真實,餘二即非真焉。[790]

張平叔是道教徒中三教合一論的提倡者,他以為「老氏以煉養為真」,「如其未明本性,則猶滯於幻形」,因此把禪宗的「明心見性」也當作道士必修的功課。世宗難得找到這樣一個代表人物,使他能把佛教內部的「宗教之合一」,擴展為佛教與道教的合一。其合一的基礎,實是儒、釋、道共同主張的心性說,即清帝國官方哲學的重要組成部分。

第二,禪淨兼修。

關於輯錄雲棲袾宏的著作,世宗的說明是:

及明蓮池大師,專以此(指淨土法門)為家法,倡導於浙之雲棲。其所著《雲棲法會》一書,於本分雖非徹底圓通之論,然而已皆正知正見之說。朕欲表示淨土一門,使學者宴坐水月道場,不致岐而視之,誤謗般若,故擇其言之融合貫通者,刊為外集,以示後世。[791]

意為袾宏雖沒有「徹底圓通之論」,但他弘揚淨土法門,仍是「正知正見」。「至於淨土法門,雖與禪宗似無交涉,但念佛何礙參禪,果其深達性海之禪人,淨業正可以兼修。」[792] 其實袾宏也是主張禪淨兼修的,不過是以淨業為主罷了。

第三,禁止呵佛罵祖。

世宗在編選語錄中,指出一些著名的禪師不能入選,即「如傅大士、如大珠海、如丹霞天然、如靈雲勤、如德山鑑、如興化獎、如長慶稜、如風穴沼、如汾陽昭、如端師子、如大慧杲、如弘覺範、如高峰妙,皆宗門

---

[790]　《御選語錄》卷八。
[791]　《御選語錄》卷三。
[792]　《御選語錄‧總序》。

第七章 明代佛教的復興思潮與宗派再構（下）

中歷代推為提持後學之宗匠，奈其機緣示語，無一可入選者」[793]，並對這些人分別作了批判，其中抨擊丹霞天然和德山宣鑑最為激烈。對於天然，他說：

> 如丹霞燒木佛，觀其語錄見地，只止無心，實為狂參妄作。據丹霞之見，木佛之外，別有佛耶？若此，則子孫焚燒祖先牌，臣工毀棄帝王位，可乎？

他對德山宣鑑的呵佛罵祖，更是痛斥不絕，連曾收錄宣鑑言論的性音也不放過：「如德山鑑，平生語句，都無可取，一味狂見恣肆。乃性音選《宗統一線》，採其二條內，一條截去前後語言，專錄其辱罵佛祖不堪之詞，如市井無賴小人詬誶，實令人不解是何心行。」又說：「釋子既以佛祖為祖父，豈得信口譏訶，譬如家之逆子，國之逆臣，豈有不人天共嫉、天地不容者。」[794]

從這裡可以看出，雍正對於禪實在是隔膜得很，他把禪宗追求精神的超脫，如「無心」之類，視作「狂參妄作」；把禪宗要求擺脫的種種道德倫理觀念，視為天經地義、不可逆背的聖教，所以他要把天然、宣鑑等斥之為「逆子」、「逆臣」了。

第四，貶黜頌古，創立「雍正禪」。

世宗反對參禪者在鑽研公案上下工夫，他說：「拈代偈頌四者，頌為最後，學人於頌古切用工夫，遂漸至宗風日墜。此端一開，盡向文字邊作活計。」[795] 據他看，參學拈古、代別、詩偈、頌古，研究公案，無助於證悟。他提倡恢復禪宗的傳統，即「了悟自心」。然而，據他考察，古往今來，刻苦參禪的僧人「如麻似粟，而了悟自心者，鳳毛麟角」。於是他自

---

[793] 《御選語錄》卷十四。
[794] 上引均見《御選語錄》卷十八。
[795] 《御選語錄》卷十八。

第一節　清代社會與佛教

創了一種參禪方法，在他的指導下，「自春至夏，未及半載，而王大臣之能徹悟洞明者，遂得八人」。[796] 參的是什麼，悟的又是什麼，不得其詳。但從皇十七弟果親王那裡可以略窺一斑：「俗則居家，僧則秉教。為臣常忠，為子當孝。能盡倫常，即為玄妙。」[797] 據此，「自心」即「性」，就是儒家以忠君孝親為核心的倫常。徹悟的體現則是各安本分，篤守這些倫常。這種禪法，在禪宗史上，無以名之，暫稱其為「雍正禪」。

總之，世宗直接介入禪宗內部事務，以帝王的身分扮成當代大宗師，消除禪宗叛逆者的成分，把它完全納入服從和服務於王權需要的軌道。隨著清政權的鞏固，禪宗再也不能恢復自己獨立的特色了。

清世宗在整頓禪宗和清理禪學的同時，積極支持寶華山如馨一系的南山律宗。雍正十二年（西元 1734 年），詔文海福聚到北京，改憫忠寺為法源寺，支持這一派弘律傳戒。禪宗對戒律天然輕視，這是由其基本教義決定的。整頓禪宗和扶植律宗，是世宗加強佛教管理的兩個相互連繫的重要措施。

四、佛教發展階段和特點

清代佛教的發展演變可以分為兩個階段。第一階段，世宗到高宗時期（西元 1644～1795 年）的 150 年。在這一階段，佛教沿著明末開闢的方向繼續發展演變。同時，由於受到清王朝政治、經濟和思想文化的制約，也不斷修正前進方向，調整內部結構。整體說來，佛教還保持著相當規模，在社會上還產生相當大的影響。尤其是禪宗，還呈現出興旺的發展勢頭。

第二階段，從仁宗到清朝滅亡（西元 1796～1911 年）110 餘年。在

---

[796] 《御選語錄》卷十九。這八個王公大臣是：皇十六弟莊親王愛月居士、皇十七弟果親王自得居士、皇四子和碩寶親王長春居士、皇五子和碩和親王旭日居士、多羅平郡王福彭如心居士、大學士鄂爾泰坦然居士、大學士張玉澄懷居士、左都御史張照得天居士。

[797] 《御選語錄》卷十九。

第七章　明代佛教的復興思潮與宗派再構（下）

這一階段，佛教逐步滑落到最衰落期。從仁宗（西元 1796～1820 年）開始，隨著清王朝的內憂外患進一步加劇，官方已經無暇顧及傳統宗教，佛教自身也進一步衰落，許多寺院逐漸成了流民的藏身之地。太平天國運動時期，以天主教為號召，反對偶像崇拜，對佛教和道教都予以排斥和打擊，以致僧尼星散、寺院遭受破壞。佛教的存在，表現為在寺院和民間廣泛流行的名目繁多的各類佛教法事，例如瑜伽焰口、水陸道場、慈悲水懺、梁皇懺、大悲懺、金剛懺、打佛七等各類懺法活動。太平天國對佛教從下至上的掃蕩，比「三武一宗」自上而下的打擊和整頓影響更為深遠。據太虛在《整理僧伽制度論》中估算，清末僧尼約有 80 萬，但人數的多寡已經不能反映它在社會上的影響和作用。經過幾重打擊，佛教已經不能按照舊的形式存在下去了。雖然宗派的傳承還可以追蹤到，但是已經沒有多大的意義。

整體觀察，佛教在清代的發展演變呈現出幾個較顯著的特點：

其一，宗派意識有增強的趨勢。

儘管袾宏、德清、真可和智旭被譽為「明末四大高僧」，他們的思想在清代佛教界頗具影響力，但是，他們淡化法系傳承，消除門戶壁壘的主張始終沒有成為佛教界的主流認知。隨著佛教內部各派思想融合過程的發展，在絕大多數情況下，門派之別或法系之別已經難於反映思想的分野，從兩者之間已經很難找出其中的必然連繫。但是，對於一般僧人而言，法系傳承又是決定他們身分、地位以及贏得社會承認的重要因素，個別場合甚至關乎個人的進退榮辱。所以，在這一階段，佛教內部對傳承關係更為重視，在有些支派中還有強化的勢頭。除了禪宗、天台等宗派之外，律宗是一個更具特點的新例證。

其二，禪宗諸派依然保持著傳法系統，在組織規模上始終是佛教的主體，但是他們的弘教傳禪活動從活躍走向沉寂，禪學從多頭發展、保持個

第一節　清代社會與佛教

性轉向融合各種佛教思潮，並與其他教派逐漸趨同。這種消除個性的融合，也改變著佛教的整體面貌和內在精神。

明末山林禪宗復興的浪潮在清代前期得到進一步發展，繼續成為佛教的主體。就派系結構而言，臨濟宗系統最為興盛，名僧輩出，以江浙等地為主要基地，其影響遍及全國，並分化出若干支派，分頭弘化於南北各地，特別是弘化於此前禪宗發展相對薄弱的地區。同時，曹洞宗也有一定的發展，並且分化出有影響力的幾支。

就禪宗的思想而言，也開始發生分化。在佛學思想上，他們主張有選擇地繼承禪宗遺產，突出禪宗的固有的個性特徵，或者推崇鬥機鋒、施棒喝，甚至呵佛罵祖，用極端狂放的方式表達自證自悟的教義，完全沿襲唐末五代的山林禪風；或者主張鑽研公案語錄，作拈古、頌古，繼承北宋流行於禪林的禪風；或者以參究話頭為唯一正確的證悟之途，沿著南宋宗杲開創的禪學道路前進。隨著清王朝政權的鞏固及社會安定，唐末五代的山林禪風和北宋的文字禪逐漸成為主流輿論批判的對象，特別經過世宗的清理，基本沉寂下去，而看話禪則與淨土思想融合，繼續盛行於禪林。

其三，西方淨土信仰和各種救贖性質的佛事活動開始興盛於佛教界，也成為在社會各階層中最有影響力和號召力的佛教信仰和實踐。

清代以前，流行於僧俗信徒中的淨土信仰有許多種，其中禪宗的唯心淨土也很盛行。但是，進入這一階段，逐漸增多的淨土修行者都接受來自傳統彌陀經典的西方有相淨土學說。專弘淨土的宗師比以前任何時期都多，並且在實踐上不斷有創造，著名的淨土道場及其結社組織也隨之湧現。但是，雖然不斷有後代弟子續編排定淨土傳承祖師的系譜，可淨土依然沒有演變為一個嚴格意義上的宗派。而西方淨土法門在發展普及過程中，逐漸取代禪宗法門，成為佛教界最流行的思潮，同時為越來越多的社會民眾所接受。西方淨土在僧俗兩界的盛行顯示，人們重視佛力拯救甚於

重視自力解脫。與此相連繫,同樣是寄希望於佛菩薩拯救的各種救贖性質的懺儀法會盛行於社會。

其四,教門各派義學開始進入全面衰落期,律宗形成一支嚴格意義上的宗派。

在這一階段,佛教界始終沒有形成學習、研究佛教經典,探討佛教理論的風氣,能談得上對佛學有研究者已經寥若晨星。就佛教義學的整體情況而言,尚不能與明代末年相比,除了個別華嚴學者還保持某些特點之外,其餘的義學門類就沒有特點可言了。

接續明末律學多途發展的浪潮,如馨一系律宗興盛起來。佛教各宗派中,在組織規模的宏大、法系傳承的嚴整、社會影響的擴大等方面,能夠超越前代的唯有律宗。只有到了這一時期,律宗才稱得上是嚴格意義上的宗派。

第二節 清代禪宗四系及其弘教諸師

一、禪宗派系結構與基本特點

雍正介入禪宗內部事務,是清代禪宗史上的一個轉捩點。在此以前,新舊王朝更迭造成的社會動盪尚未完全平息,禪宗依然保持著明萬曆年以來持續高漲的勢頭。其突出表現是宗派勢力發展,傳播地區擴大,湧現出一批有影響的禪師,禪宗的典籍大量編制刊刻。雍正以後,禪宗明顯衰落,儘管許多支派仍有嚴整的傳承系統、有比較固定的傳法基地、禪僧的數量繼續有所增加,但思想既無創新,對社會的作用也大大縮小。禪宗的衰落,也是整個佛教衰落的象徵。因為,佛教中再也沒有崛起一個派別來替代禪宗。

第二節　清代禪宗四系及其弘教諸師

清初禪宗，基本是明代末年興起於江南的臨濟、曹洞兩宗。臨濟宗下分天童系和盤山系，曹洞宗下分壽昌系和雲門系，這四系構成了有清一代禪宗派系的主體。江南依舊是禪宗的重要基地，廣東、福建在遺民的支援下，出現了超過「浙直佛地」的興盛局面；福建還是禪宗向日本傳播的主要口岸。而一部分能夠迅速改變政治態度的江南禪師，受到清王朝的歡迎，北上京城地區傳禪。相反，遭到流放的禪師，則在遼寧千山建起了新的禪學中心。以破山海明為代表的僧人，為躲避戰亂，傳禪巴蜀，使禪宗擴大到了川滇黔地區。

在新舊王朝更迭之際，禪宗內部的政治氣氛也濃烈起來。一些禪師曾為挽救明王朝而奔走疾呼，與明遺民保持密切連繫，曹洞宗的覺浪道盛和祖心函可是其中最著名的代表。而臨濟宗的憨璞性聰、玉林通琇、茆溪行森、木陳道忞等人，則是與清王朝合作的代表。禪僧在政治上的分化，替禪宗的宗派爭鬥增添了新的內容。

明末，禪僧強調有選擇地繼承佛教和禪宗的遺產，非經毀教，貶抑淨土等思潮也一度盛行。清以後，逐漸強調「集大成」，要求不加區別地繼承一切佛教遺產。「集大成」的理論和實踐比北宋以來的「宗教一致」、「禪淨兼修」等主張涵蓋的內容要廣泛得多，使禪宗與民間的佛教信仰完全融合。

清初關於禪學的論辯也很激烈，但爭論的問題停留在對古禪師語錄中個別語句和一些公案的理解上，理論意義微乎其微。清中葉以後，連這樣的論戰也不復存在了。清代前、中期禪宗僧人所面臨的禪學問題，不是發展與創新的問題，而是用官方佛教對禪學進行改造、清洗的問題。這既呼應民間佛教信仰的需求，也是帝王意志的體現。

這個時期編集的禪宗典籍相當多，除了大部頭、多卷本的語錄之外，還出現了多種禪宗燈史著作。這些燈史的特點是：多選集已有的史傳，在傳承關係上做文章。費隱通容於順治十一年（西元 1654 年）編成的《五

燈嚴統》，即是其中的代表作。《五燈嚴統》25卷，前20卷抄自《五燈會元》。此書在記述禪宗系譜方面有自己的觀點：其一，承襲北宋慧洪以來的說法，將雲門、法眼兩宗定為南嶽懷讓一系；其二，把曹洞宗無明慧經一系列為嗣法未詳。慧經一系是清初禪宗四大系之一，著名禪師很多，因此，激起曹洞宗僧人的強烈不滿。一些禪師圍繞《五燈嚴統》展開了激烈辯論，論著不少，但中心問題不過是考證天皇道悟與天王道悟的真偽與傳承，論證無明慧經一系是否曹洞正脈等。此外的燈史僧傳還有超永編的《五燈全書》120卷、本皙編的《宗門寶積錄》93卷、性統的《續燈正統》42卷、淨符的《祖燈大統》18卷、通順的《續燈存稿》12卷、道的《禪燈世譜》9卷、紀蔭的《宗統編年》32卷。另外，通醉的《錦燈世燈》20卷、如純的《黔南會燈錄》8卷，屬於禪宗的地區史傳，價值較高。

清代前期，不少有重大影響力的士大夫歸依佛教，如宋文森（？～西元1702年）、畢奇（？～西元1708年）、方以智（西元1611～1671年）、黃宗羲（西元1610～1695年）、周夢顏（西元1656～1739年）、彭紹升（西元1740～1796年）、羅有高（西元1734～1779年）、汪縉（西元1725～1792年）等。他們研習佛教經典（包括禪宗語錄），編撰和注釋的著作，既有弘揚禪宗的，也有弘揚其他宗派的。他們接受的佛教，有禪也有淨土。從他們身上，可以看到禪學在士大夫階層中的影響和地位已經下降。

清代臨濟宗僧人多出自密雲圓悟和天隱圓修兩系，前者習稱天童系，後者習稱盤山系。在順治、康熙年間，天童系的著名禪師較多，影響較大。雍正之後，盤山系的影響超過天童系，成為清代臨濟宗的代表。

二、密雲圓悟的弟子與天童系

密雲圓悟認可的12個傳法弟子，分別活躍於明末清初，在南北各地弘教傳禪，都有一定的知名度，而以木陳道忞、漢月法藏、費隱通容和破

第二節　清代禪宗四系及其弘教諸師

山海明四支為最。

道忞（西元 1596～1674 年），字木陳，號夢隱，俗姓林，廣東潮陽人。早年習儒，出家後隨圓悟習禪。崇禎十五年（西元 1642 年），繼圓悟住持天童寺，後在浙江住持過多處大寺院。順治十六年（西元 1659 年）九月，應詔進京，受賜「弘覺禪師」號。此後歷遊各地，到處宣揚他與順治的問答機緣，號召歸順新朝，在佛教內外產生了不小影響。他的弟子顯權等編《天童弘覺禪師語錄》20 卷，真樸等編《天童弘覺禪師北遊集》6 卷，彙集了他的言行和部分著述。

順治十六年十月十五日，道忞在奉旨說法時指出：

遇川廣人與他說川廣底話，遇閩浙人與他說閩浙底話，遇江淮人與他說江淮底話，遇長安人與他說長安話，方可謂之我為法王，於法自在。何故？人居大國方為貴，水到滄溟徹底清。[798]

意思很清楚：人要成為自己的主人，在世界上獲得自由，就要見什麼人說什麼話，識時務者為俊傑，當時就是要投靠「大國」。「居大國方為貴」是其獨創，佛教傳統上只有居「中國」為貴之說。所謂「大國」，不言而喻是指大清國。相比之下，南明的許多小朝廷和其他抗清組織，確實是微不足道。

道在宣傳自己與世祖的問答機緣過程中，不允許任何人對自己的言論提出異議，不管提意見者的主觀動機如何，他都拒絕接受。徐昌治曾記錄了他親身經歷的一件事：

上（指清世祖）云：孔孟之學，又且何如？老人（指道忞）云：《中庸》說心性而歸之天人命，與老莊大人段皆同。予（指徐昌治）因眾議稍窒，

---

[798]　《天童弘覺禪師北遊集》卷一。

致書老人，乞將「殳皆」二字，易「不相」二字，便見孔孟與老莊大不相同。老人覆書不納。[799]

作為圓悟一系的俗家弟子，徐昌治並不是有意攻擊道忞，而是在「眾議稍窒」之後才和道忞討論問題的。

道忞露骨地頌揚清王朝，把禪學導入維護新統治者的政治軌道，受到一些參禪士大夫和禪僧的抨擊。他的高傲態度，不僅令士人和禪僧望而生畏，增加了對立情緒，後來連雍正也對他表示不滿。破山海明是他的師兄，同是圓悟認可的嗣法弟子，竟致函道，請示天童法道，說：「遣丈雪（指海明弟子丈雪通醉）與先師（指密雲圓悟）掃塔，第不知天童法道是何人主持？尚未修候，罪多如發……愚兄年邁，只可填溝塞壑……何如賢弟佳聲，播揚海外。吾師道脈，誠不虛印。」[800] 這些表面上十分恭謹的言詞背後，掩飾不住的是又恨又怕的情緒，在當時的禪僧中，也是有普遍性的。

漢月法藏一系，原以弟子眾多、門葉繁榮著稱，其中，具德弘禮（西元 1600～1667 年）、繼起弘儲（西元 1605～1672 年）與法藏一起，人稱「佛法僧三寶」。弘禮曾常住杭州靈隱寺，座下常逾萬人，有不少明代遺老及其子弟從其剃髮出家，如晦山戒顯、碩揆原志等。弘儲常住蘇州靈巖崇報寺，江浙有很多南明和福王臣屬作弟子，其中金賦原直住湖南的衡山和德山，楚奕原豫住湖南雲蓋山，有較大影響力，於是法藏一系擴展到湖南，勢力穩步成長。由於雍正的嚴酷打擊，法藏一系被明令取締。

費隱通容一系，主要在福建活動。通容（西元 1593～1661 年），先後住持過浙江石門的福嚴寺和福建黃檗山，門人中不少出生於福建並在當地傳禪，最著名的是雲門亙信和隱元隆琦。亙信（西元 1603～1659 年），

---

[799] 《天依道人錄》卷下。
[800] 《破山禪師語錄》卷十二。

傳禪於閩南，其弟子有如幻超弘和南山超元等人，分別住持福州和泉州一帶的寺院。

隱元隆琦（西元 1592～1673 年），福建福清人，俗姓林。西元 1620 年出家後，長期遊學南北各地，聽講《涅槃》、《法華》和《楞嚴》等經。曾慕名求學於圓悟，不久投到通容門下。曾應請住持黃檗山萬福禪寺、崇德縣福巖禪地、長樂龍泉禪寺等。順治十一年（西元 1654 年），應日本長崎僧人之請，赴日本傳禪弘教，西元 1673 年卒於日本。著有《雲濤集》1 卷。海寧等編有《隱元禪師語錄》16 卷。

隆琦並不反對禪僧學習經典，但對當時「講席混濫」的情況不滿，認為：「經中實乃徑路，直示人要，行則到家矣，不行，聽到驢年亦無益。」[801] 在教禪關係上，他主張最終要落實到禪行上。

對待淨土信仰，隆琦堅持禪宗的唯心淨土說，以「心」的染淨作為衡量淨土世界的標準：「念不淨不往極樂，心不染不來娑婆，娑婆極樂，只在當人心念染淨之間矣。」[802] 對當時盛行的念佛求生淨土的風氣作出讓步，認為修行淨土的念佛法門也是返照自心見佛的「第一線」通路。

隆琦特別推重《禪林寶訓》，曾讓弟子玄生重刻此書，以「急救像季之流弊，摧邪扶正，恢復上古之真宗」。他認為：「此書盛行於江北，大著於吳中，而閩粵師僧十有八九莫之見聞。欲其禪林之振，法道之隆，詎可得乎！」[803]《禪林寶訓》彙集宋代禪師語錄三百條，主要是論述禪僧的道德修養。隆琦弘揚此書，反映了他對加強禪僧道德的重視。

福建沿海一帶與日本商業來往較多，而日本長崎居住著中國商人，其中不乏禪宗的信奉者。隆琦應請去日本傳禪之前，充分考慮到「彼此

---

[801]　《隱元禪師語錄》卷十。
[802]　《隱元禪師語錄》卷十一。
[803]　《隱元禪師語錄》卷十六。

各土，語言、禮節、佛法、人情恐不貫通，而見責於方外，則進退兩難矣」，[804] 所以有充分的心理準備，保證了他的成功。順治十一年（西元 1654 年）東渡後，他先後在長崎、江戶和京都等地傳禪，受到下層民眾和僧人的歡迎，也得到日本官方的支持。隆琦在京都北宇治受賜的土地上建黃檗山萬福寺，由此開創了日本的黃檗宗。

三、破山海明與川滇黔禪學

明末清初，興盛於江浙一帶的禪宗逐漸影響於巴蜀地區，那裡沉寂了數百年的禪學重新興起，並波及貴州、雲南等地，在一定程度上推動了川滇黔佛教的結構變化。開創這一局面的，始於圓悟的弟子破山海明。

1. 海明在巴蜀的影響

海明（西元 1597～1666 年），號破山，四川順慶府大竹縣人，俗姓蹇。19 歲，在本郡佛恩寺隨大持律師出家。第二年，轉到延福寺從慧然法師習《楞嚴經》。因不滿足慧然的解釋，離開四川，於萬曆四十七年（西元 1619 年）至黃梅破頭山，研習禪宗語錄 3 年，並效法元初高峰原妙的修禪方式，以習禪 7 日為限，獲得證悟。

從天啟二年到五年（西元 1622～1625 年），海明遊歷江浙一帶禪林，先後求教於憨山德清、無異元來、雪嶠圓信、湛然圓澄、密雲圓悟等禪師。天啟六年（西元 1626 年），再度到金粟山見圓悟，任維那職。次年，圓悟「書曹溪正脈來源一紙，並信金」[805] 交付海明，承認了他的嗣法資格。至崇禎元年（西元 1628 年），海明應請住持嘉禾東塔廣福禪寺三年，「遠近觀光，罔不悅服，道風遂大振於江南」[806]。崇禎六年（西元 1633

---

[804]　《隱元禪師語錄》卷十二。
[805]　〈雙桂破山明禪師年譜〉。
[806]　〈破山明和尚行狀〉。

第二節　清代禪宗四系及其弘教諸師

年），返巴蜀，住持梁山縣（四川梁平）萬峰山太平禪寺。海明一生住持大小寺院14處，以在梁山時間最長。關於他的言行，其弟子印正等編有《破山禪師語錄》20卷。

海明在巴蜀傳禪三十餘年，無論在佛教界還是社會上都產生了廣泛影響。在梁山雙桂禪寺時，「朝參暮請之眾盈萬指而有餘」。在70歲生日時，「道俗集慶者萬有餘指」。順治十七年（西元1660年），「峨眉諸剎名宿思聆法音」，請他赴峨眉山，他以「衰病不能跋涉」為由謝絕，於是「峨眉高志之輩，皆接踵而來，朝夕磨礪。師施以本色鉗錘，均有深省」[807]。

自崇禎十三年（西元1640年）張獻忠攻占四川，巴蜀就成了戰亂不息的地方。甲申（西元1644年）以後，自荊襄以西，更是大西殘部、明流亡政府和清軍三股力量角逐之處，一直擴展到川貴雲和中緬邊境。焚殺之殘酷、你亡之慘烈，與東南遙相照應，慘絕人寰。人們紛紛向深山逃難，促使禪宗驟然繁盛。海明本人的立場不甚清楚，似乎曾在起義團體中住過。據〈破山明禪師塔銘〉記：

> 甲申以來，刀兵橫起，殺人如麻。有李鷂子者，殘忍好殺，師寓營中，和光同塵，委曲開導。李一日勸師食肉，師曰：「公不殺人，我便食肉。」李笑而從命。於是暴怒之下，多所全活……然自此人目師為酒肉僧。反有藉師為口實者，師以救生為衛法之苦心，甚不得已也。

從這裡看不出他是被脅迫寓於軍營的。但以後他又讚揚清廷對起義軍的進剿。順治十六年（西元1659年），「李制臺出師夔關，尚書問道，師覆書最詳，更贈以偈，有『重開巴國蘇民困，再造夔關起世賢』之句。李覽大悅志，擬旋師躬親法座」[808]。李制臺指清川陝總都李國英。夔東十三軍是張獻忠的最後殘部，李國英獻策清軍會剿，夔州首當其衝，海明所住

---

[807]　〈雙桂破山明禪師年譜〉。
[808]　〈雙桂破山明禪師年譜〉。

之梁山，即屬夔州府轄。

關於海明如何進入起義軍，又為何把「蘇民困」、「起世賢」的希望寄託到清軍身上，不得而知，但他受到本地民眾和清官僚的歡迎，則較明顯。他對禪宗在巴蜀的復興，產生了促進作用。當時有人指出：

> 蓋西川自宋圓悟、大隨而後，少室綱宗久矣絕響，人皆習為講誦。師一提最上極則之事，遠近瞻風，心懷畏愛，道望又於是乎大著矣。[809]

兩宋之際，圓悟克勤曾幾度住持成都昭覺寺，連繫頌古，評唱公案，吸引了不少僧俗，並影響全國，開創了巴蜀禪宗又一個輝煌時期。由於海明扭轉了「講習」的風氣，使禪學重光，所以當時人們把海明比作克勤的再世。在巴蜀之外，海明也被視為禪學正宗。吏部尚書郎牟遂延，是四川籍官僚，曾奉差住金陵，樂於參禪。海明的同門朝宗和尚告訴他：「天童衣缽正在破山，歸而求之，何用它覓？」[810] 牟以後回歸巴蜀，大力扶植海明的傳禪活動。

2. 海明的「棒打」和禪淨教戒的統一

海明在啟悟參禪方面，突出地表現出密雲圓悟的風格。根據他的弟子追述：

> 凡師開法席處，眾集如雲，久參初進，絕不以詞色稍為寬假，唯拈白棒，據令而行……復不問來機利鈍，器量淺深，皆本分鉗錘。若擬議而不能頓領，並倔強而妄為低昂，必以痛棒棒到底，直要逼得生蛇化龍。[811]

海明自己也說過：「萬竹山中無剩言，擬開口處便還拳，連連打徹自家底，勝過諸方五味禪。」[812] 禪宗以「棒打」啟悟禪眾，到海明算是最後

---

[809] 〈破山明和尚行狀〉。
[810] 〈雙桂破山明禪師年譜〉。
[811] 〈破山明和尚行狀〉。
[812] 《破山明禪師語錄》卷十四。

第二節　清代禪宗四系及其弘教諸師

的終結。從五代到明清交替，禪僧大部分行之於戰亂年代的深山老林、窮鄉僻壤，目的在使徒眾緘默寡語，少逞機鋒，以維護禪群體的穩定和安寧。

與此相應，海明把看話禪與淨、教、戒協調為一，也是要佛徒循規蹈矩，不要在佛教內外挑動事端的意思，這集中反映在他的〈學道四箴〉中：

念佛一聲，漱口三日，若不念佛，如水浸石。打魚念經，經且是路，若不修行，如風過樹。戒急乘緩，乘急戒緩，若不持犯，如雞卜卵。一句話頭，擊塗毒鼓，若不因循，如貓捕鼠。

此中涉及的問題是：

第一，參禪與念佛。海明認為這是兩個並列的方便法門：「夫佛祖方便固多，要之不出兩種，則禪、佛是也。信得參禪，及立志參禪；信得念佛，及立志念佛。雖頓漸不同，出生死心一也。」[813] 他的理由和他的前輩們相同，都是把二者統一在「心」上，所謂「參禪念佛，本是一個道理，念佛念此心也，參禪參此心也」[814]。

然而，海明所指的「參禪」，主要指參究話頭。他示學者說：「初用心處，先體取念佛的是誰，單在誰字上著力，歲久月深，築著磕著，合得此個道理，始知『念佛一聲，漱口三日』。」[815]

提倡參究「念佛的是誰」，源於雲棲袾宏，海明是把念佛與參究話頭統一起來，付諸修持實踐，只有這樣才能理解「念佛一聲，漱口三日」這一看來是否定念佛之語的真諦（指無我）。從這個意義上說，「若不念佛，如水浸石」。

第二，參禪與學教。海明認為，這也是可以並存的兩個法門：

---

[813]　《破山明禪師語錄》卷六。
[814]　《破山明禪師語錄》卷九。
[815]　《破山明禪師訓錄》卷九。

參禪學教二法門，有深有淺，然深者禪，淺者教。但形方語，即粗相分，皆教也；若達教之了義即禪，亦是如來禪，非祖師禪也。[816]

海明贊同禪教一致，甚至認為，「若達教之了義即禪」。然而，這裡的禪是「如來禪」，即佛教經典所講到的禪，而不是「祖師禪」，即由慧能傳承下來的禪，實際上還是把經教與禪宗畫上了一條界限。海明奉行的棒喝和看話頭，在經教中都找不到根據，但他沒有特別強調祖師禪與如來禪的差別，也是模糊矛盾的一種做法。因此，他所謂的「若不修行，如風過樹」，也不排斥按經教規定的修行。

第三，參禪與持戒。海明把持戒和參禪看作二門，其前提是將戒的本體歸於「一心」。他說：

佛說波羅提木叉，是名十重，四十八輕，此戒差等，大小乘是也。若論本，總歸一心。一心不生，萬法無咎。無戒不持，無心不一，此乃真圓大戒總持也。[817]

以「一心」為戒體，屬禪家律學通論；以「一心不生」為持戒的最高體現，也是禪家常說。但據此而倡「無戒不持」，不是用修禪取代持戒，而是說明他是極看重戒律的禪師。但他又說：

修行戒為本，參禪悟為極，唯此二門，餘則方便多門也。畢竟如何得入？驢揀乾處尿，羊擇溼處屙。[818]

把持戒與參禪作為兩個雖然並列，卻有不同分工的法門，並用「驢揀乾處尿，羊擇溼處屙」的譬喻，為證悟者提一個可以靈活掌握的原則，等於為某些參禪者打開一扇可以踐踏戒律的方便之門。他本人吃肉喝酒，被視為「酒肉僧」就是一例。

---

[816] 《破山明禪師語錄》卷十一。
[817] 《破山明禪師語錄》卷九。
[818] 《破山明禪師語錄》卷八。

第二節　清代禪宗四系及其弘教諸師

第四，參究話頭。海明提倡的參禪，主要指話頭禪，所謂「一句話頭，擊塗毒鼓」，看話頭位列諸禪之首。他認為對此應該堅信不疑，有人參究話頭一事無成，在於其自身「心志之不善」，並不是話頭禪有什麼問題。

與此同時，海明強調「話頭」只是一種方便設施，而不是凝固不變的實體。他說：

> 若是一定有話頭與人參，有實法與人會，則達磨初祖不知擔幾許話頭來，迄今也是有盡。山僧每對學人言，遇境生疑，逢緣理會，甚是捷當，甚是至要。[819]

意思是說，日常所遇到的任何事物，都可以當作話頭去參，而不必因循株守某些不變的公案語句。所以說「若不因循，如貓捕鼠」，隨處可以捕捉到起「疑」會「理」的材料。

以上海明的種種觀點，不出江南禪宗的主流範圍。他對於後來的影響，主要是將參禪與淨土、經教、持戒四者在看話禪上的統一。所謂禪淨教戒，直到近現代還相當流行。相反，他的「痛棒到底」，卻再也沒有知名的繼承者了。

3. 海明一系的傳播

海明與其師圓悟一樣，十分重視擴大本派的組織規模，前後「剃度弟子印開等凡百餘人，嗣法弟子八十七人，南北分化，各振家聲」[820]。時人評論說：「西來一宗，自天童（指密雲圓悟）中興，濟上兒孫遍天下，可謂盛矣。然未有如雙桂（指破山海明）之尤超於諸方也。」[821]

海明承認八十七人為他的嗣法者，在明清之際的確少見，其雜濫是不

---

[819]　《破山明禪師語錄》卷六。
[820]　〈雙桂破山明禪師年譜〉。
[821]　〈象崖挺禪師語錄序〉。

可避免的。後來有人辯解說:「師隨其一知半解,輒有付囑焉。或疑付法太濫,而不知師於此又有深心也。蓋佛法下衰,狂禪滿地,倘一味竣拒,彼必折而趨邪師,以傳法為衛法之苦心,甚不得已者也。」[822] 此話說得直白一些,就是為了擴大自己的宗派勢力,不得不然。這些弟子中,比較著名的是丈雪通醉、象崖性挺和蓮月印正。

丈雪通醉(西元 1610～1693 年),曾在貴州、陝西、浙江、四川等地住持過多處寺院,特別是在成都昭覺寺時,吸引了各地不少參禪者。關於他的言行,其弟子徹綱等編有《昭覺丈雪醉禪師語錄》10 卷。他的另一弟子月幢徹了,在雲南昆明和貴州安順一帶傳禪,是通醉門下影響最大的人物。還有一個弟子懶石覺聆,在雲南商山禪院弘禪。

象崖性挺(西元 1598～1651 年),福州福清人,19 歲出家,從無異元來、密雲圓悟習禪,後投到海明門下,並隨之入蜀。自崇禎七年(西元 1634 年)起,在四川和貴州等地住持過 7 處寺院。其弟子編有《象崖挺禪師語錄》7 卷。知名弟子有雲腹道智(西元 1612～1673 年)。道智及其門徒也主要活動在川黔一帶。

蓮月印正被海明稱為「卻是老僧一個放心的人」,曾在貴州遵義、四川南充和湖北當陽等地住持寺院。關於他的言行,其弟子性容等編有《蓮月禪師語錄》6 卷、發慧等編有《玉泉蓮月正禪師語錄》。

清初的川黔滇地區,是全國抗清力量最強、堅持時間最久的地區之一,也是兵荒馬亂、社會動盪最大的地區之一,海明禪系能在這裡得到迅速的發展,顯然與這種形勢有關。清中葉以後,這個禪系仍綿延不絕。

---

[822] 〈破山明禪師塔銘〉。

第二節　清代禪宗四系及其弘教諸師

四、玉林通琇與盤山系

清初，天隱圓修一系的影響不及密雲圓悟，但到中葉以後，圓修一系成了臨濟宗最重要的一派。

盤山系創自圓修的弟子箬庵通問和玉林通琇。箬庵通問（？～西元 1655 年），住持過杭州理安寺，而鎮江金山則是他的重要基地。通問的弟子天竺行珍遞傳夢庵格、迦陵性音等，在清初有一定影響。通問的另一弟子鐵舟行海遞傳法乳超樂、量聞明詮、月潭明連、大曉實砌。大曉實砌將本為律寺的常州天寧寺改為禪院，使它成為知名度很高的叢林。實徹的弟子天濤際雲和納川際海也各有傳承，連綿不絕。

玉林通琇下分美發淳和棲雲嶽兩支，棲雲嶽遞傳南谷穎、靈鷲誡、天慧實徹、了凡際聖、昭月了貞、寶林達珍等，使揚州高旻寺成為禪宗重要寺院。清中葉以後，金山、天寧和高旻既是盤山系的主要寺院，也是禪宗在江南最有聲望的叢林。

盤山系儘管有比較嚴整的傳承法系，有比較穩定的禪院，但在雍正以後禪宗日趨衰落的總趨勢下，也沒有更多的作為。此系的代表人物，首推清初的通琇。

通琇（西元 1614～1657 年），字玉林，俗姓楊，常州江陰縣（今江蘇江陰）人。出家前接觸過禪學，而信仰淨土。19 歲隨天隱圓修出家。崇禎九年（西元 1636 年），繼圓修住湖州報恩寺（在浙江吳興縣），經營 8 年，使這個殘破的寺院「殿堂寮舍、僧園物務，以悉周備」[823]。他主要是透過化緣，由官僚富豪布施而擴建寺院、購買田產。當時，他還只是個年輕人，但已是「數千指日環擁參請」。

順治二年（西元 1645 年），通琇令弟子代管報恩寺，自己到江南各地

---

[823] 〈大覺普濟能仁國師年譜〉。

遊歷，先後住過浙江的大雄山、江蘇常熟的虞山、宜山的龍池山和盤山等，影響力逐步擴大。順治十六年（西元1659年），應詔進京，住萬善殿，先後奉旨「請上堂者四」。這也成為通琇禪系的轉捩點。

通琇與順治的交談、應對謹慎而善巧，他總是接著這位皇帝的問話談禪，從不對政治問題發表意見。「上如不聞，則不敢強對，語不及古今政治得失、人物臧否，唯以第一義諦啟沃聖心。」[824]他對於順治接受禪思想可能有影響，所以順治稱讚他「實獲我心，深契予志」[825]。當年四月，通琇離京南返。順治十七年（西元1660年），再次蒙召，受「大覺普濟能仁國師」號。次年，順治去世，通琇即南歸。

通琇兩次進京，受到清王朝的褒獎，成為全國知名禪師。此後，他一直活動在江浙一帶，晚年曾住持過浙江的西天目山和江蘇宜興的國山。

宜興國山有善權寺，內有幻有正傳剃度師樂庵的塔。康熙元年（西元1662年），曹洞宗禪師百愚淨斯來此重修寺院，並將本宗亡僧遺骨藏入樂庵塔內，引起臨濟宗僧人不滿。康熙十二年（西元1673年），通琇在宜興官僚的支持下，進住善權寺，趕走了曹洞宗僧人，然後交弟子白松行奉住持，自己回浙江。就是這樣一件事，觸發了兩家的爭鬥。

行奉住持善權寺後，曾企圖占居寺側的陳家祠堂，與陳氏家族發生矛盾。此時「三藩[826]叛亂，乘機盜劫者充斥宜興」[827]。康熙十三年（西元1674年）九月，陳氏家族聚眾火燒善權寺（有說是受淨斯弟子寒松智操的唆使），殺死幾十名僧人，行奉也喪命寺中。當「王師至已」，「諸處叛寇」「皆鼠竄」之後，清王朝在這裡恢復了統治，陳氏家族受到鎮壓；「唆使」

---

[824] 〈大覺普濟能仁國師年譜〉。
[825] 《玉林禪師語錄》卷首〈玉音五道〉。
[826] 「三藩叛亂」指康熙十二年底（西元1673年初），吳三桂、耿精忠、尚可喜分別於滇、黔、粵、閩等地發動的反清叛亂，與民眾對清統治不滿的民族情緒相呼應，一時震動整個江南地區。
[827] 〈大覺普濟能仁國師年譜〉。

第二節　清代禪宗四系及其弘教諸師

陳氏的淨斯弟子寒松智操等曹洞宗僧人，其結果可想而知。於是通琇一系重新得勢。據此，關於爭奪善權寺的爭鬥，有當時特殊政治背景，是很明顯的，但在宗派思想上，通琇與淨斯二系也確有分歧。

據通琇一系傳說，通琇早年曾作《辯魔錄》，「乃痛斥弁山瑞公（湛然圓澄的弟子瑞白明雪）斷常邪見」，由是結怨於明雪的弟子百愚淨斯，爭奪善權寺只是兩家衝突的集中表現。然而宗派主義發展到如此酷烈的程度，在禪宗史上是不多見的。

通琇一生以好辯著稱，所謂「自幼而壯，自壯而老，無時無刻不力辯」[828]。《辯魔錄》洋洋數萬言，作於 28 歲。他透過批駁當時禪僧時對高峰原妙一生「悟道」事蹟的種種解釋，闡述自己的觀點。其中迴響最大的是關於「拖死屍句子」的解釋：

> 時諸方共論高峰祖……而祖始終悟道因緣，灼知落處者稀。……至有以昭昭靈靈，認識為心之妄見，配合祖打破拖死屍句子，直得虛空粉碎，大地平沉之悟，謂之有主初進步。[829]

高峰原妙似乎成為禪僧議論的話題。據原妙自述，他早年參訪雪巖祖欽，一進門，祖欽便問：「阿誰與你拖個死屍來？」原妙未及回答，祖欽便打。如此一問便打，反覆多次，原妙始終不知所以然。時過很久，原妙偶然見五祖法演遺像，「驀然觸發日前仰山老和尚（指祖欽）問拖死屍句子，直得虛空粉碎，大地平沉，物我俱忘，如鏡照境，百丈野狐，狗子佛性，青州布衫，女子出定話，從頭密舉驗之，無不了了，般若妙用，信不誣矣」[830]。由法演的遺像而悟解祖欽的機用，從而密驗一切祖師公案話頭，這靈感聯想是怎麼形成的，屬不可言傳領域。但原妙所證悟的，其實就是

---

[828]　〈大覺普濟能仁國師年譜〉。
[829]　〈大覺普濟能仁國師年譜〉。
[830]　《高峰和尚禪要・開堂普說》。

以「物我俱忘」為中心的般若空觀，則十分清楚。

在通琇之前，多數禪師認為原妙的這一證悟，只是「有主初進步」，是悟的初級階段，與最高的悟境無關。通琇反駁這種見解說：「禪必以虛空粉碎，絕後再蘇為正悟，悟後必須透脫末後牢關，方可出世為人。」[831]「虛空粉碎」指心境空寂，由心境空寂形成認知上的空觀，即是「絕後再蘇」。從空寂的體驗到空的觀念，都是「正悟」，而「正悟」之後，還必須「透脫末後牢關」，即「悟後重疑」。只有解決像歷代公案類的問題，才能將空寂之心貫徹到現實生活的一切方面，「出世為人」。因此，悟不是一次完成的，不能以「一悟為休」；但悟也不是分裂的，不能把「虛空粉碎」的心境看成非悟。

由於《辯魔錄》批駁的禪師很多，不僅受到曹洞宗僧人的反對，也受到臨濟宗僧人的指責。密雲圓悟即致書責難，尤其「不肯不肖以高峰打破拖死屍句子為悟」[832]。後圓悟再著論反駁，說：「時有謂師（指通琇）下視諸方，譏訶當世；又亦以高峰祖打破拖屍句子，『直得虛空粉碎，大地平沉』為非悟，左祖邪說，以誣祖及師。故是夏復出《判魔直筆》。」[833]

參加此類爭論的禪師儘管很多，且喋喋不休，但涉及的問題多屬細枝末節，並沒有產生什麼新的禪學。然而，這也是禪宗史上最後一次較大的禪學活躍期。清中葉以後，連這樣的禪學辯論也消失了。

通琇對修禪和讀書的關係，有一套別致的規定。據記載：

師自出世以來，大事未明者，唯專一參究，內外典籍，概不許私閱。時有僧於藏堂請《碧巖集》，執事呈白，師特小參重為申戒云：……好大哥，直絕根源，尚迂曲、錄枝摘葉，復何如？[834]

---

[831] 〈大覺普濟能仁國師年譜〉。
[832] 《玉林禪師語錄》卷十一。
[833] 〈大覺普濟能仁國師年譜〉。
[834] 〈大覺普濟能仁國師年譜〉。

但這不是說他反對讀書。他引「古德」的話說:「通宗不通教,開口便亂道。」[835] 不讀經教是不行的。他強調的是證悟,「未明大事」,讀書會走入「邪魔」;悟後不讀書,就會胡說八道。因此,他要求讀書的目的明確,讀什麼書要有次序:

看書當先究明諸家宗旨,次及諸祖語錄。宗旨洞明,語錄遍覽,方可看教。如來禪、祖師禪,無不了了,方可涉歷外典。若躐等趨末,不尊吾訓,後日悔之何及。從上綱宗及一切公案,不可籠統會去,須是著著透露,知古人說不到處,自出得手眼,方是看得語錄之人。[836]

這種讀書方法,無疑是要把學子禁錮在特定的思想框架內,但他同時又讓人們在這個框架內博覽內外群書,作為護法和創造的方法,「自出得手眼」,則比當時庸碌守舊的禪師要高明得多。這種禪教育思想,直接影響了近現代佛家教育,對推動佛教符合社會的發展有正向影響。

通琇的嗣法弟子 29 人,其中茚溪行森也曾得到清世祖的詔見。清中葉以後,通琇的法系均出自棲雲嶽和美發淳。

五、雲門系與壽昌系簡況

清代曹洞宗僧人多出自湛然圓澄和無明慧經門下,前者習稱雲門系,後者習稱壽昌系。

湛然圓澄在江南弘教傳禪 20 年,門下弟子眾多,支派繁盛,可以與臨濟宗的天童系相比。其中三宜明盂(西元 1599～1665 年),從「癸未至丁亥(西元 1643～1647 年)五年,度僧累千百人,秉戒者數千人,請益者萬人,開悟者數十百人」。他很注重講經,認為:「吾恥近世禪者高心空

---

[835] 《玉林禪師語錄》卷七。
[836] 《玉林禪師語錄》卷七。

腹，不明一經，故勞勞講席，實不得已。他人以語言目我，失之矣。」[837] 事實上，講經是當時禪僧中的一種風氣，不完全是「不得已」。明孟有《語錄》12卷、《雜著》20卷；弟子中有「傳法者三十人，傳衣者二十人」，俍亭淨挺、西遁淨超等知名。

瑞白明雪（西元1564～1641年）一支在雲門系中影響較大，流傳時間最長。明雪的知名弟子元潔淨瑩（西元1612～1672年）在江浙一帶住持過多處寺院，嗣法弟子43人。他批評臨濟宗天童系僧人作禪宗史書，「翻亂青原南嶽以下統系」，遵照其師「拔劍相助」的指示，「依《龍藏》五宗世系而正之」[838]，作《傳燈世譜》，得到余大成等人的支持。明雪的另一弟子百愚淨斯（西元1610～1665年），南陽人。21歲出家，次年具戒，歷遊江南各地。32歲嗣法明雪，在江浙一帶住持過8處寺院，「凡所至地，數千衲子，而糧糧自充，師名振珠林」[839]。關於他的言行，有智操等編的《百愚斯禪師語錄》20卷；另有詩集《蔓堂集》4卷，乃方拱乾編選。弟子有寒松智操等42人。後來傳承不明。

明雪門下還有破暗淨燈及其弟子古樵智先，先後住金山定慧寺，金山遂成為曹洞宗雲門系的重要基地，直到清後仍傳承不斷。

壽昌系分為三支，即慧經的弟子博山元來、鼓山元賢和晦臺元鏡。元來的知名弟子有長慶道獨、雪磵道奉、古航道舟、星朗道雄和嵩乳道密等人。其中，出自嵩乳道密（西元1589～1658年）的傳承延續到清中葉。長慶道獨（西元1600～1661年）曾在廣東羅浮、福建雁湖等地傳禪，晚年住持廣州海幢寺，使之成為以後曹洞宗的一個穩定基地。他的弟子天然函罡和祖心函可，人稱粵中兩個「怪傑」。

---

[837] 《雲溪俍亭挺禪師語錄》所收〈愚庵先和尚行實〉。
[838] 《元潔瑩禪師語錄》卷十。
[839] 〈百愚斯大禪師塔志銘〉。

六、天然函昰與祖心函可

函昰（西元 1608～1685 年），字麗中，號天然，出身於番禺望族，俗姓曾。崇禎癸酉（西元 1633 年）舉人，次年跟從道獨出家。從崇禎十五年（西元 1642 年）開始，先後住持過 8 處寺院。「丙戌（西元 1646 年）清兵入粵，明諸王孫多見疑被戮，屍橫於野，師遍拾骸骨，別建塚以瘞之。」[840]〈粵東遺民傳〉稱：「函昰雖處方外，仍以忠孝廉節垂示，每於死生去就多受其益。」因此，他特別受到明末遺民的歸依，信眾日多。「吾粵向來罕信宗乘，自師提持向上，縉紳逢掖執弟子禮，問道不下數千人。」[841] 函昰也重視經教，曾注疏《楞伽》、《楞嚴》、《金剛》等經。其弟子今辯重編《廬山天然禪師語錄》12 卷。

函昰的知名弟子多是明代遺老。他少年在俗之時，曾與番禺李雲經等結淨社，後來李雲龍隨函昰出家，法名今從。萬曆朝的名臣金堡，亦投在門下，法名今釋。另有今地，原為大學士李永茂之弟，捨丹霞舊宅為寺，由今釋住持。今釋所撰《遍行堂集》，即收藏於丹霞寺。至乾隆四十年（西元 1775 年），因此書被發覺而引發了一場有名的文字獄，傳說此獄株連寺僧 500 餘人。

今無（西元 1633～1682 年），番禺人，俗姓萬。16 歲隨函昰出家，22 歲到千山參訪函可，3 年後返廣州。康熙元年（西元 1662 年）起，繼住廣州海幢寺，習禪者「動數千指」，「開戒一十三年，所度緇白徒眾一千七百餘人」。今無也曾遊江南，廣交士大夫，「與王公為莫逆交」[842]。

函可（西元 1611～1659 年），字祖心，號剩人，惠州博羅人，俗姓韓。其父是萬曆年間進士，官至禮部尚書。29 歲父死家敗，被迫出家為

---

[840] 〈本師天然昰和尚行狀〉。
[841] 〈本師天然昰和尚行狀〉。
[842] 上引均見《海幢阿字無禪師語錄》所附〈行狀〉。

僧。曾遊廬山等地習禪，後至羅浮參見道獨，與函罡一直要好。當他聽到「甲申之變，悲慟形辭色」；聽說「江南復立新主」，擬去投奔。順治二年，函可在金陵被捕[843]，被施以酷刑後押送京城，不久被流放千山（遼寧鞍山市東南）。他的3個弟弟皆以抗節死，他的叔叔、從兄、姪子等4人抗清戰敗死，姊妹、弟媳、僕婢等從死者甚眾。

禪宗在遼寧地區始終沒有傳承，這是中國佛教史上的一件奇事。當地喇嘛說：「禪宗針錘未及於遐方……空聞法眼流入朝鮮，杳然絕響，豈本性果分南北，由大事實待因緣。」[844] 函可到千山傳禪，算是為這個地區帶來了「大事因緣」。他以謫滴的明臣為核心，建冰天詩社，有33人，經常聚集在他身邊的僧人有500到700人；他還與在嶺南的函罡保持密切聯絡，函罡曾遣今無通問。時人稱他一生，「七坐道場，全提直指，絕塞罕聞，稱佛出世」[845]。

函可因身經家國慘變，雖居世外，依然痛苦難堪，有詩云：「地上反奄奄，地下多生氣。」有時他也自我安慰：「努力事前路，勿為兒女悲。」因此，他的禪法多半是為解悲消愁，為僧俗們講解公案和經典，指導參究話頭，與立志開拓禪宗新領域的宗師們自是不同。加上遼寧禪宗本無根基，所以他的影響範圍是十分有限的。

七、為霖道霈與民間佛教

鼓山元賢沒有認可大量嗣法人，直到臨終才肯定為霖道霈為繼承人。道霈遞傳唯靜道安、恆濤大心、圓玉興五、象先法印、淡然法文等，一直流傳到19世紀中葉。

---

[843] 據〈粵東遺民傳〉，函可被捕的罪名是在弘光被俘時「新見諸臣死事，紀為私史」。
[844] 《千山剩人禪師語錄》卷首。
[845] 〈重梓千山和尚語錄序〉。

第二節　清代禪宗四系及其弘教諸師

道霈（西元 1615～1688 年），字為霖，自號旅泊、非家叟，建寧建安（今福建建甌）人，俗姓丁。家庭世代奉佛，14 歲進寺院，第二年出家。先投聞谷廣印，請教「出生死路頭」，「老人授以念佛畢竟成佛之說，遂諦信不疑」。崇禎七年（西元 1634 年），到鼓山見元賢，參禪四年，未有收穫，又「經歷諸講肆凡五年，《法華》、《楞嚴》、《維摩》、《圓覺》、《起信》、《唯識》及台賢性相大旨，無不通貫」。此後，再隨元賢習禪，研習經教，並與老母「同修淨業」五年。順治十四年（西元 1657 年），元賢命他繼住鼓山禪寺。自此，道霈以宗師身分弘教，共十四年，「座下常繞五千指」[846]。康熙十年（西元 1671 年），出外遊歷，「杖錫所至，即成叢林」[847]。康熙二十三年（西元 1684 年），重返鼓山，直至逝世。

道霈一生著述頗多，自云：

> 余在鼓山有《秉拂錄》一卷，《鼓山錄》六卷，《餐香錄》八卷，《還山錄》四卷；在溫陵有《開元錄》一卷；在玉融有《靈石錄》一卷；在建州有《旅泊庵稿》六卷，《法會錄》三卷；其集古有《聖箭堂述古》一卷，《禪海十珍》一卷；其懺悔法有《八十八佛懺》一卷，《準提懺》一卷；其修淨業有《淨業當課》一卷，《淨土旨決》一卷，《續淨土生無生論》一卷；注釋有《心經請益說》一卷，《佛祖三經指南》三卷，《舍利塔銘注》一卷，《發願文注》一卷；其往覆書問有《筆語》一卷。以上共二十種，四十四卷。其纂述有《華嚴疏論纂要》一百二十卷，《金剛般若經疏論纂要刊定記略》三卷，《護國仁王般若經合古疏》三卷。[848]

從這個尚不完備的書目中可以看到，道霈的著述之多、涉及的法門之廣，在當時無人與之相比。

道霈特別推崇天台宗智顗，自稱是他的私淑比丘。他說，對於智顗，

---

[846] 上引均見《為霖道霈禪師還山錄》卷四。
[847] 龔錫瑗：〈旅泊庵稿序〉。
[848] 《為霖道霈禪師還山錄》卷四。

第七章　明代佛教的復興思潮與宗派再構（下）

「後代機淺智劣、罔測高深，雖久在法門，而於三大部（指《法華玄義》、《摩訶止觀》、《法華文句》），有白首而不敢輕一展卷者，此佛法所以日衰，而聖師所說竟付之野馬蠹魚，似於己無涉，為可嘆也」[849]。道霈不但對天台宗論著取嚴謹的修學態度，對其他經論，也提倡認真研習。他認為，「近世碩學大德，隨順機宜，依文解釋」[850]佛典的做法應該肯定，所以講解注疏經教和刊刻流通佛籍，成了道霈佛教事業的重要組成部分。

道霈提倡淨土信仰，早年以念佛為出離生死的途徑，終生未變。他在〈普勸念佛文〉中指出：「夫人之情，莫不厭苦而欣樂，捨苦而取樂，今有極苦而不知厭捨，有極樂而不知欣取，非大惑歟？」[851]他撇開禪宗不厭苦、不欣樂的違反常情的追求，而把人們厭苦、欣樂的普遍心理作為淨土信仰的基礎。「故我普勸世人，忙裡偷閒，每日念佛，或百或千或萬，念訖填圈，日向淨土，一年既滿，然後總算，共念佛若干萬，記之於冊，盡形受持，漸積淨業，現為佛光照燭，罪滅福增，遠為三聖接引，必生淨土。」[852]

但道霈提倡的淨土信仰，與他的同代禪師相似，都是將西方淨土與唯心淨土混淆為一的，故有「此去西方十兆，只在當人一念中，心淨自然佛土淨，彌陀何處不相逢」[853]之說。換言之，對參禪者可以講西方唯在一念中，對於民間信仰者可以講念佛即能生於西天。在這裡，禪與淨已無原則界限。

道霈重視懺法和法事儀規，宣揚徵應，其代表思想從他作的〈中峰禪師施食科儀序〉中可見：

---

[849]　《為霖道霈禪師旅泊庵稿》卷三。
[850]　《為霖道霈禪師旅泊庵稿》卷三。
[851]　《為霖道霈禪師餐香錄》卷下。
[852]　《為霖道霈禪師餐香錄》卷下。
[853]　《為霖道霈禪師餐香錄》卷下。

第二節　清代禪宗四系及其弘教諸師

元天目中峰本禪師撮瑜伽旨要，作〈施食科文〉，其法簡而精，其儀規略而備，其宣揚第一義諦，詳明痛切，蓋欲使天人神鬼，一言之下，頓破大夢，直徹性源，飽餐甘露，立地成佛。

〈施食科儀〉是摻揉了禪旨的法事儀規，道霈說它是「萬曆間，壽昌無明師翁北遊五臺，得於古寺殘經中，如獲至寶，佩以南歸，凡遇節臘及諸佛事，躬自登座，如法修設，屢感徵應」[854]。

無明慧經以農禪興宗，明確反對把禪寺變為「應院」，反對禪僧像瑜伽教僧那樣做佛事賺錢。但是，到了道霈的時候，禪僧已經理所當然地擔負起應赴僧的職務。在他的筆下，連歷史上的反對者也變成了弘揚者。他還作多篇〈感應記〉，說明念佛、誦經、各種法事能夠拯救亡靈、見到佛祖、驅病防災等，使禪宗成為包羅佛教一切法門的一個派別。

八、覺浪道盛的集大成思想

晦臺元鏡注重個人隱修，在禪宗內外都無甚影響，而他的弟子覺浪道盛卻頗負盛名，特別在士大夫中享有盛譽。道盛的弟子有竺庵道成和觀濤大奇等，在清初也屬於有活動能力的禪師。

1. 以儒說談宗

道盛（西元 1592～1659 年），號覺浪，別號杖人，福建浦城人，俗姓張。19 歲出家。萬曆四十四年（西元 1616 年），到江西董巖替無明慧經慶壽，受具足戒。不久，投到慧經弟子元鏡門下。從萬曆四十七年（西元 1619 年）起，在江南各地布教弘禪四十年。譚貞默說：「天下之盛，莫若江南；江南之大善知識，莫若覺浪。和尚年未古稀，而閩、楚、吳、越、

---

[854] 《為霖道霈禪師旅泊庵稿》卷三。

第七章　明代佛教的復興思潮與宗派再構（下）

江淮以底舊京建業，展坐具者閱歷五十餘會，聲名洋溢，無間華夷。」[855]

道盛的著述很多，「佛祖儒老內外篇集百有餘種」[856]。彙集其語錄和主要著述的，有其弟子大成、大奇等編的《天界覺浪盛禪師語錄》12 卷；大成、大峻等編的《天界覺浪盛禪師全錄》33 卷；大樞、大英等編的《天界覺浪盛禪師嘉禾語錄》1 卷；陳丹衷、毛燦等編的《杖人隨集》2 卷。許多士大夫讚賞他的著作，僅為其《語錄》、《全錄》作序的就有錢謙益、徐芒、趙原、張貞生、李長庚、譚貞默、馬嘉植等人，既有明朝的舊官僚，也有清朝的新顯貴。他們欣賞的不是專門的禪學或棒喝機辯，而是「無法不收，無機不被」式的融佛教各門為一門，能符合各階層的佛教需求，並具有「救時」政治作用的學說，道盛的著作恰好具備這些特點。

道盛既論佛學禪學，也論儒學百家，中心還是儒釋合一。他倡導的「真儒必不闢佛，真佛必不非儒」[857]，尤為士大夫嘆服，以致「名公巨卿，莫不入室扣擊，俯首歸心」[858]。他的俗弟子評論說：「蓋師於世出世法，已透內聖外王、先佛後祖之微，故其神發祕旨，光闡玄猷，不特為學人衲子點眼刳心，直當與儒師宗匠返魂奪命。」[859]「片詞微旨，觸類旁通，不特有益於禪，而且有益於儒。」[860] 有人甚至說：「若以儒說談宗，上下千年，獨我師一人而已。」[861] 儘管這些評價言過其實，卻反映了道盛溝通儒學與禪學的主張，曾引起強烈反應。

道盛之所以有這樣大的影響力，並不在於他在理論上有什麼創新，而是因為他的言論包含著對明王朝的愛國情感。他的詩作中有〈伊尹〉、〈管

---

[855]　〈覺浪和尚語錄序〉。
[856]　馬嘉植：〈崇先語錄序〉。
[857]　劉宗譓：〈傳洞上正宗三十三世攝山棲霞覺浪大禪師塔銘並序〉。
[858]　李鶴鳴：〈天界浪杖人全錄序〉。
[859]　李長庚：〈圓通語錄序〉。
[860]　張貞生：〈天界覺浪盛禪師全錄序〉。
[861]　劉宗譓：〈傳洞上正宗三十三世攝山棲霞覺浪大禪師塔銘並序〉。

仲〉、〈張良〉、〈諸葛〉等讚頌詩，寄託著他期盼賢臣良將出世扶明的強烈願望。明清之間，不少著名的官僚士大夫隨他出家。

道盛的嗣法弟子 28 人，得戒剃度弟子不計其數。其中，「能嗣杖人之傳者，前則有青原笑峰，今則有藥地愚者，此兩人在吾儒中皆天民先覺」。他們都是以「宰官身現比丘相，稱師之嫡骨」[862]。他的門徒也帶有明遺民的性格。

2. 為國說法

天啟（西元 1621～1627 年）年間，明王朝內外交困，已是風雨飄搖。崇禎欲有所振作，曾給予人希望。正在這個時候，道盛輾轉各地，不辭勞苦大聲疾呼，希望出現為國戮力的「忠臣烈士」和為國說法的「真僧高道」：

況三百年來，養天下臣民，豈無忠臣烈士，一旦奮發，展生平經濟，為國驅除戮力者乎？三百年來，養天下僧道，豈無真僧高道，一旦奮發，展生平機用，為國說法破迷者乎？[863]

道盛這裡講的「為國驅除」，主要是指抗禦風起雲湧的農民暴動和農民起義；「為國說法」，則指鼓舞軍民捍衛城池的士氣。他本人身體力行，到處以「真僧高道」和「忠臣烈士」的雙重身分，出謀劃策，進行鼓動。

崇禎八、九年之交（西元 1635～1636 年），道盛應請到龍湖寶筏禪寺開堂說法，號召說：「今聚而聞法之士，即合而守城之士也！總斯人也，飢而食，寒而衣，寇至而登城，寇遠而聞法。城守不礙於聞法，聞法亦何礙於守城乎？」[864] 這樣官、軍、民、禪四位一體，互不相礙。至於所「聞法」內容，從道盛的宣講中可見大略：

---

[862]　張貞生：〈天界覺浪盛禪師全錄序〉。
[863]　《天界覺浪盛禪師全錄》卷三。
[864]　〈龍糊寶筏錄序〉。

第七章 明代佛教的復興思潮與宗派再構（下）

蓋守城之害有三：一畏心，二慳心，三分別心。見賊輕逃，困乏不濟，左右分袒者，此三心之祟也。大師說法，首破此三心，單刀直入，大震全威；出死入生，神變自在。人人如此，心心如此，何憂乎辦賊已哉。[865]

道盛要破的「三心」，其實是當時明王朝官、軍的整體精神狀態。「畏賊」心理是普遍的；軍費匱乏，缺乏後勤保障，是嚴重的；而文官武將各有所黨，更是明王朝的致命弊端。道盛企圖從破除「三心」上解決根深蒂固的體制問題，從而令守城之士出生入死，捨己奮戰，只能是一種幻想。據說他還「於兵戈中惠諸三昧，處危城裡轉大法輪」[866]，內容也不超出這個範圍。

禪宗在軍隊中，特別是在戰爭前線弘法，是有傳統的。道盛為守城軍民和禪者說教，是這一傳統的繼承和發揚。歷史上禪宗是如何連繫戰爭實際說法，文獻記載寥寥，難得其詳。道盛在這裡提供了一個範例，從中可以推測其前輩們活動的大體模樣。

道盛曾制定多種強化治安、「禦寇」安民的策略，獻計於地方官吏。《救荒亂策》提出「振三綱、張四維」的措施，要求實施。「振三綱」指「官為民綱，貴為賤綱，富為貧綱」，把全民道德統一到權力和財產的名下；「張四維」指「設險為禦寇維，作寨為安民維，賦田為足食維，教民為練兵維」[867]，希望以足兵足食，增強地方的防衛力量。另外，針對麻城（今屬湖北）「賊數入境」，作〈麻城制邊境策〉，陳述「設險」用兵等措施。時人嘆道：「此議洞見形勝於掌指，謂出世不可經世耶？安得經世者見諸行事？」[868]

---

[865] 〈龍糊寶筏語錄序〉。
[866] 〈龍糊寶筏語錄序〉。
[867] 《天界覺浪盛禪師全錄》卷二十九。
[868] 《天界覺浪盛禪師全錄》卷二十九。

第二節　清代禪宗四系及其弘教諸師

道盛所獻的這些策略，都是枝末之談，明王朝已病入膏肓，為高官鉅富設計對付農民造反的辦法，至少是不識時務。及至他經歷增多，始有所覺醒：

適在河南鳳陽，一路親見此病。何曾賊善攻以破城，是皆官長士夫憤激，百姓私通外寇為內應而破城也。……又見有賊勢急，遠遠於省城州府請官兵，殊不知……戕害百姓，擄掠婦女，樹頭草根無不剝盡，官兵之毒，有甚於流寇者。[869]

清統一後，一些禪師刊刻自己的語錄時，紛紛刪掉有犯「國忌」的言詞，但政治嗅覺敏銳的道盛卻無反應，依然不忘明故國。最終，他因著述中有「明太祖」字樣而被捕，身陷囹圄1年。順治五年（西元1648年），金陵官僚「因閱師（指道盛）《原道七論》，謂不應稱『明太祖』三字，遂坐師獄中。師不辯。後陳太宰聞，令一吏省師索偈，師援筆書云：『問予何事棲碧山，笑而不答心自閒。桃花流水杳然去，別有天地非人間。』」[870] 明王朝如落花流水，杳然而去，人間的天地已屬滿洲貴族，而他道盛身在大獄，可心中依然「別有」那個非人間的天地。在始終不忘舊朝的禪師中，道盛也是一個突出的代表。

3. 集大成與定宗旨

道盛在弘教傳禪上也有旺盛的熱情。「杖人於刀兵水火中求大傷心人，窮盡一切，超而隨之，乃集大成，乃定宗旨。」[871] 所謂「集大成」，有人解釋成「集三聖大成」[872]。事實上，這是效法孔子儒家的集大成者，集佛教之大成，定禪宗之宗旨，所以他說：「吾佛祖之道，至於五宗，亦

---

[869]　《天界覺浪盛禪師全錄》卷二十七。
[870]　《天界覺浪盛禪師全錄》卷二十。
[871]　徐芳：〈天界覺浪盛禪師全錄序〉。
[872]　譚貞默：〈覺浪和尚語錄序〉。

第七章　明代佛教的復興思潮與宗派再構（下）

當有集大成者，故吾作《會祖規》，以追孔子集大成之意。」[873]

道盛的集大成著作，除《會祖規》外，其實還有一部《尊正規》。《尊正規》論述禪宗乃是傳統佛教的集大成者，「以佛菩薩及諸宗祖出世為人，種種經律論藏、淨土、止觀、懺法等，門庭施設，堂奧深微，始終本末，折入禪宗，為集佛祖大成，已無餘蘊矣」[874]。他認為，禪宗將佛教的一切理論與實踐，無任何遺漏包容於一身，其《會祖規》則試圖集禪宗五家之大成。他針對禪門五宗中已有三宗不傳的事實上，懷著對臨濟、曹洞「安知不蹈溈仰、雲門、法眼之流弊，以致無傳乎」的憂患，「慨然將西天、東土以至五家宗師而會其始終之旨，為《會祖規》」。他認為這部著作已會通禪宗「東西密相付之根本法印」，足以「使後代子孫能悟此根本法印」，令「五家門庭堂奧之宗旨，不致流弊而無傳也」[875]。

道盛的集大成、定宗旨，不過是對當時佛教發展總趨向的一種自覺的推動，即承認佛教所有教門並存的合理性，把它們都納入禪宗的「大統」之中：

予今不特以宗門會祖別作一統為大全，即經、律、論、觀亦各有統為一大全也。如禪自有五宗為統，經自有五教為統，律自有五部為統，論自有五攝為統，而吾經、律、論、禪、淨等而大統於佛者，正如詩、書、禮、易、春秋之大統於儒也。使經、律、論、禪、淨各無統紀，則選聖諸堂所學何事，所宗何旨，而諸堂又何足以成此大統於選聖場哉！

也就是說，他要求承認佛教內部有「小統」的存在，但必須歸諸於「大統」之中，以成「選聖場」整體。或者說，「大統」要以承認「小統」為基礎，不容相互排斥。以此說為代表，禪宗最終接受了佛教的全部遺產。

---

[873]　《天界覺浪盛禪師全錄》卷十九。
[874]　《天界覺浪盛禪師全錄》卷二十一。
[875]　《天界覺浪盛禪師全錄》卷二十一。

第二節　清代禪宗四系及其弘教諸師

儘管如此，道盛仍然設法抬高禪宗的地位。他用「一歲之統四時」為喻，把佛教分為五類，進行配比：

即如經、律、論、觀、禪，以一歲四時配之：經則勃然開發，春也；律則燦然敷陳，夏也；論則凜然精核，秋也；觀則宴然清徹，冬也；禪則渾然通洽，如歲運無言，而四時行也。

這樣，禪與其他小統就有了差別，它不只是獨立的一門，而且還貫穿於其他教門之中，實際上成為佛教全體的總綱。

再用同樣方法，排列禪宗五派，就成這個樣子：

溈仰則如春之生育，臨濟則如夏之明露，雲門則如秋之嚴峭，法眼則如冬之精純，曹洞則如四季之統化也。此亦擬其大概，有如此折攝耳，豈溈仰、臨濟、曹洞、雲門、法眼之宗旨，有優劣同異乎！

在禪宗史上，歸納五派特點的禪師很多，像道盛這樣排列的卻很新鮮。不僅以一歲為喻已很勉強，而且全從個人好惡出發進行配比，缺乏必要的史實依據，所以隨意性很大。他顯然是在學隋唐的判教，但由於知識不足，往往難以自圓其說。

最後，他把以禪宗為核心的全部佛教歸結成一種歷史的演化模式，稱作「六種綱宗」：「以六種綱宗而集始終一貫之大成耳，豈別有所謂奇特之建立哉」，力圖以「六種綱宗」保證佛教一以貫之的禪宗精神。

予昔閱《五燈》，見從上佛祖始終之事，乃作〈法印記〉，有六種綱宗：一參悟，二印證，三師承，四法嗣，五家風，六付囑。始終雖分為六，實統於一參悟也。[876]

他在這裡實際講的是一個禪系自建立到繼承的全過程，而以「參悟」作為本宗得以穩定發展的基石，表達了他在禪宗中看待的重點。

---

[876]　《天界覺浪盛禪師全錄》卷二十一。

禪宗經過明清之交的一度活躍，隨著清王朝的鞏固，逐漸與佛教的其他法門浸沒為一。道盛似乎預感到了這一過程，所以在竭力保持禪宗宗旨、宗風時，也不得不這樣曲曲折折、吞吞吐吐。此後，連這樣的言論也不多見了。

第三節　教門義學概況及特點

從順治到雍正，明末佛教綜合復興的浪潮尚未完全平息，佛教界也出現了一些以或振興天台，或振興華嚴為己任的義學僧人。流風所及，士大夫群體中也湧現出傾心義學的人物。清中葉以後，在禪宗衰落的同時，法事活動成為僧人的常業，淨土信仰流行於僧俗界，以天台和華嚴為主的佛教義學也陷入空前衰微的狀態。當佛徒普遍把佛教生存與發展的支柱安置在各種法事上時，義學全面危機和衰落的厄運就永遠不能改變了。

一、天台學僧及其事蹟

清代初年的天台學，無論從師承關係還是治學特點方面來說，都是明末佛教復興浪潮的簡單延續。從宗派傳承的角度考察，雖然有後代勉強排定的來自明末的清代天台宗傳承法系，但是即使是專門弘揚天台教義者，在社會上和佛教界的影響也不大，而且也沒有比較流行的著作。

清代的天台學僧中比較知名者，首先是出自明末的百松真覺一系。真覺被稱為重興天台教觀的第一世，幽溪傳燈為第二世，藕益智旭為第三世，蒼輝受晟為第四世，警修靈明為第五世。

蒼輝受晟的同門有天溪受登（西元1607～1675年），曾住杭州天溪大覺寺弘揚天台教義，前後約30餘年。他著有《藥師三昧行法》1卷，該書

第三節 教門義學概況及特點

是根據《藥師如來本願功德經》而作的懺法書，主要說明依據藥師如來的誓願而離苦得樂之行法，內容包括：1. 定名。敘述藥師三昧名稱之緣由。2. 勸修。勸誡修習本三昧，則所求長壽、富饒、官位、男女等，都能遂心願。3. 方法。供養藥師如來的方法。4. 釋疑。由於當時西方往生思潮很興盛，本部分內容為本書為致福消災的要法和明心作佛的祕典而作。後世凡消災延壽之法事，多禮拜此懺，即今所謂「藥師懺」。

受登的弟子有警修靈明、遐運靈乘和全彰靈耀等人，也宣傳天台教義。其中，靈乘著有《地藏菩薩本願經綸貫》及《科文》各 1 卷。靈耀跟隨受登 20 餘年，康熙元年（西元 1662 年）住嘉興楞嚴寺，在《嘉興藏》的補刻和流通中做了很多工作。靈耀著有《楞嚴經觀心定解》10 卷、《法華經釋籤緣起序指明》1 卷、《四教義集注節義》1 卷、《補定摩訶止觀貫義科》2 卷、《隨緣集》4 卷等。

清代中葉以後，天台的學者有觀竺、廣昱、幻人、尋源、通智、敏曦、定宗祖印、古虛諦閒等。觀竺傳教於上海龍華寺，與天童廣昱、金陵妙空、杭州玉峰、嘉興濟延 5 人，同被稱為當時「法門龍象」。幻人（西元 1828～1910 年），名隆範，字獻純。開始於焦山從學大須，後到天童從廣昱聽《法華》，被推為天童首座。幻人常講經於南京以及普陀山，與楊文會通信論學達數萬言。著有《法華經性理會解》1 卷、《穿珠集》（禪宗語錄）2 卷。

通智名尋源，同治十三年（西元 1874 年）從北京龍泉寺本然出家，得法於浙江普陀佛頂山信真，多次講《法華》於寧波天童、南京古林、揚州萬壽等寺院。於《楞嚴》特別有研究，著有《楞嚴開蒙》十卷。

敏曦（西元 1827～1899 年），字日種，曾從學於溫嶺明因寺永智。先後在嘉興楞嚴寺、上海龍華寺、杭州天龍寺等著名寺院講《法華經》。他還與海鹽張常惺遊歷日本，考察佛教情況。晚年重興蘇州報恩寺，編撰

481

《蘇州報恩寺志》。

祖印（西元1852～1922年），名定宗，出家於湖北當陽玉泉寺，後從敏曦、廣昱學習天台教義。光緒二十五年（西元1899年）遊歷江浙，所至以講經為主。

諦閒（西元1858～1932年），名古虛，號卓三，初於嘉興楞嚴寺隨敏曦學《法華經》，後到慈溪聖果寺專門研究天台教義。晚年重興寧波觀宗寺，建立弘法研究社。著作有《諦閒大師全集》。他是清末民初的天台名家。

二、續法與清代華嚴學

清初兼弘華嚴學的，有受空印鎮澄影響的觀衡一系。觀衡（西元1579～1646年），字顓愚，霸州（今河北霸州）人，俗姓趙。18歲遊歷五臺山，從學於鎮澄3年。離開五臺山以後，遊歷南北各地，先後從學於達觀真可、雪浪洪恩、憨山德清等人。他「初侍空印，宗賢首，而禪宗印可於憨山。立法不為崖岸，不分門戶」[877]。觀衡受空印和德清兩人的影響較大，但並不以專弘某一派的教義為主，平生比較重視《楞嚴》，後常住金陵紫竹林。他的著作較多，但並無華嚴方面的專著，記錄其言行的有《紫竹林顓愚和尚語錄》30卷。

在觀衡的後繼者中間，不乏兼弘華嚴學者，重要的有通理。通理（西元1701～1782年），字達天，先習《法華》，後入京城就學於有章元煥，「深得祕要，遂發明十宗五教之旨，不遺餘力，為清代中興賢首一人」[878]。說通理是「清代中興賢首一人」，自然是誇張，因為華嚴宗在清代並沒有形成中興局面。但是，通理在傳播澄觀《華嚴經疏》方面的確有作用。雍

---

[877]　《新續高僧傳》卷八〈本傳〉。
[878]　《新續高僧傳》卷十〈本傳〉。

第三節　教門義學概況及特點

正十一年（西元 1733 年），通理奉旨進入圓明園校勘藏經，對《宗鏡錄》十分重視。乾隆十八年（西元 1753 年），奉命管理僧錄司印務。他的著作不少，關於華嚴方面有《五教儀開蒙增注》5 卷。此系的影響主要在今北京及河北省一帶。

清代南方研習和傳播華嚴學的僧眾集中於江浙地區。蒼雪讀徹（西元 1587～1656 年），雲南呈貢人，俗姓趙，嗣法一雨通潤，曾講《華嚴》、《楞嚴》於蘇州。他相當重視法事儀規，合作補修《華嚴海印懺儀》42 卷，另還著有《法華珠髻》。讀徹在明清之際以詩聞名，有《南來堂集》4 卷。在華嚴方面，他以傳講法藏、澄觀著作為主，此外還傳講《楞嚴》、《唯識》、《法華》、「三論」等經典。他的後繼者有聞照、書佩等 7 人。與讀徹有師承關係或同門關係的通潤、巢松、汰如等，也都學習或宣講過《華嚴》。他們都與讀徹有相同特點，即並不以專弘《華嚴》為業。含光（西元 1599 年～？）是明河汰如的弟子，曾講《華嚴》。被歸為洪恩系的佛閒也曾於普德寺講《華嚴》、《法華》。

福建鼓山的為霖道霈（西元 1615～1688 年）編有《華嚴疏論纂要》120 卷，是把李通玄的《新華嚴經論》與澄觀的《華嚴經疏鈔》摘要彙編，配於經文之下。他認為：「《疏鈔》則窮源極妄，章句分析，不唯是此經標準，實乃如來世尊一代時教之標準也；《論》則廣論佛意，會歸自心，不唯是此經閫奧，實乃宗門之閫奧也。禪者喜讀《論》而不知《疏鈔》之廣大精微，講者喜讀《疏鈔》而不知《論》之直接痛快，兩者皆失之。」[879] 明末清初，鑒於李通玄的著作特別流行，其影響甚至超過華嚴諸祖的著作，佛教界倡導融合李通玄與澄觀學說的不乏其人，但像道霈這樣編出大部頭的著作的禪師尚屬特例。他編此書的目的，是要糾正禪者與講者各有偏重的過失。但是，在明初之後佛教名相義學全面衰落的情況下，他的編著被束之高

---

[879] 〈華嚴疏論纂要序〉。

閣，在清代幾乎無人提及。就道霈本人而言，並不獨鍾華嚴，他兼通各宗教義而傾心天台，自稱是智妧的私淑比丘。道霈雖然編了如此卷帙浩繁的華嚴類著作，但華嚴學在他所整理的佛教總體系中的地位是十分可憐的。

上述在南北各地兼弘華嚴者大多受明末學僧的影響，僅就佛教義理而言，其治學範圍和見解並未超出其前輩的水準。他們大多重法事儀規，這也是由佛教發展總趨勢所決定的。清代禮《華嚴》、刺血書《華嚴》、誦《華嚴》等事蹟在佛教界不少，均以為個人或他人求取福報為目的。相對說來，清代在弘揚華嚴義學方面稍有生氣的是續法。

續法（西元 1641～1728 年），字柏亭，號灌頂，仁和（浙江杭州）人，俗姓沈。9 歲師從杭州天竺山慈雲寺德水明源，19 歲受具足戒，20 歲習講經，歷時 7 年。後歷住慈雲、崇壽、上天竺諸剎。他在杭州一帶弘《華嚴》50 多年，弟子有培豐、慈裔、正中、天懷等 20 餘人。

續法著述有 20 餘種，達 600 卷，其中關於華嚴宗的史書是《法界宗五祖略記》1 卷、《華嚴宗佛祖傳》14 卷；總結華嚴教理的著作有《賢首五教儀》（簡稱《五教儀》）6 卷、《賢首五教儀科注》48 卷，此兩書基本包括了他的華嚴學的全部內容。為便於學僧理解，簡要概述教義或以譬喻說明教義的著作有《賢首五教儀開蒙》、《賢首五教斷證三覺揀濫圖》、《法界頌釋》、《法界宗蓮華章》、《法界鏡燈章》，以上各書均為 1 卷。另有《法界觀鏡纂注》2 卷、《賢首十要》2 卷等。繼法還有《般若心經》、《圓覺經》、《楞伽經》、《起信論》等方面的著述。

續法的華嚴思想直承其師德水明源。他在康熙十四年（西元 1675 年）寫的〈賢首五教儀序〉中說：他撰寫這部概括華嚴宗全部要義的書，是「將先師常所樂說者錄之，復尋諸大部中所切要者集之，十餘年間，考閱再三，窮思再四，始成六卷」。因此，他在繼承明源的基礎上又有所發展，是集此系華嚴學之大成者。明源曾作〈五教解消論〉、〈論賢首宗未知圓

第三節 教門義學概況及特點

義解〉兩文，主要說明「賢首（法藏）大師之離四為五（指判教），非悖天台，實備天台之所未備」[880]。明源的兩篇文章是針對天台宗人攻擊法藏判教而作，論證五教之判不僅與天台宗的判教無違，而且比後者更完備。續法學說的一個最重要的特點，是透過對五教的展開論述，概括華嚴宗的全部教理。

續法弘揚華嚴也針對當時義學衰落的局面。他在歷述宋元明諸代弘華嚴的主要人物後指出：「奈何今義學家不得其門而入，見其教部廣大，意旨幽深，即如賢首大師著述凡有一百餘卷，清涼國師現流傳者約有四百餘卷，圭峰大師疏注總有九十餘卷，浮狂者詆為葛藤，愚鈍者視為砂石。」[881]因此，他的著作和宣講大多具有普及華嚴基本知識的性質。

續法的代表作是《五教儀》6卷，康熙五年（西元1666年）初成，認為「賢首大師判釋如來一代時教，不出三時、十儀、五教、六宗、三觀」。「三時」指佛講說全部經典的三段時間，分為「別」與「通」兩類，各有「三時」，其中吸收了法藏、宗密及元代華嚴學僧的觀點。「十儀」指佛說法的形式和內容：本末差別、攝末歸本、本末無礙、隨機不定、顯密同時、一時頓演、寂寞無言、該運三際、重重無盡。這種劃分既包含了華嚴宗判教的內容，又容納了天台宗判教的因素。「五教」是依法藏的五教說，無大變動。「六宗」是依據法藏的「十宗」判教演化而來，分為隨相法執宗、唯識法相宗、真空無相宗、藏心緣起宗、真性寂滅宗、法界圓融宗，其中特別講到天台「性具」與華嚴「性起」的區別。「三觀」依據法順的華嚴法界觀，並配上法藏、澄觀、宗密等人的解釋。這種時、儀、教、宗、觀五部分的組織，實際上又分為兩大部分，一講教相，二講觀行，以符合對天台宗人反駁的需求。

---

[880] 〈賢首五教儀序〉。
[881] 續法：〈五教儀序〉。

第七章　明代佛教的復興思潮與宗派再構（下）

　　自《佛祖統紀》斥華嚴宗「有教無觀，無斷無證」以來，歷代攻擊華嚴教理者多執此辭，維護者又多以駁倒此論為目的。續法的學說組織，即要說明華嚴宗有教（教相）有觀（觀行）。他還要使華嚴宗的教觀神聖化：「初集錄也（指作《五教儀》），知教觀之創於華嚴諸祖；次閱藏也，知教觀本於經論；後精純也，知教觀之從於自心流出，不從遮那佛口所宣。」[882] 華嚴宗不僅有教有觀，而且這種教觀為華嚴諸祖所揭示，有佛教經典的依據，是眾生心中所本來具有的。這就為華嚴宗教觀的成立提供了權威的依據，而且是具有禪學色彩的依據。至於華嚴教觀的具體內容，不過是一方面重複華嚴宗的老話，一方面吸收了天台教義。

　　針對「無斷無證」的指責，續法也特地予以反駁。他的《賢首五教斷證三覺揀濫圖》專門為使學者了解這一點而作。他認為，「五教斷證，原出經論」，由於「人未之察，反曰無斷無證，豈不屈抑佛祖也歟」！他「遂準賢首宗諸大部中，錄出斷證，排圖貫線，庶使學者於一家判釋，明如指掌，無纖疑滯」。他所謂的「斷證」，就是「斷（消除）執障於蓮華藏剎，證（證悟）法界於毗盧性海」。儘管續法在論證華嚴宗有教有觀、有斷有證方面並無理論創新，儘管他所爭論的問題是老話重提並不與佛教發展的大潮相關聯，但在他之後，連這樣的議論也沒有了。

　　續法於康熙十四年（西元 1675 年）始講《五教儀》一遍，「聽眾茫然不解」。康熙二十年（西元 1681 年）再講一遍，提問之後，「眾亦不知教觀之義之始終」。鑒於六卷本的《五教儀》完全無法為義學佛徒所理解，他便開講作於康熙八年（西元 1669 年）的略本，即《賢首五教儀開蒙》。實際上，當時能為義學僧接受的也只有這種「開蒙童，便記誦」的簡略本，煩瑣論證的較大部頭著作難以流行。續法多種一卷本的著作，都是為達到此目的撰寫的。他在《賢首五教斷證三覺揀濫圖》中指出，此圖也是略示梗概，

---

[882]　《賢首五教儀開蒙》

第三節　教門義學概況及特點

如欲進一步了解華嚴教理,需閱讀《五教儀》等書。續法的實踐顯示:當時系統普及華嚴學知識在義學僧中已很困難,更不用說其他不以義學為務的廣大佛徒了。

自唐中葉以後,歷代都有傾心《華嚴經》或華嚴宗教理的士大夫。他們偏重接受和宣揚的內容,一定程度上反映了佛教的主流趨向以及這個階層與佛教的關係。清代士大夫群體中,熱衷於將華嚴作為樹立信仰和從事修行主要依據者不少,清初周克復的著作標示出士大夫運用華嚴的重要趨向。

周克復繼著成《金剛持驗記》、《法華持驗記》後,再作《華嚴經持驗記》1卷。他對此三經的理解是:「《華嚴》以即穢即淨為宗,《金剛經》以無相不取一法為宗,《法華》以人人成佛為宗。」僅就他講的《華嚴》宗旨言,是重述華嚴宗的教理。然而,他作此書的目的並非弘揚義理,而是要宣揚以各種方式崇奉《華嚴經》所具有的神祕功能,把此經視為一種靈驗的護身符,視為可以實現自我解脫、救世度人的靈丹妙藥。

《華嚴經持驗記》又稱《歷朝華嚴經持驗記》,書前題有「男周石校,吳郡陳濟生皇士參」,正文前有周克復的序及〈勸流通華嚴持驗引〉。周克復認為,《華嚴經》「一品之持,已得淨戒;一偈之誦,能破地獄」,「夫書寫讀誦,講說思修,冥通幽感,殊絕人天」。本書收錄自龍樹菩薩到明代譚貞默之母四十九人有關《華嚴經》的神異靈蹟,大多數人物事蹟之後附所引書名,多取自唐惠英的《華嚴經感應傳》和明袾宏的《華嚴經感應略記》等。士大夫熱衷於「持驗」之道,此道又能在社會上廣為流傳,不僅與義學衰落、神異崇拜盛行有關,而且有深刻的社會原因。

第四節　淨土諸師與淨土信仰特點

　　無論在佛教界還是在社會信眾中，西方淨土都成為清代佛教中最有影響的信仰思潮，這種變化是與清王朝的佛教政策有關聯的。清王朝對禪學的治理、對義學的漠視、對淨土念佛和戒律的提倡，都對淨土念佛的流行發揮了鼓勵和促進的作用。特別是雍正以後，禪學無論在社會民眾還是一般僧侶心目中的地位都大大下降。雍正在打擊和改造禪學的同時，樹立雲棲為佛教的榜樣，儘管還主張所謂禪教融合，實際上是用淨土法門取代禪學。其後，沒有任何一位帝王為禪學作翻案文章，相反，乾隆對士大夫的念佛予以積極支持。

　　一般說來，歷代信仰西方有相淨土的僧俗人士，有著共同的精神需求和思想內容。信仰實際存在的彼岸極樂世界，寄託著信眾對現實世界的厭棄和對美好世界的嚮往，反映著信眾對終極歸宿的憧憬，表現著信眾對超人間、超現實力量的追求。所以，歷代凡是修持西方有相淨土法門者，基本都虔信懺儀法事的功能、因果報應、生死輪迴、眾生有罪、佛力拯救這五項宗教內容。由於重視各種法事的功能，自然就強調神異靈驗事蹟在往生中的作用，促進了各種法事活動在社會上的流行。另外，由於往生西方極樂世界需要具備道德標準，所以信仰和弘揚西方有相淨土，又總是與出家眾強調戒行、在家眾倡導善舉結合在一起的。諸如此類的內容，在清代淨土信仰中不可或缺地保持著，並且沒有發生大的變化。

　　當提到清代淨土信仰，也可以觀察到幾個顯著特點：

　　第一，專門弘揚淨土思想與實踐，或以修西方淨土為主業的僧人顯著增加。清代淨土思想在佛教界和社會上的流行廣度，是任何一個朝代也不能比擬的。在清代僧傳《新續高僧傳》中列有〈淨讀篇〉一科，作者解釋：「『梁』有『誦經』，又有『經師』；『唐』、『宋』改為『誦讀』。今併入此科，

第四節　淨土諸師與淨土信仰特點

以淨為歸。」在前三部最著名的《僧傳》中，無論是「誦經」、「經師」，還是「誦讀」各部分，都是記載那些唱念或讀誦各種經典的僧人，他們的目的是要收到感動神明、臨危獲濟、消災彌難的種種神奇功能。在《新續高僧傳》之前，還沒有一部僧傳開闢專門一科記載淨土修行。《新續高僧傳》在體例上的這一變動，正是清代淨土修行在佛教界空前興盛的反映。本書〈淨讀篇〉所記載的傳主言行內容是「誦經諷佛，是曰淨修。功果圓時，西方非遙。念念自得，庶證真如」。〈淨讀篇〉中所記的從宋至清的僧人來自不同派別，他們的共同特點是修持和弘揚淨土法門，特別是所記的清代僧人，基本上信仰西方淨土，修行持名念佛。本書從第四十五卷到第四十八卷記載清代僧人，正傳47人，附見45人。卷四十一到卷四十四記載宋元明三代僧人，共有110人。清代淨土僧人的人數超過此前任何一代。

　　第二，清代流行的淨土法門趨向單一化。當時的弘揚淨土者，特別是專弘淨土者，基本是接受西方彌陀淨土思想，主要內容來自傳統的彌陀經典。

　　第三，佛教界不再注重對各種淨土思想進行理論上的分析和比較，而是在完善具體踐行上下工夫。因此，新的念佛形式不斷出現。

　　當時專注於往生淨土的僧人，把修行的主要目的放在超脫生死輪迴上，正如從宋代以來的參禪僧人把修行的目的放在解決生死大事上，這是與參禪相同的目的。所以，他們往往認為，在解決生死問題上，淨土比禪更重要。即使那些不是專門弘揚淨土的僧人，也往往把淨土和戒律放在禪之上。在參禪、念佛和持戒的關係上，禪往往被一些僧人視為無足輕重的末節，修行的根本是持戒和念佛。例如，聞思常智在「遍遊名剎，參諸知識，久之無所契」後，對同伴說：「禪以戒行為基，淨土為本，吾何事跋涉而不務實行乎？」於是，他就專門修習淨土。等到他住持寺院後，進一步「宣弘戒法」[883]。對禪、淨、戒三者重要性的這種價值評判，已經不是個

---

[883]　《新續高僧傳》卷四十五〈本傳〉。

別僧人的理解,而是佛教界帶有普遍性的觀點。

清代身體力行弘揚淨土思想和實踐的僧人很多,著名的有截流行策、省庵實賢、徹悟際醒、里安悟和、豁然悟開、玉峰古昆等。他們或者創立了新的淨土修習形式,或者建立了新的修習理論,或者在結社勸修方面產生較大影響,或者發揮了穩定社會的正向作用。

根據《新續高僧傳》卷四十五所記,行策(西元1628~1682年),字截流,俗姓蔣,江蘇宜興人。23歲在武林理安寺從箬庵通問出家,從學五年,受息庵瑛的影響而信仰淨土。又隨錢塘樵石法師學習天台教義,並且共同修習法華三昧。康熙二年(西元1663年),行策到杭州法華山結蓮柎庵,專門修習淨土。康熙九年(西元1670年),住常熟普仁院,創辦蓮社,從學的僧俗信徒很多。

行策在弘揚淨土法門方面的主要工作,是制定「七日念佛」的實踐方法,開創了清代僧俗界實踐淨土信仰的一種新形式。所謂七日念佛,也稱「打念佛七」、「打佛七」、「佛七」等,是修行者為了在短時期內獲得較好的效果,定下七天的期限,集中修習念佛法門。這種念佛求往生的活動,無論男女老幼,或僧或俗,都可以參加。在這種活動中,對於如何念佛,怎樣燒香,感受哪些體驗,獲得什麼功德等,都有一定的要求、規定和說明。行策為這種易於修持和普及的宗教活動制定了規則,產生了比較深遠的影響。

行策的著作有《金剛經疏記會編》10卷,是把唐代宗密的《金剛經疏》和宋代子睿的《金剛經纂要刊定記》彙集而成書;禪學方面的著作有《寶鏡三昧本義》1卷,是對洞山良價《寶鏡三昧歌》的注解和發揮;淨土方面的著作有〈勸發真信文〉、《起一心精進念佛七期規式》,以後者影響最大;另有〈楞嚴經勢至圓通章〉等。

據《新續高僧傳》卷四十五所記,實賢(西元1686~1734年),俗姓

第四節　淨土諸師與淨土信仰特點

時,字思齊,號省庵,江蘇常熟人,出身於儒學世家。15歲出家,參究「念佛是誰」的話頭。這個話頭是標準的把參禪和念佛結合起來的產物,參究這個話頭在當時佛教界很盛行。他曾在真寂寺掩關三年,白天學習經典,晚上念佛名號。24歲受具足戒。他曾長期跟隨紹曇學習天台和唯識教理。實賢在兩個方面受人稱頌:其一,持戒嚴謹,日僅一食,常坐不臥。清代淨土名僧基本都重視戒律修持,但像他這樣持戒類苦行者是不多的。其二,在重視學習各類經典的同時,注重淨土信仰,往往是晝閱三藏典籍,夕課西方佛名。他在江浙地區很有名望,歸依的僧俗信徒不少。他曾在山阿育王寺、杭州遷林寺等處講經十餘年,晚年在杭州梵天寺結「妙蓮法會」,指導僧俗專修淨業。他所著的《勸發菩提心文》、《淨土詩》108首、《西方發願文注》等,都是激勵信眾樹立往生淨土的信仰,實踐念佛法門,流傳較廣;另有《續往生傳》、《涅槃懺》等。關於他的言行,彭際清輯有《省庵禪師語錄》2卷。淨土信仰者尊他為蓮宗第九祖。

潤州焦山寺的性海覺遠(西元1751～1819年),在處理禪淨教戒關係方面,特別是禪淨關係方面,是很有特點的,其理論頗有影響。他未出家之前就熱衷於學習《華嚴》、《法華》等多種經典,但40歲才受具足戒。後投曹洞宗禪師焦山借庵門下習禪,成為其弟子。在隨覺遠學習的眾多弟子中,有數十人後來住持名山寺院,但是覺遠從未做過住持,只是常年應請為各地僧俗信徒講演。他的言行頗具號召力和感染力,「道俗欽慕,奉為規法」。著有《普明觀法》1卷、《宗鏡目錄》2卷、《畢竟毘尼》2卷、《出世上上禪》1卷等。借庵禪師把他的遺稿刻刊,題為《拾遺集》1卷。

作為禪宗僧人,覺遠兼重經教、戒律、禮懺和淨土。在經教方面,他對「華嚴奧旨獨有會心,乃自別其號曰一真法界」。他能夠背誦《華嚴經》,「不遺一字」,為僧俗講說,頗受歡迎。在戒律方面,他樂行苦行,「口不妄語,口不非時食,手不觸金銀寶物,身不著獸毛蠶絲」。這四者都是

第七章　明代佛教的復興思潮與宗派再構（下）

當時人認為是難以做到的。在禮懺方面，他曾「重訂普門觀懺儀，晝夜六時行法，脅不著席」。在淨土方面，他「十數年居心質直，其正見知如永明、雲棲，以淨土為歸宿。日誦彌陀名號十萬聲」。

在處理這四者的關係上，他始終把淨土作為修行的歸宿，作為修行其他法門的基礎，不僅如此教人，也如此實踐。他「每禮懺畢，必迴向淨土」。他「一生精力注於木叉、淨業二事，既以自為，即以為人」。對於禪淨教戒的關係，他認為：「以念佛為往生正因，以持戒為決定往生正因，以讀誦大乘解第一義為往生上品。」所以，他持戒嚴謹，精研教典，專注參禪，勤苦禮懺，一切都圍繞往生這個主要目的。

他在對參禪與念佛進行詳細比較時指出：「欲了生死，不外禪淨二門，然而豎出難而橫超易，則今時修行，切要唯在淨土一門耳……參禪時法法歸禪，念佛時法法歸佛。所以《普門》云：生滅既滅，寂滅現前。《勢至》云：總攝六根，淨念相繼。是知參禪要全身放下，不放下則六根動被遮蔽。念佛要念念提起，不提起則種現乘間而出。以念佛之心參禪，則參禪即歸淨土；以參禪之心念佛，則念佛即是深禪。」他的這些見解被認為是「其發明禪淨分合之義，徹了無餘」[884]。

覺遠的這些議論的一個特點，是從心理體驗方面對禪淨進行比較。無論參禪還是念佛，都要求精神集中，不受外界事物和內心雜念的干擾，專注於所要體驗的對象。這裡講參禪的「全身放下」，講念佛的「念念提起」，表述方式雖然不同，但目的是一樣的，都是要求排除來自外界的干擾（六根被遮蔽）和內心的干擾（種現乘間而出）。所以，參禪與念佛是相通的。實際上，這些看法在佛教典籍中有根據，但在當時，覺遠的議論是有特點的。

際醒（西元 1741～1810 年），字徹悟、訥堂，號夢東，河北豐潤人，

---

[884]　上引均見《新續高僧傳》卷四十五〈本傳〉。

第四節　淨土諸師與淨土信仰特點

俗姓馬。22歲出家,主要活動在河北、北京地區。曾先後從香界寺的隆一、增壽寺的慧岸、心華寺的遍空、廣通寺的粹如等學習《法華》、《圓覺》、《楞嚴》、《金剛》、《唯識》等經典。後繼粹如住持廣通寺,次遷覺生寺,最後於嘉慶五年(西元1800年)退居北京懷柔紅螺山資福寺。際醒從住持廣通寺開始,就從以弘揚禪法為主轉向以弘揚淨土為主。這種轉變是受到永明延壽的影響,更是根據當時佛教界的情況提出的。他「策勵後學,每謂:永明延壽,禪門宗匠,尚歸心淨土,期生安養,況今末代,尤宜遵承。於是專主蓮宗」。在延壽的時代,禪師信仰淨土還不是普遍現象,但到清代情況就完全不同了。到資福寺後,他「平昔示眾,一以淨土為教」。

際醒所講的「念佛法門」,概括為16個字,即「真為生死,發菩提心,以深行願,持佛名號」。這是他的「念佛法門」的總綱,其具體內容,又分為「八事」:「一、真為生死,發菩提心,是學道途徑;二、以深行願,持佛名號,是淨土正宗;三、攝心專注而念,是下手方便;四、折伏現行煩惱,是修心要務;五、堅持四重戒法,是入道根本;六、種種苦行,是修道助緣;七、一心不亂,是淨行歸宿;八、種種靈瑞,是往生驗證。」[885]

際醒講的這「八事」,比較全面地反映了清代流行於各地的淨土信仰與實踐的基本特點。以解決生死、超脫輪迴為修行的目的,這是把禪宗號召修禪的目的原封不動地接受下來,對僧俗信徒具有吸引力。重視戒律,並且把苦行作為有利於修行的輔助條件,這是淨土祖師受到信眾擁戴的重要原因,是他們的人格魅力。更多地吸收了參禪的方法和內容,所謂「攝心專注」、「一心不亂」等,是禪師普遍要求的心理狀態和體驗。重視神異靈蹟,這是號召信徒的重要方法,幾乎每一位淨土師都宣傳許多感神靈、動鬼神,乃至彌陀佛迎接等神異事蹟,這是與重視神通相連的地方,也是

---

[885]　上引均見《新續高僧傳》卷四十七〈本傳〉。

與禪的精神相差最遠的地方。

際醒使紅螺山成為北方著名的淨土道場，被認為是雲棲、省庵之後最有影響力的淨土宗師，後來被奉為蓮宗第十二代祖師。他有《徹悟禪師語錄》2卷，其中較多內容講念佛修行。另撰《念佛伽陀》1卷。

里安（？～西元1864年），字悟和，常住北京懷柔紅螺山，專修淨土。他與魏源關係比較密切，曾應請到高郵傳教。根據程兆鸞〈悟和法師傳略〉的記載，他曾遊歷南京、蘇州、泰州、通州等地，向僧俗信眾弘傳淨土信仰。

悟開（？～西元1830年），字豁然，號水雲道人，蘇州木櫝人，俗姓張。曾住荊南顯親寺，晚年住蘇州靈巖山寶藏寺，精通多種經論，以倡導淨土信仰為主。著作有《蓮宗九祖傳略》，《淨土知津》、《念佛百問》各1卷。

古昆（？～西元1892年），號玉峰，字戀西。咸豐五年（西元1855年），在杭州崇福寺閱讀明代幽溪傳燈的著作而產生淨土信仰，立誓修持念佛法門，並且持戒嚴謹，自己定下每日稱念佛名六萬遍。他還組織刊刻大乘經律以及關於阿彌陀佛的典籍。光緒四年（西元1878年），住杭州彌陀寺，摩崖刻大字《阿彌陀經》。光緒十五年（西元1889年），住明州慈溪西方寺，專門弘揚淨土思想。其著作大多為淨土念佛方面，有《淨土隨筆》2卷，《蓮宗必讀》、《淨土必求》、《西方徑路》、《淨土自警錄》、《念佛要訣》等各1卷。他的弟子芳慧著有《淨土承恩集》、照瑩著有《淨土業痛策》，都繼承了他弘揚淨土的傳統。

在清代崇佛的士大夫中，信仰和實踐淨土法門的人較多，他們在鼓勵社會民眾接受佛教方面影響也較大。像周夢顏（西元1656～1739年）、汪縉（西元1725～1792年）、彭際清（西元1740～1796年）、羅有高（西元1734～1779年）、錢伊庵（？～西元1837年）、汪沆（西元1766～1837

第四節　淨土諸師與淨土信仰特點

年)、張師誠(西元 1762～1830 年)等,都是西方淨土的虔誠信奉者、積極宣傳者和親身實踐者。他們的人生經歷和社會地位不盡相同:有的官至巡撫,有的終生白衣;他們的治學經歷基本相同:既精通儒學,又精通佛學。他們在研究佛學方面各有側重,但是都把信仰的終極歸宿安置在西方淨土上。周夢顏和彭際清可以作為這些信仰淨土士大夫的代表。

周夢顏,一名思人,字安士,號懷西居士,江蘇崑山人。他熟悉佛教典籍,對善惡因果報應深信不疑。他認為眾生所造作的無法計量的罪過,都是緣於殺和淫。所以,他撰《萬善先資集》4 卷,闡述戒殺的道理;又撰《欲海回狂》3 卷,闡述戒淫的道理。這種眾生有罪說,是鼓勵人們棄惡從善,信奉儒家和佛家的倫理道德,對維護現存的社會秩序是有著正向意義的。佛教在清代所講的世俗倫理,不過是貼著佛教標籤的儒家倫理,也就是宋儒所講的倫理。因此,批判儒教,也就必然批判佛教。實際上,佛教與儒教、道教的命運是天然地連繫在一起的。周夢顏的淨土主張實際上並沒有什麼新鮮內容。他所集《西歸直指》四卷,主要闡述淨土念佛為「究竟解脫方便」。他自謂「一心常念阿彌陀佛」、「發願往生西方極樂」,並作偈:「修行無別法,出世為究竟。出世有多途,淨土為捷徑。」[886]

彭際清(西元 1740～1796 年),名紹生,字允初,號尺木、西歸子、二林居士等,蘇州人,出身於士大夫家庭。早年研究宋明理學,乾隆三十四年(西元 1769 年)進士。他曾從道士習修煉之術,由於三年沒有成效,受羅有高影響而信仰佛教。他透過閱讀紫柏真可、雲棲袾宏、憨山德清、蕅益智旭的著作,接受「明末四大高僧」的佛教思想,以倡三教融合、佛教內部各派融合為特色,遍讀各種大小乘經典,而以淨土信仰為歸宿。他曾從蘇州華藏庵聞學禪師受菩薩戒。他「以為道之所歸在是矣;聞西方有無量壽佛,放大光明,接引五濁眾生,往生淨土。意怵然慕之,日

---

[886]　《居士傳》卷五十五〈本傳〉。

面西而拜焉」[887]。

他的代表著作有《居士傳》56卷。這是他針對佛教的現狀，寄希望於儒者學佛，所以撰寫此書為士大夫學佛樹立榜樣。另有《二林居集》、《行居集》等。他最有特色的佛學理論著作，是以運用華嚴學弘揚淨土信仰為目的，並且融通儒釋關係的兩部著作，即《華嚴念佛三昧論》（簡稱《念佛三昧論》）1卷和《一乘決疑論》1卷。

《念佛三昧論》的主旨，是透過融會華嚴學說與淨土信仰，把華嚴納入鼓勵念佛往生的軌道。此論作於乾隆四十八年（西元1783年）。他自謂，《念佛三昧論》「於賢首、方山處不妨別出手眼，設遇雲棲老人，定當相視而笑也」。這表示他的立論不同於華嚴宗人和李通玄，而與袾宏倡導的念佛名號往生西方淨土法門相一致。但是，他講的念佛又並非僅為念誦佛名號一種，而是具有吸收包括華嚴信仰在內的多種念佛法門的性質。

彭際清把念佛修淨土分為五門（五類）：1.念佛法身，直指眾生自性門；2.念佛功德，出生諸佛報化門；3.念佛名字，成就最勝方便門；4.念毗盧遮那佛，頓入華嚴法界門；5.念極樂世界阿彌陀佛，圓滿普賢大願門。他所論的上述五門，均引《華嚴經》為據，說明該經是倡導念佛往生的經典。他在文後列有「別申問答」，消除其說與隋僧靈幹華嚴觀及李通玄淨土學說的差異，以便「豁破群疑」、「同歸一乘」（指華嚴教義）。五門念佛的主旨，是要說明西方極樂淨土與毗盧遮那佛境界的一致性。

彭際清所述「念佛三昧」的具體內容，沒有超出前代僧人的學說範圍，但他不僅認為《華嚴經》宣揚念佛法門，而且要以念佛法門概括《華嚴經》和華嚴宗的主要教義，這自然是與法藏和李通玄的一大區別，是他本人的創造。這種有特色的發揮，是清代淨土信仰在士大夫階層空前盛行的必然結果。

---

[887]　《居士傳》卷五十六。

第四節　淨土諸師與淨土信仰特點

《一乘決疑論》作於乾隆四十五年（西元 1780 年），倡導儒釋融合。彭際清指出：「予讀孔氏書，得其密意，以《易》系無方，《中庸》無依之旨，遊於華嚴藏海，世出世間，圓融無礙。」因此，儒釋的圓融無礙，是儒家經典和佛家經典的共同主張。他作此文的目的，是透過此文「以解諸儒之惑，以究竟一乘之旨」。所謂「諸儒」，指宋明理學家，有「二程」、張載、朱熹、陸九淵、王陽明、高攀龍、胡居仁、顧憲成等；所謂「一乘」，指華嚴教理。他所駁斥的諸儒排佛言論，大多是老生常談，但他在論辯中對華嚴教理的運用不乏特色。

他引朱熹言：「宇宙之間，一理而已，天得之而為天，地得之而為地，張之為三綱，紀之為五常，此理無適而不在。儒者於此，因其自然之理，而成自然之功。若夫釋氏，惡此理之充滿無間，而使己不得一席無理之地以自安；厭此理之流行不息，而使己不得一息無理之時以自快，是以畔君親，棄妻子，入山林，捐軀命，求其所謂空無寂滅之地而逃焉。」在朱熹看來，「理」無所不在，天地君親、三綱五常等都是「理」的體現。釋家厭惡此「理」，拋君親、棄妻子，想要逃遁到無「理」之地。

彭際清則以華嚴宗的理事關係說反駁此論。他認為：「四法界豎窮三際，橫亙十虛，誠所謂充滿無間，流行不息者矣。」「四法界」包括理與事兩個方面，四法界的遍在是說不僅理無所不在，事也無所不在。由於理事不可分，那麼任何作為都應與理無違。他指出，只有運用華嚴宗的「圓融無礙」才能認清這一點：「若入華嚴廣大圓融無礙之門，順一切法空，起大智願，潤物利生，世出世間，重重涉入，隱顯隨緣，都無作者，法爾如然，絕諸思議。是故毗盧遮那遍一切處，其現比丘身而說法者，特釋迦應化之一隅耳。《入法界品》善財童子遍參知識，或現人王身而為說法，或現長者、居士身而為說法，是謂之無礙。」毗盧遮那無形無相、無所不在，是「理」的象徵，無論為釋迦為孔子、為僧為俗，其所言所行都體現

「理」。這樣，僧人出家也與「理」無違。

他最後總結說：「孔子為千百億化身中之一身可也，所謂現長者、居士身而說法也。張三綱，紀五常，範圍天地，曲成萬物，胥天地而經論，曾不滿普賢一毛孔中億萬分之一。何則？理無盡，事亦無盡；事無盡，行亦無盡。唯其無盡，是以無礙。何厭之有，何惡之有！」[888] 彭際清運用華嚴神通構想境界說明釋儒相互無障礙，並把佛菩薩凌駕於孔子之上，自然為儒家人士所不屑。不過，他並不貶抑三綱五常，而是認為在這種倫理規範之外還有釋家的倫理準則，也同樣具有合理性。

總之，彭際清熱衷於把華嚴作為倡導淨土信仰的方法，傾心於用無盡圓融調和儒釋關係，化解一切矛盾，消除一切差別，為佛教進入封建社會末期的生存尋找理論依據。

第五節　律學概況與如馨系

從明代中葉開始，各地的戒壇封閉，出家和在家信徒的受戒活動無法正常進行，受戒的規則也逐漸廢弛，律宗的傳承也幾近斷絕。到明末清初，在佛教綜合復興和禪宗復興的浪潮中，律宗和律學也有興起的氣象。其具體表現是，既出現了專門弘傳律學，並以復興律宗為己任的代表人物，也出現了兼弘律學的各宗僧人，律學由此呈現出多頭發展的局面。其中，在明代末年佛教綜合復興中興起的如馨一派，到清代成為嚴格意義上的佛教宗派，這是自唐代以來所沒有的現象。這一派不但有嚴格的法系傳承系統，而且有傳祖衣的制度。

明代末年，三峰法藏重視戒律的弘傳，撰有《弘戒法儀》一卷，其所

---

[888]　上引均見彭際清《一乘決疑論》。

第五節　律學概況與如馨系

倡導的傳戒方法在江南一帶傳播。清代初年，終南山的超遠對法藏的著作加以補充，撰成《傳授三壇弘戒法儀》。廣東的弘贊著《比丘受戒錄》和《比丘尼受戒錄》兩書，樂山老人著《增刪毗尼戒科》，智旭著《重治毗尼事義集要》等書。這些戒律書籍都產生了不同的影響，被一些地區法師和律師在傳戒時所使用，對傳戒制度的重建和完善發揮作用。整體說來，傳戒活動規模和影響較大，形成持久的流傳法系，並且得到清朝歷代帝王支持，成為近代傳戒實踐和理論先導的律宗系統，是在金陵地區形成和壯大起來的如馨一派。

如馨（西元 1541～1615 年），江蘇溧水人，俗姓楊。萬曆十年（西元 1582 年）（一說在嘉靖年間），在攝山棲霞寺從素安出家。根據《新續高僧傳》卷二十八的記載，如馨從受戒到開壇傳戒，都有很多神異事蹟。他因讀《華嚴經・菩薩住處品》而遊歷五臺山，從文殊菩薩受戒，精通了大小乘戒律，並且頓悟戒律宗旨。他從五臺山南返至南京，也由於神異事蹟而被稱為「優波離再世」。實際上，他在受沙彌戒之後，就關心自己如何得戒的問題，於是曾「叩諸宗匠，輒究戒緣」，表示他長期注重對佛教戒律的研究。由於明末官方的傳戒活動處於停止狀態，僧人出家很難按照佛教的傳統規定進行，所以當時的傳戒的隨意性較大，附會離奇的神話傳說就很自然了。

如馨一生致力於弘揚戒律，先後住持過的寺院，或應請開壇傳戒的寺院共有 30 餘處，如靈谷、棲霞、甘露、靈隱、天寧等，所謂「坐道場三十餘所，徒眾累萬，聲聞於天明」。萬曆四十一年（西元 1613 年），神宗賜紫衣、錫杖，詔命其在五臺山靈光永明寺舉辦龍華大法會，「開皇壇說戒」，並賜其「慧雲律師」號。

如馨能夠引起明朝廷的重視，與其弟子澄芳遠清的努力分不開。遠清早年學習華嚴教義，從如馨受具足戒，後到五臺山，「精研律部，善達意

旨。開遮無礙，尤善屬文」。他鑒於當時戒壇久不開放的情況，認為「欲興此舉，非扣帝閽，其道末由。乃具文疏略，述其梗概」。神宗「覽疏大悅」，詔請如馨到五臺山。因為當時北方地區社會動亂，如馨從五臺山南返後，遠清繼續在該地傳戒。

如馨主要活動在萬曆年間，其傳戒規模較大，可以說是轟動朝野，影響南北。他是以振興南山律宗為己任，被稱為「中興律祖」。他鑒於「自元季以來，律學荒蕪」的情況，認為「佛法住世，功在毘尼」，所以「訪求梵網，遍參律法」。[889] 但他的著作不多，編著有《經律戒相布薩軌儀》1卷。記載其事蹟的除《新續高僧傳》外，還有《梵網經菩薩戒初津》卷七、《香乳記》卷下。

在如馨的眾多弟子中，性理、性璞繼承如馨傳戒的發源地南京古林寺的傳法系統，被稱為「古林派」。而振興寶華山的，則是其弟子三昧寂光。

寂光（西元1580～1645年），廣陵（江蘇江都）人，俗姓錢，字三昧。21歲出家，先從雪浪洪恩學習華嚴教義，後到各地參訪名師，曾受紫柏真可、雲棲袾宏等人的器重。後從如馨受具足戒，專心從事律學研究。如馨在五臺山傳戒時，寂光為「副座，助其教授」，所謂「律學中興，光有力焉」。寂光感慨明末「世末道汙，輕蔑毘尼」的現狀，繼承如馨的傳統，奔走各地弘律傳戒，一生「臨壇演戒百有餘所」。他還致力於建造寺院，一生「修建梵宇凡十數所」[890]。寂光曾在金陵寶華山組織「千華社」，參加的人很多，所以，此後把如馨開創的律學一派稱為「千華派」。寂光重建的寶華山隆昌寺，日後成為重要的律宗道場、著名的律學中心，當時已經是「大江南北，罕與倫比」[891]。寂光諡號「淨智律師」。他的著作有《梵網經直解》4卷、《十六觀經懺法》等。乾隆年間，經福聚奏清，其《梵網經

---

[889]　上引均見《新續高僧傳》卷二十八〈本傳〉。
[890]　《新續高僧傳》卷二十八〈本傳〉。
[891]　《新續高僧傳》卷二十九〈讀體傳〉。

第五節　律學概況與如馨系

直解》被編入大藏。

在寂光的門徒中，靜觀書禎早年協助見月讀體弘律，後常住廣陵五臺律院，「春冬傳戒，夏則安居，學者從之，如水赴壑，得戒者千餘」。著有《隨機羯摩疏鈔》6 卷、《毘尼甘露擇要》10 卷、《歷代律祖略傳》1 卷等。香雪戒潤「精通經律，致功淨土，尤善文詞，揮毫成韻，見重時賢」[892]，後來住持常州天寧寺，著有《楞伽經貫珠》10 卷。其後的傳承不詳。此系最有影響力的人物是讀體，而且法系一直不絕。

讀體（西元 1601～1679 年），號見月，俗姓許，雲南楚雄人。他先信仰道教，出家為道士 3 年。偶遇老僧贈《華嚴經》，讀至〈世主妙嚴品〉而產生了佛教信仰。崇禎五年（西元 1632 年），在寶洪山隨亮如出家。自崇禎六年（西元 1633 年）開始，讀體離開雲南到湖南寶慶五臺庵，參觀衡顒愚。其後遊歷南北各地數年，於崇禎十年（西元 1637 年）在鎮江海潮庵從三昧寂光受具足戒。從此之後，以學習和研究戒律為主，並隨從三昧在各地傳授戒法。崇禎十二年（西元 1639 年），寂光應請住持金陵寶華山，讀體任監院。清順治二年（西元 1645 年），寂光逝世後，讀體繼任，住持寶華山 30 餘年。

讀體在管理寺院、規範僧眾方面，以率先垂範嚴格執行制度儀軌著稱，得到僧眾的悅服和擁戴。當時佛教界不守戒規的現象普遍而且嚴重，「止作真教，久成絕響。故結界立規，率先躬行：是制必遵，非法必革」。在清初兵荒馬亂的動盪社會環境中，他重修寺院、築砌戒壇，建立了穩固的傳戒基地；定期每年春冬傳戒、結夏安居，完善了為各方借鑑的寺規制度；研究律學、著書立說，促進了律學的重興。讀體的著作有《毗尼止持會集》16 卷,《毗尼作持續釋》15 卷,《傳戒正範》4 卷,《沙彌尼律儀要略》1 卷（以上五種收於《續藏》）。另有《傳戒正範》、《僧行規則》、《三歸、

---

[892] 　上引均見《新續高僧傳》卷二十九〈本傳〉。

五、八戒正範》、《黑白布薩》、《出幽冥戒》、《大乘玄義》、《藥師懺法》等各 1 卷，有自著《一夢漫言》。

在明末清初的戰亂年代，讀體為保護寺院不被劫掠，為保護僧人不被殺戮，總是挺身而出，把個人安危置之度外。另外，讀體重視社會公益事業，康熙十一年（西元 1672 年），當地鬧饑荒，他率眾「賑粥五十餘日，全活無算」，這些是他受到僧眾和社會各界擁戴的重要原因。讀體宣教弘戒數十年，「戒徒千四百人，堂食三萬指，法席之盛，世所稀有」。[893]

根據《南山宗統》的記載，讀體的得法弟子有 68 人，大多數弘律傳戒於各地，並且致力於修建寺院的活動。有些人也比較重視經教，重視淨土信仰。讀體門下的傳戒律師有一個傳統，就是身體力行嚴守戒律，以自己的品德贏得僧俗信眾的擁戴，從而推動他們的弘律傳戒事業。例如，碧天書淨（西元 1642～1705 年）初到蘇州積善庵時，「敗壁頹垣，齋粥不繼」，生活困難，但他「處之恬如，曾不芥帶。唯精持律儀，嚴攝一眾，羯磨布薩規約肅然。人知信仰，檀護浸多。由是經之營之，建造戒壇、殿閣郭廡。數年之間，遂成巨剎」。他個人「處事必誠，接物以慈。新徒稟戒，知愚同誨，雖累千指，肅然一室。威儀有則，不敢苟簡」。正因為這樣，書淨成為朝野知名的僧人。康熙四十二年（西元 1703 年），康熙南巡時曾召見他，並「賜《心經》三冊，御書『衍真諦』三字賜之，因改寺名，額以『真諦』」[894]。

讀體的弟子中，在傳承法系、建立弘戒基地和著書立說等方面成就比較大的，當推定庵德基、宜潔書玉。

德基（西元 1634～1700 年），字定庵，俗姓林，休寧（今屬安徽）人。20 歲依蘇州寶林寺竹懷出家，後到寶華山隆昌寺從讀體受具足戒，潛心

---

[893] 上引均見《新續高僧傳》卷二十九〈本傳〉。
[894] 《新續高僧傳》卷二十九〈本傳〉。

第五節　律學概況與如馨系

研究諸種律書 15 年。讀體逝世後，德基繼任寶華山住持。康熙十三年（西元 1674 年），江南大旱，冬天飢民到山上乞食，他率眾設粥賑濟。後又恐怕山上糧食不夠，就率領飢民渡江，從儀真維揚沿路化緣供養飢民，直到麥熟時節才結束，這使他在社會各界聲望日高。對於戒律，德基不僅重視研究，而且強調實踐，他告誡弟子「既知修行，必當嚴持戒律，若不持戒而欲超脫生死，如緣木求魚、捨舟渡海」[895]。在他的管理下，寶華山作為律學中心的地位進一步擴大。他的著作有《毗尼關要》16 卷、《羯磨會釋》14 卷、《比丘尼律本會義》12 卷、《寶華山志》12 卷。

當然，對於德基的這種重戒律的看法，重禪或重淨土的僧人有不同意見，侶石萬清在德基處受具足戒之後就說：「持犯，束身而已，心地發明，非大匠曷由啟迪！」於是，他就離開德基，另找「大匠」去了[896]。

書玉（西元 1645～1721 年），江蘇武進人，俗姓唐，別號佛庵。少年時期學習儒學，因聽僧人讀〈行願品〉而萌發佛教信仰。22 歲出家，從讀體受具足戒。康熙二十二年（西元 1683 年），與德基到杭州昭慶寺講戒，從此住持該寺 38 年，使其成為穩定的弘律傳戒中心，各地僧俗來此受戒者達萬餘人。著有《梵網經菩薩戒初津》8 卷、《毗尼日用切要香乳記》2 卷、《沙彌律儀要略述義》2 卷、《二部僧授戒儀式》2 卷、《羯磨儀式》2 卷。從書玉開始，如馨一派在杭州地區建立了穩固的傳戒基地。

德基的弟子有 38 名，傳承其衣缽的是松隱真義。真義 11 歲出家，在未見到德基之前，透過學習佛教典籍已了解到戒律的重要性，認為「佛法不出三學，慧由定生，定從戒始」。於是，他到寶華山從德基受具足戒，專心研究律宗典籍。據說他離開德基遊歷南北各地參學時，在佛教界和社會上已經很有威望。在京城時，「王公天寶仰其聲譽，延居延壽蘭若

---

[895]　《新續高僧傳》卷二十九〈本傳〉。
[896]　《新續高僧傳》卷四十六〈萬清傳〉。

第七章　明代佛教的復興思潮與宗派再構（下）

正席，方丈乃願行頭陀行。一時歸禮者，傾國而來」。儘管有言過其實之嫌，也反映了他的影響之大。繼任寶華山住持之後，「戒壇累啟，四方雲集」。真義曾3次受詔見，獲賜寺額、經書等，所謂「寵錫優隆，遐邇嗟誻」[897]。49歲逝世。

真義之後傳此派「祖衣」的依次是閔緣常松（西元1664～1718年）、珍輝實詠（西元1675～1722年）。他們與其歷代祖師一樣，始終重視以戒律規範僧眾，並且以善於治理寺院著稱。常松在真義處任維那時，「一堂之內，分別三根。上者喻以純旨，深思自得；中材導以正途，循序而進；又其次者，曲垂教言，引之漸入。三者不同，成功則一。故化有程序，人無棄材。新舊學子，榮出其門」。常松這種教僧育才的理論和實踐，對於佛教團體發展是十分重要的。康熙五十二年（西元1713年），曾受賜紫衣、玉器等。實詠在寶華山受具足戒後，勤於鑽研律學，「精求律意，早晚孜孜，不遑寧息。遮制軌範，取次領悟」。當時，僧人們都認為智圓律師所著的《會真記》很重要。也最深奧，「當時讀者謂其菁粹超出六十家釋義之外」，實詠便「綜其旨趣，為之貫徹」。善於用人的常松知道他有學識，便「擢之教授，開迪新知」[898]。後實詠「親付祖衣」給文海福聚（西元1686～1765年），此派由此達到鼎盛階段。

福聚是浙江義烏人，俗姓駱，字文海，號二愚。15歲出家，在溧水上方寺清修苦行10年之後，到寶華山隆昌寺閔緣常松處受戒。後遊方參學8年，許多名僧表示器重並有傳法希望，但他認為：「機鋒捷悟，終屬言荃；波提木叉，乃照實相」[899]，毅然復歸寶華山，繼珍輝實詠住持隆昌寺。雍正十二年（西元1734年），奉詔進北京，住持法源寺（原憫忠寺），並奉敕

---

[897]　《新續高僧傳》卷二十九〈本傳〉。
[898]　《新續高僧傳》卷三十〈本傳〉。
[899]　《新續高僧傳》卷三十二〈本傳〉。

504

第五節　律學概況與如馨系

開戒壇，受戒者有 1,890 人[900]，各地求戒的學徒有數千人。這樣，福聚成為法源寺第一代律師。不久，福聚將法源寺交弟子天月性實管理[901]，自己仍回寶華山。乾隆二年（西元 1737 年），福聚奏請將寶華山諸師寂光、讀體、德基等人的著作編入大藏。福聚住持寶華山 30 年，受戒的學徒遍天下，據說超過 10 萬人。其著名弟子住持南北各處寺院的有 20 餘位。他著有《南山宗統》、《瑜伽補注》、《瑜伽施食儀觀》〔可能作於乾隆六年（西元 1741 年）〕等書。

在福聚之下，有性言、圓先、明如、定靜、慧皓、昌蒼、海然、印宗、法圓等次第相承。整體說來，這一律宗系統，從明末清初開始，建立了以寶華山為中心的傳戒弘律基地，使寶華山不僅成為各方求戒者的聚集地，而且成為其他地區傳戒的學習模範或主要參考範本。

清代守一所作《諸家宗派》中的「南山律派」，以唐代道宣律師為第一世，十三傳至金陵古林庵慧雲如馨，如馨傳三昧寂光，為寶華山第一代。自「如」字起演派 56 字，即編排了 56 世。如馨的千華派一系在律學思想上與相部宗相同，以諸惡莫作的止持、諸善奉行的作持為宗旨。在止、作二持中，尤其重視作持。另外，此系認為，《四分律》在形式上屬於小乘，但在內容上屬於大乘，這又是對南山宗思想的繼承。在律書之外的佛教經典上，此系律師比較重視《梵網經》。此系在注重法系傳承方面、注重創宗建派方面，是超過此前律宗派別的。

---

[900]　《新續高僧傳・福住傳》記為「一千九百人」。
[901]　性實住持法源寺之後，一直傳承不斷。

第七章　明代佛教的復興思潮與宗派再構（下）

附錄：大事年表

年號	西元	大事
建隆二年	961 年	七月。太祖派其弟光義為開封府尹，並兼功德使，有取締僧道的權力。
乾德三年	965 年	滄州僧人道圓遊歷天竺 18 年返回，帶著于闐使者到京城，並帶回了佛舍利和許多貝葉梵經。太祖在便殿召見，詢問西土風俗。
乾德四年	966 年	太祖派遣行勤等 157 人西去求經，這是中國歷史上規模最大的官派僧團。
開寶四年	971 年	太祖派遣內官張從信到益州（成都）雕造大藏經，至太平興國八年（西元 983 年）完工，歷時 12 年。
開寶八年	975 年	延壽逝世。延壽曾先後住持明州雪竇山資聖寺、杭州靈隱山新寺、杭州永明寺等，「眾至二千人，時號慈氏下生」。高麗國王遠慕其名，遣使奉書，敘弟子禮，前來從學的高麗僧人有 36 位。主要著作有《宗鏡錄》100 卷、《萬善同歸集》3 卷、《唯心訣》1 卷，另有一些詩文。其書在宋代以後影響較大。
太平興國二年	977 年	工部郎中侯陟上奏：「祠部給僧尼度牒，每通納錢於有司，請罷之。」
太平興國三年	978 年	向天下無額寺院賜授「太平興國」、「乾明」等額，興起大量賜寺額的風氣。
太平興國七年	982 年	譯經院建成。其布局是：正中設譯經堂，東序為潤文堂，西序為證義堂。詔請天息災等人入內居住譯經。第二年八月，詔改譯經院為傳法院，又在顯聖寺設印經院，以放置經版和印刷佛經。

附錄：大事年表

年號	西元	大事
太平興國八年	983年	十月。天息災等人鑒於能翻譯經典者均為梵僧，為了使譯經事業日後不致中斷，奏請遴選兩街童子學梵文。於是，朝廷詔令集京城童幼500人，從中選拔唯淨等50人到譯經院學習梵文。此後唯淨學通梵文出家，受賜號「光梵大師」，成為宋代知名的漢族譯僧。
淳化四年	993年	臨濟宗首山省念逝世，道俗千餘人迎請省念弟子汾陽善昭住持汾州（山西吉縣）太平寺太子院。此後善昭30年不出院，被尊稱為「汾州」。
淳化五年	994年	譯經院譯出《大乘祕藏經》2卷，發現有65處「文義乖戾」，太宗聽後認為，「使邪偽得行，非所以崇正法也」，勒令將此經「對眾焚棄」。
真宗咸平五年	1002年	十月。「詔天下竊買度牒、冒為僧者，限一月於所在陳省，釋其罪。違者論如律，少壯者隸軍籍。」
咸平六年	1003年	知開封府陳恕上奏：「僧徒往西天取經者，臣嘗召問，皆罕習經業，而貌狀庸陋。或往諸藩，必招輕慢。自今宜試經業察人才，擇其可者令往。」
景德元年	1004年	法眼宗道原編《景德傳燈錄》呈送朝廷，宋真宗命翰林學士楊億等人裁定。後修訂成書30卷，成為有史以來第一部官修禪書，入藏流通。
天禧元年	1017年	譯出《頻那夜迦經》4卷，發現與譯《大乘祕藏經》時同樣問題。真宗認為：「葷血之祀，頗瀆真乘；厭詛之詞，尤乖妙理。」於是命新譯《頻那夜迦經》四卷不得編入藏目，以後傳法院不得翻譯此類經典。
天禧四年	1020年	省常卒。省常曾以杭州南昭慶寺為中心結蓮社，後改名為「淨行社」，參加僧人千餘人，士大夫123人。此後，此社規模不斷擴大，影響南北各地。
乾興元年	1022年	天台宗志圓逝世。志圓常年隱居於西湖孤山，研究經論和撰寫著述，有各種經疏記鈔30種，71卷，詩文集《閒居編》51卷。為倡導三教融合的代表。

年號	西元	大事
天聖二年	1024年	臨濟宗汾陽善昭卒。善昭生前住持汾州（山西吉縣）太平寺太子院，倡導公案代別和頌古，以復古主義的形式，將禪化解為文字玄談；在解釋古聖語言中，寓以禪境，創造了文字禪的新形態，為禪在士大夫中的傳播拓展開闢了新路。
天聖六年	1028年	天台宗知禮卒。知禮一生以講經授徒、著書立說、修懺祈福和論戰扶宗為主，被稱為宋代天台的「中興教主」。宋真宗賜其「法智大師」號。他倡導妄心觀，繼承其觀法思想者較少。
明道元年	1032年	遵式逝世。遵式常住四明寶雲寺、天台東掖寺、杭州昭慶寺、蘇州開元寺等，重視淨土及懺法。天禧四年（西元1020年），經王欽若舉薦，真宗賜「慈雲」之號。
景祐元年	1034年	有僧385,520人，尼48,740人。
景祐三年	1036年	宰相兼譯經使呂夷簡與潤文官宋綬奉詔編定《景祐新修法寶錄》。
寶元元年	1038年	子璿卒。子璿常住長水寺，以研究、宣講《楞嚴經》和《大乘起信論》為主，聽其講經者近一千人。代表作是《楞嚴經疏》。
皇祐元年	1049年	雲門宗大覺懷璉住持汴京左街十方淨因禪寺，禪宗始行於北宋京城，改變了只有唯識、律宗諸派的局面。 楊岐方會逝世。方會曾住持袁州楊岐山（江西萍鄉縣北）、潭州雲蓋山，嗣法弟子12人。此系後被稱為臨濟宗的楊岐派。
皇祐五年	1053年	雲門宗雪寶重顯卒。重顯常住明州雪寶山資聖寺，傳法弟子83人，被視為「雲門中興」。受汾陽善昭的影響，作《頌古百則》，把宋初的頌古之風推向高潮。
至和二年	1055年	福建沙門文用連繫公卿朝士共同書寫《華嚴》，後錢塘沙門志廣繼續，前後參加者有僧俗63人，所書經藏於東京興國寺閣。

附錄：大事年表

年號	西元	大事
治平四年	1067年	「敕天下私造寺院及三十間者，並賜壽聖之額。」
熙寧元年	1068年	有僧220,761人，尼34,027人。
熙寧二年	1069年	楚圓弟子黃龍慧南逝世。他生前住持過同安崇勝禪院、廬山歸宗寺、高安黃檗山、江西南昌黃龍山等。創臨濟宗的黃龍派。其禪要以「黃龍三關」概括。
熙寧四年	1071年	規定寺觀也要按照戶等交納相當於免役錢半數的「助役錢」。「於官戶、寺觀、單丁、女戶，有屋產月收僦直可及十五千、莊田中熟所收及百石以上者，並隨貧富以差出助役錢，自餘物產，約此為準。」廢譯經（傳法）院。
熙寧五年	1072年	契嵩逝世。至和三年（西元1056年）校訂完成《壇經》；著《輔教編》等書，倡三教融合，特別強調儒釋兩教的一致性，在當時的朝野引起重要影響；著《傳法正宗論》等書，依據《寶林傳》等，確定了禪宗「西天二十八祖」的傳法系譜，成為後來的禪門定論。受賜「明教」師號。
元豐五年	1082年	罷譯經使、潤文官，廢「譯經使司印」。 寶峰克文逝世。克文先後住持過江西的寶峰、洞山、聖壽、廬山歸宗寺和金陵報寧寺，在江西的影響尤大，「民信其化，家家繪其像，飲食必祠」。嗣法弟子38人。黃龍第二代弟子中的知名人物，均出其門下。
元祐三年	1088年	淨源卒。淨源先後住持過泉州清涼寺、蘇州報恩寺、杭州祥符寺、秀水的密印寶閣、華亭的善住寶閣、杭州慧因寺等。他建立了永久弘揚華嚴宗的基地慧因寺；終生致力於華嚴典籍的收集和整理；提出華嚴宗新的傳法系譜，被稱為宋代華嚴宗的「中興教主」。
元祐六年	1091年	慧南弟子東林常總逝世。常總曾住持江西泐潭、廬山東林等寺，元祐三年（西元1088年），獲賜號「照覺禪師」。身邊常有徒眾700餘人，嗣法弟子61人。

年號	西元	大事
元符元年	1098年	佛印了元逝世。了元精通儒學，擅長詩文，曾住持廬山歸宗寺、鎮江金山、江西大仰和雲居等，與周敦頤結「青松社」。
元符三年	1100年	黃龍派晦堂祖心卒。祖心住持黃龍12年，嗣法弟子有47人。他首創以所住庵堂為道號，為各派禪僧所仿效，成為一種時尚。宋代以後，禪宗僧人依然沿襲這種習慣。
崇寧二年	1103年	芙蓉道楷住持京城淨因禪院。大觀二年（西元1108年），移住天寧寺，曹洞宗從此有了起色。
崇寧三年	1104年	臨濟宗五祖法演卒。法演常住湖北黃梅五祖山，弟子22人，以佛眼清遠、佛鑑慧勤和佛果克勤最為著名。
崇寧五年	1106年	三月二十七日。詔川峽和買，「以交子、度牒充折買價，致細民難以分擘，貨賣皆被豪右操權，坐邀厚利，民間頗以為擾」。
大觀年間	1107年～1110年	詔令「不許近臣指射有額寺院，改充功德」。
宣和元年	1119年	徽宗推行佛教道化的措施，自號「教主道君皇帝」，下詔說，佛教屬於「胡教」，雖然「不可廢」，但仍為中國「禮儀之害」，所以「不可不革」。改「佛號為大覺金仙，餘為仙人、大士之號；僧稱道士，寺為宮，院為觀，即主持之人為知宮觀事」。還下令僧尼蓄髮、頂冠、執簡，完全按道教改造佛教。
建炎二年	1128年	十一月。「敕賣四字師號，價二百千。」 慧洪卒。慧洪著作很多，禪宗史方面的代表作是《禪林僧寶傳》和《林間錄》。他反對把禪和語言文字割裂開來，是從理論上論證文字禪的合理性。

附錄：大事年表

年號	西元	大事
紹興五年	1135 年	曾因文思院所造度牒供不應求，下令諸路轉運司製造。 圓悟克勤逝世。克勤先後住持成都昭覺、夾山靈泉、湘西道林、金陵蔣山、汴京天寧等寺院；作《碧巖集》，把公案、頌文、經教三者結合起來，用評唱直截了當地進行解說，創造了一種新的禪宗經典形式，在禪林中產生了很大的影響。
紹興六年	1136 年	四月九日。尚書省言：「蓋給降度牒，許人進納官中，舊價百二十貫，民間止賣三千……」
紹興十一年	1141 年	八月十三日。有大臣指出：「近時糴本，例多拋降度牒、綾紙之屬，漕行之郡，郡行之邑，未免強率子民。今湖南錢荒已甚，若繼之以此，其何以堪！」 師會於當年見到觀復所作的《華嚴一乘教義章析薪》，逐條批駁，成《華嚴一乘教義章焚薪》，並於紹興十七年（西元 1147 年）作《送焚薪書》送達觀復。
紹興十五年	1145 年	「敕天下僧道，始令納丁錢，自十千至一千三百，凡九等，謂之清閒錢。年六十以上及殘疾者聽免納。」
紹興二十七年	1157 年	有僧尼 20 萬。 曹洞宏智正覺卒。正覺先後住持過泗州大聖普照禪寺、舒州太平寺、江州廬山圓通寺、明州天童寺等；倡導默照禪，在禪僧和士大夫中產生廣泛影響。高宗詔諡「宏智禪師」。
隆興元年	1163 年	臨濟宗大慧宗杲卒。宗杲反對鑽研公案的評唱，火燒其師《碧巖集》；倡導和完善了看話禪，使其成為宋代以後禪宗中最流行的禪法；提倡三教融合，認為「菩提心」就是「忠義心」。宋孝宗賜「大慧禪師」號。
乾道二年	1166 年	師會逝世。師會於紹興年間住持杭州慧因寺，著有《復古記》、《焚薪》和《同教策》。

年號	西元	大事
淳熙二年	1175年	池州（安徽貴池）報恩光孝禪寺僧人法應，花了30年時間收集頌古，編成《禪宗頌古聯珠集》。元初，錢塘沙門普會接續法應的工作，從元代元貞乙未年（西元1295年）開始，用了23年，編成《聯珠通集》。這些可以反映宋代頌古之作的基本情況。
淳熙十四年	1187年	度牒每道官價增加到700貫。 日僧榮西於乾道四年（西元1168年）和本年兩度來宋，參學於天台、廬山、育王、天童等名剎，回國後創立日本臨濟宗。
嘉定十五年	1222年	三月。成吉思汗在阿姆河營帳第一次會見丘處機，當年十月再次會見，論道三日，由契丹人耶律阿海擔任翻譯。丘處機對成吉思汗所講道法的核心內容有二：其一，作為個人所應遵守的長生之道，不過是要清心寡欲；其二，作為統治者所要採取的治國方略，無外乎敬天愛民。
淳祐元年	1241年	日僧圓爾辯圓嗣法於無準師範，於當年回國，開創日本東禪寺派。
寶祐五年	1257年	臨濟宗海雲印簡卒。印簡先後住持興州仁智寺、淶陽興國寺、興安永慶寺和燕京慶壽寺。西元1235年，住持選試天下僧道。西元1242年，忽必烈請他到漠北講法。西元1247年，貴由皇帝命他統領僧眾，賜白金萬兩；太子合賴察請至和林，住太平興國禪寺。西元1251年，受命掌管全國佛教事務。西元1256年，奉旨在昊天寺建法會，再次為國祈福。卒後，忽必烈命建塔於大慶壽寺之側，諡「佛日圓明大師」。海雲一系被奉為臨濟正宗。
寶祐六年	1258年	忽必烈召集僧道和九流名士，在開平城舉行第二次佛道論戰。佛教以福裕為首，另有那摩、劉秉忠等300餘人參加。道教以全真教主張志敬為首，參加者200餘人。此外，參與斷事和作證的官員、儒士等有200餘人。結果，參與辯論的道士17人削髮為僧，道藏經典45部被焚，200多處道觀改為佛寺。

附錄：大事年表

年號	西元	大事
景定元年	1260 年	無門慧開卒。慧開從嘉定十一年（西元 1218 年）開始，前後住持過 15 處寺院，著有《禪宗無門關》。理宗賜號「佛眼」。 元中統元年（西元 1260 年），八思巴被封為國師，第二年晉封為帝師。此後元朝歷代皇帝奉藏傳佛教薩迦派僧人為師成為一項制度。
咸淳二年	1266 年	日僧無門普門西元 1251 年入宋，嗣法於無準師範的弟子斷橋妙倫，於當年回國，開創日本南禪寺派。
咸淳五年	1269 年	志磐自寶祐六年（西元 1258 年）動筆，歷時 10 餘年，5 次修改書稿，於當年撰成《佛祖統紀》。此書咸淳七年（西元 1271 年）刊行。
至元十七年	1280 年	八思巴逝世。八思巴曾任元朝國師、帝師，管理全國宗教事務，為蒙古族製造文字，著述 30 餘種。著名弟子有膽巴、阿魯渾薩里、沙羅巴、達益巴、迦魯納達思等。獲賜號「皇天之下一人之上宣文輔詔大聖至德普覺真智佑國如意大寶法王西天佛子大元帝師」，得到元朝歷代帝王的尊崇。
至元十八年	1281 年	忽必烈詔諭天下，除《道德經》外，其他一切道教經典全部燒焚，並命林泉從倫主持下火儀式。元代以全真教道士為首的道教和以曹洞宗僧人為首的佛教之間的爭鬥至此告一段落。
至元二十五年	1288 年	由楊璉真加召集，有教、禪、律三派僧人參加，舉行教禪廷辯，禪宗代表是妙高，義學代表為仙林。其結果使「教冠於禪之上」，這是元廷推行尊教抑禪的政策。 「詔江淮路立御講 36 所，務求宗正行修者分主之。」
至元二十八年	1291 年	宣政院領天下寺宇 42,318 座，僧尼 213,148 人。
元貞元年	1295 年	高峰原妙卒。原妙曾在臨安龍鬚山、武康雙髻峰、杭州天目山等地隱修數十年，前後隨其參學者達數萬人，被譽為「高峰古佛」。他以話頭禪授徒，也設「三關語」啟悟學者。
成宗大德三年	1299 年	七月。中書省臣言：「江南諸寺佃戶五十餘萬。」

年號	西元	大事
大德六年	1302 年	文才卒。文才曾隱居成紀（治在今甘肅天水），人稱「松堂和尚」。元世祖詔命主持白馬寺，號「釋源宗主」；元成宗於五臺山建萬聖佑國寺，經帝師迦羅斯巴推薦，詔為開山第一代住持，並鑄金印，署為「真覺國師」。一生以「大弘清涼之道」為己任。著有《華嚴懸談詳略》5 卷、《肇論略疏》3 卷、《惠燈集》2 卷。弟子有大林了性和幻堂寶嚴等。
至大元年	1308 年	「上都開元寺西僧強市民薪，民訴諸留守李璧，璧方詢問其由，僧已率其黨持白梃突入公府，隔案引璧發，摔諸地，捶撲交下，拽之以歸，閉諸空室，久乃得脫。奔訴於朝，遇赦以免。」
延祐六年	1319 年	妙文卒。他曾依明和尚習華嚴教理 11 年，32 歲開始講經。忽必烈稱其為「福德僧」，詔居寶集寺。他希望以華嚴教理清除義學之弊，反對「株守文字」，晚年「專修念佛三昧」。
延祐七年	1320 年	元廷因為「白雲宗總攝沈明仁為不法坐罪，詔籍江南冒為白雲僧者為民」。至此，白雲宗被元王朝最終取締。
至治三年	1323 年	中峰明本卒。他常年過著草棲浪宿、遊方結庵的弘教傳禪生活，批判公案詮釋學，努力復興看話禪，倡導禪淨合一，主張密、教、禪、律四宗並存，是元代中期江南最著名的禪師。惠宗追謚「普應國師」號。
泰定二年	1325 年	西臺御史李昌奏稱：「嘗經平涼府靜、會、定西等州，見西番僧佩金字圓符，絡繹道途，馳騎累百，傳舍至不能容，則假宿民舍，因追逐男子，姦汙女婦。奉元一路，自正月至七月，往返者百八十五次，用馬至八百四十餘匹，較之諸王、行省之使，十多六七。」
至順二年	1331 年	撤銷行宣政院，在全國設立 16 個廣教總管府，管理各地的佛教事務。
元統二年	1334 年	撤銷廣教總管府，恢復行宣政院。宣政院管理的僧官有僧錄、僧正、僧綱等。

附錄：大事年表

年號	西元	大事
至正元年	1341年	元叟行端卒。行端曾住持湖州資福寺、中天竺萬壽禪寺、杭州靈隱寺、徑山興聖萬壽禪寺，先後受賜「慧文正辯禪師」、「佛日普照」、「大護持師」等號。弟子有楚石梵琦、夢堂曇噩、古鼎祖銘、愚庵智及等。 念常卒。念常撰有編年體通史《佛祖歷代通載》22卷。
至正二年	1342年	湛堂性澄卒。從大德元年（西元1297年）開始，他先後住持東天竺的興源寺、南天竺的演福寺和上天竺寺。因說法祈禳有功而受朝廷的獎勵。經努力，把已經改為禪寺的國清寺重新恢復，弟子有弘濟、本無、允若、善繼等。
至正四年	1344年	笑隱大訢卒。曾住持湖州烏回寺、杭州大報國寺、中天竺、金陵大龍翔集慶寺，受賜號「廣智全悟大禪師」；至元二年（西元1336年），加賜「釋教宗主兼領五山寺」號。
至正十三年	1353年	十二月。丞相哈麻和其擔任集賢殿學士的妹婿禿魯帖木兒等人，把喇嘛僧送給元順帝，教其「行房中運氣之術」。
至正十九年	1359年	大用必才卒。必才曾住持杭州興福寺，後遷演福寺，一生勤於講經，但對淨土信仰也十分重視，主要著作有天台三大部的增治助文，以及《法華》、《涅槃》的講義等。
洪武元年	1368年	中書省奉旨命「浙之東西五府名剎住持，咸集京師，共壁天界，立善世院，以統僧眾」。
洪武三年	1370年	大同卒。他先後住持蕭山淨土寺、景德寺、嘉禾東塔寺、紹興寶林寺等，終生弘傳華嚴宗。元至正（西元1341～1368年）年初，受賜「佛心慈濟妙辨」之號。明太祖曾請其參加鐘山無遮大會，著作有《天柱稿》、《寶林類編》，嗣法弟子有皋亭善現、高麗若蘭、景德仁靜、姜山明善、延壽師崑、南塔國琛、福城大慧、景福性湛、妙相道儞、法雲道悅、淨土梵翱、寶林日益等。 命慧曇出使西域。

年號	西元	大事
洪武三年	1370 年	明太祖詔僧人赴金陵天界寺，其赴詔尊宿 30 餘人，出元叟之門者占三分之一。 楚石梵琦卒。元末，他在江浙一帶住持過六處寺院，著有《北遊集》、《鳳山集》、《西齋集》等，在明末被稱為明代的第一流宗師。
洪武六年	1373 年	詔令全國各地免費發放度牒。 無夢曇噩卒。曇噩撰有《新修科分六學僧傳》30 卷。
洪武十年	1377 年	命宗泐出使西域。 詔令全國僧人講《心經》、《金剛》和《楞伽》，並命宗泐、如玘等人注釋此三經頒行。
洪武十一年	1378 年	愚庵智及卒。智及先後住持慶元路隆教禪寺，普慈寺、報恩禪寺、徑山興聖萬壽禪寺等，弟子有姚廣孝。
洪武十二年	1379 年	東溟慧日卒。慧日從至元四年（西元 1338 年）開始，先後住持薦福寺、下天竺寺、上天竺寺。明太祖曾問以「升濟沉冥之道」，被尊為「白眉大師」。
洪武十四年	1381 年	六月。正式建立各級僧司機構。中央設僧錄司，府、州、縣分設僧綱司、僧正司和僧會司，由此構成了自上而下的嚴密佛教管理體系；同時規定了各級僧官的名額、品階、職權範圍，以及任選標準等。
洪武十五年	1382 年	「禮部照得佛寺之設，歷代分為三等，日禪、日講、日教。其禪不立文字，必見性者方是本宗；講者務明諸經旨義，教者演佛利濟之法，消一切現造之業，滌死者宿作之衍，以訓世人。」
洪武十九年	1386 年	「敕天下寺院有田糧者設砧基道人，一應差役，不許僧應。」 恕中無慍卒。無慍先後住持過山靈巖廣福禪寺和臺州瑞巖淨土禪寺；設三句勘禪流，不合即逐出，當時謂之「瑞巖三關」；著《山庵雜錄》兩卷。

附錄：大事年表

年號	西元	大事
洪武二十四年	1391 年	規定男子出家限定 40 以上，女子 50 以上。 季曇宗泐卒。他在浙江一帶住持過多處寺院，曾住持天界寺，管理全國佛教事務。作《贊佛樂章》8 曲，參與箋注《心經》、《金剛》和《楞伽》3 經。洪武十年（西元 1377 年），繼慧曇之後奉詔出使西域，「往返十有四萬餘程」。洪武十五年（西元 1382 年）歸國，帶回《莊嚴寶王》、《文殊》、《真空名義》等經。回國後仍住天界寺，並「常入大內，開襟論道」。有《全室外集》9 卷。
洪武二十七年	1394 年	詔令：「凡住持並一切散僧，敢有交結官府、悅俗為朋者，治以重罪。」 詔令：「寺院菴舍，已有砧基道人，一切煩難、答應官府，並在此人，其僧不許具僧服入公聽跪拜。」 發榜文說：「僧有妻者，許諸人捶辱之，更索取鈔錢；如無鈔者，打死勿論。」
永樂元年	1403 年	呆庵普莊卒。他於洪武十一年奉詔入天界寺，此後歷住撫州北禪寺、雲居山和浙江徑山寺。
永樂四年	1406 年	法天無極卒。無極常講《華嚴》和《法華》，倡導「以宗印心，以教化人」。洪武十六年（西元 1383 年），率僧眾到金陵見朱元璋，盛讚其統一事業。後返回大理，徒眾數百，嗣法者四十餘人。著《法華注解》七卷。
永樂十六年	1418 年	十月。明成祖「榜諭天下」：「今後願為僧道者，府不過四十人，州不過三十人，縣不過二十人；限年十四以上，二十以下，父母皆允，方許陳告；有司行鄰里保勘無礙，然後得投寺觀，從師受業，俟五年後，諸經習熟，然後赴僧錄、道錄司考試，果諳經典，始立法名，給與度牒。不通者罷還為民。若童子與父母不願，及有祖父母、父母無他子孫侍養者，皆不許出家。」

年號	西元	大事
正統元年	1436 年	慧進卒。他究通華嚴宗旨，傍達《唯識》、《百法》諸論，並精通《楞嚴經》，先後住持南京天界寺、北京海印寺，得到太宗、仁宗和宣宗的推崇，在組織編校《大藏經》及佛教工具書方面做了較多工作。
萬曆九年	1581 年	笑岩德寶卒。他常年往來南北弘教，晚年隱居燕京柳巷；以參話頭、念話頭和念佛教授參學僧人。
萬曆三十一年	1603 年	達觀真可卒。他一生沒有擔任過寺院住持，在興修荒棄古寺、保護佛教的古蹟文物、刻印藏經等方面成就突出，倡導全面繼承佛教遺產，關注政治問題。因「妖書」事件入獄，病死獄中。為「明末四大高僧」之一。
萬曆四十三年	1615 年	雲棲袾宏卒。袾宏常住杭州雲棲寺，重視清規戒律，提倡興辦法事，在提升淨土法門的前提下融通禪教淨律四者的關係。弟子數以千計，多為在家居士。後被奉為華嚴系統第二十二代祖師、蓮宗第八代祖師。為「明末四大高僧」之一。 如馨卒。如馨一生致力於弘揚戒律，先後住持過的寺院三十餘處，徒眾累萬。萬曆四十一年（西元 1613 年），神宗賜紫衣、錫杖，詔命在五臺山靈光永明寺舉辦龍華大法會，「開皇壇說戒」，並賜號「慧雲律師」。
萬曆四十六年	1618 年	無明慧經卒。他常住建昌府壽昌寺，倡導農禪興宗，將钁頭作為禪杖，把牽犁拽地當作開示佛法；專以看話頭教授參禪僧人，不主張研究經典和語錄。時稱「壽昌古佛」。弟子中有元鏡、元來和元賢三支法系延續時間長久。
天啟六年	1626 年	圓澄卒。他先後住持過紹興廣孝寺、徑山萬壽寺、嘉興福城東塔寺等，倡導禪教融合，生平不為律縛，脫略軌儀。著有《宗門或問》、《慨古錄》、《楞嚴臆說》、《法華意語》,《金剛三昧經注解》等。

附錄：大事年表

年號	西元	大事
崇禎元年	1628 年	憨山德清卒。德清先後住韶州南華寺，廣州長春庵，衡陽靈湖萬聖寺、曇華精舍，九江法雲寺等處，常講《華嚴玄談》、《法華》、《楞嚴》、《金剛》、《起信》、《唯識》等經論，主張三教融合和佛教內部各宗派的融合。兩度入獄。一生著述甚多。為「明末四大高僧」之一。
崇禎三年	1630 年	無異元來卒。元來歷住博山能仁禪寺、福州董巖禪寺、鼓山湧泉禪寺和金陵天界寺等，以禪律並行治理叢林，禪教兼重，又盛倡淨土信仰。
崇禎四年	1631 年	晦臺元鏡卒。元鏡曾住寶方寺和壽昌寺，泰昌元年（西元 1620 年）於武夷石屏山建一枝庵，開堂說法，徒眾很多，被稱為「武夷第一代禪祖」。著名弟子有覺浪道盛。
清太宗天聰六年（崇禎五年）	1632 年	規定對於通曉經典義理，恪守清規的申請出家者，發給度牒，並收取一定的費用。
崇禎八年	1635 年	漢月法藏卒。法藏歷住常熟、蘇州、杭州、無錫、嘉興等地八處寺院，自謂得心於高峰，印法於寂音。他重視寺院經濟建設，倡導農禪，重視看話禪。
崇禎十一年	1638 年	圓悟著成《闢妄救略說》10 卷，對法藏、弘忍師徒進行總結性批判。
崇禎十五年	1642 年	密雲圓悟卒。圓悟先後住持過常州龍池山禹門禪院、天台山通玄禪寺、福州黃檗山萬福禪寺等六處寺院，倡導鑽研公案，並以棒打啟悟著名。剃度弟子二百餘，嗣法弟子十二人。著有《闢妄救略說》十卷，以批評弟子法藏。
順治二年	1645 年	宣布禁止在京城內外私自建造寺廟和佛像，如果建造必須獲得禮部批准。 寂光卒。寂光繼承如馨的傳統，奔走各地弘律傳戒，一生「臨壇演戒百有餘所」、「修建梵宇凡十數所」；曾在金陵寶華山組織「千華社」；重建的寶華山隆昌寺成為重要的律宗道場。諡號「淨智律師」。

年號	西元	大事
順治十二年	1655 年	智旭卒。智旭是明末清初倡導全面繼承佛教遺產的代表人物，他不分優劣地弘揚天台、禪、律、唯識、淨土等教理，主張信仰一切佛、菩薩、祖師和佛教一切經典，積極推廣各類贖罪法事，支持禮懺、持咒、血書、燃香等活動；把念佛、戒殺和放生等統一到求生淨土的信念和實踐中。為「明末四大高僧」之一。
順治十四年	1657 年	永覺元賢卒。元賢先後住持福建鼓山湧泉禪寺、泉州開元禪寺、杭州真寂禪院和劍州寶善庵。著作有 20 種，計 100 餘卷。著名嗣法弟子是為霖道霈。
順治十六年	1659 年	覺浪道盛卒。從明萬曆四十七年（西元 1619 年）起，他往來於閩、贛、楚、吳、越、江淮等地弘教傳法四十年，住持多處寺院。順治五年（西元 1648 年），因著作《原道七論》中有「明太祖」字樣，入獄 1 年。有涉及佛、儒、道及時事的各類著述一百餘種，深受士大夫歡迎。得戒剃度弟子不計其數，嗣法者有 27 人。 祖心函可卒。順治二年（西元 1645 年），他在金陵被捕，遭酷刑後被押送京城。不久，被流放千山（遼寧鞍山市東南），住朝陽寺。在此，以遭譴謫的明臣為核心，建冰天詩社，有 33 人。身邊常有僧人 500 至 700 名，被稱為佛出世。
順治十八年	1661 年	規定，「其有充僧道無度牒者，悉令為農，安插附入丁冊當差」。 費隱通容卒。通容先後住持過浙江石門的福嚴寺和福建黃檗山等處寺院，其嗣法弟子 64 人，最著名的是雲門互信和隱元隆琦。
康熙五年	1666 年	憨璞性聰卒。自順治六年（西元 1649 年）開始，性聰在浙江住持多處寺院。順治十三年（西元 1656 年），應北京士紳和僧侶之請北上京城，住城南海會寺。次年，世祖到寺見性聰，請住萬善殿。世祖透過與其交談，了解江南禪宗情況。順治十六年（西元 1659 年）的〈敕書〉稱其「戒律清嚴，規模純樸」。

附錄：大事年表

年號	西元	大事
康熙五年	1666 年	破山海明卒。自崇禎六年（西元 1633 年）開始，海明 30 餘年間一直傳禪於巴蜀地區，前後住持大小寺院 15 處，在佛教界和社會上產生廣泛影響，前後剃度弟子印開等凡百餘人，嗣法弟子 87 人。
康熙六年	1667 年	禮部統計，各省屬於國家的大寺院 6,073 處，小寺院 6,409 處；民間私家建造的大寺院 8,458 處，小寺院 58,682 處。有僧 110,292 人，尼 8,615 人。
康熙十二年	1673 年	隱元隆琦卒。他曾應請住持黃檗山萬福禪寺、崇德縣福嚴禪地、長樂龍泉禪寺等。順治十一年（西元 1654 年），應日本長崎僧人之請，赴日本傳禪弘教，卒於日本。
康熙十三年	1674 年	清王朝建立了與行政建制相配套的涵蓋全國的僧道官機構。京城設立僧錄司，所有僧官經禮部考選，然後由吏部委任。地方上是府設僧綱、州設僧正、縣設僧會。 道卒。他先後住持過天童寺、慈溪五磊山、越州雲門寺、臺州廣潤寺、越州大能仁禪寺、湖州道場山護聖萬壽寺、青州法慶寺等。順治十六年九月應詔入京，受賜「弘覺禪師」號。
康熙十四年	1675 年	奏准：「官員該管地方有愚民自稱為佛，不能查緝者，降二級調用；或不能禁止邪教，以至聚眾、張旗、鳴鑼者，降一級調用。如給予此輩執照、告示者革職，該管上官降一級調用，督撫罰俸一年。如愚民建立淫祠，不能查禁反給告示者，罰俸一年。」 玉林通琇卒。通琇曾兩次進京，受到清王朝的褒獎，受「大覺普濟能仁國師」號；晚年住持過浙江的西天目山和江蘇宜興的國山。嗣法弟子 29 人，其中茚溪行森也曾得到清世祖的詔見。
康熙十八年	1679 年	讀體卒。讀體住持寶華山達 30 餘年，律學著作有《毗尼止持會集》、《毗尼作持續釋》、《傳戒正範》等。得法弟子 68 人，大多數弘律傳戒於各地。

年號	西元	大事
康熙二十四年	1685 年	天然函罡卒。從崇禎十五年（西元1642年）開始，他先後在海雲寺、廬山棲賢寺、羅浮山華首臺、廣州海幢寺、丹霞山別傳寺、廬山歸宗寺、金陵報恩寺等八處寺院傳教。歸依者多為明末遺民，不少是全家離俗。傳法弟子中知名者有數十人，多數弘教於粵贛地區。
康熙二十八年	1688 年	為霖道霈卒。道霈住持鼓山禪寺14年，座下從學徒眾達到5,000人。一生著述很多，涉及法門很廣。他對包括天台在內的各派典籍均取嚴謹的修學態度，並提倡僧眾認真研習。講解、注疏經教和刊刻流通佛籍，是其傳教活動的重要組成部分。傳法弟子是唯靜道安。
康熙三十年	1691 年	奏准：「凡官員該管地方，有奸民自稱為神為佛，傳布符水、經版、煽惑愚民，以致聚眾、斂錢、張旗、鳴鑼者，降三級調用；該管上司降一級留任；督撫罰俸九月。」
康熙三十八年	1698 年	石濂大汕卒。順治年間，他入住廣州長壽寺，康熙初年，受請到越南弘法。1年後歸國，著《海外紀事》3卷。擅長繪畫，尤以山水花卉著名。傳法弟子有道存等。
康熙三十九年	1700 年	山西道御史戈源奏稱：「查乾隆元年至四年，僧道之無度牒者，已有三十四萬餘人。其私自簪剃者，恐不下數百萬眾。」 定庵德基卒。德基長住寶華山，一生重視戒律研究和實踐。著作有《毗尼關要》、《羯磨會釋》、《比丘尼律本會義》、《寶華山志》等。弟子有松隱真義等38名。
康熙六十年	1721 年	佛庵書玉卒。書玉住持杭州昭慶寺38年，使其成為穩定的弘律傳戒中心，各地僧俗來此受戒者達萬餘人。著有《梵網經菩薩戒初律》、《毗尼日用切要香乳記》、《沙彌律儀要略述義》、《二部僧授戒儀式》、《羯磨儀式》等。

附錄：大事年表

年號	西元	大事
雍正六年	1728 年	柏亭續法卒。續法在杭州一帶弘《華嚴》50 多年，弟子有培豐、慈裔、正中、天懷等 20 餘人。著述 20 餘種，約達 600 卷。
雍正十一年	1733 年	世宗藉口禪學弊端太多、禪僧腐敗嚴重，以維護佛教和禪宗的名義，對禪宗進行了聲勢浩大的清算和整頓，相關內容集中反映在他編著的《御製揀魔辨異錄》和《御選語錄》中。
乾隆二十四年	1759 年	敕和碩莊親王允祿選擇通習梵音之人，詳譯全藏經中諸咒，編為《滿漢蒙古西番合璧大藏全咒》。
乾隆三十年	1765 年	文海福聚卒。雍正十二年（西元 1734 年），他奉詔進北京，住持法源寺（原憫忠寺），並奉敕開戒壇，為法源寺第一代律師。後住持寶華山 30 年，受戒學徒據說超過 10 萬人。其著名弟子住持南北各處寺院的有 20 餘位。他著有《南山宗統》、《瑜伽補注》、《瑜伽施食儀觀》等。
乾隆三十八年	1773 年	敕以滿文翻譯藏經，至乾隆五十五年（西元 1790 年）告成，計 2,466 卷。
乾隆四十七年	1782 年	制定《欽定章程》，確定了西藏地區政教合一的制度，所有西藏地區的寺廟和喇嘛都受清廷理藩院管理。
乾隆五十八年	1793 年	達天通理卒。雍正十一年（西元 1735 年），通理奉旨進入圓明園校勘藏經，對《宗鏡錄》比較重視。乾隆十八年（西元 1753 年），奉命管理僧錄司印務。曾被稱為「清代中興賢首一人」。
嘉慶元年	1796 年	彭際清卒。他早年從道士習修煉之術，後信仰佛教，受「明末四大高僧」思想影響，倡三教融合、佛教內部各派融合，並且以淨土信仰為歸宿。代表著作有《居士傳》等。
嘉慶十五年	1810 年	徹悟際醒卒。際醒先後住持廣通寺、覺生寺和紅螺山資福寺，接受永明延壽的影響，從以弘揚禪法為主轉向以弘揚淨土為主。被後世奉為蓮宗第十二代祖師。

年號	西元	大事
道光十年	1830 年	豁然悟開卒。他曾住荊南顯親寺和蘇州靈巖山寶藏寺，精通多種經論，以倡導淨土信仰為主。著作有《蓮宗九祖傳略》、《淨土知津》、《念佛百問》各 1 卷。
同治三年	1864 年	悟和里安卒。里安常住北京懷柔紅螺山，專修淨土，曾遊歷南京、蘇州、泰州、通州等地，向僧俗信眾弘傳淨土信仰。
光緒十八年	1892 年	玉峰古崑卒。他先後住杭州彌陀寺、明州慈溪西方寺等，持戒嚴謹，專修淨土念佛。有《淨土隨筆》2 卷，《蓮宗必讀》、《淨土必求》、《西方徑路》、《淨土自警錄》、《念佛要訣》等各 1 卷。

宋元明清佛教史卷：
王朝政治與多民族秩序下的佛教變遷與重構

作　　者：	魏道儒
發 行 人：	黃振庭
出 版 者：	崧燁文化事業有限公司
發 行 者：	崧燁文化事業有限公司
E - m a i l：	sonbookservice@gmail.com
粉 絲 頁：	https://www.facebook.com/sonbookss/
網　　址：	https://sonbook.net/
地　　址：	台北市中正區重慶南路一段61號8樓 8F., No.61, Sec. 1, Chongqing S. Rd., Zhongzheng Dist., Taipei City 100, Taiwan
電　　話：	(02)2370-3310
傳　　真：	(02)2388-1990
印　　刷：	京峯數位服務有限公司
律師顧問：	廣華律師事務所 張珮琦律師

-版權聲明----------

本書版權為山西教育出版社所有授權崧燁文化事業有限公司獨家發行繁體字版電子書及紙本書。若有其他相關權利及授權需求請與本公司聯繫。

未經書面許可，不得複製、發行。

定　　價：650 元
發行日期：2025 年 08 月第一版
◎本書以 POD 印製

國家圖書館出版品預行編目資料

宋元明清佛教史卷：王朝政治與多民族秩序下的佛教變遷與重構 / 魏道儒 著 . -- 第一版 . -- 臺北市：崧燁文化事業有限公司 , 2025.08
面；　公分
POD 版
ISBN 978-626-416-707-9(平裝)
1.CST: 佛教史 2.CST: 中國
228.2　　　　　114010634

電子書購買

爽讀 APP　　臉書